The Origins of the Bilateral Okinawa Problem

Okinawa in Postwar U.S.-Japan Relations, 1945-1952

沖縄問題の起源

戦後日米関係における沖縄1945-1952

Robert D. Eldridge
ロバート・D・エルドリッヂ 著

名古屋大学出版会

本書を、沖縄戦に参加した亡き父（Donald P. Eldridge, 一九二四—一九八六年）と、亡き兄（Thomas M. Eldridge, 一九五一—一九九八年）に捧げたい。異なる時代を生きた二人は、私に歴史を愛することを教えてくれた。父はその事実を知らずにこの世を去り、兄は本書の完成を見ることなく亡くなった。

歴史は通常、事実と解釈という二つのレベルで構成され、記述されていく。時間の経過は、歴史研究者に、特定の時代や問題、政策決定者の決断と行動のより正確な理解を、資料の公開や回想録の出版を通じて可能にしてくれる。しかし反対に、関係者は年を重ね、当時のことを忘れてしまうようになり、また亡くなっていく。本書の研究を行ったタイミングは、この点においてとりわけ恵まれたものであった。時間の経過とともに、必要な資料と関係文書の多くまたは全部が公開されていたし、しかも、インタビューが必要な関係者は存命しており、その記憶も鮮明であったからである。

しかし、本書を完成しようとした時期に、回想とコメントを、時間をおしまず、寛大に与えて下さった元米国外交官の二人、グリーン（Marshall Green, 一九一六—一九九八年）とフィン（Richard B. Finn, 一九一七—一九九八年）が亡くなった。筆者は、完成したものを彼らに見せるのを楽しみにしていたが、かなわなかった。本書を彼らとの思い出に、特別に捧げたい。

謝辞

「お世話になりました」という表現は、一九九〇年の来日以来、私にとってもっとも親しい日本語であり、またもっとも好きな表現でもある。それは、今までの人生、そして特に日本での一〇年余りを、多くの方々の多大な好意に負っていることの反映でもある。ここで、彼らの助力に対し、特別の謝意を表したいと思う。

まず、修士・博士両課程の大学院生時代を通じ、側にいてくれた妻の永未子《えみこ》に心からの感謝を捧げたい。永未子はときに自信を失いかけた私に絶えず力を与え、愛情を注いでくれた。博士論文として書き始めた日米関係についてのこの本は、同時に彼女のものでもある。また、博士号を取得した一週間後には私たちの娘、愛未《あみ》・メアリーも誕生した。博士論文を出版するための準備過程で、愛未は喜び、楽しみと愛情の源であって、そのことに感謝している。一緒に本書を読む日が楽しみである。

第二に、母のメアリー（Mary M. Eldridge）と亡き父のドナルド（Donald P. Eldridge）に変わらぬ感謝を捧げたい。長年にわたって、愛情、支援と励ましを与えてくれたことに感謝している。

第三に、指導教官、先生、友人、そして娘・愛未の教父でもある五百旗頭真教授に深い尊敬と感謝を捧げたい。彼の私への信頼と確信がなければ、本書そして私の神戸大学での五年間は不可能であっただろう。彼のような先生を指導教官とすることができ、大変光栄である。

第四に、本書に書かれているできごとに直接に関わり、それについてコメント、感想、回想を提供して下さった多くの関係者に改めてお礼を申し上げたい。この親切で寛大な方々は、ケナン（George F. Kennan）、故グリーン（Marshall Green）、故フィン（Richard B. Finn）、フィアリー（Robert A. Fearey）、デミング（Olcott H. Deming）、故サービス（John S. Service）、ボンド（Niles W. Bond）、フライマス（Edward O. Freimuth）とその他の多くの関係者である。

第五に、歴史記述の作業を、より楽しく、啓発的な経験とする機会を与えて下さった多くの先輩研究者の方々に感謝を申し上げたい。特に、我部政明、渡辺昭夫、河野康子、宮里政玄、五十嵐武士、北岡伸一、秦郁彦、坂元一哉、村田晃嗣、杉田米行の各先生、その他戦後日本および日米関係の研究に携わる諸先輩に感謝の気持を表したい。

以上挙げさせていただいた以外にも、多くの方々にひとかたならずお世話になった。アメリカにいる私の姉、パトリシア（Patricia）や兄のトーマス（Thomas）、マイケル（Michael）とジョン（John）そして彼らの家族、そして私の日本の「第二の家族」、すなわち義理の父と母、亮介と富貴子、姉の亜紀子、兄の裕幸とその妻の美子、「第二の故郷」である中町《なかちょう》（兵庫県）、特に来日以来惜しみない友情を与えてくれた保証人の池田寛先生とその素敵な奥さん、神戸大学の先輩、同級生、後輩のサーゲイ（Cheikh Sarr Gueye）、服部龍二、蓑原俊洋、高原秀介、故工藤純（西洋政治史の有能な研究者として将来を属望されていた若き日、一九九五年の阪神・淡路大震災で急死した）、服部聡、村井良太、楠綾子、村上友章、ピッカート（Mary Alice Pickert）、ウルフ（David Wolff）、また、度重なる沖縄訪問に際して暖かい支援と友情を与えて下さった沖縄在住の友人たち、ホフマン夫妻（Gil and Betty Hoffman）、元沖縄県議会議員の嘉数昇明、『琉球新報』の三木健とその同僚、嘉手納空軍基地広報部の元報道官エイムズ（Christopher Ames）、そして私のワシントンDCでの資料収集・インタビューを速やかで且つ楽しいものにしてくれた友人、仲本和彦（とその素晴らしい家族）、山畠春奈、従兄弟であり友人でもあるフォスター（Jimmie Foster）、神戸大学に在学中の早い段階から友人となり、多くの行事に招待してくれた駐大阪・神戸総領事館アメリカン・センターの熊谷俊樹とその同僚、多くの古い新聞記事を探して送ってくださった『星条旗新聞（*Pacific Stars and Stripes*）』編集局・資料調査室の室井規夫、国会図書館の均雄一郎、トルーマン大統領図書館のビルガー（Dennis Bilger）、アイゼンハワー大統領図書館のヘイト（David J. Haight）、プリンストン大学マッド図書館のプリマー（Ben Primer）、マーシャル財団図書館のカムデン（Thomas E. Camden）、スタンフォード大学フーバー資料館のレッデンハム（Carol A. Leadenham）、メリーランド州カレッジ・パークにある米国国立公文書館のスタッフの皆さん、その他ここでお名前を挙げることができなかった多くの人たちに感謝している。

　最後になるが、一九九七年から九九年まで特別研究員として支援して下さった日本学術振興会および、沖縄、東京、ワシントンDCでの資料収集を財政的に可能にして下さった松下国際財団に深く感謝している。この二つのところからの財政的そして組織的な支援がなければ、この研究は不可能であった。同様に、博士号を取得してからフェローとして活躍できる場を与えて下さったサントリー文化財団に、その支援と奨励を深く感謝している。

　以上の皆さんに対して、改めて深い謝意を表したい。今後も変わらぬ支援、友情、愛情を受けられるように努力していきたいと思う。誠にお世話になりました。今後ともどうぞよろしくお願いします。

はじめに

本書は、吉田茂とその対外政策についての修士論文を書き終えようとしていた時の反省の中から生まれた。論文に最後の修正を入れているさなか、沖縄で一二歳の少女に対する悲劇的な暴行事件が起こり（一九九五年九月四日）、これが現在のいわゆる「沖縄問題」の端緒となった。その時、修士論文の中で沖縄や「沖縄問題」に関してほとんど触れなかったことに気付いた。そこで博士論文では、「沖縄問題」を真っ向から見据えて、日本の戦後史ならびに日米関係を再検討するという、修士論文とは異なった視点からのアプローチを決意した。

研究を開始した一九九五年末から一九九六年初頭にかけては、琉球王国初期の歴史、二大隣国である日本と中国から忍び寄る「二重支配」、さらには今なお存在する米軍基地の圧倒的影響下で沖縄が抱える経済的かつ社会政治学的課題を追究することに没頭した。琉球王国の歴史に関しては、カー（George H. Kerr）の古典的な作品（*Okinawa: The History of an Island People*『沖縄――島の人々の歴史』）が大変役に立ち、面白かった。[1] 初めて沖縄を訪れた一九九六年の夏に、四八時間の船旅の中で私が読み返したのはこの本であった。

二〇歳にして沖縄戦に従軍した父親から、幼少の頃聞かされていた一九四五年の沖縄戦についても、引き込まれるように調べはじめていた。沖縄滞在中、いくつかの歴史的戦場跡や「自決」が行われた沖縄本島の南部近くに建てられたばかりの「平和の礎」公園を訪れた。沖縄を訪れる人は誰しも、三カ月を要した米軍による沖縄攻略と日本軍の撤退（本土決戦を引き延ばすための作戦の一部であった）によって沖縄島民が耐え忍んだ辛苦を思うと圧倒されざるを得ない。沖縄戦では日米両軍の死者を上回る一般住民の死者が出たのである。この戦争の経験から人々が心理的にも社会的にも反戦意識を強く持つのは当然のことである。本研究がこの点に関してあまり深く述べていないからといって、筆者がこの歴史を知らない訳でもないし、軽視している訳でも決してない。

フィッシュ（Arnold G. Fisch, Jr.）の *Military Government in the Ryukyu Islands, 1945-1950*（『琉球列島の軍政 一九四五―一九五〇』）を読んで、軍政樹立計画や、軍政初期に待ち受けていた数々の困難（それらの大部分は戦争による破壊、次々と襲う台風、資金・物資の不足や全般的な政策指導力の不足といった要因から生じたものであるが）に対する知識を得ただけではなく、戦後間もない時期の沖縄（無論米軍の見地からではあるが）

をより一層知ることができた。[2]二度目の沖縄訪問は、琉球大学特別客員研究員として赴いた一九九七年初めである。これは我部政明教授のご厚意により実現したものであり、教授を始めとする沖縄研究者や地元の歴史家と意見交換することによって、その時期に関する知識の基礎を固めることができた。琉球大学図書館郷土資料室の資料がいつでも手軽に利用でき、沖縄県公文書館、那覇市資料センターや沖縄県立図書館の蔵書を閲覧できたことは私の研究にとって大きな恩恵であった。

琉球王朝の時代から、戦前、戦中、占領下、戦後にわたる沖縄の歴史を訪ねたこの旅の最中、沖縄に関する論点や題材はあまりに多く、学位論文一つでは（あるいは生涯をかけても）扱いきれない問題であると気付いた。沖縄の二度目の滞在を始めたばかりのある夜、学位論文指導教官である五百旗頭真神戸大学教授にかなり取り乱して電話をかけた。私のジレンマを聞いた教授は、私が「沖縄を専門とする学者」になりたいのか、「日米関係を専門とする学者」になりたいのかを単刀直入に尋ねられた（修辞的ではあったと思うが）。そして、可能な限り沖縄を研究することは、いわゆる「沖縄問題」の歴史理解には欠かせない要素であるが、学位論文の基本的な枠組みは、あくまでも日米間の政治・外交史であるとも付け加えられた。全ての博士課程の学生が研究時代に享受できる（欲するならば享受すべき）明快で啓発的な助言のお陰で、まさに「目から鱗」が落ちた私は再び研究に集中することができた。以来、私は戦後の沖縄という場に降りそそぐ政治的・軍事的・外交的関係に的を絞って先行研究を再検討する決意を固めた。

ところが、英語でも出版された二冊の著書（戦後の沖縄に関心をもつ日本人以外の読者にはバイブル的な存在である）を含む日本人の手に成る四冊の著書以外には「沖縄問題」に関する政治外交史の体系的な研究がほとんどないことにすぐさま気付いた。[3]詳しくは第一章で述べるが、特に一九四五年から五二年にかけての沖縄をめぐる日米関係と、それを取り巻く問題について一般的な解説以上のものを読者に与えてくれるのは四冊のうち、宮里政玄『アメリカの対外政策決定過程』と河野康子『沖縄返還をめぐる政治と外交――日米関係史の文脈』の二冊のみである。[4]河野教授は個人的にも一九四五年から五二年までの時期は十分研究が進んでいないことを指摘され、この時期を研究するように強く勧めて下さった。

このご指摘は、「より扱いやすい問題と期間に焦点を絞るように」との、指導教官の励ましとも一致しており、筆者は「日米間の沖縄問題の起源」にテーマを限定し、これを徹底的に検証することにした。とはいえ、筆者の問題関心は、一九四五年から五二年にのみとどまるわけではない。むしろ本書は、一九四五年から現在までの日米関係に横たわるいわゆる「沖縄問題」を考察する三部作の第一部として構想している。[5]

いわゆる「沖縄問題」は、東京と沖縄の間の複雑な社会的、行政的関係を含むと同時に、日米間の国際政治や安全保障の問題を巻き込んだ、ダイナミックで複雑化した問題であったし、今もそうであり続けている。しかるに従来「沖縄問題」は、一般論として議論されるか、そうでなければ、沖縄政策の綿密な考察を妨げかねないような、大きな冷戦史の通史的研究の中の一要因として扱われがちであった。本書は、これまでほとんど紹介されることがなかった第一次資料を検証しながら、一九四五年から五二年までの期間に、沖縄に関する政治的考慮と軍事的要請の間に横たわっていた矛盾を歴史的に考察し、「沖縄問題」の全体構造を明らかにせんとするものである。太平洋を挟んでなされた日米両国の意思決定に関しても、いくつかの新しい結論や解釈を提供したいと思う。

本書の執筆にあたっては、膨大な量の日米双方の第一次資料を利用した。その中には機密解除となり新たに発見された政府公文書、日記、回想録、日本では沖縄、東京の、米国ではトルーマン（Harry S. Truman）大統領図書館、アイゼンハワー（Dwight D. Eisenhower）大統領図書館、軍事史研究所（Military History Institute, 米陸軍大学内）、ニミッツ文書（Chester W. Nimitz, 米海軍大学内）、マッド文書（Seeley G. Mudd, プリンストン大学内）、オーラル・ヒストリー研究所（Oral History Institute, コロンビア大学内）、マーシャル文書（George C. Marshall, バージニア軍学校内）など、広範な公文書と個人文書などを渉猟した。また、当時の関係者へのインタビューや書簡も利用した。これまで知られておらず、十分に検討されてこなかった史実を幅広く紹介したので、本書で考察した時期の歴史がより正確に解釈されるものと期待している。

この地域に対する軍事的関心が、米国においても日本においても引き続き高いだけでなく、「沖縄問題」が政治的、社会的に非常に複雑で動的である事実を踏まえると、日米間および日本政府と沖縄県民との間に横たわる問題は、早々に、また容易には解決しないと考えるのが妥当であろう[6]。そのことを理解する上でも本書が寄与するならば幸いである。最後に、日本の対外政策、アメリカの対外政策、日米関係そして沖縄の歴史を一層深く追究せんとする方々に本書が新たな出発点を与えることを何よりも願っている。

二〇〇〇年九月　沖縄・那覇市にて

ロバート・D・エルドリッヂ

目次

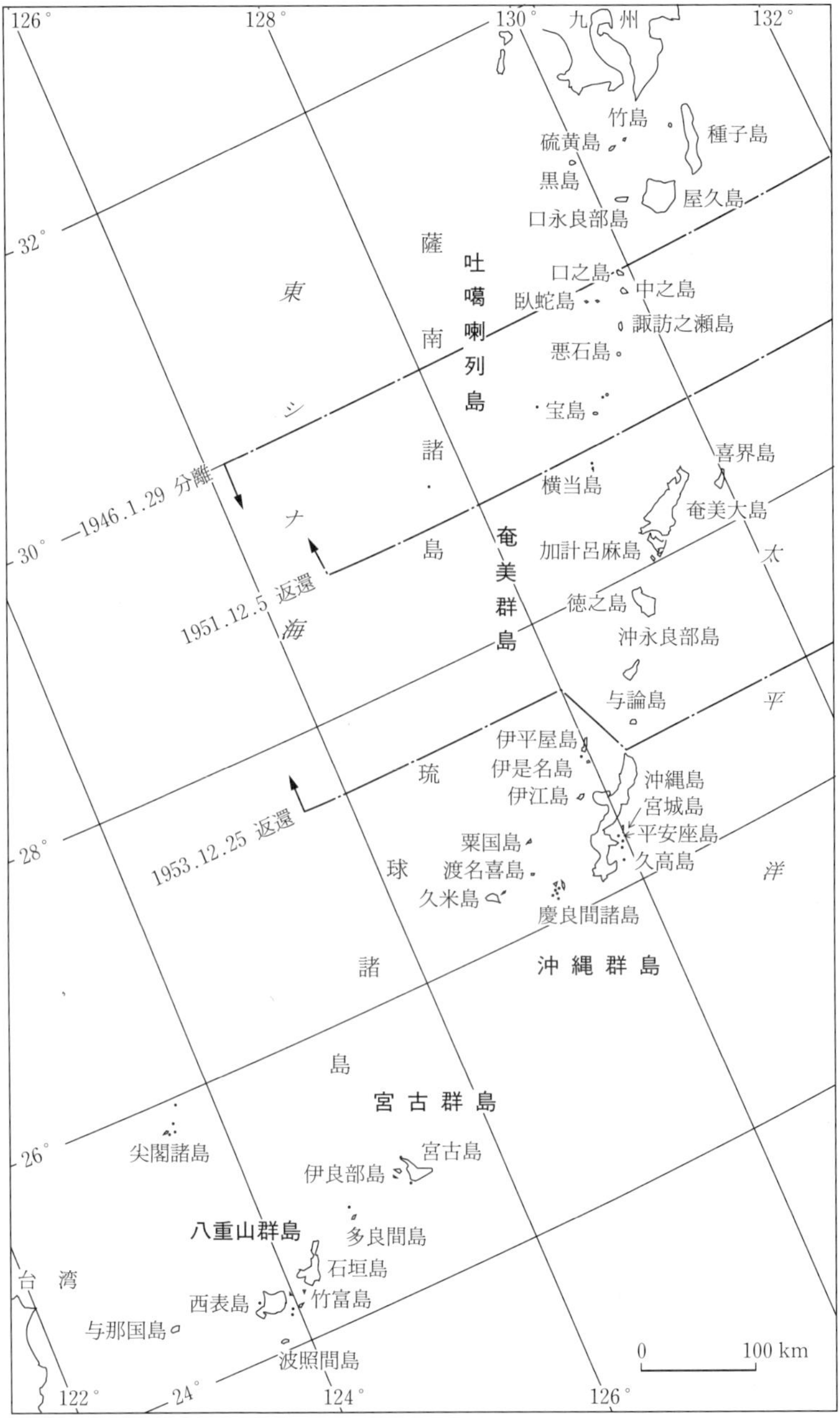

九州
竹島
種子島
硫黄島
黒島
屋久島
口永良部島
薩南諸島
吐噶喇列島
口之島
中之島
臥蛇島
諏訪之瀬島
悪石島
宝島
東シナ海
喜界島
横当島
奄美大島
1946.1.29 分離
加計呂麻島
奄美群島
太平洋
1951.12.5 返還
徳之島
沖永良部島
与論島
伊平屋島
伊是名島
琉球諸島
沖縄島
伊江島
宮城島
平安座島
粟国島
1953.12.25 返還
渡名喜島
久高島
久米島
慶良間諸島
沖縄群島
宮古群島
尖閣諸島
宮古島
伊良部島
八重山群島
多良間島
石垣島
台湾
西表島
竹富島
与那国島
波照間島
0
100 km
126°
128°
130°
132°
32°
30°
28°
26°
24°
122°
124°
126°

参考地図　南西諸島

第1章　沖縄問題への視座

一　背景と目的

一九九五年九月に起こった悲劇、三人の米兵による少女拉致暴行事件は、いわゆる「沖縄問題」の現状を浮き彫りにした。事件を契機に日米関係は激しく揺らぎ、米軍基地の存在によって募る地元住民の不満、県民の抱える課題に対する中央政府の無関心といった沖縄の置かれている状況に国内外が注視することとなった。この不幸な事件が起こるまで、日米両国の国民の多くが沖縄を忘れていたと言っても過言ではない。沖縄が抱える問題をあまりにも長い間耳にしなかったため、結果として多くの人々が、米軍が依然として沖縄に駐留しているのは何故か、合衆国がそもそも沖縄に軍を配備したのは何故かといった疑問を抱いた。

一九四五年三月に勃発した沖縄戦以来、米国は沖縄で大きな軍事プレゼンスを維持してきた。米国による占領・民政府時代が終焉をむかえた一九七二年以降も、米国は一九六〇年に改定・締結された日米相互安全保障条約と在日米軍地位協定を法的根拠として依然として基地を存続させており、一九九七年には、いわゆる「五・一五メモ」によって秘密合意の存在も明らかとなった。基地のプレゼンス、基地関連の事故、犯罪、汚染、強制借地といった問題、そしてこれらが引き起こす憤り（そして中央政府の表面上の無関心さ）が全て「沖縄問題」であり、より正確に言うならば「日米間の沖縄問題」である。

本書の目的は、日米間の沖縄問題の原点である一九五一年に締結された対日講和条約の第三条を検討することによって何ゆえに戦後の沖縄が特異な状況に置かれたかを考察し、問題の起源を明らかにすることにある。講和条約第三条では、南西（琉球）諸島（沖縄などをも含む）ならびに南方諸島（小笠原、硫黄島などを含む）に対する日本の「潜在主権（residual sovereignty）」を認めながら、米軍が基地を保有する権利のみならず、行政、立法および司法上の権力をも米国に与えた。[1] この意図的に曖昧な表現がなされた第三条は、講和条約の設計者であったダレス（John Foster Dulles）がさまざまな圧力を受けながら生んだ妥協の産物であることを本書で明らかにする。この妥協は、日本の沖縄に対する主権の保持を容認し、沖縄が本土と永久に切り離されないことを目的に織り込まれた。これは日本側による要求であったが（米国国務省に支持された）、米国統合参謀本部（Joint Chiefs of Staff, JCS）によって率いられていた米軍とは主張を異にした。軍事的要求と政治的配慮の衝突、講和条約締結時の沖縄の人々や日本国民の失望、日米関係に与えた衝撃、これらが、まさに筆者が日米間の沖縄問題の「起源」と位置付けるものである。本書では、まず沖縄における政治的・軍事的利害の衝突を深く掘り下げることに焦点を合わせる。

本書の第二の目的は、この政治的・軍事的衝突が戦争による混乱を立て直す最中の日米両国の関係にどのような影響を与えたかをできる限り詳細に再検討することである。日本（および米国）の主要な文献、日記や当時の報告書を徹底的に利用することによって、日本政府が講和条約を締結するために立てた計画、占領地としての沖縄に対する見解、沖縄返還に対する強い思い、米国を始めとする連合国への度重なる訴えといったものを考察する。日本政府は最終的に第三条を受け入れたが、外交文書をはじめ新たな日本側の文献を使用することによって、条約締結時に日本政府が沖縄の行方には関心がなかったという通説に反証を挙げ、米国の軍事的な要求を知りながらも、日本政府が繰り返し沖縄の「返還」を獲得しようとしたことを検証し、初めて実証的に解明する。

二　先行研究と本書の構成

一九四五年から五二年にかけての戦後日米関係の中の「沖縄問題」という論題に関しては、「はじめに」でも述べたように、体系的な研究がほとんど存在しない。沖縄の歴史、政治に関しては異なった視点からさまざまな論文が書かれているが、残念なことに厳密に問題が取り扱われていなかったり、同じ議論の繰り返しに終始している感があり、全くといっていいほど体系的手法がとられていない。一九七二年の沖縄本土復帰頃、返還過程に関する博士論文もいくつか発表されている。しかし、これらの論文の大部分は、沖縄返還を政治モデルを用いて分析する目的で書かれており、「沖縄問題」そのものの政治的・外交的歴史を明らかにしたものではない。その結果、同じ歴史的

「事実」（時々誤っているが）が繰り返し引用され、表面的な研究がなされるにとどまっている。先に述べた宮里と河野の二つの研究が例外的に高い水準にあるが、この時代を正確に映しだすほどの詳細な歴史に踏み込んだ戦後日米沖縄関係の研究はごく限られている。

しかも、この二つの研究も、米軍部と国務省の沖縄政策をめぐる力学を詳しく調べるには至らなかった。結果としてこれらの著書には事実の誤認や解釈の誤りが認められ、疑問点が未解決のままとなっている。また、これらの研究は、機密外となった文書、日記、回想録や近年入手可能となった歴史的資料といった宝の山を利用しなかったため、賞賛に値する作品ではあるが、全体像を描いているとは言えない。

宮里の場合、ベトナムと沖縄の両方に対する米国の外交政策の比較を関心として、米国側の討議に焦点をあてた「ケース・スタディ」を試みた。だが事象や政策決定をより深く掘り下げるのに必要である当時の関係者の個人的な回想を、それらが豊富に残っているにも関わらず、あまり利用せず、むしろ外交文書を優先した。また氏は、日本側の計画や見方を全く考慮しなかったように見受けられる。結果として、この重大な時期のある限られた一面しか描くことができなかった。一方、日本側に注目する必要性をより痛切に感じていた河野は、全体的に卓越し示唆に富む著書において一九七二年沖縄返還までの戦後の日米関係を論じた。しかしながら残念なことに、どういう訳か、河野は講和条約締結時までの日本側の主張を検証してはおらず、その結果、立案段階という重大な時期に光を当てていない。また、研究をより素晴らしいものにしたであろう関係者の日記、回想録や個人文書をほとんど利用していない。さらに、一九四五年から五二年にかけての時期を論じた部分では、特に米国側を検証するにあたり、浅いとは決して言えないが、期待されるほど詳細には論じていない。

筆者が、これらの研究から進むべき道を与えられたという点で、計り知れない恩恵を受けたことは言うまでもない。しかしながら、前述した通り、この時期に関する詳細にして包括的、体系的な研究が少ないため、研究を進めるにあたっては、この時代の政治史、外交史の全体像、とりわけ日米両国間における問題の起源を再検証する必要があった。そのために、太平洋の両側で長い年月を経てようやく日の目を見た多くの文書、資料、時には機密解除扱いとなったメモ、日記、個人文書といったものまでも利用した。これは後の章でご覧頂くとおりである。

本書は終章を含む、基本的に年代順に配置した八つの章から構成されている。ワシントン、東京、また若干の沖縄の動きを辿りつつ、占領政策（occupation policy）そのものよりむしろ沖縄に対する「高度な政策（high policy）」がどのようにして策定されたのかを探る。章は追うごとに長くなるが、これには二つの理由が挙げられる。第一に、主題に関連する「できごと」が後になるほど多くなるという単純な理由からである。例えば、一九四七年の講和条約協議中止、一九四八年、一九四九年の対日政策再検討とNSC一三の形成に関わった機関、部署、関係者の増加、そして一九五〇年、五一年の対日講和条約への準備等を挙げることができる。そして重要な二つ目の理由は、一九五一年の対日講和条約締結頃に関しては、より多くの「できごと」があったにもかかわらず研究がほとんどなされていないため、当時の事実を念入りに記述する必要があったことである。なお、然るべき論点や政策論議を際立たせ、鮮明にするために適宜地図、図表を使用した。

沖縄に対して独占的かつ絶対的な支配力を有することで、島を自由に使用しようとした統合参謀本部の要求を見ると、軍部が第二次世界大戦から直接学んだ教訓を知ることができる。第二章ではまずこの部分を検証し、第四、六、七、終章においても引き続き言及する。第二章では、米国の軍事力などが整っていないため、防衛が不十分であった太平洋地域の米国の領土や軍事施設へ日本が脅威を与え、その結果真珠湾攻撃という大きな犠牲を払ったことに触れる。戦争が長引くにつれ、日本への最終攻撃の準備段階として太平洋上の島を次々と占領し犠牲者が増え、JCS、陸軍長官、海軍長官の太平洋における絶対的な支配力を望む声が大きくなっていった。この教訓は戦後の海外基地建設計画に反映された。軍事作戦基地、戦後基地としての沖縄の可能性が浮上したのは基地建設計画の終盤であったが、いったん沖縄の名が挙がると、「太平洋の要石（Keystone of the Pacific）」としての沖縄は最後まで残った。冷戦の開始や近接する朝鮮半島での熱い戦争の勃発によって、沖縄に対して絶対的な支配力を確保しようとするJCSの主張は、東京にいたマッカーサー（Douglas MacArthur）最高司令官が主導権をとらないまでも支持をしたことによって、かつてないほど断固としたもの――条約締結後の日米関係を危険にさらしかねないほどの――となった。以下の論議において、軍、とりわけJCSの沖縄に対する支配への要求をとりあげる。

一方、国務省、その中でも特に極東局（Office of Far Eastern Affairs）は米国が琉球諸島を保持することに対しては、政治的、外交的意味合いから非常に神経質になっており、一九四一年にルーズベルト大統領（Franklin D. Roosevelt）が宣言した大西洋憲章で示す「領土不拡大」の原則を犯すことだけは避けようとした。一九四二年という極めて早い段階から国務省は戦後計画に向けての体系的な検討を開始したが、沖縄の領土問題はすでに盛り込まれていた。この問題を第三章で検証する。一九四三年には、琉球諸島に関する最初の文書が国務省によって出されるが、この中で琉球諸島が非武装化の上で日本に返還されることが望ましいと結論づけた。国務省が日本の沖縄保有をそれ以降も継続して検討したことが立案、政策文書によって明らかである。米軍は沖縄の完全領有化や戦略的信託統治（strategic trusteeship）を引き続き要求し、それに反対する先の結論を出した国務省と衝突した。一九四七年までには冷戦構造が鮮明となり、国務省は軍部の戦略上の要求を認めざるを得ず、基地租借方式を提案した。しかし軍部はこの案を「不十分（inadequate）だ」として拒否した。米国が何らかの形で沖縄に対する支配を保持する目的で、戦略的重要性と長期保有の要望は承認するが、沖縄の国際的地位に関しての結論は先送りするという一時的な妥協案が一九四九年、国家安全保障会議（National Security Council, NSC）の文書（ＮＳＣ 一三／三）として最終的に打ち出された。しかしながら、国務省は軍部の非妥協的な態度を憂慮し、沖縄が文字通り日本に復帰する道を何年にも渡って探るのである。国務省の見解は、本書の議論のもう一方の柱をなすものであるが、これについては、第三章、第四章、第六章、第七章そして終章において述べることにしたい。

本書の第二の焦点は、戦後の混乱した復興期に、この政治・外交的な衝突が日米関係にどのように影響を与えたかを検証することにある。そのために、日本政府の講和条約へ向けた目論見、領土としての沖縄に対する見解、沖縄返還への強い要望、米国や連合国にこれらの見解を表すために払われた努力といった日本政府側の態度を当時の膨大な一次資料、日記、個人文書をもとに詳細に考察する。それらは主として第五章、第七章で、またわずかだが終章においても触れる。日本政府は最終的には第三条を受け入れることとなったが、本書では、講和条約締結時において日本政府が沖縄の成り行きに無関心であったというこれまでの一般的な考えを反証を挙げて否定する。日本政府の努力は重大なものであり、評価されるべきものであることを立論したい。

事実、外務省は早い段階から、沖縄を始めとする領土問題に特に配慮しつつ将来の講和条約を見据えた準備を始めていた[2]。筆者が明らかにしたように、外務省は連合国の沖縄への軍事的関心を認めていたため、基地の存続は許可するが、主権ならびに行政権は日本政府が保持する意向で連合国と折衝を探る覚書を早くも一九四七年には準備していた。冷戦が勃発し、八月には日本との講和条約協議が失敗に終わった一九四七年後半、これと極めて似た提案を再び伝えたのが昭和天皇（筆者の見解では、天皇は沖縄の喪失を阻止しようとしていた）であった[3]。しかし一九四七年当時の米国と連合国には、日本政府のこの見解を受け入れる用意はできていなかった。日本政府は沖縄の領土権喪失の可能性を懸念し続けた。一九五一年一月から二月にかけてダレスが日本を訪問している間、吉田茂首相や外務省官僚たちは、日本側に好意的な東京駐留の外交局長であるシーボルド（William J. Sebald, マッカーサーの政治顧問を兼務）を介し、あらゆる機会を通してこの懸念や要求を伝えた。「潜在主権（residual sovereignty）」方式の策定を明らかにするために、これまで参照されてこなかったシーボルド日記、関係者へのインタビュー、日本側の文書（『堂場肇文書』を含む）等を大いに活用した。

米国の沖縄への行政権を認めたことによって第三条はある意味で日米沖縄問題の起点であるが、妥協を許さないＪＣＳの姿勢のため、その時点で取り得た最善の解決策であろうという点において、第三条へ到達するまでの努力を、結論として、筆者は高く評価する。つまり、第三条によって日本と沖縄（米国国務省も）から見れば最悪のシナリオである沖縄の日本からの永久分離を回避することができた。もしその最悪の事態が起こっていれば、日米関係に癒やされない傷を残さないまでも、大きな影響を与えたであろう。事実、ダレスと国務省は沖縄の日本返還を保障するための機会を窺っていたとする新しい証拠を本書で明らかにする。だが結局、沖縄は日本政府の行政機能から実質上切り離され、沖縄や日本の人々を失望させるところとなった。本書の焦点ではないが、第三条が引き起こした脆弱な状態を変えることになるのは時間の問題であった。

以上の分析視角から、新しい解釈や結論を盛り込みながら以下の章で日米間の沖縄問題の原点を明らかにする。この実に複雑な歴史を、正確かつ公平に理解する上で、私が導きだした評価にいささかなりとも寄与するものがあることを願っている。

第2章　沖縄をめぐる戦略的議論　一九四二―一九四六

――国家安全保障の模索――

はじめに

一九四一年一二月七日の真珠湾攻撃は、米国民に自国の安全はもはや自動的に保障されているわけではないとの教訓を与えた。ルーズベルト大統領が「汚辱の日（a date that would live in infamy）」と表現したこの日に至るまで、ほぼ二世紀の間、米国は、太平洋と大西洋という二つの大洋の狭間に位置するという恵まれた地理的条件のもとで「華麗な孤立（splendid isolation）」を享受してきた。しかし、近代における目覚しい技術革新、とりわけ日本海軍が完成させた航空技術の開発によって、この孤立は劇的な終焉を迎えることになった。同時に、米国全土が攻撃の潜在的な目標になる危険にさらされることになったのである。

戦間期（一九一九―四一年）、米国は、ワシントン体制のもとで、真珠湾よりも西側の太平洋に存在する海外基地を強化する権利を放棄しただけでなく、米国が重要な利益を有するフィリピンをはじめグアム、ウェーク、ミッドウェイなど米国から遠く離れた基地を脅かす位置にある島を、太平洋地域のライバルである日本によって占領、要塞化されるという事態を後に許してしまうようになった。(1)同時に、米国は、相対的に国力を落としつつあったフランスや英国が、太平洋地域における委任統治領を統治することを認めてきたが、最終的にそれらを十分に守ることができなかった。その結果、日米戦争が始まると、日本軍は、最小限のコストで速やかに太平洋地域を支配下に置くことができたのである。米国は、太平洋地域の支配権を日本から奪い返すために、苛酷な島とび作戦（island-hopping campaign）で約一〇万七千人もの死者を出すという犠牲を払わねばならなかった。日米戦争を通じて、米国政府の高官、特に軍の指導者は、米国の防衛にとって重要な地域の支配権を失うという誤りを二度と繰り返してはならない、と誓うこととなる。

例えば、米軍の極東軍総司令官であり、後に連合国軍最高司令官（Supreme Commander for the Allied Powers, SCAP）となるマッカーサー元帥は、米国西海岸でもハワイでもなく、アジアの東海岸部を米国の防衛ラインとするべきであるとしばしば唱えた。また、米軍ヨーロッパ総司令官であるアイゼンハワー（Dwight D. Eisenhower）も、太平洋やその他の地域に米国にとって「緩衝地帯（a cushion of distance）」となりうる地域が必要であると説いた。(2) スティムソン（Henry L. Stimson）陸軍長官やフォレスタル（James V. Forrestal）海軍長官といったワシントンの高官たちも、こうした議論に積極的に参加し、賛意を表した。彼らは、米国政府が高い代償を払って得た戦間および戦時中の教訓を、戦後計画の立案に生かすべきであると主張したのである。

軍の立案者たちは、このような見地から、戦後世界において太平洋をはじめ全世界の米軍基地がどのようにあるべきかについて研究を開始した。図2-1に見られるように、沖縄は、太平洋における米軍のプレゼンスのなかで、死活的とはいえないまでも重要な役割を担うものとされていた。もっとも、これは、戦争末期に登場した議論であった。一九四四年から四五年にかけて、日本軍が沖縄の守備を強化したため、連合軍が日本本土に上陸するうえで沖縄が重要な位置を占めることが明らかになったのである。(3) 実際、米軍内では、一九四五年九月に予定された九州上陸作戦（オリンピック作戦）の準備に際して、本土のもっとも南端である九州から約五〇〇キロ、日本最大の海軍基地の一つ、佐世保から約六〇〇キロの位置にある沖縄を利用することが必要になると考えられていた。

一九四五年八月に日本が降伏した当初、沖縄は、連合国の占領下に置かれた日本を監視、もしくは管理するために必要な基地であるとみなされていた。ところが、冷戦の開始とともに、ルーズベルトが構想していたような米英中ソ四大国主導による国際安全保障の維持が不可能な情勢となると、敵対勢力による沖縄諸島の支配は拒否されねばならないと考えられるようになった。さらに、一九四九年一〇月に中国共産党が中華人民共和国を樹立したことによって、東アジア情勢の緊張が一層高まると、沖縄は抑止、あるいは対中ソ戦に際して前線基地の役割を果たすものとされ、米国がこれを維持しつづけることが不可欠であるとされた。一九五〇年六月に朝鮮戦争が勃発すると、沖縄、とりわけ沖縄の空軍基地が死活的重要性をもつとの認識がますます強化され、沖縄での米軍の軍事活動は飛躍的に拡大した。(4) 二一世紀を迎えた今日でも、南北朝鮮の間にはいまだ平和条約が結ばれておらず、台湾海峡の緊張も解けてはいない。それゆえ、安全保障の専門家や軍事関係者にとって、沖縄の戦

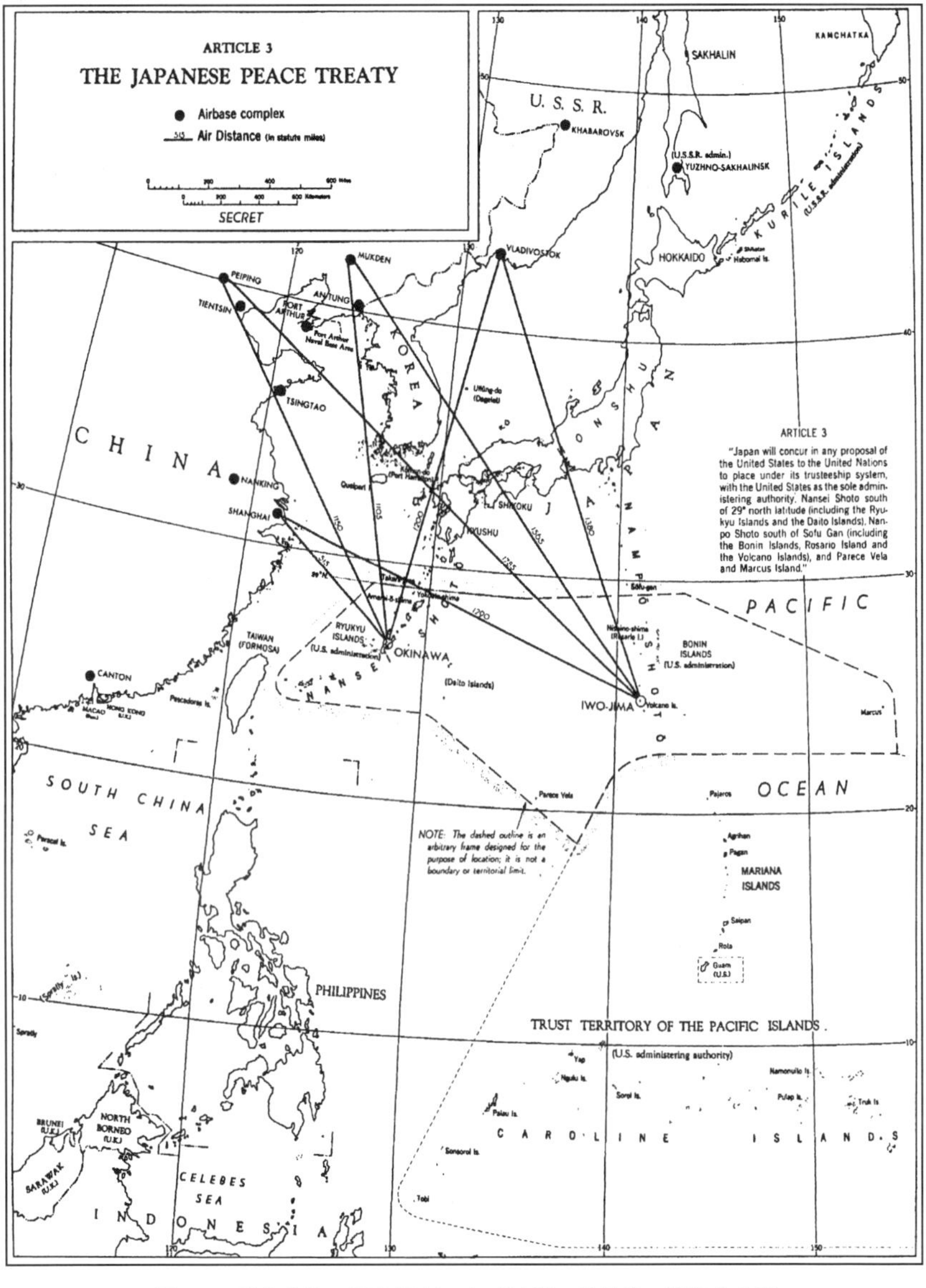

図2-1　講和条約の領土処理および沖縄・硫黄島の戦略的位置

出典）NSC Planning Board, "The Japanese Treaty Islands, June 15,1953," Box 29a, Policy Planning Staff Papers, RG 59, General Records of the Department of State, National Archives, College Park, Maryland, U. S. A.

略的重要性は明白であるといってよい。

しかし、本章の論じる一九四二年から四六年にかけて、つまり米国政府内で戦後計画が立案され、実行された当初の段階では、米国政府内で沖縄はそれほど重要であるとはみなされていなかった。なぜなら、第二次世界大戦の帰趨が明らかではなく、戦後世界がいかなるものとなるかも定かではなかったからである。特に、戦後世界が国際協調の世界となるのか、それとも伝統的なパワー・ポリティックスの世界となるのかは、ルーズベルト大統領が一九四五年四月に急死するまで気に懸けつづけた点であった。

ルーズベルト大統領は、戦争の遂行と戦後の全体計画では、陸、海軍省のシビリアンのスタッフを通さず統合参謀本部のスタッフに直接委ねることを好んだ[5]。よく知られているように、ルーズベルトは、一九三三年から四四年まで長期にわたって彼の国務長官を務めたハル (Cordell Hull) ですら、日々の国政はもとより重要な軍事計画の形成や連合国間の国際会議に関与させようとはしなかった。このように、戦後世界の政治外交環境に少なからぬ影響を与えることになった戦後計画の立案の形成過程から国務省が排除されたことや、国務省と軍部間の連絡が欠如していたことは、のちに沖縄に関して国務省と軍部、とりわけＪＣＳとの間の合意形成を妨げる一つの重要な原因となったと考えられる。そこで、本章では、戦後の安全保障政策の形成を主導した統合参謀本部とそのスタッフについて、その政策形成過程に焦点を当てる[6]。まず、沖縄と日本本土の関係をめぐる軍部内の見解を明らかにし、そののち沖縄の戦略的重要性についてワシントンでコンセンサスが形成される様相を考察する。次に、第二次世界大戦末期から戦後直後に生じたジレンマ——戦略的に重要な地位を占める沖縄を米国が確保せねばならないという安全保障上の必要と、戦後世界において国際協調を追求せねばならないという要請——を、政策形成者たちがどのように克服しようとしたのかを明らかにする。つまり、当時の議論は、軍部が沖縄の領有を公然と要求したのに対して、国務省が、沖縄の領有によって国際社会から「拡大主義者」あるいは「領土拡張主義者」との批判を浴びることを恐れ、同地域の信託統治を考えるという方向ですすんでいたのである。先に述べたように、沖縄は当初から米国政府内で緊要な問題とされていたわけではなく、太平洋戦争の末期になってその戦略的重要性が特に注目されるようになった。したがって、本章では、最後に、戦争末期から一九四六年にかけて、ＪＣＳの戦略構想のなかで沖縄の重要性が増す過程に焦点を当てることとしたい。

一　戦後構想の開始——ＪＣＳ一八三シリーズ

ミッドウェイ海戦で日本軍が敗北を喫した半年後の一九四二年一二月、ルーズベルト大統領は、統合参謀本部議長のリーヒ (William D. Leahy) に、太平洋を含む世界各地で「国際警察軍（International Police Force）」の空軍施設を置くことのできる地点をJCSで研究するよう求めた。それは、主要大国間の協調による国際安全保障という彼の構想の一環をなすものであった[7]。リーヒのメモによれば、大統領は、

> われわれは平和交渉を念頭に置かねばならず、戦後に、国際警察軍のようなものが生まれるだろうと述べた。この構想を実現するため、大統領は、平和交渉がみえてくるころには、「国際警察軍」の空軍施設を置くに相応しい地点を決定できるようJCSで検討することを私に求めた。彼のこの構想は、既存の主権を考慮に入れていないものであった[8]（傍点引用者）。

このルーズベルトの指示をきっかけに、JCS一八三シリーズ（「太平洋横断の航空路ならびに国際警察軍の空軍施設」）とされる一連の研究が始められた[9]。もっとも、シェリーが書いているように、ルーズベルトの指示は、「リーヒや一部のJCSのスタッフの反対を押し切って戦後計画者らによって拡大解釈された」のである[10]。この拡大解釈は、まず、戦略的な空軍兵力が将来における戦争の決定力となると確信した陸軍航空部隊（Army Air Forces）によって、同軍の戦後基地計画を大統領が要請したものに統合させるというやり方で行われた[11]。同様に、海軍も海軍基地の検討を盛り込もうとした[12]。いずれにせよ、軍部の研究作業のなかでは、基地の必要性は第一義的に米国の安全保障の観点から考えられたのであって、大統領の言うより曖昧な「国際警察軍」には、第二義的な重要性しか与えられていなかった[13]。

ルーズベルトの指示を受けたJCSは、すぐさま統合計画参謀（Joint Staff Planners, JPS）に研究を命じた。そのJPSは、一九四三年一月に二度の会合を開いた[14]。一月二五日に開かれた第二回の会議では、JPSの下部機関である統合戦略委員会（Joint U. S. Strategic Committee, JUSSC）が、戦後世界がいかなるものとなるのかわからない以上、施設をどの地点に置くかを決定するのは困難である、と結論した[15]。そのため、JCS内で長期的視野に立った計画立案を担当する統合戦略調査委員会（Joint Strategic Survey Committee, JSSC）は、三月、その条件と前提を考慮したJSSC九／一（「太平洋横断の航空路ならびに国際警察軍の空軍施設――空軍基地をめぐる戦後の軍事問題」）を作成した[16]。ここでその全容を記すことはできないが、JCSの研究作業や日本敗北後の太平洋における米国の軍事的要請に反映されることとなる戦略的前提を以下に紹介したい。

JSSCの研究は、まず、「『戦後問題』の核心は、史上稀にみる戦争からかつて達成されたことのない平和への移行である」と断言する[17]。したがって、戦後計画の立案に際しては、軍事的考慮は政治、経済上の考慮に統合されるべきであるし、軍部のなかでも、陸海空の個別のものではなく、統合的な戦後計画が作成されるべきである[18]。将来の情勢が不透明ななかで正確な予測を行うのは困難であったが、JSSCは、連合国側の勝

利とその団結の継続を前提として計画が立てられねばならない、とした。さらに、ＪＳＳＣは、枢軸国側がヨーロッパ、日本の順に敗れるであろうことを想定していた。ヨーロッパ枢軸国の敗北の後には、次の三段階があると考えていた。まず、太平洋での戦闘が継続される一方でヨーロッパで占領（enforced peace）が実施される。第二に、日本の敗北に引き続き、道徳的、経済的、軍事的拘束力を持つ国際機構が設立され、これを通じて世界規模の平和が実現される。第三段階では、世界規模の国際機構を通じて平和が維持され、旧敵国も平和的な国家として国際社会に復帰する[19]。

第一段階では、英米両国が依然対日戦争を継続しているものとされた。そのため、あらゆる戦後計画の基礎は、戦争の最終段階において連合国側が以下の五点を達成していることを前提に組み立てられなければならない、と考えられた。第一に、連合国が太平洋中部（おそらく沖縄も含まれる）からフィリピン、日本にかけての島嶼基地を獲得し、または占領していること。第二に、連合国側が通信ライン（lines of communication）を太平洋南西部に拡張していること。第三に、中国を含むすべての日本が占領している地域から日本軍を駆逐していること。第四に、中国東北部の海岸に空軍基地を設置していること。第五に、極東地域に強力な軍事力を配置していること、であった。なお、日本の敗北とともに、すみやかな占領と武装解除が必要となる。それゆえ、米国は、他の連合国とともに、あるいは単独でも、「敗北した日本の問題を扱う責任」を負う準備をする必要がある、とその研究は強調した。

次に、ＪＳＳＣは、日本の敗北に引き続く第二段階を、「国際社会が永続的な平和を確立しようと試みてきた歴史のなかで重要な」時期であるとする。ヨーロッパにおけるのと同様、日本に対しても、武装解除と占領が多少の再建と救済とともに行われることになろう。しかしながら、対日占領は、日本が「広範囲に散在する帝国」であるために、当然ヨーロッパと異なったものになると考えられた。そこでは、海軍の役割は必然的に大きくなるであろう。また、中国は、中央政府が弱体である可能性が高いことから、対日占領や地域の安全保障を支える力となるとは考えにくい。ソ連が協力する可能性は「さらに不確実」であろう。

また、ＪＳＳＣは、国際機構が平和を維持するようになったとしても、特定の地域では四大国が責任を負うことになると想定していた。米国は主に西半球に、英国とソ連はヨーロッパ、アフリカ、中東でそれぞれ他に優越することになろう。これに対して、極東地域は、英米ソ中四国が共同で管理すると考えられた。ＪＳＳＣは、「米国の軍事的コミットメントは、西半球と極東区域で可能な範囲に限定されるべきである」と勧告した。また、安全保障上の国際協力は望ましいけれども、「現実に機能する国際機構が設立されない場合、あるいはそうした国際機構が創設されたとしても、各国の政策の分岐（divergence of national policies）によって再び崩壊してしまった場合」、戦中、戦後の米国の軍事政策は、米国本土の防衛と西半球、ならびに極東地域における米軍の安全保障を優先的に考えるものでなければならない。この政策を実行するためには、米国の所有、または支配する適切な基地が不可欠であり、また、そうした基地の獲得と整備は、米国にとってもっとも重要な戦争目的の一環と考えられねばならない。幸いなことに、そのような戦争目的は、集団安全保障の理想と相反するものではない（傍点引用者）。

極東地域などにおける軍事的コミットメントに関しては、JSSCは、対日戦争を通じて米国の支配下に置かれるようになった、旧日本委任統治領やその他の島々が、日本に返還されたり他の侵略者に与えられたりすることは決してないということを明らかにする必要がある、と主張した。同様に、米国本土の防衛（ならびに商業用航空路、あるいは国際警察軍による使用）のために、米国は、「ハワイよりフィリピン、小笠原にかけて米海軍および空軍基地のラインを選択し、整備し、強化しなければならない」と強調し、「フィリピンよりも東、赤道以北、北緯三〇度以南の島々は、中立化ないし米国の管理下に置かれなければならない。中国東北部や朝鮮には、少なくとも日本が平和的な国家として国際社会に受け入れられるまでは、海空軍の基地が維持されるべきである」とした[20]。つまり、JSSCは、琉球諸島や南西諸島は、中立化されるか、米国の管理下に置かれるかしなければならないと示唆したのである。だが、ここでは、どのように中立化が実現するのか、米国の管理がいかなる形態をとるのかは明らかにされていなかった。また、どこに基地が必要となるのかも定まってはいなかった。その結果、このJSSCによる研究の改訂版（JCS一八三／五）が一九四三年三月三〇日に開かれた第七一回JCS会議に提出されたとき、リーヒ議長は、米国本土防衛と国際警察軍に必要な空軍基地のリストを短い報告書にまとめた方がよいと指示した[21]。

JSSCが二週間後の四月一〇日に提出したJCS一八三／六（「戦後における国際警察軍に必要な空軍基地」）もまた、「戦後しばらくの間」、国際平和が英米ソ中の四大国に委ねられるであろうことを前提としていた。その後は「ある種の形態の、国際警察軍を含む国際機構」が、世界全体のみならず個別の国益を守るために設立されるであろう。そして、この国際警察軍が軍事的価値を維持するためには、適当な基地を備え、陸海空バランスのとれた軍隊が必要となろう」と主張した[22]。この文書において、JSSCは、戦争の進展状況や国際警察軍の設立に必要な時間、基地の数や地点など不確定要素が数多いことから、基地候補のリストは「慎重に考慮されるべきである」とした。その一方で、JSSCは、「海洋地帯」に予定された基地に関してはこの暫定的なリストで進めてよいと考えていた。なぜなら、こうした空軍基地は、「[国際警察軍の：引用者註、[]は以下同様]部隊の基地候補地への迅速な移動とこれに対する補給、または強化を可能にするよう」優先的に考えられるべきだからであった。太平洋、より正確には「中部太平洋ルート」に沿った地域については、ハワイ諸島、ウェーク島、南鳥島、マーシャル諸島、カロリン諸島、パラオ諸島、マリアナ諸島、小笠原諸島、フィリピン、台湾、そして朝鮮半島に基地が置かれるべきであるとされた。

こうした基地と米国の国家安全保障がどのように関係するのかについて、ＪＣＳ一八三／六は、国際警察軍のための基地が世界規模で設置されることは米国の安全保障に貢献することになるであろうと論じていた。さらに、右記の地域は、「米国の国家安全保障と国益の観点から明確にきわめて重要」であることから、米国が「直接支配、または維持」すべきであると主張した。これらの基地は、必要があれば国際警察軍による使用に供されることになろうと考えられた。「米国の国防および国益に欠かせない」地域は、南太平洋ルート沿いのガラパゴス諸島とクリッパトン諸島、ハワイ諸島、ウェーク島、南鳥島、マーシャル諸島、カロリン諸島、パラオ諸島、小笠原諸島、フィリピンそしてマリアナ諸島であった。そして、こうした地域のうち、米国の主権も長期の駐留権も存在しない地点に米国の基地を設置するためには、そのいずれかを獲得する必要があろうと記した。興味深いことに、琉球諸島は、ＪＳＳＣ九／一では言及されていたにもかかわらず、このＪＣＳ一八三／六ではリストのどこにも挙げられていなかったのである。

同様に、統合参謀本部は、四月一三日の第七四回会議では琉球諸島に直接触れることはなかった。しかし、その後、ＪＳＳＣの起草したリストをめぐってＪＣＳでは議論が繰り広げられることになった。陸軍航空隊総司令官のアーノルド（Henry H. Arnold）少将やウェデマイヤー（Albert C. Wedemeyer）中将などは、いくつかの基地は理由もなくリストから漏れていると懸念した。マクナニー（Joseph T. McNarney）少将は、ＪＳＳＣの示したリストが大陸地域については触れていないことから、ルーズベルト大統領は不満を覚えているのではないかと観察している。結局、リーヒ提督がこの報告をＪＣＳに差し戻し、完全なリストを仕上げてＪＣＳから大統領に提出するよう提案したことで会議は終わった(23)。

ところが、ＪＳＳＣは、ディーン（John R. Deane）少将の指示によってこの作業を中断することになった。その代わりに、ＪＳＳＣは、米空軍基地の必要性について全般的な考察を行うとともに、大統領の要請によって西アフリカにおける米軍基地の必要性について検討することになった(24)。したがって、ＪＣＳ一八三シリーズはこの時点で終了することになったが、その内容は次の研究であるＪＣＳ五七〇の基礎となった。そして、このＪＣＳ五七〇が、米政府内の沖縄政策に大きな影響を与えることになったのである。

二　ＪＣＳ五七〇シリーズと戦後の基地構想

ＪＣＳ五七〇シリーズの最初の研究は、一九四三年一一月六日に完成したが、この中には二枚の地図が含まれていた。一つは、対日戦争に使用される基地を記したものであり、もう一つは、四大国によって維持されることになる予定の基地を記したものであった[25]。ここでは、ヨーロッパにおける戦争終結後の処理が三段階に分けて考えられた。第二段階を除いては、ＪＣＳ一八三で想定されたのと同じである。第一段階では、太平洋での戦闘が継続される一方でヨーロッパにおいて占領が実施される。第二段階では、なんらかの形態の国際機構が設立されるまで、四大国によって平和の監視がなされる。そして第三段階では、集団安全保障を実現する国際機構によって平和が維持されることになる[26]。遠い将来の第三段階に属することになる、空軍基地に関する軍事的要求は、ここでは研究されなかった。ＪＣＳによれば、これは「第二段階を通じて得られた経験と国際機構の発展状況から生じるべきもの」であるためであった。しかし同時に、ＪＣＳは、「第二段階で提案されるであろう空軍基地網は、第三段階におけるその決定の基礎となるであろう」と考えていた。

この研究が大統領に提出される直前の一一月一五日、ＪＣＳは第一二三回会議を開催した。リーヒが記したように、統合参謀本部はＪＣＳ五七〇におおむね賛成であった。しかしながら、航空隊のアーノルド少将は、国務省や他の政府機関が戦後における軍事基地について考え始めなければ、「問題が持ち上がったときには準備ができていないという事態に陥ることになる恐れがある」のではないかと懸念した[27]。それゆえ、アーノルド少将は、大統領が国務省に対して、「［地図に指定しているように］空軍基地ならびに他国の領域内での、あるいは領域を通過する航空作戦を行う権利を獲得するために必要な行動を起こすよう命令する」との内容をＪＣＳ五七〇に含めるよう提案した。「われわれは、空軍基地の獲得とその維持を、米国の将来における安全保障にとって最重要事項であると考える……望ましい権利の獲得は、可能なかぎり早い段階に最大限実現可能と思われる範囲で追求されるべきだ」からである[28]。ＪＣＳ五七〇はこの提案に沿って修正され、同日、ルーズベルト大統領に提出された。大統領は、テヘランでのスターリン（Iosif V. Stalin）ソ連首相と英国首相のチャーチル（Winston S. Churchill）との会談に間に合うよう、一一月一九日にこれを検討した。ルーズベルトは、このＪＣＳの報告にほぼ満足し、南太平洋における米軍の管理地域の範囲を広げるようＪＣＳに命じた。ＪＳＳＣが直ちにこの作業に取りかかることになった[29]。

続いて一九四四年一月七日、ルーズベルト大統領は、ＪＣＳの研究が挙げた基地とその施設の、恒久的ないし長期的使用について、関係諸国との協議を開始するとともに、陸海軍両省と「完全に協力」するようハル国務長官に命じた[30]。ＪＣＳ草案に基づいたルーズベルトの書簡は、「優先順位、タイミング、［関係諸国との］交渉に関する計画については国務省が決定する。陸海軍省は……空軍基地とその施設の相対的重要性を示すとともに、最大、最小限それぞれの要求を設定する」との文言から始まっていた。ルーズベルトによると、最小限度の要求とは、米国が「一定の場合において基地から作戦を実行し、基地にその作戦と防衛の遂行に必要な設備を設置する権利」を意味していた。これに対して、最大限度の要求、つまり「最善の取り決め」とは、米国が以下の権利を獲得することによって「一定の場合において……空軍基地とその施設を所有または長期使用」することが望ましいとされた。

(1) 軍事基地の改善、維持、そして作戦と防衛に必要な物資および設備を無関税で輸入する。

(2) 基地から、および基地への軍用機の飛行を無制限で行う。

(3) 空軍基地の使用と軍用機の飛行、飛行の補助に必要な無線装置、気象設備、通信機器その他の設備を設置する。

(4) 基地と設備、権利の遂行と防衛に必要な人員を維持する。

ルーズベルトの書簡は、「該当地域に相応しい方法は、それぞれの基地の必要性と関係各国の主権からわれわれが獲得したいと望むものに対する現実的なアプローチによって、この二つの極端な要求の間で決定されるであろう」と記していた。ルーズベルトのコメントは、おそらく、英国、フランス、オーストラリアをはじめその他太平洋地域に領土を持つ諸国との間で、それらの国の保有する島々の軍事使用をめぐって交渉が難航していることと関係していた。

一九四四年一月末、ＪＣＳは、国務省に対して軍事上の指導を行う調整機関に任ぜられた。ＪＣＳのもとで、ＪＳＳＣは戦後における軍事基地をさまざまな観点から検討する一方、ＪＰＳと統合戦争計画委員会（Joint War Plans Committee, JWPC）は基地の設置地点について検討するものとされた。[31] ＪＣＳやその下部機関によるこうした研究作業は、一九四五年まで続けられた。ところが、ヨーロッパ戦線の終焉の早さ、そして太平洋における対日戦争の最終段階になって米軍の多くが投入されたことによって、戦後の基地問題は新たな観点から検討される必要が生じたのである。

陸軍参謀総長のマーシャル（George C. Marshall）将軍が、一九四五年五月になってＪＣＳに基地の戦略的必要性を再検討するよう求めたのは、このような新しい戦略的環境によるものであった。そのちょうど一カ月前、沖縄戦が始まったころ、キング（Ernest J. King）提督は、南西諸島が「米国が『協定によって修正されない限りは排他的な軍事的権利を有する』地域として考慮されるべきである」と主張していた。[32] 前述のように、一九四三年三月一五日のＪＳＳＣの研究で、南西諸島の南部は中立化されるか、もしくは米軍管理下に置かれる赤道以北、北緯三〇度以南に位置するすべての島々のなかに含まれることが示唆されていたものの、沖縄が直接、言及されたのはこれが初めてのことであった。

マーシャルの指示によって五月に始められた新たな研究は、JCS五七〇／四〇とされた。だが、戦後における軍隊の役割や予算の割り当てをめぐって陸海空軍の間で争いが生じたことによって、完成にはほぼ五カ月を要することになった。ヨーロッパではどのように戦略的要衝に基地を設置するか、米国は同地域で政治的、軍事的役割を果たしつづけるべきか否か、といった問題も議論された。しかし、太平洋に関していえば、沖縄が戦略的重要性を持つこと、そして沖縄を管理下に置くことは対日戦争を遂行し、戦後において日本を監視するとともに米国の安全保障上の利益を守り、さらに将来的には地域の安定を維持する観点から死活的に重要であるとの認識は軍部のなかでほぼ共通していた。それは、一九四五年までには、米国の安全保障政策のなかで一致した見解となり教義に近いものとなった。この認識が米国政府、軍部のなかでいかに生まれたかは後述するが、まず、米軍部が沖縄と日本との政治的、社会的関係の観点から沖縄をどのように理解していたかを簡単にみておく必要があろう。その見解において、米軍部は、沖縄が日本からの分離を歓迎するであろうと予想していたのである。

三　沖縄と日本の「相互離反」——OSSによる研究

一九四四年の初頭、戦略局（Office of Strategic Services, OSS）の調査分析部（Research and Analysis Branch）と海軍作戦部は、軍事占領と民政に関する計画立案の一環として、沖縄諸島の政治社会、経済問題についての研究に着手した[33]。三月には、沖縄の人々の性質や歴史、日本本土の人々との違いを七頁に要約した最初の報告がまとめられた[34]。第二の報告書は、沖縄人の人種的起源を沖縄の男女の写真を添えて説明したものであったが、同じく三月に提出された。この報告には、沖縄人と本土人の姓名を漢字で一〇頁に及ぶリストに記して分析した結果も含まれていた[35]。そして、第一、第二の報告書を基礎とする第三の報告書、「沖縄研究　第三号——琉球列島の沖縄人　日本の少数民族（"Okinawan Studies No. 3 The Okinawas (sic) of the Loo Choo Islands A Japanese Minority Group"）」は、六月にまとめられた[36]。古い資料をつなぎ合わせて作成されたこれら報告書の見解は、沖縄の人々が日本本土の人々とは異なるという姿勢で貫かれていたといってよい。なかには、一八五二年から五四年にかけて記されたペリー（Matthew C. Perry）提督の記録や、沖縄人を第二級市民とみなす日本側の資料が含まれていた。とりわけ後者は、研究に携わった担当者の主張に強い影響を与えたものと思われる。また、これより三五年前に出版されたシュワルツ（Henry B. Schwartz）の著書も資料として使用された。シュワルツは、鹿児島と沖縄双方に数年間滞在したアメリカ人で、日本政府による沖縄の同化政策に批判的であった人物である。[37] さらに、報告では、南米やハワイ、太平洋の島々に移住した沖縄の人々についても調査された。その結果は、沖縄人のコミュニティと本土人のそれとの間には交流がなく、彼らは互いに嫌悪し合うのが通常である、というものであった。つまり、この一連の報告書は、「沖縄人は日本人ではない」と結論していた。これは、次章で取り上げる国務省の研究結果とは大きく異なっていた。国務省による検討は、当時のアメリカが有したトップクラスの日本研究者、ないし東アジア研究者によるものであった。

それでは、三つのうち、最も包括的である「沖縄研究 第三号――琉球列島の沖縄人 日本の少数民族」の内容を簡単にみておこう。一一〇頁におよぶこの報告書は、三部構成でまとめられていた。第一部では、沖縄の歴史、起源、人々の気質、言語、服飾、経済、社会、政治、宗教、そして日本や中国との「外交関係」が五八頁にわたって綴られている。つづいて第二部は、ハワイに移住した沖縄人についての研究を一三頁にまとめたものであったが、特にハワイやその他の地域に移住した日本本土人と沖縄人の間の「相互離反（reciprocal separateness）」性に焦点を当てていた。二九頁からなる第三部は、日本人と沖縄人との間に存在する独立性と「相互反感（mutual antipathy）」について次のように述べている。

沖縄出身の一部の人々が持つ、日本人の全てに対する漠然とした嫌悪感に加え、敵意という、嫌悪感よりも強い感情が存在しており、しばしば沖縄においても見られる……全体の政治状況も、この状態に調和をもたらすことに貢献するものではなかった様子である。地元民はほとんど完全なる日本の臣下にある。知事は常に部外者の内地人で、県議会に対する彼の拒否権は絶対である。裁判所は中央政府によって運営されており、また重要な管理職は日本人によって占められている……沖縄は薩摩の時代から常に経済的に搾取されてきた。今日でも貿易業者の多くは日本人であり、金儲け以外にはこの国に対して全く興味がない。このことは、度重なる侵略に対する地元民の敵意を持続させ、不平を抱く正当な理由となっている。[38]

この報告書は、「沖縄人は、沖縄でも移住先でも日本人とは異なっており、彼らの独立性は増しつつある」というOSSの研究者の議論を要約するとともに、米国は、対日戦争でこの「亀裂（cleavage）」を利用することができると示唆していた。「日本本土人と沖縄人の間に存在する身体的特徴、歴史、支配形態やその他さまざまな面における相違と関連するかたちで心理戦が行われることが望ましい。戦争を遂行するに際して、沖縄人が米国の代理人として有用であることは、彼ら自身によって証明されるであろう」。報告書は、琉球諸島を占領した暁に、占領機構が期待できるであろうものに言及して締めくくられていた。

海軍の民政部門が占領地の復興業務に従事するにあたって、日本人の二つのグループについて知識を持っておくことは、この報告書で取り上げられた地域［沖縄］の管理に資するであろう。沖縄人の態度や反応は本土人と異なることが予想され、したがって、沖縄人の知識層の信頼と尊敬を得るためには、沖縄の歴史に通じておくことが役立つであろう。内地人よりも彼らとの協力を想定したほうがよい。彼らが復興計画において日本人ではできない重要な役割を果たせるよう、彼らの能力がある枠組に沿って利用されることが望ましい。

次に重要な軍部による沖縄研究は、一九四四年末、沖縄侵攻の決定にともなって完成した。この研究は、実質的には、マードック（George P. Murdock）、フォード（Clellan S. Ford）、ホワイティング（John W. M. Whiting）ら三人の人類学者が、イェール大学による異文化研究の一環として一九三七年七月から一九四一年一二月にかけて行っていた調査によって始められていた[39]。海軍省は、最終的に一九四三年、この三教授をコロンビア大学の軍政学校に迎え、その研究を継続させた[40]。彼らのチームは、全八部からなる「民事ハンドブック」を作成し、その一部である「民事ハンドブック、琉球諸島（ＯＰＮＡＶ一三一三一）」は、海軍省作戦本部指令部によって一九四四年一一月一五日、配布の準備が整えられた。そして、この「民事ハンドブック」は、日本および日本が領有する島々に対する米国の民政計画の主たる資料となったのである[41]。

琉球諸島に関するハンドブックは、三三四頁にわたる膨大な文書であった。これは、地図二二枚と五二種類の図表を用いつつ、沖縄の社会を、歴史、社会、経済、人類学的見地からのみならず、食生活、福祉、金融、労働運動、移民などその他あらゆる観点から詳細に検討したものであった[42]。しかし、ハンドブックの著者の見解は、「沖縄諸島の住民は進歩の遅い田舎者、という日本人の沖縄人に対する伝統的な差別」を反映して、沖縄は「原始的で発展途上の社会」という固定観念に支配されていたものと考えられる。これは、ハンドブックの作成にあたって用いられた資料のうち、一九三〇年代後半、日本人が沖縄人を「第二級市民」と見下す傾向が強まった時期に記された日本の文書が全体の九五％以上を占めていたことによるものであった[43]。それでも、このハンドブックは本となって次々と配布された。そのため、大田昌秀など、このハンドブックが米国の沖縄占領政策の立案とその遂行に大きな影響を与えたと論じる学者も多い[44]。さらに、この一連の報告書は、沖縄の司令官のみならずマッカーサーやハワイの太平洋司令官、そしてワシントンの軍首脳にも影響を与えることになったと推察される。彼らもまた、戦後における沖縄の地位を決定するにあたって、意識的にせよ無意識にせよ、沖縄が日本本土に対して「独立性」を持っているという社会人類学的観点を考慮に入れたのであった。

沖縄に関する政策決定が行われる前の一九四五年の初頭には、戦略的基地をいかに確保するかという問題がワシントンの政策決定者の間で浮上した。だが、米国にとって基地が必要であるという点で彼らの間ではコンセンサスができあがりつつあったものの、戦後世界における国際協調、特にソ連との協調という複雑な問題がそこに影を落としていた。そこで、次節では、米国政府内の合意形成について見ることにしたい。

四　沖縄の戦略的重要性と米軍のコンセンサス

コンバースは、戦後の米軍基地の設置に関する立案作業について、開始されたのが遅かったにもかかわらず、省庁間の密接な協力体制のもとで行われたために、戦争遂行と戦後計画の立案とは異なりそれほど困難ではなかった、と記している[45]。この点について、彼は三つの理由を挙げている。第一に、軍の最高指揮官であるルーズベルト大統領が、ＪＣＳに基地に関する計画立案を進めるよう指示したことであった。第二に、基地の設置に望ましい地点が選定されれば、次の段階としては、国務省が基地にまつわる米国の権利をめぐって関係各国との交渉に入るためであった（もっともこの点に関して、コンバースは、政治的、外交的悪影響を懸念していた国務省が基地に関する軍部の要求を制限することのないよう、陸海空の三軍が団結する必要があったということを見落としている）。そして第三に、*Preparing for the Next War*（「次なる戦争に備えて」）と題する研究を引用しながら、コンバースは、陸海空軍の間で意見の相違や競争が存在したにもかかわらず、多くの点において「軍部の指導者は、彼らが同じ目的を共有し、その目的のために共に行動すべきであることを理解していた。彼らは、過去を共有しているのみならず、将来における国際社会の不安定、飛躍的に向上した技術、そして国民の無関心に対して共に立ち向かうであろうことを確信していた[46]」と、その理由を述べている。本節では、沖縄との関連で、このような見解が妥当であるかどうかについて、明らかにすることとしたい。沖縄に関するかぎり、陸海空軍のコンセンサスは、早期に形成され得たとはいえ、多くの困難を伴うものでもあったのである。

（1）海　軍

一九四五年六月、海軍省の担当官は、ルーズベルトの急死によって大統領に昇格したトルーマン（Harry S. Truman）大統領と新しい国務長官代理バーンズ（James F. Byrnes）に、戦後世界の米軍基地に関する海軍の要求について、簡潔な説明を行った[47]。これは、その一カ月前にまとめられた「戦後の基本計画（一）」と題される研究のなかに盛り込まれた内容であった。一九四四年秋に開始されたこの研究は、翌年三月にキング提督とニミッツ（Chester W. Nimitz）提督、そしてキングとフォレスタル海軍長官の間での検討を経て、急ピッチで進められた[48]。この研究では、全世界で七五地点予定された基地のうち五三が太平洋に想定されたことに示されるように、太平洋に重点が置かれていた。なお、同研究はなるべく広い地域をカバーしようとした。なかでも、フィリピン、マリアナ諸島のグアム、サイパン両島に奄美諸島、硫黄島という、海軍が伝統的に重要視してきた地点に加えて、琉球諸島が通常の基地として予定されたことは注目に値する。沖縄本島への侵攻が始まった四月一日には、キング提督は、沖縄はJCS五七〇／二で定義された「黒色区域」（国際機構によって平和が実現するまで共同管理を行う四大国の一員としての米国が必要とする地域）ではなく、「青色区域」（米国が直接防衛する地点、租借地、または占領地）の一部として考えられるべきである、とJCSに要求した[49]。

琉球を通常基地として使用したいという海軍の要望は、六月にトルーマンに対する説明が行われた直後、大統領海軍補佐官が海軍の戦後計画を監督していたエドワーズ（Richard S. Edwards）提督に太平洋の基地と日本の委任統治領に関する見解を尋ねた際に確認された。エドワーズは、複数の地政学的なライバルの存在からみて黄海から太平洋にかけての地域が重要であることを説いた。太平洋における基地群によって、米国は「アジア地域の問題に関与し、または日本・アジアの紛争ゾーン（trouble zone）と太平洋の間に立つことができる」であろう[50]。海軍にとって、戦争の教訓――米国はこの地域を絶対的支配のもとにおく必要がある――は明白であった。当時の関係者やオブザーバーたちのいうように、海軍は、この地域をまさに「米国の湖」とすることを考えていたのである[51]。

（2）陸　軍

六月に海軍からの説明を受けた直後、トルーマンは古くからの友人であり、軍事問題の助言者でもあるバーガン（Harry H. Vaughan）陸軍大佐に、「琉球、小笠原諸島・火山列島、硫黄島、南鳥島、そのほか太平洋の日本委任統治領に米国が排他的軍事的権利を必要とすること」について陸軍の見解を得るよう求めた。陸軍の回答は、マーシャル陸軍参謀総長自身による修正を経て提出されたが、極東が地政学的に重要であり、太平洋防衛ラインを築く必要があるという海軍の主張を確認したものであった。「太平洋の周辺地域」に基地の権利を維持、または獲得することによって、米国は「戦略的に死活的重要性を持つ地域に対するアプローチを支配し、奇襲攻撃を防ぐ」ことができるであろう。加えて、「太平洋中部を横断する戦略的通信ラインの側面を守り、主要基地群の前哨地」となる近接地域の基地は、「太平洋における米国の軍事拠点を保障するだけではなく、米国が紛争地域へ軍事力を投入し、他国による米国への攻撃を抑止することを可能にする。したがって、国際平和を実質的に維持する」ことになろう。陸海軍の間の対抗関係（この時期、空軍は陸軍の一部門であった）が続いており、航空兵力の重要性という現実的な認識をもっていたから、陸軍は、「海軍によって補強された航空兵力」に第一義的重要性が置かれるべきであると主張していたのである[52]。

マーシャルと陸軍にとって、沖縄におけるアメリカのプレゼンスは、安全保障を確実なものとし、結果的に地域の安定をもたらす手段であった。したがって、マーシャルの覚書は、「情勢の不安定な地域に米軍基地を設けるだけでも、平和と安定に大きな影響を及ぼすことになろう。数ある潜在的紛争地域のなかでも、黄海に面する地域はとりわけ重要である。したがって、琉球諸島に米軍基地を設置すると同時に、それ以外の島々を非武装化し友好的な関係におくことが緊要である」と記していた。さらに、沖縄の米軍基地は、台湾の情勢が不透明であることを考えれば、太平洋西部でも重要な役割を果たすと考えられた。マーシャルは次のように言う。

北からのフィリピン防衛は、アジア大陸海岸の中央部分を支配する戦略的位置を占める台湾の基地によって確保され得る。カイロ宣言で、台湾は中国に返される。非武装化され、米国に友好的な台湾は、琉球諸島の基地に補強されることによって、フィリピンの北面を防護するべきである。しかし、今この段階においては、台湾の将来が不確定であり、したがってわれわれがとるべき方向性の最終決定は事態の進展を待たねばならないことを、われわれは認識せねばならない。もし中国がきわめて戦略的価値の大きいこの島を保有することができず、また非武装化することもできなければ、もしくは、いずれかの国がこの島に対する権利を獲得しそうなことにでもなれば、米国は、この地域に対する優越的、可能ならば排他的な軍事的権利を獲得できるよう行動を起こすべきである。[53]

その後も、マーシャルと陸軍は、この見解を保持しつづけた。なお一九四七年に陸軍から独立した空軍も同じ見解をもっており、沖縄における米軍のより大きなプレゼンスを要求することになる。

(3) 陸軍航空隊

陸軍航空隊は、一九四五年七月一一日にその研究を終えた。トルーマンが陸海両軍の見解について説明を受けてまもなく、そしてトルーマンがポツダム会議に向けて出発した四日後のことである。「戦後の空軍基地に関する米国の要求と外国領域における権利」と題された陸軍航空部の研究は、航空参謀戦後部門（Air Staff's Postwar Division）と航空輸送司令部（Air Transport Command）の計画課から構成された特別研究グループによるものであった。[54] これは、全世界を一二五地点に設けられた基地（米国領や米国とすでに協定がある地域に存在する二五の基地は含まれない）で覆うという大胆なものであった。ヨーロッパ大陸に基地が設置される計画はなかったため、太平洋における基地は、防衛と米国の軍事力の展開についてより重要な役割を果たすと思われた（同研究は、北アフリカや中東、南アジアでの基地とその権利を獲得すべきであると勧告している）。したがって、陸軍航空隊は、西太平洋の防衛線上に位置する沖縄や台湾に米軍基地を設ける排他的権利を得られるよう希望した。この段階での航空隊の研究は、何に対する防衛を目的として防衛線を設定しているのかを明らかにしていない。しかし、陸軍航空隊の情報機関が一九四五年八月にまとめた報告では、ソ連が「米国の安全保障を脅かし得る唯一の国家」であると想定されていた[55]。つまり、この報告は、戦後世界では航空兵力こそ戦略的な軍事手段になるという陸軍航空隊の強固な信念を再確認したものだったのである。

以上の議論からみて、軍部内においては、陸軍航空隊と海軍が米国が琉球諸島を保持することに関してもっとも熱心であった（もっとも、後に海軍は、沖縄が頻繁に台風に襲われることや、佐世保と横須賀に海軍基地を確保できるようになったことから、沖縄に対する関心を後退させる）[56]。実際、空軍にとっては、沖縄の空軍基地、とりわけ嘉手納基地は、極東における空軍基地のなかでも最大規模のものになるのであった。

（4）政府内合意の形成

軍部が戦後における米軍基地の必要性について研究を進めていたころ、トルーマン大統領は、一九四五年七月一七日から八月二日まで開かれたポツダム会談に出席していた。この会談では、カイロ宣言を再確認したポツダム宣言の第八項が英米中の三国（のちにソ連も）によって承認された[57]。八月上旬に帰国したトルーマンに対して、軍部は、沖縄と太平洋が米軍の戦略的必要性にとって大きな意味を持つことを説得しようと試みた。とりわけ、軍部は、六月に開かれた国連創立会議の冒頭でステティニアス国務長官が世界、特に太平洋における米軍の基地に関して述べた内容よりも明確な声明を出すべきであると強調した。トルーマンは、終戦を目前にした八月一〇日のラジオ演説でこれを実行した。

> 合衆国は、この戦争の結果として領土や利益を獲得せんと欲するものではない。しかし、われわれは、米国の国益と国際平和を保障するために必要な軍事基地は維持するであろう。米国は、米国軍部がわれわれの安全保障に不可欠であると判断した基地を獲得する。米国は、国連憲章に合致する協定によって、こうした基地を獲得することになる[58]。

終戦二カ月後の一〇月二七日、海軍記念日の式典の席で、トルーマンはこの演説の内容をさらに拡大した。

> 米国の外交政策は公正と正義の原則に基づくものである。これらの原則を実行するに際して、われわれは、われわれが正しいと信ずることに忠実たらんとするものであり、悪との妥協を決して許さない。しかし、われわれは、理想的な世界が一夜にして出現するものではないことを知っている。米国は、理想的な世界を追求するあまり、国際協調の実現に向かう着実な歩みが妨げられることを許すものではない。われわれは、たとえ不完全な世界で生きなければならないとしても、米国の根本原則の範囲内で可能なかぎりの責任を果たす準備をせねばならない[59]。

さらにトルーマンは、米国はいかなる領土も欲するものではないとする一方、「米国の防衛のために基地を設置する権利」を行使するであろう、と述べている[60]。トルーマンの演説は、米国は、米国の安全保障が危険にさらされたり妥協を余儀なくされたりすることのないかぎり、国際協調に準ずるであろうこと、しかし、いずれにせよ、米国は、日本の敗戦によって力の空白が生じた太平洋で、戦略的要衝となる島々の要塞化を進めるであろうことを意味していた。

トルーマンのこうした姿勢に勇気づけられたようであるが、軍部のなかでも海軍は、戦後における米軍の広範な基地体系の必要性について公に主張しはじめた[61]。九月二日にミズーリ号上での降伏文書調印式が行われた直後、ヘンセル（H. Struve Hensel）海軍次官補は、ワシントンでの記者会見において、太平洋で必要とされる「絶対最小限度」の基地であると海軍がみなすものについて言及した[62]。これらの基地は、「米国が維持しようとすべきもので、かつ防衛可能なもの」であり、コディアク、アダック、ハワイ、バルボアならびにパナマ運河、グアム、サイパン、テニヤン島、硫黄島、沖縄、マヌス、フィリピンが含まれていた[63]。太平洋戦争の教訓と将来起こりうる戦争への恐怖を反映して、ヘンセルはさらに、海軍が勧告する米国によって維持されるべき基地は、「海軍にとって不可欠である」という理由からではなく、「そうした基地が他国によって使用されることを防ぐことを主たる目的として」さらに増えることになると言明した。

九月一〇日には、フォレスタル海軍長官がトルーマン大統領に対して、戦後世界における米軍基地とその獲得手続に関する軍部の見解を説明した覚書を提出した。フォレスタルは次のように述べている。

太平洋の軍事基地に関する問題は、陸海両軍にとっての死活問題であると同時に、ＪＣＳによって断続的に検討されてきた問題である。軍事的安全保障の確立と基地の管理は、陸海軍と陸軍航空隊の相互協力と統一された基地体制によってのみ達成される。マリアナ諸島や沖縄、その他米国の安全保障にとって必要な太平洋の諸島の基地に対してどのような統治機構が設立されるかは、三軍の統合された基地、とりわけ海軍だけではなく陸軍や陸軍航空隊にとっても重要である。したがって、どのような統治機関が設立されるかについての研究を進めるよう、国務省と陸海軍省に対して勧告すべきである[64]。

翌一一日にトルーマンはこの覚書を承認し、一九日には、空軍力を高く評価している陸軍次官補マックロイが、国務・陸軍・海軍三省調整委員会（State, War, Navy Coordinating Committee, SWNCC）の極東小委員会に太平洋の島々の統治機構について研究を開始するよう要請した[65]。ところが、九月二四日、フォレスタルとマックロイは、ＳＷＮＣＣの国務省代表と会談する前に軍部の見解を調整することと、基地の数や位置、その形態、責任者に関するJCSの決定に従うことについて合意した。この合意の結果、SWNCCに対するマックロイの提案は撤回され、陸海軍首脳は、沖縄や西太平洋の諸島の地位についてフォレスタルが提起した問題を統合計画参謀に研究させることに決定したのである。[66]

五　沖縄の保有化――JCS五七〇シリーズと沖縄

JPSによる検討作業を見る前に、軍部の計画者たちが米軍基地あるいはその候補予定地にいかなる優先順位をつけていたかを見ておく必要があろう。表2-1に示されているように、基地は、「絶対不可欠（absolutely vital）」から「必要（necessary）」まで四つのカテゴリーに分類されていた。

(1) 四つのカテゴリー

「最重要基地群（primary base areas）」と呼ばれたのは、戦略的に重要な地点に位置し、米国、西半球における米国領、さらにフィリピンの安全保障にとって不可欠な基地体系の根幹を成すとともに、米軍の軍事作戦を保障する拠点となる地域である。具体的には、アリューシャン列島、パナマ運河地域、ハワイ諸島、マリアナ諸島、フィリピン諸島、琉球諸島、プエルトリコ、バージン諸島、ニューファンドランド、アイスランド、そしてアゾレスであった。

「第二重要基地群（secondary base areas）」と呼ばれ、優先順位の二番目に置かれたのは、「最重要基地群」の防衛ないしはこれへのアクセス、そして米軍の軍事作戦の保障に不可欠であると考えられた地域である。ミッドウェイ島、南鳥島、小笠原諸島、トラック島など太平洋の一六の地点、大西洋ではグアンタナモ（キューバ）、バミューダなど一〇の地点が指定されていた。

第三のカテゴリーは、「補助的基地群（subsidiary base areas）」と呼ばれた。これらは、最重要および第二重要基地群の柔軟性を確保するために必要な基地であるとされ、台湾、カナリア諸島、パラオのほか一一の地点が想定されている。

「副次的基地群（minor base areas）」と呼ばれた第四のカテゴリーは、米軍の基地体系の柔軟性を確保するために、通行権やその他あらゆる軍事的権利を必要とする地点であり、ニューカレドニア、ダカール、キュラソー、ガダルカナル島などが考えられた。[67] 軍部によるその後の戦略計画は、かなりの程度表2-1の内容に基づくことになる。

フォレスタルとマックロイがSWNCCの国務省代表と会談を開く前に軍部の見解を調整しようとしていた時点で、沖縄は小笠原諸島、およびマリアナ諸島を除く旧日本委任統治領とともに、一九四五年九月二七日付のJCS文書、JCS五七〇／三四において「第二重要基地群」であるとされていた。[68] しかし一〇月一〇日、JCS五七〇／三四について議論を続けていたJCSは、基地リストの最終版に載せる地点を決定するべきか

表2-1　基地区域の定義と位置（JCS 570/40）

基地区域	定　　義	場　　所
最重要基地群	戦略的要衝に位置し，アメリカとその領土，西半球およびフィリピンの安全保障に必要な基地システムの基礎を構成する基地。	パナマ運河地域，ハワイ諸島，マリアナ諸島，フィリピン諸島，琉球諸島，アラスカ南西部―アリューシャン列島，ニューファンドランド，アイスランド，プエルトリコ，バージン諸島，アゾレス
第二重要基地群	最重要基地群の防衛とアクセス，また軍事作戦展開のために必要な基地。	フェアバンクス―ノーム―アラスカ中西部，ミッドウェイ島，ジョンストン島，ウェーク島，南鳥島，小笠原諸島―火山列島，トラック島，クワゼリン島，マヌス，米サモア，ガラパゴス諸島，カントン島，バミューダ，グリーンランド，ベルデ諸島，アセンション島，グアンタナモ（キューバ），トリニダード，パナマ共和国にある空軍基地，ナタール―レシフェ地域（ブラジル）
補助的基地群	最重要・第二重要基地群のシステムの柔軟性を増すために必要な基地。	アネット（アラスカ），ヤクタット（アラスカ），ヤップ―ウリチ，エニウェトク，タラワ，マジュロ，パルミラ，パラオ，台湾，フナフチ，タララ（ペルー），カナリア諸島，ジョージタウン（英ギアナ），ベレン（ブラジル），セントトマス，アンティグア，サンタルチア，バハマ
副次的基地群	基地システムの柔軟性を増し，その有用性を保証するため，未獲得であれば，通過権とその他の軍事的な権利を必要とする基地。	モロタイ，ビアク，ガダルカナル―ツラギ，エスピリトサント，ヌメア（ニューカレドニア），ビチレブ，エドモントン―ホワイトホースからアラスカまで，チーモ駐屯地―フロビシャー湾からグリーンランドまで，サリナス（エクアドル），バティスタ駐屯地（キューバ），ジュリアン―ラフェ（キューバ），キュラソー，クリスマス島，ボラボラ島，クリッパートン諸島，ウポル，英サモア，ジャマイカ，スリナム，カサブランカ（ポールリョーテー），ダカール，モンロビア，グースベイ（ラブラドル）

どうかをめぐってあらためてこの問題を取りあげた。陸軍航空隊総司令官のアーノルド少将が、米国はいかなる潜在的な敵にも二四時間以内に対応せねばならず、沖縄などの基地が早期警戒と敵軍の迎撃に必要な前線基地となることを理由に、グリーンランド、アイスランドとともに沖縄は第二重要基地群から最重要基地群へ格上げされるべきであると主張した[69]。ＪＣＳは、一〇月一〇日付のＪＣＳ五七〇／三七でアーノルドの議論を受け入れた。

海軍作戦部長キング提督は、「米国と西半球の防衛に必要な基地体系を確立するに際しては、得られる安全保障と、平和時に活動を行ったり前線基地を使用したりする程度によっては他国への脅威となる場合との間で均衡をとらねばならない」と警告した[70]。しかし、沖縄が極めて重要であるとの軍部の一致した見解を代表するように、キングは、「琉球諸島を最重要基地群に含めること」に同意した[71]。なお、九月一九日の下院海軍委員会の席では、キングは、太平洋地域の諸島基地に関しては信託統治よりも統治権を得ることが望ましいとまで発言している[72]。

しかしながら、海軍がこの考え方で一致していたわけではないことも記しておかねばならないであろう。キングのこのコメントが出る数週間前、八月下旬にマニラで行われた記者会見において、スプリュアンス（Raymond A. Spruance）提督は、沖縄を要塞化することに強い反対の意を示している[73]。スプリュアンスは、アジア大陸の海岸部、またはその近接地域に基地を設けることは、「米国の海岸を封鎖する位置にある島が外国勢力の手に落ちれば、米国にとっては棘のような存在になる」のと同様、ソ連や中国を刺激することになる、と主張した。沖縄は戦略的に価値のある地域だが、「国際的には火薬庫となる可能性」もあり、したがって、「外交によってその最終的な処置を決定されるべき地域」である[74]。スプリュアンスの主張は識見に富み、また国務省のなかでも同様の意見があったが、こうした意見は、「海軍に衝撃を与えた[75]」。そして、スプリュアンスの懸念は、海軍の議論をリードすることにはならなかったのである。

いずれにせよ、戦後世界における米軍基地の数、位置、構成に関する研究は一九四五年一〇月二五日に終了し、JCS五七〇／四〇「軍事基地とその権利の必要性に関する総合的検討」としてJCSに承認された[76]。そして、JCSは、SWNCCを介し、国務省に外交チャンネルを通じて必要な国際協定を探るよう要請した。その際、JCSは、「米国が望ましい権利を得て結果として生ずる包括的な基地システムは、国際連合が破綻した場合に米国の安全保障にとって不可欠となるだけではなく、国際連合による国際平和の維持が実効性を持つのに貢献することになる」と主張している[77]。二週間前のJCS五七〇／三七に基づいたJCS五七〇／四〇では、琉球諸島は「最重要基地群」と考えられ、米国が排他的な権利を持つべきであるとされた。同様に、「すべての旧日本委任統治領と小笠原諸島と琉球諸島を含む日本から分離された中部太平洋諸島は、米国の排他的な戦略的支配のもとに置かれることになろう」、とされた[78]。沖縄の長期維持を望む軍部の要求は、ここで具体的な形をとったのであった[79]。

（2）沖縄の信託統治をめぐる問題

JCS五七〇／四〇では、どのような形態で戦略的支配がとられるのかは定義されていなかった。この問題は、翌年一月一七日、JCSが前日のバーンズ国務長官の要請により、JSSCに国連憲章第八二条を参照しながら沖縄に対する戦略的支配のあり方を再検討するよう命ずるまで棚上げされることになった[80]。JCSの指令を受けたJSSCが即座に検討を行った結果、一九四五年一〇月八日にリーヒ提督の提案によって改正された条項JCS五七〇／三四の第九項aに問題があることが判明した。当初、この条項には、「すべての日本委任統治領、および小笠原諸島と琉球諸島を含む日本から分離された中部太平洋の島々は、米国の主権行使によって、それが無理な場合はこれらの島々を戦略地域に指定する信託統治協定の締結によって、米国の排他的戦略的支配のもとに置かれることになる」と記されていた[81]。リーヒは、一〇月八日付のJCS五七〇／三六で、後半部分「米国の主権行使によって、それが無理な場合はこれらの島々を戦略地域に指定する信託統治協定の締結によって」を削除していた[82]。JSSCはこれに懸念を示し、その勧告はJCS五七〇／四八で受理された[83]。四日後、JCSはSWNCCに対して、JCSの見解を国務長官に提示するよう要請した。JCSによる研究、JCS五七〇／五〇（「特定の太平洋地域における米国の戦略的支配」）では、米国がカロリン諸島、マリアナ諸島、マーシャル諸島、パラオに主権を行使するとともに、南西諸島および南方諸島には「戦略地域に指定する信託統治協定」を締結すべきである、とされた。南鳥島に関しては、JCSは特に問題があるとは考えなかったようである[84]。

こうした勧告を作成するにあたって、JCSは、ロンドンで開催されていた国連総会に出席中であった米国国連代表部の軍事委員会からの特電に依拠していたものと思われる[85]。軍事委員会のターナー（Richard K. Turner）提督は、日本委任統治領、火山列島、小笠原諸島、そして琉球諸島に対する信託統治に関する問題は、対日講和条約の締結まで延期されうるとする一方、「現在米国の統制下にあり、米国の現在および将来の軍事的位置に対して直接、間接の戦略的軍事価値を持つすべての領域に、国連憲章第八二条に合致する信託統治方式、ないしは他の方法によって米国が排他的な支配を維持することができるならば、米国の国益は、国連憲章第一二、一三条によって十分に保護される」と述べているからである[86]。

次章以下で論ずるように、これ以後数年の間、国益重視派と国際協調重視派との間の論争が継続する一方で、沖縄に対する国連の信託統治に米国の安全保障上の要求を保障する能力があるか否かを懸念する声は次第に大きくなることになる。この間、JCS五七〇シリーズは修正が繰り返された[87]。しかし、JCS五七〇／四〇にみられた沖縄に関する議論はそのまま維持された。つまり、戦略的に重要性の高いことが認識されつつ、いかなる方法で統制するか、将来の政治的、国際的地位をどうするかといった問題は未決定のままにおかれたのである[88]。「沖縄」も小笠原諸島も、軍事的決断以上に政治的決断を要する問題であり、このことは、南西諸島や小笠原諸島の獲得を、軍部にとって極めて複雑な問題としたのである。次章では、この問題の政治的、外交的側面、具体的には国務省内の戦後計画に目を向け、国務省が沖縄についてどのように考え、いかなる政策を生み出していったのかを検討する。

第3章　米国国務省の戦後計画と沖縄　一九四二―一九四六

――「領土不拡大」原則の実現へ――

はじめに

前章で見たように、米国軍部にとって、第二次世界大戦の勃発を準備不足で迎えてしまったことは何ものにも勝る教訓となった。しばしば言及される「真珠湾を繰り返すな」というフレーズに、それがよく象徴されている。一方、国務省にとっては、国際社会が第一次世界大戦後の平和を維持できなかったことが何よりの教訓であったのであろう。ドイツに対する峻厳で懲罰的な講和は、世界恐慌が引き金となった保護主義と相俟って、ヒトラー（Adolf Hitler）のような煽動政治家の出現を許し、ベルサイユ条約でドイツに課された条項を必要があれば武力をもってしても覆そうとする試みを不可避にした。国際連盟のもとで築かれた国際協調が脆弱であったことも、ヒトラー・ドイツの行動を容易にした。第一次世界大戦後に孤立主義の風潮が広がった米国は、「戦争違法化」への甘い期待と大恐慌のもたらした混乱によって、事態の打開になんら手を打つことはなかった。したがって、国務省が第二次世界大戦前から戦後世界の平和について研究を開始したとき、新たな世界大戦を防ぐためには第一次世界大戦と戦間期の誤りを繰り返すことだけは避けねばならない、という認識が共有されていたのである。

持続的な平和を戦後世界に築くための基本理念の一つは、ルーズベルト大統領と英国首相チャーチルが一九四一年八月にニューファンドランド沖の北大西洋で会談した際に決められた。実際、対日講和条約について先駆的な研究を行ったダンは、この会談とこれに引き続く宣言を「戦後目標に関するもっとも重要な声明」であるとみなしている。[1] この時点で、米国はドイツとも日本とも戦争を始めていたわけではなかった。しかし、米国は、世界征覇の野心にとりつかれた独裁者が支配する「国際社会にとって危険な」ナチス・ドイツとの戦いにおいては、英国と利害を共有することに疑いはなかった。同時に、ルーズベルトは、海外植民地の維持を切望する英国になんの同情も抱かなかった。[2] ルーズベルトにとっては、植民地問題は国際社会が直面するもっとも大きな問題の一つであった。そして、アメリカ人の多くは、植民地主義が戦争の主たる要因であり、もし終止符が打たれなければおそらく将来も戦争の原因となりつづけるであろうと信じていたのである。

八項目の「大西洋憲章」は、戦後世界に再び秩序を与えたいというルーズベルトの意向を反映したものであり、同時に、頑固ではあったが非常な尊敬を集めた政治家、チャーチルがルーズベルトとともに「よりよい世界を実現せんとする希望が拠るべき英米の共通の原則」であるとみなしたものであった。[3] 以下に引用するこの共同宣言の最初の三項目は、特に本章に関連している。

第一に、[米国と英国は]領土その他の拡大を追求しない。

第二に、米国と英国は、住民の意思に拠らない領土変更を欲しない。

第三に、米国と英国は、すべての住民の政体選択の権利を尊重する。そして、主権と独立した政府を無理やり奪われた人々に、これらが回復されることを望む。[4]

ルーズベルトはその若き日から反帝国主義者であったわけではなかった。実際、若き日に彼が尊敬したのは、年上の従兄弟にあたるルーズベルト（Theodore Roosevelt）大統領であった。しかし、一九二〇年代後半までには、彼のなかで反植民地主義的見解が芽生えはじめていた。[5] 一九二八年の『フォーリン・アフェアーズ（*Foreign Affairs*）』誌に民主党のスポークスマンとして寄稿した論文のなかで、ルーズベルトは、「すでに明らかとなった現実だけではなく、より高尚な多くの新しい法の原則、つまり国際関係における新しくてよりよい基準を米国が受け入れなければならないときが来た。われわれは、自国の主権を守ることについては非常に熱心であるが、これと同じ感情を他の国が抱くことは当然であり、それを尊重すべきである」と強調した。[6] 大西洋憲章に反映されたように、戦後世界における持続的な平和を願うルーズベルトの意思は、全体として米国政府、とりわけ国務省の指針となった。実際、国務省の戦後計画では、「領土不拡大」の原則を実現することが重要な目的の一つであった。歴史的には日本の領土の一部である沖縄については特にそうであった。本章の課題は、沖縄の処遇に関して国務省がどのように考えていたのか、そして国務省のこうした政治的、外交的考慮が、前章でみた軍部の戦略的見解といかに対立したかを論じることである。

一　戦中の国務省と初期戦後計画

一九三〇年代、政府内外には、ヨーロッパに立ち込める戦雲が世界規模の戦争に発展する恐れがあることを認識する人々がいた。こうした人々は、米国が戦後世界の平和の構築に向けて準備を整え、それを実現するために主導的な役割を果たし、そして戦後世界における平和維持のために積極的な役割を担うことが必要であるとも考えていた。一九三九年九月一日にドイツがポーランド侵攻を開始した直後、ニューヨークに本拠を置く外交関係評議会（Council on Foreign Relations, CFR）を率いるマロリー（Walter H. Mallory）事務局長とアームストロング（Hamilton F. Armstrong）『フォーリン・アフェアーズ』編集長は、国務省を訪れ、メサースミス（George S. Messersmith）国務省内行政担当次官補に戦後政策の立案に評議会が協力することを申し出た。[7] ハル国務長官とウェルズ（Sumner Welles）次官はこの提案を受け入れた。九月一六日、ハルは、ロシア生まれの経済学者でブルッキングス研究所や外交関係評議会との関係も深いパスボルスキー（Leo Pasvolsky）博士を、戦後世界の平和問題を担当する特別補佐官に指名した。[8]

この年の一二月中旬までに、パスボルスキーは、領土、経済、軍事、政治に関する諸問題を分析する「平和および再建問題（Problems of the Peace and Reconstruction）」の研究機関を新たに国務省内に設置するよう求める覚書を起草した。[9] 一二月二七日、ハル国務長官はウェルズとともにパスボルスキー、メサースミス、ハルの政治顧問である中国専門家のホーンベック（Stanley K. Hornbeck）、一九四一年から四四年まで国務省の経済顧問を務めることになるファイス（Herbert Feis）、バール（Adolf A. Berle, Jr.）、グレイディ（Henry F. Grady）両国務次官補、ムーア（R. Walton Moore）参事官、法律顧問のハックワース（Green H. Hackworth）、そしてモファット（Jay P. Moffat）欧州局長を召集し、パスボルスキーの提案を討議した。[10] この会議において、政治問題（平和の構築を含む）、軍備制限および削減に関する問題、そして経済問題を扱う三小委員会から成る委員会を設置することを決定した。[11] 早くも年明けの（一九四〇年）一月八日には、この委員会は外交関係諮問委員会（Advisory Committee on Problems of Foreign Relations, ACPFR）と命名され、正式に発足した。ウェルズがその議長に指名された。この委員会は、しかし、専任の職員ではなく多忙な国務省員から構成されていたため、まれに、しかも協議事項のない会合しか開くことができなかった。さらに、彼らは戦争によって増大した日常業務に忙殺されがちであり、政府ないし大統領ではなく国務長官の諮問機関ということもあって、委員会の業務は限定的で実質的な意味のないものにならざるを得なかった。[12]

真珠湾攻撃による太平洋戦争の開戦により、こうした状況は否応なく変化した。一二月末、ルーズベルト大統領は、「戦後対外政策諮問委員会（Advisory Committee on Post-War Foreign Policy, ACPWFP）」と名付ける委員会の設置に「まったく賛成である」と述べた[13]。委員会は、ハル国務長官を議長として翌一九四二年二月一二日に活動を開始した。それまでとは異なり、大統領と米国政府全体の諮問機関として機能することになったため、メンバーは国務省や外交問題評議会、その他の政府、非政府機関から集められたのであった[14]。

この「第二次諮問委員会」の下に置かれる小委員会の数は四つに拡大され、政治小委員会（Political Subcommittee, PS）、経済小委員会（Economic Subcommittee, ES）、改称された安全保障小委員会（Security Subcommittee, SS）の三委員会に領土小委員会（Territorial Subcommittee, TS）が新たに加えられた[15]。琉球の領土的処遇を検討したのは主として領土委員会であったが、この問題が最終的には政治上、安全保障上の問題にも関わってくることから、政治小委員会や安全保障小委員会での検討課題ともなった。実際、諮問委員会は当初、政治問題と領土問題が密接に絡みあう問題であったためこれらを一つの小委員会で扱うことを考えていた。だが、のちに、構成メンバーを重複させながらもこれらの問題を二つの小委員会に分離して扱うことを決定したのだった[16]。

領土小委員会の議長には、外交問題評議会のメンバーであり、一九三五年から四八年までジョンズ・ホプキンズ大学の学長を務めた地理学者ボーマン（Isaiah Bowman）博士が指名された。そして、発足時のメンバーは、アームストロング、バール、ファイス、マクマリー（John A. MacMurray）国務長官特別補佐官、『ニューヨーク・タイムズ（*New York Times*）』の編集スタッフ、マコーミック（Anne O'Hare McCormick）、特別調査部（Division of Special Research, DR）長パスボルスキー、そして職業外交官であり、一時的に委員会の研究調査員を務めていたノッター（Harley A. Notter）であった（のちに特別調査部の領土問題研究を監督することになるモズレー〔Philip E. Mosely〕が、ノッターに代わることになる）。発足時のメンバーは全員、政治小委員会の構成員でもあった。その結果、ノッターが語っているように、二つの小委員会は非常に密接な関係にあった。ただし、検討課題が増加するにつれて、その分野の専門家を構成員に加えるようになる。領土小委員会は、一九四二年三月の発足から一九四三年一二月にいたるまで、五九回の会合を開いた。これらは、通常の会合と研究準備に専念する特別会議が交互に開かれたものであった。以下に述べるように、特別調査部は、主として領土小委員会やその他の小委員会の会議で使用される研究を準備した。

ノッターによると、領土小委員会は、「領土（territorial）」を二つの意味に解釈した[17]。一つは、「人々が住む土地」というものであった。この場合、「国境を無視することはできない。それは、従来よりも意味が薄れているとはいえ、なお重要なものである。航空技術やその他軍事的経済的な技術発展は、たしかに国境の絶対性を失わせたが、国境が持つ安全保障上、経済上の意味が完全に取り除かれたわけではない。とりわけ、国境線は、軍事的な挑戦に対して備えるものであり、なお戦略的重要性を持つものである」と考えられた。これに対して、「領土」がある国家や地域の歴史的、または現在の政治・経済ないし社会的状況を意味するという考え方もあった。ノッターが記録しているように、「[小委員会の議論は]この点において、国内および国家間の平和と安定の必要条件に注目していた」のであった。

　領土問題に関する議論、特に太平洋における日本の委任統治諸島や一八七九年に正式に日本領となった（一六〇九年に薩摩藩主島津家久に征服されていたが）沖縄について、政治的、軍事的考慮が必要であることは明らかであった。したがって、沖縄をめぐる領土小委員会での議論や特別調査部の研究作業が果たした重要な役割を検討する前に、政治小委員会と安全保障小委員会での議論を見ておくことが必要であろう。

（1）政治小委員会内の議論

　ウェルズ国務次官に率いられた政治小委員会が沖縄の将来的地位に関する議論を初めて行ったのは、小委員会が活動を始めた半年後の一九四二年八月、極東問題を総合的に取り上げようとしていたときのことであった。この問題の領土的側面をまず検討する方がよいと考えた小委員会は、近代日本の領土獲得の歴史を徹底的に検証した[18]。ウェルズの提案にもとづいて、政治小委員会は、(1)極東に関する平和条約では、日本は「侵略を通じて獲得した」領土を失い、したがって、そうした領土は、「本来の所有者」に返還されるものとする、(2)「そうした取り決めによって、……米国の安全保障は確保され、……また他の国々の安全保障も確保されることになろう」、という二点を基本的前提とした。沖縄（当時の国務省内ではルーチュウ諸島〔Luchu Islands〕と呼ばれていた）に関しては、しかし、多少の意見の相違が生じた[19]。小委員会での冒頭発言で日本が獲得した領土について口頭で説明を行った際、ウェルズは、「一八七四年に日本は琉球を取得した」と述べた。もっとも、ウェルズの言う「取得した（had taken）」が何を意味しているのかは必ずしも明らかではない[20]。コメントを求められた領土小委員会の議長、ボーマンは、日本が戦前に拡大した領土についての分析が必要であると述べた。千島列島と「琉球諸島」がはたして日本の領土拡張によって獲得されたと考えるべきか疑わしい、というのがその理由であった。ウェルズはこのコメントに注目し、のちに「この留保に同意する」としている[21]。中国専門家のハミルトン（Maxwell M. Hamilton）も賛成した。彼の場合、ヨーロッパでの領土問題の扱いと極東でのそれを比較したことによるものであった。ハミルトンの指摘によれば、ヨーロッパの戦後処理においては、「特殊な」事例を除いては戦前の国境に戻さないとの一般的了解が存在していた。しかし、極東においては、日本の領土拡張を阻止しようとする勢力がなかった。その結果、「われわれは、侵略行為の長い歴史を持つ国（a country with a long record of aggression）を相手にせねばならない。したがって、ヨーロッパとは違う基準（a different yardstick）を適用すべき」であった。朝鮮半島と台湾以外にどの領土が日本から取り上げられるべきなのかというアームストロングの質問に、ハミルトンは、一九一九年のパリ講和会議以前が参考にされるべきであろうと答えた。ウェルズは、日清戦争（一八九四―九五年）の終わった時点を基準にすべきであると考えた。彼は、「［日清戦争以前のできごと］を基準にした場合、日本は、（陸海軍が安全保障上の見地から反対しないかぎり）当時領有していた土地を保持することになるであろう。……われわれは、安全保障上の問題がない限り、琉球、千島、そして小笠原諸島が日本に帰属するとの観点に立つことになるであろう」と述べている。ウェルズは、この問題を安全保障小委員会に検討するよう要請することに決めた。その一方で、領土小委員会は朝鮮や中国、その他の領土問題を議論した。

（2）安全保障小委員会内の議論

政治小委員会での前記の議論が行われた三週間後、ロンドン、ジュネーブでの軍縮会議に主席随員として参加したことがあるデービス（Norman H. Davis）の率いる安全保障小委員会は、政治小委員会の要請にしたがって、沖縄が日本に帰属した場合に生じる安全保障上の問題点を取り上げた。会議には、委任統治領の将来の処遇を米国の戦略的必要性の観点から議論することも課せられていた[22]。議論が始まるとまもなく、沖縄の帰属問題は、この地域の将来の安全保障と委任統治領の島々の処遇に左右されることが明らかになった。

冒頭、デービスは、彼の考える極東における平和の一般的条件について述べた。デービスは、委任統治領は日本から取り上げて国際機関の管理下に置き、そのもとで米国が受託者として統治を行わねばならないのではないかと考えていた。米国の世論は、「戦争が終わった段階でこれらの島々が米国の安全保障を脅かす勢力の手に残されることを支持しない」と予測された。しかし、「いかに戦略的重要性があろうとも、米国がこれらの島々を直接支配することは政治的に望ましいことではない。したがって、国際的管理下での米国の信託統治という選択肢のほうが望ましい解決策であろう」と彼は論じたのである。

一方、陸軍省を代表して一九四二年四月末から、国際安全保障問題の顧問として諮問委員会に加わった、日本語に堪能なストロング（George V. Strong）陸軍少将が、太平洋における安全保障問題について発言した[23]。ストロングは、米国は戦後、商業用航路を防護する必要から、「交番（police outposts）のように一定の基地を設置することが重要である」と考えていた。したがって、「日本が米大陸やこのような交番の安全保障を脅かすことのないようにせねばならない。……日本の侵略の潜在的可能性を抑止することを主眼において極東の平和が構築されるべきであ」った。そのために、「南樺太、朝鮮、満州、台湾、そして小笠原諸島と委任統治領における日本の支配に終止符を打ち、『交番』の輪を建設する」のがよい、とストロングは提言したのである。

これに対して、デービスは、戦略基地に使用する土地を極力制限し、それ以外の目的ではいかなる領土も獲得しないとすることによって、「米国は帝国主義の誇りを免れることができるであろう」と述べ、賛成した。「大西洋憲章の精神に照らして、米国は、領土拡大の批判を受けることのないようにせねばならない」と彼は強調した。ストロング少将もこの意見に同意した。ストロングは、「安全保障の観点からいえば、講和後に米国が負うことになる安全保障の義務の遂行に必要な基地以外にはいかなる領土も重要ではない」と応じている。ところが、後述するように、戦略的要求を最小限に抑えようとする国務省の努力にもかかわらず、軍部はより広範な地域の獲得を欲した。この点について、ストロングは、「台湾に適当な基地を設置するならば、［琉球諸島は］米国や国連にとって戦略的にそれほど重要ではない。だが、グアムに近接する小笠原諸島と委任統治領における日本の支配権は剝奪されるべきである」との立場をとった。日本委任統治領に囲まれたグアムが戦争の開始直後に日本軍の手に陥ちたことが意味する教訓は、少なくとも中・西部太平洋については明白であった。日本の主権を制限する必要性をめぐっては、議論が分かれた。ストロングの包括的なアプローチとは対照的に、小委員会のメンバーには、デービスも含めて、日本の主権を制限する必要はそれほどないのではないかと考える者がいた。とりわけ小笠原諸島に関しては、要塞の破壊、武装解除、日本の再軍備防止で十分であり、日本からこの島に対する主権を奪ったところで得られる利益はほとんどないと考えられた。実際、小委員会の会議録をみると、彼らが「辺鄙な島を日本の支配から切り離すよりも日本を武装解除する」方が重要であると考えていたことがわかる。

以上の議論から、沖縄の地位が米国や連合国の太平洋における安全保障上の要請という観点から決定されるであろうことは明らかである。この場合の安全保障上の要請とは、日本の米国や太平洋地域に対する潜在的脅威にもとづいて考えられた。だが、この段階では、沖縄は地域安全保障のなかで重要な役割を果たすとは考えられていなかった。そのため、沖縄に近い地域に基地が設置されるかぎり沖縄が日本に帰属することは特に問題ないとされていたのである。しかし、太平洋における米国の安全保障に不可欠な基地を設置する地域をめぐって議論が生じたため、安全保障小委員会は、発足したばかりのJCS（統合参謀本部）にこの問題を早く検討するよう依頼した[24]。JCSの研究は、安全保障小委員会の政治小委員会に対する報告に有用であろうと考えられたのである。一九四二年九月一五日付のリーヒJCS議長の回答は、一八日の安全保障小委員会の会議で明らかになった。

日本が西太平洋における制海権、制空権を握ることのないよう、そして代わりにこれらを連合国（United Nations）の管理下に置くことが重要である。これは、北緯三〇度以南に位置するすべての島を日本から取り上げる必要性のあることを意味する。マーシャル、カロリン、パラオ、小笠原、マリアナ諸島がこれに含まれる。ただし、南西諸島についてはさらに研究が必要であろう。

　ＪＣＳは、戦後における太平洋の戦略地図が確定するまでは、日本から取り上げた地域の最終的な処分の決定には、たとえ海・空軍基地に相応しい地点であっても米国が関与すべきでないと考える[25]（傍点引用者）。

後述するように、沖縄に対するＪＣＳの見解は終戦間近になって決定されることになる。

　安全保障小委員会は、日本の領土の処遇について次のような結論を作成した。

(1)　日本が西太平洋における制海権、制空権を支配下に置く、または脅かすことを防ぐべきである。これらは連合国の管理下に置かれるべきである。

(2)　この目的を達するために、日本は、北緯三〇度以南に位置するすべての島に対する支配権を取り上げられるべきである。これには、台湾、マーシャル、カロリン、パラオ、小笠原、そしてマリアナ諸島が該当する。南西（琉球）諸島は、おそらく日本領に残されるであろうが、最終的な措置を決定するにはさらなる研究が必要である。

(3)　米国は、陸海軍がこの地域に関する戦略的要請を検討するまで、海・空軍基地に適当ないかなる領土の最終的な処分の形態にも関与すべきではない[26]。

　南西諸島の処遇の決定にはさらなる研究が必要である、とする前記(2)の後半部分は興味深い。これはまた、ＪＣＳの勧告と、安全保障に関しては軍部が支配的な役割を担うという認識を反映したものであった。この結論は九月二二日に政治小委員会に送られた。そして一〇月一日、政治小委員会は、戦略的に重要な地域は国際管理下に置かれるべきであるという結論をひとまずまとめたのであった[27]。

（3）　特別調査部の領土問題に関する見解

　小委員会が領土問題について詳細な検討、分析を行うことに費やせる時間は限られていたため、これらの委員会には実際的な知識があまり蓄積されていないことが次第に明らかになった。太平洋戦争が始まるまで、学問的な関心をほとんど集めることのなかった極東については特にそうであった。そのため、一九四一年二月三日に設立されたパスボルスキーの率いる特別調査部は、一九四二年夏に組織を拡大したのだった。

　組織的な調査研究を行う必要があることに最初に気づき、これを提唱したのは、パスボルスキーであった。一九四〇年一一月に、彼はそうした組織の創設を要請した[28]。結果として生まれた特別調査部は、「外交問題に関して特別研究を行うとともに、……今日の混乱した国際関係がいかなる発展を遂げるのかを分析し予測する」ことになっていた[29]。もっとも、当初は外交官と政治・経済の専門家を合わせてわずか八人のスタッフから構成されていた。しかし、開戦とともに調査部の研究に対する需要が増大し、一九四二年夏にスタッフは二九人に増員され、外交官と政治・経済の専門家に加えて歴史家や国際弁護士も招かれた。政府外から多くのスタッフを募ったことがいかに重要であったか、ノッターは次のように記録している。「すべてのスタッフに一流の研究を行うことを要求するという新たな目的に対応して、国内のあらゆる分野から人が集められた。その結果、国際問題に関して国内のさまざまな勢力が持つ見解、それはときとして国際問題に影響を与えるのであるが、調査部はこれについて実際的な知識を得ることができた[30]」。調査部が拡大されると、今度は部自体を二部門——政治部門と経済部門——に分ける必要性が生じた。ノッターが長を務めた政治部は、さらに国際機構と取り決め（International Organizations and Arrangements）、安全保障、軍備と法（Security and Armaments and Law）、領土問題（Territorial Problems）の三部門に分けられた。このうち、領土問題を扱う部門は、モズレーが指揮をとることになった。

ヨーロッパと中東に関しては、早い段階からさまざまな部門が設けられて研究が行われていた。これは、米国政府がヨーロッパ戦線を優先する作戦をとっていたこと、そしてヨーロッパ、およびその周辺の地域が解放された暁には、政治的、領土的問題が生じることが予想されたことによるものであった[31]。その結果、領土問題を扱う部門で極東問題を研究するスタッフが配置されるようになったのは一九四二年九月のことであった[32]。

組織再編のなかで特別調査部が解体、改組された一九四二年一二月までには、極東問題を扱うスタッフは六人に増やされていた。ブレイクスリー（George H. Blakeslee）クラーク大学教授がこの極東班をまとめた。極東史と極東における国際関係の権威であったブレイクスリー博士は、一九四二年八月二三日に特別調査部に配属され、戦後、彼は極東委員会（Far Eastern Commission, FEC）の議長も務めた。続いて、戦前に日本やアジアでの経験が長く、日本語にも通じた外交官コビル（Cabot Coville）、一〇月初旬には、一九四一年から四二年までグルー（Joseph C. Grew）駐日大使の個人秘書を務めたフィアリー（Robert A. Fearey）、そして一〇月下旬にはコロンビア大学助教授で日本専門家のボートン（Hugh Borton）が極東班に加わった。さらに、政治学および国際関係論を専門とするマスランド（John W. Masland, Jr.）スタンフォード大学助教授、アジアで経験を積んだ外交官スパイカー（Clarence J. Spiker）、ケンタッキー大学の東アジア関係専門家、バンデンボッシュ（Amry Vandenbosch）も参加した[33]。

三〇歳あまり年配であるブレイクスリー博士（当時七一歳）について、ボートンは回顧録で次のように賞賛している。「われわれの極東班が、……ブレイクスリー博士を長に迎えたことはまことに幸運であった。彼の高潔さと業務遂行の手腕によって、極東班が起草した文書の多くは上層部に受け入れられた。そして、それらが、米国の政策の基礎となったのである[34]」。ボートンは、ブレイクスリーが反日的なホーンベックや極東局（一九四四年一二月には極東局長）の日本専門家、バランタイン

(Joseph W. Ballantine) といった省内で極東政策の決定に影響力をもつ人物に、極東班の活動内容を定期的に知らせていたことがこうした官僚政治における勝利につながったとしている。また、ブレイクスリーは、優先順位や起草手続を決定する会議を定期的に開いた。それは、「ある案が受け入れられるためには、ほかの提案が出る前に文書の形で提示するのがもっともよい方法である」というブレイクスリーの持論によるものであった[35]。いかにも単純であるが、しかし正しいには違いなかった。そして、ブレイクスリーのスタッフに対する姿勢も、極東班が成功した理由の一つであったと思われる。彼は「極東における国際関係の専門家」ではあったが、日本で長期間生活したことはなく、日本語にも長じてはいなかった。そのため、ボートンが誇らしげに記しているように、「ある特定の日本問題については、彼［ブレイクスリー］は私［ボートン］の見解に従った」のだった[36]。おそらく、他分野の専門家に対しても彼は同じ態度をとったのであろう。

一九四二年夏の特別調査部の拡充と専門性の向上とともに、政治・経済部門がそれぞれ独立の調査部としての地位を与えられねばならないことが明らかになった。のみならず、ノッターが論じているように、戦争が急激に展開したことによって、「現在とるべき政策と戦後政策の境界が曖昧になりはじめた」[37]。その結果、一九四三年一月一四日付の省令一一二四によって、政治調査部 (Division of Political Studies) と経済調査部 (Division of Economic Studies) が特別調査部に代わって設置されることになった。もっとも、この二つの調査部は従来どおりにパスボルスキーの監督下に置かれた。他方、ボートンが回想したように、極東班は、「省内の組織再編を生き残り、その責任はかえって増大した」のだった[38]。

二　国務省の政策形成開始とマスランド報告

極東班が沖縄の領土問題に着手したのはようやく一九四三年四月中旬のことであった。これは、それまでの間、領土小委員会がヨーロッパ問題に忙殺されて太平洋問題に目を向ける余裕がなかったことによるものであった。ボートンらにとって「きわめて幸運であった」猶予期間は、それほど長く続いたわけではなかった。しかし、半年の間に極東班は「極東班が選択した課題」について報告書を準備することができたのであった[39]。

「猶予期間」が終わると同時に、極東班は沖縄に関する最初の文書を準備した。四月一三日に作成されてから七月二日までの間、この文書は、領土小委員会への提出に向けてたびたび修正された。文書はごく簡単に「琉球諸島 (T―三四三)」と題されていたものの、非公式には「マスランド報告」と研究者の間で呼ばれるようになった[40]。八頁にわたるこの文書は、タイトルや番号が示すように、マスランドを中心とするスタッフが行った一連の領土問題研究の一部であった[41]。彼らの作成した文書は、島々やその地域、島民の社会学的人類学的特徴を描写することから始められているのが常であった。次に、日本との関係および日本によるその島の併合の歴史を検討し、さらに政治、行政、地域経済、米国の安全保障上の問題、そして最後にその地域の領土的処遇がどうあるべきかを論じていた。琉球諸島に関するT―三四三もまたこうした構成で成り立っていた。

「マスランド報告」は、「極東における領土問題の調整は、琉球を日本帝国から分離するか否かという問題を含むことになる。島民は日本人に近い（closely related to the Japanese）。また、諸島は多少の戦略的、商業的価値もある」との説明で始められていた。続いて、この研究は、島民が「日本人に対して人種的劣等感を抱いており、また自分たちが日本人とはいくらか異なっていると感じている」と記した。このような人種的差異や琉球の土着文化を理由に、「日本政府は琉球人を同化しようとしてきた。日本政府による教育や徴兵、自治体の監督制度を通じて、島民は自分たちが日本帝国の不可欠の一員であると考えるようになったのであろう」と言う。さらに琉球が持つ安全保障上の価値については、マスランドは、「琉球諸島は中国大陸の海岸部に近接し、また貿易ルートと平行に島が連なっているため、戦略的重要性はかなり高いと言わねばならない」と論じた。だが、最終的には、マスランドは安全保障小委員会の見解を踏襲した。つまり、「もし終戦とともに台湾が日本の手から離れれば、琉球の戦略的重要性は大部分失われるであろう」としたのである。

同諸島の将来の処遇に関しては、マスランドは三つの解決策を提示した。第一に、琉球を中国領とする案であった。彼は、一九四二年一一月に中国の宋子文外交部長が、記者会見の席で琉球が中国に引き渡されるよう希望すると表明したことを理由に挙げた。もっともこの点については、彼は、歴史的にみれば中国が琉球を自国領とする根拠は「薄弱であり、そのために日本が琉球を併合することになったのである。島民はかなりの程度日本化されており、琉球諸島は文化的、行政的、そして経済的にも日本本土に緊密に属している」と断じた。さらに、マスランドは、「島の行政ポストが本土から任命された日本人に占められているために、島民は日本統治に対して敵意を抱いているという報告があることを考慮すれば、日本帝国から琉球を分離することについて島民の支持が得られる可能性もある。……しかし、このことは、島民が中国による琉球の支配を支持することにつながるわけではない」として、この第一の案に懐疑的な姿勢を示した。

第二の選択肢は、琉球を日本から分離して、「北太平洋会議（North Pacific Council）」といったある種の「国際管轄権」のもとに置くという「国際管理（international administration）」案であった。マスランドの言う「国際管理」とは、ここで信託統治とは呼んでいないが、一九一八年以降の日本の太平洋の委任統治領のように、琉球諸島も軍事的に利用することのないよう、国際的に諸島を管理する取り決めを結ぶ、というものであった。したがって、「国際組織による管理は監督および調査に限定（limited to supervision and investigation）され、通常の行政（normal administration）は日本人（Japanese personnel）が遂行することになろう。日本企業による通商の継続については、なんらかの規定が設けられることになるかもしれない」とされた。もっとも、マスランドがこの選択肢によって琉球に対する日本の主権は失われることになると考えていたのかどうかは明らかではない。いずれにせよ、琉球の管理に日本が参加することについては柔軟であったと言うことができよう。

第三に、「条件付きで日本による保持を認める（conditional retention by Japan）」という案であった。すなわち、次のような条件が満たされれば、日本が「周辺諸国に安全保障上の脅威を与えないであろう」島々を保持することが認められるというものである。第一に、日本を武装解除すること、第二に、朝鮮、台湾および委任統治領の島々を日本の支配から分離すること、最後に、琉球諸島のあらゆる軍事施設を解体し、国際組織による定期的な軍事査察体制を確立する規定を設けることであった。

領土小委員会が最終的に採用したのは第三の選択肢であった。この案は、全体として国務省の方針となり、その後数年間の沖縄に関する政策の基礎を形成した（表3-1参照）。しかし、軍部と国務省との間で、協議事項や優先順位が異なったため、米国政府が明確な結論に至るのは困難であろうと思われた。[42] 一九四三年一一月二七日にカイロ宣言が突如発表されるまで、マスランド報告は領土小委員会のなかで沖縄に関する唯一の研究でありつづけた。カイロ宣言は、連合国のみならず米国政府自体にも領土問題について再考を迫る性質を持っていたのである。

三　カイロ宣言の解釈をめぐって

一九四三年一一月、ルーズベルト大統領、チャーチル首相、中国の蔣介石総統は、それぞれ側近を伴ってエジプトのカイロに集い、対日戦争の進展状況について討議するとともに日本の領土の処理に関する合意を発表した。敵国の領土の処分というきわめて政治的で外交問題を生じやすい議題を扱ったにもかかわらず、駐ソ米国大使ハリマン（W. Averell Harriman）を除いては国務長官をはじめ、国務省から会談に参加した者はなかった。ルーズベルトは、戦時中の数々の会談をことごとく国務省を排除して行ったが、カイロ会談もその例外ではなかった。したがって、この会談で、ルーズベルトの傍には極東問題について助言できる専門家が誰一人いなかったのである。[43] さらに、大統領が領土小委員会によって準備されていた文書に興味を示した、あるいはこれを利用しようとした形跡すらない。この結果、後のヤルタ会談でもそうであったのだが、カイロ会談を通じて領土問題については重大な誤解が生じることになった。[44]

限られた紙幅でこの会談の全体を詳細に検討することは不可能であるため、本節では、沖縄がこの会談でどのように扱われ

表3-1　国務省における沖縄政策の展開，1943-48年

1943年7月	1944年10月-11月	1945年12月-46年3月	1946年11月-48年2月	1948年4-5月
マスランド報告 （T-343, 琉球諸島）	ボートン報告 （CAC-307）	エマーソン報告 （PR-35, 琉球諸島）	フィアリー報告 （琉球諸島の処遇）	カーゴ報告 （琉球諸島の処遇）
1．中国に返還する。 2．国際機関の管理下に置く。 3．非軍事化の上，日本に返還する。	1．日本に返還する。 2．中国が返還を要求した場合，国際調査委員会を設置する。 3．主権を問わず，国際警察軍のために基地を置く。	1．基地が必要であれば，可能な限り最小限の戦略的信託統治の下に設置する。 2．（以上の続き）北部（28'40"以北）は，日本に返還する。残りは通常信託統治下に置く。 3．日本に返還すべき諸小島と認める。 4．沖縄住民が日本に復帰する事を望まなければ国際調査委員会を設置する。 5．中国が信託統治に反対する場合，中国を説得するよう努力する。 6．基地が残される前提で領土の処理を行う。	1．非軍事化の上，日本に返還する。 2．1が可能でなければ基地を借りる。 3．2が可能でなければ沖縄を信託統治下に置く。	1．米国を施政国とする北緯29度以南の信託統治を設定する。 2．日本と基地の租借協定を行う。 3．四大国による長期的安全保障の約束の下，琉球諸島で米国のための施設を置く。

たかに焦点を絞って論じることとする。一一月二三日、蔣介石夫妻とのごく私的な夕食の席で、ルーズベルトは、中国が琉球諸島に関してどのように考えているのかを質した。[45] 中国側の残した記録によれば、「大統領は、……琉球に関する問題に触れ、中国が琉球の獲得を望んでいるかどうか何度も尋ねた」。これに対して、蔣介石は「中国は米国と共同して琉球を占領し、最終的には、国際組織のもとで両国が共同で信託統治者となることに賛成である」と述べたという。[46] なお、ルーズベルトの特別補佐官、ホプキンズ（Harry Hopkins）も列席していたが、彼は記録を残していない。この中国側の記録は、しばしばこの質問をしたルーズベルトが、中国による琉球の支配を歓迎していたことを示唆するといえよう。大西洋憲章では戦争による領土の獲得を否定したにもかかわらず、なぜ彼がこのような提案を行ったのかは興味深い問題である。いずれにせよ、これがトップダウンの政策決定を好む彼のスタイルによるものだったことが伺える。もちろん、国務省の領土小委員会にとっては、予想もしない発言であった。そのため、予期できない結果となりかねなかった。

だが、ルーズベルトは中国が琉球を欲していると本気で信じていたように思われる。[47] 事実、中国側の記録が示すように、ルーズベルトと蔣介石の会話は、「失地の回復（restoration of territories）」という文脈で行われていた。ナショナリスティックな論調の新聞だけではなく、先に述べたように宋外交部長——蔣介石夫人の兄にあたる——の発言にもみられたように、当時の中国では琉球が中国領であるとする主張がしばしば見受けられた。そうした主張の多くは、それほど一貫性をもって論じられたものではなかったが、アメリカ大使館員はその都度ワシントンに報告しており、米国国内で、また国際的にも報道された。したがって、ルーズベルトもこのような中国国内の要求を知っていたはずである。特に注目されたのは、一九四二年から四三年にかけて新聞や政府高官の発言にみられた主張であった。まず、一九四二年四月六日付の『重慶大公報』は、「琉球諸島」が日本から切り離されるべきであると論じた。[48] さらに『重慶大公報』は、翌年一月に「日本の処理の仕方」と題された特別記事を組んだ。この記事を書いたのは、九州大学出身の中国外務省情報部長、毓麟である。彼もまた琉球の中国への返還を要求した。ガウス（Clarence E. Gauss）大使は、蔣介石の官邸の一員でもある彼の発言を「きわめてナショナリスティックである」としつつも、これが「中国における公式、非公式の見解を代表していると考えられる」と報告した。毓麟は、戦後における中国の目的が「台湾、琉球諸島、満州などを回復することにある」と述べている。[49] これに先立つ一九四二年一一月三日、宋子文外交部長は就任後初の記者会見で、琉球、台湾、満州の返還を要求していた。[50] このように、なかば政府広報のような新聞のみならず政府の報道官も、琉球諸島が中国に「返還」されるべきであると表明していたのだった。[51] ルーズベルトの蔣介石に対する発言にはこうした背景があった。もしルーズベルトが沖縄の領土的地位に関する国務省の覚書を読むことを厭わなかったらば、中国が琉球を領有することは実行可能な選択肢ではないことが理解できたであろう。

これに加えて、ルーズベルトには、「無条件降伏」の要求に表れたように、敵国には断固として対処する一方、連合国、とりわけ中国の地位を向上させようとする意志が働いていたと考えられる。[52]彼は恐らく、中国を四大国、すなわち戦後世界の平和を維持する役割を担うであろう「四人の警察官」の一員とみなしていることを蔣介石に示して、中国の自信を強めようとしたのかもしれない。蔣介石との会談の席を設けていること自体、彼のこうした信念の表れであった。その意味で、もともと日本になんの思い入れもないルーズベルトは、中国に日本の地域大国としてのパワーを抑制することを期待し、琉球を中国の支配下に置くことはそのような目的に資すると考えたのであろう。また、日本が琉球を奪ったと誤解していたために、琉球を取り上げることによって日本を罰する必要があり、それは大西洋憲章の精神とは別次元の問題であると考えていたようにも思われる。三首脳が一一月二七日に発したカイロ宣言がこれを裏付けている。

米英中三国は日本の侵略行為を罰し、抑制するためにこの戦争を戦っている。われわれは、戦争を通じてなんの利益も求めておらず、領土を拡大することもない。日本が一九一四年の第一次世界大戦開始以降、強奪し、占領した太平洋の島々を日本から取り上げ、日本が中国から奪ったすべての領土、すなわち満州、台湾、澎湖島を中華民国に返還することがわれわれの目的である。日本が暴力や欲望によって奪取したすべての領土もまた剝奪されねばならない。三大国は、日本によって奴隷状態にある朝鮮の人民のことも忘れたわけではなく、朝鮮が適当な時期に自由と独立を勝ち得ることについても合意した。[53]

皮肉なことに、カイロ会談やカイロ宣言にみられるルーズベルトの意図は、戦後計画を立案し、この大統領の新しい方針を遂行する責任を負っているはずの国務省には知らされていなかった。

ボーマンに指揮された政治調査部は、一二月三日の会議で、カイロ宣言で表明された領土問題に関する対日方針について討議した。この会談の議事録は、「戦後日本に関する領土問題の解決」と題された。[54]この会議で、極東関係の権威、ブレイクスリーがこの宣言をどう解釈すべきか意見を求められた。沖縄について、彼は以下のように述べた。

まず、ブレイクスリーは、「琉球は、千島列島、小笠原諸島や火山列島、……南鳥島などと同様に」、カイロ宣言がいうところの「日本が暴力や欲望によって奪取した領土」には「おそらく該当しない」と考えている、と述べた。ブレイクスリーは、日本が「数世紀にわたって」沖縄に「関心を抱いてきた」と説明する。琉球王朝は、中国と日本の両方に朝貢してきたが、最終的には薩摩藩によって「征服された」。この間の歴史、特に沖縄が二五〇年もの間日中と両属関係にあったという興味深い事実については触れないまま、ブレイクスリーは、一八七九年に「台湾で難破した日本船の乗組員が殺害された事件をきっかけに琉球諸島は日本に併合され、中国も一八八一年にこれを認めた」、と指摘した。こうした歴史を踏まえて、彼は、「琉球の併合に関連して、台湾では小規模の暴力行為(slight violence)がみられたが、これはカイロ宣言が問題にするような類のものではない」と結論したのだった。

しばらくの間、この問題に関する議論が続けられ、さまざまな解釈が飛び出した。ホーンベックはなにか基準になるラインのようなものはないかと尋ねた。マクマリーは、安全保障小委員会が北緯三〇度以南の島を対象とするとの勧告を一九四二年に出していると答えた。しかし、ボートンは、その後の検討で琉球は例外とされていると指摘した。[55] こうした議論が延々と続き、業を煮やしたブレイクスリーは会議の参加者に告げた。「ここで議論されているのは、どの領土がカイロ宣言の文言に該当するのかという点であり、極東班は、一八九五年という時点や北緯三〇度といったラインが日本の領土の処遇に際して決定的な基準になりうるとは考えない」。意味内容の曖昧なカイロ宣言に対する欲求不満は、「全体として、カイロ宣言は、拡大解釈の余地を残しているといわねばならない」という議長発言にも表れている。ボーマンは、ホーンベックに宣言がどのように準備されたのかを尋ねた。これに対して、ホーンベックは、「内部資料をみるかぎり、この宣言は首脳とその側近たちの手によって短期間に作成されたようである」とし、彼自身の意見として、「この文書の特定の文言を重視するのは誤りであろう」と付け加えた。[56] しかし、それこそは不可能であった。連合国の対日戦争の目的として公にされた以上、政策実行者がカイロ宣言を考慮に入れなければならないことは明らかであった。「暴力や欲望によって奪取した領土」に沖縄が相当するとは言い難かったが、この文言は講和条約の締結に至るまでたびたび言及されることになる。

四　政策形成に向けて——戦後計画委員会の創設

北アフリカ、南欧および東欧、そして太平洋の各戦線で戦況が連合国側にとって有利に展開したことによって、米国政府は、戦後における米国の政策を準備段階から実際的かつ具体的な政策決定の段階へと移行しなければならなくなった。ハル国務長官は、省内で行われていた戦後計画の準備に一段落つけることを一九四三年七月に決定し、戦後対外政策諮問委員会に対して「今日までの検討結果を総合して、米国の政策の基礎となるような文書にすべきである」と告げた。[57] これを受けて諮問委員会は九月に解体され、翌年二月に戦後計画委員会(Post-War Programs Committee, PWC)が発足した。

一九四四年末にＳＷＮＣＣが設置されるまで、戦後計画委員会は計六六回の会合を開いた。議長を務めたハルをはじめ、国務省のすべての高官はこの委員会に参加した。一九四三年一〇月にウェルズに代わって国務次官に就任したステティニアス(Edward R. Stettinius)、バール、アチソン(Dean G. Acheson)、ロング(Brekingridge Long)の各次官補、さらにパスボルスキー、ボーマン、デービスら特別補佐官などである(ステティニアス自身は、外交経験を持っていなかったが、世界の平和のために、国際機構設立を強く望んでいた)。この委員会が高官たちから構成されたことと戦後計画がかなり進んでいたことに象徴されるように、戦後計画委員会が勧告を承認すると、それは国務省全体の政策となり、大統領の承認さえ得られればそのまま米国政府全体の政策となった[58]。戦後計画委員会の下には、この委員会の「背骨」である「国と地域の小委員会(Country and Area Committees, CAC)」が一九四三年夏から秋にかけて組織され、新たに政策の起草作業を行うことになった[59]。また、一九四三年一〇月には、ブレイクスリーを議長、ボートンを秘書代理とする部局間極東地域委員会(Inter-Divisional Area Committee on the Far East, IDACFE)が発足した[60]。この委員会を構成したメンバーは、バランタインや極東局のヒス(Alger Hiss)、領土調査部(Division of Territorial Studies, TS)からはバンデンボッシュやフィアリー、解放地域部(Division of Liberated Areas, LA)からはモファット(Abbot L. Moffat)、国際安全保障および国際組織課(Division of International Security and Organizations, ISO)のイーグルトン(Clyde Eagleton)、ブレイスデル(Donald C. Blaisdell)、ライト(Quincy Wright)、日本課のディックオーバー(Erle R. Dickover)、ウィリアムズ(Frank S. Williams)、ヨハンソン(Beppo R. Johanson)、中国課からはビンセント(John Carter Vincent)とクラブ(Oliver E. Clubb)、そのほか戦略局の調査研究部門から派遣されたレーマー(Carl F. Remer)、日本専門家で一九三七年から四一年にかけてアメリカ大使館参事官を務めたドゥーマン(Eugene Dooman)などであった。ドゥーマンの場合は、グルー大使が委員会に推挙した[61]。このように、部局間極東地域委員会は多くの局にまたがって組織されていた。ブレイクスリーに指導されたボートン、バランタイン、ドゥーマンといった日本専門家が、日本問題に関しては大きな影響力を振るった。だが、ある歴史家によれば、極東関係の専門家たちは「日本に対して同情的になることがあった」ために、「部局間極東地域委員会の文書は、ワシントンで支配的であった厳しい対日姿勢と必ずしも合致するものではなかった」[62]。この指摘は、戦後日本にどの程度の改革が必要か、天皇制をいかにすべきかといった問題と関連していたが、沖縄に関しても、こうした傾向を適用できよう。

沖縄に関する研究が極東地域委員会で最初に取り上げられたのは、発足から一年経った一九四四年一〇月のことであった。極東における領土問題としては、台湾に軍政府を設置するかどうかが討議されたのに次いで二番目に検討された課題であった。対日戦争の進展にともなって、沖縄か台湾を占領して日本本土上陸作戦の足がかりとして使うことが予想されたことから、この研究は急いで進められた。沖縄の将来の領土的処遇は、直ちに考えられなければならない問題となった。実際、台湾に関する報告が準備され、沖縄に関する報告ができあがるまでの間、JCSは、マッカーサー元帥とニミッツ提督に対して「琉球諸島のいくつかの地点を、一九四五年三月一日を目標として」確保せよ、との命令を一〇月三日付で発令している（結果的には、フィリピンで米軍は日本軍の激しい抵抗に遭ったため、沖縄侵攻は数週間遅れて始められた）。

「日本：領土問題：琉球諸島」とのタイトルが付けられた部局間極東地域委員会の文書は、日本が諸島を要塞化せず、随時査察が行われることを条件に、日本が琉球諸島を保持することを求めていた[63]。文書を準備したのは領土研究課のボートンであり、彼はかなりの部分をマスランド報告書に依拠しながら作成した（前掲表3-1参照）[64]。バランタインによると、文書は最初にメンバーの一人によって準備され、完成した草案のコピーが事前に、あるいは会議の席上で出席者に配布されたという。この草案は「準備文書（preliminary）」と呼ばれ、委員会での討議を通じて最終段階の文書の形が整えられた。再びバランタインによると、「会議では最初の草案が無傷で承認されることはなかった。反対意見を満足させるために、草案は何度も何度も書き直されなければならなかった[65]」。ボートンと後に加わったエマーソン（Rupert Emerson）が準備した沖縄に関する文書はまさにそうした例であり、最終草案が完成したのは一八カ月後のことであった。領土問題が、天皇の地位といった他の政治問題に比べて優先順位が低かったことに加えて、沖縄の処遇が複雑な問題であったことがその理由であった。

ボートンが起草した三頁の草案は、まず琉球諸島（ここでは奄美、沖縄、先島、大東の各島が含まれている）の地理的、歴史的、文化的背景、そして日本との関係を描写していた。そのうえで彼は、カイロ宣言には特に触れることなく、琉球諸島に対する中国の要求を却下し、日本が潜在的主権を有していると強調した。

なぜ中国が琉球を支配すべきではないかという点について、ボートンは、以下のように説明している。「琉球を中国の主権下に移管すべきであるという主張は、歴史的根拠が薄弱であり、また将来的に中国が諸島の防衛に責任を持つのであれば、その海、空軍力を増強しなければならないであろう。さらに、琉球諸島は中国にとっては経済的な負担（liability）となり、またそこに居住する七五万人の日本人は深刻な少数民族問題をもたらすことになるであろう」。これに対して、日本が琉球諸島を維持すべきであるという理由は次のように説明された。

台湾と太平洋の委任統治領の島々が日本から取り上げられれば、琉球諸島の戦略的重要性はごく限られたものとなる。日本が非武装化され、そして日本の軍備が効果的に査察、統制されるようになれば、日本が琉球諸島を保持してもそれは北太平洋の安全保障に脅威となることはない。さらに、歴史的経緯や民族性、地理的な近接性の点からいっても、日本は琉球を保持する根拠を有している。

マスランド報告書と同様、ボートンも、再軍備を防止する目的で随時査察を行うことができるという条件のもとに、日本が琉球を維持すべきであると勧告したのだった。

一〇月一〇日の極東地域委員会の会議で、ボートンは、琉球諸島の処遇をめぐる問題は「中国の要求が支持されるか、日本による領有が認められるか」が主たる争点である、と説明した[66]。彼自身は、「[諸島の]日本化（Japanization）はほぼ完成されており、琉球人と中国人の間には類似がほとんどない」と考えていた。会議に参加したメンバーには、琉球の帰属について住民投票（plebiscite）を行うこともできるし、あるいは占領が始まれば、調査委員会（commission）が決定することもできるのではないかと提案した者（無記名）もいた[67]。また、沖縄の住民が中国による支配を強く望まないのであれば、日本の領有を認めるべきではないかとの意見もあった。だが、この日の会議では、引き続きこの問題を検討することが必要であると確認されるにとどまった。

次の極東地域委員会は二日後の一〇月一二日に開かれた。この日、ボートンの一〇月七日の草案に対して、いくつかの些少な問題とともに次のような修正を行うことが決定された。

(1) 琉球諸島（奄美、沖縄、先島、大東の各島を指す）に対する主権は、中国がその支配を強く要求しないかぎり、または島民の間に主権の変更を求める明白な意思表示がないかぎり、変更されずにおかれるべきである。いずれにしても、琉球諸島の将来の地位に関する問題は、調査委員会が検討することによって、あるいは住民の意思を決定する他の手段によって解決されることを提案できよう。

(2) もし国際機構が琉球諸島に基地を設置することを望ましいと考えた場合、琉球諸島の最終的な処遇については、そうした基地に影響を与えることのないような方法が考えられねばならない[68]。

この決定に従って、ボートンは次の草案を作成した[69]。

二週間後の一〇月二六日に行われた会議は、「琉球諸島の「将来の地位に関する問題を中心として」進められた[70]。討議では次の三点が焦点となった。第一に、前記の決定(2)について、「もし国際機構の権威の下に基地を設置することが望ましいと考えられた場合」と文言を若干修正することであり、これは比較的容易に合意が得られそうな問題であった。第二に、琉球の地理的定義をどうするかであった。より具体的にいえば、島々を個別に考えるか、それともひとまとめにして考えるかであった。投票の結果、八対五でディックオーバーやウィリアムズら日本課の反対を抑え、琉球を一つのグループとして扱うことが決まった[71]。第三の点は、琉球に調査委員会を派遣するか否かをめぐる問題であり、合意に至るのがもっとも難しい問題であった。「討議に討議を重ねた結果」、委員会は九対三で調査委員会を派遣しないとの決定を下した。会議録ではその理由が明らかにされていない。その一方で、委員会は、もし調査委員会が派遣される場合には「国際的な性格（international in character）」を持たせるべきであると全会一致で可決した。しかし、委員会は結局、この問題をどのような文言で表現するかについては合意することができず、新たな草案の起草がボートンに委ねられることになった。

　ボートンがこの作業を行う間、委員会は一一月二〇日に再び会議を開催した。この会合では、ボートンが以前に用意した草案の前半部、つまり琉球諸島の地理的、文化的、歴史的背景を論じた「基礎的事実（basic factors）」を書き直すべきことが決定された[72]。そして、これにともなって勧告部分もまた修正が必要であろうと考えられたのだった。

　ボートンは一二月四日に修正作業を終えた。「ＣＡＣ―三〇七―準備文書ｂ」とされた新しい草案は、前記の修正要求を組み入れ、また中国と沖縄、日本と沖縄の関係に関する記述や結論部分を拡充し、その結果、最初の草案の二倍に相当する六頁あまりの文書となった[73]。さらに、琉球の「戦略的価値（strategic value）」について述べた項も付け加えられた。注目すべきは、琉球の「戦略的価値」の高さが、日本による琉球の条件付き保持とは無関係に論じられている点である（傍点引用者）。

　琉球諸島は、中国大陸の海岸部に近接し、また貿易ルートと平行に島が連なっているという地理的要衝である。島には、たとえば県庁所在地の那覇のように自然に防護された停泊地が多くあり、それらは飛行艇や小さな船の港として適している。また、大きな島には補助的な空軍基地も存在する。海軍省は、琉球のどこかの地点に国際安全保障の目的で基地（International Security Base）を建設することを勧告してきたが、そうした基地の存在が琉球の将来の地位を決定する上で主たる要因とはならないであろう。

　他方、台湾と太平洋の委任統治領の島々が日本から切り離されるならば、琉球諸島が日本に残されたとしてもその戦略的重要性はごく限られたものとなるであろう。もし日本が非武装化され、日本の再武装を防ぐための査察と管理が効果的に行われるならば、日本が琉球を保持しつづけたとしても、それは北太平洋の安全保障上も、また日本の安全保障上もほとんど脅威となることはないであろう。

ボートンの草案は、以下のような勧告で終わっていた。

(1)　歴史的経緯や民族性、地理的な近接性、あるいは民族的、および言語的な類似性に鑑みて、日本は琉球を保持する正当な権利（strong claim）を有していることから、米国は琉球諸島（奄美、沖縄、先島、大東の各島から構成される）に対する主権を日本から取り上げるべきではないと考える。

(2)　しかしながら、もし中国政府が講和時に琉球諸島の全部、あるいは一部に対する要求を申し立て、それを主張しつづけるならば、あるいは連合国が琉球諸島を占領した結果、島民の間に主権の変更を希望する意思がはっきり認められたなら、国際的な調査委員会によって、

(一) 住民の意思を確認するとともに、主権の変更によって引き起こされる政治・経済上、および安全保障上の問題を確定する

(二) 太平洋の平和と安定に寄与するであろうことが期待される国際連合に、解決策を提示する

ことが望ましい。

(3) 琉球諸島の最終的な処遇については、国際組織の権威の下に琉球諸島に建設される基地に影響を与えることがあってはならないと考える。

翌一二月五日に開かれた第一七一回極東地域委員会の会議において、これらの勧告は承認された[74]。もっとも、「基礎的事実」に関する討議では小さな修正がいくつか施され、ボートンは、一二月一一日付の草案にこれを取り入れた[75]。新しい文書「CAC―三〇七―準備文書c」は、再びいくつかの修正を経て一二月一四日の会議で承認された。その際、琉球諸島の「戦略的価値」について述べた文言が以下のように変更されている（傍点引用者）。

琉球諸島は、中国大陸の海岸部に近接し、また貿易ルートと平行に島が連なっているという地理的要衝である。島には、たとえば県庁所在地の那覇のように自然に防護された停泊地が多くあり、それらは飛行艇や小さな船の港として適している。また、大きな島には補助的な空軍基地も存在する。海軍省は、琉球のどこかの地点に国際安全保障の目的で基地を建設することを勧告してきた。しかし、概していうなら、そうした基地の存在が琉球の将来の地位を決定するうえで主たる要因とはならないであろうと考えられる。

他方、台湾と太平洋の委任統治領の島々が日本から切り離されるならば、琉球諸島が日本に残されたとしても、日本が非武装化され、日本の再武装を防ぐための査察と管理が効果的に行われるかぎり、その戦略的重要性はごく限られたものとなるであろう[76]。

沖縄に関する極東地域委員会の政策はこのようにして形成された。この後、極東地域委員会は太平洋の委任統治領の島々と小笠原諸島、火山列島の検討に集中した。沖縄に関する政策が再び見直されるのは一九四五年一二月のことである。それまでの間、対日戦争や米国政府の政策決定過程には大きな変化が生じた。とりわけ、一九四四年一一月二九日にSWNCCが設置されたことは、対日政策および沖縄政策の策定に少なくない影響を与えることになった。

五　ＳＷＮＣＣと極東小委員会

軍部と国務省の間で政策を調整する必要性は、第二次世界大戦の終結が近づいても減じることはなかった。戦時中の政策形成過程において、国務省にはごく限定的な役割を果たすことしか許されなかったという事実は、米国の対外政策を担当する省とはほとんど調整が行われなかったということを意味していたといってよい。戦争の終結と同時に、国務省の役割は増大する一方、米国の対外関係はますます拡大し、その政治的、軍事的側面の双方を政府内で調整する必要性も明らかになった。沖縄関係の政策については特にそうであった。米国は、自国の安全保障上の要請を満たすと同時に、その政治的、外交的主張に矛盾しない行動をとらねばならないというジレンマを抱えていた。

一九四四年一一月にＳＷＮＣＣが創設されたのは、一つにはこのような事情によるものであった。膨大な業務を促進するため、とりわけ日本と朝鮮に関する政策を準備するために、翌年一月五日、ＳＷＮＣＣは下部組織である極東小委員会（Subcommittee on the Far East, SFE または SWNCCFE）を設置した[77]。必然的に、日本専門家がその専門知識を生かすべくこの小委員会に配属された。ドゥーマンが議長に就任し、ブレイクスリーとボートンは国務省代表として出席した。フィアリーと後にマーティン（Edwin M. Martin）は経済調査部を代表して参加した。軍部からは、海軍情報部に在籍したこともあるトレイン（Harold C. Train）提督が海軍代表として、また陸軍からは安全保障小委員会のメンバーであったストロング少将が参加した。ストロングの存在は重要であった。「国務省と軍部の間には常に対抗意識が働き、特に組織の威信や自己利益の問題が絡むとそれは一層熾烈になるものであったが、ＳＷＮＣＣと［極東］小委員会の注目すべき特色の一つは、軍部と国務省の代表らの間に信頼と尊敬の念が育まれていったことであった」とボートンは言う[78]。そうした傾向は、早くも二月一日の会議でみられた。二つの基本原則が小委員会で決定された様子を、ボートンは次のように描いている。

> 問題が主として軍事的な性質を有し、政策案がシビリアンによって準備される場合には、……意見の相違が実質的に軍事目的の遂行に不利益をもたらすかぎり、ＪＣＳによる作戦上必要な軍事的要求が優先されることになる。政治的な問題が扱われるときには、軍事目的に反しないかぎりはシビリアンの見解が優先されることになる[79]。

だが、政治問題と軍事問題がはっきりと分離できるものではなく、特に沖縄に関しては簡単ではないことが次第に明らかになった。

一九四五年一月末、ＳＷＮＣＣは「現在、あるいは近い将来に米国が直面する政治―軍事問題」の検討を始めた。そして、「緊急に解決を要する問題」について仮のリストを作り、問題別に番号を割り振った[80]。沖縄の領土的処遇に関する問題は、「領土問題の調整」として扱われ、のちに「SWNCC五九、日本の主権から除かれるべき地域の処遇」といういくらかドラマティックな、しかし事務的なタイトルを与えられた[81]。三月一三日には、極東小委員会がSWNCC五九（この時点では「極東における政治―軍事問題――領土問題の調整」と題されていた）をSWNCCの事務局に提出した[82]。この文書では、領土問題の調整に関する文書は今後、「……琉球諸島など、日本帝国のある特定地域の将来の地位に関して米国が有する政治上、安全保障上の利益」を検討すべきであるとされた。また、SWNCCが国務省に対してこの問題に関する草案を準備するよう要請すべきであるともされていた。そして、この国務省の文書は、SWNCCの事務局を通じてJCSに指名された機関の検討を経る必要があると考えられた。さらに、極東小委員会は、JCSと極東小委員会の間で見解を調整する必要があるとも勧告していた。

だが、国務省が琉球諸島やその他の領土に関する研究を終えて報告書であるSWNCC五九／一をようやくSWNCCに提出したのは、翌年六月のことであった（SWNCC五九／一については次章で検討する）。つまり、国務省の検討作業は一五カ月を要したのである。報告書が完成するころには、沖縄戦の実質的な終結から一年が経っていた。そして、多くの研究者が指摘するように、この時点までには軍部が沖縄各地で基地を建設してしまったのである[83]。

琉球諸島など敵国の領土の処遇に関する問題が、ボートンの控えめな表現を借りれば「日本の降伏前の慌しい時期（the hectic period... prior to Japan's surrender）」であったこの段階において、最重要課題ではなかったことが、国務省の検討作業がこれほどまで遅れた理由であった[84]。もっとも、領土問題の調整は従来、平和会議の席で行われるものであったのである。それでも、「地域委員会が報告をまとめ、それを国務省首脳の検討に付し、さらに陸海軍省の見解とすり合わせることが戦略的に必要であった」ために、国務省は琉球諸島に関する検討を一九四五年一二月に開始した[85]。

前章で述べたように、戦後における米国の安全保障上の要請に関するJCSの研究では、すでに一九四五年後半から海軍が沖縄に米軍基地を設置することを要求しはじめていた。また、サンフランシスコで開催した国連会議に派遣された米国代表は、軍部の戦略的要求と国連を機能させ、国際協調を優先したいという国務省の希望の双方を満足させるために、最終的な決定はなされなかったものの、戦略地域や国際信託統治の概念を活用しようとしていた。この時点で国務省は、沖縄が戦略的重要性を有するという事実には同意していたが、軍部が琉球諸島に対する支配権を獲得しようとしていることについては疑問をもっていた。さらに重要なことは、一九四五年七月のポツダム会議で、日本の領土の処遇については「カイロ宣言の条項が適用されると共に、日本の主権は本州、北海道、九州、四国とその他われわれの決定する諸小島（such minor islands as we determine）に限定される」とされたことであった。[86] ここで「われわれの決定する諸小島」という文言の解釈をめぐって、国務省とJCSの間で議論が生じたのだった。JCSが、「われわれの決定する」という部分によって、米国が沖縄の処遇を決定する自由を有すると考えたのに対し、国務省は、沖縄と日本の関係を表すものとして「諸小島」という表現に注目したのだった。実際、国務省では、一二月二〇日（一九四五年）の会議の冒頭でブレイクスリーが述べたように、琉球諸島は「ポツダム宣言中の『諸小島』に相当する」と考えられた。[87] そしてこれがその後の国務省の沖縄に関する見解の基礎となったのである。

一二月の会議で、極東小委員会は、国際関係論が専門のハーバード大学教授で極東調査部に所属するエマーソンが起草した「琉球諸島の処遇（PR—三五、準備報告）」を検討した。[88] 七頁にわたるこの報告は、「問題点とその背景（facts bearing on the problem）」と「検討（discussion）」を扱った章と五項目の結論から成っていた。その内容は、前年のボートンが作成した報告に（したがって一九四三年のマスランド報告書に）ほぼもとづいていたといってよい。だが、沖縄の陥落と太平洋戦争自体の終結を経たこの段階では、ボートン報告の起草時とは明らかに状況が異なっていた。そして、国務省は、軍部の強い要求、ブレイクスリーに言わせれば非合理的な要求に対抗しようとしていた。その結果、エマーソンの報告書はより断定的な結論を提示することになったのである。

(a) 米国は、琉球諸島（奄美、沖縄、先島、大東の諸島から構成される）に対する主権を日本が保持することについて反対すべきではない。その前提条件として、日本帝国全域の非武装化が必要である。

(b) 中国政府が諸島の一部または全域の領有を強く求めた場合、または中国を受託者として国連の信託統治下に置くことを主張した場合、それらは慎重な検討に付されるべきである。もっとも、そのどちらも望ましい解決策とはいえない。

(c) 連合国が諸島を占領（Allied occupation of the islands）している間に、島民のなかに主権の変更を求める意思がはっきりと見受けられた場合は、国際調査委員会が組織され、住民の希望を確認するとともに、太平洋地域の平和と安定に寄与することが期待される国連に対して解決策を勧告することになろう。そうした調査委員会によって、主権の変更が島民の希望に添うものであること、また政治・経済上および安全保障上の問題を醸成しないことが確認されないかぎり、米国は同諸島の主権の変更には反対すべきである。

(d) 琉球諸島の最終的な処遇が、国連機構の権威の下でこれらの島々に建設される基地に影響を与えてはならない。安全保障理事会はそうした基地の建設を勧告すべきである。

(e)　国務省は、沖縄その他、琉球諸島に米軍基地を建設することは政治的に賢明ではないと考える。しかし、もし米国政府が基地の建設を必要であると決定するならば、それは戦略的信託統治の形態で行われるべきであり、また使用する土地と島民への影響を最小限にとどめるべきである。

中国の沖縄に対する権利は根拠が薄く、また沖縄の人々もおそらく中国の支配下に置かれることを望まないであろうとの見解を再び強調したのに加えて、エマーソンによるこの新しい報告が、米国が沖縄を統治することも沖縄の信託統治化もボートン報告に比べて強く否定している点は注目されてよい。

米国による沖縄の統治は、経済的、政治的、戦略的、いずれの観点からみても好ましいことではないと考えられた。まず、経済的には、米国が「非常に貧しく、適切な生活水準を維持するためには継続的な経済援助を必要とすることになるであろう膨大な数の東洋人」に責任を持たねばならないことが（預言的に）指摘されている。次に、政治的に考えれば、たとえごく小さな基地であっても「技術的な問題ではあるが、主権との関連で……非常に難しい問題」が生じることが予想された。また、戦略的には、基地が「日本あるいは中国の統治下にあることが予想される地域に周囲をすっぽりと囲まれ、また日本人が居住する地域に建設される」ことが問題であった。そして、「何らかの規模の基地が建設される可能性のもっとも高い沖縄島は、人口のもっとも密集した地帯である。……米軍基地をこうした島に建設すれば、中国やおそらくはソ連の反発を買うことは必至であろう」ことも懸念されたのである[89]。

この報告を検討した一二月二〇日の会議では、状況の変化に加えてメンバーが新たに参加したことによって、いくつかの点に関しては合意形成が容易ではなくなったことが明らかになった。琉球諸島とそれらの島々に住まう人々をどう見るか、そして沖縄に基地を建設する上でどのような地政学的要素があるのか、といった点をめぐって、会議では激しい議論の応酬が見られた。

まず、バンクロフト（Harding F. Bancroft）国際安全保障課次長が、エマーソンの報告では琉球諸島が日本の「諸小島」として考えられるべきであると想定されていることに対して異議を唱えた。彼は、かつて国連の救済および復興局（United Nations Relief and Rehabilitation Administration）の準備委員会に所属し、国連総会の第一回会議に米国代表として参加したこともある（後に『ニューヨーク・タイムズ〔*New York Times*〕』紙の幹部にもなった）。彼は、琉球諸島を日本に返還することは賢明ではないと主張し、なぜエマーソンの報告では信託統治が否定されているのかと尋ねた。これに対して、エマーソンは、琉球諸島は「まぎれもなく日本の領土の一部であり、したがって信託統治という方法は適用されない」のだ、と応えた。従属地域課のチェイス（E. D. Chase）は、「中国の単独の管理より信託統治のほうが望ましい」と述べた。バンクロフトは、彼自身の国連での経験を引きながら、「国連憲章の精神に従えば、琉球人は従属関係にある（dependent people）ということになる」と論じた。ハーバード大学からこの時期、国務省に出向していた若き日本専門家、ライシャワー（Edwin O. Reischauer）博士は、琉球の人々は「従属関係にはない」と反論し、日本人として考えられるべきであるとの見解を示した。ところが、極東委員会（Far Eastern Commission, FEC）に所属していたディックオーバーが、沖縄の住民に「政治意識は存在しない（had no political consciousness）」と述べて、ライシャワーの見解に反対した。一方、ボートンは、沖縄の人々が「日本人とは異なる人々（separate people）」であるとは考えないとしながらも、「一七世紀にはそうであったかもしれない」と述べた。彼の発言は、今日でもなお継続する沖縄（あるいは琉球王朝）と日本本土の間の複雑な関係を示したものであるといってよい。[90] 沖縄と日本の関係をどうみるかという問題はさておき、ディックオーバーは、政治的、経済的な理由から沖縄に米軍基地を建設することにはとにかく反対であった。彼は会議の終わりに、沖縄戦が米軍に一万五千人もの犠牲を強いたことを考えれば、「米国民の感情はおそらく沖縄の維持を要求するであろう」と残念そうに述べている。会議では、前記のエマーソン報告書の結論(e)について、「政治的（politically）」という言葉のあとに「かつ経済的に（and economically）」という言葉を挿入することで合意した。しかし、会議の終わりには再びこの文言をめぐって議論が紛糾した。ボートンがこの結論(e)について疑義を表明したのに対し、エマーソンは、国務省が「基地問題について確固たる姿勢をとるべきである」として譲らなかった。ブレイクスリーは、ソ連が「それだけ北に米軍基地が建設されることに脅威を感じるであろう」と述べた。他方、ディックオーバーは、「沖縄に基地を建設することが極東にわれわれが関わる戦争を誘発することになる」とし、沖縄の保持がまったく望ましくないことを軍部に明確に示すためにはより強い表現を用いるべきである、と主張した。ボートンは、「政治的にきわめて悪影響が出る（severe political repercussions）」と表現することを提案したのに対して、他のメンバーは「刺激する（provocative）」とするよう提案した。結局、語句の選択はエマーソンに任せられることになった。

会議ではまた、文書のタイトルも変更された。それまで国務省は、「琉球」を中国語読みしていた（Liuchiu）が、これ以降は日本語の発音（Ryukyu）が採用されることになった。変更の理由は会議録にも参加者の残した回顧録にも明らかではない。しかし、このことは、単なる発音の問題にはとどまらない重要な意味を持っていたのではないだろうか。国務省、なかでも日本専門家は、会議での反対意見を押し切って、琉球諸島が中国の一部ではなく日本領であると考えていることを目に見える形でも象徴的な意味でも示そうとしたのであると思われる。

エマーソンはその日のうちに修正を終えた。[91] この文書では、結論部分に二点の変更が加えられた。第一に、結論(d)と(e)の順序が入れ替えられた。第二に、基地について述べた部分が次のように書き直されていた。

国務省は、沖縄その他の琉球諸島に恒久的な基地を建設することは、深刻な影響をこの地域に与えることになり、政治的反対を引き起こすであろう（likely provoke serious repercussions and would be politically objectionable）と考える。しかしながら、そうした政治的問題にもかかわらず米国政府が安全保障上の目的で基地の建設が必要であると決定するならば、それは戦略的信託統治の形態で行われるべきであり、また使用する土地と島民への影響を最小限にとどめるべきである。

また、エマーソンは、米国による琉球諸島の統治に反対する理由として、そうした米国の行動が「両大国［中国とソ連］にとって、米国の正当な防衛的な動機にもとづく行動（proper defensive move）というよりはむしろ自国に対する刺激的な脅威（provocative threat）と映るであろう」との文言を付け加えた。同様に、信託統治に関しても、「琉球人の政治的、社会的発展段階からみて、また彼らの間に日本から切り離されたいという希望があきらかに欠如していることからみて、国連機構の下に信託統治の取り決めを締結することが望ましいとは考えられない」という原文に、「沖縄の独立国家化を信託統治の最終目的とすることは望ましいと思われない。また、信託統治を永久に継続することも非現実的である」と付け加えた。

二週間後の一九四六年一月三日、極東地域委員会はこの新しい草案を検討した。[92] ブレイクスリーが欠席したこの日は、ボートンが議長代理を務めた。彼は、琉球諸島の基地に関する軍部の見解について新しい情報を得ていないことから、委員会が政策の起草を継続すべきであると述べた。エマーソンは、委員会が見解を明らかにし、軍部の回答を求めるのがよいと提案した。そして、会議は、沖縄に基地を獲得する戦略的、地政学的理由を再検討することに費やされた。豊富な中国経験を持つ外交官（この後まもなく中国課次長となる）、ライス（Edward E. Rice）は、中国は沖縄に米軍基地を建設することに反対しないであろうと考えていた。[93] 彼は、中国自体が「［国民党と共産党に］分断されている」ために、「現在のところ、中国は米国が琉球諸島に基地を設置するのを歓迎するであろう」と述べている。したがって、ライスは、エマーソンの起草した内容を「太平洋だけではなく、中国大陸の海岸部に近接する琉球諸島にも米軍基地を建設することは、中国の反対を招く可能性がある。また、ソ連にとっては、米国の正当な防衛的な動機に基づく行動というよりはむしろ自国に対する刺激的な脅威と映るであろう」と修正するのがよいと提案した。そして、会議は実際にこれを受け入れた。さらにライスは、「米国が持てるカードをすべて開陳したうえに、琉球諸島に対するわれわれの政策によって、おそらくトルコに基地を建設しようとするソ連の政策を牽制しようとしないことがはたして賢明であろうか」と疑義を表明した。だが、議事録によれば、委員会のメンバーたちは

「この手の取引」には消極的であった。ボートンは、委員会が「最善の勧告」をすべきであると考えていた。エマーソンもまた、「もし［われわれが］琉球諸島を保持したいという希望を見せれば、米国はこれらの諸島を手放すことができないかもしれない」との（振り返って見れば預言的である）懸念を有していた。さらに、彼は、琉球に米軍基地を建設することにソ連は反対しないかもしれないが、「われわれのそうした行動が前例となって、ソ連が他の地域に基地を建設しようとするかもしれない」と警告した。そのため、極東地域委員会は、エマーソンに東欧課から専門家の意見を得るよう求めた。

これに加えて、法律課のビショップ（William W. Bishop, Jr.）が米国と沖縄の歴史的関係について重要な指摘を行った。彼は、かつて米国が一八五三年に琉球王国と条約を結んだことに触れ、「米国が琉球諸島の人々と直接関係を持った」という事実を明らかにした。(94) そして、フランスやオランダも琉球諸島との条約を締結した事実への言及とともに、この指摘は取り入れられたのだった。

会議の終わりに、この草案を最終報告としてもよいとボートンが言明したが、やや早すぎたようである。エマーソンは、会議での勧告を取り入れた修正版「PR—三五、最終報告」を二日後の一月五日に完成した。(95) もっとも、極東地域委員会が「太平洋の委任統治領の処遇」に関する「PR—三一」文書とこれに関連する「PR—四〇、準備文書：日本から遠く離れた諸小島の処遇」を検討する作業に入ったため、この文書がすぐに議題に上ることはなかった（ただし、後述のように「PR—四〇」には琉球諸島も含まれていた）。一方、JCSによる研究作業も進められた（JCS五七〇／五〇）。この段階でJCSは、北緯三一度以南の南西諸島（これは九州の最南端に相当する。巻頭参考地図を参照）を戦略的信託統治に指定することを考えていた。こうした事情から、極東地域委員会が沖縄の処遇問題について会議を開いたのは二月一二日のことであった。

国務省がSWNCCを通じてJCSの研究作業を受け取ったため、エマーソンは、一月五日付の「PR—三五、最終報告」をJCS文書に沿って再修正せねばならなかった（前章で述べたように、このJCSの研究は、バーンズ国務長官の要請によってJCSが一月三一日に完成したものである）。結局、修正された文書は、「PR—三五、最終報告（修正版a）」とされた。(96) 結論部分は以下のとおりである。

そうした基地が建設される場合、琉球諸島中部および南部に位置する残りの島々は、米国あるいは国連機構を統治者とする非戦略的信託統治領（non-strategic trust territory）に指定されるべきである。統治者については、米国が要求する戦略地域の範囲を考慮して決定される。琉球諸島北部（北緯二八度、あるいはその付近のラインより北に位置する島々を指す。境界線は、島民が主として沖縄人から構成されているか、それとも日本人から構成されているかによって引かれることになろう）は、日本に返還されるべきである。(97)

部局間極東地域委員会が二月一二日の会議でこの文書を検討した結果、国連機構に関する記述は削除されることになった。その理由は、極東調査課（のちに日本課に勤務することになる）のダニング（Alice L. Dunning）が、基地が建設される場合には、国連ではなく、米国自体が「他の地域に対する経済的責任を負う覚悟を持つべきであり、国際機構に負担を移行すべきではない」と主張したことによるものであった[98]。さらにダニングは、「日本が琉球諸島を保持すべきであるという地域委員会の基本方針を、なんらかの方法で強調したほうがよい」とも述べた。こうした意見を受けて、ボートンは、結論部分を再修正するよう提案した。委員会もこの提案を入れ、最終報告としてまとめるようエマーソンに指示したのだった。

三月四日、エマーソンは「PR―三五、最終報告（修正版b）」を完成した。二月一二日の会議での議論を反映し、修正を重ねた結果、この文書は九頁に膨らんだ[99]。そして極東地域委員会は以下六点の勧告を承認した。

(1)　国務省は、沖縄その他の琉球諸島に恒久的な基地を建設することは、国際社会に深刻な影響を与え、政治的に反対を引き起こすであろうと考える。しかしながら、そうした政治的問題にもかかわらず米国政府が安全保障上の目的で基地の建設が必要であると決定するならば、それは戦略的信託統治の形態で行われるべきであり、また使用する土地と島民への影響を最小限にとどめるべきである。

(2)　そうした基地が建設される場合、琉球諸島中部および南部に位置する残りの島々は、米国を統治者とする非戦略的信託統治領に指定されるべきである。琉球諸島北部（北緯二八度、あるいはその付近のラインより北に位置する島々を指す。境界線は、島民が主として沖縄人から構成されているか、それとも日本人から構成されているかによって引かれることになろう）は、日本に返還されるべきである。

(3)　米軍基地が建設されない場合、琉球諸島は日本が保持すべき諸小島とみなされるべきである。ただし、日本による琉球諸島の保持は、日本帝国全域に非武装化の原則が適用されることを条件とする。

(4)　しかし、連合国の占領期間中に、琉球諸島中部および南部に居住する沖縄人の間で日本統治下への復帰を拒否する姿勢が明らかになった場合は、琉球諸島の処遇に責任を負う国際調査委員会が組織され、島民の意思を確認するとともに、太平洋の平和と安定に寄与する解決策を勧告するものとする。

(5)　中国政府が琉球諸島の一部または全域の領有を強く求めた場合、または中国を統治者とする国連の信託統治化を主張した場合、米国は、中国にその要求が望ましいものではないことを納得させる努力をすべきである。

(6)　米軍基地は建設されない場合でも、安全保障理事会が国連機構の権威の下で琉球諸島に基地を建設することを勧告する場合、琉球諸島の最終的な処遇がそうした基地に影響を与えるものであってはならない。

この文書と他の領土に関する研究が完成したのに引き続いて、国務省は一九四六年六月一九日にこれらをまとめた国務省案（SWNCC五九／一）をSWNCCに提出した[100]（次章で詳しく紹介することにしたい）。一二頁に及ぶ包括的な文書の結論は明快であった。「琉球諸島は、日本が保有すべき諸小島とみなされ、非軍事化されるべきである」。沖縄に基地を建設する戦略的必要性についてはいくらか柔軟な姿勢を見せていたものの、琉球諸島が全体として日本が保有すべき諸小島であるという点については、この時点で国務省は断固たる姿勢を見せていた[101]。しかし、当然ながら、この主張は軍部の見解と衝突することになったのである。

第4章　SWNCCでの沖縄に関する議論　一九四五―一九四七
――信託統治問題をめぐる対立と交渉――

はじめに

信託統治によって沖縄の戦略的支配を確保するという統合参謀本部の希望については、ここで独立した一章として取り扱うべきほど、国務省と軍部の間にまことに複雑な議論が生じた。前述のように、琉球をめぐる国務省と軍部の間の対立は一九四五年から四六年にかけての時期に本格的に始まっていた。そして、名目的には、米国による沖縄統治をどのような形態で対日講和条約に規定するかが問題となった一九五〇年代初頭まで続いた（第七章を参照）。

第二章でみたように、ＪＣＳは一九四五年の秋、琉球諸島（南西諸島）が米国の安全保障にとって死活的な重要性をもち、戦後の米国の安全保障システムにおいて最重要基地群の一つとして考えられるべきであるとしていた。したがって、ＪＣＳは、沖縄や太平洋の島々を「排他的な戦略的支配の下に置くことが米国の国家安全保障にとって不可欠である」と主張した。排他的な戦略的支配がいかなる形態をとるのかは、一九四六年一月二一日付ＪＣＳ五七〇／五〇において明らかにされた。カロリン、マリアナ、マーシャル諸島とパラオについては米国が主権を行使する一方、南西諸島と南方諸島については、これらを「戦略的信託統治区域（strategic area）」に指定する協定の締結を模索することになっていた。しかし、政府内でこの方針を支持する者はそれほど多くはなかった。軍部自身、戦略的信託統治がはたして米国の戦略的利益に対する防壁となるのかどうか疑問を抱いていた。他方、国務省は、琉球諸島が日本に返還されるべきであると考えていた。本章では、沖縄を信託統治下に置くべきか否かをめぐって一九四五年から始まり、一九四六年、一九四七年と続いた国務省と軍部の間の対立を検討する。

一　国連の信託統治制度

本題に入る前に、まず国連の信託統治制度について説明する必要があろう。この制度の枠組は、一九四五年六月のサンフランシスコ国連会議で採択された国連憲章の第一二章と第一三章で確立された。その内容と技術的問題はその後確定されることになっていたが、一九四五年秋およびその翌年にわたって開催された会議では、信託統治制度についての各国間の交渉とそれら詳細の取り決めは難航した(1)。一九四六年末になって初めて、施政国(administering state)であるオーストラリア、ベルギー、フランス、ニュージーランド、英国、非施政国である中国、イラク、メキシコ、米国、ソ連によって構成される信託統治理事会(Trusteeship Council)が設置されたが、第一回の理事会は一九四七年三月二六日にようやく開催されている(2)。

国連憲章第一二章で規定されているように、国際信託統治制度は、国連の権威の下で「個別協定によって指定された地域の管理と監督を行う」(第七五項)ために確立された。しかし、第七六項で述べられているように、信託統治制度の目的は崇高であった。第一に、国際社会の平和と安全を促進することであった。第二に、政治面、経済面、社会面、教育面から住民の進歩を促し、独自の政府を育てられるようにすることであった。そして第三に、人権と基本的自由の概念を広めることであった。

第二章で論じたように、陸海両軍が希望し、トルーマン大統領も承認した信託統治下に置かれるべき領土(第七七項)は、(1)国際連盟の委任統治制度の下に置かれていた領土、(2)第二次世界大戦の結果、敵国から切り離された領土、(3)統治している国が自発的に信託統治化を希望した領土、の三種類であった。このうち沖縄に関しては、第二のカテゴリーが適用されることになる。だが、第二のカテゴリーのみならず第一のカテゴリーについても、米国と連合国の間で、また国務省と軍部の間で、当初から解釈をめぐる意見の相違があった。問題は、日本の委任統治領であったカロリン、マーシャル、マリアナの各諸島であった。しかも、太平洋戦争の結果、米国がこれらの島々を占領していた。そのため、米国政府は、できるだけ早くこうした諸島に信託統治を適用することを希望すると同時に、軍部が望んだようにあからさまに併合するとまではいかないにせよ、アメリカの戦略的信託統治の下に置くことを欲したのであった(3)。

一方、国際信託統治には二種類が定義されていた。まず、安全保障理事会が管理する「戦略地域(strategic areas)」である(第八三項)。これは、のちに「戦略的信託統治(strategic trusteeships)」として知られるようになった。第二は、それ以外の地域に布かれた信託統治であり、「非戦略地域（non-strategic areas)」、「通常信託統治（ordinary trusteeships)」、または「非戦略的信託統治（non-strategic trusteeships)」と呼ばれ、国連総会によって運営されることになっていた（第八五項）。施政国（信託統治の任務を負う国）には信託統治の基本目的を遂行することが義務づけられていたが、実際には、戦略的信託統治に関してはかなりの自由裁量が施政国に認められていたといってよい。さらに、第八四項は、「安全保障理事会に対する義務を遂行し、またその地域の防衛と秩序を維持するために、信託国の軍隊や軍事施設を利用し、また信託国から協力を得る」権利を施政国に与えていた。

国務省とJCSの間の対立は、琉球諸島にはどちらの信託統治が望ましい形態か、そしてそもそも信託統治自体が必要か否か、という点をめぐるものであった。戦略的信託統治も非戦略的信託統治も双方長所と短所を内包していた。例えば、政治的に実現が比較的容易で、国連総会を通じて国際社会の理解も得やすいのは非戦略的信託統治であったが、同時にこれには、施政国の統治に対して信託統治理事会による査察と管理が行われるという問題があった。他方、戦略的信託統治の場合、施政国は信託国の統治に対する自由裁量権を得ることができたが、実現には安全保障理事会の承認が必要であった。そして、もはや同盟国とはみなしがたいソ連が拒否権を行使する可能性が十分にあったのである。国務省は、JCSの要求する安全保障は大部分、通常の信託統治で得られると考えていた。しかし、軍部はそのようには考えなかった(4)。この対立が続くなかで、軍部はその戦略計画をさらに練っていたのである。

二　太平洋諸島に関するコンセンサスの模索

ソ連を潜在的な敵と想定するかどうかという点については、軍部内でも見解はまちまちであったが、ヨーロッパの戦後処理をめぐる米ソ対立が一九四五年ごろから深まるにつれて、米国政府内では戦後の対ソ関係が友好的である可能性は少ないという認識が広まった。ルーズベルト大統領は、スターリンと協調関係を築くことができたが、それは多分に対枢軸国戦争の遂行という必要性に根ざしたものであり、その必要性がほぼ消滅した今となっては、対ソ関係がそうたやすいものではないことも認識していた。モスクワの米国大使館からは、後に詳しく取り上げるケナン（George F. Kennan）やその他の外交官たちが、米ソ間に永続的で真の協調関係を築くことができるという希望を抱いてはならないと本国政府に警告していた(5)。ルーズベルトが一九四五年四月一二日に急死すると、副大統領から昇格したトルーマンは、悪化しつつあった米ソ関係を一新しようと試みた。しかし、東欧やその他の地域の戦後処理をめぐって米ソ間に困難な問題がもちあがり、またソ連が合意事項に違反しているという認識が固まるにつれ、トルーマンは対ソ関係に協調の余地を見出すのは困難であると考えるようになった。「ソ連を甘やかすのは飽きた（I am tired of babying the Soviets）」というトルーマンの有名な発言が、この認識枠組の変化を象徴しているといえよう。

一九四五年七月下旬のポツダム会議は、こうした状況のなかで開催された。政府内には、長期的な国際協調を重視する観点からソ連の何らかの合意を得るべきだとする意見と、ソ連に対して強い立場で臨むべきだとする意見があった。(6) 会議は当初、ソ連の対日参戦を確保し、戦後世界の政治的、軍事的取り決めのためにソ連の協力をとりつける目的で設定されていた。だが、トルーマン大統領をはじめ米政府代表が会議に幻想を抱くことはなく、ソ連の協力を得られる可能性はきわめて薄いことをリアリスティックに認識していた。(7) また政府内には、国連機構によって平和が維持されることに対する期待、より正確にいえば米国の太平洋における安全保障が信託統治という手段によって確保されることに対する期待は、ほとんどないといってよかった。

サンフランシスコで一九四五年四月二五日から二カ月にわたって国連会議が開かれる以前、一月から四月にかけての時期、スティムソン陸軍長官とフォレスタル海軍長官は、太平洋に関しては信託統治の実施に反対する姿勢を明らかにしていた。とりわけフォレスタルは、このころから反ソ的傾向が一層顕著になっていた。両長官は、米国が太平洋地域を支配することを望み、国務省とは異なり太平洋の島々を国連の監督から除外する方法を模索した。(8) このような観点から、スティムソンは、国際機構の熱心な信奉者であるステティニアス国務長官に対して次のような覚書を送った。

［太平洋の諸島が信託統治化されるべきであるといった］考え方にこだわってはいけない。米国がこれらの領土を獲得しようとするのは、植民地化や搾取を目的としているためではない。将来における太平洋の安全保障を確保するために必要な基地を設置するのが目的である。この目的を遂行するために、太平洋の島々は、米国の排他的な支配の下に置かれ、要塞化されるべきである。それらは植民地ではなく、前哨地であり、太平洋の安全を保障する国の自衛権にしたがって正当化されるのである。(9)

沖縄戦が始まろうとしていた三月下旬にも、スティムソンはこうした趣旨の見解をフォレスタルとマックロイ陸軍次官補に示している。フォレスタルが三月三〇日付の日記に記すところによると、スティムソンは「［国務省の主導で］サンフランシスコの会議で進められている信託統治に関する議論の行方を懸念していた。彼は、多大な犠牲を払って得た（hardly won）太平洋の島々を信託統治の原則に引き渡すことになるであろう非現実的な行為に、米国が身を委ねようとしているのではないかと恐れていた(10)」。フォレスタルの観察は正確であった。スティムソン自身、日記に「国務省の提案は、信託統治の施政者となる世界機構の創設に神経質なほど（meticulously）に意を注いでいる。それは、米国が基地をこうした機構に引き渡さねばならないとしており、その上で、われわれが基地の運営権を取り戻し、しかもその権利に関して、われわれが戦争という犠牲を払って得た大きな自由裁量権を確保しようと努力する、という提案である」と記している。[11]スティムソンの目から見て、国務省の考える信託統治とは「無意味な回り道（pointlessly round-about）」であり、むしろ「戦略的要衝にある島を防衛することが米国にとって不可欠であり、太平洋諸国にとっても明らかに利益となることを断言する」ほうがよいと思われた。[12]この議論をさらに推し進めて、彼は次のように述べている。

このような姿勢を示すことによって、米国の太平洋における地位を確保するために必要な基地を維持することに対して反対は起きなかったであろう。米国は、常に太平洋における自由と平和のために戦ってきたのであり、侵略者を追放し、平和と自由を回復するためにこの戦争を行った。それは国際社会の認めるところであった。侵略者は太平洋の島々を奪い、米国を攻撃し、われわれの力を破壊しようとした。米国は、これらの島々を攻略し、平和を愛好する太平洋諸国を侵略の脅威から解放するために、おびただしい数の人命と物的損失という犠牲を払ってこの戦争を戦ってきたのだ。現にわれわれは、オーストラリアとフィリピンを救った。東インドシナと中国でももうすぐ実現されよう。こうした事実を声を大にして訴え、太平洋における自由と平和を守るために米国は苦しい戦いを経て獲得した太平洋の島々を維持すると提案したところで、誰が反対したであろうか。言い換えれば、われわれは、すべての平和愛好国を受益者とする信託を宣言することによって、太平洋の島々の保有を宣言すべきであった。[13]

スティムソンは不満を募らせていた。彼の残した回顧録によると、「信託統治に関する問題の本質はいかなる態度をとるかということである。つまり、［軍部も国務省も］望んでいる結果は同じであった。しかし、どのようにそれを獲得するかという点において異なっていた」という。スティムソンは、太平洋の島々と基地の戦略的重要性を確認するとともに、国際協調の枠組のなかで米国がそれらを維持するよう陸海軍長官から国務省に対して申し入れることを、フォレスタルに提案した。両長官からの覚書は、「(a)米国の安全保障のみならず国際社会の安全保障にとって、［太平洋の］島々が死活的重要性を有し、また国際的な安全保障機構の成否の鍵を握るということ、(b)米国は、米国の国益を追求するためではなく、国際安全保障の信託を受けてそれらの島々を維持し、所有権を行使すると提案すること、を列挙」していた。[14]

翌週四月二日の朝、スティムソン、フォレスタル、ステティニアス国務長官の三人は信託統治問題について意見を交換した。スティムソンは、フォレスタルとステティニアスが戦略問題に関するスティムソンの見解に賛成したと記している。しかし、フォレスタルは、国連や国際協調を犠牲にしかねない軍部の要求に懸念を示した国務省に配慮したのであろう。「長時間を費やした議論の結果」、サンフランシスコで開催される国連会議では「信託統治に関する問題はすべて」討議しないこと、国務長官あるいは大統領が、米国は太平洋に位置する「すべての国と人民の平和と平等、自由を引き続き保障するために」太平洋の島々を維持する、といった抽象的な声明を発すること、について三人が合意した、と記録した。[15] そして、信託統治に関する声明の起草がそれぞれの補佐官に命じられたのだった。

このように、スティムソン、フォレスタル、ステティニアスの三長官はこの会議で合意に達したはずであった。だが、四月九日に開かれた会合では、ステティニアスはスティムソンとフォレスタルに対して、「国務長官としてはこの声明を支持しない。……その代わりにこれを陸海軍長官共同の声明として発し、大統領には国務長官が判断を保留したと報告するのはどうか」と述べた。[16] スティムソンは、「信託統治声明に賛成したにもかかわらず、その立場を覆した」として、「ステティニアスの転向」に怒った。[17] スティムソンとフォレスタルはやむを得ず、「彼らの主張を貫くことを決定し」、大統領に次のような両長官の見解を報告した。

われわれは、……米国が、困難をのりこえて獲得し、いかなる意味においても植民地ではなく、そして防衛の最前線である太平洋の島々を、ヨーロッパ諸国の植民地を信託統治化するという問題と同一視するという過ちを犯そうとしていると考える。きたるべきサンフランシスコ会議でもこのことが問題を生ずるであろう。しかし、それが避けられるような体制を整える努力をわれわれは行ってきた。[18]

ルーズベルト大統領は、保養先のジョージア州ウォーム・スプリングスから戻った後にこの勧告を検討することに同意したであろうと考えられる。しかし、二月初旬に開催されたヤルタ会議から帰国し、長旅で疲れた身体を休めようとしていた大統領は、実のところは重病に冒されていた。[19] スティムソンとフォレスタルのこの見解が大統領に伝えられることはなかった。両長官の勧告が起草された三日後の四月一二日、ルーズベルトはウォーム・スプリングスで急死したのである。その結果、四月一六、一七日に開かれた三長官の会合は、信託統治問題を再考することで一致した。[20] もっとも、この会議が開かれる前の四月一四日にフォレスタルはステティニアスとスティムソンの双方と個別に会談し、見解の相違を調整していた。[21] これは、ルーズベルトの棺がワシントンに到着したのと同日であった。

四月一四日の早朝、ルーズベルトの葬儀に向かう列車をユニオン・ステーションで待つ間、ステティニアスはフォレスタル、キング提督、マーシャル将軍と話をした。[22] ステティニアスは、大西洋憲章に示された進歩的思想を想起しつつ、「米軍部による併合政策が公式に発表されたうえでサンフランシスコに行くなどできた相談ではない」と訴えた。[23] さらに彼は、「軍部の見解と折り合いをつけたいとは思うが、［国務省が］併合政策に賛成することは決してない」と付け加えた。

フォレスタルらと会話を交わす前に、国務省と軍部の間の「行き詰まりを打開する可能性のある案を考える」ために、ステティニアスは、特別補佐官のパスボルスキーやフォータス（Abe Fortas）内務長官などと信託統治問題を話し合っていた。[24] パスボルスキーが会議のために準備した覚書は、ヤルタ会談でルーズベルト、チャーチル、スターリンの三首脳が信託統治について合意した路線に沿っており、さらに米英中ソ四大国間で近く開始される予定の会談に提出することが想定されていた。[25] 国務省は、この会談によってもたらされるであろう結果を次のように予想していた。

第一のシナリオは、国連会議で信託統治に関する討議を行うのは難航が予想されることから、ここではひとまず先送りされるというものであった。第二は、国連憲章のなかで国連機構が信託統治制度を創設することが規定されるというものであった。そして第三に、国連憲章のなかで信託統治制度の目的と実施機関および手続きが規定されるというシナリオであった。つまり、信託統治の機構部分をまず設立し、信託統治化される領土、戦略地区の指定、信託統治下に置かれる地区それぞれに対する個別規定、信託統治化される地域の統治を担う国の選定、統治を担う国と国連の権利と責任の定義、といった実質的な問題は、将来的に特別協定を結ぶことで解決するというものであった。[26] 軍部との妥協点を探る過程で、ステティニアスや他の参加者は、信託統治に関する問題が陸海軍長官の見解が聴取されることになっている四月一七日の米国国連代表部幹事会において提起されるべきであると考えた。[27]

ステティニアスはこの決定をフォレスタルらとユニオン・ステーションで出会った際に持ち出した。その一方で、彼は、政府内で合意を形成するために、軍部と国務省が、米国代表部第一回幹事会を開くまで信託統治問題を引き続き検討することを提案した。[28] ステティニアスには、フォレスタルもキングやマーシャルも「［彼の］提案を好意的に受け止め、明らかにその重要性を認識した」ようにみえた。[29] もともと楽観主義的な傾向のあるステティニアスは、軍部は国益を重視し、国務省は国際協調に対する信頼を示す行動として信託統治を志向していたものの、両者の間には依然として妥協の余地があると考えていたのであろう。

一方、フォレスタルも、ニューヨークのハイド・パークで行われるルーズベルトの葬儀に出発する前にスティムソンに会い、信託統治について話し合った。その際に彼はステティニアスの提案も伝えた。スティムソンは、国務、陸海軍省が翌日に会談の場を設けることに賛成したようである。[30] 四月一七日の朝、スティムソンとフォレスタルは、サンフランシスコ会議が開催される前に信託統治問題に関する勧告をトルーマン新大統領に提出できるのではないかという希望を背に、米国代表部会議に出席した。

会議では、まずステティニアスが、「外交的観点からみれば」、国連会議で信託統治問題が取り上げられなければ、米国は「弱い立場に追い込まれることになる」と切り出した[31]。国務省は「[米国の] 安全保障上の利益を確保する必要性に関しては、陸海軍の議論に完全に同意する」。しかし、「故ルーズベルト大統領の政策に反するであろう併合政策を追求することによって拡張主義者の烙印を押されるようなことになれば、米国は大変な困難に直面することになると認識している」。そうステティニアスは力説した。

これに対して、スティムソンがまず、信託統治問題は米国の「安全という観点から重要である」と応じた。彼は、米国が「搾取的な国家ではなく」、ただ基地の保持を欲しているのであって「いかなる領土の獲得も望んではいない」、と述べた。米国は、「利己的な姿勢をとっているのではなく、自らの安全保障を懸念しているのである」。そして、基地を保有するに際しては、「基地を完全に支配する」必要が生じるが、基地を置く島の「主権まで行使することは避けるつもりである」。米国政府は「基地を完全に運営する」方途を模索すべきであり、そのことによって「偵察行為を防止し、軍事施設を守る」ことができるであろう。スティムソンにとって、米国が太平洋地域における安全保障の維持に失敗し、逆に日本にそれを許したという「先の戦争で犯した誤りは、忘れがたい教訓 (burnt into his soul)」であった。米国は、「米国の権利を破壊することが誰の目にも明らかな、狡猾な条約の起草に参加するべきではない」。重要な、あるいは「不可欠な」点はむしろ、まず米国が「防衛上必要な基地に対する完全な権利を与えられるべきこと」である。さらに、米国は「かつては侵略欲に駆られ今は穏健化した諸国が何を望んでいるのかを見据えなければならない」。しかもこれらの点は、いずれも「国際協調の枠組のなかで」達成することができよう。スティムソンはこう論じてコメントを結んだ。

次に発言したのはフォレスタルであった。彼は、米国が戦後太平洋地域における安全保障を担うことは国際社会が広く認めるところである、と述べた。したがって、米国は、「この責任を果たす手段を持たねばならない」。フォレスタルの説明によると、その手段とは、「孤立した少しばかりの基地ではなく、太平洋における防衛体制」であった。彼は、真珠湾攻撃によって太平洋における「米国の防衛ライン」が最南端部分を除いてすべて失われ、それらを取り戻すのにどれだけのコストを費やさねばならなかったかを強調した。その観点から、米国が「占領した、もしくは占領するであろう太平洋の島々は」、将来におけるいかなる協定にも、「信託統治に関するいかなる抽象的な概念」にも、海軍の承認を得ることなく委ねられるべきではない、とフォレスタルは結論した[32]。

両長官のコメントに引き続いて信託統治の一般的な問題をめぐる議論が行われたあと、この問題については米国代表部がその日にさらに検討することが決定された[33]。夕方、ステティニアスと彼のスタッフが起草した勧告がスティムソンに届けられた。スティムソンはこれに同意したという[34]。そしてその翌朝、スティムソン、フォレスタル、ステティニアスの三長官とトルーマンの間で会談が行われた[35]。ステティニアスは、国務、陸軍、海軍省が信託統治問題をめぐる根本的なジレンマ、すなわち「[米国の]太平洋における戦略的な基地を維持すると同時に、それが併合、あるいは拡張主義政策と非難されないようにせねばならない」という困難を「解決する方途を何カ月にもわたって探ってきた」、と説明した[36]。「信託統治に関して米国のとるべき政策」と題した覚書が「労力を費やした結果」であった。米側代表団長（ステティニアス）に、米国政府の公式な立場として送るために、三長官が大統領の承認を求めようとした。その内容は、以下のとおりであった。

　サンフランシスコでは、信託統治制度の下に置かれる領土を決定すべきではない。ただ制度の機構面だけが話し合われることになろう。

　米国政府は、信託統治を以下のカテゴリーに該当する地域にのみ適用することが実情に即していると考える。それは、(a)委任統治下にある領土、(b)戦争の結果敵国から切り離される領土、(c)統治に責任を持つ国家が自発的に信託統治の下に置こうとする領土、である。これらのカテゴリーに属するどの領土がどのような条件で信託統治制度の下に置かれるかは、別の協定で決定されるべきである。

　この制度は、(1)米国の軍事的、戦略的権利の維持、(2)太平洋地域のみならず国際社会の平和と安全を確保するために必要な特定地域の統治、(3)その地に居住する住民の社会、経済、政治的福祉の増進、を協定によって保障することになろう[37]。

この覚書を注意深く読んだトルーマンは、「これで問題をはっきり理解することができた」と述べた[38]。そして大統領はこの覚書を承認し、ステティニアスに戻した[39]。トルーマンの回顧録は、彼がこの決断に至った理由を次のように説明している。

　信託統治問題は懸案事項の一つであった。戦争が終わりに近づくにつれて、この問題はいっそう緊急性を増した。……太平洋戦争に勝利し、日本を太平洋の島々から駆逐したその次には、平和時においてもこれらの島々を管理することが、米国の戦後政策を展開する上で重要になると考えられた。

　信託統治問題に関する閣僚会議で、私は国務省の見解が陸、海軍省とは異なっていることがわかった。私は、両者の主張に耳を傾けた。結局、私は［こうした島々に設置される］基地の安全の確保を説く陸海軍の議論を認めた。しかし同時に、国連がこうした島々の社会的、経済的状況を調査することを欲した場合には、国連の立ち入りが認められるべきである、という国務省の主張もまた妥当性を持っていることは否定できなかった[40]。

サンフランシスコ会議では、右の勧告に沿って信託統治制度の実行はその後の決定を待つことが合意された。そして、次節以下で述べるように、太平洋諸島の信託統治に関する機構がすべて整うまでには二年以上を要し、一九四七年四月二日にようやく国連安全保障理事会で承認されたのである。

三　軍事的考慮による信託統治案――ＪＣＳ一六一九シリーズ

第二章で論じたように、沖縄の戦略的重要性については、一九四五年秋の段階で陸海軍の間でコンセンサスが形成されていた。翌年一月三一日に、つまり、ＪＣＳがバーンズ国務長官に太平洋における信託統治に関する勧告を行った一〇日後に、ＪＣＳは太平洋の島々を米国が排他的に管理することを確実にする方法を検討しはじめた。この研究は、主としてどのような信託統治が必要となるかに焦点を当てたものであった。二月二日、海軍作戦部長キング提督の後任であるニミッツ提督は、「太平洋における戦略地区と信託統治」と題する文書（ＪＣＳ一六一九）をＪＣＳに提出した。[41] これは、ＪＰＳに対して、ＪＳＳＣと共同で太平洋地域における信託統治が満たすべき軍事的要請を検討し、「ＪＣＳの見解を代表する」政策文書を準備するよう指示したものであった。[42] 具体的には、ＪＰＳとＪＳＳＣは、取り決めに調印すべき諸国、戦略地区、施政国、信託統治規定に盛り込まれるべき条件、について研究することが求められたのである。

以上の四点について、南西諸島に関して、ニミッツは次のように記した。まず、取り決めに参加するのは、英国、中国、ソ連、そして米国に限定することが望ましかったが、対日講和条約に調印するすべての国に拡大してもよい。第二に、戦略地区については、「南西諸島全域を戦略地区に指定する」ことが望ましいが、それがかなわない場合は、基地のある島のみを指定することもやむをえない。第三に、施政権を担うのは米国ただ一国に限定されるべきである。最後に、信託統治の取り決め（協定）には以下の五項目が規定されていなければならない。

(1)　信託統治協定は、施政国が当該地区に要塞や基地を建設し、軍事設備を導入する権利を制限するものではない。

(2)　当該地区の行政は、施政国に任命された機関によって行われる。

(3)　施政国は、国連憲章第八三項の二を遵守する。

(4)　施政国は、当該地区に居住する住民の政治、経済、社会状況について報告し、それらの事項について信託統治理事会と協議し、また施政国が国連憲章第八三項の二を遵守しているかを監視する目的で、信託統治理事会が任命した正式の代表機関によって査察が行われることに同意する。ただし、統治機構は、要塞や軍事施設のある地区は査察対象から除外してもよい。

(5)　施政国は、当該地区に存在する要塞や軍事施設に関する報告義務、または査察受け入れ義務はない。[43]

ＪＣＳは二月一六日にニミッツの勧告を承認し、同日中にＪＰＳとＪＳＳＣに研究を開始するよう指示した。

三カ月後に完成したＪＣＳ一六一九／一は、広範囲にわたる人員と機関を動員し、いくつかの局面を経た末にできあがった巨大な研究であった。一言でいえば、これは戦後の米軍基地に関する基本計画を踏襲したＪＣＳ五七〇／四〇の再検討を要請する文書であった。もっとも、ＪＣＳ五七〇シリーズと同じくこのＪＣＳ一六一九／一でも、太平洋の委任統治領の島々と南西諸島が米国の安全保障にとって死活的重要性を持つことが前提となっていた。したがって、ＪＣＳ一六一九／一は、戦略的信託統治によって南西諸島（ただし、九州に隣接する南西諸島北部は、非軍事化されることを条件に日本領に残しておく）に対する戦略的支配を確立することが必要であると勧告した。だが、重要なことは、南西諸島に信託統治制度を適用し「沖縄とその近辺の小島群」を戦略地域に指定すれば、米国の安全保障上の要請は満たされる、ともＪＣＳがみていたことである。つまり、境界線をまだはっきり引いていたわけではなかったが、ＪＣＳはこの地域を次のように区分していたことになる（図４-１参照）。まず、南西諸島北部は非軍事化され、日本領に残される。南西諸島中部（おそらく奄美大島）には通常の信託統治制度を適用する。そして、戦略的重要性の高い沖縄とこれに隣接する島々は、戦略地域に指定される（または戦略的信託統治が適用される）。こうした柔軟な姿勢は、ＪＣＳ一六一九／一の結論部分にも示された。「安全保障に関する米国の死活的利益は、米国が排他的で無制限の戦略的支配を南西諸島の一部に確立することによって満たされる」[44]（傍点引用者）。

南西諸島全域を戦略地区に指定しなくてもよいという認識は、戦略的考慮のみならず政治的考慮に基づいていた。琉球諸島における基地の必要性を研究した統合計画参謀によると、沖縄本島の陸、海、空軍基地には一万八千人の兵士で十分であった[45]。一方、国務省の従属地域課、国際安全保障課、国際機構課と協議したあとに作成されたＪＰＳの四月一九日付文書には、政治的問題に対する配慮が初めて示された。陸、海軍長官宛の覚書草案のなかで、ＪＰＳは、「南西諸島と南方諸島の島民は、［太平洋における日本委任統治領の住民とは］大きく異なり、より近代化されている。国際社会におけるモラル・リーダーとしての米国の役割に背馳しないようにするため、われわれは、これらの地区を信託統治制度の下に置くよう提案すべきである」と述べた[46]。さらに、五月一〇日に再修正された「太平洋における戦略地区と信託統治」（ＪＰＳ七八五／二）では、次のように論じた。

南西諸島のうち琉球諸島は、ＪＣＳ五七〇／四〇のいう最重要基地地域に指定されるものの、現在のところ基地建設の計画があるのは、沖縄（および近接する小島群）のみである。琉球諸島には、習慣的にも精神的にも東洋文化に起源をもち、またしっかりした経済基盤を持つ島民が多数居住する。こうした領土の管理は、信託統治制度が目的とするところで

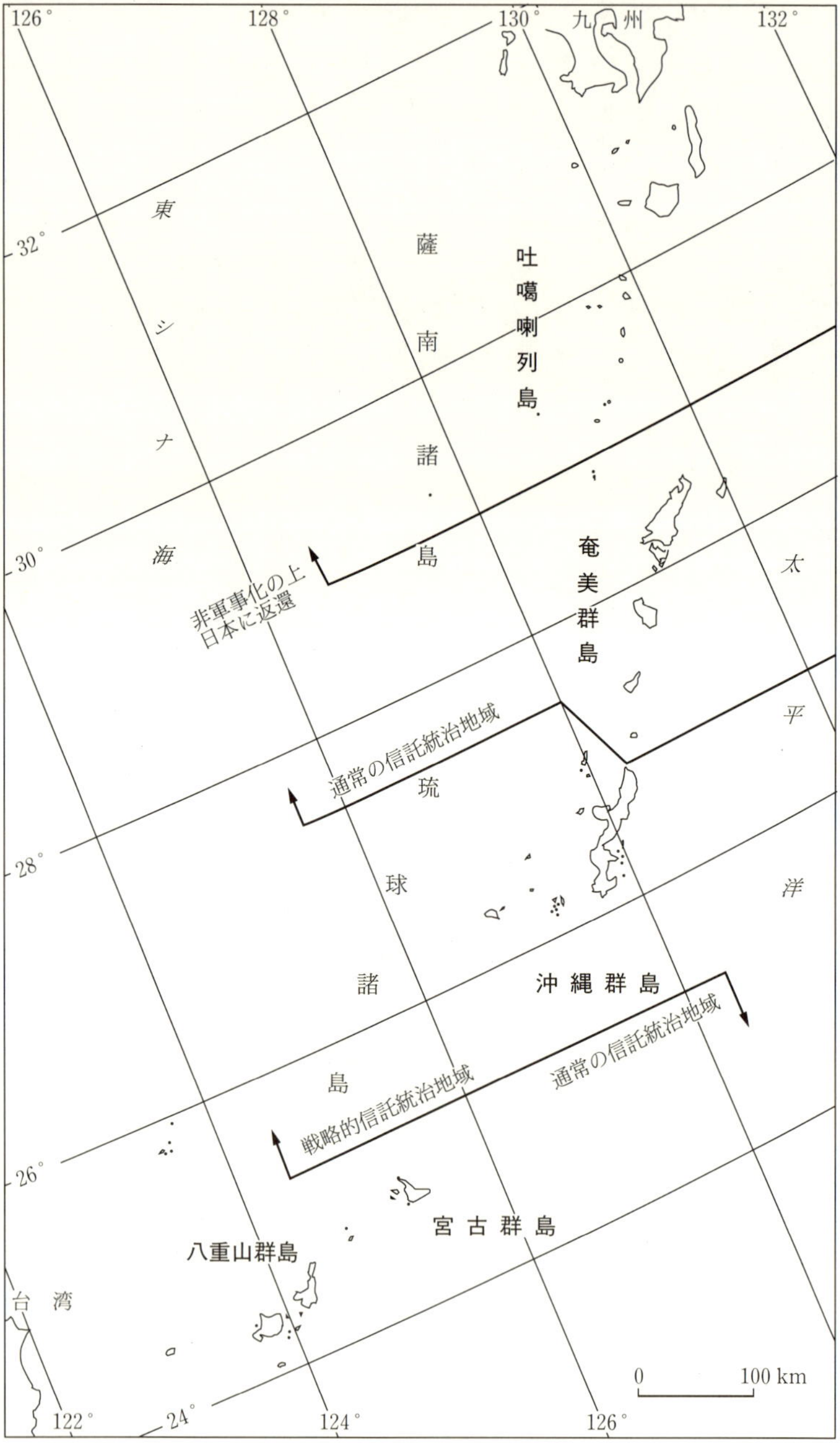

図 4-1　JCS 1619/1 による南西諸島の処理案

ある。したがって、軍事的観点からは、南西諸島には米国を受託国とする信託統治を実施する一方、沖縄とその近辺の島々を戦略地域に指定することが望ましい。日本本土に隣接し、鹿児島県の一部であった南西諸島北部（南方諸島）は、もしそうすることが望ましいならば、非軍事化したうえで日本領に残すことができよう[47]。

しかし、JCS一六一九／一に対しては軍部内で反対の声もあった。それは、主としてJCSが「無制限で排他的な主権の獲得」を要求した日本の委任統治領をめぐるものであった。陸軍参謀長アイゼンハワーは、ピーターソン（Howard C. Peterson）陸軍次官補が日本の委任統治領に信託統治制度を適用することに関する議論は不十分であり、JCSは再考を要する、と主張した六月八日の覚書を指摘した。パターソン（Robert P. Patterson）陸軍長官もピーターソンの意見を支持していた[48]。そのため、アイゼンハワーは、JCS一六一九／一が再検討されるべきだと勧告したのである[49]。

だが二週間後、リーヒ提督はアイゼンハワーの意見を退けた。JCS一六一九／三のなかで、リーヒは「JCS一六一九／一に示されている軍事的考慮は正確であり、その政治的考慮については大統領、大統領顧問委員会、国務省、議会の検討に付すべきである」と断じた。つまり、「JCSの認識範囲を超えている[50]」。ニミッツもリーヒの意見を支持した。六月二六日にJCSに宛てた覚書（JCS一六一九／四）で、ニミッツは、陸海軍長官に対する覚書の草案（「付属文書A」）をSWNCCで検討し、その後国務長官に送付することを提案したほか、JCS一六一九／一を承認すべきであるとした。さらに彼は、JCS一六一九／一やこれに関するSWNCCでの議論を大統領の耳に入れるべきであるとも述べた[51]。二七日にJCS一六一九／四は承認され、その翌日、SWNCCの陸軍省代表であるリード（Alexander D. Reid）大佐がJCS一六一九／一をSWNCCに提出した[52]。

四　国務省の立場——SWNCC五九シリーズ

歴史的に日本の領土の一部である沖縄を支配しようとすることに伴う政治的問題は、旧日本委任統治領に関する問題よりも解決の困難なことが次第に明らかになり、また時間を要するようになっていた。JCSが太平洋の信託統治に関する政策を検討していたとき、国務省はすでに日本の諸小島に関する研究を終えようとしていた。一九四六年六月二四日に完成しその日のうちに政府内に回付された文書は、「旧日本委任統治領およびその他日本の諸小島に対する信託統治、または他の処遇方法に関する政策（SWNCC五九／一）」とされた[53]。国務省内の複数の部局から構成されたメンバーが作成したために、この文書は、実質的には沖縄に関する国務省の統一見解であるといってよかった。

この文書にみられる沖縄に関する国務省の立場は、軍部とは正反対であった。つまり、「琉球諸島は、日本によって所有され、非軍事化されることになる諸小島とみなされるべきである」としていたのである。[54]これは、国務省内で政策の起草に携わってきた小委員会の考えていた結論であった。この文書は、それまでの国務省内の政策文書に沿って作成されていたのである。特に沖縄について、国務省は再度その立場を明らかにした。

琉球諸島の最北端に位置する島々は、何世紀にもわたって日本と密接な関係を持ち、そこに住む島民は文化的にも人種的にも日本人である。また、これらの島々に居住する沖縄人も言語的、文化的に日本人にきわめて近く、さらに島々が六〇年以上まぎれもない日本領として統治され、さらに三世紀以上、政治的には日本に従属してきたという事実に鑑みて、日本が琉球諸島中部および南部を領有することもまた正当化される。琉球のいかなる部分であろうとも米国が支配しようとすることは、自国のためであれ他国のためであれ領土の拡張には反対する姿勢をとってきた米国の政策に反するものである。実際的に考えても、琉球の支配は、島々に対する援助と発展の必要から莫大な財政支出を米国に要求し、また文化的にも外見も米国人とはまるで異なる七五万人もの人間を統治するというありがたくない任務を米国に課すことになる。米国が沖縄や琉球の特定の地点に恒久的な基地を建設することは、国際的に深刻な影響を及ぼし、政治的な反対が大きい。太平洋地域に米国が保有する基地に加えてそうした基地を中国大陸の海岸部に隣接する地域に建設すれば、中国の怒りを招くとともに、ソ連にはそれが米国の防衛的な行動というよりはソ連に対する挑発的な脅威と映ることであろう。つまり、米国が琉球諸島に基地を獲得するなら、米国は政治的、地域的な利益の観点から正当化される範囲を超えて拡大しようとしているとみなされることであろう。したがって、政治的、外交的には、琉球諸島は日本に返還され、非軍事化されるべき諸小島と考えられるべきである。

JCSはこの議論に論駁した。まずJCSはSWNCC五九／一の検討をJPSとJSSCに命じた（JCS一六一九／五）。なお、信託統治と沖縄の処遇をめぐる一九四六年段階のSWNCCの議論については図4-2を参照されたい。

七月三日、JPSは、国務省の見解が「太平洋諸島に建設する基地についていえばJCS一六一九／六その他の機会で示されたJCSのそれとは大きく異なる」、とした報告書を提出した。[55]JPSはさらに、「SWNCC五九／一になんら新しい点はみられない」ことから、軍事専門家としてのJCSは、「太平洋の基地体制やそれらの基地が建設される島々を米国がどの程度管理するかという問題に関する見解を撤回する」必要はない、とも提言した。またJPSは、「実際、ここ数カ月の軍事状況はJCSの見解が正しいことを証明している」とも述

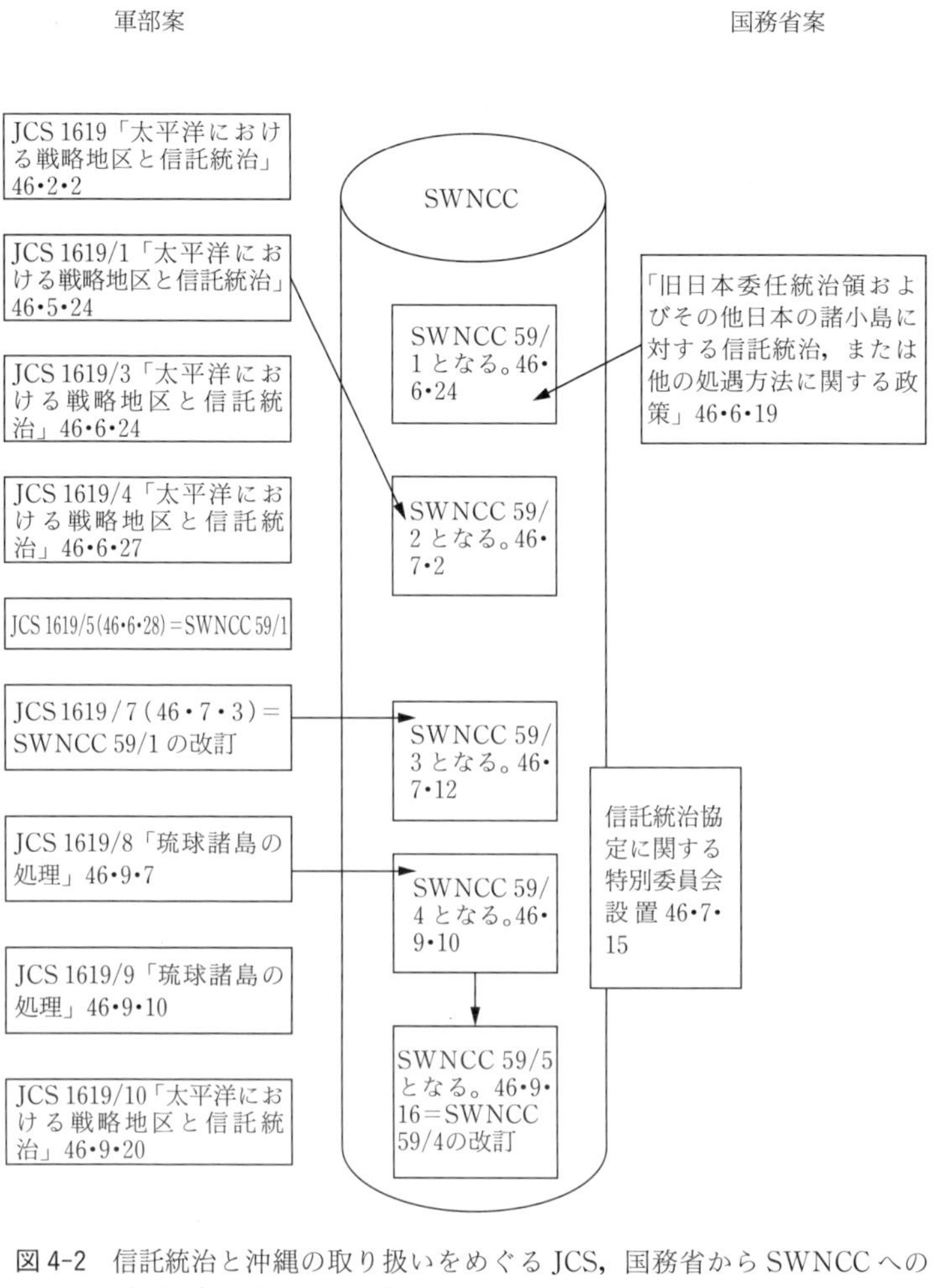

図 4-2　信託統治と沖縄の取り扱いをめぐる JCS，国務省から SWNCC への重要文書の流れ，1946 年

べ、議論をさらに強化しようとした。ＪＣＳはこの報告をただちに承認し、その翌日、覚書を付したＪＣＳ一六一九／七と付け加えてＳＷＮＣＣに送付した。

ＳＷＮＣＣの事務局は、二頁からなるこの覚書にＳＷＮＣＣ五九／三と番号を振り、関係者に回覧した。国務省はおそらく、その内容を恐れていたわけではなかったにせよある程度予期していたのであろう。ＳＷＮＣＣ五九／三のなかで、ＪＣＳは「沖縄を日本に返還すべきであるという国務省の提案を非常に憂慮している」と述べていた。なぜなら、国務省が旧日本委任統治領に対しては「主権の獲得よりむしろ」信託統治の適用を主張し、また「南西諸島（琉球諸島）については軍事基地を維持する権利すら認めない」、との立場をとっていたためである。ＪＣＳはこれに対して、「［ＳＷＮＣＣ五九／一を］慎重に検討したが、琉球諸島に排他的な信託統治を適用する必要があることについてＪＣＳの見解は変わらない」と従来の見解を繰り返した。さらにＪＣＳは、琉球諸島に戦略的支配を確立することが米国の安全保障にとっていかに死活的重要性をもつかを強調した。「米国は現在のところ、太平洋地域に戦略的支配を確保している。それは、米国の安全保障上の必要と、それら太平洋の島々の獲得に費やした莫大なコストの結果である。この戦略的支配を放棄あるいは弱体化、もしくはいかなる方法であれ危険にさらすならば、米国の安全保障を犠牲にすることになろう[56]」。

このように、ＪＣＳと国務省の見解の隔たりは明らかであった。そのため、海軍省代表のサリバン（John L. Sullivan）は、七月一一日に開かれたＳＷＮＣＣの第四二回会議――ＪＣＳが国務省の見解に対するコメントを提出する前日――において、ＳＷＮＣＣ五九／一と五九／二（ＪＣＳ一六一九／一）、および国務省の見解に対するＪＣＳのコメントについて検討する特別委員会を設置するよう提案した。特別委員会は、「優先的に扱われるべき問題であり、かつＳＷＮＣＣに説明を行うために」、旧日本委任統治領と戦前の日本領土に対する二種類の信託統治について報告書を作成するものとされた。他のメンバーもこれに同意した。さらに、サリバンと陸軍省代表代理のラスク（Dean Rusk）は、ＳＷＮＣＣ五九／二を国務長官に転送し、大統領に提出するよう求めた。その際、ＪＣＳの見解を大統領に提出することは必ずしも国務省がこれに同意したということを示すものではない、とラスクは、国務省の関係者に説明した[57]。

つづいて七月一五日、リードＳＷＮＣＣ事務局長は、国務、陸、海軍省代表からなる「信託統治協定に関する特別委員会（Ad Hoc Committee on Trusteeship Arrangements）」が設置されたとの旨を記した覚書を関係者に配布した。この特別委員会の構成は全五人のうち三人を占めた軍部がいくぶん有利であった。国務省からは、委員会の一員としてボートンが、また国連会議で書記を務めたチェイス（Eugene P. Chase）が参加した。一方、軍部からは、前章で登場したリンカーン陸軍准将、陸軍航空部のギッフェン（Sidney L. Giffen）大佐、デニソン

(Robert L. Dennison) 海軍大佐が選ばれた。

ボートンが準備した八月七日付の文書によると、特別委員会では「旧日本委任統治領および日本の主権下にあった領土についてあらゆる可能性」が考えられることになっていた。ボートンは次の五つのケースを想定している。

(1) 旧日本委任統治領の島々を戦略地区に指定し、米国を施政国とする信託統治を確立する場合。

(2) 日本の主権下にあった島々を戦略地区とみなし、米国を施政国とする信託統治を確立する場合。

(3) 戦略地区以外の旧日本委任統治領の島々に、米国を施政国とする信託統治を確立する場合。

(4) 日本の主権下にあり、かつ戦略地区とはみなされない島々に、米国を施政国とする信託統治を確立する場合。

(5) 住民がまったくいない、あるいはごくわずかしか存在しない旧日本委任統治領ないし日本の主権下にあった領土について、米国を施政国とする基地群に対する信託統治を確立する場合[58]。

琉球諸島に関しては、第二、四、五のケースが適用される可能性があった。だが、ＪＣＳは、琉球諸島は日本の諸小島とみなされるべきであり、したがって非軍事化されたうえで返還されるべきである[59]、という国務省の見解（ＳＷＮＣＣ五九／一）を留保しつづけた。ＪＰＳが九月七日にまとめた覚書、ＪＣＳ一六一九／八は、琉球の戦略的支配をめぐる問題は「太平洋諸島に対する政治的支配のあり方をめぐる問題とは分離して解決することができるし、またそうされるべきである」と論じた[60]。さらに、ＪＰＳは、「米国民は、米国による太平洋諸島の支配はごく名目的なものであるべきではないかと漠然と感じているが、最近の報道はこれを強めつつあるように見受けられる。こうした報道は、沖縄の処遇に悪影響を与えるおそれがある」と警告した。

この文書には大統領に対する覚書の草案も含まれていたが、そのなかでも、ＪＣＳは「琉球諸島が日本に返還されるべきであるという提案のあることを懸念している。この問題に関する決定は、太平洋諸島に対する政治的支配のあり方をめぐる問題とは分離して考えることができるし、またそうすべきである」と繰り返した[61]。そして、「沖縄とその付近の諸小島を戦略地域に指定する信託統治を適用することによって、米国は琉球諸島で必要とされる程度の支配を確保することができる。そうした環境があれば、九州に隣接し、九州の一県の一部であった南西諸島北部は、日本に返還され、……非軍事化されてもよい」と主張した。沖縄に関するＪＣＳの見解は、次のように説明されている。

沖縄は、米国の太平洋における基地建設計画のなかでもっとも重要な基地となる。沖縄は、アリューシャン列島とフィリピンの間、マリアナ諸島西部の太平洋地域をカバーする。ソ連を一方の当事者とする戦争が発生した場合、ソ連は必ず満州ないし中国北部に南下し、黄海と日本海を囲む北東アジアの工業地域を支配下に置くであろう。日本本土を除けば、沖縄は米軍をこの地域に投入できる唯一の基地となる。さらに、近い将来に使用可能な大きな武力を保有するアジアのいずれかの勢力の統治下に琉球が置かれるようなことになれば、太平洋北西部と中国大陸への通信ラインが支配されることになる。米国以外の勢力の手にある琉球諸島は、フィリピンの防衛にとって大きな脅威となるであろう。黄海周辺の地域は、二〇年のうちにマレー海峡まで武力で、あるいは武力以外の手段でも達するであろうソ連の南下行動に対する、たとえ唯一ではなくとももっとも効果的な要塞となる。つまり、沖縄が米国の支配下に置かれれば、黄海周辺の地域に安定をもたらす土台となるのである。その反対に、琉球が他の勢力の支配下に置かれれば、太平洋北西部の支配をその勢力の手に帰する、少なくともその勢力に可能性を与える突破口となる。現在の国際情勢に鑑みても、米国の長期的な軍事的安全保障は、米国が沖縄を軍事基地として保有することが決して妨げられないことによって達成される。この観点から、JCSは、沖縄に関する問題が軍事的に非常に重要であり、国務省のさらなる検討に値すると考える。したがって、JCSは、大統領に問題の説明を行う前にこの覚書に示されたJCSの立場を損なうような行動がとられないよう要請するものである。(62)

SWNCCの特別委員会は、九月一七日に開かれた第四九回会議で、太平洋諸島の戦略的重要性について委員会を構成する各省の代表から国務省に口頭で説明させることで合意した。九月一九日、JCSは大統領に対する覚書をSWNCCに送った。国務省にも参考用として提供した。その翌日、ニミッツ海軍作戦部長は、JSSCに対して「米国が旧日本委任統治領の島々を併合し、また南西諸島や南方諸島、南鳥島を米国を施政国とする信託統治のもとに置くことを正当化する」より有力な議論を展開するよう要請した。(63)

同日九月二〇日に、JCSは、SWNCCが旧日本委任統治領への適用を想定して作成した信託統治協定案(JCS一六一九/一〇)――SWNCCはこの協定案を、旧日本委任統治領のみならず他の地域へ適用できると考えていた――を見直すよう求められた。それを受けてJSSCの検討した結果が一〇月二日のJCS一六一九/一三である。(64)ここでは、米国の安全保障上の利益を保護するという目的に関しては、協定案は「適切であるように思われる」とされた。しかし同時に、「信託統治という機構を通じた戦略的支配は、いまだかつて試みられたことがなく、不確実でもある」ことから、信託統治協定と試行期間が、旧日本委任統治領よりも前にまず南西諸島に適用されるべきである、とする「建設的かつ論理的手段」を講じることも提案されていた。(65)だが、JCSはただちにこのJSSCの勧告を拒否した。この勧告が「旧日本委任統治領に排他的かつ恒久的な支配を確保する必要があることを十分に強調していないだけではなく、信託統治協定案の条項を最低限受け入れ可能なものとし、また作成された協定を恒久的なものとする必要性も強調していない」というのが理由であった。だが、信託統治協定案が「最低限受け入れ可能な協定」であることについてはＪＣＳも同意した(66)。最終的には、一〇月一八日に、ＪＣＳはＳＷＮＣＣに対して勧告を提出することに決したのである。

一方、一〇月四日にニミッツは、「優先的に扱われるべき問題として」米国が旧日本委任統治領を排他的かつ恒久的に支配し、また信託統治の形態で米国が南西諸島を保持することの必要性を提示する準備をするようＪＳＳＣに指示した。ＪＳＳＣは、一〇月一〇日に一〇頁からなる文書を完成した。「太平洋における戦略地域と信託統治」と題されたこの報告書は、北緯二九度以南の南西諸島を米国が保有する必要性を論じていた。北緯二九度という数字が登場したのはこれが初めてのことである。また、奄美大島がＪＣＳの欲する支配地域に含まれたのもこれが初めてであった。結果的には、奄美大島が返還される一九五三年後半までＪＣＳの主張は政府内を圧することになった(67)。そして、この地域を戦略的に支配することについての歴史的ないし戦略的な根拠に加えて、南西諸島と旧日本委任統治領の関係が次のように説明された。

旧日本委任統治領の信託統治を論ずるに際して、なぜＪＣＳが南西諸島と南方諸島には信託統治を希望するのに対して委任統治領の島々には望まないのか、という疑問が生じる。安全保障上の観点から考えれば、こうした島々を米国が排他的かつ恒久的に支配するほうが望ましい。だが、ＪＣＳは、カイロ宣言に示された理念に敬意を表し、島民や土地が地政学的な重要性をもつ（南西諸島）、あるいは安全保障上の利益が委任統治領ほど大きくない（南方諸島）地域については信託統治制度を適用することに同意するであろう。したがって、ＪＣＳは、ハワイ諸島、旧日本委任統治領、フィリピンを経由してアジア大陸にいたる通信のラインをわれわれが必要と感じるかぎり確保するために、旧日本委任統治領を排他的かつ恒久的に支配すべきであると考える。南西諸島と南方諸島は、このラインに付属する重要な地点であるが、ラインそのものに不可欠な要素ではない。しかし、これらの諸島を将来の潜在的な敵対勢力に与えてはならないという点においては、南西諸島も南方諸島も安全保障上の重要性をもつといわねばならない。つまり、米国にとって不可欠なラインが脅威にさらされることを防ぐために、南西諸島と南方諸島はいかなる勢力にも引き渡してはならないのであって、それは旧委任統治領に戦略的統治を確立することによってのみ達成されうる。この点が最低限の軍事的要請であることが銘記されるべきである。南西諸島が東シナ海、黄海、渤海湾、あるいはアジア大陸で必要となる可能性のある作戦行動に備えた基地として重要性を持つことは疑いの余地がないといわねばならない(68)。

右の議論で、「必要となる可能性のある（that may become necessary）」と記された点に、軍部がこの地域の不安定性、とりわけ対ソ関係の行く末を懸念していたことが表れている。軍部は、「航空科学の急速な進歩や新兵器の登場、世界の人口の半分が集中する東アジアがソ連に支配されるかもしれないという巨大な政治的危険を視野に入れれば」、太平洋諸島と米国の安全保障の関係が将来的にはより重要となるであろう、と考えていた。この主題は報告書のなかで形を変えて何度も繰り返された。安全保障のために基地群を整備するだけではなく、「実際に必要な基地の展開に投じられる財源が削減される」ことから、基地の存在する地域を潜在的な敵対勢力から守ることも同様に重要である、とJSSCは主張する。したがって、JSSCは、JCSに、さらには大統領に、次のような案を検討するよう要請した。

中国が共産化してソ連の衛星国となり、また拡張主義政策を追求するソ連が、国務省が提案するように非軍事化され、日本に返還されたあとの南西諸島に基地を建設する権利を獲得、もしくは強奪したと想定する。そのような環境が生まれた場合、米国は二つの選択肢のどちらかを迫られることになろう。(a)米国の影響下にある太平洋の残りの地域を確保するために莫大な財源を投入する。(b)第二次世界大戦中、およびそれ以前に米国がたどったような、多大な人的、物的資源を対価とするプロセスを再びたどる。このような状況では、可能性の領域を決して越えるものではないが、潜在的な敵対勢力に太平洋の諸島に足場を築かせてはならないというJCSの立場は、太平洋における米国の将来の安全保障を確保するもっとも経済的な方法となる。[69]

冷戦が本格化する前の一九四六年に書かれたことを考えれば、JSSCの議論は大変興味深い（もっとも、冷戦がいつから始まったのかという問題は議論のあるところである）。この報告書（JCS一六一九／一五）は一〇月一一日にJCSに提出された。JCSは一八日までにこれを検討、微調整し（JCS一六一九／一九）、トルーマン大統領に提出した。[70] 翌週、リーヒは大統領と会見し、さらにJCS一六一九／一五の結論を国務、陸、海軍長官に転送した。[71]

五　トルーマン声明

トルーマンと会見したものの、リーヒはJCSの結論を承認するようトルーマンを説得することはできなかった。しかし、トルーマンのスタッフも理解していたように、大統領が「この問題を避ける（dodge this issue）」ことはできなかった。[72] 一九四六年一一月六日にトルーマンは、「旧日本委任統治領と、第二次世界大戦の結果米国が責任を負うことになった日本の諸島に、米国を施政国とする信託統治を適用する準備が整った」、との声明を発した[73]。この段階では、しかし、沖縄について直接言明されることはなかった。

基地の重要性については軍部の主張を支持する一方、トルーマンは、領土の併合と戦略的信託統治に反対する国務省の主張にも心が傾いた。トルーマン自身、領土の併合や軍事支配には反対であり、通常の信託統治のほうが好ましいと考えていたふしがある。彼の回顧録によると、「私はつねに植民地主義には反対してきた。いかなる場所でどのように正当化されようとも、植民地主義は米国民の嫌うところである。米国は、植民地主義に対する解放戦争を戦った。われわれは、植民地支配の束縛からの自由を願う人々に同情と理解を寄せつづけるであろう[74]」。信託統治問題の決定については、トルーマンは次のように記している。

> 国際連盟から委任統治の権利を与えられた日本の政策を米国が見習うことは決してない。われわれは、太平洋における将来の侵略者から米国を守ると同時に、太平洋の島々が将来的には自立的な政府を樹立するための基礎を築いた。平和がこの地域に確立されるまで、太平洋の特定の島を米国が支配する必要はあるが、それらの島々が国際社会から閉ざされてはならない、というのが私の立場であった。私は、米国が軍事政権に替えて文民政府をできるだけ早く設立せねばならないと信じた。軍部の一部は反対したが、私が大統領である間は、米国が責任を負うところはどこであれ、可能なかぎり自立的な政府を樹立しようとした。

このようにトルーマンの考えは明らかであり、ＪＣＳが決定に同意するのは難しかった。事実、トルーマンに宛てた覚書のなかで、ＪＣＳは「米国の安全保障を危険にさらすとおもわれる見解の修正には同意できないし、責任も負えない」とまで述べていた[75]。バーンズ国務長官は、国務省が国連会議で「基地の適切な維持を危険にさらすであろう協定を決して受け入れない」ことを条件に、フォレスタル海軍長官を説得しなければならないことが分かった[76]。そうした確証を得て軍部は不承不承ながら同意し、一九四七年二月二六日、旧日本委任統治領に関する戦略的信託統治協定の草案がついに安全保障理事会に提出された。だが、南西諸島や南方諸島に関する信託統治や他の協定をめぐって生じた問題は、依然として解決されなかった。委任統治領――日本領であったことはなく、日本に委任されていただけの地域――をめぐる国務省と軍部の間の対立は、米国がどの程度支配するか、すなわち戦略的支配を布くかどうか、ということであったが、最終的には、米国がこれらの島々に戦略的信託統治を維持することで合意に至った。しかし、日本領である南西諸島と南方諸島については、問題は支配の程度ではなく、日本が支配するかそれとも米国が支配するか、という問題であった。そのため、この段階では南西諸島および南方諸島の処遇については政府内で決定することはできず、ついに議題から取り下げられたのであった。

リンカーンの一二月四日の覚書（SWNCC五九／九）でこの決定は確認された。彼は、「SWNCCは、米国が支配すべき特定の島あるいは諸島群について、琉球諸島を除いてはJCSの勧告に沿っている。琉球に関する問題は、おそらく米国の信託統治提案を出すタイミングの問題であろうが、引き続きSWNCCでの検討を必要とする」と述べた[77]。軍部は控えめな発言をあまりしない組織であるが、このコメントはおそらく、軍部の発言のなかではもっとも控えめなものの一つであったろう。

一九四七年四月二日、信託統治協定草案が国連の安全保障理事会で承認され、三カ月後に発効した。これにともなって、旧日本委任統治領については、米国を唯一の施政国とする戦略的信託統治が適用された。しかし、この段階では、南西諸島と南方諸島については信託統治制度は導入されず、国際的にも米国政府内でも未解決のまま残された。一方、この年の夏までには国務省内で対日講和条約草案が起草され、一年近くの検討作業が完了した。国務省の作成したこの草案で、琉球諸島が「日本領域にある諸小島」に分類されていたことにJCSは即座に反応し、八月下旬、草案が意図するところの「琉球の処遇は、もし実現すれば、JCSが勧告しているようなこの地域に対する支配を否定するものである」と述べている[78]。簡潔ながら強い調子のこの発言に、軍部が国務省の条約草案に対して感じていた危機感が反映されている。

沖縄をめぐっては、その後も米国政府内で議論が繰り広げられ、ついに重要ではあるが暫定的かつ妥協的な政策が生み出されることになった。このプロセスに目を転じる前に、この間一九四五年から四八年にかけて、日本政府が沖縄に関する問題をどのように考えていたのかを次章で検討する。

第5章　日本政府の講和条約準備作業と沖縄の地位に関する見解
一九四五―一九四八

はじめに

前章までは、主として米国の沖縄に関する政策形成・決定過程を検討してきたが、ここで日本政府の領土処理問題に関する見解にも注目する必要がある。

まず指摘されねばならないのが、一九四五年八月の終戦以降、外交権を放棄した日本は、自らの手による対外関係の処理を禁じられたことである。その結果、外務省は、占領軍との連絡調整などの職務をこなすと同時に、将来の講和条約に向けての準備作業に精力を注ぐこととなった。外務省は、講和会議が開催されたときに、こうした準備作業が役立つであろうとの希望を抱いていたのである。なかでも、沖縄の領土処理は、この準備作業のなかでも比較的大きな位置を占めることになった。さらに、この作業は、講和条約締結以後の日本の安全保障のみならず、沖縄の運命とその日本からの分離の可能性を憂慮する天皇や天皇側近の注意を引くことになるのである[1]。本章では、国務省極東局による講和条約案の出された一九四七年以前に、沖縄や講和条約について日本政府がどのような見解を持っていたのか、そしていかなる準備作業を行っていたのかを検討する。

前述したように第二次世界大戦中、連合国の首脳たちは、軍事戦略を調整し、また戦後世界における政治、外交上の問題を討議するためにたびたび会談を行った。日本の降伏にともなう連合国の対日方針についてはこのうちの三回の会談で取り上げられたが、これらが戦後の沖縄の領土処理に大きな影響を及ぼすことになった。[2]

最初の会談は、ルーズベルト大統領とチャーチル首相によって、プリンス・オブ・ウェールズ艦上で一九四一年八月に行われたものであった。有名な「大西洋憲章」が発表された会談である。ここで両首脳は、「[両国は] 領土たるとその他たるとを問わず、いかなる拡大も求めない。……関係国民の自由に表明する希望と一致しない領土変更の行われることを欲しない」ことを発表した。当時、米国は、ドイツや日本との交戦状態には至っていなかったが、枢軸諸国の「世界文明への挑戦」を厳しく認識していた。この共同声明は、特に「ドイツのヒットラーの政府に対して」発せられたものであったが、「その他の連携している政府」の一つである日本にも適用されていたのはいうまでもない。第二章でみたように、一九四〇年代を通じて、「領土不拡大」や「住民の自決」の原則は、米国政府が領土の帰属を協議する際に無視し難い指針となった。

第二の重要な会談は、一九四三年一一月下旬にルーズベルト、チャーチル、中国国民政府首席の蔣介石の間で行われたカイロ会談であった。一一月二七日の「カイロ宣言」において、連合国首脳たちは以下のように述べた。

米英中三国は日本の侵略行為を罰し、抑制するためにこの戦争を戦っている。われわれは、戦争を通じてなんの利益も求めておらず、領土を拡大することもない。日本が一九一四年の第一次世界大戦開始以降、強奪し、占領した太平洋の島々を日本から取り上げ、日本が中国から奪ったすべての領土、すなわち満州、台湾、澎湖島を中華民国に返還することがわれわれの目的である。日本が暴力や欲望によって奪取したすべての領土もまた剝奪されねばならない。三大国は、日本によって奴隷状態にある朝鮮の人民のことも忘れたわけではなく、朝鮮が適当な時期に自由と独立を勝ち得ることについても合意した。

日本が「暴力や欲望によって奪取したすべての領土もまた剝奪」すべきであるとの方針は、沖縄の地位をめぐる論議を米国政府内で呼び起こした。一九四三年七月時点で、国務省の領土小委員会は、歴史的・民族的に見て沖縄は日本の一部として残されるべきものであると考えていた。そしてカイロ宣言の発表後は、この条項を沖縄に適用してはならないと考えたのであった。

第三の会談、一九四五年七月のポツダム会議では、米・英・中三国にソ連が加わり、対日戦の軍事的・政治的方針について討議が行われた。「ポツダム宣言」は、日本の領土に関して、「カイロ宣言の条項が適用されると共に、日本の主権は本州、北海道、九州、四国とその他われわれの決定する諸小島に限定される」と規定した。[3] その後、「われわれの決定する諸小島」に数百の諸小島からなる琉球諸島が該当するのか否かが、米国政府内でも、連合国内でも、そして連合国側と日本政府の間でも大きな論点となったのである。

一九四五年九月二日に戦艦ミズーリ号の甲板で調印された「降伏文書」は、日本の領土については特に言及しなかった。しかし、降伏文書に調印する時点で、「日本政府と大本営」がポツダム宣言の条項を受け入れたことは明らかであった。[4]また、九月六日付の「降伏後における米国の初期の対日方針」でも、「日本国の主権は本州、北海道、九州、四国ならびにカイロ宣言および米国がすでに参加しまたは将来参加する他の協定により決定される周辺の諸小島に限られる」と明記されていた。[5]

第二次大戦中に連合国間で行われたこのような秘密協議の内容を日本政府が知り得た可能性は低い。だが、公表された連合国の声明や宣言、国際連合憲章などは、政府内で綿密に検討されていた。[6]こうした情報にもとづいて、日本政府は、来るべき講和条約について研究を開始したのである。

一　外務省による講和条約の準備作業

一九四五年八月一五日段階で、日本政府はもちろん、米国政府も他の連合国政府も、軍事占領がいつまで行われ、講和条約がいつ締結されるか全く見通しをもっていなかった。もっとも、占領開始後まもなく外務大臣となり、後に首相となった吉田茂は、当時の状況を次のように回想している。

占領の當初においては、実際のところ、平和条約の時期などは何時の日に来るか判らぬとの感じがしていた。ポツダム宣言の第十二項に「前記諸目的が達成せられ、且つ日本國民の自由に表現せる意思に従い平和的傾向を有する責任政府が樹立せらるるにおいては、連合國の占領軍は、直ちに日本國より撤収せらるべし」とあるが、ポツダム宣言の諸目的が達成されたか否か、また日本に平和的傾向を有する責任政府が樹立されたかどうかの判定は、連合國側が下すわけである。従ってこの規定は、若し連合國にして欲すれば、日本を殆ど無期限に占領することを可能ならしめるものであると考えられた。われわれが重大視したのは、占領が長く続くことにより、日本國民の自主獨立の根本精神に悪影響を與えはしないかということであった。[7]

講和会議の開催時期に加えて、連合国の対日要求やそれに日本政府がいかに応じるべきかも不透明であったから、外務省は、早い時期に来るべき講和条約に備えて研究を開始する必要を理解していた。一九四五年の晩秋、当時条約局第一課課長であった下田武三は、政務局の湯川盛夫とともに、外務省OBの重光葵と芦田均から「占領は無期限に続くわけではない。必ずや日本独立を回復する日がやってくる。日本はベルサイユ条約で苛酷な条約を押し付けられたドイツの二の舞いを決して演じてはならない。また完全に武装を解除されてしまった日本は、どのようにして国を守っていくのか、君らは考えたことがあるか」

と質されたという。[8] 下田によれば、この助言が講和条約研究を開始するうえで重要な契機になったのだという。[9]

そして、吉田外相は、「戦争に負けて外交に勝った歴史はある」との有名なセリフでも示されるように、講和条約を占領期における外交交渉の積み重ねであると捉えていた。こうして、彼のもとで外務省は一九四五年一一月二一日、条約局長の杉原荒太を長に「平和条約問題研究幹事会」を設置した。[10] 一一名から構成されたこの幹事会の役割は、講和条約の予備的研究を行い、その成果を幹事会と次官、大臣に提出することであった。[11]

(1) 第一期――第一次研究作業[12]

第一回会合が開かれたのは、一九四六年一月一六日である。ここでは、来るべき講和条約に関する研究項目や担当部局が決定された。三〇にもおよぶ研究項目は、(1)一般問題(四項目)、(2)政治条項に関する問題(七項目)、(3)経済条項に関する問題(八項目)、(4)国際行政に関する問題(一項目)の四つに分類され、これに参考資料が添えられた。[13]

「一般問題」条項の第四項目に挙げられた「領土的条件」は、まず政務局が検討を行った。[14] 政務局は、領土処理問題に関する連合国の「指導原則」を分析した。第一の原則は、連合国の「領土不拡大」の方針であり、第二は、日本が「暴力や欲望によって奪取したすべての領土もまた剝奪されねばならない」との原則である。[15] そして、「われわれの決定する諸小島に限定される」というポツダム宣言の条項について、この研究は、「附近島嶼[に関して]米国の海軍基地の要求権等を廻リ連合国内に未だ合意は存ザルベク七題の所在は此点ニ在り」と記している。[16]

一月三一日付の「政治条項、領土条項(研究試案)」は、琉球諸島および小笠原・火山両諸島に関して、「米国に於ては極東に於ける戦略的基地を確保すべく又は米国兵の血を似て購ヒタル島嶼はこれを米国が確保すべきなりとの強き主張あるに鑑み米国は本土駐兵権と共に沖縄本島及小笠原に相当長期にわたり空軍を設定セシとするものと認めをし硫黄島の領有ヲ要求することあり得べシ、なお琉球列島の帰属につき住民投票を行うことあるべシ」と論じている。[17]

翌二月一日、条約局は、それまでの研究の集大成として、想定される連合国案と日本側の要望を比較した。領土問題もそのなかに含まれていた。この文書は現在でも完全には公開されていない。しかし、公開部分から判断するかぎり、外務省が「合理的歴史的民族的経済的意味ニ於テ」沖縄などの諸小島を日本が確保するべきであると考えていたことがわかる。[18]

その後四カ月の研究と審議を経て、平和条約問題研究幹事会は五つの報告書を採択し、関係部局に配布した。これらは、それぞれ「平和条約締結問題に関する基本方針及び準備施策方針」、「平和条約の内容に関する原則的方針」、「平和条約の連合国案(想定)と我方希望案との比較」、「対日平和条約に於ける政治条項の想定及び対処方針」、「対日平和条約に於ける経済条項の想定及び対象方針」と題されている。[19] なかでも注目すべきは、個々の領土問題を詳細に検討した「平和条約の連合国案（想定）と我方希望案との比較」である。

ここではまず、「公正なる領土帰属決定」のためには、連合国が「領土的野心なきことを声明し……居るに鑑み日本としては個々の場合に之等の公約を援用し極力公正なる解決方に努るべきであると論じられた。この観点に立って、「日本近接諸小島」については、「民族的、地理的、歴史的、経済的論拠に立ちて極力我國に保有」すべきであるとされた。そして、これらの諸小島を日本の領有とするために、「妥当なる所以を権威ある科学的資料により説得すべき」であると勧告している。[20]しかし、より重要なことは、この幹事会の報告書が琉球諸島を取り上げていたことであろう。ここでは、琉球諸島が連合国による共同信託統治や米軍の単独信託統治地域とされる可能性が高いと考えられた。しかし、日本政府はどちらの方式にも反対しないことが望ましいとされていたのである。[21]

（2）第二期——第二次研究作業

第一次研究作業が終わった一九四六年五月二一日の同日に、平和条約問題研究幹事会は西村がいう「第二次研究作業」を開始した。[22]

その任務は、第一次研究作業の報告を踏まえて、政治・経済問題に関してより深く検討し、その上で、講和条約会議への提出を想定した意見書やその説明資料を作成することにあった。この第二次研究作業は、当初六月までに完成することになっていたが、研究課題が広範囲にわたっていたことから、これに間に合わせることができなかった。そこで、八月下旬に幹事会があらためて協議した結果、九月末に期限が延長されることとなった。同時に、関係省庁の代表から成る特別委員会を設置することや、日本の講和条約希望（意見）案を作成し、GHQを通じて連合国側に提出することも決定された。

だが、GHQや連合国が日本政府の希望（意見）案を受け取るのかどうかは不明であった。そのため、幹事会は、まず領土問題に関する「科学的資料」を調査局で作成し、GHQ側に提出することとした。[23]

（3）領土問題調書

この研究の第一部は、千島列島と歯舞、色丹に関する調書であった。[24]ここで考察するのは第二部、琉球諸島に関する調書である（「日本近接諸小島（第二部）、琉球諸島とその他の南西諸島」、図5-1参照）。一九四七年三月に完成したこの文書は、二九頁に及ぶ研究であった。ポツダム宣言のいう「われわれの決定する諸小島」の指す内容があまりに不明瞭であったことから、日本の主権の範囲を明確にするために作成されたのだった。[25]

「取扱注意」とされ、五つの地図、六つの説明部分と六つの付属写真で構成されるこの調書は、日本と周辺諸島との地理的、民族的、人種的、歴史的、政治的関係を論じている。これは、沖縄との関係について日本政府がどのような立場をとるかを表明した最初の文書であり、ここで詳しく説明することとし

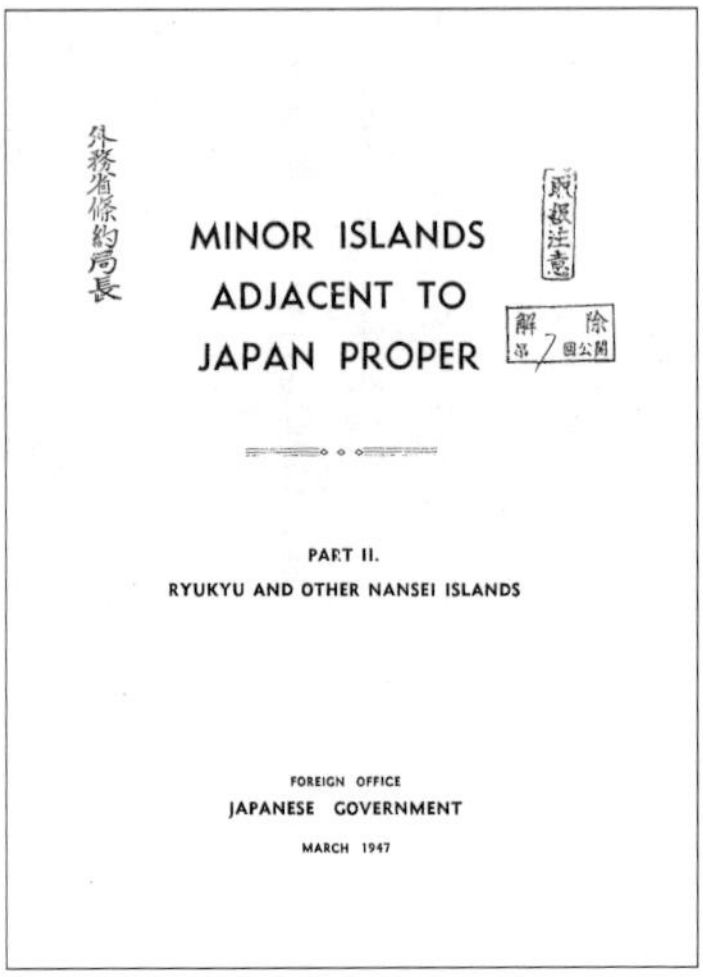
外務省條約局長
取扱注意
解除
MINOR ISLANDS
ADJACENT TO
JAPAN PROPER

PART II.
RYUKYU AND OTHER NANSEI ISLANDS

FOREIGN OFFICE
JAPANESE GOVERNMENT
MARCH 1947

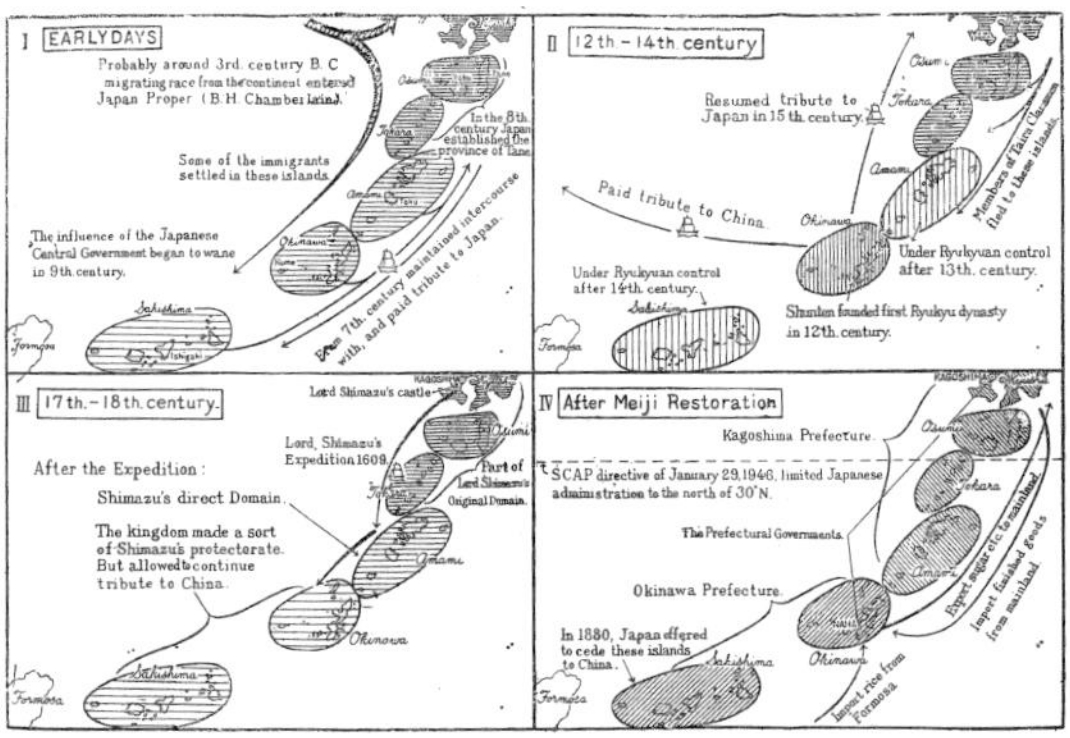

図 5-1　琉球諸島・南西諸島について英文で説明を行った外務省文書

出典)『対日講和に関する本邦の準備対策関係米側へ提出資料』英文「第 1 巻 領土問題」リール番号 B'0012，フラッシュ番号 1，外務省外交史料館，東京。

たい。

(1)地図——第一の地図は、南西諸島、ないしそれを構成する薩南諸島と琉球諸島である。薩南諸島は鹿児島県に属し、琉球諸島は沖縄県のもとにあるということがここで明記されている。他の四つは、南西諸島をめぐる日本と中国の民族的、経済的、政治的関係を示した歴史地図である。古代、一二世紀から一四世紀、一七世紀から一八世紀、明治維新後の四つの歴史的時代が並置され、この地域が最終的に日本の支配下に入った過程が明らかにされている。

(2)地理——右の第一の地図をさらに説明したものである。「南西」や「琉球」という名称の起源などもここで紹介されている。これらの諸島は「乾燥した荒れ地」であること、多くの諸島では「水の供給が全般的に不足し」ていること、また、夏から秋にかけてこの地域は強力な台風に襲われ、冬には雨季に入ること、といった記述がある。このような説明は、琉球諸島の支配を夢見る他国への警告であったとみることも可能であろう。

(3)南西諸島島民の起源——日本本土の住民と南西諸島の島民との人種・言語の類似性を説明するために、ペリー米国東インド艦隊司令官の一八五三年から五四年、英国の言語学者、チェンバレン（Basil Hall Chamberlain）による一八九三年の沖縄訪問が参考にされている。ここでは、「沖縄本島とそれ以南の諸島よりも、奄美大島以北の諸島の島民の方が九州の住民に近い。しかし、『琉球人（Ryukyuans）』と一般的に呼ばれている沖縄本島以南の諸島の住民も、日本人種の地方的一種（a local type of the Japanese race）と見なされる」と論じられている。

(4)琉球諸島の歴史——ここでは、一二世紀に創始された琉球王朝の歴史や、琉球諸島と日本と中国との歴史的関係が説明された。日本書記や続日本紀などを引用しつつ、「日本の南西諸島との関係は遠く六一六年に始まり」、健全な朝貢関係を維持していたものの、「九世紀の末期からその関係は弱くなっていった」という。そののち「長く途絶えていた琉球から日本への公式の朝貢は、一五世紀初頭に再び始まった」。だが、「琉球が朝貢をたびたび怠ったために、薩摩の大名、島津氏による遠征を招くことになった。一六〇九年のことである。これによって、琉球王国は日本の主権下に置かれるようになった」。江戸時代を通じて、「琉球は島津氏の保護下に置かれており、島津氏の任命した行政長官が地元の内外関係を監督するために那覇に派遣されていた」。明治維新後は、一八七二年に明治政府の直轄となり、最終的には一八七九年、沖縄県が設置された。琉球王室は侯爵として華族に列せられた」、という。

琉球と中国との関係については、「中国の使節団が琉球に対して中国に朝貢するよう求めた」一四世紀に関係が始まり、「それ以来、進貢が定期的に琉球から中国へ送られていた」。この関係を通して貿易関係も発達し、「進貢に同行した商品を、原価の一〇倍ないし二〇倍で取引したために、琉球は朝貢の名のもとで有利な貿易を行うことができた」という。この間、日本は、「琉球が名目上、中国との朝貢関係にあることを許しただけではなく、その貿易を促進するために通貨を提供し、利益を分け合った」と説明している。しかし、この関係の経済的コストが高すぎると判断した中国は、結局、一方的に「最初は朝貢を一年ごとに、やがて三年ないし五年に一度とした」。調書は、琉球と中国との朝貢関係は、日本政府がこれを拒否した一八七五年まで続いたとしている。

(5)薩南諸島の歴史――つづいて調書は、南西諸島の北部に位置する薩南諸島を紹介している。日本との関係について、「琉球諸島よりも薩南諸島の方が歴史的に日本本土とは親密な関係で結びついており、琉球や中国も、それらの諸島に対する日本の主権に疑義を唱えたことはない」と説明された。

(6)明治維新後の琉球問題――この部分は、琉球をめぐる日中(日清)二国間問題に焦点を当てている。両国は、琉球に対する主権をめぐって対立してきた。一八七一年、琉球人が台湾で現地住民に殺害されるという事件が発生した。これに対して、日本政府は懲罰として遠征軍を派遣し、中国に賠償を要求した。この事件を契機に、琉球に対する曖昧な二重主権が問題となったのだった。結局、交渉の末に「中国はその死亡した琉球人の日本国籍と派遣された遠征軍の正統性を認めた」という。さらに、調書は、列国が「琉球を日本の主権下に編入することに反対せず、日本政府が既成の(列国と琉球王国との間)の条約を遵守することだけを求めた」と述べている。

(7)日本降伏前の南西諸島状況――調書のなかでも最大部分を占めるこの項は、行政、教育、経済、人口、文化、気象などに関する統計や解説である。なかでも、行政、教育、経済および文化についての説明は重要である。

まず、行政については、「一八七九年の沖縄県の設置以来、琉球諸島は他府県と同じように統治されてきた。沖縄県民は、代表を両院に送り、また国会で立法化された法律は、自動的に沖縄でも適用された。司法の分野においても同等の扱い方を受けていた」という。教育に関しても、「教育は他府県と同じように実施されてきた。高等教育を受けた者で政財界の重要な地位を占めるものも少なくない」と書かれている。一方、沖縄経済については、「自然資源が乏しいため沖縄県は自給自足経済を維持することができない。……戦前の米の収穫量は、県内消費量の一六%を満たしたに過ぎない」という。さらに、一九三〇年代の輸入・輸出の統計を比較した結果、「沖縄の輸出が輸入を上回ったことは一度もなかった」という。最後に、言語、宗教、生活様式といった文化の説明である。調書は、「琉球の言葉は、ほとんどの語彙が日本語に由来し、文法も同じ構造を持つため、日本語の方言と見なしてよい。琉球の言葉は今でも日常会話のなかで使われているが、文書や学校・会社などでは標準語が使われている」と述べている。宗教については、「沖縄県民の日常生活には仏教と神道が深くしみ込んでいる」という。「日本の神道と非常によく似た地元の宗教も依然として信仰を集めている」と述べる一方、キリスト教、儒教や道教などの沖縄の文化への影響にも言及している。最後に、生活様式は、「結婚、出生その他のことに関わる日本の礼儀や昔からの習慣が沖縄に残っている」。

(8) 図表――六枚の文書や写真が、以上の説明や結論を補足するために紹介されている。

　つまり、日本政府は、日本と沖縄の歴史的、文化的、政治的関係を日本に好都合なように描こうとしたのであった。沖縄やその他の島々の人々の多くは、こうした外務省の記述の正確さに疑義を唱えたであろうし、なにより、当時の日本本土の人々が沖縄の人々を見下し、「第二級市民」として扱ってきたことを訴えたであろう[26]。だが、日本政府は、琉球諸島が日本の一部として認知され、日本の主権のもとに残されるよう計らうことにしたのだった。

(4) 第三期――平和条約各省連絡幹事会と審議室の設立

　領土問題に関する研究の一部が完成し、経済など他の問題の研究も進むと、関係省庁の協力が必要とされるようになった。一九四七年五月二八日、研究計画や資料収集などを調整する平和条約各省連絡幹事会が外務省内に非公式に設置された。連絡幹事会は、外務省をはじめ終戦連絡事務局、内務省、大蔵省などの代表によって構成されていた[27]。

　そして、国務省が対日講和条約の予備会議の開催を提唱し、連合国間に講和条約締結の気運が高まると、八月六日、外務次官を長とし、各省局長級からなる国際委員会の発足が閣議決定された。その目的は、講和条約研究を調整し、講和会議に間に合うように完成することであった。そして、国際委員会を支えるために外務省内に審議室も設置された。西村が述べているように、三週間後の八月二九日、外務省の覚書によって、従来の幹事会と新しく設置した審議室や国際委員会との関係が明確となった。関係各省庁間の協議に提出される案は、事前に幹事会と審議室との合同会議に付される。関係各省庁の協議を経た案とその英訳された文書は、再び幹事会と審議室の合同会議にかけられ、連合国に提出する前に省幹部会が討議する、というものであった。

　一九四七年後半から四八年を通じて、審議室は活動を継続した。だが、冷戦の深刻化によって講和会議を開催することができなくなったこと、連合国が日本政府の講和条約研究を批判したこと、日本国内の政治、経済問題が表面化し、これと軌を一にするように米国も対日占領政策を再定義したことによって、講和条約締結の気運は途絶えた。しかしその間、外務省は、機会を捉えては連合国に講和条約に関する意見や希望を伝えようとしたのである[28]。

二　外務省と連合国の接触

　一九四六年一一月に領土問題に関する調書（第一部）を完成した後、外務省幹部は、GHQをはじめ連合国側にこれを伝達しようと試みた。最初の機会は一九四七年三月一二日、朝海浩一郎総務部長とアチソン（George Atcheson, Jr.）政治顧問との

第六回会談の際に訪れた。アチソンは、講和条約などに関する相談のため一カ月ほどの帰国から戻ったばかりであった。朝海はまず、調査局がまとめた領土問題の研究、すなわち千島列島と歯舞・色丹についての領土調書（第一部）を手交した。それに対して、アチソンは、それらの「資料は参考になる。U・N・O［国連］に於て米国は日本の旧委任統治諸島が米国に戦略地域として信託せらるべき旨を主張して居るが、その他の地域に付いては未だ具体的な動きはない」と答えた[29]。

一カ月後の四月一四日には、再び朝海が対日理事会英連邦代表ボール（MacMahon Ball）大使との会談において、講和条約の時期について質問した。これに対してボール大使は、「対日講和条約は一九四七年末か四八年初めに可能ではないか。ただし、ソ連の態度が問題である。ソ連が対日平和条約を妨害するということは、米国がソ連に妨害されるということであるが、はたして米国がソ連に妨害されてそのままでいるかどうか問題である」と早くも冷戦の状況に言及した。つづいてボールは、日本側が「平和条約の研究準備を進めているであろう」と述べた。これに対して、朝海は、三月一二日にアチソンに手交したものと同じ領土調書（第一部）と、持参した説明資料を渡した[30]。しかし、ボールはこれに特に関心を示さなかったようである。会談は他の話題に移った[31]。

（1）領土問題と芦田発言

その間、連合国側の対日講和への動きが明らかになりつつあった。これを受けて、六月一日に片山哲内閣の外務大臣に就任した芦田均は、講和条約に関する日本側の希望を公にするに至った。芦田は、就任直後に東京で外国人特派員と二回にわたって記者会見を行った。この時点から、芦田外相は米国をはじめとする連合国に日本政府の希望を伝える外交行動を開始した。とりわけ、領土問題に関する日本側の意向表明は内外の注目を集めたと思われる。

第一回の記者会見は六月四日、UP（United Press）のナカジマ（Leslie Nakajima）との単独インタビューであった。講和会議、外国貿易、賠償問題、外資の導入、労働問題、そして米ソ間の戦争の可能性についても芦田は語った。芦田自身は、この会見が「無難であった」と日記に記している[32]。講和条約に関して、芦田は、「できるだけ早い機会に講和会議の開催を希望」していると述べ、「私のもっとも重要な仕事は講和条約を締結すること」であるとも語った。彼は、「講和条約の締結によって、日本は初めて他国との平等な国際関係を取りもどすわけであり、また講和条約は極東の安定にも貢献することが少なくない」と考えていた。他方、冷戦については、「米ソ間には戦争はおそらくあるまいと考える、両国が戦わねばならないという理由はない、現在両国間に戦闘以外に解決の方法がないような大問題は存在していないと思う」として、ソ連通の外交官たる所見を披瀝したのである[33]。

翌五日にも、芦田は目黒にある官邸でAP（Associated Press）特派員、ランバート（Tom Lambert）のインタビューを受けた。この日、芦田は領土問題を中心に語った。翌日の記事によれば、芦田は「沖縄は日本経済にとって大して重要ではないが、日本人は感情からいって、この島の返還を希望しているのである」と述べたという。さらに、「ポツダム宣言の日本領土に関する条項の沖縄と千島の一部に対する適用について、日本人は多少疑問をもっている」とも述べた。また、彼は、「日本は講和条約の討議はいつでも始めたい」と積極的な姿勢を示しつつ、「講和条約の起草に関しては日本として各種の重要問題がある」と語ったのである。(34)

この領土問題に関する芦田発言は、連合国からの批判を招くことになった。アチソン政治顧問は、占領政策の進捗状況や日本経済の現況とともに、この芦田発言と沖縄・領土問題を国務省とトルーマン大統領に報告した。アチソンによれば、「芦田の発言は当然ながら外国人の反発を呼んでいる」ものの、「我々は、芦田が日本国民全体や日本政府を代表して発言していると思わない」との見解を示した。彼は、「沖縄は日本にとって何の経済的価値もない。むしろ、沖縄は日本にとって経済的負債ですらある。［しかし、］我々にとっては、［沖縄は］太平洋における米国空軍の島上基地を中心とする軍事力の西の要石である。将来、この地域で、恒久的に日本を統制する現実的な方法は、連合国が［石油その他の物資を断つ］経済制裁を実施する能力と空軍力の拡張にあろう。だが、私は、後者の方がより大きく永久的な影響力をもつことになると思う」と考えていた。これは、後に国務省の対日講和草案に対するマッカーサーの回答のなかでほぼそのまま用いられた。(35)もっとも、アチソンに影響を与えたのはむしろマッカーサーであったろう。よく知られているように、彼は、沖縄は日本経済には貢献しない、沖縄の人々は日本人と考えられるべきではない、日本国民も沖縄の返還を期待してはおらず、なにより、沖縄は米国にとって戦略的必要性を有する、と考えていた。

芦田が自らの発言がもたらした連合国側の非難を意識していたことは、日記に明らかである。一九四七年六月八日付の項には、「領土問題について喋りすぎたかと思ふ」の反省が記され、「其の Reaction は London と Manila から現れた。然しUPでもAPでも大体普通に扱ってゐるからアメリカは左程悪くはな」かった、と指摘されている。(36)他方、発言に対する日本国民の反応については、「日本国内では意見は三つに分れてゐる。(1)大に痛快だ、よく言ってくれた、といふ説、(2)外国に刺激して害がある、といふ説、(3)G・H・Qの suggestion で談ったものと通をふり廻す論」と記されているのは興味深い。(37)

芦田発言が厳しい反応にさらされたにもかかわらず、芦田と外務省高官は、なおも早期講和の実現や講和に関する日本側の希望を連合国側に伝えようとした。前述のように、この段階で外務省は、意見書の草案を作成し、連合国側との接触を重ねる方針であった。しかし、芦田が日記に記したように、それは「可なり delicate」な問題であった。そのため、次にどのような措置を執るべきか、彼は外務省の先輩の助言を求めたのである。(38)

外相就任から四週間たった一九四七年六月二八日、芦田は幣原元首相を玉川の別荘に訪ねた。土曜日の午前中に行われた一時間あまりの会談のなかで、芦田は講和条約の準備について相談し、数日後に迫ったオーストラリア外相エバット（Herbert V. Evatt）の来日についても話し合った。[39] 芦田は、「相談をするとなればアメリカ側に打合わせた上でなければならぬ。アメリカ側にアプローチするにはどうすればよいか、それが問題になる。この点をAtchesonに内々相談してみようかと思ふ」と述べた。[40] これに対して、幣原は、「誰と内談を始めるかの点はマッカーサーに直接にぶっつかって、人をきめて貰へばよいと思ふ。つまり彼の責任に於て人選させるのである」とアドバイスした。だが、芦田はその助言には従わず、アチソンと接触する道を選んだ。

芦田・幣原会談直後の七月三日、朝海総務部長は、七回目の会談をアチソンと行った。これがアチソンとの最後の会談となった。[41] 朝海は、「対独平和条約の遅延によって対日平和条約も遅延しはしまいか、また、平和条約を急がない国［ソ連］があれば、そのために対日講和条約が遅れることはないか」との懸念を表明した。それに対して、アチソンは、「アメリカ、オーストラリア、カナダが積極的であり、またドイツの場合と違い日本の場合には極東委員会構成一一カ国で話し合うことになり、一国の反対があっても反対のウェイトは軽くなろう」と述べた。[42] そこで朝海は、前述の琉球諸島に関する調書をアチソンに手渡した。その際、アチソンは、「領土に関する最近の日本側見解に対しては単に米国に於てのみならず、その他の各国に於ても強いリアクションがあったことを指摘せざるを得ぬ」と述べた。芦田発言が念頭にあったことは明らかであろう。朝海は外務省に戻り、会談について芦田外相や外務省幹部に報告した。[43]

（2）領土に関する見解と沖縄基地使用のための「便法」

平和条約問題研究幹事会の研究にもとづいて、岡崎勝男外務次官は一九四七年七月七日に「平和条約関係特殊問題に対する意見」の一項目として「日本の領土問題に関する一般的考察」を作成した。[44] 後に述べるように、この領土問題に関する意見書は、七月末に芦田がアチソンとGHQ民政局長のホイットニー（Courtney Whitney）少将に手交した、講和条約に対する日本側の希望を記した覚書の原案となった。三月に調査局が完成した琉球諸島に関する調書とは異なり、この「日本の領土問題に関する一般的考察」は、次官自身の作成した、いわばポジション・ペーパーであった。

意見書はまず、「ポツダム宣言」などに示された日本領土の処理に関する連合国側の立場に触れた。そのうえで、連合国が「これら諸小島の帰属を決定するに当たっては、諸小島の日本に帰属した歴史、日本本土との地理的経済的関係、その住民の人種的文化的言語等を十分考慮せられるものと信ずるがその上で昔から日本に属し日本人がその島の住民のマジョリティであった諸島は日本の領土として残る様に決定されることを希望する」としている。

次に、「大西洋憲章」のなかで連合国が領土拡大を求めず、領土の変更には住民の希望を尊重すると表明したことを指摘し、「右が連合國の方針であるとすれば昔から日本人の住んでいた諸小島が日本に残されるようにとの希望は連合國の方針にも合致するものと信する」と主張した。つづいて、岡崎は、「若干のものは色々の意味で問題となり得るように考えられる」諸小島に関して、日本政府がいかなる見解を有しているかを説明した。具体的には、南西諸島と小笠原諸島、火山諸島であった。意見書は、南西諸島に関する従来の研究をまとめたものである。

南西諸島中北緯三〇度以北にある大隅群島は一九四六年一月二九日最高司令官覚書により現在も鹿児島の一部として日本の行政下にあるが、その直ぐ南にあるトカラ群島も大隅群島と同様古くから日本の領土の一部をなし且つ鹿児島県の一部をなしていたものであった。そのさらに南にある奄美群島は琉球王朝の勢力の旺んであった時代に一時その勢力下にあったこともあるが、人種的歴史的その他如何なる見地よりも日本の本来の土地であって、その住民も日本人であって、終戦まで鹿児島県の一部をなしていたものである。沖縄群島及び先島群島はある期間半独立的地位を有していた琉球王国の統治下にあったことは事実であるが、王朝の成立前は日本の領土であり又一六〇九年以後同王朝は島津藩の保護をうけ日本の宗主権下にあった。殊に明治以後右は内地の一県として他の諸県と全く同一の地位を占めていた。その住民もまた人種的には日本民族の一部のタイプであり、言語、文化等の見地からも日本と不可分の関係にある。沖縄県は従来経済的には自立出来ず中央政府の負担となっていたし、今後もそうであろうと思うが、日本政府及び日本国民としては従来の長い関係から見てこれを日本領土として残されたい希望である。

この記述から、外務省が南西諸島の日本への復帰を希望していたことは明らかである。それは、連合国が戦前戦中を通じて発した声明、宣言や、南西諸島との歴史的、民族的関係に基づくものであった。しかし、同時に、外務省は米国をはじめとする連合国の戦略上の要求に対して現実的な認識を示していた。日本領土の分割を回避するためには、こうした要求に応じていかなければならなかった。「もし沖縄群島及び先島群島の土地が連合國として戦略的見地からして必要である場合は、その必要を充たすアレンヂメントは十分日本政府との間に行えるものと考える。日本側の希望は住民に対する普通の行政即ち教育、経済、文化等を担当するような便法を考えたいというにあり、これは人種的、歴史的の理由から自然な措置であろうと思う次第である」。

つまり、岡崎は、連合国と協定――基地とその周辺地域を貸与するといった内容を想定していたと推察される――を締結することを考えていたのである。その場合、日本政府は、島々に対する主権と行政権を保持することが許されるであろう。このような「便法」は、連合国に基地を置く権利を与える（もしくは土地を貸与する）一方で、日本が主権と行政権を維持することをねらったものであると思われる。言い換えれば、この「便法」は、基地権と行政権を分離しようというものであった。

領土問題に関するこの意見書やその他の問題を扱った調書をもとに、日本政府の講和条約に関する希望が四枚のメモ（「第一芦田メモ」とする）にまとめられた。この作業が行われている最中の七月一一日、国務省は、対日講和条約予備会議を極東委員会その他の一〇カ国に提唱した。実のところ、この発表にはGHQや軍部、国務省内の他部局ですら不意を突かれたようである。外務省も驚いた。これを契機に、外務省は講和条約についての日本側の希望をまとめる作業を急ぎ、連合国側に伝える方途を探った。

芦田外相は、アチソンやホイットニーとの会談を七月末に予定していた。アチソンはワシントンと直接連絡があり、またホイットニーはマッカーサーにもっとも近い存在であった。外務省は、講和条約に対する意見書をこの両者との会談の予定日に間に合わせようとした。その結果、「領土問題」に関する省内の協議や草案の作成は、芦田・アチソン会談の行われる二日前の七月二四日に完了した(45)。

(3) 芦田・アチソン会談——「第一芦田メモ(46)」

芦田とアチソンとの会談は午後四時に始まった。芦田は、まず、講和条約の予備会談の日程が設定されたことから、外相として「講和条約に関する日本政府の希望や意見を非公式に表明」したい、と告げた。彼は、アチソンがこれを国務省に伝達することを望んでいた(47)。芦田から四頁の覚書（「第一芦田メモ」）を受け取ったアチソンは、一読したうえでこれをワシントンに送ることを了承した。そして、「極東委員会の中にも相当の強硬論もありソ聯も只今まで参加を拒否してゐるけれども、一一カ国が歩調を合せて一致の条項を起草する状態に至れば、ソ聯は参加するものと考へてゐる」との見解を表明した。この「第一芦田メモ」は、この年の五月末から行われていた、講和条約やそれに関連する特殊問題の研究作業を通じて作成されたものであった(48)。覚書は、「予備会議が近いと報じられているから、日本政府の希望を非公式に申し上げたい」、「連合国の理解を得られれば、その問題について細部の意見書を提出するよう努力する」といった記述に始まっている。この覚書の全てに言及することはできないが、第一点の「手続」と第二点の「平和条約の基礎」、第七点「領土［問題］」やその他二点についてはここで詳しく検討したい。

まず、「手続」に関しては、「平和会議が公正に運営され強制平和でなく日本も参加を認められ、自らすすんで受諾できる平和解決であってほしい」として、講和条約全般に対する日本政府の希望が述べられた(49)。つづいて第二点、「平和条約の基礎」では、「平和条約は国際法の原則、大西洋憲章の精神、ポツダム宣言を基礎に作成してほしい」との要望があきらかにされた。さらに、領土問題を扱った第七点には、「ポツダム宣言にいう『われらの決定する諸小島』を決定されるに際しては、本土とこれら諸島の間に存する歴史的・人種的・経済的・文化的その他の関係を充分に考慮に入れてほしい」と記されている。

この覚書は、安全保障に関連する問題についても触れている。第四点の「国連加盟」の項では、「日本の国連早期加盟を規定してほしい。国連加盟により日本国は世界の進歩に貢献したい。そして、非武装の日本にとって国連加盟は日本の安全を高める所以でもある」として、戦後日本を国際安全保障によって支えることを主張した。第五点の「国内的安全と秩序」では、「平和条約後占領軍が撤退した場合、警察力さえ充分あれば国内治安は維持できる。人口に比例し警察力の増強を許されたい」と述べるなど、国内治安についての自助努力が盛り込まれている。

芦田日記によれば、この覚書を手交した後、話題はこの日の午前中に到着しマッカーサーやアチソンと昼食を共にしたエバット外相に移った。芦田は、講和条約の協議などのために東京を訪れていたエバットと面会する機会があると考えていたが、「その際は専ら日本の現状を説明するに止めて、講和会議に関する日本の希望条件等は必ずしも話す積りはない。私としては自ら米国の尽力に依頼して我方の希望を達したいと考へてゐる」との方針であった。そして、アチソンは、帰国予定日の八月二〇日までにもう一度芦田と会いたいとの意向を表明し、四〇分にわたる会合は終わった。(50)

（4）芦田・ホイットニー会談

二日後の七月二八日の午前一〇時、芦田はGHQのオフィスにホイットニー民政局長を訪れた。芦田は、ホイットニーとマッカーサーの緊密な関係を知っていたから、ホイットニーを通じて日本政府の講和会議に関する希望がマッカーサーに伝わると考えていたのであろう。アチソンに対するのと同様、ホイットニーに対しても、彼は「近く開かれるべき予備平和会議に際し日本政府の希望を非公式にアメリカ政府に申入れたしと考へて……簡単な覚書を作成した」と述べ、「第一芦田メモ」を手渡した。(51)注意深く読んだホイットニーは、「これを如何にして日本政府の希望として通達するかの問題が残る」と指摘した。(52)そこで芦田は、アチソンに国務省へ非公式に伝達するよう依頼したことを告げた。

つづいて、芦田はホイットニーに覚書に対する見解を求めた。ホイットニーは、「此等の点は殆どマクアーサー《［マッカーサー］》の念頭にある」と答え、マッカーサーが「如何にすれば正しい平和条約が出来るかと言ふ点を心配して努力」しているとも述べた。その反面、彼は「日本として現在が最も慎重を要する時機であるとて、この文書も他にもれない用心をしないと日本に敵意を挿む国に利用せられるから」と警告しておくのも忘れなかった。芦田は、「日本政府は極めて慎重に取扱ひ決して新聞その他に声をあげるようなことは決してしない方針である」と応じ、「この覚書にある日本の希望は極めて公平な而も最小限度のものであると思ふ、そして恐らくアメリカ政府の政策の線に沿ふもの」であると付け加えた。ホイットニーは、「政府の態度はよく了解しているからGHQはこの問題に期待して居る」とし、会合は二〇分間で終了した[53]。

（5）返却されたメモ

ホイットニーとの会談を終えて芦田が外務省に戻ったときには、アチソンとホイットニーの双方から会見が申し込まれていた。おそらく、芦田は、覚書の内容について両者が意見交換を求めているのだと考えたことであろう。しかし、事実は逆であった。覚書は返却されてきたのである。

七月二八日午後三時半、芦田はアチソンを訪問した。アチソンは、覚書を「熟読した」結果、私が受け取ることはできない、と述べた。その理由は、「現在の国際情勢に於てかかる文書が日本政府より出たことが国務省に知られることは日本のために不利益であると思ふ。……それ程にデリケートな事情にあるから私からかゝる書面を取次ぐことは出来ないことを諒承して貰いたい」というものであった。

芦田は事の重大さを瞬時に把握したに違いない。国務省の駐日代表（大使）たるアチソンが覚書の受領を断ることは、日本政府が講和条約に対する希望や意見をワシントンに伝達することがほぼ不可能になることを意味していた。芦田は食い下がった。

御覧の如くこの文書は非公式に日本政府の米国政府に対する希望を表明したものであって、現在の日本として極めてモデレートな希望であると信ずる。又、形式としては、かつてベルサイユ会議に於て講和条約をイムポーズされたドイツは約一週間位の期間を切って条約に対するドイツの意向を表示することを許されたことを記憶する。それ故に日本としてもこの程度の希望を表示することは許さるべきかと考へたのである。この覚書が不適当とされるのは、形体が悪いのか、内容に不可なるものがあるか、又希望条項八項目の全部が不適当なのか、若しくは其中のどれかが不適当なのか承り度い[54]。

芦田は、アチソンの「極めて曖昧」な返答に満足しなかった。日記によれば、アチソンは、「どうも現在の日本は討議による平和会議を期待している如く見える、それはアメリカとして困」っていると言ったからである。再び芦田は論じた。

日本が討議による平和を期待してゐるとは申さぬ。それ故にこそこの覚書にも極めて非公式に希望を申入れると認めたのであって、未だ聯合側の条件も了承しない日本として、条件を討議する等といふ段階に達したものとは思はない。尤も対日イムポーズされる条約案に対して、日本側の意思表示を許すや否やは、聯合国の会議に於て決定せられる問題であることはよく諒解の出来る点である。然しこの覚書はかゝる場合の意思表示とは全く別のもので、単なる希望の表明に止るものである[55]。

これに対して、アチソンは、「希望の表明と雖も今日かゝる文書を提示されるとそれ自体が日本人の態度がアロガントであると解釈される虞があるから決して日本のためにならない」との主張を繰り返した。「気の毒と言ふ表情」で文書を返却したアチソンに、芦田は「日本の為によくないという御考へはアメリカ側の同情の表現として感謝する。それで私は何等気まずい思をしないで覚書を受取る」と答えた。最後に、アチソンは「覚書は私が受取らなかったものとして引取って貰い度い」[56]と述べ、来訪を感謝した。三〇分あまりでこの会談は終わった。

アチソンに面会した直後、芦田外相はホイットニー民政局長を訪ねた。すでにアチソンとの会談でショックを受けていた芦田は、ホイットニーとの会談では心の準備ができていたのかもしれない。ホイットニーのオフィスに入った瞬間に、彼はこの日の朝に手交した覚書が机の上に置かれていることに気づいた。覚書をマッカーサーに見せたのだが、とホイットニーは切り出した。マッカーサーは、日本は条約を押しつけられる立場にあるのだと述べたという[57]。つづけて、「然しマクアーサー《[マッカーサー]》元帥は公正な平和［条約］を結び度い方針であるが、今日の場合、日本政府又は日本の外務大臣よりたとへ非公式なりともかゝる書類を受取ることは、他の列国殊に日本反対の国を刺激して日本のために不利を招くと考へるのである。だからこの文書は私から御返しする」とホイットニーは芦田に告げ、文書を返却した。芦田は、アチソンとの議論を繰り返すのは意味がないと考え、簡潔に、「現在の日本は沈黙して平和会議の開かれる幕まで待つことが賢明であるとの御意見であると諒解した。いづれ一度は日本の意見も開陳する機会があらうから、その時まで慎重な態度をとることにしよう。吾々は最近にもマクアーサー《[マッカーサー]》元帥が表示せられた意見――日本の立場に同情ある考慮――に信頼する。そしてアメリカの公正な精神に期待して、差当り沈黙をつゞけようと思う」と述べるにとどめた。ホイットニーも、「それが最も賢明な遺口だ」と答えた。

しかし、芦田がそれで引き下がったわけではない。彼は、講和条約に向けた外務省の準備についてホイットニーの了解を得ようとしたのである。「近く平和会議が開かれるとすると、日本政府でも必要な文書を準備したり、文献を整理することはしなければなら」ないため、「外務省の中の一のセクションを設け度い」。ホイットニーは、「それはよろしい。吾々はそれをオーソライズする。然し大事な事は役人がそれを新聞記者に漏らさないことだ。新聞記者達はあらゆる機会にモノを壊さうと計画する。日本の役人は口を噤むことを学ばねばならぬ」と述べた。この点については芦田も同意した。両者の会談は二〇分で終わった。

「第一芦田メモ」は、アチソンとホイットニーが受領を拒否したためにこの段階では棚上げとなった。だが、芦田は、オーストラリアの代表をはじめ連合国側との会談を継続した。彼は、一九四七年八月二六日にキャンベラで英連邦会議が開催されることを知っており、この会議では対日講和予備会議が問題になると予測していた。東京滞在中のエバット外相を、芦田は片山首相と共に七月三一日に訪問した。朝海の手による会談記録によれば、会談は「極めて友好的にして且つ非公式な雰囲気の裡に行われた」。芦田は、日本が平和国家に生まれ変わったことなどを表明した覚書を読み上げ、エバットに手交した。GHQに提出した「第一芦田メモ」や、講和条約に対する日本側の希望にはまったく触れなかったのである。

しかし、八月一一日にボール大使と行われた会談では、芦田は日本側の希望を伝えようと大胆に試みた。英連邦会議、さらには講和会議の開催までそれほど時間がないとの焦りが芦田にはあった。[58] そこで、「我国の一般感情とも言ふべきものを要約した書類を用意して居るがこれは政府の文書でもなく、又公文書でもない」と説明し、八点にまとめた覚書をボールに手渡した。[59] ボールはこれを一読した。西村によると、この覚書は、「アチソン大使、ホイットニー少将に差し出したものと同じ」ものと考えてよいという。つまり、この覚書にも、「領土問題」について「第一芦田メモ」と同じ内容が述べられていたのである。[60] ボールは、警察力について、また覚書の六番目に挙げられた領土問題については、日本近海の諸島に関して質問した。[61] 芦田は、色丹島と奄美大島について説明したという。[62] 沖縄に関する芦田の見解はここでは明らかではない。しかし、外務省の領土に関する調書や、芦田自身の六月五日の発言をみるかぎり、芦田はボールに南西諸島や千島列島の返還を求めたのではないかと考えられる。芦田が南西諸島北部に位置する奄美大島に言及したのは、米国による南西諸島の分割を認めざるを得ないと考えたか、あるいは、米国政府内でそのような検討が行われていたことを察していたのではないかと推察されよう。

（6）冷戦の深化と「第一芦田メモ」の見直し

八月を通じて、芦田外相や外務省幹部は、対日講和条約の予備会議開催をめぐる連合国側の動向を注意深く見守っていた。しかし、ソ連と中国が会議の手続問題を理由に開催に反対することが次第に明らかとなった。七月二二日にモロトフ（Vyacheslav M. Molotov）ソ連外相は、スミス（Walter Bedell Smith）駐ソ米国大使に対して、極東委員会一一カ国を構成国とする会議に反対することを表明した。[63] 極東委員会において、ソ連の影響力が弱くなること、拒否権が麻痺することを恐れていたからである。したがって、ソ連は、拒否権が認められ、より影響力を行使できる四国外相会議（Council of Foreign Ministers）を開催することを提案していた。三週間後、マーシャル国務長官は、当時国務省顧問を務めていたソ連専門家のボーレン（Charles E. Bohlen）を通じて、ワシントンに駐在しているソ連代表に会議に参加するよう伝えた。国務省は、連合国が戦時中に合意した事項に従うことを約束する一方で、サラップキン（Semen K. Tsarapkin）ソ連代理大使に与えた文書のなかでは、「カイロ宣言、ヤルタ協定及びポツダム宣言は、日本の講和条約に関する権限を一切外相会議に委ねていない」と述べ、ソ連の要求を一蹴した。[64] ソ連はなおも四国外相会議の開催を主張した。だが、最終的には、会議の開催予定日から十日が過ぎた八月二九日、ソ連は米国の招請を公式に拒否した。このように、ソ連が予備会議への不参加を決定したことや、六月三〇日にパリで開催されたマーシャル・プラン会議から突如退会を表明したことなどは、顕在化しつつあった東西冷戦の現実を日本側にあらためて認識させたであろう。「第一芦田メモ」の第四点に述べられたような、日本の安全保障を国連に依存する構想がもはや現実的でないことは明らかであった。外務省は、講和会議の時機や条約内容に関する研究の見直しを余儀なくされた。それ以上に、安全保障そのものを真剣に再検討する必要に迫られた。吉田が指摘したように、冷戦の深化によって、安全保障の枠組は、「日本に対する安全保障」から「日本のための安全保障」へと転換することになった(65)。

（7）第一回鈴木・アイケルバーガー会談

その見直しの機会は意外に早く訪れた。横浜に滞在していたアイケルバーガー（Robert L. Eichelberger）第八軍司令官は、九月五日に開かれた定例の会合の席で、鈴木九萬《ただかつ》終戦連絡横浜事務局長とその部下である吉沢清次郎、山形清らに対して、近日中に帰国する予定であることを告げた(66)。アイケルバーガーは、ワシントンでは占領軍の撤退に関する相談をすることになるのではないかと推測していた(67)。そして、芦田の日記に含まれる対話の覚書によると、講和条約締結後の日本の安全保障に関して、特に「第八軍として何時迄日本に止まるべきかの問題national pride の考慮のあることは承知して居るが米軍が何時迄居るべきかの問題」について「二人限りの話として意見を聞かせて呉れ(68)」と鈴木に申し入れた。両者は九月一〇日に会うことになった。

国内外の共産主義による乗っ取りを防止する能力が果たして日本にあるのかを懸念していたアイケルバーガーは、第八軍の撤退に強く反対していた。日記のなかで、彼は、米国政府が「共産主義勢力の問題が解決しないまま、米国が日本から一体どう撤退するつもりなのか、私にはわからない。この国［日本］がロシア人や日本の共産主義者に支配されるようなことがあっては絶対にならない」と記している(69)。

日本の安全保障や米軍撤退問題に関して、アイケルバーガーと彼の上司であるマッカーサーは正反対の立場をとっていたと言ってよい。マッカーサーは対日占領の早期終結を望んだ。彼はソ連からの脅威を軽視する傾向があった。一九四七年から四八年にかけては、日本の安全保障や米国の安全保障を確保するためには沖縄に基地を置くことで十分であり、日本本土から米軍を撤退することは可能であるという主張を繰り返した。GHQ民政局が作成した一九四七年九月一一日付の「対日講和に関する米国の政策形成の進捗状況」には、「講和後の日本の防衛については、十分な日本の防衛組織（adequate Japanese defense organization）を育成した後に駐日米軍を太平洋の他の地域へ移動することによって、この地域の防衛体制全般の効率が上がるであろう。移動先に琉球諸島が含まれれば、日本に近接する地域に米軍が維持されることによって、日本が脅威にさらされることがあっても米国は効果的に対処しうる」との見解がみられる。[70]マッカーサーの意見はある程度、軍部全体を代表していたといってよい。海外に展開する米軍基地を検討した文書からもわかるように、ＪＣＳは、沖縄の基地と沖縄に対する支配を確保することはとりわけ重要であるとみなしていた。[71]

　アイケルバーガーの依頼を受けて、吉沢と山形はその足で外務省に向かい、会談の内容について芦田外相に報告した。[72]その三日後の九月八日には鈴木が上京し、芦田、吉沢、岡崎、太田一郎総務局長、萩原など外務省幹部と協議した。だが、たとえ鈴木の個人的意見であるという形式をとるとしても、アイケルバーガーとの約束の期日までに意見書をまとめることは不可能であると思われた。米ソ協調が困難になりつつあるという状況認識はあったものの、その時点で外務省は、国連が日本の安全保障を確保することを前提としていたのである。少なくとも、事実上米国による日本占領が続くかぎり、日本の安全保障は確実であった。しかし、米軍の撤退が必要となるのであれば、そして国連が日本の安全保障を確保できないのならば、それまで検討してきた安全保障構想を根本的に見直さざるを得ない。[73]いうまでもなく、これは簡単にできる作業ではなかった。したがって、この日の会議では、次回のアイケルバーガーとの会談には「第一芦田メモ」の写しを提出し、講和後の日本の安全保障に関する鈴木の私見については、その次の会談に提出できるようあらたに面会を申し入れることが決定された。

（８）第二回鈴木・アイケルバーガー会談

九月一〇日の午前八時、予定通り鈴木はアイケルバーガーのオフィスを訪ねた。帰国準備で忙しいにもかかわらず、アイケルバーガーは一時間を割いた。「自分はＧＨＱの人々と異なり一定の構想の下に具体的な『プラン』を作らねばならぬので今度一時帰国に際し貴下の意見を参考に聞きたいと思った次第である」とアイケルバーガーは述べ、「連合軍が引揚げた後赤化分子乃至『ソヴィエット』が日本に浸透して来て終《つい》に間近の南樺太、千島から一夜にして日本に侵入する様な事態も考へられる」と論じた。さらに、アイケルバーガーは、米国はその対策を研究しており、日本の警察軍を増強することとし、また『ソ』兵の侵入する様な事態に付ては沖縄『グアム』等から睨みイザと言ふ場合浦塩［ウラジオストック］、その他の要点に原子爆弾を落すことも考へられるが」、はたしてそれで十分なのかとして、あらためて日本の抵抗力に対する懸念を表明した。

　鈴木は、アイケルバーガーに求められた意見書はまだ完成していないが、帰国前日の九月一三日までには提出できるだろうと述べた。そして、「日本政府の講和条約に関する希望と要望（The Japanese Government's desires and expectation relative to the peace settlement）」である「第一芦田メモ」を手渡した。鈴木は、この文書がアチソンとホイットニーに提出されたものの、非公式であっても受領することは望ましくないことを理由に返却されてきたのだと説明した。芦田日記によれば、アイケルバーガーはこの文書を歓迎し、ワシントンまで持ち帰ってマーシャル国務長官など政府高官と会う際に参考にすると述べた。

鈴木は、手渡した覚書の内容の重要な部分、とりわけ、日本が安全保障を国際連合に任せることを口頭で説明した[74]。アイケルバーガーは、これに疑問を抱いていると述べ、その機構の「プレスティージュ」について鈴木の意見を求めた。鈴木は、「去年は今年よりも未だ連合に対する一般の期待が大きかった様に思ふ」と前置きした上で、ソ連が拒否権を「濫用」していることによって国連が行き詰まっているとの認識を示した。そして、「国際連合依存を国是とした」方針は「連合が充分の機能」をもつということが前提で、「機能を発揮せず頼りにならぬとあっては一大事である」との問題を認めた。さらに、「連合依存を国是とした故三月一七日の『マ』元帥の声明も平和条約成立後は連合に任せると一応言はれたと思ふが最近の声明の中には若し連合が此の種の責任が取れぬとすれば余り役に立たぬ組織だといふ様な趣旨が見えた」とするなど、国際連合による安全保障という方法に疑問を呈した。そして、国際連合の機能が発揮されなければ、「日本としても何等か斯る状態に対処する方法を考えねばならぬと思ふ、唯だこれは決して戦争放棄、非武装の大原則を変改する趣旨ではないことは無論である」と付け加えた。

次に、鈴木は、「平和条約成立後の長期の保障占領」についてどのように考えるかをアイケルバーガーに尋ねた。しかし、アイケルバーガーは、「此の点は一致した意見（consolidated opinion）は未だないようで結局平和会議にならねば決定せぬ」と答えるにとどまった。鈴木はなおも、米国の国際安全保障の一環である日本の安全に関して、米国の軍人が講和後日本と協定を結んで横須賀の海軍基地や空軍基地の確保を示唆する報道があったが、と述べた。これに対しては、アイケルバーガーも「保障占領から安全駐兵への移行と言ふ点は『グッド・ポイント』だ」と応じた。注目すべきは、二カ月前の七月八日に萩原や岡崎が作成した「日本の領土問題に関する一般的考察」のなかでみられたような、沖縄について「連合國として戦略的見地から……必要を充たすアレンヂメント」を締結するという案に触れなかったことである。アイケルバーガーがすでに沖縄の基地だけでなく日本本土の基地を重視していたことや、外務省が米軍基地の設置についてどのように考えるか明らかにしていなかったことを考慮したのであろう。

会談が終わりに近づいたころ、アイケルバーガーは、米軍撤退の時期と日本の国民感情について鈴木に質した。鈴木は、イタリアの講和条約を一つの例として説明した。イタリアの場合、一九四七年二月に署名され、八月にソ連が批准したことによって、半年後に発効することになる。占領軍の撤退は、それから三カ月後に規定されていた。したがって、日本の場合、報道されていたように翌一九四八年春頃までに講和会議を開催し、発効がその半年後だとすれば、占領軍の撤退は一九四九年の春であろうとの観測を述べた。しかし、「問題となるのは政府としては平和条約成立以前に警察力の増強を希望し、訓練などに相当の時日を要するからこれをなるべく早く始め、それに応じて幾分進駐軍数も漸減する。……此の問題に付ては未だはっきりせぬ点があるようである」と鈴木は付け加えた(75)。

その日の午後、鈴木は外務省で岡崎、萩原、吉沢、太田に会談の結果を報告するとともに、九月一三日までに完成すべきメモについても協議した。メモの内容に関しては芦田の最終的な許可が必要なため、関西に出張していた外相が帰京する一二日の午前まで作成作業を続けた(76)。

その間、アイケルバーガーは、九月一一日の午前中に一時間ほどマッカーサーに面会した。アイケルバーガーは、ワシントンで議論となると予想された米軍の撤退、削減問題を取り上げた。しかし、彼の日記によれば、マッカーサーはこの問題は米国で議論されないであろうと考えていた。だが、アイケルバーガーは、むしろその逆であり、しかもマッカーサーは米軍の削減や日本からの撤退を提案していると考えられるのではないかと述べた。これに対してマッカーサーは、「国連の警察力やある種の軍隊を日本のために設置する、といった条件がその前提になろうと考えていることを明らかにしておいた」と説明した(77)。アイケルバーガーは、「ソ連の姿勢がさらに硬化し、国連が国際安全保障を確保し得る兆候は依然としてみられないのではないか」とマッカーサーの見解に疑念を表明し、これに対してマッカーサーも同意した。不思議なことに、彼はこの会談で鈴木との会話の内容をマッカーサーに報告したかどうかを日記に記していない。日米安全保障問題をめぐってこの二人の軍人は異なった見解を抱いていた。おそらく、アイケルバーガーは会談について上司に伝えなかったのであろう。

(9) 第三回鈴木・アイケルバーガー会談

そして九月一三日、予定されたとおり、鈴木は帰国準備をしていたアイケルバーガーに面会し、外務省があらたに作成した講和後の日本の安全保障に関する覚書を「極秘かつ個人的私見」として手渡した(78)。アイケルバーガーは喜び、飛行機のなかで読むつもりであると言った。

この四枚の覚書（以下「第二芦田メモ」と呼ぶ）は二部構成であった。第一部は国連による安全保障構想について論じており、第二部は米国による日本の安全保障の確保であった。まず、国連によって「日本の独立保全」を守る構想は、「米ソ関係良好となり世界平和に関し何等不安なき場合」を前提にしていた。「米ソが相提携して世界平和を確保しようとするならば国際連合も速やかに平和の保障として立派に活動するであらうし日本は軍備はないけれども国内の安寧と秩序を維持するに十分な警察力さえあればかゝる状態においてはその独立を脅威される心配もないであらうから余に国際連合によってその安全を保護されるのを待つ余裕があると思われる」と考えられた。しかし、現実の世界情勢をかんがみれば、これはもはや現実的な選択ではありえなくなった。

そのため、覚書の第二部では、「不幸にして米ソ関係改善せられずして世界的に不安の生ずると仮定した場合」が想定された。その場合は、「国際的不安の増大する場合日本の独立を保障する上の最良手段は一方においては米国との間に特別の協定を結んで第三国の侵略に備えると共に国内の警察力を陸上及び海上において増加することにある」と提案されている。具体的には、米国が日本の安全保障を確保するのを助けるために、日本は米国に基地を提供することであった。しかし、日本本土での米軍の駐留については、この「第二芦田メモ」は有事駐留に限定した。つまり、日米間で「平素において日本の独立を保全する方法であり且万一の場合は米国側が充分に日本の基地を利用し得ること」を規定した協定を締結すればよい、としたのである。「かかる特別協定の内容は日本の独立が脅威せらるるような場合［これは太平洋における平和が脅かされることを意味する］米側は日本政府と合意の上何時にても日本の国内に軍隊を進駐すると共にその軍事基地を使用できる。又必要の想定を作り日本国内の軍事基地の建設、維持は極力米国側の要求を満足するように計る」とされた。

重要なことは、外務省が「日本に近い外側の地域の軍事的要地には米国の兵力が十分にあることが予想される」とみていたことであろう。その部分に沖縄は特に明記されていなかったが、それが覚書の作成者の頭にあったことは確実である。一九七五年に書かれた西村熊雄の論文でも、「アイケルバーガー中将に手渡された文書は……沖縄や小笠原は日本の領土外におかれることを前提にしている」とされている。[79] 鈴木自身も、ワインシュタイン教授とのインタビューで同様の趣旨を述べている。ワインシュタインによれば、「鈴木氏は、このメモランダムが、日本本土ではないが琉球諸島と小笠原諸島を含む日本の近接する地点に米軍を常時駐留させ、日本政府は本土に有事駐留用の基地を確保することを提案していたと述べた」という。[80]

以上のことから判断するに、外務省幹部は、沖縄などの近接する諸島での米軍の常時駐留と本土の有事駐留によって日本の安全保障は十分に守られると考えていたのではないかといえる。また、人口の集中する日本本土ではなく、沖縄など「日本に近い外側の地域」に常時駐留を認めることによって、外国軍隊の駐留という、いわば占領の継続がもたらすであろう政治的、社会的悪影響を避けようとしたのではないかと考えられる。

興味深いことに、外務省は、七月はじめに萩原・岡崎の考えた「便法」、すなわち、連合国が琉球諸島を戦略的に利用する一方で日本に主権が残されるという案を、「第二芦田メモ」には入れなかった。その理由の一つは、おそらく、「第二芦田メモ」はもっぱら安全保障問題に焦点を当てたものであり、領土問題についての意見書ではなかったからであろう。その結果、「日本に近接する外側の地域の軍事的要地には米国の兵力が十分にあることが予想される」という語句が、「第二芦田メモ」が沖縄について言及した唯一の点であった。だが、その意味するところはきわめて重要であったといってよいであろう。

(10) 第四回鈴木・アイケルバーガー会談

台風の影響でアイケルバーガーの出発が遅れたため、鈴木は、「第二芦田メモ」について話し合う機会を与えられることになった。しかし、アイケルバーガーがこのメモを読む時間がなかったため、鈴木はまず、アイケルバーガーに手交した一連の覚書について説明せねばならなかった。アイケルバーガーは、一九四八年六月末までには対日講和条約が成立し、したがってマッカーサーは帰国、ＧＨＱも解体されるであろうと鈴木に語った。その一方で、「米軍撤退後のことは平和条約にて決まると思う。……結局米軍が二、三年にて撤退するとして其後に直ちに『コンミュニスト』が出来ても困る次第であり、Constabulary〔警察軍〕を増強しても果して国内治安維持に充分なるべきや疑あり」とも述べた。(81)

鈴木も、マッカーサーが介入したことによって中止されたにせよ、一九四六年二月一日の「ゼネスト」の規模の治安問題を抑えるのに果たして十万人の警察力で足りるのか、疑問を抱いていた、と同調した。そこで、日本政府の結論は、「日本としては米日間に特別の協定を結び日本の国防は国際安全の一部として米国に任すべきで」あり、「これは国民多数の考えであると自分は信じて居る」と付け加えた。芦田日記にある会談記録によれば、アイケルバーガーは鈴木の見解や覚書に興味を覚えたようであり、「書き物は飛行機の中でよく読み米国に於ては各方面とも意見をよく交換してきたい」と述べている。一五日にアイケルバーガーの出立を空港で見送る際、鈴木は覚書に関するアイケルバーガーの感想をもう一度尋ねることにしたが、「混雑の為挨拶を交はすだけ」に終わった。(82)

グアム、ハワイを経由して帰国したアイケルバーガーがふたたび日本に戻ったのは、それからほぼ三カ月後のことであった。(83)一〇月から一一月にかけて彼はワシントンに滞在し、軍部や政府の高官と会談した。その際、外務省の意見や希望を伝えたのではないかと推測することも可能である。しかし、日記には外務省の安全保障構想が話題となった形跡はみられない。したがって、「第二芦田メモ」は「第一芦田メモ」同様、活用されることなく、米国政府には結局伝わらなかった可能性の方が大きいのではないかと思われる。(84)外務省の連合国側との接触は、講和条約や領土、安全保障問題に関して米国政府に影響を与えることはなかったといえよう。

一九四七年一二月に米国の報道が外務省の対日講和準備作業をスクープし、岡崎次官が辞任せざるを得なくなったことは、外務省の試みの挫折を象徴する事件であった。(85)ＧＨＱのシーボルド政治顧問代理は、外務省内の文書が「明るみに出るにはまだ早い」と感じた。一二月九日に芦田は岡崎を説明に赴かせた。(86)岡崎を通じて、芦田は「外交局が希望するならば、日本側の講和問題に関する研究をいつでも非公式に提供できる」と申し出た。だが、シーボルドは、「外務省から例の文書を受けることは時期尚早である」として、この提案を拒否した。(87)もっとも、シーボルドは、「対日講和に関わる諸問題について、われわれが日本側の意見を求める適当な機会が来るであろう」と述べ、岡崎に期待を持たせた。(88)しかし、冷戦の開始によって講和条約そのものが延期され、その時期はしばらくの間訪れることはなかった。[89] このように、この段階で講和条約に向けた外務省の行動が米国をはじめとする連合国に伝わらないままに終わったことは、天皇とその側近の外交的成功とは著しい対照をなしている。

三　天皇メッセージ

米国がその戦略上不可欠であるとみなしていた沖縄を、外務省が日本の主権下にとどめたいという希望を持っていたことは明らかである。外務省は、沖縄が日本の一部であることを歴史的、民族的に裏付ける資料を用意した。そうした資料で理論武装しつつ、岡崎次官と萩原局長は基地権と行政権の分離を提案する覚書を作成した。にもかかわらず、外務省は鈴木・アイケルバーガー会談でこのメモを用いようとはしなかった。

しかし、同じころ、芦田外相の内奏や天皇側近と外務省高官らとの会談によって、天皇周辺には外務省の見解が伝えられていた。このような機会を通じて、彼らは、岡崎と萩原の作成したメモの内容を知っていたのではないかと推測される。しかし、外務省の試みははかばかしい結果を生まなかった。また、不安定な国内外情勢に対する恐れもあった。こうした事情を背景に、天皇周辺は、沖縄について米国との間に協定を結ぶという案を提示し、領土問題や安全保障問題に関する議論に影響力を行使しようとしたと考えられる。

一九四七年九月一九日、御用掛の寺崎英成は、日本橋三井ビルの三階にあったシーボルドＧＨＱ政治顧問室を訪問した。[90] その目的は、琉球諸島の将来と、米軍による沖縄の軍事占領を継続する必要性に関して天皇の意見を述べることにあった。いわゆる「天皇メッセージ」である。本節では、このメッセージがそれまでの外務省と連合国の接触よりもはるかに大きな影響を米国の沖縄政策決定過程に与えたことを明らかにする。

（１）寺崎とシーボルド

テネシー州出身のハロルド（Gwendolen Harold）を妻にもつ寺崎は、米国勤務の長い外交官であった。真珠湾攻撃に至る時期に野村吉三郎駐米大使と来栖三郎公使を補佐したのが、彼の海外勤務の最後であった。[91] 一九四二年夏に外交官などの交換船で日本に帰国して以来、寺崎は「親米派」と目され、責任ある仕事を担うことができなかった。[92] 終戦後、終戦連絡中央事務所連絡官を務めていた寺崎は、吉田外相によって「陛下の連絡官並びに顧問」である「御用掛」のポストに任命された。[93]「天皇の顧問として助言し、天皇やマッカーサーに会う公の連絡官が必要となった。その人は両国の国語と習慣を熟知し、しかも双方の信頼を受くるに足る人物でなければならなかった」、とグエン夫人は夫の任命理由を回想録に記した。一九四六年二月二〇日、御用掛に就任した寺崎は、吉田の助言を受けて、マッカーサーの軍事顧問兼軍事秘書をしていたフェラース（Bonner Fellers）准将をはじめ、占領軍の高官に挨拶まわりをした[94]。病弱であるのに加えて過労により脳溢血を起こしたにもかかわらず、寺崎は、一九四六年二月から一九四八年四月まで、天皇の顧問および、合計一一回にわたるマッカーサー・天皇会談のうち五回において通訳を務めた[95]。

寺崎は、公式または非公式にSCAPの係官および外務省の高官たちに会った[96]。たまたまグエンの遠い親戚であったフェラーズはもとより、アチソン夫妻やシーボルド夫妻とも寺崎夫妻は親しくなった。グエンの回想録によれば、彼らがアチソンと最初に知り合ったのは、日米戦争が始まった一九四一年一二月であった。アチソンは、ワシントンに駐在していた日本人外交官とその家族の世話を担当していた。米国籍をもっていたもののの、グエンと九歳になる娘のマリコは寺崎と共に日本に帰ることを決意した。アチソンは、中国を専門とする職業外交官である。戦前は、一九三七年のパネー号事件（日本海軍航空隊が米国の警備艦パネー号を揚子江で爆撃、沈没させた）や南京大虐殺を経験し、終戦後、マッカーサーの政治顧問として日本に派遣された。こうした経緯があったから、日本は不安をもって彼を見守った[97]。しかし、寺崎とアチソンは私生活においても職務上でも良好な関係を築くことができたのである。

この連絡チャンネルは、一九四七年八月のアチソンの死後にも続いた。政治課でアチソンの下にいたシーボルドは、アチソンの死後、政治顧問代理を務め続けた[98]。アチソンの法律顧問兼アシスタントとして、シーボルドは、寺崎に会う機会が数多くあったと考えられる。シーボルドは外交官出身ではなかったが、戦前、海軍将校として東京で日本語の語学研修を受け、後に神戸にあるエディス夫人の父の弁護士事務所で弁護士として活躍したという豊かな日本経験の持ち主であった。彼らもまた寺崎夫妻と良い関係を築いた。

GHQの関係者の中には、寺崎をスパイないし機会主義者と見なす者もいた。実際、その見方に傾いた民政局は、一九四六年七月に寺崎の公職追放を要求していた。しかし、寺崎の連絡チャンネルを重視していた参謀第二部の民間情報部は、寺崎に利用価値があると考え、民政局の勧告に反対した。結局、寺崎はパージされなかった。

シーボルドもまた寺崎チャンネルの重要性を認識していた。彼は回想録でこう語っている。

テリー［寺崎］は、天皇の助言者［御用掛］であり、総司令部との連絡官の役割を務めていた。そのために、政治情勢については細部にいたるまで絶えず接触を保っていた私が知っている日本人のなかではもっとも率直な彼は、時には余りにも現実離れした占領行政のやり方（sometimes quixotic actions）に対する日本国民の反応を説明してもらうのに、非常に役に立った。さらに、天皇の助言者として、彼は、米国の政策に関する私の意見や説明を宮廷方面、ことに天皇御自身に伝えることができたのだ[99]。

寺崎のシーボルドへの接触は、八月下旬にシーボルドが政治顧問代理になった直後に始まった。そして、寺崎との二回目の会談において、シーボルドは沖縄に関する日本側の重要な提案を受けたのであった。

(2) 第一回寺崎・シーボルド会談

シーボルドと寺崎は、政治顧問部と御用掛との連絡調整のため、一九四七年九月四日シーボルドのオフィスで会った。彼らは、毎週金曜日の午後三時に会うことにした[100]。しかし、シーボルドはまず新しいポストに慣れることが必要であったから、九月一二日の金曜日には会わなかったようである[101]。次に二人が公式に会ったのは、その翌週の金曜日、つまり芦田が天皇に内奏した日である九月一九日であった[102]。

寺崎と政治顧問部との間では公式、非公式に頻繁に会談が行われたが、そのなかでもこの会談は特に重要であった[103]。マッカーサー宛に記された会談の覚書によれば、寺崎が「沖縄の将来に関する天皇の考えを私［シーボルド］に伝えるため」、シーボルドを訪れたからである[104]。

シーボルドの手による会談記録によれば、まず寺崎が、「天皇は、米国が沖縄をはじめ、その他の琉球諸島に対する軍事占領を継続するよう希望している。天皇の意見では、そのような占領はアメリカの利益になり、また、日本を防衛することにもなる、というのである」と切り出した。シーボルドはおそらく、米国が沖縄の占領を継続することに対する日本国民の感情について尋ねたと思われるが寺崎は、つづいて、「天皇が思うに、そうした措置は日本国民の間で広範な賛成を得ることであろう。国民は、ロシアの脅威を恐れているばかりでなく、占領が終わった後に左右両翼の勢力が台頭し、日本の内政に干渉するための根拠としてロシアが利用し得るような『事件』を引き起こすのではないか、と懸念している」と述べた。

さらに、寺崎は、「また、天皇は、沖縄（その他必要とされる諸島）に対する米国の軍事占領は、主権を日本に残したまま、長期――二五年ないし五〇年またはそれ以上の――租借方式という擬制（fiction）に基づいて行われるべきであると考えている。天皇によれば、このような占領方式は、米国が琉球諸島に対していかなる恒久的野心ももっていないと日本国民に確信させ、ひいてはこれにより、他の諸国、とりわけソ連や中国による同様の権利の要求を封ずるであろう」と伝えた[105]。

つづいて、話題は米軍駐留の方式をいかにすべきかという問題に移った。「手続きに関しては、寺崎氏は、（沖縄、その他の琉球諸島に対する）『軍事基地権』の取得は、連合国の対日講和条約の一部としてではなく、むしろ米国と日本との二国間租借条約によるべきであるという考えであった。寺崎氏によれば、前者の方式は、押しつけられた講和という色合いが強すぎ、将来、日本国民による好意的理解を危うくする恐れがあるという」。

会談の終わりに、寺崎は、このメッセージをその日のうちにマッカーサーに伝えるようシーボルドに依頼した[106]。シーボルドの回顧録やマッカーサーの『回想記』はこのメッセージについて沈黙しているため、シーボルドがはたしてその日のうちに、あるいは翌日にマッカーサーに会ったのかは不明である。[107] ともあれ、シーボルドは覚書を作成し、二〇日、「天皇メッセージ」の内容とともにマッカーサーに送付した。ここで、マッカーサーが戦略上の必要性を理由に琉球諸島に基地を維持し、また日本政府の琉球に対する主権を排除して米国がこれらの島々を排他的に支配することを主張してきたことが想起されねばなるまい。報道などを通じてそうしたマッカーサーの見解を知っていたと思われる天皇は、メッセージを通して日本の琉球に対する主権放棄という事態を阻止しようとしたのである。

二日後の二二日には、シーボルドは、「注目すべきは、日本国天皇が、米国に沖縄やその他の琉球諸島に対する軍事占領を続けるよう希望していることである。これが主として国益(self-interest) に基づいた希望であることは疑いがない」、との見解を付した覚書を国務省に送付した。[108] 極東局には九月三〇日に届いた。次章で詳しく論ずるが、沖縄の基地を貸借するという国務省案を支持していたボートンは、この覚書を参考にしたのではないかと考えられる。また、ちょうどこの時期に対日政策の再検討と沖縄の最終的処理について検討していたケナンの政策企画室 (Policy Planning Staff, PPS) にも、覚書のコピーが転送されたのである。

「天皇メッセージ」には、日本国内外の安全に対する懸念が顕著に示されている。敗戦後の猛烈なインフレーションと絶望的な経済を背景に、ますます激化する労働闘争などの深刻な政治的、社会的な問題が日本政府に襲いかかっていた。二月一日のゼネストを中止させるためには、マッカーサーの介入が必要となった。第一次吉田内閣は辞任せざるを得なかった。一方、日本の保守層は、新しい日本国憲法の施行を危惧の念をもって迎えた。国際紛争の武力による解決や戦力の保有を否定する第九条を含めてきわめて自由主義的な日本国憲法が、国内情勢を流動化させると懸念されたのである。保守系の政党や政府高官は、労働組合の指導者たちや共産党をはじめ左翼の政党がこの新しい自由を悪用しかねないと憂慮していた。

寺崎も同様の内容をシーボルドに話したことがあった。「戦後日本の土壌に共産党は急速に成長したが、これに対抗する手段は何もとられなかったと、テリーは度々憂慮していた。彼は民主主義的な方法について非常な見識と理解を持っていたが、総司令部が日本共産党に対して余りにも寛大な態度をとり過ぎるのは危険だ、との信念を強調していた」とシーボルドは回想録に記した。[109] 天皇周辺もそれに劣らぬ危機感を抱いていた。かつて近衛文麿は、吉田茂の手を借りて書いた一九四五年二月の「近衛上奏文」において、戦争に伴う破局や被害は日本を弱体化し、国民の共産主義や無秩序に対する抵抗力を無にしかねないとの懸念を天皇に訴えた。[110] 一九四七年には、天皇とそのアドバイザーたちは、米ソが互いに敵視し合う冷戦期を迎えて、日本内外の安全に懸念をいっそう深めたのである。

その懸念は、天皇とマッカーサーの会談や芦田外相の内奏にも示された。一九四七年五月六日のマッカーサーとの第四回の会談において、天皇は「もしアメリカが去ったら誰が日本を保護するか」と講和条約後の日本の安全保障について尋ねた。それに対して元帥は、「カリフォルニア州を守るごとく日本を守る」と返事したようである[111]。この天皇・マッカーサー会談から二カ月を経た七月二一日に、芦田は天皇に呼ばれて、「トルーマン・ドクトリン」、「マーシャル・プラン」や対日講和予備会議の準備を含む「外交問題」について三〇分ほど内奏を行った。芦田がアチソンやホイットニーに覚書を手交する一週間前のことである。天皇は、特に悪化しつつあった米ソ関係への懸念を表明し、「日本としては、結局アメリカと同調すべきでソ聯との協力は六ヶ敷いと考えるが」と述べた。それに対して、芦田は「全然同見である旨」答えた[112]。

また、九月一九日の芦田の内奏においては講和条約に対する外務省の準備作業が取り上げられた。芦田は、講和に関する日本側の希望条項や安全保障問題について説明し、アチソンやアイケルバーガーとの接触についても触れた。「安全保障問題については陛下は殊に力を込めてフンフンと御うなづきになった」という芦田の記述は、天皇が外交・安全保障問題について並々ならぬ関心を寄せていたことを示唆している[113]。興味深いことに、この内奏は、「天皇メッセージ」が伝えられた第一回寺崎・シーボルド会談と同じ日に行われたのである。

（3）第二回寺崎・シーボルド会談

第一回会談の二週間後の一〇月三日午前一一時、寺崎は「天皇メッセージ」に対するマッカーサーや米国政府の反応を探るために、再びシーボルドを訪れた[114]。寺崎の日記によれば、シーボルドは、「沖縄はアメリカが自由にす、信託かリースかその方法は定ってゐない、右は陸軍省輿論の意見なり国ム省の意見は定ってゐない」と米国政府内の見取り図を説明した[115]。

国務省政策企画室が二週間後に作成した文書をみると、本国の状況に関するシーボルドの説明が正しかったことがわかる。本国政策企画室文書のＰＰＳ一〇／一（「琉球列島の最終的処分に関する勧告」〔Special Recommendation on Ultimate Disposition of the Ryukyus〕）には、「〔天皇の提案する〕方式を戦略的信託統治の代案として検討すべきものと考えている」と書かれた。一方、米国を唯一の施政国とする戦略的信託統治構想は、軍部の従来からの方針であった。マッカーサーも、米国が琉球諸島を支配することは「絶対に必要（absolutely essential）」であると勧告していた。

シーボルドは、琉球諸島を日本の領土として残すべきであるとした八月五日付の対日講和条約草案について、マッカーサーの見解をまとめる作業に携わったと考えられる[116]。「内容や形を大幅に見直すことが望ましい八月五日付草案がワシントンではまだ検討段階にあるため、特に疑問のあるところに絞ってコメントする」ことを前提にしながら、ＪＣＳ経由で国務省に届けられたこの覚書は七頁におよんだ。琉球諸島については、マッカーサーは国務省草案を批判し、「この草案は、琉球諸島を日本が保持することとしている。琉球は、われわれの西太平洋前線の防衛には不可欠であり、米国による琉球諸島の支配を確保するべきである」と述べた[117]。これは一九四〇年代を通じて一貫していた軍部の考え方を反映するものであったといってよい。そして、「この諸島は日本とは民族的に同一ではなく、日本の経済福祉に貢献せず、しかも日本人はこの諸島の保有を認められることを期待していない。基本的に、問題は戦略上のものであり、私の意見では、この諸島の支配権を米国に与えることに失敗すれば、軍事的な破滅を招きかねない」と警告したのであった[118]。

以上のように、琉球諸島に対する国務省や軍部の方針を知っていたシーボルドは、ワシントンの状況を寺崎に伝えることができた。この第二回寺崎・シーボルドの会談記録は国務省の資料には残されていない。だが、寺崎日記から推測するかぎり、この会談は、国務省やSCAPに報告すべき性質のものであったというよりはむしろ、寺崎や彼を通じて間接的に天皇周辺と情報交換をするためのものであったと考えられる。会談の終わりに、シーボルドが「米国の意見決定に誰でも影響を与へようとするのハ間違ひ」である、と注意しているのはまことに興味深いといわねばならない[119]。

(4) 第三回寺崎・シーボルド会談

この会談の直後、シーボルドは初めて沖縄を訪問する機会を得た。それは、沖縄の占領の実態を調査し沖縄の人々がいかに苛酷な扱いを受けているかを確認するようにとの国務省からの要請であった。次章で、米国の沖縄政策の文脈で、シーボルドの報告書と感想を詳しく紹介するが、その内容は、軍政に対して非常に厳しいものであり、米国は沖縄の長期的な政策の確立を決定すべきであるという一連の勧告の一つとなった。

さて、帰京したシーボルドが公式に寺崎に会ったのは一一月二一日のことであった。ところが、この会談ではシーボルドの沖縄訪問に関して話し合われた形跡がない。琉球問題や安全保障問題が議題に上ったのは一九四八年二月二六日に行われた第三回会談の席であった[120]。

以下の三点において、これはタイミングよく開かれた会談である。というのも、第一に、社会党を首班とする片山内閣が末期状態(三月一〇日に新内閣が発足した)にあったことであり、平和主義を掲げる社会党首の片山とは異なり、芦田が登場したことによって、政府内に安全保障問題について語ることのできる雰囲気が生まれたのではないかと考えられる。第二に、寺崎の健康状態が悪化したことであり、御用掛を辞する四月までの最後の正式な会談の一つとなった。したがって、沖縄や安全保障に関する天皇の見解を伝えるのはこれが最後の機会であったと思われる。第三の理由として、この寺崎・シーボルド会談が、政策企画室(PPS)長のケナンと北東アジア課のグリーン(Marshall Green)が、対日政策の形成に先立って占領政策の実態を視察する目的で訪日する直前に開かれていることである。つまり、この会談は、米国の対日政策、とりわけ安全保障政策の形成に影響を与えるのに好都合な時期に開かれたのであった。

この第三回会談で、寺崎は中国問題と崩壊の危機に瀕した蔣介石の国民党政府について語り、「米国が国府軍を立て直そうとして資源や物資を際限なく注ぎ込むのは誤りである。中国は、いくら注ぎ込んでも黙って呑み込んでしまう底なし沼のようなものである。米国の富をもってしても、中国の向上を確実に実現することは難しいだろう」と述べた。したがって、「朝鮮南部、日本、琉球諸島、フィリピン、そして可能ならば台湾を結んだラインを米国の外縁部とすることが現実的な政策であろう。これによって米国の安全保障範囲を明確に設定すれば、極東におけるアメリカの立場は絶対破られることはないだろう」、と寺崎は考えた。そして、「中国の将来は中国の問題であり、中国を排除してもいいが、ソ連の攻撃や侵入を阻止することのできるこの地を保有するためには、米国の多大なる努力が必要である」と述べたのだった。

寺崎の発言もさることながら、会談に関するシーボルドの感想も大変興味深い。「寺崎のこの意見は、日本の国益(Japanese self-interest)、すなわち、対日占領が長引いてもよいから米国が日本をソ連から守ってほしいという強い要請や、中国が日本に攻撃的な政策をとることのないよう、弱体化させたままとどめおきたいという希望が反映しているようである」[121]。

ところで、シーボルドの結論部分が、もっとも面白く、これは「第二天皇メッセージ」と呼んでよかろう。シーボルドは次のように記した。「寺崎は個人的見解だと念を押していたが、以上は天皇を含む宮中高官の見解だと信ずべき理由がある」。一九四七年五月に行われた天皇・マッカーサー会談、天皇・芦田会談や、九月の寺崎・シーボルド会談と同じく、この二月の会談は、天皇自身（または、御用掛の寺崎を通じて）安全保障問題に関する政策形成に影響力を行使しようとしたもう一つの例であると考えてよい[122]。

以上のように、外務省は講和条約に備えて早い段階から準備を開始したが、この問題に関与しようとしたのは外務省だけではなかった。天皇とその側近も、講和条約の準備、ことに領土、安全保障問題には強い関心を寄せていた。本章は、領土、安全保障問題に関する外務省と天皇周辺双方の計画や見解を取り上げることによって、講和条約に向けた日本政府の準備を明らかにした。

「領土問題」は、準備作業のなかで優先的な位置を占めていた。外務省は、「大西洋憲章」や「カイロ宣言」、「ポツダム宣言」に示された連合国側の方針を参考にしつつ、沖縄は日本の一部であり、日本に復帰すべきであるとみなしていた。同時に、外務省は米国、さらには連合国の安全保障上の利益という観点から、琉球諸島に関する協定について特別に配慮せねばならないことを認識していた。つまり、外務省は、琉球諸島の返還を熱望し、それを訴える一方で、日本がこれらの島々に対する主権や行政権を維持しつつ、連合国の戦略的要請に合致するような協定を締結するという「便法」が必要であることを考慮しなければならなかった。一九四七年七月の岡崎メモはその表れであったといってよい。そして、講和条約の予備会議開催が日程に上ると、外務省は日本の沖縄領有を明記した「理想的な」解決策を模索し、これが「第一芦田メモ」に反映された。だが、冷戦の開始という国際情勢を背景に対日講和準備会議が流産したことによって、日本政府は、安全保障や他の問題についてより現実的なアプローチが必要であると確信するにいたった。九月には、安全保障に対する日本の見解を私的に表明する機会が訪れた。この段階で、日本本土における米軍の有事駐留を認める特別協定を米国と締結するとの構想が浮上した。これが「第二芦田メモ」であった。この案は、沖縄が日本の領土に含まれないとの前提の上に成り立っていたが、それはつまり、外務省が日本に近接する諸島に多数の部隊を配置したいという米国の要請を認めたことを意味していたといってよい。このように、外務省の領土問題に関する要求は、自らの安全保障を確保することばかりではなく、日本の対外的安全保障を担うことが期待された米国の安全保障を確保することをも考慮に入れたものだった。もっとも、外務省の研究作業の多くは、この時点では米国政府に影響を与えなかったと思われる。米国をはじめとする連合国は、領土や安全保障に関する日本政府の見解に耳を傾ける段階にはなかった。米国が日本政府の講和問題に関する希望に関心を示したのは、ようやく一九四八年末のことである。このとき、吉田首相の指示によって、GHQの外交局に数百頁に及ぶ研究作業文書が手交されたのだった。

日本政府のなかで講和条約問題に関して中心的役割を果たしたのは、なんといっても外務省であった。しかし、ほぼ同じ時期に外交、安全保障問題に関心を示してきた天皇やその側近が、GHQとの連絡チャンネルを独自に活用していることを看過してはなるまい。彼らは、外務省同様に日本の安全保障は米国によって確保されるべきであるとの結論に達した。「天皇メッセージ」は、あくまでも日本に主権を残しながら、沖縄の「軍事基地権」を米国に提供せんとするものであった。そして、この案は米国政府の「代案」にもなった。国務省極東局は、基地協定を結びつつも琉球諸島の主権は日本に残す、という政策を主張するにあたってこの天皇の見解を利用することになる。次章では、国務省の領土問題に関する計画や、米国政府内における合意形成に向けた取り組みについて検討しよう。

第6章　米国政府内の沖縄政策の形成[1]

——NSC一三の成立　一九四七—一九四九——

はじめに——講和条約準備へ

国務省と軍部が一九四六年の初秋にSWNCCの場で太平洋の信託統治領や沖縄の地位をめぐって激論を交わしていたころ（第四章参照）、アチソン国務次官は、国務長官の代理として日本の賠償問題や日本との講和条約について意見交換するために、陸軍省のエコーズ（Charles P. Echols）将軍やラスク大佐と会談するよう求められていた。[2] この会談には、ビンセント極東局長、ボートン極東局日本課長、ヒルドリング（John H. Hilldring）占領地担当国務次官補（元陸軍占領地課長）に仕えたグロス（Ernest Gross）特別補佐官、同じく極東局日本課のライシャワーといった、本書でもすでに登場した対日政策担当者も同席した。[3]

ビンセントは、米国政府の見解を極東委員会や講和条約予備会談に提出する前に「特別委員会」の検討が必要ではないかと提案した。アチソンも、ドイツの場合には連合国との協議に入る前にドイツに関する米国の見解を決定するべきであるというバーンズ国務長官の方針があり、実際にそのようになったと述べた。[4] こうして、対日講和条約問題を検討する非公式委員会の設置が合意され、まもなく発足した。委員会の構成はヒルドリングに委ねられた。[5] のちに「ボートン・グループ」と呼ばれるようになったこの委員会は、以下のメンバーから構成されていた。議長にはペンフィールド（James K. Penfield）極東局次長、委員としてボートン、日韓経済問題局のマーティン、極東局調査班のハンスバーガー（Warren S. Humsberger）、ボートンの補佐役としてエマーソン（John K. Emmerson）、ビンセントの補佐にベーコン（Ruth E. Bacon）博士である。

バーンズの指導のもとに個別に作業をしていた委員会は、直ちに対日講和条約の内容の起草に入った。一九四六年一〇月二六日までには前文と二一の条項、いくつかの添付資料からなる「対日講和条約」の概要ができあがった(6)。しかし、ここではまだ方針や具体的内容は固定されていなかった。領土に関する最初の章「旧大日本帝国領の範囲の指定」には、日本の国境線を示す地図や日本が主権を有する諸島のリストが記載されていた。沖縄や琉球諸島は、ここで間接的に取り上げられている。だが、領土問題を扱った別の章である「旧大日本帝国の残余領土の処理」では言及されていない。このことは、沖縄が日本の領土として考えられていたということを示唆しているのではないだろうか。前章までで検討してきたように、これは国務省の初期の姿勢にも一致するものであった。

一九四六年秋から四七年の冬にかけて、ボートン・グループは対日講和条約の研究を進めた(7)。一九四七年一月一七日の会合では、講和条約に関する作業の役割分担を決定した(8)。領土条項の起草（講和条約案第一章）は、一九四二年段階から領土問題に関する論争に関与してきたボートンと、その補佐を務めたエマーソンが担当した(9)。

委員会は当初、琉球諸島の処理が依然として「領土問題のなかでも論争となる課題である」と認識していた(10)。第四章で述べたように、国務省と軍部の間で琉球諸島の処遇に関する見解を調整する時間が必要であったことから、トルーマン大統領は、日本の旧委任統治領の島々を、米国を施政国とする国連の戦略的信託統治下に置くことを考えているとの声明を発表した。その後、米国の琉球に対する政策決定は、一九四六年の秋に一時的に棚上げされた。ＪＣＳは、沖縄とその周辺の諸小島が米国の排他的な戦略的信託統治地域とされるべきであり、沖縄と台湾の間にあるその他の諸島は、米国を施政国とする通常の信託統治領とすることが可能であると論じた。他方、国務省は、一九四六年六月二四日付のＳＷＮＣＣ五九／一において、「琉球諸島は、日本が領有すると同時に非武装化される諸小島とみなすべきである」と述べている。これは「純粋に政治的な見地」に基づいており、「このような見解を主張することこそ国務省の任務である」とまで考えられていた(11)。一九四六年の秋から翌年にかけて、国務省はこの議論をさらに進めたのであった。

一　「琉球の処遇」――二つのフィアリー覚書

（1）第一フィアリー覚書

トルーマン大統領が太平洋に存在する諸島（琉球、小笠原、火山諸島は除く）を戦略的信託統治化することを決定する少し前の一九四六年九月二日、日本課への配属を命じられたばかりの地域専門家フィアリーは、「琉球の処遇」と題する覚書を講和条約問題の領土作業グループに提出した[12]。第三章の表3-1（四一頁）が示すように、この覚書もまた、一九四三年以来の国務省の見解に沿った内容となっている。フィアリーの覚書は高い評価を受け、ペンフィールド極東局次長からビンセント極東局長へ、そして、翌年三月一八日には占領地担当国務次官室のグロスに転送された。

フィアリーは、以下の理由から覚書を起草したという。第一に、国務省の見解の根拠を整理するためであった。第二に、軍部の姿勢、とりわけJCSの姿勢を分析するためである。そして第三に、国務省とJCSの間で必要となるであろう妥協の条件を提示するためであった。内容は三部構成であった。第一部は日本が島嶼全体を保有することに関する議論、第二部は米国による保有に関する議論の評価であり、そして第三部は妥協策であった。そして、日本が沖縄を保持すべきであるという主張の根拠は、まず、沖縄の日本との間に存在する歴史的な絆であった。第二に、米国が領土不拡大政策をとっていることである。第三には、沖縄の米軍基地がソ連に対する脅威となるという非難を恐れたことであった。第四に、米国が沖縄を支配することによって生ずる財政的、行政的問題である。最後に、琉球を日本の統治下に置いたとしても、それは重大な軍事的脅威となることを意味しないと考えられたことであった。第四章で考察したように、こうした見解がSWNCC五九／一の国務省の姿勢を形成していた。フィアリーは、米国が琉球諸島を支配することによってもたらされる政治的な不利益は「明白かつ重要（clear and important）」であると強調した。その一方で、「これらの諸島が米国の効果的な戦略計画にどれだけの必要性をもつかによって、このような不利益を負うことになるかどうかが決まる」とも指摘し、「米国が琉球諸島を支配しなければ米国の安全保障が著しく損なわれるという軍部の強固な主張は、政治的不利益を犯してでも米国が琉球を支配することに正当性を与える論拠となるであろう」と述べた（傍点引用者）。「政治的不利益を犯してでも」という部分は、できることならそのような事態を避けたいという国務省の願望を表したものであるといえよう。

覚書では、一九四六年九月一〇日付大統領宛覚書にみられるような、米国による琉球諸島の保有を求めるJCSの議論が検討されている。軍部の主張は大きく二点に集約された。第一に、沖縄が他の大国（特にソ連）の手に渡るようなことになれば、米国の通信、通商、兵站ラインのみならず「太平洋における全体的な地位」が脅かされる、との主張である。第二に、沖縄は、「太平洋地域を安定化させる影響力」を行使する重要な基地となるであろうし、もし必要となればアジア大陸でロシアに対峙することもできると考えられた。だが、こうした議論にフィアリーは納得しなかった。たしかに、第一の議論は第二の議論よりも説得力があり、「沖縄がソ連の手に落ちることは実際のところ脅威である」。しかし、フィアリーは、米国やおそらく中国が軍事力を行使してでもソ連のそうした試みを阻止しようとするであろうと論じ、軍部の主張に反駁した。「琉球を日本の主権下に残した場合にソ連がこれを支配しようと試みることによってもたらされる危険性は、これを阻止しようとする米国や中国の決意と同程度ではあるかもしれないが、ソ連が日本本土を支配しようとする危険性ほど大きくはないであろう」。さらにつづけて、「非武装化された日本の琉球に対する主権を維持する実効的な機構と確固たる決意があれば、……琉球諸島は効果的にソ連から護られうるであろう」と述べた。軍部の第二の議論については、フィアリーはいっそう否定的であった。極東におけるいかなる戦闘もソ連の「先制攻撃」から始められるであろうが、その場合、ソ連の航空兵力が真っ先に破壊されない限り、「沖縄のような狭く限定された攻撃目標」は「無力化されてしまう」ことになるであろう、として第二の議論は「説得的ではない」と断じた。また、「米国の優位は、海軍の優れた機動力と広範な破壊力に存するのであって、固定的で攻撃されやすい沿岸基地にあるのではない」とも論じた。つまりフィアリーは、JCSが沖縄領有を主張するために考え出した戦略的説明は、軍事的な根拠の薄いことを示してみせたのである。

軍部による琉球の支配を正当化するために用いる可能性のある議論は、以上の二点に加えてほかに三点が考えられた。第一に、これはフィアリー自身、「異議を唱えるのは困難」と感じる主張であった。米軍が日本や朝鮮半島から撤退したあともソ連の兵力が千島列島やウラジオストック、樺太に駐屯し、しかも中国に近接しているという事実に直面したならば、「日本人は状況が著しく変化したことに気づくであろう。……アリューシャン列島、ハワイ諸島、小笠原諸島、旧委任統治領の島々、フィリピンといった、ほとんどが日本から何千マイルもの距離にある孤島に米軍が駐留していたところで、日本人に安心感を与えることはないだろう」と考えられた。だが、日本はいかなる大国にも支配されてはならない。したがって、「沖縄のように、日本に近接する相当な広さの陸地を米国が支配しておれば、日本の領域を目標とするソ連に対して重要な対抗勢力となるであろう」との議論が出てくることは当然考えられた。フィアリーは次のように論じた。

日本に近接するかなりの広さの陸地を所有することによって、米国は非武装化された日本の周辺地域において安定した勢力関係を維持する責任を果たす、という議論に基づいて沖縄に対する支配権を主張することは、日本の侵略の再現を防止する必要性を訴えるよりも、はるかに正当化しやすく、他国の反感を買うことも少ないであろう。

米国による琉球の支配に有利な第二の議論は、日本は琉球諸島の保持を真に望んでいるわけでも必要としているわけでもなく、また沖縄を日本の一部として考えていない、という軍部の見解である。これは、国務省の見解とはまるで異なる見解であった。「日本人はごくわずかな砂糖が得られることを除いて、琉球諸島にはなんら魅力を感じていない。したがって、これを喪失しても、日本人にとってたいした問題とはならないであろう」。また、沖縄人は、「彼らを助けようとしなかった日本人の支配下に置かれていたのと少なくとも同じ程度には、あるいはそれ以上に、米国の支配の下でも幸せであろう」と考えられた。したがって米国による琉球諸島の保有は、結局のところ日本人の異議申し立てを受けないであろうと想定されたのである。

第三の議論は、「米国人が死を賭して占領した沖縄は、米国が手に入れる道義的権利があるという、議会でも高い支持を受ける」国内世論であった。しかし、フィアリーは、この感情的議論には「ほとんど妥当性がない」と一蹴した。なぜなら、「このような考えに立脚すれば、戦時中に占拠した多くの土地を保持する権利が米国や連合国に与えられることになる」ためであった。

全体的にみれば、フィアリーは、ＪＣＳの議論は「いくらかの弱点はあるものの、純軍事的な考慮にもとづいて考えられたと思われ、したがって、注意深く扱われてしかるべきである」と考えていたことがわかる。彼は、国務省が妥協策を検討し、提案する準備に着手するべきであると主張した。沖縄について国務省と軍部が完全に異なる見地に立っていたことにかんがみ、ここでは二つの妥協策が提示された。もっとも、フィアリーは、国務省にとっては第一案が第二案よりも好ましいと考えていた。

第一案は、琉球諸島の中南部について、行政権を国連に委ねる通常の信託統治を適用する一方、琉球諸島北部は日本が保持する、との案であった。政治的観点からいえば、このような政策は日本に琉球諸島全域の領有を認めるのと同じ程度に満足のいくものであり、国際的にも国内的にも批判にさらされることはないであろうと考えられた。加えて、この案は沖縄がソ連の手に落ちるのではないかというＪＣＳの危惧にも注意を払っていた。つまり、琉球諸島中南部を国際機構の管理に委ねるために、国連軍事参謀委員会（United National Military Staff Committee）の下で米国がこの諸島を基地として利用できるようになるという利点があったのである。この案の唯一の欠点は、単に諸島に対する主権を日本に認めるよりも手続き上面倒であるということだけであった。したがって、フィアリーは、もし「米国が琉球諸島を完全に支配することによってもたらされる深刻な政治的不利益」を認識しているのなら、ＪＣＳはこの提案を受け入れるのではないかと主張したのだった。

第二案は、琉球諸島北部に対する日本の主権を認める点では第一案と同じであったが、中南部については「米国の統治下で戦略地区に指定された沖縄の軍事地区」とすることであった。これは、「事実上、軍事的観点に完全に屈服すること」を意味していた。フィアリーは、国務省の観点からみれば、この案のプラスの側面は、米国の統治下で戦略的に重要であるとみなされた地区は最小限に限定され、地域と住民の大部分は信託統治理事会が課す必要条件を満たすであろうということである、と指摘した。したがって、この方式は、「沖縄の基地に対する米国の要求を少しでも国際社会に受け入れられやすくする」ものであると考えられた。しかし、この案はフィアリーが望んだ解決策ではなく、彼自身、これが国務省にとって望ましい案であるとは考えなかった。

八頁に及ぶ覚書の最後の部分は、琉球の処遇を発表する時期とその方法に関するものであった。フィアリーは、この諸島の最終的な処遇は講和条約を通じてのみ行われうると勧告している。しかし、領土問題は常に政治的不安定を孕むものであったから、沖縄の基地は必要であるとの決定を下すのであれば、米国政府は、可能なかぎり早い段階でその意図を声明し、講和会議に影響を及ぼすべきではないとも述べた。他方、琉球諸島を支配しないことに決定したのであれば、その決定は、「講和条約交渉において交渉を要する点として秘密にしておくべきである」と提案した。そして、ある意味では、これに近い事態が五年後に生じたといえるであろう。

(2) 第二フィアリー覚書

フィアリーの覚書は、国務省内で「琉球問題について良識ある判断」であると賞賛された[13]。覚書を読んだヒルドリング国務次官補は、「SWNCCに提出するために、国務省が琉球に関する明確な方針を考えるべきである」とペンフィールドに勧告した[14]。ペンフィールドからの指示によって、フィアリーは即座に「琉球の処遇」に関する新たな研究に着手した。四月七日にビンセント極東局長に提出した調書は、この問題をさらに調査するために、新たに三つの観点から検討していた。経済的分析、米中を施政国とする沖縄の信託統治の可否、そして沖縄に存在する基地の租借である[15]。

フィアリーは政治、経済の専門家であり、とりわけ日本経済を熟知していた[16]。報告書のなかでフィアリーは、日本は、砂糖や干し魚、酒、その他沖縄の産業にとって主要な市場であると述べている。したがって、日本と琉球の間の交易関係が必ずしも打撃を受けるわけではないが、米中共同の信託統治地区を設置すれば「琉球が日本の金融、通貨体制から孤立し、かわって米国か中国の経済と提携するよう余儀なくされるであろう」という[17]。結果的には、「統治国による援助や支援がないかぎり、戦前の生活水準が回復し、維持されることはないという可能性がある」。フィアリーは、財政的な負担の程度は、統治国（この場合は米国）が統治にどれだけ熱心であるかによって異なるであろうと述べた。

> もしわれわれが、最低限の物理的資源しか与えられていない多く（五七万四千人）の貧しく、飢餓にさらされた住民たちを考慮して、国連憲章第一一章と第一二章の文言と精神に則って政治、社会、経済の包括的な改善プログラムを実施するなら、引き続き相当の支出を覚悟せねばならないだろう。だが、われわれが、単に戦前の生活様式を再建し維持するために琉球の住民を支援することで事足れりとするのであれば、その費用は僅かで済むであろう。プエルトリコやバージ

ニア諸島、フィリピンで、少なくともフィリピンでは、われわれの統治機構が進歩的ではあったものの費用と努力が限定的であったという経験に基づいて考えれば、米国は過度の支出なしに琉球を統治しうるであろうし、また信託統治を思いとどまらせるほどコストを要すると考える必要もないであろう。

しかし、経済的には実現可能であっても、米中共同の信託統治が実現する可能性はごく限られており、また、好ましくもなかった。したがって、フィアリーは、「こうした方式の信託統治協定がさらなる困難を抱え込むのを許すわけにはいかないだろう」と述べている。

統治上の問題に加えて、国際世論の観点からもフィアリーは共同統治に反対であった。したがって、国務省は、琉球諸島が非武装化され、日本に返還されるべきであるとの主張を堅持するべきであるという。委任統治領に対する米国の信託統治のあり方に批判的な箇所では、彼は次のように論じた。

米国は、実質的には必要な領土を併合するという行為を国際世論に知らしめるために信託統治制度を適用することによって、国連の信託統治制度を誤用し、破壊してしまう前に真剣に熟慮すべきである。世界は米国の委任統治領での行為に騙されなかった。われわれの行為は、われわれの名声や国連憲章の条項を少なからず傷つけたし、世界は琉球をめぐる行為についても騙されることはないであろう。戦略的信託統治の代わりに通常の信託統治を提案して体裁を整えたところで、実際は戦略的信託統治と同様に、統治国に軍事的な権利と特権を与えるのである（統治国が望むだけの数と面積の基地を建設することが可能であり、査察を受け入れる義務もないのである）。そして中国の（信託統治への）参加は、世界の世論を沈静化させるための明白な策略に他ならず、われわれの良心を満たさんとするものである。以上のような見解は、完全な併合を正当化するための議論としてではなく、諸島の支配に反対する議論として発展することになる。

フィアリーは、琉球に関する安全保障上の要請から提起される問題も取り上げた。彼は、琉球の併合か信託統治か、あるいは日本による主権の保持かについて国務省と軍部の間で同意を得ることができないのであれば、国務省は、沖縄の基地を租借するという方法を模索することによって軍部を支持するべきであると主張した。沖縄の基地は、フィリピンやキューバのグアンタナモの基地に類似しているが、海軍基地よりもむしろ主として空軍基地として機能する点が異なる。さらに、フィアリーは、

基地は沖縄の限られた範囲を占拠する。この範囲外における米軍の権利は、慎重に決定され、制限されなくてはならない。このような協定は、琉球諸島中南部全体に対する信託統

> 治と同様に、われわれの目的を完全に満たし、はるかに負担が少なく、ソ連や国際社会の反対を受けることもないであろう。また、もともと関係の深い日本から諸島を切り離す必然性もなくなるであろう。

と論じた。フィアリーの提案は、軍部代表との非公式会談を行った後に生まれたのではないかと思われる。というのは、軍部のなかにも当時、同様の議論を展開していた人々がいたからである。例えば、パターソン陸軍省長官がアイゼンハワー参謀長に宛てた文書の中には、「沖縄を恒久的な基地として保有するという計画に不安を覚えた」、「われわれが獲得した基地の中でも最も高価な基地の一つとなることは明らかである」といった記述がみられるのである[18]。

アイゼンハワーは、三月一五日付覚書のなかでこうした懸念に応えた。沖縄の戦略的重要性を割り引いたパターソンの見解には同意できないものの、彼は、パターソンの「疲弊した経済を有する七五万人の東洋人を恒久的に統治する場合、米国が背負い込むことになる経済的、政治的、社会的なコストは膨大である」という議論には同調した[19]。さらに、アイゼンハワーは、「われわれが必要とするのは海、空軍の基地を使用することであり、基地の大部分はおそらくは沖縄の南部に集中することになろう。これらの基地は資産である。だが、米軍がそれ以上に琉球に関与することは負債を構成する。私は、協定が資産を維持し、負債を軽減するよう運営されることが可能であると信じている。……われわれは、対日講和条約の調印後二五年間にわたって米国が沖縄で基地を保有する権利を有する一方、琉球の統治権を日本に残すのがよいかもしれない」と論じたのだった。

パターソンは、アイゼンハワーの覚書に答えて「負債を抱えずに資産を得る可能性を、理論的な観点からではなく、現実的な手段で考慮しうるということが非常に重要である」と述べた[20]。参謀に宛てた覚書の中でも、パターソンは次のように論じている。

> 正当な理由はないが、太平洋に基地を保有しようと画策している人々は、われわれが維持できる基地の数には限界があることを無視して彼らの計画を実行に移したのではないかと思われる。一年前の段階では、太平洋上の基地に関する計画はきわめて野心的であった。たとえ陸、空軍が基地を維持するために必要な人的、財政的資源を十分に持たないという事実が考慮に入れられていたとしても、事実は明白ではなかったろう。私がみた研究のなかで、実際的な考慮に十分に配慮したものは皆無だった。

こうした意見交換の結論として、ハンディ（Thomas T. Handy）将軍は、統合参謀議長代理という職責の許す範囲で四月二日、パターソンに書簡をしたためた。それはちょうど三週間前に発表されたトルーマン・ドクトリンにも対応した内容となった。「米軍が中国、朝鮮半島、日本から撤退した後にも沖縄に星条旗の存在を示し続けることは、……相当の利益があると考える。米国を侵略に対する唯一の道徳的、物質的支援の現実的な源泉であるとみなす極東の人々の間では、沖縄の米軍基地は、この地域の安寧と福利に対する米国の国益が本物であり、かつ継続的であるという保障になるかもしれない」[21]。したがって、ハンディは、「長期にわたってわれわれが琉球に残ることは、戦略的に望まし」く、琉球の領土的地位について最終的な行動が取られることが必要な時が来るまで、琉球は軍事計画上、現在の地位に置かれるのがよい、と提言したのだった。

アイゼンハワーの覚書が示すように、軍部内でも琉球の基地の租借について同様の見解が存在していた。フィアリーの覚書が国務省や関係省庁に回覧されたのかは不明である。いずれにせよ、基地協定に関するフィアリーの提言は大胆なものであったといえよう。これは、琉球処遇に関する従来の国務省内での議論にはない性質のものであった。しかし、その履行に関するかぎり、彼の提言は二五年の歳月を待たねばならなかったのである。

二　ボートンの日本視察——講和条約に向けて

フィアリーの最初の覚書がヒルドリングのオフィスに送られたころ、ボートンとベーコンは、対日講和条約に関する意見聴取のために、マッカーサーをはじめGHQの要人や日本の指導者層と会談するために日本を訪れていた。第五章に登場した寺崎もそのなかのひとりである。GHQのアチソン政治顧問がワシントンで一カ月間の協議を終えたあと、ボートンとベーコンを伴って東京に帰って来たのであった。一九四七年三月上旬のことである[22]。

三月一七日、マッカーサー元帥は、昼食会の席上、対日講和条約のための会議を開催する時期が来ていると声明した[23]。この突然の声明にボートンはもちろん、米国政府も驚愕した。マッカーサーがワシントンに諮ることなく、東京で独自の政策を進めるのは珍しいことではなかった。ボートンの回想録によれば、一九四七年三月八日にボートンとベーコンが来日した後、アチソンは、ボートン・グループが作成した三月一九日付の講和条約草案のコピーをマッカーサーに送付した[24]。ここでは、日本の領域が次のように設定されていた。

第一条：日本の領域は、一八九四年一月一日に存在した領域とする。……その領域には、本州、九州、北海道、四国の四島からなる日本本土と千島列島を除くその他の諸小島が含まれる。沖縄は鹿児島県を構成する一部である。

第七条：日本は、沖縄県を構成する琉球諸島、大東島、沖大東島に対するすべての権利と所有権を放棄する[25]。

マッカーサーにこの草案を送付するにあたって、アチソンは、「第一章の領土条項、A条一項に明らかなように、JCSとSWNCCは沖縄の将来と千島列島の最南端の将来に関して議論を継続中である」とのコメントを添えた。[26] しかし、実際には、議論はまったく進行していなかった。

琉球諸島北部については日本の領有とし、中南部についてはは日本が主権を放棄するとしたボートン・グループの提案は、国務省の従来の見解に反し、奇妙でさえあった。実際、この提案は二重の意味で奇妙であった。この提案は、領土問題に直接関与してきたボートンの見解とはまるで異なるものだったのである。

だが、ボートン・グループが講和条約案作成の作業を継続したことによって、文言の選択や説明の不足によるこの逸脱は修正された。八月五日に完成した条約草案では、再び日本の領域に琉球諸島が含まれていた。[27] そして、この草案は、沖縄の地位を再考するよう米国政府に求めるだけではなく、米国政府とその対日政策の形成に重要な影響を持つことになったのである。

ボートン・グループの提示した条約草案は、第一条の領土条項において「日本の領域は、本州、九州、四国、北海道という四つの主要な島と、沖縄も含めたその他の諸小島からなる」と述べている。しかし、国務省顧問のボーレンにこの草案を手交するにあたって、ボートンは、「領土条項（第一章）は、米国の確固たる政策と信じられているものに基づいているが、琉球諸島に関する条項はまだ政府内で議論が続いている」と認めざるを得なかった。[28] 実際、草案の見解とは異なり、軍部の見解は琉球諸島を米国の安全保障上の利益にとって欠くことのできない生命線であると位置づけていた。したがって、JCSは国務省草案を酷評したのだった。

三　講和条約草案に対する軍部の批判

ボートンとペンフィールド極東局長代理（ビンセント極東局長は七月二四日にスイスに赴任した）は、八月一一日ごろ、条約草案を非公式にJCS、陸海軍、GHQに送付し、評価とコメントを求めた。対日講和会議の開催が検討されていた九月上旬に間に合うようにとの配慮であった。そして、九月一日までに国務省は非公式ではあったが軍部からの回答を得た。そのいずれにおいても、たとえば陸軍が八月二一日付の返事で「解決すべき問題」と強調したように、日本の領土と琉球諸島の部分が問題であると指摘された。[29]

まず回答を寄せたのは、海軍作戦参謀政軍関係次長のウーリッジ（E. T. Woolridge）少将であった。[30] ウーリッジは、JCSが一九四六年一〇月一九日にトルーマン大統領に宛てた覚書のなかで、北緯二九度以南の琉球諸島（および孀婦岩、南鳥島以南の南方諸島）を、米国を施政国とする国連の戦略的信託統治地区に指定するよう勧告していると指摘した。そして、「国務省草案に」記された日本の領域は、こうしたJCSの見解とは一致しない」と論じたのだった。

一方、マッカーサーの草案に対するコメントは、講和条約準備会議を手伝うためにワシントンに戻る途中であったアチソンが飛行機事故で死亡したことから、若干遅れた。国務省案に彼ははっきりと反対であった。「草案は琉球諸島を日本が保持することとしている。われわれの西太平洋地域の防衛にとって［琉球諸島は］必要不可欠であり、米国による支配を確保するべきである」。さらに、軍部で一般的であった考え方を反映し、「これらの諸島の住民は日本人とは民族的に同一ではなく、日本の経済福祉に貢献せず、しかも日本人はこの諸島に対する支配権の承認を期待していない」と断じた。最後に、マッカーサーは、「これは基本的には戦略的な問題であり、この諸島に対する支配権を米国が獲得することに失敗すれば、軍事的な破滅を招きかねない」と警告した[31]。もっとも、こうしたマッカーサーの見解は、目新しいものでも予想外のものでもなかった。

ＪＣＳ、とりわけＪＳＳＣは、ボートンの草案に同様の反応を示した。ＪＳＳＣは、琉球の返還を規定した条項に不満を覚え、「日本の諸島に対して必要な米国の支配の検討」と題した陸海軍長官宛の覚書（ＪＣＳ一六一九／二四）の結論部分に、「条約案はまだ試案の段階に過ぎないが、条約案の琉球諸島の処理方法は、もし採択されれば、ＪＣＳの勧告したこの地域に対する支配の方法を否定することになる」と述べた[32]。ＪＣＳは、国務省が沖縄の戦略的重要性に限定的な理解しか示していないと判断し、これに挑戦しようとした。そして、添付資料のなかで、「琉球がわれわれの国益に死活的利益を有するというＪＣＳの見解に疑問の余地はないが、これに正反対の見解もなお存在している」と論じた。

ＪＳＳＣは、国務省の議論の概要を記し、分析した。第一に、「『日本の主権は本州、北海道、九州、四国とその他われわれの決定する諸小島に限定される』としたポツダム宣言を根拠に、琉球諸島は日本の保有する『諸小島』とみなすのが妥当であろう」という議論である。これについて、ＪＳＳＣは、「小さいと分類することによって問題が棚上げされている。軍事的重要性をあまり有さず、日本に近接し、［日本の］一部として統治されてきた琉球諸島北部にはこうした分類があてはまるかもしれない。だが、南部に関しては、防衛についても攻撃についても沖縄は潜在的な戦略的重要性を有しており、軍事的観点からは『小さい』とみなすことはできない」と反駁した。

第二点は、ＪＣＳが日本の旧委任統治領よりも琉球に優先順位を与えたことに関係している。ＪＣＳが南西・南方諸島に対しては信託統治の実施を、旧委任統治領に対しては主権の獲得を求めたために、国務省は、「琉球が軍事的観点からはそれほど重要ではないとみなされているとの結論に達したようである」。だが、「人口と面積が一定の規模を持つ琉球諸島の場合、この区別は単に領土拡張に関するカイロ宣言への配慮によってなされたものである。旧委任統治領ほどの重要性を他の地域に認めないことは、その地域が実際にもつ非常な重要性を失わせるものではない」とＪＳＳＣは主張した。

第三に、他の国に近接する沖縄に基地を有することによって、「そうした諸国の安全保障を脅かし、あるいは友好関係を損なう」という議論である。これに対して、JSSCは次のようにいう。「もし、このような配慮がもっとも重要であると考えられるのなら、基地によって米国の安全保障を図ろうとする政策にはほとんど実効性がないという結論に達することは明らかである。実際、他の諸国に同意を得た基地だけを維持するなら、われわれの防衛と安全保障はかぎりなく弱体化することになろう」。さらに、JSSCは、「こうした理由で基地の保有に反対することが、すでに我々のものとなった基地を放棄し、その結果それらが米国に対する攻撃に使用される、という不利益よりも重視されてはならないし、ごく近い将来に米国が基地を必要とするという可能性よりも重視されてはならない。また、戦争で基地を取り返すとすれば莫大な人的、物的資源を要することや、米国は侵略行為をしないという確固たる信頼のあることも考慮されなければならない」。

第四の議論は、米国からの距離が離れれば離れるほど、安全保障上の利益や正当性は弱まる、ということであった。これに対して、JSSCは、「予期される将来の戦争の傾向を重視すれば、国家安全保障は、想像しうる限り広範な基地体制にかなりの程度まで依存せざるを得ない」と反論した。

第五に、琉球諸島のような場所で、多くの居住民に対して戦略的信託統治を実施することは、帝国主義という批判を招くのではないかという議論であった。JSSCは、このような議論は「われわれの安全保障上の必要とはなんら関係がない」と切り捨て、「いずれにせよ、米国が今後とも提供する必需品の援助量に勝る援助を日本が住民に与えうるような立場にないから、琉球諸島に対する信託統治は、人道的な処置であると判断されよう」と述べた。さらに、「信託統治は主権の横領でもなければ、領土拡張と位置づけられるものでもない。主権も領土拡張も問題ではないからである」との説明も加えられた。

最後に、琉球諸島の住民は文化的にも言語的にも日本と関係が深く、六〇年間にわたって日本の一部として統治されてきたので、南西諸島の北部のみならず、諸島全域について日本が領有することが正当であるとの議論であった。JSSCはこの議論に真っ向から反発した。「琉球諸島北部以外の地域は、言語的にも文化的にも本土との関係が緊密ではなく、住民自身、人種的、文化的に日本人とは異なると認識している」と述べている。

さらに悪化する国際情勢への懸念をにじませて、JCSは次のように指摘した。「世界情勢の進展から徐々に明らかになってきたように、米国はあらゆる実効的な手段を用いて国防力を維持すべきである。その力を構成する主要な部分が、JCSの勧告するような琉球諸島に対する支配である」。この「世界情勢の進展」とは、具体的には、ヨーロッパにおける社会的、経済的な情勢の悪化と、ギリシャやトルコにおけるソ連の行動に対する懸念を意味していた。しかもその間、米国の軍事費は半分に減額され、人員も削減されていたのである。一九四七年には、ソ連に対する不安が次第に軍事的配慮の中心を占めるようになった。また、それは他の政府機関にも及んだ。PPS（政策企画室）のケナンが七月に発表した『フォーリン・アフェアーズ（*Foreign Affairs*）』誌掲載の「X」論文によって、世論も啓蒙されていた[33]。それでは、次にPPS、なかでもケナンの役割についてみることにしよう。

四　PPSからの批判

ボートンたちが作成した講和条約の草案は、日本の領域に琉球諸島が含まれるという国務省、特に極東局の従来の見解を再確認するものであった。しかし、公式には一九四七年の三月になると、別の部署がより広範かつ長期的な視点から政策決定に影響を及ぼすようになった。その中心が、ソ連に対する封じ込め政策を提唱したことによって政府内に名が知られていたPPSのケナンであった。PPSによる講和条約草案の分析を検討する前に、この重要な部署が設置された経緯について触れる必要があろう。

(1) PPSの設置

一九四五年夏に第二次世界大戦が終わる前から、米国はかつて経験したことも、負担したこともなかった戦略的、政治的責任に次第に直面するようになっていた。そうした状況は終戦直後も続き、むしろいっそう顕著になっていた。このような環境のもとで、政策担当者は、第二次世界大戦後の指導者としての米国の新たな役割に合致するよう、新しく、そして孤立主義的ではない外交政策をとるよう余儀なくされた。「国務省政策企画室文書」の編集者がその序文に記したように、「一九三九年段階ではかろうじて外交政策が遂行できる状態に過ぎなかった行政的枠組の上に重ねられた、戦時中のにわか作りの官僚システムによって、米国が世界規模で外交政策を主導しなければならないことは、トルーマンや彼の助言者たちの目に明らかであった[34]」。こうした事情を背景に、外交および軍事政策が見直された結果、一九四七年七月二六日に国家安全保障法（National Security Act）が成立した。この法律によって、国防総省（National Military Establishment）、中央情報局（Central Intelligence Agency, CIA）そして国家安全保障会議（National Security Council, NSC）の設置が決定されたのだった。

国務省内では、新しく国務長官に就任したマーシャル将軍が、外交政策をグローバルに遂行するためには、長期的で包括的な思考を備えた部局を新たに編成する必要があることを認識していた。より近代的で効率的な組織に生まれ変わることが、国務省には求められていたのであった。のちにマーシャルは、彼が初めて国務省に足を踏み入れたとき、「それぞれの部署が孤立して作業を行っている、全くうわさどおりの馬鹿げた組織を見てぞっとした」と回想している[35]。マーシャルが国務省に提起した、もっとも重要な変革は、一九四七年五月のPPSの設置であった。その目的は、国別もしくは地域別の組織で遂行するには適合的ではない、米国の外交、軍事政策に影響を及ぼす幅広い課題を検討することにあった。このＰＰＳの創設に関与した中心人物であるケナンは、「マーシャル将軍が新たに設置したＰＰＳほど［長期的、包括的な外交政策を］立案、遂行するのに適した機関は、政府内にもアカデミズムにも存在しなかった。国務省内で地域別、あるいは機能別に組織された部局は、概してごく限られた自分たちの権限の範囲内に入り込んでくる問題について、一般的な政策の枠組の範囲内で意見を表明することができるだけだった」と記している(36)。ケナンが後に回想するように、ケナンやＰＰＳの他のスタッフにとって「世界は彼らの思うままであった(37)」。

健全な政策立案、政策形成と全体の効率性向上をめざした機構改革に対するマーシャルの信念が表すように、ＰＰＳの設置をマーシャルが発想した動機には、彼の軍隊での経験が背景にあった。陸軍参謀長に就任した直後、マーシャルは、軍隊が危機を防止し回避するよりもむしろ、危機に対処するために膨大な時間と労力を浪費しすぎていると感じ、「自らの職責を離れ、将来の政策について検討する多くの人々」が必要であると考えていた(38)。そこでマーシャルは、陸軍省の中に企画・作戦部(Operations and Plans Division, OPD)を設置する作業に携わった(39)。国務省でも、彼の「参謀」であるアチソン国務次官に対して、地域別、国別の部局は部局をまたがる問題に対処しないであろうから、省内に企画室のような部署が必要であると述べたのである(40)。

国共合作工作に失敗したマーシャルは、一九四七年一月二一日の帰国と同時に国務長官となった。マーシャルも、他の政府関係者同様、戦時中の同盟関係が崩れ、競合関係に入ると対ソ関係に困難を感じるようになっていた。モスクワでの外相会議も失敗に終わり、彼の危惧はますます確固たるものとなった。彼はアチソン、フォレスタル海軍次官、スミス駐ソ大使などからの助言を踏まえて、「一九四六年にモスクワから洞察力に富んだ報告を送り、政権内の有力な関係者に注意を喚起した外交官」たるケナンをＰＰＳの長に任命するようアチソンに指示した(41)。一九四七年一月二四日、アチソンはマーシャルとこの任命の件について話しあった後、直ちにケナンを自室に招いた(42)。ケナンは、ヨーロッパを中心に二一年間のキャリアを積んできた熟練外交官であった。この新しい任務とそれにともなう挑戦に、ケナンは知的興奮を覚えていた。長期にわたる在外勤務から一転して、彼は政策決定の中枢に位置することになったのである。それは、彼のオフィスが新しい国務省庁舎の中でも国務長官の部屋に隣接していたことに象徴されていたといってよい(43)。

後年、ケナンはＰＰＳの長に任命された当時のことを次のように回想している。

長年、米国の外交政策に携わった後、私は第二次世界大戦後の困難な時期の米国における外交政策形成の責任の一翼を担うことになった。PPS（この部署の設置と、最初の一年の指揮が私の任務であった）は、個々の米国の国益ではなく、包括的な米国の国益の見地から問題を考察する責任を負う、国務省始まって以来最初の正規の部署であった(44)。

ケナン自身、米国政府が外交政策におけるマクロの原則とミクロの政策を区別するという愚を犯していることに苛立ちを感じ、両者の相互関係を理解していたから、PPSの設置を希望するマーシャルにまったく賛成であった。さらにケナンは、国務省の構成が複雑すぎて、地域的な見地からではなくグローバルな見地から外交政策を検討することができないことに気づいていた。一九四二年当時のエピソードを引用しながら、ケナンは憤懣をあらわにしている。

［一九四二年にワシントンに戻ってきた後］私は、国務省のドイツ担当者に、彼らが（私が作成した、チェコスロバキアにおけるドイツの占領政策と一般的な経験を分析した長文の報告書を）受理したかどうか、そして、それが利益をもたらしたかどうか、ということを尋ねた。その答えは、彼らは受理したがそれは役に立たなかったというものであった。なぜなら、そこでの議論は国別に分割されていなかったので、ワシントンの国務省内の「国別の部署」に分配することが不可能であったからである。したがって、誰もその報告書は読んでいない、ということであった(45)。

アチソンからPPSの長に任命されたとき、ケナンは、ワシントンの南東部に新設されたナショナル・ウォー・カレッジの外交問題担当副指揮官として出向しており、軍部の同僚とともに、軍事戦略と政治外交との相互関係に関する講義と講義計画の作成に没頭していた。それは、ケナンにとってきわめて重要な経験であった。彼は政府内、特に軍部関係者との人脈を増やし、その戦略観にふれて、戦後の新世界におけるアメリカの安全保障について考察する機会を得たのである。このナショナル・ウォー・カレッジでの生活は、「とても刺激的で興味深い」だけでなく「非常に楽しい」ものであった。だから、彼は当初、このポストをすぐに離れることを躊躇した。少なくとも新しい授業が導入された学年が終了する一九四七年六月までは、確実にこのポストに留まろうとしたのである。この間、二月下旬から三月上旬にかけて、ケナンは、三月一二日のトルーマン・ドクトリンに先立って行われた、ギリシャとトルコへの援助に関する議論に参加した(46)。

しかし、四月下旬にモスクワから帰国したマーシャルは、「西ヨーロッパの窮状が深刻で切迫していることに衝撃を受けた。西ヨーロッパでは、経済復興が思うように進まず、経済崩壊に対する何らかの対策が焦眉の急となっている。……『患者は衰えているのに、医者は傍観している』状態なのである」(47)。一九四七年四月二九日、ヨーロッパからマーシャルが帰国した翌日、ケナンは国務長官の部屋に呼ばれ、一刻も早く国務省に戻り、ヨーロッパの政治経済問題を分析するよう指示された。

この席上で、ケナンはPPSの設置と報告書の早期作成に着手すること、その際に「些細なことは回避する」ことを命ぜられた。(48) PPSの設置に関する新聞報道からも、当時の緊急性をうかがい知ることができる。新聞発表は五月七日付であったが、その二日前にPPSはすでに仕事を始めていたのであった。(49)

国務省の機構のなかで、PPSは、国務次官に対して報告書を書き、責任を負う長が率いる部局であった。行政的には事務局長が配置され、国務省の各部局、他の政府機関、あるいは政府外から選ばれた特別補佐官が支えることになっていた。最後に、PPSと政策形成過程の関係については、PPSは運用上の責任を有さず命令や指図をすることもできないが、「企画の現実的な基礎を確保するため、PPSと運用組織の緊密な連絡が維持されなければならない。運用機構はPPSの企画立案に供するため、常に情報を提供する責任を持つ」ことになっていた。(50) 一九四七年に国家安全保障法が立法化されたのと同時に、PPSもNSCで審議される問題について国務省のポジション・ペーパーを準備する責任を負うことになった。(51) 国務省内でこうした位置づけを与えられ、迅速にスタッフを召集したあと、ケナンやサビッジ（Carlton Savage）秘書官、バトラー（George Butler）補佐官は、急を要する対ヨーロッパ政策の企画立案に着手したのであった。(52)

（2）PPSによる対日政策の再検討

ケナンが回想するように、「いわば一息つくことができるようになり、周囲を見回し、世界におけるアメリカの位置を総合的に評価することができるようになった」のは、マーシャル・プランの基礎となる政策の検討が一段落ついた一九四七年夏のことであった。(53) そして、PPSが実際にその他の地域に目を転じ、なかでも対日政策を新たな課題としたとき、PPSのメンバーはそれまでの対日政策のあり方にショックを受けた。

八月上旬に極東局は、ボートン・グループの完成した講和条約草案をPPSに送付し、その評価を求めた。ケナンは、アジア専門家であり、ケナンの指名によってPPSに配属されたデービス（John P. Davies, Jr.）にその内容を検討させた。(54) その数日前にモスクワ勤務から帰国したばかりのデービスは、この報告書を批判し、八月一一日付の覚書において次のようにケナンに報告した。

> 米国政府の準備する対日講和条約は、日本と太平洋地域における米国の目的を促進するものでなければならない。この局面における米国の中心的な目的は、安定し、太平洋地域の経済に統合され、米国に友好的で、必要なときには有用で信頼できる同盟国たる日本を得ることである。しかるに対日講和条約草案は、われわれの中心的な目的を促進することを保障するよりもむしろ、ソ連も含めた国際管理の下での徹底的な非武装化と民主化に熱中しているかのようである。……この

ような立場にあるソ連は、日本に混乱をもたらし、米国に継続的な監視の負担を強い、ソビエト的全体主義を持ち込もうと企むであろう。ざっと目を通したかぎりでも、提案されている条約草案の下でクーデターが容易に計画されうることは第五章（非武装化と非軍事化）に明らかである。占領軍が撤退すれば、日本政府が安全と秩序を維持するためには、小火器を有する警察軍を創設するしかないのである。[55]

後にケナンが回想したように、PPSは「極東局がボートンの条約案にいとも簡単に同意したことに驚」いたという。[56] ケナンはロベット（Robert A. Lovett）国務次官に「この条約案が［日本および太平洋地域において］米国の求める現実的な目標をまったく反映しておらず」、われわれが「具体的に何を成し遂げたいかわかるまで、講和問題について［連合国と］協議に入るのは相当危険である」と警告した。[57] ケナンは、「この問題が体系化され、米国の目的が有力な政策決定者レベルで合意に達し、講和条約草案がそれらの目的にきちんと合致するようになるまでは」講和会議を開催しないよう勧告した。これに対してロベットも同意し、「GK［ケナン］へ。私は『条約』をこの形態ではまったく不十分であるとして差し戻す。貴方の見解を［国務長官に］回す」との見解をケナンの覚書の上に書き込んだ。[58]

デービスがケナンに宛てた覚書には明らかにされていなかった（もっとも、覚書のなかでは、「副次的な疑問とそれに関する異議があるが、ここでは取り上げる必要がない」との扱いを受けている）が、デービスが、また後にはケナンも表明した懸念の一つは、対日講和条約と講和条約締結以後の安全保障の文脈で沖縄の戦略的地位をどうするのかという問題であった。国務省の従来の政策を確認しつつ、沖縄を日本の不可欠の領土としたボートン草案の条項は、ソ連の脅威に対応する米国の対外政策の見直しに不適合であっただけでなく、沖縄の戦略的信託統治を強く主張していたJCSの従来の方針にも反していた。そして、ケナンもこの戦略的信託統治には当初から着目し、注意を払っていたものであった。

実際、一九四六年から四七年にかけて国務省からナショナル・ウォー・カレッジの外交問題担当副指揮官に出向している間に、ケナンは海外の基地、特に太平洋上にある基地の重要性を認識するようになっていた。[59] 一九四七年一月二三日に行われた米国商業委員会国家防衛部会での発言のなかに、ケナンの認識が垣間見える。

米国の防衛第一線は、米国の海岸から数千マイルも沖合にあり得ることを記憶しておかなければならない。われわれはすでに数多くの遠隔基地を所有しており、それらに人員を配置しなければならない。またわれわれは、わずかに予告しただけで……直ちに他の遠隔の島嶼基地、あるいは他の大陸の半島基地を占領し確保することが必要となるかもしれない。ただし、それは少なくともそれ以上の軍事行動の準備が必要な期間中、それらの遠隔の基地が他国に使用されるのを排除するためである。もう一度言うが……、われわれの兵力の最大の価値は、抑制手段としてのその性格にある。われわれがもしこのような兵力を保持しなければ、どこかの無法な連中に、われわれがすぐには手が出せないから、誰にもとがめられずに大きな顔をして占領も居座りもできると決め込み、遠隔の特定の目的地を奪取しようという欲望を引き起こさせるだけであろう。[60]

ケナンの報告を受けたロベット国務次官は、PPSを代表してケナンとデービスを、極東局を代表してペンフィールドとボートンを出席させた協議を開催するよう、ボーレン国務省顧問に指示した。[61]

八月一三日に開催されたこの協議では、PPSが講和条約や対日政策の基本的前提を考察する作業に着手することに決定した。[62] しかし翌日、ケナンに転送されたメモのなかでペンフィールドは、対日講和条約を早期に締結する重要性を次のように再度強調しようと試みた。「現在、もっとも緊急の課題は、米国が太平洋におけるリーダーシップを発揮することである。対日講和は、このリーダーシップを発揮する、もっとも望ましい機会である。この出発点を利用することに失敗し、あるいは遅滞してしまうことは、米国のリーダーシップを脅威にさらすか、少なくとも重大な障害となるであろう」[63]。ペンフィールドの訴えは、タイミングが悪く不適切でもあった。先述のように、ロベットはすでにケナンの議論に同意していたのである。ケナンは、国務省の準備した草案を非常に危惧しており、それを修正しないなどということは考えられなかった。

ケナンが講和条約草案の再検討に高い優先順位を与えたにもかかわらず、PPSの作業は遅々として進まなかった。実際、原子力問題や南アメリカ会議、ギリシャ情勢の悪化といった、少人数のスタッフにしては重い課題が山積していたからである。また、作業の進展を複雑にしたのは、冷戦が深刻化するなかで現実的で長期的な米国の国益と対日講和条約の関係を考察しなければならないという、問題自体の難しさによるものでもあった。外部の専門知識に頼るためだけではなく、草案に反映させる情勢や議論の筋道をより理解するためにも、ケナンをはじめデービス、サビッジ、ストークス（Isaac N. P. Stokes）、ベリー（Burton Y. Berry）らは、講和条約草案やその前提について議論するべく、経済、軍事の専門家や極東局のボートン、ペンフィールドと何度も話し合う機会を設けた。[64] 八月下旬にはケナンは、講和条約をめぐる議論の焦点が「陸海軍の政策立案者との定期的な協議を必要とすると感じるところ」にまで至った。[65] ケナンは、陸海軍の担当者への書簡の中で、デービスの指示によって起草されていた草案の方針の概要についてPPSと協議する者を派遣するように要請した。

この前日、PPSは対日講和に関する一般的な条件、特に講和における米国の目的についての概要を七頁の文書にまとめた。[66] その要旨は、国内的に安定し、米国に友好的であり、商業が活発で、外交的、軍事的に米国に依存することを日本に求めるとともに、講和条約に引き続いて締結される日米二国間条約を通じて日本が提供する施設を用いて、米国が日本の安全保障を確保する、というものであった。また、領土問題については、「領土の範囲は、われわれの安全保障上の必要性を満たし、［カイロ会談における］中国や、［ヤルタ会談における］ソ連との約束に合致すると同時に、また寛大なものでもなければならない」としていた。(67) もっとも、琉球諸島については特に言及されていない。

琉球諸島が取り上げられたのは、「対日講和に向けた米国の政策」と題した九月四日付のPPS文書であり、ここでは国務省の伝統的な政策を論じることから始められた。(68) 結論としては、「鹿児島県にあった琉球諸島は日本に帰属するべきである。県境の真南に連なる琉球諸島［琉球諸島中南部］は日本への帰属を許可せず、その独立を保証すべきである」とされている。この最後の一節がどのようにして、なぜ生まれたのかはよくわからない。ただ少なくとも、これが国務省内で真剣に論じられたアイデアでは決してないことだけは確かである。おそらく、思考の過程で出された多くのアイデアや選択肢を組み合わせて政策立案を行うPPSの特色を反映したに過ぎないであろう。だが、琉球諸島中南部の独立という提案が、冷戦の登場を強調するこの文書の文脈において奇妙であったことは間違いない。

米国の対日政策の目的は現在の世界情勢に左右される。すなわち、第二次世界大戦の終了後に登場した二つの超大国、米国とソ連によって特徴づけられる世界である。また、この両超大国の関係は、攻撃的なソ連と防御的な米国の闘争という関係である。世界に均衡をもたらしうる第三の超大国は存在しない。したがって、政治的分極化の過程は、どちらかの超大国への帰属を伴う。このような環境において、日本は独立したアイデンティティを有することはできない。米国かソ連の衛星国としてしか機能しえないのである。

このような政策のずれは、通常議論をリードし、大部分の起草を手がけていたケナンが、この文書が起草された当時はヨーロッパの復興について討議するためにパリを訪問していたことによる、という以外には説明できない。九月八日にワシントンに戻ったケナンは、その日の午後には条約草案の軍事的側面に関する議論をリードした。(69) この修正版と条約に対する勧告のリストのなかで初めて、琉球問題が真剣に検討されたのである。(70) 冷戦が東アジアでも現実のものとなると、日本の国内経済や政治的安定、米国との同盟関係に米国が死活的利益を有していることは明らかになった。琉球を米国の戦略的統治下に置く必要性もまた明白になりつつあった。もっとも、PPS文書でははっきりとそのように述べていたわけではない。

戦略的な理由から、沖縄を含む琉球諸島の南部を米国の戦略的信託統治下に置くべきである。この提案は米国の膨張主義的な行動を示しかねないので、提出する際には連合国にとってもっとも受け入れやすい文脈になるよう留意すべきである。それは、ヤルタ会談において中国、台湾、ソ連が得たものを指すのではない。日本が再び平和の脅威にならないことを保障する将来の手段について交渉することを意味する。したがって米国は、草案のなかで琉球の処理は後の会談まで先送りすると述べ、領土交渉においては、日本の非武装化が審議されるまでは琉球南部についての議論は延期するべきである。付則A項［ここには掲載されていない］は、日本が琉球北部を保持しても戦略的には影響がないことを明らかにしている。しかし、少なくとも千島列島南部の処理に対する態度を明らかにするまでは、米国は、琉球南部についての留保を琉球群島全体に対しても適用するべきである。もし、ソ連が千島列島南部を日本に返還するようであれば、米国は、琉球北部について譲歩する姿勢をみせればよい。ただし、戦略的コストを払うべきではない。だが、ソ連が譲歩しないようであれば、米国は、琉球諸島南部に戦略的信託統治を布くまで、北部についての交渉は留保すべきである。現時点では、日本人に心理的に――わずかではあるが――望ましい影響を与えるために、米国は琉球北部を日本の主権下に置くことを約束すべきである。[71]

この文書をめぐる議論は一週間以上続いた。九月一七日に完成した新しい草案は、「非武装化された日本への侵略」を未然に防ぐためには、日本に近接する琉球諸島と小笠原諸島に米軍を維持することによって「太平洋における我が国の兵力を適切に配備する」ことが重要である、としていた。[72] さらに、この文書は、「琉球諸島南部、小笠原諸島、火山列島と南鳥島は日本から切り離し、米国の戦略統治下に置くべきである」と勧告している。

部分的に修正を加えた上、ケナンは九月二二日に草案をスカイラー（Cortlandt Van Rensselaer Schuyler）准将に回し、ペンタゴンにコメントを要請した。[73] 二日後の九月二四日に、スカイラーはケナンに返答した。スカイラーは、ケナンとともに沖縄政策を形成する上で重要な役割を演じることになる。彼はすでに陸軍省の作戦企画部で慎重に研究を進めており、また、空軍の代表者にも会いその見解を確認していた。スカイラーは、琉球諸島のどの部分が戦略的信託統治下に置かれるのかを草案がはっきりと示すべきであると感じていたため、「北緯二九度以南の琉球諸島は米国の戦略的統治下に置くのが望ましい」といった趣旨の文言をPPSの文書に挿入する必要があると勧告した（北緯二九度は九州の南の諸島と奄美大島の間である。つまり、これに従えば奄美大島と琉球諸島が日本領土から切り離されることになる）。この勧告は、PPSの最終文書に導入されることになる（図6-1参照）。

一方、海軍作戦副部長シャーマン（Forrest P. Sherman）少将からの返答も九月二四日に届いた。[74] 詳細な点まで言及したスカイラーのコメントとは対照的に、彼は、米国の国家安全保障

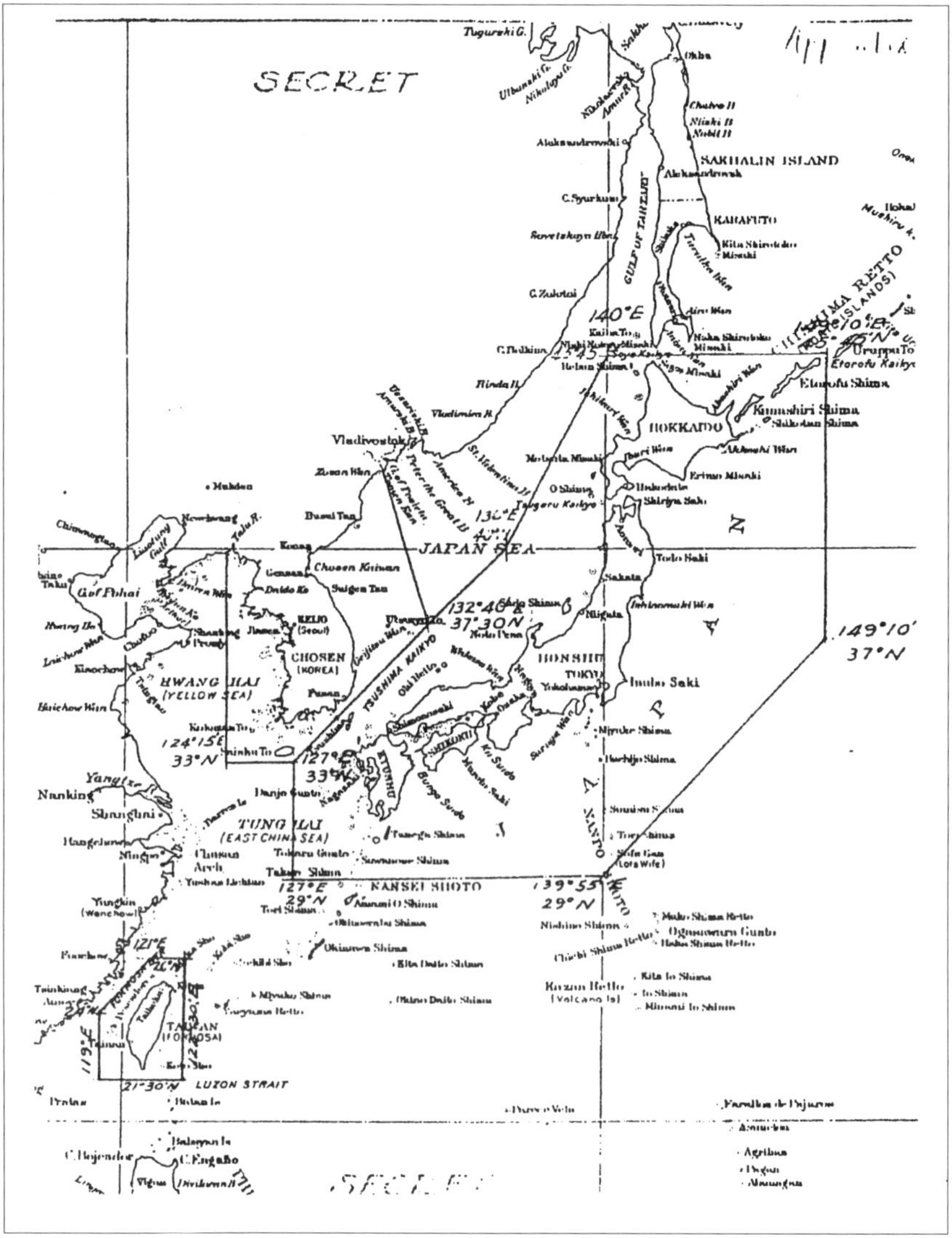

図6-1　PPS 10/1に示された琉球諸島の処理

における日本の重要性や日本や琉球諸島に存在する基地が果たす役割といった、より広い問題を短い文書にまとめた。シャーマンは「私の意見では、ソ連との問題が解決されるまでに、そして中国での問題について満足できる解決が得られるまでに、あるいは非武装化された日本をアジア大陸部からの侵略から守る他の手段が実現するまでに、米軍が日本や琉球諸島（沖縄）から撤退するならば、我が国の安全保障は損なわれるであろう」。この覚書が示すように、軍部が「日本に対する防衛」から「日本のための防衛」へと安全保障上の課題を変えつつあったことは注目すべきである。

一週間後の九月三〇日に、いわゆる「天皇メッセージ」がGHQの外交局から国務省に届いた。前章で論じたとおり、これは、米国が沖縄の占領を続けてもよい、二五年ないし五〇年（またはそれ以上）の間基地を租借してよいという天皇の意向を記したものである。この日、ボートンは、彼のオフィスでSWNCCの極東小委員会を開催するよう軍部と国務省の代表者に提案した。[75] ボートンの目的は二つの問題を検討することにあった。第一に、琉球における米国の基地は、米国の安全保障にとって不可欠であるとみなされるか否かという問題であった。第二の問題は、もしそうであるなら、信託統治の代わりに基地の租借がこの目的を果たしうるか否か、である。[76]

陸軍のウェストオーバー大佐と海軍のオースティン大佐は、軍部は琉球の基地をなおも必要であると考えており、JCSでは（国務省が少なくとも三月ごろから提案してきていた）基地の租借は「不十分」であることがわかった、と答えた。軍部を代表する両者は、一ヵ月前に作成されたばかりのJCS一六一九／二四に基づいて議論を展開したのであったが、米国が琉球を不可欠とみなす理由を以下の四点にまとめている。第一に、他国が琉球に基地を所有しないよう、米国が基地を所有するべきである。第二に、たとえ長期にわたって基地を保有できないとしても、遅延戦術としての軍事的価値が大きい。第三に、琉球の基地は、紛争の第一段階において潜水艦が効果的に作戦を遂行しうる地域を取り囲む位置にある。第四に、日本が復興した暁には、琉球の基地はソ連や中国にある基地との等価物として機能するであろう。軍部の代表者は、基地租借が不十分であると説明しただけではない。フォレスタル国防長官からマーシャル国務長官に送られた文書のなかで、JCSは「今や米国は北緯二九度以南の全ての琉球諸島の戦略的信託統治を要求すべきであると考える」と主張した。つまり、JCSは、この新しい提案によって、基地租借と（戦略的信託統治下に置かれない残りの島々に対する）通常の信託統治という案をいずれも拒否した。こうした選択肢は、国務省極東局が、琉球諸島に基地を必要とする場合と、琉球諸島を日本に返還するべきではない場合の措置としてそれぞれ提案していたものであった。

ボートンや他の国務省代表は、JCSの要求が国際連合の安全保障理事会で支持を得がたく、しかも米国が琉球諸島の住民に対する負担を引き受けなければならない、といった問題点を指摘して反論した。だが、軍部の代表は、そうした問題点のあることを認めつつも、「状況がそれ［戦略信託統治］を求めているのだ」と言い切った。衝撃を受けたボートンは、軍部が文書を正式に提出してきたときにはこの問題についてさらに考慮せねばならないことを提案する必要があると判断した。そして、それまでは、通常の信託統治下の基地が、戦略的信託統治における基地と同様に使用しうるかどうかについて技術的な研究をすすめるよう提案した。従属地域課のゲリグ（Ben Gerig）もこれに賛成した。

（3）PPS一〇／一

しばらくの間、ケナン率いるPPSは講和条約草案について議論を続けていた。一〇月中旬には、米国の対日政策を見直す文書をマーシャル国務長官に提出することに決した[77]。しかし、提出された文書は最終勧告ではなかった。というのも、「もっとも重要な問題のいくつかについて、われわれは確固として健全な判断を下すことができない」ことから、ケナンがこの時点では最終勧告を提出しないことを決めたためである。むしろこの文書は、PPSの見解やその研究成果を説明するものであった。

最終勧告ではなかったものの、この文書は問題となる事項をどのように扱うべきか、多くの提案が盛り込まれていた。そうした提案をより質の高いものにするために、ケナンは、マッカーサーと会見し、占領政策の進展を直接視察するために誰かを日本に派遣するよう要請した。

ケナンや他のスタッフは、選挙制度や賠償、産業の非軍事化といった条約に関する問題を検討するだけではなく、日本の国内警備や対外防衛の必要性と米国の戦略的、政治的目的が合致するよう配慮した。ケナンは、「PPSのスタッフは、日本に対する連合国の統治を早期に撤回することには多大な危険が伴うと判断している」と説明した。彼は「日本が政治的にも、経済的にも、社会的にも脆弱である」ことを憂慮し、「仮にこの時点で日本が自由となり、独立してやっていくならば、日本社会は政治的にも経済的にも安定する」とは考えなかった。また、「講和条約に調印したときに日本が政治的にも経済的にも安定していないならば、共産主義の浸透を防ぐことは困難」であった。

軍事的観点から、ケナンは非軍事化と非武装化は、「外部侵略に対抗する自衛手段を持たせない」まま日本を放置するものであると認識しており、その政策自体はやむを得ないと指摘した代わりにケナンは、次のように提案した。「来るべき時期において、日本の軍事的安全保障は日本に近接する地域（もしくは状況が厳しい場合には日本本土）に駐留する米軍に主として依存することになろう。そして、いかなる国にも日本本土を軍事的に支配させないというわれわれの意思と決意を明らかにするために太平洋地域に十分な軍事力を保持する、という米国の防衛政策が原則として日本に受け入れられるべきである」。

このような論理と、PPSが「高度に政治的な配慮」から日本本土に基地施設を置くことには消極的であったために、ケナンやPPSのスタッフにとって沖縄の重要性は明らかであった。したがって、PPS一〇では、米国は「沖縄に軍事施設を求めることを前提として、[講和]交渉を進めるべきである」と提案されている。

デービスが起草し、PPSのスタッフの間で討議された勧告は、翌日PPS一〇／一「琉球諸島の最終的処理に関する特別勧告」として完成した(78)。この文書のなかでも指摘されていたように、米国政府が直面する問題は、北緯二九度以南の琉球諸島の処遇を最終的に決定することであった。これは同時に、米国が琉球諸島北部を日本に返還する方針であることを暗示していた。デービスの報告は、JCSが北緯二九度以南の琉球諸島を戦略的信託統治に置こうとしていると述べている。しかし、PPSは「琉球南部を米国が統治するという原則は受け入れるが、あらゆる意味でも……戦略的信託統治が米国による支配の形態としてもっとも好ましいことを証明する説得力ある証拠はいまだにみられない」と述べている(79)。

PPSは、戦略的信託統治が「おそらく米国に過重な財政的負担を強いるであろう」とし、「琉球諸島は、赤字地域である。戦前、琉球諸島は、経済的な赤字を補うために日本に依存していた。JCSの見積もりによれば、一九四八年の琉球に対する米国の支出は二、八〇〇万ドルから三、〇〇〇万ドルとなろう」と説明している。同様に、講和条約後に戦略的信託統治を布いた場合、米国が負う民政の負担は計り知れないと述べた。したがって、デービスの報告は、「琉球諸島の経済が安定的となるか、そうでなくとも、米国が行政を担うことによって引き続き負担することになる資金的、人的コストが安定状態を達成するか」わかるようになるまで、PPSは、「琉球の一部または全部を戦略的信託統治下に置くということについて、いかなる勧告を出すことも正当化しえないと感じている」と論じたのだった。さらに、「米国が沖縄に対して戦略的信託統治を行うべきであるという勧告を支持するよう議会が求められた場合」、正確な情報が必要となろう、とも指摘している。

PPS一〇／一は、軍部が希望した戦略的信託統治に加えて、九月末にワシントンに届いた、いわゆる「天皇メッセージ」を強調している。デービスは、天皇の提案を「戦略的信託統治の代案」とみなした。実際には、基地租借の方式は極東局内で詳細に検討されていた。デービスがここで基地租借方式を取り上げたのは、国防省に対して国務省の見解を支持しようとしたからなのかもしれない。デービスの覚書は、JCSの戦略的信託統治の主張には完全には満足しえないとし、SWNCC(その後SANACC、国務・陸軍・海軍・空軍四省調整委員会)は、米国が琉球南部に対していかなる統治形態を獲得すべきかについて「徹底的な分析」を準備するべきであること、また、「米軍の必要性に合致し、米国政府の負担を最小限に抑える形態を提案すべきであること」を勧告した。しかしこの問題こそ、米国が避けてきた、そしてしばらくの間避けることになる問題だったのである。

五　SANACC特別委員会とJCSの見解

ケナンはPPS一〇／一をその日のうちにロベット国務次官に送った。ロベットは、ケナンとデービスの勧告に即座に賛成した。しかし、ロベットの補佐官であったハメルシン（Carlisle H. Humelsine）は、ヒルドリングの八月の文書を考慮し、このPPS一〇／一を「そのままそっくり」SANACCでの議論において参照するのではなく、「PPSの文書がこの問題に関する国務省全体の見解を代表するものかどうかに疑問があるかぎり、（特別）委員会に特定の問題のみ取り上げる」ことに同意した。言い換えれば、この覚書は、SANACC全体の評価を受けたというよりもむしろ、「この問題に関する特別委員会の国務省のメンバーに使われた」のである。SANACCの事務局長、モーズリー（Harold W. Moseley）は、一〇月二〇日にボートンに研究を開始するように要請した。[80]

国務省のボートンとラスク、陸軍のスカイラー准将、空軍のウェストオーバー大佐、海軍のウーリッジ少将から構成されたこの委員会が検討を開始しようとしたころ、太平洋諸島の統治の再検討に関するJCSの見解が、フォレスタル国防長官から国務長官に宛てて提出された。[81] それは、前述のJCS一六一九／二四のなかで完成していた研究と同様のものであった。ここでは、戦略的考察が以下のように要約されている。

(a)　米国の究極の安全保障の主たる特徴は、太平洋を支配する米国の能力にあり、また、この能力が完璧でないかぎり、そうした支配も効果がない。したがって、このような支配を可能とする基地システムは不可欠である。そして、たとえ目には見えなくてもこのようなシステムに綻びがあれば、必然的にシステム全体の効果が損なわれることになろう。

(b)　太平洋を戦略的に統治することについては、二つの目的がある。第一に、米国の将来の安全保障に必要な軍事基地をそこに建設することを可能にするためである。第二に、潜在的な敵がこの地域を軍事的に利用することを防ぐためである。こうして、米国の保持する基地は、われわれの安全保障にとって単に防御的に使われるだけでなく、反攻作戦にも使われるのである。しかし、敵がこの基地を保持することになれば、米国がこのように使用する機先を制せられるだけではなく、攻撃に関しても敵を有利にしてしまう。つまり、われわれにとって周辺部の基地を放棄することは、戦時において、潜在的な敵を有利にし、われわれを不利な立場に追い込むのである。

(c)　勝利というものが静かに得られたことはない。将来の戦争におけるわれわれの作戦の第一段階は防御的なものとなるであろう。したがって、まずは抑止として、次いで効果的な防御手段として、攻撃作戦がもっとも効果的なものとなるような基地からできるだけ早く攻撃をする準備をすることが不可欠である。

(d) したがって、防衛と、攻撃による防衛は、将来の紛争において は、われわれの死活的地域と敵の死活的地域の周辺から離れた地域で起こる可能性が極めて高い。第一撃への反撃、大量破壊兵器の発達、戦争における航空機の役割の重要性の増大、将来の戦争においては瞬時の決定が求められるということ、これらに対する国家の姿勢は、この基本的な戦略的要素を確認している。

(e) 現在、日本の旧委任統治領全域において戦略的統治が得られていることによって、琉球、南方諸島、南鳥島における統治が必要でなくなることはない。それどころか、これらの地域での統治が失われれば、委任統治領におけるわれわれの地位の価値が下がることになる。委任統治領における米国の安全保障上の地位は死活的である。したがって、将来の戦争で重要になるであろう時間と距離のクッションを得ようとするのなら、われわれはもっとも起こりうる将来の危険を見越し、前方に展開する基地によってこうした地域を守らなければならない。

(f) 先述の一般的事実とは別に、いくつかの重要な戦略的配慮が琉球に適用されることはあきらかである。琉球諸島のなかでも沖縄は、米国の太平洋基地構想において非常に重要な基地である。それは太平洋の北西部を支配する位置にある。戦争が勃発した場合には、重爆撃機に適した空軍基地がたった一つしかなく、それですら得られそうにもない日本本土とは異なり、沖縄からは、潜在的な敵の存在するアジア地域［おそらく日本も含まれる］や、潜在的敵が支配を及ぼしかねないアジア地域に向けて米国の空軍部隊を発進させることができる。この点に関する沖縄の重要性は、東シナ海、黄海、日本海も含めた北西太平洋地域全体における、他の海空作戦における重要性と同様、強調してもしすぎることはない。米国が台湾に足場を持っていないことも、ますますその重要性を増すことになる。

(g) 一方で、潜在的な敵に琉球が支配されるようなことになると、北西太平洋は潜在的な敵の手に落ち、委任統治領における米国の支配が保障することになっている中国との連絡に脅威を与えることになろう。さらに、琉球が敵の支配するところとなれば、フィリピン防衛が必要となった場合に米国の防衛能力に重大な障害となろう。さらに、将来、潜在的な敵が太平洋を支配し、東進するためには、常に琉球の支配がその第一段階となろう。われわれが多大な労力を注ぎ込んで得た沖縄の地位を放棄すれば、結果的には、沖縄は獲得可能な中立状態に置かれ、非友好国が潜在的力を覆す魅力的な機会を得ることにつながる。反対に、米国はその力を失うことになるであろう。

(h) この問題は、現在や近い将来のみならず、世界情勢はまったく異なっているであろう遠く予測のできない将来においても存在し続けることが銘記されるべきである。将来においても起こりうると不幸にして思われている状況が、現在よりもさらに米国の安全保障にとって脅威となれば、沖縄に米国が支配を維持していることは、安全保障上の重要性をさらに増すことになろう。逆に、人々が希望するように世界が安定的、平和的に発展するのであれば、米国は他の地域や沖縄における支配を廃することができよう。それまでの間、琉球のような基地地域の維持を怠れば、国家安全保障上の損失は、いくらかは補塡可能だとしても、太平洋に残された米国の支配を強化するのに莫大な支出を要することになろう。さらに、戦争の暁には、必要な基地を取り戻し、あるいは敗色濃厚な戦争を戦うために、資金のみならず米国人の生命を多く失うことになろう。

この見解をはじめ、「軍事的な観点を踏まえ、世界情勢の進展も考慮して」ＪＣＳは、「北緯二九度以南の南西諸島（琉球）、孀婦岩の南方に位置する南方諸島、南鳥島は米国を施政国とする国連の戦略的信託統治とする。それは、旧日本委任統治領に対する信託統治が基礎を置いていたものと同様の要請に合致する条件を持つことになる」と再度強調した。ＳＡＮＡＣＣ委員会の軍部の代表は、二カ月以上も前に起草されていた彼らの見解に固執していた。したがって国務省は、ＪＣＳがこの問題の見解を根本的に再考しようとせず、軍部の代表も意見を変えようとしないことに苛立っていた。「陸軍、海軍、空軍の代表はそれぞれの長の見解に傾倒してしまっている」ために、議論は始めから停止してしまったのである。[82] 実際、提出されたＪＣＳ報告が、ＰＰＳの挙げた論点や一〇月二〇日のＳＡＮＡＣＣの指令に直接言及しようとしなかったという事実もまた問題となった。この年の終わりまで、議論は行き詰まったままだったのである。

六　沖縄占領に関するシーボルドの報告
――決定への前進

以上のような議論が行われていた、あるいは中断されていた間、沖縄の軍政が成功しているとのＪＣＳの見解に大きな疑問を投げかける報告書が国務省に送られてきた。[83] この報告書は、先送りされてきた沖縄の地位の決定が必要であることを示すものであった。

この報告書を書いたのは、前章でも触れたシーボルド政治顧問代理であった。シーボルドは、沖縄の統治がうまくいっていないという国務省の受けた報告についてマッカーサーに話すよう指示されていた。[84] マッカーサーは、問題が悪化しているという報告は受けていないとし、シーボルドに自分の目で状況を調査すべく、沖縄を訪問してはどうかと提案した。[85] マッカーサーは、シーボルドと国務省北東アジア課次長（朝鮮問題担当）に任命されたボンド（Niles W. Bond）に航空機を手配した。[86] シーボルドとボンドは一一月三日と四日に沖縄を訪問した。彼らの報告書は、沖縄の状況と優柔不断な米国の政策を厳しく批判するものであった。シーボルドは、この報告書がワシントンの注意を喚起するであろうことを知っていた。沖縄視察の一週間後、ペンフィールド極東局長代理に宛てた手紙のなかで、シーボルドは、「貴方も察知しているように、[公電の内容が]軍部に把握されている」ことを懸念し、「もしこの公電やその内容が東京（GHQ）に漏洩することになれば、それは私にとってもっとも憂慮すべき事態である。だが、私は、沖縄で見聞きしたことに非常な衝撃を受けたので、現地の状況を国務省に知らせることが必要であると考えている」と記した。(87)

シーボルドの記述は、彼やボンドが目撃した、沖縄の貧しく混乱した状況に関係している。沖縄では、彼らはまずフィリピン・琉球司令官ヘイデン（Frederic L. Hayden）准将や他の軍政関係者と会談した。シーボルドはすぐに事態を把握した。「[沖縄は]近視眼的で干渉主義的な政策をとる軍事権力に占領された小さな国である。この軍事権力は、自立的で平和な民主主義社会という目的を達成するための長期的な民主化政策について正しい理解を欠いている。……軍政関係者は、一般的には琉球諸島、特殊的には沖縄に関して、米国の政策をほとんど理解していない」。シーボルドは、軍政は「日単位」で行われているため、五〇万の沖縄の人々は「救い難い貧困と絶望に陥っており、現地の資源や自らの努力によって救える状態にはない。私は、無力な住民が最低レベルで命をぎりぎり保ちながら生活をおくっていると感じつつ沖縄を去った」。シーボルドは、軍政担当官が「『上層部』から指令や指示を受けていないことによって、政策のすべてが利用可能な費用に合致する日単位で行われざるを得ない。軍政の主導権が欠如している理由は、経済状況と資金不足にある。……あらゆる物資もすさまじく不足している」、と感じているとも記した。さらに彼はつづけた。

さまざまな軍政関係者との会談の中から導き出される事実は、この地方軍政府が、沖縄や琉球諸島の将来に関する米国政府の政策を国務省がいまだに採択していないことに不満を持っているということである。あきらかに軍政関係者は、諸島が最終的には日本か他の国の支配下に置かれるのであれば、民主化計画の実行は余分なことであろう、という姿勢である。彼らは、琉球諸島の将来に関する決定がいったん行われれば、軍政府も難なくそれにふさわしい計画を実行することができるだろうと述べている。

以上の観察に基づいて、シーボルドは「日本（や他の列国）に返還（return）するにせよ、または将来の数年間にわたって米国によって占領されるにせよ、日本本土で行われている政治的、経済的、社会的な民主化のプログラム、あるいはそれと類似するものを琉球諸島でも実施することが望ましいだけではなく、必要である」と勧告した。報告書の最後に、彼は「琉球諸島は将来の米国、中国、日本、ソ連の間で対立の種となろう。今、即座に措置をとることによって、おそらくその対立を最小限に抑えることができる。だが、これ以上躊躇すれば、絶望的な状況、よく言っても悪い状況を固定化させることになりかねない」と国務省に警告した。

シーボルドの報告書は、米国政府が沖縄政策の見直しに着手し始めたまさにその時にワシントンに届いた。強い口調で書かれたこの勧告は、米国政府が長期的な沖縄政策を構築する決定を行うべきであるという、多方面からの要請の一つであった。この長期的な政策こそ、ケナンと彼のスタッフが考案していたものだったのである。その間、極東局では沖縄統治に関する研究が続けられるのだった。[88]

七　基地租借方式の研究とSANACCの再開

翌一九四八年二月、マーシャル国務長官は、琉球諸島の最終的な処遇に関するSANACCの特別委員会を再開しようとした。太平洋の基地に関する一九四五年七月の大統領宛文書にみられるように、マーシャル自身、琉球諸島の戦略的重要性を認識していた。そして、一九四七年段階でもマーシャルがこの認識を維持していたであろうことは、八月七日付ヒルドリングの文書への書き込みに明らかである。そこには、「国務省の報告はあらゆる点からみて論理的である」との理解が示される一方で、「冷徹な現実主義が要請するのは、陸、海軍両省が提唱する解決策である」と書かれていた。[89]

二月六日にバタワースは、SANACC小委員会の再開について了承を求めるフォレスタル長官宛の手紙をマーシャルに提出した。[90] バタワースは、国務省内の関係部局間でJCSの提案を「慎重に検討したが、賛成できない」と述べている。また、軍部の担当者とのさらなる協議がなければ、国務省は長期的な基地租借といった代替案を実際に検討することができないと説明した。すでにバタワースは、琉球諸島の基地租借の利益と不利益に関して簡単に研究するようフィアリーに要求している。[91] フィアリーは、前年に彼自身が作成した文書に依拠しつつ新たに覚書を起草した。彼は、「長期的にみれば、基地租借協定をめぐる交渉は信託統治協定と同様に困難であろう」と述べながら、明らかに琉球の基地租借に対しては好意的であった。

フィアリーの覚書は、なぜこのような研究が行われるのかを論ずることから始められている。戦略的信託統治もしくは通常の信託統治の樹立には、「貧困に苦しむ多くの住民の福利厚生」に対する重大な責任という不利益が付随し、それは基地租借協定を代替案として検討する必要を迫るものである。このような理由から、パナマやキューバ、フィリピンでは米国の基地租借の前例が存在する。このように説明したあと、フィアリーは、「天皇メッセージ」を引用し、「天皇が個人的に基地租借協定によって琉球に米国が駐留することを提案している」と付け加えた。そして、彼は基地租借から得られるであろう五つの利益を挙げた。

第一の利益は、基地租借協定が日米間の「単なる二国間協定」であり、他国の参加をともなわない、あるいは必要ともしないという事実に関係していた。結果的には、租借地域内の米国の権利は「租借期間中は完全に保障される」し、軍部が恐れているような、いかなる形態の国際管理や査察に服することもない。

第二は、信託統治とは異なり、基地租借協定においては米国は住民に対する責任を負わないことである。その結果、「継続的な責任がないために、琉球の年間基地経費は実質的に減少していく」ことになる。(92)

第三の利益は第一の利益に関係するものである。基地租借協定は、固定され保証された期間、米国の使用に供するために基地の所有を保障する。フィアリーはこの場合、その期間を五〇年としていた（彼は、天皇が「天皇メッセージ」のなかで二五年ないし五〇年、又はそれ以上の期間を提案していることにも触れている）。しかし、信託統治協定の場合、「自治政府または独立に向けた……漸進的発達を促進すること」と規定する国連憲章（第七六条）を遵守する施政国としての米国の義務が、「後日、意見の異なる集団によって利用される可能性があり、われわれの撤退を求める住民からの圧力を生み出すか、あるいは少なくとも諸島に不安定な状況を生み出すであろう。来るべき数十年の間に極東地域に成長するであろうナショナリズムが琉球にも波及し、同様の結果をもたらすかもしれない」ことが懸念された。したがって、フィアリーは、信託統治協定よりも基地租借協定の方が琉球における米国の権利をより保障するであろうと論じたのである。

第四に、米国が琉球の信託統治を請け負うことによって、信託統治制度や間接的には国連を弱体化してしまう恐れのあることであった。というのも、米国を施政国として琉球諸島に信託統治を適用することは、「どこにあってもわれわれの軍部の目的が、ごまかし以上のなにものでもないとみなされるであろう」ことを意味するためである。他方、基地の租借は、「米国の実際の目的に現実的かつ直接的に沿うものである」とフィアリーは考えた。「米国が琉球に軍事基地の租借権を堂々と得ること」を国際社会に説明するなかで、米国は、「他の連合国とともに日本の軍事的監視に責任を負う」ことを主張し、同時に「ソ連や中国が日本のすぐ隣に領土を所有し、基地を維持している、あるいは建設する可能性があるのに対して、米国はもっとも重要な基地を遠く離れた地域にしか持たない」ことを指摘すべきである。同様に、琉球の基地は「日本を監視するためにも、非武装化され軍事力を持たない日本の周辺の諸国間で勢力の均衡を保つためにも必要である」とも指摘されうるであろう、とフィアリーは論じた。

最後に挙げられたのは相当に積極的な理由づけであった。フィアリーは、こうした基地租借協定は琉球諸島に対する主権を日本に認めるものであり、「非軍事化と所有権の完全な回復を除いては、他のいかなる解決策よりも日本にとって受け入れやすい案であろう。天皇の見解によれば、日本人にもこれを受け入れる準備があると思われる」と主張した。しかし、この協定が実現するには、二五年もの歳月を待たねばならなかったのである。

基地租借協定の持つ以上のような利益に対して、フィアリーはその不利益についても論じた[93]。第一に、基地租借協定の下では定められた領域のみが米国の支配下に置かれ、「スパイや不審者などの侵入を防ぐために、基地区域外の島民を支配する保証が得られない」ことであった。また、諸島全域が信託統治下に置かれるのとは対照的に、租借基地の範囲として定められた狭い区域は、米軍の行動を制限し、「交戦時には、限定的で固定的な標的となるであろう。また、北緯二九度以南の全域を支配する場合に得られるであろう、緊急発着所やその他の防衛手段などの利益は期待できないであろう」と考えられたのである。

もっとも、フィアリーはこうした議論に直ちに反論している。彼は、「租借する基地を切れ目なく設置するのが望ましいのは確かである。しかし、われわれがいくつかの地域を租借し、そしてわれわれが必要であると考える場所にはどこにでも緊急発着所を設置し、維持する権利を得るための取り決めを交わすのに障害となるものは何もない」と主張した。その一方で、安全保障上の予防措置に関する懸念については、フィアリーは、「たとえ信託統治協定下にあろうとも、膨大な人口を抱える広範な地域で米国がどれほど効果的に予防措置を強制しうるかは、疑わしい」と述べている。

第二の不利益は、米国が租借基地を保有すれば、ソ連が朝鮮やモンゴルに衛星国家を樹立したように、極東地域の他の国家に対して「よくない先例を示す恐れがある」からであった。さらに、ソ連が「北海道などに基地租借権を認めるよう日本に迫る」のを容易にする可能性も考えられたのである。

第三に、基地租借協定が、米国は「第二次世界大戦の結果として米国が責任を負う」日本の諸島を信託統治下に置く準備がある、という一九四六年一一月六日のトルーマン大統領の声明に反するのではないか、との意見に関連していた。これについてフィアリーは、琉球諸島に対する主権は日本に残されており、したがって、米国は琉球諸島のいかなる地域についても責任を負わない、と反論した。

第四の不利益は、基地租借協定が「住民には不人気」なことが想定されることだった。租借協定は、「基地を建設する土地の大半から住民を追い出し、適正な保障はするものの、彼らに継続した生活保護の責任は負わない」ことになっていた（この問題は、一九七二年に至るまでは米軍当局に対して、そして一九七二年の復帰後は米国に基地を貸与する日本政府に対して、何度も取り上げられる最重要課題となった）。

租借協定に関する不利益の五番目は、琉球における米国の租借基地が「国連の枠組に合致する安全保障協定を準備することになっていた国連憲章を弱体化する傾向がある」ことだった。

そして最後に、もし琉球が日本に返還されるのであれば、ソ連と中国は、「主要署名国の同意なしにその領域を貸与したり譲渡したりしないよう日本に義務付ける」ことを講和会議の場で求めるのではないかと考えられた。以上の検討の結果、フィアリーは、琉球諸島に対する日本の主権を保障する方法として基地租借を好んだにもかかわらず、基地租借は信託統治に比べて交渉が困難なのではないか、との結論に達したのである。

フィアリーの文書が基地租借協定と信託統治協定それぞれにともなう問題を指摘していたことから、バタワースは、国防長官にSANACCの特別小委員会の再開を要求するようマーシャルに提案したものと考えられる。マーシャルは、その二週間後の二月二〇日、SANACCに「JCSの立場に固執することなく、新たに問題全体を検討する権限が与えられるべきである」とフォレスタルに要請した。[94] 統合参謀部（Joint Staff）の初代の長を務めたグルンサー（Alfred M. Gruenther）少将はこのようなアプローチに反対した。[95] フォレスタルの補佐官オーリー（John H. Ohly）は、フォレスタルに対して、グルンサーが「この時点では、われわれはJCSの立場から後退する姿勢を見せてはならない」と信じており、「不明瞭な国務省の見解をいぶり出す必要がある」と考えている、と説明した。[96] この説明を受けたフォレスタルは、三月上旬、マーシャルに対して「行動の代案」を提案した。[97] それは、「この地域の処理方法について国務省の暫定的提案を明らかに」し、フォレスタルに提出するよう国務省に求め、これを軍部が検討するという案であった。フォレスタルは、このような手続きによって「国務省が考慮すべきであると信じているさまざまな要素を軍部が理解するのが容易になる」、と考えたのだった。

ケナンの勧告が完成し、国務省の考え方が整理されたことから、マーシャルは年末にはこの提案を了承したようである。ともあれ、このようなやり取りが両省間で続いていたために、PPSの長であり、マーシャルのもとでの「世界の設計者（global planner）」たるケナンは、新たに重要な対日政策勧告を作り上げるために、日本と沖縄を訪問する準備にとりかかっていた。[98] フォレスタルの要請した琉球諸島の処理に関する提案をまとめるにあたって、国務省はケナンの帰国を待たねばならなかったのである。[99]

八　ケナンの極東視察

PPS一〇（「対日講和に関する問題点の研究結果」）において、ケナンは、「国務省高官が日本に赴き、マッカーサー将軍と彼の部下に会って関連する問題について詳細に議論する」ことをロベットとマーシャルに勧告した。[100] だが、人選はすぐには決定されず、ロベットやケナン、アーマー（Norman Armour）国務省政治問題補佐官は、マッカーサーに会見する人物の選定に時間を費やさねばならなかった。[101]

新年には、太平洋の防衛問題や日本の経済復興、講和条約の問題点を協議するために日本に「国務省の高官」を派遣するという決定が下された。ケナンは、プリンストン大学の同窓で友人のバタワースの同意を得て、すべての「占領政策と対日講和条約に関するさらなる措置は、（高官の視察を）待たなければならないので」、この問題を再考するよう一月二七日にマーシャルとロベットに要求した[102]。二日後の二九日、バタワースは、「ケナンが議論されるべき問題の背景を整理することができるのであれば」、東京に行く国務省高官にはケナンを任命するべきであるとマーシャルに勧告した。彼は、ケナンが「マーシャル国務長官からマッカーサー将軍宛の書簡を持参して行く」のがよいと提案することも忘れなかった[103]。マーシャルはこれを承認し、二月九日、「(a)太平洋における米国の安全保障上の必要、(b)ソ連を含むか含めないかにかかわらず、早期講和が好ましいか否かの判断、(c)日本経済再建のために現時点でとるべき措置、などの諸問題についてマッカーサーと相談するために」東京に行くことをケナンに命令した[104]。二月一二日には、マーシャルは以下の電報をマッカーサーに宛てて送った。

現在、対日講和条約が行き詰まっているために、われわれは、他の関係国の立場や考えられる動機を考慮して、適切な外交的処置を決定するために、新しい状況評価を行っているところである。これは、対日講和の早期締結（ソ連の参加、不参加にかかわらず）を進めるのが望ましいかどうかという問題が中心となる。また、太平洋における米国の安全保障上の要求や、日本経済の復活を加速させるための手段を再検討する作業も視野に入れている。国務省はこの問題について、フォレスタルやロイヤルの部下と連絡を密にとりながら作業を進めている。

この問題は、国務省と軍部の意向に関連する問題を多く含んでいることから、今月下旬、東京にPPS室長のジョージ・ケナン氏を派遣し、貴方と協議させることが賢明であると信じている。もし貴方の承認が得られるならば、一〇日以内にケナンを出発させるつもりである[105]。

マーシャルはケナンに、日本に「随行する国務省員を一人ないし二人」選出する自由を与えた[106]。マーシャルのリーダーシップは、常にこのような形をとったといってよい。ケナンは以前、国務省の高官を日本に派遣することを勧告したのであったが、にもかかわらず「重要な使節団という印象を与えることを避けたいと願っていた[107]」。そこで、ケナンは知的で有能な人物を二人探した。一人は国務省から、もう一人は「マッカーサー将軍との会談において私が提起する問題についての国防長官の見解を代弁することのできる」人物であった[108]。

視察旅行の計画をグルンサー陸軍少将とフォレスタルに伝えた後、ケナンはグルンサーに対して「三軍を代表し、かつ大規模な随員を必要としない人物」の推薦を求めた[109]。グルンサーは、ケナンのナショナル・ウォー・カレッジ時代の同僚である。グルンサーとフォレスタル長官は、計画・作戦局と統合戦略計画委員会（Joint Strategic Plans Committee, JSPC）に所属していたスカイラー准将にケナンに同行するよう命じた[110]。スカイラーはまた、一九四七年夏以来ケナンとともに講和条約草案の再検討にも携わってきている。ケナンは、彼が「きわめて有能で、知性もあり、かつ話のわかる人物であり、……その冷静で、如才のないやり方で、私の使命達成に裏面からひとかたならぬ援助をしてくれたのではなかったかと考えている」と回想録で振り返った。[111] スカイラーの随行員には、陸軍作戦運用局のパックスソン（Harry O. Paxson）大佐とギルクリスト（Malcolm Gilchrist）中尉が選ばれた。[112]

国務省からの同行者について、ケナンはバタワースに、「若い外交官」の選出を求めた。日本とGHQでの自らの立場をわきまえた国務省職員を選出することは暗黙の、しかし重要な条件であった。[113] 二月一七日、バタワースは、若く、しかも経験豊かな北東アジア局のグリーンをケナンに紹介した。[114] グリーンは、一九三九年から四一年までグルー駐日大使の私設秘書を務めた。戦後、一九四六年から四七年にかけてニュージーランドのウェリントンで三等（後に二等）書記官として在外勤務した後、一九四八年八月六日に本省の日本課に配属された。対日講和条約草案の完成した翌日のことである。[115] グリーンのもつ「日本問題の背景に対する博学な知識と、SCAPにおいて個人的人脈を生かせるような彼の資質」が、ケナンの使命遂行にとって「非常に貴重なもの」となった、とケナンはのちに回想している。[116]

人選を行った後、ケナンは二月一九日にマーシャルと来るべきマッカーサーとの会談について話し合った。[117] ケナンはまず、日本の国内情勢の背景と東京での会談にどのようなアプローチで臨もうとしているかを簡単に説明した。これに対してマーシャルは、マッカーサーにはどのように対処すればよいのか助言を与えた。これは、長年にわたって国務省も大統領も軍部も頭を悩ませてきた（その後も悩むことになる）問題であった。ケナンの記録によれば、マーシャルは次のように警告した。

> 会談の出だしでは、もし可能であれば、マッカーサー将軍に話をしてもらい、彼が話したいだけ話をする間、彼の話に耳を傾けるべきである。彼が言いたいことを全部言った後に、われわれがここ［国務省］で計画していることを表明することができよう。米国の世界戦略のなかで将来の日本の位置についてどのように考えるのかを彼に尋ねることから、会談を始めるべきである。
>
> ［マーシャル］長官は私［ケナン］に、マッカーサー以外の人々に語るべきことに注意しなければならないと警告した。マッカーサー将軍への報告は、私が実際に述べたことではなく、私が述べたと人々が理解したいことなのである、と彼は強調した。彼は、SCAPに対する批判であると解釈されうる声明を出すのであれば、マッカーサーの耳に直接届ければ、私がより安全な位置に置かれるのではないかと考えていた。

実際、日本を訪れたケナンは占領政策とその規模を厳しく批判するようになった。そのため、彼の仕事はますます難しくなりそうに思われたのである。

出発直前の二月二四日、ケナンとグリーンは、マッカーサーにどんな質問をすべきか、そしてどのような資料をもっていくべきか最終的打ち合わせを行った。グリーンの用意したブリーフィング資料は、琉球諸島の処理問題が、ケナンの訪日においてどれだけの比重を占めていたかを物語っている。[118] ケナンに与えられた国務省とJCSの文書は、琉球諸島に関するものが多かった。[119] 例えば、マッカーサーとの会談で予定された議題には、「琉球をどのように処理することが米国の安全保障上の要請と太平洋の一般的利益にもっとも資するか」という問題が含まれていた。グリーンは、これに対して次の五つの選択肢を考えた。

(a)　非武装化の上、日本に返す。
(b)　非武装化の上、基地租借を確保して日本に返す。
(c)　米国を施政国とする通常信託統治にし、基地専用の特別閉鎖地区を設定する。
(d)　戦略地区と指定する基地用地を除き、通常信託統治にする。
(e)　全地区を米国による戦略的信託統治にする。

グリーンの起草するこうした文書を消化する一方で、ケナンは「米国外交政策の現在の傾向の見直し」と題した別の文書を仕上げる作業にも忙殺されていた。[120] この文書のなかには、日本に発つ直前にケナンが日本に関してどのような考えを抱いていたのか、その一端を示す一節がみられる。

次の時代の極東地域における米国の影響力は、主として軍事的、経済的なものとなろうということを、われわれは認識しておくべきである。われわれは、太平洋や極東地域のどの地域が米国の安全保障にとって死活的であるかを判断するための研究を注意深く行うべきである。また、われわれは、これらの地域を米国が支配し、または信頼しうる状態にとどめておく政策に力を入れるべきである。この問題について以前から行ってきた研究に基づいて考えるならば、日本とフィリピンは、そのような太平洋の安全保障システムの礎石となると予想される。また、米国がなんとかしてこれらの地域を効果的に支配できるならば、われわれの時代には、米国の安全保障を脅かす深刻な脅威が東側から及ぼされることはありえない。[121]

極東地域、とりわけ沖縄の視察を終えた後、ケナンは沖縄が米国の安全保障にとって死活的重要性をもっているとみなすようになるのである。

ケナン一行がワシントンを出発したのは、一九四八年二月二六日のことである。この日、チェコスロバキアではベネシュ(Eduard Benes) 政権がクーデターによって倒れた。三月一一日には非共産主義者のマサリク (Jan Masaryk) 外相が原因不明の自殺を遂げるなど、チェコスロバキアでは不穏な情勢が続くことになった。こうした事態の起きることは、半年前にケナンのPPSも予期していたが、この事件は、「冷戦」期の世界の緊張と危機の高まりを象徴するものであった。ケナン自身は、こうした事態の展開に動揺を見せることはなかったが、ワシントンはソ連の意図に神経を尖らせた。国際情勢が緊迫する最中の極東への旅はことに事態の深刻性を物語るものであった。

シアトルとアンカレッジを経由し、「周囲千四百マイル以内には何もない北太平洋のシェマヤ島にある、テーブルほどの大きさの離着陸場に着陸したあと」、三月一日の早朝、ケナン一行は猛烈な吹雪の中を羽田空港に到着した。[122] 疲労困憊していたケナンは帝国ホテルで疲れを癒すために眠りにつこうとしたが、「午前中に何度も尋ねてきた記者やその他の人々」によって中断を余儀なくされた。[123] 午後一時、睡眠時間を奪われたケナンとスカイラーは、マッカーサー将軍夫妻と彼の部下の一人と昼食を共にした。ケナンの記述によれば、食事の終わりかけたころ、マッカーサーは「私に背を向けて、スカイラーのほうばかりをみながら、一本の指を立ててテーブルを時々たたいて注意を促しながら、独り舞台でしゃべり始めた。その長広舌は、なんとかかれこれ二時間も続いたことを、私は今でも忘れてはいない。うんざりしながら、私は末席で身じろぎもしなかった」。[124] その間、ケナンはマーシャルの注意をあらためて思い出していた。そしてこれは楽な旅にはならないと悟ったのであった。

次の日、「有用であったがさして啓発的でもなかった」予定されたスケジュールをこなし、グリフィン（Robert M. Griffin）極東海軍司令官との夕食を済ませたケナンは、ホテルの机でマッカーサー宛に文書を認めた。[125] マーシャルの助言に従って、ケナンはマッカーサーに敬意を表した。「私は、このようなブリーフィングと現地での手厚いもてなしに迎えられるなかでも、公式な使命を怠ることがあってはならないと戒めておりますと述べ、「最高司令官のお考えを拝聴するのは……まことに有益なものとなりましょう」と述べ、個人的な会見を申し入れたのである。[126]

マッカーサーからの返事は二、三日もかからないうちに届いた。この間、三月三日の夕刻、ケナンはマッカーサー司令部の参謀第二部長ウィロビー少将（Charles A. Willoughby）の訪問を受けた。彼はマッカーサーの有力な幕僚の一人であり、強烈な反共思想の持ち主である。両者はソ連問題について語り合い、「愉快な時間を過ごした」。[127] 別れ際にウィロビーは、翌日にSCAPの高官に対して講演することをケナンに勧めた。マッカーサーとの昼食で、ケナンはマッカーサーがケナンのいう日本における共産主義の脅威を認めていないのではないかとみていた。そこでケナンは、「長文電報」を起案したときのような意気込みでこの申し出を受け入れた。[128] 三月四日、ケナンは、総司令部の高官を前に、ソ連の歴史や外交、国際共産主義運動などについて一時間にわたって講演を行ったのだった。[129]

この講演の準備を手伝ったグリーンは、ケナンの話が「素晴らしいでき映えであった。……一時間の間、彼は聴衆を完全に魅了した。真実を覆い隠していた雲は流れ去り、われわれは不変の真理のもとで一体となった」と回想する[130]。ケナンとウィロビーの会談、そしてこの講演会は、「われわれの任務の目的と占領政策に対する関心の性質について、最高司令官の疑念をいくらか払拭したのかもしれない[131]」。グリーンも次のように説明する。

> それまでは、マッカーサー将軍はケナンのことを、上品な懐疑論者として、まるで彼が非友好的であった権力（国務省）の外交代表であるかのように冷淡に扱っていた。しかしケナンの講演を聞いた後は、マッカーサーはすべての扉を彼に開放した。マッカーサー将軍はケナンの見識に感銘を受けただけではなく、長期的な問題を扱うケナンの考えが、彼自身の部下たちの考え方よりも重要であると認識したのである[132]。

こうして、三月五日の夜にケナンはマッカーサーと会談した。彼らは、「占領政策や講和条約に影響を与える問題のなかで、旧連合国との関係の問題だけではなく占領政策に関する主要な問題も、おそらく例外なく議論した[133]」。それでは、沖縄についてはどのような議論がなされたのであろうか。

ケナンとマッカーサー、より正確にはマッカーサーは、太平洋の安全保障問題に多くの時間を割いた。それは、マッカーサーとの会談を控えたケナンが準備していた問題の一つであり、そもそもケナンが日本に派遣された理由を構成する問題でもあった。マッカーサーはまず、「米国の防衛線はもはや南北アメリカ大陸の海岸ではなく、東アジアの海岸沿いにある」と述べた[134]。マッカーサーの議論の本質は、真珠湾攻撃に続く第二次世界大戦中に発展し、「列島連鎖（island chain）」という概念へと結実していく考え方にあった。ケナンの回想録によれば、マッカーサーは、この「列島連鎖」を次のように設定した。「フィリピンのクラーク空軍基地、日本の旧委任統治領、ミッドウェイ、アリューシャン、そして沖縄全体からなるU字型地域。このU字型体系の中で、もっとも最前、かつ重要な地点は沖縄である。想定される陸海両用作戦の展開可能な北東アジアの港はすべて、この沖縄から制覇できる。それがもっとも重要である。海軍の設備も大切であるが、この目的を達成するうえで、空軍の力は死活的である」（傍点引用者）[135]。しかし、マッカーサーのこの「列島連鎖」の概念は、第八軍司令官アイケルバーガー中将など他の軍人とは大きく異なっていたことが指摘されねばならないだろう。マッカーサーは、日本に基地は不要であると考えていた。「沖縄に十分な兵力を置きさえすれば、米国は、アジア大陸の陸海軍事力の展開を阻止する目的で日本本土の基地を必要とすることはない。ただし、当然ながら、日本本土の戦略的施設を他国に使わせてはならない」。日本本土の軍事基地に対する消極論を埋め合わせるかのように、マッカーサーの沖縄基地化論は鮮明であった[136]。「マッカーサーは沖縄を重視し、北緯二九度以南の琉球諸島の一方的かつ完全な支配を絶対に確保すべきであると考えていた」とケナンが会談記録に記した通りである。さらにマッカーサーは、米国政府が「沖縄の基地開発についての確固とした恒久的な政策をまだ採択していない」ことに失望していた。またワシントンの方針が決まっていないことは、「沖縄に駐留している米軍の士気と効率に悪影響を与えている」とも指摘した。マッカーサーは軍人らしい断固たる意思を表明した。「現時点で米国はすでに沖縄に対して完全な一方的支配を確立している。それは沖縄がSCAP［連合国］の権限の下にあるのではなく、米極東軍司令官の下にあるからである。したがって、琉球諸島は完全に米国の支配下にあり、われわれの旗の下にあるのだ。だから、われわれの同意がないかぎり解放する必要はない」。

マッカーサーは連合国代表と米国代表の二つの立場を、その時々の必要によって出し入れすることができた。ここでの議論は米国が自前の軍事力で犠牲を払って支配を設定した以上、これを手放す義務はないとの、パワー・ポリティックスの議論である。それは冷戦下のライバルとなった連合国に対して言えても、マッカーサーが統治する日本国民に対して言いにくいのではなかろうか。この点を補強するため、マッカーサーは前年九月一日に講和条約案に対する批判でも明らかにした持論を持ち出した。[137]

［琉球諸島の］住民は日本人ではなく、本土の日本人と同化したことがない。それに日本人は彼らを軽蔑している。［マッカーサーは］占領政策の最初の施策の一つとして、彼らのうち五〇万人を帰還させなければならなかった。彼らは単純でお人好しであり、琉球諸島におけるアメリカの基地開発により、かなりの金額を得て比較的幸せな生活を送ることになろう。

このマッカーサーとの「長い夜の会見」では、極東委員会や改革、経済復興といった他の問題にも話が及んだ。ケナンはこの会談を概して成功とみなした。二人は「考え方がだいたいの点で一致したという思いを持って別れた。この瞬間から、すべてがうまくいくようになった」[138]。マッカーサーは、ケナンが日本を出発する前に再び彼を招待するまでになったのである。

（1）ケナンの沖縄訪問

翌日から次の週の前半にかけて、ケナンはブリーフィングを仕上げたり、京都や大阪、名古屋といった関西その他の地域を訪れたりすることに費やした（汽車の手配はマッカーサーが行った）。日本各地への旅行で、ケナンは、占領政策が日本社会に与えている影響の実態を直接観察することができた。横浜でのU・アレクシス・ジョンソン（U. Alexis Johnson）総領事との会談を終えてケナンが東京に戻ったのは三月一〇日であった。U・アレクシス・ジョンソンは沖縄問題に関する報告書の作成に関与していた。当時、東京には領事事務や政治問題を扱う米国大使館は存在せず、横浜の米国領事館がそうした業務を担当していたのである。グリーンが後に「電撃的な関係であった」と回想するように、ケナンはジョンソンに強く印象づけられた。おそらくは会談を促進するためであろうが、ケナンは、シーボルドやU・アレクシス・ジョンソン、その他の随員を伴って、その日の午後遅く、横浜のアイケルバーガー第八軍司令官と一時間半にわたって会談した。会談では、日本の再軍備や占領政策にともなうコストといった問題が取り上げられた[139]。全体として、ケナンはこの会談と視察旅行に満足していた。その日の夜遅く、「ここでの視察旅行は完全に成功であったし、この結果は、明らかに国務省にとって有意義なものとなるであろう」と記している[140]。

ケナンの視察先には中国や韓国も含めるべきであるとの意見もあったが（ケナン自身はこれを賢明だとは思わなかった）、ケナンは「予定された訪問」先である沖縄とフィリピンへの旅行を実施することに決めた[141]。ケナンとグリーンは、東京に戻った翌朝、三月一一日に出発した[142]。沖縄でケナンは軍政長官であったヘイデン准将（この年の五月一一日に転属することになる）をはじめとする軍部高官に会い、米軍の基地や施設などを視察した。同じ日、ケナンは、教育者として知られ、一九四六年四月二四日に沖縄民政府初代知事に指名されていた志喜屋孝信との会談も予定していた。しかし、この会談はあまりに過密スケジュールだったためであろうか、中止された。疲れ気味の（すでに病気であった）ケナンはその夜は早いうちに休んだ[143]。翌日、短時間ではあったが、ケナンとグリーンは志喜屋を訪問する機会を設けた。この短時間の会談の正確な内容は明らかではない。だが、少なくとも前年一二月から地元紙の『うるま新報』は沖縄の戦略的信託統治に関する米国政府の検討について報道していたから、それに関して知事が尋ねたことは十分考えられる[144]。この短い会談の後、同日昼にケナンとグリーンはマニラに向けて飛び立った。

ケナンは沖縄の印象を記録に残していない。沖縄でのケナンが非常に多忙で、しかも相当に疲労していたためであろう（また、通常は領事館が提供しうる独立した国務省の通信手段がなかったせいもあったと思われる）。しかし、マニラでは、ケナンはバタワースに電報を打ち、「沖縄への訪問によって、米国の安全保障の観点からのみならず住民に対する米国の責任という観点から、今後約一〇年間にわたる琉球諸島の地位について、米国は早期に、確固たる方針を明らかにする必要があるという私の見解が確認された」と記した[145]。翌一四日の日曜日に、ケナンはようやくマーシャル長官に極東に関する長文の覚書を送ることができたのだった[146]。

このケナンの覚書を検討する前に、軍部代表としてケナンの視察旅行に同行したスカイラー准将の報告書にまず触れておきたい。というのも、彼は沖縄の地域事情をより詳細に論じているからである[147]。スカイラーは、沖縄訪問によって、「極東における米国の重要な空軍基地として沖縄を開発するのを可能にする素晴らしい施設が沖縄には存在しているという、すでに日本で得ていた印象をさらに強めることになった」と記述した。もっとも、彼の報告書は、こうした戦略的な理由を詳細に論ずることはせず、むしろ占領政策と占領政策以後の見通しについて紙幅を割いている。彼は、なによりもまず、米軍のための投資と住宅供給が不足していて、米兵の家族が沖縄に住んでいないことが気がかりであった。「家族を住まわせる家の建設は、おそらくグアムを除けば、極東では沖縄においてもっとも必要となろう。既婚者は、一八カ月あまりの勤務を強要されれば、家族と一緒に住みたいと願うであろう。精神的な影響は明白である」[148]。明言こそ避けたものの、スカイラーは、より潤沢な財政と長期的な政策が必要であると示唆した。「家族を住まわせるための手ごろな住居を多く設えるには、地方にかまぼこ型宿舎を移転し、備品を備え付け、沈没船から物品を引き上げればよい。外部からの費用や支援を最低限に抑えることによって、われわれの小さな基地が自力でできるようなことは非常に多い」と論じている。

スカイラーはまた、沖縄の人々――当時の軍部は「土着民(the natives)」と呼んだ――にも強い印象を受けている。「沖縄の土着民は、勤勉かつ非常に聡明であり、米国に対して非常に友好的である。基地職員のほとんどは、彼らがフィリピン人よりも優れているとみなしている。地方司令官は、沖縄人が自助努力を行いえないという陸軍省一般の考え方には賛成していない」とスカイラーはいう。さらに、スカイラーは、米国人職員の下で地方警察に従事する沖縄人は、「熱心にその義務を果たし、信頼でき、概して有能であるということを実証して」おり、彼らが「フィリピンの偵察機構部隊よりもあらゆる点で優れていることを示している」、そして、それゆえに「沖縄偵察機構」を構成することができる、と地方司令官が信じていることを強調した。報告書によれば、ヘイデン軍司令官も、沖縄の偵察兵は「沖縄と、グアムやパナマ、可能性としてはハワイをも含むわれわれの海外領土の一部における任務に有効である」と示唆したという[149]。

スカイラーは、安全保障や基地に関するその他の問題にも言及している。彼が取り上げたのは、太平洋司令部G-3(作戦計画課)の職員が提起した問題であった。もし一つ又はそれ以上の基地が沖縄(またはグアムかサイパン)に恒久的に設置されるとなると、そこには住居が「悲惨なほど欠如している」ので、兵隊や家族のための住居の建設を早急に始めなければならない。しかし、住居は現在のところ限られているので、「このような建設計画にかかる費用の全額は、ほとんど手が出ないものとなろう」との指摘である。そこで、G-3の代表は、彼らが「より好ましい」と考える代替案を提案した。極東には「主要な戦略的歩兵部隊を」恒久的に駐留させない。その代わりに、「一つまたはそれ以上の歩兵師団を陸海空共同作戦として、そのときどきに応じてマリアナ諸島か琉球諸島、あるいは両諸島に、もしくは他の太平洋の基地の間で循環させる」との案である。スカイラーは、この計画を「かなり実効性が高い」と評しつつも、実現には陸海空共同作戦に必要な能力の継続的な確保や、各部局間で気の遠くなるような調整が必要であると述べた[150]。また、従来のJCSの議論を考慮すれば、このような解決法が受け入れられないものであることは明らかである。スカイラーの結論は、「われわれが沖縄に駐留する意思を持っているという事実を確証するための早急な行動をとること」が必要であると同時に、極東における米国の安全保障上の利益を分析したケナンと緊密な連絡を取るべきである、というものであった。

それでは、視察旅行後のケナンの沖縄観はどのようなものであったのか。[151] マーシャル宛の文書で、ケナンは、「西太平洋におけるもっとも緊急かつ重要な問題は戦略的なものである。だが、私が理解するかぎり、米国は西太平洋全域において戦略的な概念を持たないまま政策方針の立案を進めている」と指摘した。たとえば、日本の将来に関する問題は「私の知り得るかぎり、マリアナ諸島や他の地域における基地の建設や、もしくは琉球諸島の問題とは関連づけられてこなかった」。[152] 琉球諸島については、ケナンは以下のような懸念を抱いていた。

米国の軍事力が琉球諸島に留まっているのは、戦争を通じてこの諸島を征服したこと、そして琉球の将来について不思議な国際的空白が生じていることによる。米国政府の人々はすべて、沖縄が戦略的に重要であることを認めている。また、戦争によって生活が崩壊し、米国に不思議な信頼感と愛着をもちつつ、米国に将来的な保護と援助を期待している沖縄の住民に対して、われわれには大きな責任があることも、米国政府の認めるところである。しかし、［琉球］諸島の将来が不確定であるため、米国は基地として開発もできず、他方で社会基盤や市民経済の復興のための本格的なプログラムも開始できずにいる（共産主義者は、地元の世論を反米に向かわせるためにこの事実を利用し始めている）。現地の当局者は、政治的将来がまったく不確定であることによって事あるごとに挫折感を味わっている。琉球諸島におけるわれわれのプレゼンスと将来の計画は、地域全体に関わる戦略的目的に基づいているようにはみえない。

そして、ケナンは、この地域に対して「戦略的政治概念」を適用するよう提案した。[153] 第一に、米国はアジア大陸に対して自国の安全保障上の利益に沿って影響を及ぼしていくが、朝鮮半島を含めていかなる大陸の特定地域も死活的地域とは考えない。ケナンは、この概念を精巧にする必要も、また、米国や日本双方の戦略概念と一致する必要もないと述べている。第二は、沖縄こそ「西太平洋における米国の攻撃力の中心でなければならない」ことだった。ケナンは、マッカーサーに同意して、「グアムはもちろん、日本の旧委任統治領、琉球、アリューシャンから構成されるU字型の米国による安全保障ゾーン」という戦略的概念の中での沖縄の重要性を論じた。「沖縄に展開するわが国の空軍力をはじめ、卓越した海軍力によって、北東アジアまたは東アジア中央の港から陸海両用作戦兵力が編成されたり、あるいは展開されたりするのを阻止することができる」。第三には、日本とフィリピンがこの防衛線には入らないことであった。[154] ケナンは、「日本とフィリピンは完全に非武装化され、そして他の国が両国国内に戦略的施設を作らなければ、米国も軍事基地と兵力をそこに置かないことにする。したがって、両国は、完全な政治的主権をもち、わが国の防衛線の側面に位置する中立化された地域として残る」ことになる、と論じた。このような解決法が、「政治的な見地からみて、はるかに簡略かつもっとも現実的」であるとケナンはいう。これは、後に日本と朝鮮半島の中立化を提唱する彼の議論の基礎となるのである。

沖縄と琉球諸島に関して以上のような考えを実行するために、ケナンは、「現時点の課題は、諸島の将来に関する不確定状況に終止符を打つことである」と重ねて強調した。「現在の（不安定な）国際情勢が続く限り、われわれは沖縄をはじめ北緯二九度以南の列島に、必要とされる戦略的施設を今後設置することを、今（できればNSC文書として）決定しなければならない」とケナンは主張した。これは、軍部の議論に歩み寄った見解であった。さらに、「琉球諸島の処理問題はまず国連で取り上げられるべき」だが、「同諸島の軍事的必要にかんがみ、米国は信託統治の方式以下で妥協してはならない」とケナンは論じた。国連がこの問題に関して有効に機能しない場合は、

戦争の結果から琉球の住民が事実上、米国の責任下に置かれていること、この住民は自らを保護できない状態にあること、彼らの将来の安全保障に関する国際的協定がない以上、無防備のまま放置することは無責任であること、しかし、その一方で、将来の見通しや事前の計画がなければ整然とした進歩的な復興や生活の向上は果たせないこと、したがって、米国は世界情勢が要求するかぎり今後一〇年ないしはそれ以上の期間、現在の地位を継続することに決定したこと、などを公式に表明することについて、米国政府はためらうべきではない。

政治と経済の不安定が共産主義の浸透を招く一つの要因であるという彼の考えを反映し、ケナンは、米国は琉球諸島における民生問題を扱う恒久的な取り決めを結ぶべきであり、「基地開発と経済復興のために活力あるプログラム」の実施に着手するべきである、と結論した。ケナンは「沖縄の人々もこのような解決策に満足するだろう」と信じていた。そして最後に、「深刻化する世界情勢を背景に、この地域における米国の政策を一刻も早く明らかにし、今後はあらゆる準備を整えることが必要であることをどれだけ強調してもし過ぎることはなかろう」と結んだ。この「一刻も早く明らかにする」という文言が、後述のNSC文書へと結実するのである。

（2）マッカーサーとの最終会談とケナン報告書

ケナンは、三月一五日の朝にマニラを発ち翌日、東京に戻った。マッカーサーと最後の会談を行う三月二一日の夜まで、彼は対日政策についての報告書をまとめる時間を得ることができた。三回目のマッカーサーとの会談には、ドレイパー（William H. Draper, Jr.）陸軍次官も出席した。ケナンやPPSのスタッフは、経済改革が日本を弱体化するだけでなく、日本を共産主義者による政府転覆の企てに対して脆弱にしていると観察していたから、経済改革の終了を考えていたが、ドレイパーもこの点に関してケナンに賛成するひとりであった。[155] ケナンもドレイパーも、日本の経済復興と政治的安定を模索しており、広範でかつ損害を与える改革を通じて日本を恒久的に弱体化することは望んでいなかった。

沖縄についてみると、マッカーサーはもとより、ケナンもドレイパーも琉球諸島の持つ戦略的重要性については一致していた。[156] ほとんどの会談がそうであったように、この会談もマッカーサーの発言が議論の大半を占めたが、その最大の焦点は日米の防衛問題であった。マッカーサーは、二週間前にケナンに語った持論を再び強調して、「カリフォルニアは、もはやわれわれの防衛線ではない。防衛線は今や、沖縄を要衝とし、マリアナ諸島、琉球諸島、アリューシャンを通過するラインである」と述べた。また、米国は日本の防衛を陸軍や海軍にではなく、むしろ空軍に依存すべきである。「沖縄に適切な空軍を配置することによって、われわれは日本を外部の攻撃から守ることができるであろう」とマッカーサーは続けた。彼は、沖縄は「強力かつ効果的な空中作戦」を提供するに十分な空間を有すると考えていた。そして、この作戦によって、「敵軍や、ウラジオストックからシンガポールに至るアジア大陸の沿岸部に設置された敵の港湾施設を破壊することができる」。したがってマッカーサーは、沖縄に基地と空軍を確保すれば、「日本本土」に駐留軍は必要ないと論じたのだった。彼は、「このような考慮によって、米国が今や沖縄に留まるという決定に至ったということ、そして恒久的な基地に必要な施設を建設するべく直ちに適切な資産を投入するということ」が非常に重要なのだと力説した。前節で述べたように、ケナンは、こうした主張に沿ってマーシャルへの覚書を記述したのである。それは、ケナンの次の研究においても同様であった。

ケナンが起草した長文の報告書は、PPS二八「米国の対日政策に関する勧告」となって完成した。[157] ケナンは、米国政府は「米国が沖縄に恒久的に施設を有する意思があるということについて決断するべきである。そしてそれにしたがって、琉球の基地の開発を進めるべきである。国務省は、諸島に対するわれわれの恒久的な戦略的支配を可能にするような国際的認可を確保するという問題について、直ちに研究を実施しなければならない」（傍点引用者）と繰り返した。[158] ただし、ここでケナンが国際的認可を直ちに得るべきであると主張していないことは重要である。事実、別の文書のなかで、ケナンは、「現在のところ、米国は国際的な処置によって琉球の地位を決定する必要はない。適当な時期がくれば、米国による琉球の施設の保有は、実際的ななんらかの方法でうまく収まるであろう」と論じている。[159]

ここで、ケナンは琉球諸島に関する考察や琉球諸島の戦略的重要性を詳細に論じた。それは、この視察旅行で書かれたなかでもっとも長文の報告であった。[160] 沖縄に関するケナンの考え方の全体を理解するためには、やや長くなるがここで全体を紹介するのがよいであろう。

沖縄は、米軍、特に空軍の前方展開基地を建設するに適した自然的条件（地理的位置、風土、気候、水資源等）に恵まれているだけではなく、この目的を満たすためには、日本かもしくはフィリピンよりも政治的により好ましい位置にある。沖縄の地位は今日、完全に明確にされているわけではない。厳密にはいまだ日本の一部である琉球諸島の地位は、ポツダム宣言では決められていない。そこでは、日本の領土を四つの主要な島々と「われわれの決定する諸小島」（ついでながら、ここに言う「われわれ」とは、この宣言の調印者を指す。つまり、米国大統領、中国国民党主席、英国首相である）に制限することを定めているのみである。この文言の最終的な解釈がいかなるものであろうと、われわれは論理的には、沖縄と他の中部、南部の琉球諸島が諸「小」島ではないと論じられるし、SCAPの権限が及ぶ最南端を北緯三〇度と定める解釈は、それよりも南に位置する琉球はもはや日本の一部とはみなされないという暗黙の国際的了解を形成しているのである。

他方、われわれは現在、琉球諸島を支配下に置き、かつ、軍事的占拠の結果として諸島の住民に対して責任を有している。住民たちは明らかに独立に適していないし、彼らもそれを主張していない。いかなる環境にあっても、彼らに自らの防衛力を担う能力は皆無であるといってよい。

したがって、彼らの防衛に適したなんらかの取り決めが結ばれるようになるまで、米国が国際的に彼らを防衛する責任を有しているのは明らかである。琉球の最終的な措置が対日講和会議の議題になるかどうかは疑問の余地がある。この問題は国連で取り上げられないかぎり、国際問題にする必要はない。国連憲章は「第二次世界大戦の結果として敵国から分離される地域」に言及し、「いずれの地域がいかなる条件で信託統治制度の下におかれるかについては、今後の協定で定める」と述べている。憲章は「今後の協定」がどのような関係者によって決定されるのかは明示していない。[161]

現在のところ、米国による信託統治以外に琉球の住民を現実的に保護する信託統治の形態は、想像しうるかぎり存在しない。台湾の経験は、中国の支配よりも日本の支配よりも劣悪であることを証明している。ロシアの信託統治の結果は容易に想像できよう。現在の環境下で国際的信託統治を実施することは、非効率であり、長期的に見ても満足の行くものではないであろう。ロシアの満足を満たさないかぎり、これが将来の国際紛争の火種となることは明らかである。他方、日本に諸島を返還すれば、これらの諸島を軍事的に防衛力のない状態に置くこととなる。おそらくロシアの立場からすれば、琉球諸島は日本列島そのものよりも望ましい戦利品となろう。

現在、われわれは琉球諸島を完全な軍政下に置いている。大規模な軍事力によらないかぎり、われわれを追い出すことは不可能である。したがって、琉球諸島に長期的な責任を負うのを正当化するに十分な期間、米国が諸島に留まることを決意できない理由は今のところ何もない。琉球の地位の決定を国際機構に頼る必要はない。適当な時期が来れば、米国による琉球諸島の施設の保持という問題は、なんらかの実際的な方法でうまく解決されるであろう。

諸島における基地の開発も民政問題への対処も、少なくとも二、三年後の諸島の将来についてなんらかの合理的な確信が生まれなければ、満足のいくものとはなりえない。

基地の開発に関しては、諸島のなかで改善や建設によってなされるべきことは多くあるが、それを軍部は実施できないか、あるいはしようとしていない。なぜなら、政治的な見通しが不確実だからである。そして、このことが基地の開発を妨げてきたのである。

民政問題に関してはさらに深刻である。島民の生活は、軍事活動によって深刻な被害を受けている。われわれは、疾病や社会的不安の防止以外にはほとんど状況を改善していない。われわれが彼らに与えているものは、ほとんどの場合、琉球諸島に残存していたものの寄せ集めにすぎない。一方、敵対意識が過去のものになるにつれて次第に正当性を失いつつある一連の制約に、住民は従属し続けている。海外貿易はいまだに完全に断絶されている。島民と軍事施設の間にあって、経済活動は縮小を余儀なくされている。島民には本当の意味での経済は存在しない。円を日本（激しいインフレに見舞われている）から密かに運び込んでいること、あるいは、軍当局が必要以上に円を流通させることによって、一定のインフレが進行中である。地方選挙は行われているものの、中央に合法的な政体は存在せず、県の行政官さえ選挙で選ばれていない。住民の海外旅行も、琉球諸島への外国人の入国も完全に禁止されている。諸島には大学がない。このことは、沖縄や他の琉球諸島の人々には高等教育の機会が与えられていないことを意味する。したがって、医師や看護婦、教師などを育成する機関は特に存在せず、こうした面で住民はわれわれに次第に依存するようになってきている。

こうした状況はすべて、琉球諸島の政治的将来が不確定であること、また米国の長期支配を含意する計画を立案し、制度的な措置を講じることにワシントンが本来消極的であることとの結果である。しかし、事態はあきらかに厄介なものとなっている――住民にとっては不公平な、われわれ自身にとっては面目の立たない状況である。共産主義者はこうした状況を有利に利用しようと動き始めている。彼らは、米国が恒久的な復興政策を実質的にはなんら実施していないこと、米国は住民の将来に関心はなく、したがって、住民たちは米国から誤った指導を受け、米国人と協力することで労力を無駄にしていること、といった内容をプロパガンダに掲げている。

全体的にみれば、住民は今のところわれわれに好意を抱いている。彼らはおそらく極東地域の他のいかなる住民よりも好意的である。彼らは、法を遵守し、温厚であり、きわめて協力的である。また、米軍が駐留していることを受け入れているようでもある。

われわれは諸島を支配し、その地の住民に責任を負っている。また、予想される将来において、米国の支配下にない外部から住民に対し十分な供給を行いうるいかなる国際的な取り決めも存在せず、提案されてもいない。したがって、われわれが諸島の状況の改善に義務を負っていることは明らかである。たとえそのことが、琉球を米国の領土として恒久的に保有するとの想定を導くものであったとしてもである。米国が琉球住民の問題を建設的かつ進歩的な方法で解決する方途がないかぎり、国際社会は、住民の面倒をみる責任と費用の負担をわれわれに期待する権利はない。もし、これがかなり長期にわたる計画を必要とするのであれば、国際社会はこれを理解し、かつ受け入れるべきであろう。米国がこれらの諸島を他国に譲り渡すのに絶好の機会が訪れた、あるいはそれについて国際社会の合意が得られた場合――そうしたケースはありそうにもないが――琉球諸島を手放すことのできる状態に置くことによって米国の国際的道徳性を示すという、ただそれだけのために、八〇万人もの人々が不確実性と経済的な困窮状態に置かれていることがあってはならない。

したがってわれわれは、民政問題や基地の拡充に関する長期計画を正当化しうるだけ長期間にわたって、われわれが琉球諸島に留まるということを決断するべきである。しかし、国務省は、この政策に国際的承認を得るという問題について直ちに研究を実施しなければならない。というのも、時期が来れば、われわれは、国際的に容認されやすい解決策を探る用意があると主張することができるに違いないからである。

日本と沖縄を視察した結果、琉球諸島の処遇についてケナンはこのような考えを抱くようになったのだった。

マッカーサーとドレイパーとの会談を終えた後、ケナンとグリーンらは三月二三日に東京を発った。疲労したケナン一行は、三月二五日にワシントンに到着した。その日のうちにケナンは将来の対日政策について勧告したPPS二八をロベット次官に提出し、「この勧告が、NSCにおいて対日政策が形成されるうえで国務省の出発点になることを希望している」と伝えた[162]。また、彼は、報告書がマッカーサーと軍部にも容認された「統一概念」を示していると主張し、これが「修正を必要とすることは疑いない」が、「個々の勧告に根本的な修正を加えれば、マッカーサー将軍や軍部が同意しない可能性が高くなるだけではなく、概念全体が破壊され、おそらくこれに代わるなんらかの新しい概念が必要となろう」、と警告した。このような警告を発するのと同時に、疲労と持病の胃潰瘍が再発したケナンは、メリーランド州ベテズダ海軍病院の一六階で数週間の入院生活を余儀なくされたのだった。

九　ＰＰＳ二八に関する国務省内の検討

退院した後、ケナンはペンシルバニア州のイースト・ベルリンにある彼の農場で休養を取り、四月一九日にようやく復帰した。この間、国務省は、ＰＰＳ二八――「ケナン報告書（Kennan Report）」と呼ばれた――の検討を開始した。先述のとおり、ケナンは、琉球諸島の「恒久的な支配に国際的承認を得るという問題」をすぐに研究するよう勧告していた。ロベットにこの報告書を提出した時、ケナンは、この報告書に対するさまざまな意見を収集し、まとめる作業はバタワースが適任ではないかと提案した。(163) しかし、国務長官室事務局長のハメルシンは、バタワースやワイズナー（Frank G. Wisner）占領地域担当国務次官補代理に対して、だれが「この研究を実施するかについて」ロベットに特に意中の人があるわけではないが、「占領地域課と極東局が共に作業するならば、その方がよい」、と述べた。結局、ケナンの友人であるバタワースが、ロベットからこの問題に関するさまざまな部局の作業の調整を指示されることになった。(164)

極東局のなかでは、アリソン（John M. Allison）北東アジア課長が、ケナン報告書に対するコメントをまとめる責任を担った。(165) この年の一月に約一カ月間日本と韓国に旅行したばかりのアリソンは、ケナンの報告書に感銘を受けた。彼はバタワースに、「この報告書に明らかにされている全般的政策に全面的に同意し、したがって、ケナン氏の勧告にはまったく賛成である。もし承認されれば、この報告書は、外交関係の死活的領域において米国に統一的、調和的かつ建設的な政策を提供することになろう」と述べている。アリソンは、北東アジア課内で韓国に関係する政策形成に関与しており、韓国における選挙と、この地域からの米軍の撤退が及ぼす影響について特に注意を払っていた。(166) だが、ケナン勧告の沖縄に関する部分について、アリソンは興味深い見解を寄せている。ケナンとは対照的に、なるべく早い時期に米国の政策方針を国際社会に知らせることが重要であるとアリソンは考えていた。なぜなら、そうすることによって、米国が韓国から撤退することに対する懸念が緩和されるのではないかと予想されたからであった。アリソンは次のように説明する。

長い間私は、韓国からわが国の軍隊が撤退することに対して、極東のみならず他の地域において引き起こされるであろう反応に不安を感じてきた。このような撤退が、ソ連の圧力からの後退を意味するものではないと見せかけることは困難であり、後退は東洋のみならず世界中で米国の権威と地位に甚大な影響を及ぼすであろう。しかし、韓国からの軍の撤退に先んじて米国が極東から後退していないことを世界に明らかにすることができるのであれば、私は、韓国からの撤退によって生じる可能性のある精神的な悪影響は概して軽減できるのではないかと信じる。

アリソンは、極東局、とりわけアリソンの前任者であったボートンに顕著であった伝統的な政策と訣別した。彼は、「沖縄を支配する行政府としての米国との間に戦略的信託統治協定を結ぶ措置が、早急にとられるべきである」（傍点引用者）と考えたのであった。そして、極東委員会でケナンの勧告に対する承認を得るために外交交渉を始めてから、この協定を国連安全保障理事会に提出し、全会一致を求めるべきであると勧告した[167]。極東局はこれまで、日本による琉球諸島の保持と、基地租借方式を検討してきた。だが、信託統治については、通常の信託統治には消極的であり、戦略的信託統治にははっきりと反対であった。したがってアリソンの勧告は、極東局の政策の断絶を意味したのである。この断絶は、国際環境の変化と、日本と極東地域に対する米国の政策を考察したケナンの研究成果によってもたらされたものであった。

四月五日、関係部局課の代表者会議が開かれ、ケナン報告書と国務省の沖縄政策全般の見直しが行われた[168]。極東局からはバタワース、ハミルトン、ボートンが、北東アジア課からはアリソン、フィアリー、グリーンが、PPSからはデービスが、国連局からはラスク国連局長が、従属地域局からはカーゴが出席した。この会議の記録によれば、三つの問題について議論が行われた。第一に、米国は沖縄に長期間とどまるという決定を直ちに下すべきであるとする勧告についてである。第二に、そうした行動を公表する必要性があるか否か、そして第三に、琉球諸島の支配の形態や種類についてであった。

バタワースは、アリソンの勧告を引用することをためらったようである。会議の席上、彼は軍部が「通常の信託統治に対して、戦略的信託統治の方が有用であるという思い違いをしている」と考えられるのではないかと述べた。おそらく、戦略的信託統治の完全な実施を強く主張するアリソンを支持する意思のないことを暗に示したのであろう。バタワースは、基地の保護手段や監察といった、通常の信託統治の問題と利点を国連局に検討するよう求めた。

国際政治、国際法の教授であったラスクは、法的、政治的理由から、沖縄を信託統治にするという議論と、公表の時期について疑問を呈した[169]。ラスクは、米国が旧日本委任領について信託統治を模索したときに困難が生じた経験を引きながら、講和会議の前にも信託統治協定に対する「法的な疑義」が「多くの関係国」から表明されるであろうと論じた。「沖縄の場合、講和交渉に先んじて明確な解決策を求めんとする米国の議論は、より脆弱な法的基盤に依拠するものとなろう」し、「不幸にして、国連総会においては、ソ連や東側陣営、おそらく中国、それに他の極東諸国から予想される反対に加えて、法的疑義を唱える国があろう」。このようなラスクの疑問は、三つの要素から説明しうるものであった。第一に、このころ、国連ではイスラエルとパレスチナの分割信託統治案が討議されており、ラスクがこれに苦労していたことである。第二に、ラスクが「民主政治への深い哲学的信奉と、植民地主義は戦後世界では一掃されるべき時代遅れの産物であるという、兵役中に得た体験的な確信」をもっていたことである。[170] ラスクは、「植民地主義をモラルの問題ととらえており、米国と国連のよるべき原則は、植民地において独立と自治に賛成する政策を採用することにあると信じていた」という。[171] 第三の要素は、戦後日米の友好関係を引き裂いたり、いかなる方法であっても被害を与えたりしてはならないという願望がラスクにあったことである。

ラスクは、もし沖縄の将来が明確に決定されないのであれば、以下の手段が考えられるであろうと提案している。第一に、講和条約締結まで米国は沖縄に駐留する。第二に、講和交渉の際に米国は、沖縄に対する通常の信託統治を求める。第三に、沖縄の住民は沖縄の将来の地位をみずから決定することができる（日本への返還に限定するものではない）という条件のもとで、米国は、国連総会において信託統治協定の承認を求める。ラスクは、米国政府が沖縄は将来、日本に返還されるべきだと決定するのであれば、信託統治は「解決のためのもっとも適切な手段」ではないだろうと述べた。なぜなら、沖縄の日本への返還は国連憲章の目的と「若干矛盾することになる」からである。参加者の一人（特定できない）が今なら米国は、講和交渉の際に沖縄への信託統治を要求するということを公にできるのではないかと提案したとき、極東局のハミルトンは、当座は米国の沖縄領有の形態については明確にしない方が好ましいと述べた。また、「根本的な問題は、沖縄に無期限に駐留するという決定を米国政府が今下すことによって、軍部がその必要を満たすことができないのかどうかという問題、そして、この時期に公式の声明を発表すればなんらかの利益が得られるのか、という問題である」と述べた者もいた。参加者は、このことが実際に問題であると認めたうえで、「軍部は、米国が無期限に沖縄に駐留するという前提で進むべきであるとする大統領決定」が現段階では必要であるということで合意した。そして、「講和条約の締結までは、この構想で現状が維持されるであろう」という点で了解が得られた。ここでいう現状維持とは、米軍が沖縄の占領を継続する一方で、米国政府は講和会議に先んじて最終解決をはかろうとはしないことを意味していた。

最終的には、米国が長期にわたって沖縄での地位を確立することを可能にする国際的協定を検討した文書を国連局が準備することに決した。そして、国連局の研究は、この会議のメンバーによる批評と承認を経て、「沖縄に関する国務省の立場についての勧告」として完成されたのだった。

十　琉球の処遇に関する国連局の報告

会議の後、ラスクは、従属地域課のカーゴに沖縄に関する覚書を起草するよう指示した。「まったく素晴らしい働きぶりを見せる人物」としてラスクから厚い信頼を得ていたカーゴは、

第二回国連総会（パレスチナ問題が取り上げられ、期間中にトルーマン大統領はイスラエルを承認した）の準備に国連局が忙殺されていたにもかかわらず、熱心に作業を進めた。[172] カーゴは、一九四一年から四六年まで五年間の兵役を終えて地域課に復帰した同僚のヨーマン（William L. Yeomans）の助力を得た。二人は、フィアリーと内容について議論し、その同意を得た後、一八頁からなるポジション・ペーパーを完成した。[173] もっとも、フィアリーは両人から相談を受けたというのが適当であろう。カーゴとヨーマンの文書は多くの点において、一九四六年から四七年にかけてのフィアリーや彼の前任者の作成した報告（表3-1〔四一頁〕参照）を下敷きにしていたから、フィアリーの同意が得られることはほぼ間違いなかったのである。四月八日付の国連局（UNA）文書の草案は、三日前の会議で結論に達したことを述べるとともに、琉球諸島の施設に対する支配権の獲得を追求するという選択肢を詳細に記していた。この文書は、国務省が以下の立場をとるべきであると勧告した。

(1) 米国は、長期間琉球諸島に施設を保持するという決定を現時点で下すべきである。そして、軍部はこの前提に基づいて大統領から指示を受けるべきである。

(2) 琉球に関して満足できる対日講和、もしくはその他なんらかの国際的な合意は棚上げし、琉球については現状が維持されるべきである。すなわち、米軍が琉球占領を継続する一方で、米国政府は、国際的な処置によって決定的な解決をはかろうと試みるべきではない。しかし適当な時期に、友好国に対しては、適切な国際協定の下でこの地域に米国が留まる意図を通告するべきである。

(3) 適当な時期に、以下の手段によって、米国は琉球の施設の保有をはかるべきである。

(a) 北緯二九度以南の琉球諸島に米国を施政国とする通常信託統治を実施する。

(b) 日本と基地租借協定を締結する、もしくは、

(c) 四大国の日本に対する長期的な安全保障措置の一部として、琉球諸島に米国の施設を確保する。

ケナンの起草したPPS二八では、「恒久的」もしくは「恒久的な」という語句が用いられたことに対して、この覚書ではむしろ、「長期間」という語句が意図的に使用されていることは重要であろう。琉球において「米国が……施設を恒久的に保持する意図を持つ」という語句を使用することは、「恒久的な領土保有という意味を言外に含める」ことになってしまう。それは、国務省の立場を代表するものではないし、米国政府全体の立場ともいえない。したがって起草者は、「恒久的」、あるいは「恒久的に」といった語句に反対したのである。さらに、「期間」を明記せず、かつ終了時期について米国の同意を必要とするような長期租借協定や信託統治協定によって、望ましい結果を得ることが可能であると信じられている」とも考えられた。結果的に、この覚書は、こうした語句の変更をすべて採用したの

だった。

この覚書の目的の一つは、琉球における施設を米国が保持するために必要ないくつかの手段を検討することにあった。右の三つの選択肢のうち、選択肢(b)、すなわち基地租借協定の利点と欠点については、前述のようにフィアリーが以前に検討していた。(c)は実際には真剣に検討されなかった。そこで(a)の選択肢、一般的信託統治についてカーゴがいかなる利点を挙げたか、以下にみてみよう。

カーゴは、国務省で過ごした時期の大半を国連の問題、特に信託統治協定を扱う作業に費やしてきた（ミシガン大学における彼の卒業論文や博士論文も、パレスチナの委任統治問題に関するものであった）[174]。国務省員や一般向けに二週間ごとに発行される省内雑誌、『国務省公報（*Department of State Bulletin*）』（一九四七年三月号）に、国連の信託統治制度を扱った特別記事を寄稿したのはカーゴと同僚のアームストロング（Elizabeth H. Armstrong）であった[175]。三一歳という若さにもかかわらず、カーゴはおそらく当時の国務省内でもっとも聡明な人物の一人であり、少なくとも、個々の事項や実施に伴う政治的問題に関しては、通常信託統治と戦略的信託統治の利点を記述する資格を有していたのである。

カーゴは、琉球諸島を戦略的統治下に置くもっとも「重要な実際上の欠点」は、それが安全保障理事会の承認を必要としていることであると論じた。なぜなら、ソ連と中国が出席する安全保障理事会ではそのような協定は拒否権によって否決されるであろうと考えられるためであった。同様に、「人口が多く、かつ米国から遠く離れた地域に戦略的信託協定を結ぶことは、挑発的な性質を内在しており」、それによって「米国は、他の多くの諸国の支持を失う」可能性があると主張した。しかも、沖縄を米国の戦略的信託統治下に置く「一般的に想定される利点」も、それが安全保障理事会での拒否権の行使に支配されているにもかかわらず、「可能なかぎり拒否権の行使を抑制している」米国の政策の観点から、「いくぶん強調されすぎている」と論じている。他方、カーゴは、通常の信託統治については拒否権の行使を受けないであろうと主張した。通常の信託統治は、琉球の米軍基地について想定される他の協定とは異なり、「他の諸国からの疑義や政治的抵抗をほとんど引き起こさない」であろうと考えられたのである。最後に、カーゴは、安全保障上の考慮には詳細に立ち入らなかったものの、今日までに締結されてきた九つの通常の信託統治協定は、本質的に軍事統治を保護する条項を含んでいると説明している[176]。米国が通常の信託統治協定を模索するのであれば、次のような条項を米国は採用すべきであるとカーゴは提案した。「検閲を含む軍備管理のための一般的な協定に従い、施政権に基づいて建設された基地や設備のすべてはこうした協定の想定する軍備と同様にみなされる。そして、施政国の決定するところによって、施政国の領域に存在する基地や施設と同様にこの協定の管理に従う」。カーゴは、この条項によって、米国は「戦略的信託統治の代わりに通常信託統治を実施しても、軍事的にはほとんど何も失わない。それどころか、戦略的信託統治にともなう政治的な欠点が実質的に減少する」と主張した。これはカーゴの過失ではなかったけれども、通常の信託統治に関する研究の唯一の、しかし根本的な問題は、通常の信託統治方式は、琉球諸島に対する主権は日本にあると考えていた極東局の願望とこれまで形成されてきた政策に反するものだったことである。ともあれ、この覚書は、米国は琉球諸島の施設の保持に国際的承認を求めようとすべきではないということを繰り返し述べた。カーゴとヨーマンの手によるこの覚書は、ラスクとゲリグの検討を経て、四月二一日に完成した[177]。

一カ月後の五月二一日には、バタワースの要請に基づいて、ボートンがカーゴの同僚、地域課のアームストロングとヨーマンを訪れた。ボートンは、通常の信託統治の代替案（戦略的信託統治）を提案する条項を勧告に残すべきであるとする極東局の議論を説明した。なぜなら、戦略的信託統治はそもそもJCSが勧告したものであり、これを文書に含まないことは「非現実的」であると思われるからである[178]。その日の午後遅く、ヨーマンとアームストロングはラスクに会い、ボートンの要求を説明した。ヨーマンによると、ボートンは、以前にも同じ問題を提起したという。だが、ヨーマンは、この文書は国務省の立場を表明するものであるから、「国務省にそのような解決策を受け入れる準備が完全にはないかぎり」、戦略的信託統治を求める条項は文書の中に含めるべきではないと回答していた。ラスクも「現時点では戦略的信託統治は望ましくないようである」と賛成し、地域課は、次の二つの方式のうち一つを用いて極東局と妥協することを提案した。第一に、信託統治の種類を述べずに、「信託統治」の要求を述べる方式である。第二に、通常の信託統治、もしくは「あまり好ましくない戦略的信託統治」を勧告し、優先権を明らかにする方式である。

ヨーマンとアームストロングの二人はボートンを訪ね、ラスクが提案した方式の線に沿って妥協を模索した。二人はまず、第一の妥協策を提案し、これにボートンは「渋々」同意した。ボートンは、軍部が「戦略的信託統治」を特定していない勧告を受け入れようとはしないであろうと感じていたのだという。ボートン、極東局がJCSとこの点に関して議論することを望まず、したがって、通常の信託統治と戦略的信託統治を代替案のなかで同等に扱おうとするのだと説明した。しかし、アームストロングとヨーマンは、戦略的信託統治案を通常の信託統治と「同じ足場に」置けば、国務省にとっては戦略的信託統治という選択肢が「同様に受け入れやすい」ということを意味することになる。しかし、実際にはそれは国務省の立場ではない、と指摘した。しかも、JCSは、戦略的信託統治には「明確な可能性がある」ということを、「［国務省の］ポジション・ペーパーに従って指摘することができる」のであるから、国務省は「JCSとこの問題を議論すると不利益をこうむるかもしれない」。このような議論の結果、ボートンに第二の妥協策は提案されなかった。というのは、ボートンが第一の妥協策をバタワースに打診することに同意したからである。

国連局の報告書が完成したころ、PPS二八のケナン勧告に関するコメントが他の部局からも集まった。最初に返ってきたコメントは、サルツマン（Charles E. Saltzman）占領地域担当国務次官補のものであった。オーストリアの占領を経験していたサルツマンは、「報告書の基本的な結論には、概ね同意する」ものの、沖縄に関するケナンの見解には問題点があることを指摘した[179]。サルツマンはまず、沖縄問題が国務省内で「長い間検討されてきたことに注意を喚起した。ケナンの勧告は「おそらく正しい」が、これには「それまで展開されてきた議論が必ずしも反映されているものではない」という。とりわけ、彼は次の点を強調した。

彼ら［琉球の人々］がまったく自衛能力を持たないからといって、必ずしもわれわれがその防衛に従事するべきであるという結論が導かれるわけではない。米国の信託統治のみが住民を保護するのかどうかは、明らかではないのである。また、住民を保護するためには、信託統治が戦略的でなければならないかという点も明らかではない。われわれは住民に対して責任を有するため、信託統治以外の手段は考えられない、という立場を維持することは困難であろう。諸島を維持しようとするのであれば、米国の国益に基づいて決定を下すべきであり、住民の利益に基づいて下すのではないということをわれわれは認識するべきである。

サルツマンは、「長期計画」を開始し、地方政府の樹立、教育の改善、輸出産業の振興、旅行規制の撤廃を通じて、諸島を「できるだけ自立した状態」にするべきであると論じた。「これらの計画は［米国による］恒久的な保有を意図するものではない」が、「われわれの義務と利益に一致する」のであるから、計画を実施するのに必要な経費を要求する軍部を支持するべきであると彼は提案したのだった。

グロス国務省法律顧問もまたケナンの勧告を分析している。グロスは、米国によってすでに検討されていたいくつかの選択肢を記述した[180]。彼は、「征服した権利」によって米国は沖縄もしくはその基地に対する権利を主張できるし、「征服した領地を併合することもできる」という議論も引用した。もっとも、彼自身も認めるように、このような議論は政治的配慮を欠いていた。そこで、グロスの見解は、「米国の同意を不可欠とする、沖縄に関する効果的な国際協定を棚上げすることによって、法的見地から、米国は、沖縄統治を継続する資格を有する」というものであった。これはすでに承認された見解であり、公式の政策になりつつあった。

バタワースはケナン報告書に対するさまざまなコメントを収集し、ロベット国務次官にケナン報告の勧告部分の改訂版を四月一六日に提出した[181]。バタワースは、ロベットの承認を経たのち、この改訂版を国務省の見解としてドレイパー陸軍次官に提出することを提案した[182]。そして、陸軍省の同意が得られれば、ケナン報告書の勧告部分を国務省政策文書として、国家安全保障会議に提出することも合わせて提案した。次節ではこの過程を検討することにしよう。

十二　NSC一三の形成

ケナン報告書は「比較的小さな」改訂を経て（五月二五日にPPS二八／二として完成）、六月二日にNSC事務局長のソイヤーズ（Sidney W. Souers）海軍少将に提出された。ソイヤーズは、これをNSCのスタッフに配布し、検討したうえで、NSCに報告書を準備するように指示した[183]。NSCに参照資料として提出されたことによって、PPS二八／二はNSC一三という新たな名称を与えられた[184]。この改訂版では、「琉球諸島」に関する部分（第二項第三段落）は次のようになっていた。

> 米国政府は、沖縄の施設を長期間保有しようとすることを現時点において決断すべきである。また沖縄の基地は、それに応じて拡充されなければならない。諸島の統治に責任を有する米国政府機関は、早急に長期計画を立案、実行し、経済的、社会的な福利厚生をはかり、かつ、実行できる範囲で、最終的には住民の自立をはかるべきである。適当な時期に、北緯二九度以南の琉球諸島を米国が長期間、戦略的に支配するのにもっとも相応しい手段によって、国際的な合意が得られるべきである（傍点引用者）[185]。

特に注目すべきは、傍点で示したとおり、PPS二八／二はPPS二八とは異なり、施設の「恒久的」保有、もしくは琉球諸島に対する「恒久的戦略支配」を求めず、むしろ「長期間」の施設の保有や、諸島に対する「長期間の戦略統治」を求めた点である。これは、四月から五月にかけて行われたケナン報告書に関する議論を反映したものであった。

ケナン報告書が六月にNSCスタッフに提出されたことを受けて、国務省と軍部は、琉球諸島に関する部分についてさらなる議論に入った。沖縄の法的地位が不確定であることによって、最初から行財政の問題を生じていた。なかでも、基地拡充の問題と住民の経済的な福利厚生の問題が取り組まれるべき課題であった。

ケナン報告書がソイヤーズに提出されようとしていたころ、アリソンとフィアリーは沖縄の経済的状況に関心を抱いていた。五月二八日に、彼らは、沖縄救援復興財団のメンバーである二人のハワイ在住の沖縄人と会談した。彼らは、沖縄人が「深刻な状態」に陥っており、限られた耕作地に住民が溢れかえっていることが問題であると説明した[186]。フィアリーは、長期にわたって沖縄人の政治的、経済的状況を観察してきており、事態の深刻さに気づいていたことは疑いない。問題は、まだ法的には日本の一部である沖縄の復興に対して、どのような方法で資金を拠出するかであった。実際、復興のための将来の資金だけではなく、現在の占領にともなうコストに注意を払う必要があった。マッカーサーもこうした問題に気づいており、軍部や国務省に宛てた文書のなかでは必ずといっていいほどこの問題を指摘していた。そもそもマッカーサーは、沖縄を財政的に日本に従属させ続けるような取り決めには批判的であった。だが、連合国最高司令官としてのマッカーサーは長い間、琉球諸島の占領が原因で引き起こされる日本の経済資源の枯渇（債務不履行）を懸念していた。したがって、マッカーサーは沖縄に関するＮＳＣ報告を歓迎し、軍部も他の行政機関も、沖縄に関する計画のために議会から直接資金を受け取るようになることを望んでいた[187]。

「占領地域としての琉球の特別な地位」という観点から、極東軍最高司令部（Far Eastern Command, FEC）の司令官たるマッカーサーが沖縄に駐留する米軍や復興に必要な資金の問題を解決するために行った政策の一つは、フィリピン・琉球司令部（ＰＨＩＬＲＹＣＯＭ）から琉球司令部（ＲＹＣＯＭ）を分離し、独立の司令部を沖縄に設置するという一九四八年七月一四日付の指令である（八月一日に施行）[188]。マッカーサーは、ＲＹＣＯＭを最高司令官直属とした。この一般的な指令を報告した文書のなかで、シーボルドは、この処置によって琉球諸島の複雑な戦略的、経済的問題が解決されるのではないかと期待されているると述べている。しかし、この指令は、問題が存在するということを明るみにだしたに過ぎなかった。

一九四八年九月六日には極東軍総司令部のなかに、極東軍最高司令官への諮問を行わせる琉球軍政府部を設置した[189]。ウイッカリング（John Weckerling）准将が初代部長に選ばれた。ウイッカリングは任命されてから一週間もたたないうちに、琉球における軍政府や経済復興の見込みについて直接観察するために、二週間にわたる琉球視察を行った。

この間、国防総省においては、国務省と軍部の代表者が、琉球諸島の経済復興に必要な資金を調達する方法について議論した。占領地域政府援助（ＧＡＲＩＯＡ）は一九四九年財政年度予算で、琉球諸島のための「独立した復興計画」を策定することを求めていた。しかしＧＡＲＩＯＡ基金には限界があった。軍部の代表も、琉球諸島は法的にはまだ日本の一部であることから、こうした支出の合法性に疑義を呈した[190]。一方、国務省の代表は、「琉球諸島は、法的にはまだ日本の不可分の一部であるが、現在のところ、講和条約締結時にはおそらく日本から分離されるのではないかと考えられている」との見解を明らかにしたのである。

国務省が琉球の分離を認めたのは、琉球の復興資金の割り当てが減じたこと（要求額の一五％、二、四〇〇万ドルしか与えられなかった）、琉球諸島の状況の急速な悪化、そして国際社会に対して、琉球諸島の統治を釈明する能力が欠如していたことなどに関係していたと思われる。国防総省での会談に国務省の代表者として出席したフィアリーは、七月二七日にアリソンに宛てた覚書のなかで、「日本国内よりも琉球諸島の方が悲しむべき状態にあることや、あらゆる責任を伴うことになる琉球諸島への無期限駐留をわれわれが決定しそうであることに鑑みて、琉球に対する予算は、少なくとも他の地域と比較して減額されるべきではない。もし、われわれの最近の議論の線に沿って琉球諸島により多くの資金を調達しようとするのであれば、今こそ行動の時であると思われる。予算から琉球諸島への資金を割り当てる機会がまだ残っているからである」と主張した。[191]

ロベット国務長官代理は、九月下旬にNSCのスタッフに対してNSC一三をNSCに提案するよう求めた。[192] この文書を提出するにあたって、NSCのレイ（James S. Lay, Jr.）事務局次長は、これが、その原型である国務省の報告書を、「国務省、陸軍、海軍、空軍、国家安全保障戦略委員会、CIAの代表者の助言と支援によって、NSCのスタッフが改訂したものである」と説明した。[193] NSC一三／一と名付けられ新たに改訂された文書は、九月三〇日の第二二回NSC会合で取り上げられた。[194] その前日、リーヒ提督は、この報告書に関するJCSの最終覚書の要約をフォレスタル国防長官に提出した。[195] たしかにNSC一三／一の第五段落は、JCSが一九四七年九月に作成した勧告と一致しているが、南鳥島や孀婦岩の南に位置する南方諸島も、長期間の戦略的信託統治下に置かれるべきであるとJCSは信じる、とこの覚書は述べていた。また、JCSは「昨年の国際環境の悪化は、JCSの勧告が基礎を置いていた論理にさらに重みを加えるに至った」と判断している、とも指摘している。さらに、この覚書は、米国による琉球諸島の支配は、「その目的を達成するために、旧日本委任統治領におけるわれわれの戦略的信託統治下で得たものと少なくとも同程度の、明白かつ確固としたものとなろう」と勧告した。

NSCはJCSの提起したこの問題を九月三〇日の会合で取り上げ、「国務省による最終的な同意に委ねる」ことで一致した。[196] 結局、この問題については早急に最終的な措置がとられることはなかった。NSCは、一〇月七日に開催された第二三回会合で琉球問題を取り上げた。[197] この日の会議は、NSC一三／一をNSC一三／二として承認することを決定し、「大統領は……この文書を承認し、国務省の調整の下に米国政府の諸機関すべてが、これを履行することを指示する」と勧告した。注目すべきは、琉球諸島に関する部分（第五段落）が、この時点ではNSC一三／二に含まれなかったということである。それは、NSC内で合意を得ることが困難な問題のあったことを反映していた。[198] これらは、後に本文とは別に提出されることになったのである。[199] 二日後の一〇月九日、トルーマン大統領はNSC一三／二を承認した。[200]

その後、一〇月二六日付の覚書のなかでロベットとソイヤーズは合意に至った。[201] ロベットの覚書によれば、ロベットは、国防長官宛の九月二九日付JCS勧告が、北緯二九度以南の琉球諸島に加えて南鳥島や孀婦岩の南に位置する南方諸島も長期間の戦略的統治の下に置かれるべきであると提案していたことから、第二三回NSC会合では、琉球諸島に関する第五段落は承認されなかったのだと説明している。また、JCSは、NSC文書において米国による琉球諸島の支配を可能なかぎり「明白に」するよう勧告していた。しかし、ロベットは、ソイヤーズに対して、国務省は南鳥島や孀婦岩以南の南方諸島にも長期間の戦略的統治を適用せよというＪＣＳの要求に同意するが、琉球諸島に関する第五段落を「現時点で策定されうるもっとも強固で明白な声明」とみなす、と説明した。なぜなら、「対日講和条約が調印されるまでは、旧日本領の措置に関するいかなる協定も決定されることはないからで」あった[202]。ロベットに転送され、改訂された第五段落（「琉球諸島、南方および南鳥島」と名付けられた）は、以下のとおりである。

> 米国は、沖縄の諸施設、および北緯二九度以南の琉球諸島、南鳥島、孀婦岩以南の南方諸島で統合参謀本部が必要とみなす諸施設を、長期的に保有しようとすることを現時点で決定すべきである。それゆえ、沖縄の基地を拡充すべきである。上述の諸島に行政責任をもつ米国の機関は、早急に長期的計画を立案、実行し、経済的、社会的な福利厚生を実現し、かつ、実行できる範囲で、最終的には住民の自立をはかるべきである。適当な時機に、米国の北緯二九度以南の琉球諸島、南鳥島、孀婦岩以南の南方諸島の長期的な戦略的支配についての国際的承認を、その時点でもっとも有利な方法で獲得すべきである[203]（傍点引用者）。

ロベットは一二月二日、ヨーロッパ訪問から帰国したばかりのフォレスタル国防長官に、ＮＳＣ一三／二に従って国防総省が第五段落の履行に責任を負うよう書面で要求した[204]。国務省は、一〇月九日の大統領の承認によって「ＮＳＣ一三／二の履行を調整する機関」と位置づけられていた。したがって、さまざまな行政機関に対して実際にこの勧告を履行するよう通達するのは、国務長官代理であるロベットの裁量によるところだったのである[205]。

フォレスタルは一週間後の一二月九日に返答した。彼は、「少なくとも、他の行政機関が指名されないかぎり、あるいは指名されるまで、国防総省が統治機構を代表して早急に長期的計画を立案、実行し、経済的、社会的な福利厚生を実現し、かつ、実行できる範囲で、最終的には琉球諸島、南方諸島、南鳥島の住民の自立をはかるための責任を負う」ことに同意した[206]。しかし国防長官は、この地域を長期的に支配するために必要な国際的承認の獲得に関しても国防総省が責任を有することが意図されているのか、ロベットに質問した。というのも、フォレスタル自身は、これは国防総省の管轄外であると判断していたためである。一二月一七日にロベットは返答し、フォレスタルの理解が正しいと答えた。だが、同時に、「沖縄の基地を発展させるために必要とされるであろう沖縄の周辺地域の米軍施設を決定する責任もまた、国防総省にある」ことを確認するよう求めたのだった[207]。フォレスタルもすぐに同意した。

しかし、国務省と軍部は早い段階から問題を予測していた。一一月二日に北東アジア課のビショップ（Max W. Bishop）、ボンド、フィアリー、グリーンと、陸軍民政問題部のリッグス（Thomas J. Riggs）大佐、ミルナー（W. W. Milner）とベスタル中佐の間で会談が開かれた。グリーンは、「困難な問題は、琉球諸島に関する勧告の履行と占領のコストの問題であろうと予想される」との見解を示した。[208] リッグス大佐は、予算と財政問題を扱う陸軍の会計監査課は、「米国が明確な権利を有するまでは……恒久的な性格を有する施設を建設するための予算を認可することについて消極的であろう」と指摘した。さらに、「NSC一三／二の」第五段落が、委任統治条項としてではなく、むしろ意図の表明として提唱されたことは不運である」とみなしている、とも述べた。参加者は、「政府は、望ましい範囲で占領経費を削減するイニシアティブや意思を総司令部に期待することはほとんどできない」という結論に達した。「この問題を解決する唯一の実際的な方法」は、ベスタル中佐が述べたように、占領軍が必要とする日本製品や日本人のサービスについての年間予算要求を日本政府に提出するよう総司令部に要求することであった。

　この問題は、根本的には沖縄がまだ法的には日本の一部であるという事実に立脚していた。陸軍省は、沖縄がまだ日本の一部である以上、米国政府は琉球諸島の経済復興のために資金を投入することはできない、と指摘していた。したがって、ロイヤル（Kenneth J. Royall）陸軍長官は一二月中旬、NSC一三／二の第五段落に以下のような修正を求めた。傍点で示した箇所がこの点に関わって追加修正された部分である。

　米国は、沖縄の諸施設、および北緯二九度以南の琉球諸島、南鳥島、孀婦岩以南の南方諸島で統合参謀本部が必要とみなす諸施設を、長期的に保持する意図を持つ。それゆえ、沖縄および沖縄周辺での軍事基地を拡充すべきである。これらの諸島に行政責任をもつ米国の機関は、当該諸島の経済的、社会的福祉に関する長期計画、および現地住民の経済に生ずる欠損を将来的には実行可能な範囲内で最小限に抑えるための長期計画を早急に策定し、実施すべきである。適当な時機に、米国の北緯二九度以南の琉球諸島、南鳥島、孀婦岩以南の南方諸島の長期的な戦略的支配についての国際的承認を、その時点でもっとも有利な方法で獲得すべきである。

　米国は、占領費の分担に付随して北緯二九度以南の琉球諸島が担う負担を、政治的、経済的安全保障の確立に必要な範囲内で軽減することが、いまや米国の国家的利益であると判断した。このことを公的に宣言することは米国の利益にならないし、現時点でこの意図につき国際的承認を得ることを適当とは考えていない。だが、北緯二九度以南の琉球諸島に関する米国の国家的政策については次のことが要求される。すなわち、同地に駐留する米軍および米国政府機関は、上述の経済的、社会的福祉計画を実現し、将来的には現地経済に生ずる欠損を最小限に抑えるために、必要かつ実際的な範囲内で、本日から六〇日後に費用の即時支払いを開始し、当該諸島が今後は他の占領地域に対して財政的に従属し、または債務を負うことのないようにすることである。[209]

ロベット国務長官代理は一九四九年一月一七日にこの修正案に

表6-1　NSC 13の形成過程

年　月　日	主な立案，検討と行動
1947年８月５日	国務省極東局，対日講和条約草案を作成。
1947年８月７日	ケナン，講和条約草案をデービスに検討させる。
1947年10月14日	PPS10，「対日講和に関する問題点の研究結果」。
1947年10月15日	PPS10/1，「琉球諸島の最終的処理に関する特別勧告」。
1948年３月14日	ケナン，沖縄などについてマニラからマーシャル国務長官へ覚書を送る。
1948年３月25日	PPS28，「米国の対日政策に関する勧告」（いわゆる「ケナン報告書」）。
1948年４月５日	PPS28，国務省内の部局間の検討を受ける。
1948年５月26日	PPS28/2，米国政府内の関連する各機関からのコメントの後、完成に至る。
1948年６月２日	PPS28/2，NSC の参考のために提出され，NSC 13となる。
1948年９月24日	NSC13/1となった文書が NSC で協議されることになる。
1948年10月７日	第５段落（琉球諸島）を除き，NSC 13/2は NSC の賛成を得る。
1948年10月26日	NSC，琉球諸島に関しての第５段落に賛成する。
1948年11月５日	トルーマン大統領，NSC13/2(5)を承認する。
1948年12月22日	陸軍省，NSC 13/2(5)の修正案を提出する。
1949年１月17日	ロベット国務長官代理，陸軍省の修正案に賛成する。
1949年２月１日	トルーマン大統領，陸軍省修正案を承認する。
1949年５月６日	トルーマン大統領が NSC 13/3となる文書を承認し，国の政策となる。

同意し、大統領も二月一日に承認を与えた。[210] ＮＳＣ一三／二にこの修正案を加えてＮＳＣ一三／三とされた文書は、五月六日に第三三回ＮＳＣ会合で承認された。一九四七年春に対日講和条約草案が作成されて以来、ケナンとＰＰＳを中心として二年間にわたって行われた対日占領政策と沖縄についての検討は、ここに完了した（表６-１参照）。[211]

その後の議論は、沖縄の軍政府に関わるより技術的な観点へと移行していった。主要な問題の一つは、沖縄に基地やその他の施設を建設すると同時に、琉球諸島の復興に予算を配分することであった。四月一日、琉球に駐留する軍隊を「源泉課税」扱いにするという修正が、ＮＳＣ一三／三の第五段落に施された（二月一日に施行）。その修正は、六〇日以内にそのような協定を締結することを求めるものであった。[212] また、「諸島における自治政府」の設置をめぐる議論も行われるようになった。[213]

琉球諸島における経済的・政治的状況、特に軍政府の状態を検討しようとする試みは、一九四九年に最高に達した。表６-２が示すように、政府関係者の沖縄訪問は一九四九年に集中しているのである。

例えば、太平洋諸島を専門とするハーバード大学の人類学者で、極東局顧問のオリバー（Douglas L. Oliver）は、五月下旬から六月初旬にかけて日本と琉球諸島を視察したが、これは、国務省と米国政府が琉球諸島にいかに注目していたのかを物語っている。[214] オリバーの報告書は、琉球に対する新たな占領政

表6-2　外交官および軍関係の高官による沖縄の訪問

日　付	訪問者	所　属	調査目的
1946年12月	オーバートン	横浜総領事館	琉球諸島での占領の状況について
1947年11月3-4日	シーボルドとボンド	POLAD/国務省	琉球諸島での占領の状況について
1948年3月11-12日	ケナンとスカイラー	国務省/陸軍	戦略的必要性について
1948年4月	オーバートン	横浜総領事館	沖縄の状況について
1948年9月11-25日	ウェッカリング	琉球・軍政府	琉球諸島での占領の状況について
1948年11月4-5日	不明（オーバートン？）	POLAD	琉球諸島における米国政策について
1949年1月	ファイファー	横浜総領事館	沖縄での占領の現状について
1949年2月14-18日	ボーリンガー	POLAD	琉球の最近の状況について
1949年3月	クレーグ	陸軍検査課	沖縄の状況について
1949年3月21-26日	クライン	横浜総領事館	沖縄の視察
1949年4月	デリンジャー	陸　軍	沖縄の軍政府について
1949年5月13-24日	オーバートン	横浜総領事館	沖縄の状況について
1949年6月1-?日	オリバー	国務省（顧問）	沖縄の状況について
1949年9月3-?日	ボーヒーズ	陸　軍	琉球諸島での占領の状況について
1949年9月	ビッカリー	陸　軍	農業の使節
1949年10月	ノルド	陸軍/空軍	軍事建設の要請について
1949年10月	コリンズ	陸　軍	沖縄の軍政府について
1949年10月15-29日	マジストレッチ	横浜総領事館	沖縄の状況について
1949年11月	マルティーノ/ノーベル	陸　軍	経済計画・建設について
1950年1月	シーボルドとジェサップ	POLAD/国務省	沖縄での占領の現状について
1950年1月	JCS	JCS	沖縄の状況，安全保障上の要請について

策の指針となった。彼の報告書は、琉球諸島の改革を進めるために任命された琉球司令官シーツ（Josef R. Sheetz）陸軍少将によって用いられたのである（一九五〇年一二月五日には、マッカーサーも多少の変更を加えたうえでこの報告書を承認した）[215]。

米国による琉球諸島の占領の目的と将来の政治形態に関して、オリバーは、「米国の戦略的利益が許容するのであれば、琉球諸島の主権と行政権は日本に返還されるべきである」と勧告した[216]。その理由について、オリバーは以下のように記述している。

> 琉球人は完全に日本人であり、日本から隔離することは常に膨大な補助金を必要とするであろう。民事行政を効果的に実施するのは、相当に困難であり、友好的かつ従順な住民がいなければ、スパイ活動やサボタージュに対抗する特別な政策手段が必要となろう。したがって、もし基地の拡充にとって必要となれば、［日本による］直接統治が再開される可能性があるため、米国に対する日本人の好意に依拠する手段が模索されるべきである。

つまりオリバーは、日本が琉球諸島を保有することが最善の策であると信じていたのである。実際、オリバーは「独立した琉球文化という設定は、誤った歴史的、人種的前提に基づいており、問題にならない」と信じていた。したがって、彼は、「米国の統治を継続するのであれば、もっとも賢明な政策は、琉球の経済、文化の発展を日本の経済、文化の発展に関連づけることを琉球人に認めることである。米国の戦略的利益を守りつつこのような政策を実施するには、賢明で、公正な、そして理解ある統治形態に優れた統治技術を採用することが必要となろう」と論じた。琉球諸島を米国が「保持すべきである」とのNSC決定を再検討すべきであるというオリバー勧告（琉球諸島を日本に返還しても、米国の戦略上の利益は守られるという可能性も示唆されていた）に、バタワースは驚いた。ケナンや他の関係者と共に当初から対日政策の見直しに関与してきたバタワースは、ウェスト（Robert W. West）国務次官補代理に送った覚書のなかで、「［オリバー勧告のもつ］遠大な意味あいを考慮すれば、慎重に検討することが要求される」と述べている。バタワースがこのような姿勢を示したのは、沖縄政策についてJCSとの間でからくも保たれていた均衡を崩したくないと考えたことによると思われる。つまり、基地と戦略的必要に適合する地方経済の早急な拡充、政治的外交的に困難な琉球諸島の処遇の最終的解決を延期することで、国務省とJCSとの間には合意が成立していたのであった[217]。だが、次章で検討するように、講和条約が具体化するにつれ、必然的にこの均衡は動揺しはじめたのであった。

NSC一三／三が承認されたことによって、沖縄政策について米国政府内には暫定的ながらコンセンサスが形成されるに至った。その背景には、冷戦の開始によって、日本国内の安定と安全および対外的安全保障が、現実的に米国自身の安全保障にとって死活問題となったことがあった。沖縄は、抑止的要素として、軍事行動に必要な基地として、そしてソ連とその同盟国たる共産中国の手中に落ちることが阻止されるべき基地と領土として、戦略的に重要であるとみなされた。そこで、米国が、琉球諸島を長期使用する意図を持って、地域経済の復興と沖縄の軍事施設の拡充を図ることが決定されたのだった。米ソ対立に左右された国際社会を象徴して、国際的承認の問題は、その解決を後日（対日講和会議が開催される時期）まで持ち越されることになった。しかし、実際には、国際的承認や日本の同意といった課題のみに問題は終始しなかった。次章で考察するように、米軍の戦略的要請と国務省の政治的、外交的配慮の双方をいかに満足させるかという問題も、劣らず困難なことが明らかになるのである。

第7章　対日講和条約と第三条　一九四九―一九五一
――米国の戦略と日本の要請、そして国際承認の問題――

はじめに

ダレスの補佐をしていたアリソンは、ダレスが「完璧なものは、良いものの敵である（the perfect is the enemy of the good）」という表現をもっとも好んだと回想している。(1)「合衆国は領水を含むこれらの諸島の領域及び住民に対して、行政、立法及び司法上の権力の全部及び一部を行使する権利を有するものとする」と規定しつつ、沖縄に対する日本の「潜在主権」を認めると解釈された講和条約第三条は、ダレスのこうした現実的なアプローチを鮮やかに示すものであるといえる。トルーマン大統領の特使であるダレスが設計した第三条、そして対日講和条約全体が、いかに起草され、協議されたのか、そして後にどのように解釈されることになったのかを論じることが、本章の目的である。さらに、本章は、講和条約、とりわけ領土条項に対する日本政府の動向も検討する。吉田首相の諸イニシアティブは、米国政府に沖縄を恒久的に日本から分離させないようにするうえできわめて重要であったことが、本章で初めて明らかになる。

一　講和、安保条約締結への動き

現在、われわれが、対日占領について岐路に立っているのはあきらかである。占領の性格を変え、……今後一二ないし一八カ月以内に、講和条約後の日本との関係を構築するために、ワシントンの最高指導者が早急に、断固たる行動を起こすことが必要である。(2)

これは、アジア政策の専門家であるビショップ北東アジア課長の勧告である。ビショップは、東アジアに関するマッカーサーの見解を探り、また彼に国務省の対日、対沖縄政策を説明するため、一九四九年二月に訪日した。この勧告は、その直後に出されたものである。講和条約締結に向けて、対日占領に変化を求めるビショップの呼びかけは、極東情勢がさらに悪化していることや、日本の政治、経済状況が不安定化していることを踏まえたものであった。当時、中国では内戦によって共産党軍が蔣介石率いる国民党軍を一掃していた。一九四九年末までには中華人民共和国が成立し、翌年二月一四日、ソビエト連邦と中華人民共和国との間で中ソ友好同盟相互援助条約が調印された。またソビエト連邦は朝鮮民主主義人民共和国（北朝鮮、一九四八年九月九日に成立）とも一九四九年三月一七日に経済条約を調印し、北朝鮮に多額の資金を貸し付けた。さらにソ連は、核実験も成功させた。これによってアメリカによる核の独占は終焉を迎え、「冷戦」期を通じて続いた軍拡競争が始まった。一方、日本の状態はといえば、高いインフレ率、劣悪な経済状態、政局の不安定、そして日本国民のなかに蔓延していた「占領疲れ」が次第に米国政府、とりわけ国務省の憂慮するところとなった。日本人が抱えていた不安は、おそらく一九四九年一月二三日の総選挙でビショップの目に明らかとなった。彼はこの選挙を「占領に対する反対投票」とみなした。(3)

こうしたできごとがきっかけとなって、東アジア地域における米国の影響や関与のありかたについて懐疑的な見方が支配的になった。一九四九年二月六日、共産党軍が北京に無血進攻したその一週間後、報道陣への非公式会見においてロイヤル陸軍長官は、「アメリカは日本に対してなんら道義的な義務はない」と東京の米国大使館で述べ、米ソ間で有事が発生した場合、日本は「本音を言えばお荷物」であり、米軍は撤退すべきであると言明した。シーボルドＧＨＱ外交局長はこの発言に憤慨し、ワシントンに次のように報告した。「アジア大陸における最近のできごとを鑑みれば、ロイヤル長官の発言ほど、日本がソ連寄りとなる可能性を高め、また日本人にそれが好ましいと思わせるものはないだろう(4)」。ロイヤル発言に関する新聞報道を受けて、アチソン国務長官は、ヨーロッパやアジアの米国同盟国に対して、「米国は軍事的責任を放棄したり回避したりする意思は毛頭ない。また、日本の救済と再生のために当初から米国が引き受けてきた責任やリーダーシップを放棄するつもりもない」と確認せねばならなかった。(5)一九四七年三月には、ミシシッピ州クリーブランドで行った演説のなかで、日本が再び「アジアにおける偉大な工場」となることを呼びかけた。(6)これは、ロイヤルに対する説得力に満ちた反論であった。

しかし、極東情勢がさらに悪化し、日本国民が占領に不満を持っていることが明らかになるにつれ、国務省は講和条約の必要性を再び真剣に検討し始めた。ウェッブ（James E. Webb）国務長官代理（アチソンはパリで開かれた外相会談に出席中）は、「NSC一三／三の現時点での妥当性」を検討する必要性を提言する覚書を国家安全保障会議（NSC）に送った。前章で述べたように、NSC一三／三は、そのわずか二週間前の一九四九年五月六日に決定したばかりであった。しかも、この対日政策が政府内で合意に至るまでには、二年の歳月を要したのである。NSC一三／三は、脆弱な日本の政治経済や「ソビエト連邦による攻撃的なまでの共産主義の拡大政策によって引き起こされた重大な国際的状況」、「当事国間で広がった意見の食い違い」などを理由に、PPS二八やNSC一三／二が「現時点では講和条約を強く推進しない」と決定したのを再確認するものであった。したがって、国務省は、NSC一三／三の勧告が最終決定された直後に、それとは意見を異にする講和条約締結を考え始めたことになる。ビショップが起草した覚書のなかで、ウェッブは、友好的な同盟国、ソビエト連邦あるいは日本国民自身のいずれかから講和条約締結への圧力が高まるだろうと警告した。だが、米国は、「占領状態を変えようとする日本国民からの圧力に屈したり、他の勢力によって提出された案に基づいて平和条約の交渉をする立場に追い込まれたりすることを避けるのが望ましい」と彼は考えた。翌週、国務省は講和条約への準備の第一歩として日本における米国の安全保障の必要性を検討するよう国防省に依頼した。[7]

これに対して、JCSは、「日本における米国安全保障要件の戦略的評価」（一九四九年五月一五日にNSC四九として承認）において、「引き続きソビエトが積極的に共産主義を拡大する政策を進めているため、日本の民主化を達成するとともに、西側諸国の一員たる立場を確保することがまず必要であり、現時点での平和条約の締結は必要であるどころか、軍事的見地から判断すればむしろ時期尚早である。また、世界情勢が依然としてきわめて不安定な状態にあることから、いかなる地域においても米国の支配権を喪失する危険性を伴う政策は、米国の安全保障に重大な影響を与えることになる」と論じた。[8] 統合参謀本部はその報告書のなかで、極東地域における米国の安全保障上の利益のなかで日本が有する戦略的重要性を四つの観点から詳細に述べた。すなわち、地理的には日本が貿易ルート上に位置すること、海洋航路を支配する必要性、日本が太平洋上の米軍基地に対抗するソ連の基地となりうること、「アジア大陸ならびにソ連に対して軍事力を投入する」ための米軍の集結地となること、である。そのうえでJCSは、米国の安全保障上の利益を守り、「少なくとも日本に関するかぎり、ソビエトによる共産勢力の拡大を防ぐ」ことを目的に、講和条約交渉では「以下の保障措置」が検討されねばならないと表明した。それらの措置とは、

(a)　日本の経済的、心理的、政治的安定、ならびに民主主義と西側の一員としての義務が前もって確保されていなければならない。

(b) 国内秩序を維持し、重要な軍事施設への破壊行為を防ぐために、日本国内の治安維持軍が十分でなければならない。それは、現在深刻化しつつある中国の攻勢が始まる前に必要だと思われていた治安維持力を上回るものでなければならない。

(c) 防衛力をもたない日本の主権は、現在の世界情勢下ではなんら保証されるものではない。そのため、JCSが先に勧告したように、戦争の勃発に備えて、あるいは日本の再武装を必要としない極東情勢が生じないかぎり、自衛を目的とする日本の限定的再軍備が占領軍撤退に先立って計画されなければならない。

(d) 講和条約では占領軍撤退の明確な時期を設定してはならない。むしろ、占領軍は段階的に撤退すべきであり、占領終結が正当であると認められる条件が決定、合意されるまで、占領は終結されるべきではない。[9]

JCSがこれらの条件を列挙したことによって、講和条約の締結こそが日本の親米路線を確実にすると考える国務省側は苛立ちを募らせた。なぜなら、軍部が要求する占領継続は事実上、国務省の議論と真っ向から対立するものだったからである。九月初旬、アチソンは、マッカーサー——彼もまた早期の講和条約締結を求めていた——に宛てた書簡でこの問題を簡潔に説明した。「講和条約の締結か占領継続かは、どちらか一方を選択するといった議論ではないと思われる。平和、安全保障、そして極東地域における共産主義支配からの脱却といったアメリカの国益としっかりと結び付いた日本を実現するための真の道筋を探るという目的を達成するためにも、双方をうまく使いこなさなければならない[10]」。この論理は、PPS室長のケナンの指揮の下で、前年九月に完成したNSC四九の再検討に引き継がれた。[11] そして、一〇月四日のNSC(NSC四九/一として成立)にも反映されることになった。その議論の核心は、「日本に現存する民主主義や西側志向が維持され、発展するという希望は、ただ講和条約の早期締結のみに存する」というものであった。[12]

この報告書が完成する直前の九月九日、アチソンと強固な反共主義者として知られた英国外相ベビン(Ernest Bevin)との間で予定された会談に先がけて、国務省高官は、英国外務次官(極東担当)のデニング(Maberly E. Dening)や駐米英国大使館員と会合を開いた。デニングは、米国が極東地域にあまり重点を置こうとしないことや、対日講和の早期締結に向けた動きが鈍いことを非難した。これに対して、バタワース極東担当国務次官補は、講和会議の手続がまだ定まっていないことを説明した。彼はまた、東アジアにおける共産主義の勝利が状況を変えたのだと述べた。米国は、講和条約が地域における米国の安全保障上の利益と相容れるのか、またソ連と中国が会議に参加するのか否かを懸念していた。だが、デニングは、ソ連は米国主導の講和条約の条件には賛同しないであろうから、ソ連抜きで講和条約の締結を進めていくことが必要だと論じた。また、安全保障問題に関しては、米国の安全保障は、日本が米国による保護と引き換えに米軍に基地を提供するという二国間の協定によって保証されうると示唆した。彼は、「そのような措置であれば、講和条約のみならず保護をも必要としている日本が受け入れる可能性がある」とも付け加えた。また、西太平洋における安全保障上の利益をより強化するために、米国が琉球諸島に対して信託統治を適用することを考える可能性があろう、とも述べた[13]。この四日後に行われた会談で、アチソンとベビンは、米、英、そして英連邦諸国が「［講和条約の］準備」を開始し、「すべての基本的な条件について、事前の合意」を模索するべきであるとの見解を確認した。また、コロンボで一月に開催されることになっていた英連邦会議に間に合うように、アチソンが対日講和条約に関する米国の見解を英国に知らせることについても合意した[14]。

この会談が行われた週の週末、アチソンは、トルーマン大統領やアーリー（Stephen T. Early）国防次官と閣議終了後に会談し、講和条約が近い将来交渉の場に上るという想定に基づいて、国務省は、安全保障上必要不可欠な要請について統合参謀本部の見解を求めることになるであろうと説明した[15]。ウェッブ国務次官からジョンソン（Louis A. Johnson）国防長官への親書の形で国防省に対する正式な要求が提出されたのは、一九四九年一〇月三日のことであった。ウェッブは、英国側に米国の方針を提示するのは一二月を予定しているが、それまでに国家安全保障会議と大統領によって政策が討議され、承認されるための時間的余裕が必要なことを考慮し、国務、国防の両省が一一月半ばまでには合意に達しなければならないと述べた[16]。また、九月二九日にアチソンが国務次官室に新たな条約案をまとめるよう指示したことから、一〇月一三日までには新案がまとまった。もっとも、安全保障問題が条約の鍵であるという事実を踏まえて、安全保障に関する条項は条約案には盛り込まれず、国防省との協議の後に挿入されることとなった[17]。

しかし、アチソンが求めた安全保障上の条件に関する軍部の見解について、JCSの回答（NSC六〇「対日講和条約」）は遅れた。しかも、条約締結に向けての交渉は時期尚早であるとのNSC四九に見られた見解を再確認したに過ぎなかった[18]。JCSの覚書を受け取った翌日一二月二四日の朝、アチソンはブラッドレー（Omar N. Bradley）元帥とバーンズ（J. H. Burns）少将（アーリー国防次官の代理）に対して、国務省側と軍部の見解について討議するよう求めた。軍や米国の安全保障上の利益に直接関係する事項については軍に決定権を譲るという国務省側の慣例に則って、アチソンはまず、極東地域における米軍と基地を存続させるという軍の要求について理解を示すという態度をとった。これは、国務省も大筋では認める方針であった。しかし、アチソンは、ソ連や、中国を事実上支配している（共産党）政府が対日講和条約の加盟国になるべきであるとするJCSの要求には同意できないと述べた。「この二つの考えをみれば、対日講和条約へ向けての交渉が時期尚早であるという統合参謀本部の見解は、控え目な表現の傑作（a masterpiece of understatement）である」[19]。次いでアチソンは用意していた非公式の覚書を読み上げた。これは、英国大使フランクス卿（Sir Oliver Franks）に渡すために作成されたものであった。アチソンは、米国政府がいくつかの点については「一応の結論」に達したものの、「もっとも重要な案件である安全保障問題」に関しては、「米国が直面する基本的な問題に満足のいく解決策を得る」には至っていないと説明した。さらに、彼は次のように論じた。

> 条約の基本的な問題は安全保障である。すなわち、西太平洋地域における米国の安全保障上の立場を弱め、ひいてはその地域で同じ立場に立つ国の安全保障も危険にさらすような平和条約は避けなければならない。米国としては、条約の安全保障に関する条項は二つの目的、つまり再生した日本からの攻撃に対する安全保障とソビエト共産主義の攻撃に対する日本の安全保障に合致するものでなければならないと理解しているのである。しかし、この二つの侵略の脅威は密接に関連があるように思える。なぜなら、完全非武装化という現状の下で日本がソ連の軍事力と同盟や協定を結ぶと仮定するならば、日本を潜在的脅威と見なしうることが考えられるからである。……したがって米国は、日本に対するソ連の潜在能力には最大限の注意を払う必要がある。どれほど魅力的に見える条約であったとしても、共産主義による直接あるいは間接の攻撃から日本を十分に保護できないような条約ならば、ないほうがましである。

したがって、アチソンは、彼とベビンが九月に決めた「期待された日程を［米国が］満たす」のは不可能である、との結論に達せざるを得なかった[20]。だが、アチソンは、関係政府機関に対して合意の取り付けを働きかける一方、同盟国との協議を続けるという二段構えのアプローチを模索した。そして、一二月二九日のNSCにおいて、「ソビエトの参加如何に関わらず、米英両国が日本との講和条約交渉に入ることは可能である」との見解をトルーマンが示し、国務省に軍配を挙げたことによって、併行的なこの二つのアプローチが承認されたのだった[21]。

前章の表6-2（一七二頁）が示すように、国務省や国防省は、日本をはじめとする極東地域にそれぞれ代表団を送り込み、詳しい調査を試みた。一九五〇年初頭、国務省を代表したのはジェサップ（Philip C. Jessup）である。彼は三月一五日までの三カ月間、日本やアジア一三カ国を歴訪した。日本に滞在した間、ジェサップは、「アジア地域の共産主義の脅威に対してわれわれが採り得る策の一つが対日講和条約の締結であり、われわれは帝国主義者ではなく日本国民の正当な要求を満たすことができる」と主張した。これに対してマッカーサーは、「はっきりと、熱烈な支持を与えた[22]」。一方、JCSの代表は一月二九日から二月五日にかけて日本を訪れた。だが、軍部は、訪日によって日本との講和条約には適切な時期ではないという議論を再確認したに過ぎなかった。

その間、国務省は、対日講和条約を早期に締結する必要性を総合的観点から検討するとともに、どのような安全保障協定を作り出すべきかについて研究した。三月九日に完成した「米国国務省の対日講和および安全保障措置に関する基本的立場」では、条約の早期締結がふたたび論じられた。また、極東地域における米国の安全保障上の利益を保障する手段であり、かつ国連憲章とも矛盾しない「太平洋における集団的安全保障協定」が提唱された[23]。二週間後の三月二三日、ジョンソン国防長官の求めに応じて、ボーヒーズ（Tracy S. Vorhees）陸軍次官がアチソンと会談し、講和条約に対する陸軍の姿勢を説明した。ボーヒーズの要求によって実現したJCSの日本訪問の後、軍は講和条約へのアプローチを再検討したが、従来の結論の確認に終わった。米国が講和条約締結によって一方的に対日占領を終結すれば、手続上、ロシアはこの条約に縛られることなく、終戦当時の降伏条件で日本を占領することが可能である。だが、アチソンは、「このような意見を過度に強調するのは、ソビエト連邦がそのような行動を起こすのを誘発する恐れがある」として退けた。さらなる意見交換が必要であるとアチソンは述べた[24]。

それからちょうど一カ月後の四月二四日、条約に関する両者の見解の相違を解消する目的で、アチソンは国防総省と国務省の関係者を招集した[25]。実際のところ、アチソンは軍部を説得し、日本との早期の講和条約締結について支持を得る道を探っていた。彼は、条約が「時期尚早」であるとしたジョンソンの声明や、ソ連および事実上の中国政府が対日講和条約の加盟国となる一方で、米軍は日本に残留すべきであるとの統合参謀本部の要求について注意を喚起した。アチソンは、これらの二つの条件が「条約締結を不可能」にしていると指摘した。そして、その代わりに、極東委員会諸国と日本との間で太平洋集団的安全保障協定を形成する一方で、非懲罰的な条約を早く締結すべきであると論じた。このような安全保障協定では、「日本は、日本を攻撃から守るために必要と認められる基地ならびに権利は何であれ米国にその使用を認める」ことになっていた。また、占領軍を維持しながら日本政府と政治経済に関する条約を締結するといったボーヒーズの提案は非現実的であり、「日本の状況は不変ではない」と反論した。さらに、彼は、「米国が迫られている選択は、米国が現在置かれている状況を選ぶのか、それともその代案を選ぶのかではない。むしろ今より悪化した状況を選ぶのか、それともその代案を選ぶのかという選択である。何もしないことは政治的問題の解決を意味しない」と強調した。しかし、ブラッドレー統合参謀本部議長はこれに同意せず、「とりわけ極東情勢の変化に伴う最近の展開と不確実性を考え合わせると」、講和条約は事実上まだ「時期尚早」であるとの見解に固執した。また、ブラッドレーは、「形式に過ぎない講和条約に反対している」と付け加えた（アチソンがそれをすでに拒否していたが）。シャーマン提督もブラッドレーの判断に同意し、「軍の立場から見て、この問題に関するもっとも重要な点は、日本、沖縄、そしてフィリピンの島々で形成される外縁部を米軍の拠点とするのか、それとも日本と沖縄の拠点を放棄し、戦前の拠点であるグアムやフィリピンまで撤退するのか、いずれかの選択を要求されている、ということである」と論じた。シャーマンは、米軍が日本から撤退するなら、「沖縄は擁護できない」とも付け加えた。そうしたことから、「この二つの選択肢には中間点は見られない」と警告した。奇妙なことに、こうしたシャーマンの議論は、アチソンの安全保障協定に対する考えを完全に無視しながらも、これに対して真剣な反論をしたわけでもなかった。

有能な弁護士であり、すぐれた交渉者でもあるアチソンは、日本における米軍の規模や配備といった軍事計画については国防省の判断を優先すべきであると改めて強調したうえで、国務省が国防省に引き続き「この点に関するアドバイス」を期待していると付け加えた。しかし、国務省にとって最大の関心事は、「米国が、長期的には、実際に必要とする以上の基地も権利も要求しないことを明確にすることである。なぜなら、そうした行為は、交渉を不必要に困難なものとし、また不利な政治的結果を招きかねないからである」と説明した。国防省の関係者は、「現況での講和条約締結は少なくとも今後六カ月間［六カ月後には状況が見直され得ることを意味する］は時期尚早である」との見解を繰り返した。だが、同時に、もし国務長官が「政治的理由から、状況が非常に急速に悪化しているために六カ月も待てないと言うのであれば、ＪＣＳは直ちに状況を再検討しなければならないだろう」として、わずかながら譲歩する姿勢もみせた。だがアチソンはこの反応には納得しない様子であった。彼は、「あらかじめ指摘された程度まで状況が悪化するのがいつになるのか、誰も正確に予測することはできない」とし、「どんなに立派に遂行されたとしても、いかなる軍事占領もある一定の期間が経過すればその効果は減少するものであり、最後には新しい条約の締結によって軍事的な条件を担保する必要がある。そして誰かがその代償を支払わなければならない時が来るものだ」と主張した。軍部もこれに賛成しているように見えた。しかし、ジョンソン国防長官は、太平洋地域の基地への視察旅行から戻るまで、あらゆる決定を見送ることを要請した。[26] こうして講和条約締結の必要性をめぐる最終決定は再び先送りされた。とりわけこの会合は、政治的問題を軍事的配慮から切り離すことがいかに困難であるかを印象づけるものであった。双方がそれぞれの問題の範囲をいくら限定したとしても、実際には相互に関連していたのである。軍部が決定を留保する間、アチソンは条約締結に向けた国務省内の準備を進めた。

二　講和に向けて——ダレスと国務省のブリーフィング

四〇年の国際経験をもつ弁護士、ダレスの登場の背景にはこうした状況があった。[27] 講和条約問題が国務省と国防総省との間で行き詰まっていることに加えて、トルーマン政権の対アジア政策は、野党共和党の鋭い批判――アチソンのいう「原始人の攻撃」[28]――にさらされていた。三月下旬にダレス、ラスク、アチソン、そして当時病床にあった共和党のリーダー、バンデンバーグ（Arthur Vandenberg）との間で協議が行われた結果、いわゆる超党派外交の必要性を認識したダレスは、外交問題に関する共和党のスポークスマンではあったものの、国務長官顧問に任命された。一九五〇年四月六日のことであった。[29]

極東担当国務次官補の地位をラスクに引き継いだのち、対日講和問題に関する国務長官の補佐官を務めていたバタワースであったが、スウェーデン大使として赴任することが決定したために、対日講和問題から離れざるを得なくなった。[30] 彼は、講和条約が孕む微妙な政治的、軍事的な特質、さらにはきわめて複雑な国内政治状況を懸念していた。そのため、外交官が講和条約の交渉と批准を担当するのは困難であると考え、プリンストン大学の先輩であるダレスを講和問題担当の後任として推薦したのだった。[31] そして、アチソンとトルーマンもこれに賛成したのである。

共和党との深い関係をみれば、任命後のダレスの主たる役割は、議会と国務省との連絡にあると考えられた。しかし、彼が与えられた地位はそれ以上であった。対日講和問題が彼の希望する任務であったことは、さまざまな機会を通じて知られていた。[32] 事実、任命されたその日に、ダレスは講和条約への関心を示した。アチソンに対して、ダレスは、「信頼できる人間を選び、その人物に仕事を任せ、その人に責任を委ねなければ、［トルーマン政権は］何も達成することはできないだろう。対日講和条約がよい例である。国務省は四年もの間この問題を議論しているが、いまだに結果が出ていない。結果がでなければ首にするという条件で、誰かに一年の期限を与えて仕事をさせてはどうだろうか。その人間に目標を示し、それを達成するのに必要な権限を与えたらよいではないか」と述べたという。[33] そしてダレスは、講和条約の準備作業に関するブリーフィングを要請した。アチソンもこれに同意し、翌四月七日、法律顧問のハワード（John B. Howard）とバタワースをカナダで休暇に入る前のダレスのもとに派遣した。[34] 会合は四時間に及んだ。バタワースとハワードの両人は対日講和および安全保障協定に関する国務省の見解を述べた。なかでも、沖縄の領土問題がたびたび登場したことは注目に値するであろう。[35]

最初に発言したのは、バタワースであった。彼は極東情勢や講和条約と安全保障の取り決めについてどのような準備を行っているのか、順を追って簡潔に説明した。一九四七年の講和会議開催の失敗、一九四八年初頭のケナンの訪日、NSC一三の形成、そして、JCSが「不十分ながらも現時点までに明らかにした」沖縄と日本本土に基地を建設するという軍事的要請が対象に上った。つづいて、ハワードは、日本の中立化、日米間の基地租借協定、太平洋協定（Pacific Pact）、「日本に対する」防衛のみならず「日本のため」の防衛も視野に入れた協定、さらに「安全保障については連合国最高司令官の権力を維持する限定的な政治、経済条約」といった、日本との安全保障協定案について説明した。

彼らの説明が終わった後、ダレスは意見を求められた。彼の関心は、とりわけ安全保障協定案に集中した。彼はまず、日本中立化の構想を切り捨てた。その理由は、「ロシア人は中立を尊重しない」からである。これはアチソンに近い見解であった。太平洋協定や限定的な平和条約といった案についてもダレスは批判的であった。しかし、「日本が共産主義勢力の攻撃から守られる一方、参加している諸国は日本の攻撃から守られる」という多国間協定については、彼は「好意的にみていたようであり」、議論の多くをこの案の検討に費やした。他方、日本政府が基地を米軍に提供することを規定する基地協定について、彼はなんら言質を与えようとしなかった[36]。ダレスは、日本や沖縄に「JCSが基地を建設したいと要望していることを知らなかったよう」であり、「基地の必要性について先入観があるとのそぶりをみせなかった」。しかし、英国の米軍基地のように、「広範囲にわたって基地が設置されることの重要性を理解しており、日本本土での基地もこれに類似したものとなる可能性があろう」と述べた。ただし、ダレスは、「敵対的な国に置かれている基地は意味がない。英国のように、日本から米国に対して基地を設置するよう要請されなければならない」と警告した。こうした見解は、国務省内にも存在しており、ダレスの議論の重要な部分を構成することになる。いずれにしても、ダレスは、日本に米軍基地を設置することが、「専門的で軍事的な問題である」との立場であった。彼は、「日本本土に基地を置くか否かにかかわらず、［安全保障の］取り決めを考える」と述べた。沖縄に関しては、彼は「国務省と同じである。つまり、通常の信託統治方式が戦略的要請を十分に満たす」との見解を示した[37]。

五月一八日に行われたトルーマンの記者会見で、ダレスは正式に対日講和問題の担当となった。この席で大統領は、講和条約の交渉は国務省によって行われると述べ、近い将来締結できるとの希望も明らかにした[38]。つまり、講和条約問題について国防総省との対立が生じた場合、トルーマンは国務長官を支持すると示唆したのである。この直後、ダレスは訪日を決定した[39]。その準備の一環として、彼は国務省の対日政策関係者をオフィスに呼び、意見を聴取した。国務省側は、対日政策とその実施について、合計一三部から成る詳細なブリーフィング・ペーパーを用意した。

ここで重要なのは、琉球諸島に関する従来の政策と現在の問題を指摘したブリーフィング・ペーパーである[40]。この文書は、北東アジア課のヘメンディンガー（Noel H. Hemmendinger）が作成し、同課のU・アレクシス・ジョンソン次長が修正したものであった。前章などで紹介しているようにジョンソンは四年近く横浜で領事（後に総領事）を務め、一九四九年夏にワシントンに戻っていた[41]。横浜滞在の間、彼自身は沖縄に行かなかったものと思われるが、軍政下の沖縄の社会、経済、政治状況について報告をするために、何人かの若手外交官を沖縄に派遣した（前掲表6-2〔一七二頁〕参照）。ジョンソンはその現地調査を読んで、コメントを加えた後、ワシントンに転送していた。[42] したがって、彼は占領下の沖縄の実状についてワシントンでもっとも詳しい人物の一人であった。

ジョンソンとヘメンディンガーは、まず北東アジア課の立場を確認した。「琉球諸島は第一次世界大戦の勃発した一九一四年以前から日本の主権下に置かれており、カイロ宣言が規定するような暴力によって獲得されたものではない。したがって、この諸島に対する日本の主権は放棄されることになる可能性はあるが、主権はまだ放棄されておらず、また連合国の声明は主権放棄の必要性を明確に示していない」。さらに、彼らは米国の沖縄政策の政治的な背景について説明し、五年間の経験や観察、調査に基づいて、その時点まで沖縄について事実として考えられていたことを覆した。「政治的および文化的にいえば、琉球諸島は本質的に日本であり、日本本土の比較的に貧しいところに類似した文化水準にある」。そして、彼らは「琉球諸島が日本とまったく異なる伝統や文化を持つことを前提にした米国の当初の指令は非現実的であった」と断じた。したがって、琉球諸島と日本本土はまったく異なるアイデンティティをもっていることを強調し、その分離を正当化しようとしている軍部の行動は、歴史と住民の希望を間違って理解したことによるものである、と主張した。さらに、琉球諸島の「現在の問題」について論じた部分では、沖縄の国際的地位とその領域について説明しようと試みた。

U・アレクシス・ジョンソンとヘメンディンガーは、まず「米軍にとって不可欠と思われるすべての支配権を米国に委ねる」構想、つまり沖縄を戦略的信託統治下に置くという構想は、国連安全保障理事会でソ連が拒否することが予想されるため、「予言できる将来において不可能である」と考えた。他方、通常の信託統治案については国連総会で承認を得られるであろうが、国連の信託統治委員会による監視は、軍部が求める軍事的権利と両立できるかどうかについてはまだ軍部と具体的に協議していない、と説明する。そして最後に、琉球諸島に対する主権を日本に残しながら米軍のための基地を租借するという取り決めについては、彼らは、日本による琉球諸島の保有が、「米国の戦略的利益に一致するかぎり、この選択は（少なくとも二つの）利点がある」と指摘した。一つは、米国が、「現在の低い生活水準の向上を求めることが予想される地域」を統治する問題、そしてそれにともなう経済的負担から免除されることであった。もう一つの利点は、米国のアジア政策にすでに影響している「植民地の拡大という批判」を避けられることであった。

U・アレクシス・ジョンソンは、軍部の説得に国務省が難渋していることをよく理解していた。したがって、彼は、「［沖縄を］日本から引き続き分離し、米国の絶対的な支配下に置くことについて、陸軍の意思は堅い」とダレスに対して警告した。[43] U・アレクシス・ジョンソンのこの観察は正しかった。この段階まで、沖縄の領土的処理に関してアメリカの政策は軍事的配慮と政治的な配慮をめぐって分裂していた。大西洋憲章を強く意識した国務省は、沖縄に対して主権を日本に残しながら、基地権を確保するという方針を依然としてとってきた。これに対して、軍部は、沖縄について絶対的な戦略的支配権を持つことを欲した。理論的に言えば、一つの妥協案は、通常の信託統治であった。だが、国務省は必ずしもこれを望んでおらず、軍部も反対していた。もっとも、沖縄に関する取り決めよりもまず、講和条約を締結するかどうか自体が大問題であった。これを決定するために、ダレスとそのスタッフは日本を訪問することになったのである。

三　日本訪問のための準備

国務長官顧問に任命されたダレスは、アリソン北東アジア課長を彼の「同僚として、同時に顧問として」選んだ。アリソンは、戦前の日本や中国での経験の豊富な職業外交官である。ダレスとは国連米国代表部で極東問題の顧問を務めていた一九四九年に出会ったのが最初であった。おそらく、アリソンの政策起草能力を買っていたのであろう。また、「日本人を勇気づけ、また日本人が強制によってではなく自主的に国際社会の立派な一員となることができるような、自由主義的な条約」を日本に与えるべきである、と考える点でアリソンとダレスは見解を同じくしていた。一方、アリソンは、ダレスの「疲れを知らない」働きぶりに感銘を受けたという[44]。講和条約の準備期間を通じて、ダレスは休むことなく働き続けたのであった。

彼らが最初になすべき仕事は、日本を訪問し、マッカーサーや日本の指導者と講和条約について討議を行う準備をすることであった。そのため、アリソンは北東アジア課長の業務を離れ、対日講和条約に関して何がなされてきたのかを再検討し、国防省や極東委員会、国務省の他の部局の見解はどのようなものであったかを学ぶことになった[45]。北東アジア課のフィアリーは、講和条約問題に関するアリソンの特別補佐官となり、アリソンとダレスに国務省内の作業の最新情報を伝えた。そしてダレスは、対日講和条約に関する米国の政策について超党派の支持を議会で「確保」するとともに、国務省と軍部の間でコンセンサスを形成することに力を注いだ[46]。その結果、六月七日までには覚書が用意された。フィアリーによると、ある晩、ダレスは三〇頁からなる国務省起草の条約草案を自宅に持ち帰り、翌朝、一頁の「原則に関する声明」にまとめて国務省に返却したという。ダレスは、連合国にこの段階で条約の全体像を明らかにしたくはなかったのであろう。フィアリーは、「[ダレスの]方針は、二、三の基本原則を提示し、これについて連合国や日本からの同意を得ることによって、各国に条約締結の第一段階から積極的に参加していると感じさせることであった」と回想している[47]。覚書のなかで明らかにされた「長期的かつ全体的な」対日政策の基本原則とは、以下のようなものであった。

平和を愛好する日本国民が、基本的人権を尊重すること。自由世界の一員となること。米国に友好的であること。外国に依存することなく経済を発展させること。みずから範となってアジア、太平洋の人々に自由世界に生きることの利益を示し、この地域が共産主義の手に落ちるのを防止する役割を果たすこと。

このような原則をダレスは考えたものの、安全保障協定や沖縄の処遇について詳細まで踏み込むことはなかった。国防省の見解をはっきりさせる必要があったからである[48]。

この覚書が完成したちょうど一週間後の六月一四日、ダレスとアリソンはワシントンを発ち東京に向かった[49]。ダレスは、この旅行がジョンソン（Louis A. Johnson）国防長官、ブラッドレー統合参謀本部（JCS）議長といった国防省高官の訪日と重なることを知っていた。安全保障をめぐる軍部との妥協の余地について、彼は次のように記している。「[安全保障協定のあり方は、] JCSが日本を攻撃用航空基地として使用することを欲しているかどうかにかかっている。もしそうした方針が米国の政策として採用されたなら、日本との関係においても、米国の日本に対する責任という観点からいっても、重大な結果がもたらされることになろう。代替案としては、最小限度の米軍を日本に引き続き駐留させることによって米国が日本の防衛を保障することなどが考えられる[50]」。国務省と国防省の見解の相違が原因で対日講和条約の締結が遅れていることに、マッカーサーもまた不安を抱いていることをダレスも知っていた。前章で述べたように、マッカーサーは、一九四七年三月に講和条約の締結を提唱していた。日本はすでに非軍事化、民主化されており、講和条約を締結し、日本を国際社会に復帰させることが日本経済の復興につながる、というのがその理由であった。それ以降、マッカーサーは講和条約の行き詰まりに苛立ちを募らせ、JCSに対する批判（シャーマン提督を除く）を隠そうともしなかった。彼の目から見て、JCSは日本や講和条約をめぐる問題に対する理解をまるで欠いていた。一九五〇年一月には、彼の政治顧問であるシーボルドや訪日中のジェサップ無任所大使に、講和条約交渉は「JCSの決定に委ねられるべき問題ではない」のだから、国務省は「JCSの反対を却下すればよいのだ」と述べている[51]。シーボルドの意見も同じであった。ダレスが六月に訪れた際の日記には、「軍部が外交政策に影響を及ぼすことを許す危険があり、実際に対日講和条約の締結が遅れる事態をもたらしている。外交政策上の理由で対日講和条約を締結すべきであると決定したのなら、国務省は条約の詳細まで決めてしまうべきだ。そして、必要とあれば大統領の決定をもってしても、国防省をこれに従わせるべきである。今の国務省は、これとまったく反対のことを行っているようだ」との彼の見解が記されている[52]。こうして、ダレス、そしてマッカーサーが、国務省と軍部の双方に受け入れられる協定案をもたらすことになったのだった。

四　第一次ダレス訪日

ダレス夫妻と補佐役のアリソン、ダレスの秘書ドイル（Dorothy Doyle）、そして二人の新聞特派員からなる一行は、六月一七日の早朝、東京に到着した。二時間後に一行が韓国に向けて発つまでの間、シーボルドはダレスと羽田で会い、六月二一日に始まるダレスの日本滞在中の日程について詳しく打ち合わせを行った[53]。

ダレス一行が出発した直後、シーボルドは、今度は軍部の代表使節、ジョンソンとブラッドレーを迎えるために、再び羽田に戻った。GHQの政治顧問であるシーボルドに言わせれば、この使節団は、ダレス一団と共に、「国務、国防両省の手詰まり状態を前線にまで持ち込む」ものであった[54]。戦いは、第一生命ビルのSCAP本部において、日本に着いた高官が通常受けることになっているブリーフィングの席で始まった。シーボルドの報告によると、最初にジョンストン長官が、「国務省の連中（the State Department crowd）」とその対日講和条約の準備開始を攻撃した。ジョンソンもまた、ダレスを「世界の諸問題に宗教的、道徳的、平和主義的態度でアプローチする非現実的な人物」と評して、個人攻撃をした[55]。国務省側にとって、会全体は「とりわけ不快で、不当なできごと」であった[56]。シーボルドは日記では不快感をいっそう露わにしている。「すべては悪臭を放ち、吐き気を催しそうであった[57]」。

ダレス一行が戦争勃発直前の韓国を訪問している間、ジョンソンとブラッドレーは、マッカーサーが対日講和条約を支持しないよう説得に努めていた。マッカーサーが三年以上にわたって講和条約を提唱してきたという事実も、彼らの意気を阻喪させるものではなかったらしい。実際、彼らは死にもの狂いでマッカーサーへの説得を試みた。だが、こうした事態を正確に予期していたマッカーサーは、彼らが到着する以前に講和条約に関する長文の覚書と台湾についての第二の覚書を用意していた[58]。ここで、本書に関係する第一の覚書をみておこう。

講和条約の準備を開始するかどうかという根本的な問題は、日本に基地の権利を確保するという問題に関わっていた。主として政治的配慮に基づいて行動する国務省は、いずれにせよ講和条約に進もうとしていた。軍部は、戦略的必要を満たすまでは講和条約を考えることすら望まなかった。マッカーサーが覚書に記したように、ジレンマは「ある目的を果たしつつ、他を害さないような解決策」を見出すことにあった[59]。マッカーサーは、日本本土における基地受け入れをためらっており、その年に提出されていた二つの代替的な安全保障取り決めにも批判的であった[60]。具体的には、講和条約の締結とともに発効し、日本に対する安全保障と日本のための安全保障の双方を目的とする集団的安全保障取り決めと、軍事的占領など現行の管理体制を維持する部分的講和である。前者について、マッカーサーは、「第一義的に米国の安全を保障する取り決めであり、日本防衛よりも米国防衛に重きをおいたものと解され」よう。また、「米国のためにそうした軍事基地を保持することは日本の植民地化につながり、アジア大陸への攻撃的脅威となるという共産党のプロパガンダに煽られて、日本の政界内で猛烈にナショナリスティックな反対を喚起することになろう」と警告した[61]。彼は日本国民と「アジア人の心」を知悉していると自負していた。したがって、こうした取り決めは法的には可能であっても、「その米国にとっての価値は、以後日本人の心を支配するであろう敵意や怒りによって限られたものになるだろう」と考えたのである。また、後者については、マッカーサーは「現状維持より悪い」として却下した。「日本の完全な政治的自律性を認めないばかりか、連合国の支配体制を無期限に延長する必要性を装って軍事基地占領の継続という意図を隠蔽しようとしていることは、あまりにもわかりやすい欠点である」。

そこで、マッカーサーが提案したのが「安全保障取り決め代替案㈢」であった。それは、マッカーサーがかねてから考究していた案であった。五月二四日のシーボルドとの会談では、彼が「国務省と国防総省の手詰まり状態を打ち破りたい」と語ったことが記録されている[62]。マッカーサーはポツダム宣言に着目した。ポツダム宣言の第六、七、一二条項が「講和条約における安全保障条項の法的基礎」を提供していると論じたのである。もとより、それは多様な解釈を許すものであった。具体的には、「無責任な軍国主義が世界から駆逐されるまで、平和、安全、正義に基づく新秩序は生まれ得ない」という第六条は従来、日本に対する条項として「狭く」解釈されてきた。だが、マッカーサーの議論によると、この条項は日本の「平和的傾向を有しかつ責任ある政府」を脅かす他の国々、とりわけソ連と中国を指すものと解釈されうる。その結果、マッカーサーの提案は以下のような形をとることになった。

正規の条約は、以下のような主旨で安全保障上の条件を具現しながら完成されるべきである。すなわち、日本における平和と安全と正義への脅威となる無責任な軍国主義が存在する限り、ポツダム宣言に関連する安全保障上の条件は満たされていないとみなされる。そして、非武装化された日本の「平和と安全と正義の新しい秩序」に対する脅威が付随するという観点から、連合国の署名国を代表する米軍によって日本のいくつかの地点が駐屯地とされる。無責任な軍国主義の脅威が消滅した場合に、降伏文書のすべての条件が満たされ、すべての連合国の駐屯地は日本から永遠に撤去される。

五月二四日のシーボルドとの会談で、マッカーサーは、条約は「ポツダム宣言に規定された基本的な目的の達成を確保する目的で」米軍が使用するため、いくらかの基地が留保されるという条件を含むべきであると示唆したという[63]。さらに、マッカーサーの計画では、日本国民は条約について投票を行う機会を与えられることになっていた。しかし、もし全国規模の国民投票の結果が基地条項を含む講和条約に反対ということであれば、管理体制は講和条約なしで継続するものとされた。

マッカーサーは、早期講和を求めるこの覚書を、六月一八日前後にジョンソンとブラッドレーに手交した。[64] シーボルドは、ジョンソンが「マッカーサー将軍の準備した覚書を受け取って激怒したにちがいない」と推測した。[65] ジョンソンの期待に反して、マッカーサーは講和をこれ以上遅らせることに反対する姿勢をはっきり示したのである。

日本国民は、降伏文書の下で想定されていた義務を誠実に果たしてきており、平和回復へのあらゆる道徳的、法的権利を有している。先述のように、この点についてはすべての連合国が公に一致して認めるところであり、日本の保護に失敗することは現代文明の不名誉な汚点となろう。したがって、関連する問題や究極の政策目標とは関係なく、われわれは米国や全世界が道徳的、法的に正しいと認める方向に断固として進むのを妨害されるような事態を許してはならない。……これによって、日本とすべてのアジアの国々は、米国の道徳的指導力の蘇生とアジア問題の処理に対する米国のイニシアティブの再生を目の当たりにすることになろう。[66]

こうしたマッカーサーの姿勢を知ったジョンソンはもちろん怒った。

講和条約を引き延ばすことで日本に対する絶対的支配を継続しようとした軍部とは対照的に、ダレスはマッカーサー覚書を歓迎した。六月二一日の昼近くに韓国から戻ったダレスは、米国大使館にある元帥の公邸でマッカーサーやシーボルドと昼食を共にしたあと、シーボルドからマッカーサーの覚書を受け取った。日本橋三井ビルのシーボルドのオフィスで、両者は夜遅くまで覚書を入念に検討した。[67] 翌朝、ダレスとシーボルドはこの件について話し合うためにマッカーサーを訪れた。ダレスは、講和を進めたいとするマッカーサーの強い希望に勇気づけられた。そして、マッカーサーに日本との安全保障の取り決めについてさらに詳しく述べることを提案した。[68] このため、またおそらくはジョンソンとブラッドレーから勧められたこともあって、マッカーサーは六月二三日付で「戦後日本の安全保障を規定する構想（Concept Governing Security in Post-War Japan）」と題する第二の覚書を作成した。[69] ダレスがこれを受け取ったのは六月二四日であったと考えられる。[70] この覚書で、マッカーサーは、「現代の戦争で速度と力の面での飛躍的向上が見られたことによって、本土領域防衛のためには陸海空軍を集積させるための所定の地点を確保しさえすればよいという構想は時代遅れとなった」とし、「日本の領域のいくつかの地点に駐屯する」という第一の覚書とは異なる見解を示した。そして、「その替わりに、防衛に対する要請の変化に合うように、戦略計画と戦術的配置における完全な自由を保障する適当な条件付きで、［日本の］全土が軍隊の作戦行動の潜在的領域とみなされねばならない」と論じたのだった。[71] つまり、彼は駐屯地の定義を拡大したのだった。彼はその理由を、極東情勢は「日本全域が、保護勢力としての米国に無制限の自由が与えられる防衛作戦行動の潜在的基地とみなされるべきである」ことを示している、と説明した。だが、日本人の感情や政治的な反響を懸念して、マッカーサーは、「特定の地点を安全保障軍の使用に供する基地として強調することを避けることによって、……正当な戦利品としての基地という言葉がもつ嫌な響きは緩和されるであろう」と述べている。[72]彼はまた、米国軍事司令官と日本政府の間の事前協議、国内問題への不干渉、「賦課租借取り決め」、財産に与えた損害や傷害に対する訴えを扱う米軍の責任なども求めた。[73]これらは、やがて日米間で問題となる事項である。しかし、JCSはこの時点でここまで踏み込もうとはしなかった。

マッカーサーの見解、特に早期講和と日本が受け入れることのできるような、実際的な国際安全保障の取り決めに関する見解は、本質的にダレスと国務省の線に沿うものだった。日本における米軍とその施設を維持し、日本の国内治安を強化するという考えを容認することによって、マッカーサーの見解は、軍部の安全保障上の要請にも対応していた。シーボルドの言葉を借りれば、「解決不可能な問題に見えたものに対する巧妙な妥協案」であった。[74]しかし、妥協点を模索するマッカーサーの努力にもかかわらず、ジョンソンとブラッドレーは、六月二三日に離日する際にもなお早期講和に反対していた。[75]ダレスとJCSは、各々の調査結果をワシントンに持ちかえり、討議を始めねばならなかったのである。

五　国務省・国防総省間の合意と草案の準備

ダレスが日本を発つ予定の二日前、北朝鮮が三八度線を越えて韓国に侵攻し、朝鮮戦争が勃発した。シーボルドは、マッカーサーのガラスのように繊細な妥協案がいっそう脆くなり、軍部が講和条約の締結に頑強に抵抗するであろうと案じた。彼はダレスの離日後、ただちに国務省に打電した。「朝鮮の情勢が急速に悪化する」最中に書かれたにもかかわらず、シーボルドは、講和条約はそれでもなお必要であると説いた。「ジョンソン長官とブラッドレー将軍、ダレスの訪日は、近い将来に講和条約が締結される可能性について驚くほどの熱狂と憶測を日本国内に生み出した。……タイミングの問題として、……条約によると他の方法によるとを問わず、日本の主権の回復を示すなんらかの明確な行動指針に達するのが過度に遅れるようなことになれば、日本人の間には深刻な心理的失望が生じるだろう」。[76]一方、ダレスはワシントンに戻ってからアチソンに極秘の覚書を送り、「日本と対日講和条約をいかにすべきか、［大統領は］なんとしても結論を出す必要がある」と提言した。そして、「もし朝鮮戦争に忙殺されて事態が漂流するようなことになれば、われわれは朝鮮で得られるものより、日本で失うもののほうが大きい」と警告した。[77]「朝鮮の攻撃によって［講和条約の締結に向けて米国が］行動することはより重要になっており、その逆ではないとの印象である。日本国民は戦後、いうなれば茫然自失状態にあったが、朝鮮半島の争乱は彼らを目覚めさせた。日本人の今後の傾向は、われわれがこの覚醒を利用して、自由世界の将来性への見識と、そのメンバーとしての責任感を彼らに持たせることができるかどうかによって決まるであろう[78]」。

この年の夏を通じて、ダレスとアリソンは、日本の国内治安の強化と日本における軍事施設の使用をめぐる問題について軍部の理解を得ようと努力していた[79]。「関心をもつ複数の国務省員」の目を経ていくつか修正された後の七月二五日、対日講話条約の一つの章に用いられることを想定した「国際平和と安全保障（International Peace and Security）」と題する草案が用意された[80]。四条項から成るこの草案は、ダレスがマッカーサーの六月一四日付覚書に対する回答として用意した覚書に基づくものだったと考えられる。ここでダレスは、「安全保障に関する日本との取り決めが、日本を犠牲にした米国の特定の利益によってではなく、国際平和と安全保障全体の枠組のなかで形成される」ようなアプローチを探求しようとした[81]。また、マッカーサーの六月二三日覚書の見解も反映し、条約を「できるだけ日本国民に不快感を与えない」ものにしようとすると同時に、「日本の領域での国際平和と安全保障の維持の観点から望ましいと米国が判断した日本のいかなる場所にでも軍事力を配置する……広範な権力」を米国に与えようとした[82]。ダレスは、この草案について軍部の承認を得るためにジョンソン国防長官に回付するようアチソンに勧告し、ジョンソン長官とこの件について話したいとも付け加えた。アチソンは、ダレスの助言を容れて八月一日に草案をジョンソンに回付した[83]。

その二日後、ダレスはジョンソンと電話会談を行った。ジョンソンは当初、「［朝鮮半島で］戦争が進行中であり、この件について話す時間はない」と消極的であったが、「今の段階で覚書を議論することはできない」という意味だと説明した[84]。彼は、ＪＣＳやマッカーサーの見解を考慮に入れていないとしてダレスの草案を批判した。ダレスがマッカーサーの六月二三日付覚書を見ていないという前提で、「国務省はマッカーサーの第二の覚書ではなく、第一の覚書に基づいてことを進めているようだ」と述べたのである[85]。もちろんこれはジョンソンの誤解であった。したがって、ダレスは、ジョンソンの手元にある草案が「マッカーサーの第二の覚書の趣旨を実現しようと意図されたものであり、また現にそうなっている」と反論した。そして、「草案は米国が望むだけの戦力を、望む場所に、望む期間、日本に維持する権利を与えており、私は軍部の人々がこれ以上のものを望みうるとは思えない」と説明した。ジョンソンはすぐに前言を撤回した。もし国務省がそうした権利の獲得を意図しているのであれば、「われわれは［講和条約の締結に向けて］協力し、成功するだろう」。ジョンソンは、軍部内で条件を検討するのに一週間の猶予を求めた。その一方で、安全保障問題を除く他の分野は政治的問題であるから、国務省は国防総省に諮らずとも進めることができよう、と述べた。こうして、ジョンソンはダレスにゴー・サインを出したのである。[86]

四日後、ダレスとアリソンは、七月二七日付のダレスの覚書の安全保障条項を暫定的に組み入れた対日講和条約草案を作成した。[87] これを検討したJCSは、八月二二日、国務省の「国際平和と安全保障」の草案は、「米国の安全保障上の利益を十分に守るものではなく」、それゆえ「条約の最小限の安全保障上の要請を満たしていない」と回答した。[88] ことにブラッドレー議長は、「米国の安全保障上の国益を国連のみに基礎づけようとするいかなる方式」にも反対であった。[89]

夏の終わりにダレスが二週間の休養をとる間、補佐役のアリソンは、JCSの覚書を検討した。[90] ブラッドレーの覚書を詳細に、公平に論評しつつ、アリソンは、国務省の安全保障条項の草稿が「米国の利益を国連に基礎づけようとする」ものではないことを強調した。[91]「国連憲章の文言と仮に国連が完全に機能した場合に普及するであろう枠組のなかに安全保障条項を位置づけつつも、あらゆる場合に何が、どのように、いつなされるかの最終決定は米国に留保されている」。そして、国務省の草案はJCSの本質的な要請にかなっており、極東委員会一一カ国中の米国の友好国との討議がこれ以上遅れてはならないと主張したのだった。

八月二八日にはアチソンがジョンソン長官に電話した。アチソンは、さらなる議論が必要であるというジョンソンの要請に同意した。ジョンソンはマグルーダー（Carter B. Magruder）少将を占領地域特別補佐官に任命し、アチソンはアリソンを国務省代表に指名した。[92] 翌二九日、アリソンはマグルーダーに電話し、JCSと彼自身の見解について話し合った。[93] 軍部が国務省の見解にほとんどの点で一致していることにアリソンは気づいていた。しかし、マグルーダーは、日本がひとたび国連に加盟すると国務省案の安全保障条項は放棄されてしまうのではないかと恐れていた。アリソンは決してそうはならないことを説明した。マグルーダーの議論は「明らかに国連憲章への理解の欠如に基づくものである」とアリソンは感じた。さらに、マグルーダーは、国務省案の文言に懸念を表明した。これに対してアリソンは、そうした指摘のいくつかには対応できるとしても、国務省は「国防総省の必要条件を満たすだけでなく、連合国や日本国民に受け入れ可能な文言を考案する責任がある」のだ、と反駁した。彼はまた、迅速に、かつ短期間に条約を締結する必要性を強調し、国連総会の次期会期中に連合国との話し合いを開始したい旨を説明した。マグルーダーは、合意をほのめかしつつも軍部内の検討にはもう二週間を要するとして引き延ばしを図ったが、最終的にはその週の末までにもう一度、アリソンと会うことに同意した。

九月一日の朝、アリソンとマグルーダーはアリソンのオフィスで会った。この日、両者は「日本との条約交渉に進むことが望ましいことについて……事実上、完全な合意」に達した。そして、この合意の要点をまとめた大統領宛の覚書を国務長官と国防長官の連名で出すこと、これをアリソンが準備することも決定した（もっとも、最終的には別の覚書も同封された）。[94] アリソンは週末かかって大統領宛覚書の草案を仕上げ、九月四日にアチソン国務長官に提出した。[95] そして九月七日に、アチソンは「大統領に指針を提示する」覚書をジョンソン長官に回付し、両長官はその日の午後か翌日に、この覚書（NSC六〇／一）を大統領に回付して承認を求めた。[96] トルーマンは九月八日にこれを承認し、国務長官にその実施を指示した。国連総会で連合国と条約について話し合うために、ダレスとアリソンは九月四日付覚書にさらに筆を入れる仕事に取りかかった。[97] そして完成した文書が、「対日講和条約七項目」として連合国に知られることになる覚書である。

(1)　当事国
日本国と交戦関係にある何れかの又は総ての国であって、提案されて合意される基礎において平和を成立させる意思を有する国。

(2)　国際連合
日本国の加盟は考慮される。

(3)　領域
(a)　朝鮮の独立を承認し、
(b)　合衆国を施政国とする琉球諸島および小笠原諸島の国際連合信託統治に同意し、且つ、
(c)　台湾・澎湖諸島・南樺太・千島列島の地位に関しては連合王国・ソビエト連邦・中国および合衆国の将来の決定を受諾する。中国における特殊な権利および利益を放棄する。

(4)　安全保障
条約は、国際連合が実効的責任を負担するというような満足すべき別途の安全保障取り決めが成立するまで、日本国区域における国際平和の維持のために、日本国の施設と合衆国および、恐らくは、その他の軍隊との間に継続的協力的責任が存在することを考慮する。

(5)　政治的および通商的取り決め
日本国は、麻薬および漁業に関する多数国間条約に加入することに同意する。戦前の二国間条約は、相互の合意によって復活することができる。

(6)　請求権
すべての当時国は戦争行為から生ずる請求権を放棄する。但し、連合国がその地域内に在る日本人財産を保有する場合、および日本国が連合国人財産を返還し、または現状で回復できないとき補償するために提供する場合を除く。

(7)　紛争
請求権に関する紛争は国際司法裁判所が設ける特別中立裁判所で解決する。他の紛争は、外交的解決または国際司法裁判所に付託する。[98]

ダレスは、最新の講和条約草案に基づいてこの「七原則」を準備したものの、条約草案自体はまだ暫定的な研究でしかないと認識していた。[99] ともあれ、講和条約の草案と「七原則」を手

に、ダレスとそのスタッフはニューヨークに出発した。その年の秋を通じて行われた連合国との一連の話し合いが一段落したあと、彼らは次に日本政府と意見交換することを考えた。翌年一月から二月にかけて行われた日米会談に目を転じる前に、一九五〇年の夏から秋にかけてという、国連軍にとって朝鮮半島での戦況がきわめて深刻な状況にあった時期、領土条項がこの時期いかに形成されたのか、とりわけダレス、マッカーサー、JCSが沖縄をどのように見ていたのかを検討する必要があろう。次節以降では、ふたたび琉球諸島の処遇問題に焦点を当てることにする。

六　沖縄と条約草稿

前章で検討したように、NSC一三の第五段落は、米国が琉球諸島を長期間支配するという前提の下で、米国が琉球諸島に軍事施設を設置することを規定した。国務省に「米国が琉球南部を支配するという原則」――軍部が一九四五年以来強硬に主張してきた立場――を容認させたのは、一般的には悪化する国際状況であり、具体的には、その政府内での影響力が絶頂にあり、日本と琉球諸島の安全保障に特別の関心を抱いていた、政策企画室のケナンであった。そして、JCSは、日本が沖縄を保持することを認めたボートン・グループの講和条約草案に猛反対し（JCS一六一九／二四）、さらに一九四八年の春にはその立場を変更しないことに決定した。ケナン一行が日本や琉球諸島の視察を行ったのはちょうどそうした時期であった。

他方、JCSは、沖縄の文脈だけでなく、世界中の戦略的に重要な地域について戦略を練っていた。一九四七年八月二九日、JCSは、統合戦争計画委員会（Joint War Plans Committee, JWPC）に対して、今後三年以内にソ連の攻撃によって米ソ間に戦争が勃発するのに備えた短期的戦略計画を準備するよう指示した。一九四八年に完成したこの計画がBROILERである。ここでは、ソ連と西側同盟の地上軍の間に「大きな不均衡」が存在するため、ソ連の攻撃開始からおよそ一〇カ月間は、米国とその同盟国は地上部隊に対して適切に反応することはできないと考えられていた。したがって、原子力兵器の使用が必要となるとともに、沖縄は英国の領有する諸島とカイロ―スエズ（またはカラチ）と並んで、原子力兵器での戦略航空攻撃を開始する西半球外の主要基地と見なされたのだった[100]。

しかし、JCSは原子力兵器が果たして賢明な選択肢であるのかどうか、疑問を持つようになっていた。実際、一九四八年四月五日のリーヒ提督によるBROILER計画承認は、必ずしも原子力兵器使用を認めたものではないとの議論もある[101]。原子力兵器は大統領の許可を得て初めて使用できるものであり、必ず使用できるものではないことから、JCSとその立案者たちは原子力兵器への「単独依存」を再検討した[102]。一九四八年の春夏段階で策定された計画はHALFMOONと名付けられた（後にFLEETWOODと改められた）、最初の有事計画であった。そこでは、ソビエトの目標はユーラシア大陸のすべての米軍と同盟国軍を破壊もしくは無力化するために戦略攻撃を開始するものとされた。そして、ソビエトの戦闘開始後一五日で、米国が前記の三つの戦略要地から戦略航空攻撃を開始することを想定していた。つまり、沖縄の重要性（および戦後における空軍の重要性）が再度確認されたのである。戦闘開始一年後には、米国の戦略爆撃力を総計十個中隊（沖縄に二中隊）と米国を根拠とする一重爆撃隊に増大することが考えられていた。[103]

一九四九、一九五〇会計年度と次第に予算制約が厳しくなるなかで、必然的に陸海空軍間の競争が激しくなった。結果として、立案者は戦争計画を再考するようになった。資源が限られていることから、戦闘が始まった場合には、米国は西ユーラシアでは戦略的攻撃態勢をとる一方、極東では防御態勢をとる必要があるとの議論がなされるようになったのである。そこで、統合参謀本部（JCS）議長代行のアイゼンハワーは一九四九年四月、沖縄と米国の間の通信線の防御は「不可欠」であるので、米国の安全保障にとって沖縄は死活的な存在であることをほのめかした。[104]一一月、有事戦争計画 OFFTACKLE は極東における「戦略的防衛」構想と沖縄の重要性をふたたび強調した。OFFTACKLE は「極東における戦略的防衛は、……軍事作戦の基地としての沖縄の利用可能性を確保することと日本の防衛をその主要目的とした。それらの目標を達成するために、台湾、フィリピン、その他の琉球諸島を保持することが必要となる」と述べている。[105]こうした構想は、一九四九年から五〇年にかけて国務省と討議する際に国防省の立場の基礎を形作った。JCSが琉球と日本における軍事基地の支配を絶対に必要であるとみなし、したがって講和条約の促進に同意しようとしなかったことは、国務省にとってまことに厄介であった。前述のように、国務省と軍部の間の行き詰まりはマッカーサーの妥協案によってようやく打開の道が開かれたのである。

さて、軍部との間にかろうじて妥協が成立したことによって、国務省は講和条約を進めることができるようになった。しかし、そのために米国の安全保障上の要請について譲歩することは許されなかった。例えば、九月七日の合意は、国務省が連合国との話し合いを開始することを認めていたものの、国防総省は、「北緯二九度以南の琉球諸島と孀婦岩以南の南方諸島を米国が排他的に戦略支配することを、死活的な安全保障上の要請の一つとして、文言上に確保する」よう勧告した。[106]その結果、ダレスが一九五〇年九月一一日に作成した条約草案の第四条（領土）は、第一に「太平洋の旧日本委任統治領の島々に米国を施政国とする信託統治制度を拡大するという国連安全保障理事会の一九四七年四月二日の決定」を日本が認めるものとした。次に、「米国はまた、国際連合に対して、北緯二九度以南の琉球諸島、西ノ島を含む小笠原諸島、火山列島、沖ノ鳥島、南鳥島を、米国を施政国とする国連の信託統治制度の下に置くことを提案し、そうした提案についての確固たる行動がとられるまで、米国がこれらの諸島の領域に対して、行政、立法および司法上の権力の全部を持つ」と言明した。[107]同様に、七項目についての九月一一日付の覚書（九月一四日に公式に発表された）には、この点について、「(日本は）米国を施政国とする国連による信託統治を琉球と小笠原諸島に認める」と簡潔に記された[108]。

マッカーサー軍が仁川上陸を敢行する前日の九月一四日、トルーマンは記者会見の席で、国務省が極東委員会のメンバー国との間で非公式折衝を開始することを承認したと発表した[109]。翌一五日には、ダレスが、米国政府の考えている講和条約の全体的枠組について説明した[110]。その直後、ダレスとアリソンは、ニューヨーク州のサクセス湖で開催されていた第五回国連総会を利用して話し合いを開始し、極東委員会諸国の代表と韓国、インドネシアの代表に「七原則」覚書を手交したのだった[111]。

ところが、米国案はほとんどの点でソ連の反対に遭い、琉球諸島の処遇問題についてはインドと中国から非難を受けた。ソ連国連安保理代表のマリク（Yakov A. Malik）との会談は一〇月二六日に行われた。ダレス、アリソン、バブコック大佐が米国側代表として出席した。マリクは、琉球、小笠原諸島がなぜポツダム宣言で日本の領有が認められた「その他の諸小島」とみなされないのかと質問した。台湾、澎湖諸島、千島列島は日本から引き離されることが米ソ間で合意されているが、琉球、小笠原はそうではないとの指摘であった。ダレスはマリクの議論に特に反駁せず、それらの諸島の処遇について米国の見解は覚書に述べられた通りである、と応えた[112]。

ソ連は、一九五〇年一一月二〇日付覚書でマリクの議論を再確認した[113]。六部構成の覚書の第三項目には、「カイロ宣言もポツダム宣言も琉球、小笠原諸島が日本の主権から切り離されるとは述べていない。さらに、これらの合意に署名するに際して、諸国は『領土拡張の考えを持たない』と宣言している」と記されていた。そして、「琉球、小笠原諸島が米国を施政権者とする国連の信託統治下に置かれるという提案の根拠がいかなるものであるのか疑問である」と続けられている。こうした問題について、マリクは書面での回答を求めた。同時に、モスクワのソ連政府は、九月一一日の「七原則」とこれに対するソ連政府の覚書を公表した[114]。ダレスがこのマリクの要求に応えることができたのは、ようやく一二月二七日のことであった（翌日には米国の回答文書を公表した[115]）。「起こりうる誤解を払拭するために」、ダレスはアメリカの沖縄に関する立場を以下のように説明した。

合衆国を施政国とする信託統治のもとに琉球諸島と小笠原諸島をおくことに関連してソ連が「領土拡大」に言及するのは理解しがたい。憲章第七七条は「第二次世界大戦の結果、敵国から分離される地域」に信託統治を適用することができると規定しており、信託統治が領土拡大と同一視されていないことは明らかである。また、カイロ宣言にもポツダム宣言にも琉球諸島と小笠原諸島は言及されていないから、講和条約の締結に際してこれらの島々について考慮することが自動的に除外されるというソ連の主張も合衆国政府は理解しえない。ソ連政府は、ポツダム宣言で日本の主権が四つの主要な島と連合国の「決定する諸小島」に制限されることが規定されているという事実を無視したように見受けられる。したがって、講和条約でそれ以外の諸島の将来の地位を規定することは、ポツダム宣言に厳格に従うものである。

マリクとの会談の二週間後にダレスがマッカーサーに送った書簡では、ソ連の議論が「共産プロパガンダ」と片づけられている。米国がこうしたソ連政府の見解を受け入れないであろうことは明らかだった。(116)

しかし、琉球の処遇に関する問題を取り上げたのはソ連だけではなかった。新しく独立したインドもまた懸念を表明した。一二月二一日に駐米インド大使、パンジット（Vijaya Lakshmi Pandit）は、ダレスとアリソンに会い、米国の提案に対するインドの見解を明らかにした。(117)覚書のなかで、パンジットは、「米国が恒久的な軍事施設を有する琉球、小笠原諸島に関しては、インドはこれらの諸島が国連の信託統治下で軍事基地として米国によって保持されるであろうことを承諾する。しかし、インドはこれら諸島を日本に返還することに関する問題は、講和条約において決定されるべきだと考える」と述べた。(118)インドはこの姿勢を一貫して保つことになる。(119)

ダレスはソ連の見解をプロパガンダとして切り捨てたものの、国務省は、国際世論や国内世論にも注視することを余儀なくされた。国務省自身、沖縄を日本の主権から切り離すという議論に全面的に満足していたわけではなかった。そして、国務省は、日本が沖縄に対する主権を保持できるように最後の努力を試みるのである。

七　国務省の懸念の再浮上

講和条約の草案と「七原則」がまとめられ、その内容が発表され、そして連合国との協議が始まってまもなく、シーボルドと国務省は、「琉球諸島の喪失」が日本に与える政治的影響についてふたたび懸念を表明するようになった。これは以前から懸念されてきた問題ではあった。しかし、朝鮮戦争の勃発後に講和条約に向けた動きが急速に活発化したこと、とりわけ、条約草案の作成とシーボルドが東京から送った報告書が、極東局のなかでこの問題が再検討されるきっかけとなった。

一九五〇年一〇月二六日付の報告書において、シーボルドは、世論調査や政府見解、諸政党の声明、政府高官との会談記録の丁寧な分析などに基づいて、講和条約と領土条項に関する日本国民の感情について貴重な情報を提供している。(120)シーボルドは、一九〇五年のポーツマス条約に対して「国民が憤慨し、暴動をもたらした」ことに注意を喚起した。ポーツマス条約が「この講和条約と完全に類似しているわけではない」ものの、「この事件は、普段、示威的でない日本国民が、はなはだしく不公正な扱いを受けたと感じた場合に、どれだけ立腹を強く率直に表現できるかを象徴するものだ」と警告した。そして、シーボルドは次のような勧告を最後に付け加えた。

われわれは、琉球諸島、小笠原諸島、そして千島列島などの領土の割譲に対して日本国民の間に根強い反対が広範に存在することは、対日講和問題に対処する際に無視できないもっとも重要な政治的要因である、とみている。より具体的に言えば、われわれは、この要因の長期的重要性により、戦略的要請を満たす有効な支配をしながら、日本に領土を保有することを認める領土条項の可能性を丁寧に模索する義務が米国および連合国にあると考えている。これによって、相当な、かつおそらくは危険な領土回復主義をともなうことになる主権の分離という事態を避けることができるであろう。

シーボルドの報告書は、日本担当のワーナー（Gerald Warner）の注目を集めた。ワーナーは、シーボルドの下で一等書記官と領事を務め、東京からワシントンの本省に復帰したばかりであった。[121] シーボルドの報告書を受け取る一カ月前、彼は琉球諸島に関して外務省管理局長の倭島英二と会談することができた。[122] この会合に基づいて、ワーナーは、「琉球諸島を日本の管理下に置いて米国の安全保障上の目標を達成することができるのであれば、対日関係の他の局面に影響するという観点から、米国による信託統治か日本の領有かを再検討する価値がある」と上司であり義兄でもあるU・アレクシス・ジョンソン課長に勧告している。[123] また、シーボルドの報告書を受理した一週間後の一一月一四日には、部下のフィアリーに覚書を作成させた。フィアリーは沖縄に対する軍部の要求に異議を唱えた。

米国は琉球諸島に日本本土と同じ協定の下で基地を維持すべきだという［国務省の］提案は、米国は沖縄に恒久的な基地を保持することができなければならないという軍部の主張に常に阻まれてきた。だが、軍部のこうした立場を受け入れたとしてもなお、なぜ米国が北緯二九度以南の琉球諸島全域を恒久的に支配せねばならないのか、私の知るかぎり納得のいく説明は見当たらない。レーダー基地や、主要基地とその周辺地域の必要性はよいとして、なぜ米国がそれ以外の土地とそこに居住する人々を支配せねばならないのか。現政府を廃する必要を必ずしも認めなかった国の本土で得られる軍事的権利よりもさらに大きな権利を琉球諸島で獲得しなければならないとする理由はどこにあるのであろうか。[124]

さらに、フィアリーは、「大統領のすでに決定した事項をふたたび問題にしようとしている」と軍部から批判を受ける可能性はあるものの、琉球諸島で必要な土地を「恒久的に」あるいは「九九年間租借する」のではなく、二国間の安全保障条約といった形式を通じて本土で得られることが想定されていた権利と同等の軍事的権利をなぜ琉球諸島に適用できないのか、国務省は軍部に対して「説得力ある理由」を求めるべきだ、と勧告した。第六章で検討したように、一九四七年初頭にフィアリーは基地の租借を提言した。一九四七年の末か一九四八年の初めには、基地租借協定の締結は信託統治同様に困難であると考えるようになったものの、彼は基地租借案を断念しなかった。そして、講和条約の準備が本格化したこの段階になって、彼はダレスの補佐官として、琉球諸島の処遇に関する自身の見解をダレスに対して述べることのできる重要な立場にいたのである。

ワーナーは、フィアリーの覚書をU・アレクシス・ジョンソンに回送した。琉球諸島についてはU・アレクシス・ジョンソンもフィアリーに近い見解であった。以前、U・アレクシス・ジョンソンは、一〇月一三日付のワーナーの覚書をアリソンに送付する際、「ご存知のように、私は琉球諸島の問題が必ずしも完全に解決していると考えるべきではないと思う。今後、日本との間にどのような取り決めを締結できるのかを見守り、高官レベルで国防省との話し合いを再開するべきである」[125]と書き記した。したがって、U・アレクシス・ジョンソンは、シーボルドの「たいへん興味深い」二六日付の報告書とフィアリーの分析に感銘を受けた。そして、一一月一七日付のラスク極東担当国務次官補宛の覚書に彼自身の意見を付け加えた。[126]この年の一月、アチソンはナショナル・プレス・クラブでの演説で、琉球諸島を含む列島連鎖（island chain）が米国の防衛ラインにとってどれだけの重要性を持つか強調し、米国は「これらの諸島を、適当な時期に国連の信託統治下に置くであろう」と述べた。また、九月にはトルーマン大統領が講和条約草案を承認している。それでもU・アレクシス・ジョンソンは、国務省は「琉球諸島の信託統治問題がすでに決着してしまったと考える必要はない」と主張した。日米二国間で軍事協定を「確立して」から、「その協定を琉球諸島に適用することが軍部の要求を満たすかどうか」について国務省と軍部は協議できるではないか、というのが彼の見解であった。[127]一〇年以上にわたって対日関係に携わってきたU・アレクシス・ジョンソンは、「二国間の軍事協定は日本人に大きなショックを与える。それに加えて琉球諸島を喪失すれば、現在のところ圧倒的に親米的な感情にあまりにも重い負担を与えかねない」と警告した。[128]

ラスク自身、「極東における米国の国益は、間違いなく日本によって決まる」と信じていたから、米国の沖縄保有が日米関係に悪影響を与えることを懸念し、可能ならば沖縄を日本に返還したいと考えていた。[129]U・アレクシス・ジョンソンの覚書を受け取った直後に、彼はアチソンやダレスに説得を試みたのであろう。一二月一三日に、アチソンはマーシャル国防長官への書簡で、「沖縄の地位を特別に考慮することが想定される安全保障協定の条項に服するという条件で、琉球諸島を日本の主権下に残す」ことについて軍部が反対するか否かを尋ねた。[130]同日付で国務省が用意した対日政策に関する覚書も同封されていた。[131]アチソンは、講和条約とそれに関連する安全保障上の問題について日本政府と協議するために、ダレスを団長とする大統領の視察団を日本に派遣することを提案するとともに、それぞれの問題について国務省の考えを明らかにした。なかでも重要なのは、フィアリーが一九四七年四月から検討していた、日米の安全保障条約を沖縄に適用する案であった。

［日本への］使節は、日本政府と協定について討議し、これを改良する権利を与えられるべきである。そのなかには、……(b)日本国内、および琉球諸島や小笠原諸島を含む周辺地域における米軍駐留について定めた日米二国間協定、などがあろう。この協定の条項は、国務省と軍部の間ですでに討議された協定草案の内容に沿い、米国政府の容認できる範囲で日本政府の同意を得るのに必要な修正を施されることになろう。この協定を、国連憲章や「平和のための結集の決議(Uniting for Peace Resolution)」で期待されたような国連機構の権限の範囲内に抑制することによって、日本や自由主義諸国がこの協定を受け入れやすくなるような可能性が追求されるべきである（傍点引用者）。

このように新しいアプローチを採用したことから、九月に発表された「講和条約七原則」も修正されることになった。アチソンの覚書にはこの修正版も含まれていた[132]。これは、ダレスや彼のスタッフが作成した原文を修正したものであったため、ダレスが作成したか、少なくともその内容について知っていたのではないかと考えられる。沖縄と領土問題に関して、修正版では、「琉球と小笠原の両諸島は、軍事協定がその区域にも日本本土と同じように適用されるならば、日本に返還されることになる」と述べられていた。だが、朝鮮戦争の最中、しかも一〇月に中国「義勇軍」が参戦し、国連軍が苦況に陥っていたこの時期、戦略的重要性の観点から米国が沖縄を支配する必要性について合意を達成したＮＳＣ一三／三と九月の講和条約草案を覆すなど、軍部にとってはできない相談であったろう。

アチソンの覚書は直ちにＪＣＳに回付された。ＪＣＳは一二月一八日にマッカーサーの意見を求めた[133]。だが、マッカーサーは二八日の回答のなかで、米国が沖縄に対する支配を維持すべきであるという持論を展開した。

軍事的観点からいえば、琉球諸島と小笠原諸島を日本の主権下に残しておくことはまったく容認し難い。日本は、戦争を仕掛けた代償としてこの地域を失うことになったのである。これらの島々は、米国の横の防衛線の最重要部分を構成しており、この地域の支配が実際に確立されている。これは国際的に認知された事実でもある。米国の手によって要塞化されたこの地域に対する支配をあきらめ、使用権を放棄し、日本政府の管理下におくことを定めた協定に服するなど論外である。それはただ、道徳的、法的根拠などほとんどないままに、米国の強さを弱さに転換しようとする試みにほかならない[134]。

マッカーサーからの電報を受けたＪＣＳは、その日のうちに国務省に返答した。現時点での講和条約の締結に反対であることはもとより、琉球諸島に関しても国務省の提案に対してはっきりと拒絶反応を示した。

これらの島々に関して米国政府内で承認された政策の内容を緩和することには断固として反対である。なぜそのような譲歩をする必要があるのか、ＪＣＳにはその理由を見いだすことができない。それどころか、ＪＣＳは、米国が戦時であろうと平時であろうと、太平洋地域でわれわれのコミットメント、政策と作戦を実行するためには、琉球諸島に対して排他的な戦略的支配を確立することが肝要であると信ずる。この点についていえば、永続的な安全保障協定は日本の主権の概念の埒外に置かれることになろう。したがって、国務省の考えるような譲歩は、ＪＣＳにとってはまったく受け入れ難いものである。ＪＣＳは、「北緯二九度以南の琉球諸島、南鳥島、および孀婦岩以南の南方諸島に対して米国による排他的な戦略的支配を確立すべきである」とした、ＮＳＣ六〇／一で明らかにされた米国の政策の最小限度の要求を撤回することは断じてできない[135]。

このような回答が返ってくることは、おそらく国務省も予想がついたのではないだろうか。実際、一九五一年一月三日、ブラッドレーらのＪＣＳ、ダレス、ラスク、アリソンとの間で開かれた会議でも、ＪＣＳは、琉球諸島は米国の戦略的支配下に置くべきであり、この諸島に対する日本の主権は「回復すべきではない」との見解を繰り返した[136]。国務省の代表は、「それが国防総省の見解なのであれば、達成するように努力する」と約束せざるを得なかった。これは、ダレスと国務省が、時間を稼ぐとともに早期講和をＪＣＳにためらわせる他の要因を除くためであったと考えられる[137]。

会談の直後に、アチソンは、シーボルドに会合の結果を知らせ、マッカーサーと相談するよう要請した[138]。シーボルドはマッカーサーの見解におおむね同意していたものの、沖縄に関しては異なっていた。彼は先の一〇月二六日の自身の報告に基づきつつ、アチソンに次のように書き送った。「琉球と小笠原に対して必要な支配を布くことについては同意する。だが、過度に日本の世論の反感を買ったりすることなく、あるいはこれらの諸島に対して有効な戦略的支配を行う一方で、あからさまで変更のきかない譲渡の表明も避けうる方法に訴えるという、領土不拡大を考慮した以前の公の約束を破棄することもなしにこの目的を達成することはできるだろう[139]」。

その後も、シーボルドは、沖縄に関する米国の立場が何を意味するのか、また日本国内からいかなる政治的反響があるのか、などに関して報告を送りつづけた。一方、マッカーサーは、折あればシーボルドに琉球諸島に関する見解を伝えた。この問題に関してマッカーサーは一歩も譲ろうとはしなかった。結局、米軍部と国務省や日本政府との間の見解や要望を調整しなければならなかったのはダレスだったのである。

八　沖縄に関する日本政府の要望

第五章でみたように、外務省は、終戦後間もない一九四五年一一月から講和条約の準備を開始した。一九四七年に早期講和に向けた連合国の動きが活発化すると、日本政府、なかでも芦田均外相は、占領下の日本には外交権が認められていなかったにも関わらず、講和に対する日本の考え方と要望を伝達しようとした。しかし、一九四七年末になると、講和条約の内容をめぐって連合国間の意見の相違が明白になった。より重要なことは、冷戦が深刻化したことであった。さらに、一九四七年一二月には、『ワールド・レポート（*World Report*）』誌が日本政府の講和準備と要望をまとめた文書をスクープし、日本政府は批判にさらされることになった。岡崎勝男外務次官は責任をとって辞任せざるを得なかった。

一九四八年三月、片山内閣に替わって芦田内閣が発足したものの、政治的基盤が弱く、またスキャンダルに襲われたこともあってわずか六カ月で終わってしまった。こうして、一九四八年一〇月、吉田が再登場した。吉田自身が外相を兼任し、外務次官には岡崎が任命された[140]。内閣発足直後から、吉田は講和問題に関して外務省が準備してきた説明資料を、総司令部外交局に「極く非公式の形で」提出することを試みた。吉田によれば、この資料は「数十冊、数十萬語」に及んだが、なかでも沖縄を含む領土問題は大きな比重を占めていた[141]。

スクープ事件のあとも、外務省審議室は慎重に講和条約問題を検討していた[142]。もっとも、連合国との間で問題になった「わが方の見解」は、その題名がさらなる誤解を招きかねないことから、あらたに「対日平和条約想定大綱」と名付けられた。ここでの検討作業は、(1)以前から用意していた説明資料と研究を完成すること、(2)情勢の進展によって新たに生じる問題を検討すること、(3)情勢の進展に対して従来の見解や要望を見直すこと、であった。外務省は一九四九年一一月にこの研究作業を促進し、一二月二八日までには完成した。しかし、これらの研究が実際に用いられたのは、その一年後、米国政府が対日講和条約の締結に向けて行動を開始した一九五〇年の秋であった[143]。

ダレスが一九五〇年六月に来日する直前の五月三〇日には、吉田は「平和問題に関する基本的な立場」と題する文書その他のポジション・ペーパーを受け取っている[144]。しかし、吉田はこれに「研究、再検討ヲ要ス」と記して即座に返却した[145]。おそらく、この文書が一般的な議論に過ぎないと感じたのが理由であったと思われる。「領土問題に対する基本的立場」もその一部であった[146]。

八頁から成るこの文書は、ポツダム、カイロ両宣言や大西洋憲章を取り上げ、講和条約の文脈で領土問題の背景を説明することから始まっている。そして、日本政府は「連合国の決定に対し苦情をいおうとは思わぬ。況んやこれを非難しようなどとは思わない」と断りつつ、その立場の表明を希望する理由について「歴史的その他の事実を開陳してこれらの地域とくに諸小島に対するわれわれの立場を明瞭にすることを許されたいと願うからである。日本国民の感情と必要とが日本の領土問題の最終決定に当つて連合国によつて適当に考慮にいれられるよう切望してやまない」と述べた。つまり、日本政府は「大西洋憲章の字句と精神に賛同」し、朝鮮半島、台湾やその他の領土に対する日本の主権を放棄する用意はあるものの、南西諸島はそれとは別の問題であって、日本の領土であるから、「すべての島を保持することを許されるように希望する」と主張したのだった。

沖縄を含む南西諸島の住民が人種学的に本来の日本人に属することは、考古学的、言語学的研究によつて疑問の余地なく確立されたところである。これらの島は、七世紀以来日本の宗主権に服していたが、その地理的位置が遠く且つ孤立しているため、地方的特色が生ずるに至り、政治的にも奄美以南の諸島は十二、三世紀から十六世紀までオートノマスの地位を得るに至つた。しかし十七世紀には九州の封建領主の封土に加えられ、そのうち沖縄以南の諸島のみはより広汎な自由を許されていた。明治維新以後は、沖縄諸島以南の島々には沖縄県が設置され、他の諸県と全く異なるところのない施政が行われ、その住民は、生活上のすべての点において全く同一の権利を享有した。

一九四〇年における南西諸島の人口は、約八十万であつた。住民は一般に標準日本語を読み書きし、また表立つた場合にはこれを話す。また彼らの日常会話に用いる方言は、文章構造的にもヴオキヤブラリー的にも日本語に起源をもつものである。彼等の宗教、風俗、習慣も日本本土と同一ないし酷似している。

沖縄その他の三十度以南の島が米国の軍政下に置かれて以来、住民は、本土からの永久的分離の可能性について深く憂慮している。かれらはその郷土が来るべき平和條約によつて日本領として確認されることを熱望しており、また、既に連合国においてもこの島民の感情を承知されているところであると信ずる。領土処分問題に関し、民衆投票により住民の意思を確めることは、住民が移転された千島や小笠原諸島については不可能であるが、南西諸島においては容易であろう。

南西諸島は、主食をはじめ生活必需品の供給を日本本土に仰いでいる。半面これらの島は砂糖その他の亜熱帯性産物並びに特に蚕種及び農産品の品種改良上の極めて重要な便宜を與えるものである。日本は南西諸島の生活維持並びに戦災復興のために全力を盡す用意のあることはもちろんである。

吉田がさらなる検討を要求して文書を返却してしまったため、残念ながら、この時点で吉田が沖縄についてどのように考えていたのかは不明である。外務省がその後作成した文書に対する彼のコメントを見るかぎり、おそらく外務省の方針をおおむね支持していたと考えるのが妥当であろう。だが、吉田は、外務省の研究が琉球諸島を日本の主権下に置くという日本政府の要望と米国の安全保障上の要請をいかに両立するか、という問題の本質を十分に扱っていないと感じたのではないかと思われる[147]。あるいは、講和条約、特に沖縄の処遇に関する米国政府の方針が明らかになるまでは立場を固定するのは賢明でないと判断したのかもしれない。結局、ダレスの滞在中に沖縄に関する協議は行われなかった[148]。

その一方で、「ワン・マン」スタイルを象徴するかのように、吉田は一点についてはダレスの来日を待たなかった。一九五〇年四月末に、吉田はドッジ（Joseph M. Dodge）GHQ特別顧問と日本経済について相談させる名目で、側近の池田勇人蔵相と秘書の宮澤喜一、そして白洲次郎をワシントンに派遣した[149]。しかしながら、吉田は、この会談にもう一つ別の目的を持たせていた。講和条約問題をめぐる米国政府内の行き詰まりを打開し、占領を一刻も早く終結させるために、吉田は池田を通して、日本が米国に基地を提供できる旨のメッセージを伝達したのである。これはマッカーサーを、もちろん外務省もバイパスしての行動だった[150]。このメッセージを伝達するにあたって、吉田は、第二芦田メモが想定していたように日本本土ではなく日本周辺の島々に米軍基地を置いた場合、沖縄の運命がいかなるものになるかを心配していたようである[151]。

日本に基地を設置することが考えられたのはこれが初めてではない。前述のように、一九四七年九月の第二芦田メモでは、「有事」の際、米国が日本を護るために日本本土の基地を使用することが想定されていた。だが、旧敵国である日本からの提案を受け入れる準備は、一九四七年段階の米国政府にはなかった。次に一九五〇年四月七日には、首相官邸の夕食会の席で、関西に出張中のシーボルドに代わって出席した外交局のヒューストン（Cloyce K. Huston）参事官に、吉田は講和条約締結後の米軍基地について話を切り出した[152]。ヒューストンの記録によれば、吉田は「非常に多弁」で、「具体的なコミットメントは避けたが、講和後の日本の安全保障のために米国が必要とみなすいかなる措置に対しても前向きである、というような印象であった」という[153]。吉田が曖昧ながらも積極的に「実際的な取り決め」について言及したのは、米国は日本に基地権を獲得できるのかどうかという軍部の抱いていた懸念を緩和し、講和条約を促進するための一つの試みであったと考えられる[154]。そして、ダレスの来日した六月に、マッカーサーが持論を転換して日本本土の基地を容認するようになったことは、こうした吉田の提案と直接に関係する可能性がきわめて高い。なぜなら、マッカーサーは、日本国内に基地を維持することに反対しながらも、日本政府から米軍基地設置の要請があった場合は考えてもよいと示唆していたからである[155]。いずれにせよ、講和後の日本に米軍基地を置くことを認めたマッカーサーが妥協案を作成したことをきっかけに、国務省と国防省の間の対話が進み、米国政府が講和条約に向けて進むことができたのは前述の通りである。

一九五〇年九月になると、トルーマン大統領の九月一四日の記者会見によって、日本政府は、米国政府が講和条約に関する基本的な原則を作成し、近い将来に連合国との間で協議を開始する旨を知った。[156]もっとも、「七原則」の内容がすべて公表されたのは一一月のことであった。それまでの間、外務省は、新聞、ラジオ報道を分析し、米国の講和草案の輪郭をつかもうとした。九月二六日には日本政府の対策をまとめるために緊急に作業班が形成され、対日平和問題に関する情勢判断、アメリカの対日平和条約案の構想、わが方要望方針、および対米陳述書という四つの課題を検討した。一〇月四日にまとめられたこの報告書（「A作業」）は、共産諸国との講和を含む全面講和を想定するとともに、米軍の日本駐留に対しては国連の承認が必要とされていた。[157]

「A作業」は翌五日に吉田に提出された。ところが、吉田は、この報告書に「経世家としての経綸に乏しきを遺憾とす」との痛烈な批判を記して返却した。[158]吉田に叱責されてショックを受けた西村熊雄条約局長と高橋通敏次長、スタッフの安藤久光と藤崎萬里は、「A作業」を根本的に書き直さざるを得なかった。[159]日本の米国と西側への志向を強調し、単独講和を可とする案（「D作業」）の起草は一二月二七日に完了し、翌二八日に吉田に提出された。[160]吉田は「D作業」を検討し、翌一九五一年一月五日に「D作業」訂正版が完成した（一九日には再訂版が用意された）。この外務省の作業には、元外交官の堀田正明が加わり、外務省における西村の作業班と総理官邸との間の連絡係を務めた。[161]それでは、「A作業」から「D作業」再訂版に至る一連の作業のなかで、沖縄と領土問題はどのように扱われたのだろうか。

一二月二八日に吉田に提出された「D作業」では、領土問題が以下のように考えられていた。

(2) 領土問題

沖縄、小笠原諸島は、覚書三［いわゆる「七原則」の第三項］によれば米国の信託統治の下に置かれることが提案されている。われわれは米国の軍事上の必要については十分にこれを理解し、いかようにでもその要求に応ずる用意がある。しかしながら、これら諸島が日本から分離されることは国民感情のたえがたいところである。この点再考されんことを希望する。

以上(1)［領土問題の前項に挙げられている安全保障問題を指す］及び(2)に述べた点は、今後両国の緊密関係を樹立して行く上に重大な関係をもつ事項であり、その解決如何によっては、この緊密関係の樹立を阻害するための好個の口実を共産陣営に与えることになるであろう。

このような考慮からすれば、覚書三及び四は日本国民の意思を無視して日本国に駐兵し、又は、沖縄及び小笠原諸島の帰属を決定する趣旨ではないということをできるだけ早い機会に宣明せられることがきわめて望ましい。[162]

琉球諸島に対する日本の主権と住民の将来を心配していた吉田

は、これに重大な訂正を施した。一月五日の「D作業」訂正版には以下のように記されている（傍点は修正部分を示す）。

(2)　領土問題

沖縄、小笠原諸島は、覚書三によれば米国の信託統治の下に置かれることが提案されている。われわれは、米国の軍事上の必要については十分にこれを理解し、いかようにでもその要求に応ずる用意がある。しかしながら、これら諸島が日本から分離されることは国民感情のたえがたいところである。この点再考されんことを希望する。（もし信託統治に付せざるを得ざる場合においては、その地域を軍事上必要とせらるる最小限にとどめ、日本を共同施政者とし、また、信託統治を必要とする事態の解消するときはこれらの諸島が再び日本に復帰せしめらるべきことを何らかの形において明らかにせらるるよう希望する。）

以上(1)及び(2)に述べた点は、今後両国の緊密関係を樹立してゆく上に重大な関係をもつ事項であり、その解決いかんによつては、この緊密関係の樹立を阻害するための好個の口実を共産陣営に与えることになるであろう。

このような考慮からすれば、覚書三及び四は日本国民の意思を無視して日本国に駐兵し、又は、沖縄及び小笠原諸島の帰属を決定する趣旨ではないということをできるだけ早い機会に宣明せられることがきわめて望ましい[163]。

この吉田の修正は、「D作業」再訂版でも残された[164]。だが、これらの修正点をさらに拡張することが必要になったのである。

吉田・ダレス会談の始まるわずか数日前、一月二六日に完成した「米国が沖縄、小笠原諸島の信託統治に固執する場合の措置」と題する文書は、そうした配慮を代表した文書である[165]。「沖縄及び小笠原諸島が信託統治にされる場合、国民感情をもっとも刺戟する点は、これら諸島が永久に日本の手を離れるのではないかという点である」との文章から始まるこの文書は、「これを緩和するためには左の措置が考えられる」とした。

(一)　信託統治に期限を付すること。

実例として旧伊太利植民地ソマリランドの信託統治期間は一〇年とされ、その後は独立することになっている。かように、当地信託に年限をつけることが一番望ましい。

それがむずかしい場合には、「これらの諸島を信託統治にすることを必要ならしめる事態が存続する期間」信託統治に付することとし、かかる必要の解消した場合には、憲章第七六条（信託統治の基本目的を定めている）(ろ)の規定に従つて、「住民の自由に表明した意思」に従つてこれら諸島の最終的地位を決定すべきことを信託統治協定において明白にする。これは、憲章の規定に合致するところであつて、法理上の困難はない。

これに加えて、信託統治にする必要の解消したる暁には合衆国がこれらの諸島を日本に返還する考えであるとの保障を協定外の文書で取り付けられれば、万全である。

㈡　日本を共同施政者（ジョイント・オーソリティ）とすること。

　信託統治地域に対して共同施政者を設けている実例は、ナウルー島に対する英、豪、ニュージーランドの共同施政がある。また、旧敵国を施政者とした例は、伊のソマリランドに対する施政がある。日本が合衆国とともにこれらの諸島の共同施政者となれば、諸島の帰属についても、諸島の行政についても、島民に対する権能についても、合衆国と同等の地位にたつことになり、わが国民感情を満足せしむるに足ろう。

　（共同施政者という観念は、国務省係官が普及した事実がある。）なお、島民の国籍については、憲章に定める信託統治制度の関係から、施政国の国籍も取得せず、また、国際連合の国籍も取得せず、また旧領有国の国籍も保有せず、どの国の国籍もない特殊の地位にあつて（先例によると信託統治地域の市民権を有するとされておる。）施政国が地域外において外交上及び事実上の保護を与えることになつておる。従つて、これらの諸島の住民に対する日本国籍の保有を要請することは困難である。

　上述の二点の外、信託統治に関して左記の事項について考慮を求むべきである。

㈠　これら諸島と日本本土との関係をできるだけ従来通りとすること。なかんずく、双方住民の交通移住は自由とし、関税上も日本の一部として認められること。

㈡　従来小笠原諸島、硫黄島の住民であつて、戦争中（日本によつて）及び終戦後（米国によつて）日本本土に引揚させられているものについて、原島に復帰を許されること。

以上の見解が最終的に米国側に提示されることになった。つまり、吉田は琉球諸島に対する日本の主権をダレスと米国政府に認めさせようとしたのだった。これは吉田のイニシアティブであったといってよい。

　外務省での作業に基づいて、米国と国際社会の理解を得るために、吉田は、外交的キャンペーンを展開した。例えば、米国の権威ある外交誌である『フォーリン・アフェアーズ（*Foreign Affairs*）』誌の一九五一年一月号に、「日本は講和条約を希望する。われわれは講和の条件が如何なるものであるかを知らない。それは日本の歴史始まって以来初めて敗戦国として締結する条約でありおそらく、飲むに苦い条約であろう。しかし、われわれは、刑罰を受けるべく心構えをしている」と述べ、日本の誠実性を示そうとした[166]。同時に、「D作業」に最初の訂正が加えられるころ、閣僚会議で、彼は「最終的には琉球諸島が日本の主権の下に返還されることを希望している。……［さらに、］日本政府は、米国を施政国とする信託統治よりも米国にこれらの諸島を租借することを望んでいる」と述べた[167]。また、若いながらも広い人脈をもった外交官、ストークス（William

N. Stokes）の報告によれば、「首相は、琉球諸島は日本が征服や侵略によって獲得したものではなく、住民は日本人であり、日本とは緊密な歴史的結びつきをもつと強調した」という。[168]

「D作業（再訂版）」がまとめられた一月一九日の晩に開かれたある晩餐会の席で、吉田は、シーボルドに「信託統治下に置かれた琉球の人々が日本国籍を保有できる可能性はあるか」と尋ねた。[169] シーボルドは吉田の提起した問題の重要性を認め、それを日記に記した（後年、回想録を準備する際には、その部分に印をつけさえもしている）。[170] 翌朝には、彼は「優先」扱いの電報でその内容を国務省に伝えた。[171] シーボルドは、「琉球の人々」の日本国籍を確保したいという吉田の要望を伝えるだけでなく、吉田の発言を詳細に説明した。「琉球諸島に対する信託統治は［日本国民の間で］受け入れられる可能性もあるが、国民は、たとえどんなに希薄なものであっても主権の痕跡（vestige of sovereignty）を残してほしいと願っている」。最後に、シーボルドは、「この件は私の管轄外であるから、吉田自身がダレスとの会談において提起するよう勧めた」と記した。[172] おそらく、吉田はこのような答えを覚悟していたであろう。だが、ある意味では、これで彼の目的は無事に達成されたともいえる。すなわち、シーボルドのルートを通じて、吉田はダレスと国務省へ沖縄に関する日本の要望をさりげなく伝えることができたのである。[173]

だが、吉田はすぐに領土問題がいかに難しくなるかを悟った。シーボルドと「非公式に」話をした直後、吉田は、沖縄を日本の主権下に置くという日本政府の要望をマッカーサーに伝えた。吉田のこうした行動は、きわめて大胆であった。マッカーサーがすでに一九四七年段階から、米国による沖縄の絶対的、恒久的な支配を強く望んでいることを、日本政府は知っていたからである。にもかかわらず、彼はこの問題が日本にとっていかに重要であるかをマッカーサーに印象づけようとしたのである。この両者は非常に良好な関係を築いていた。ところが、マッカーサーは吉田に対して、「琉球諸島に対する主権の痕跡を日本国民に残すことにはまったく反対である」と告げた。[174] さらに、マッカーサーは、「これらの諸島を日本から完全に切り離さないいかなる取り決めにも絶対に反対」する、との厳しい姿勢を示した。[175] マッカーサーがこのようにはっきりと拒絶の意思を表したことによって、吉田は説得の対象をダレスに集中し、日本政府の要望を実現しようと試みることになった。これは賢明な判断でもあった。マッカーサーは、「問題が発生する場合以外、ダレス一行の作業において積極的な役割を特に果たすつもりはない」ことをダレスに言明したからである。[176]

したがって、ダレスが到着する直前に、吉田はダレスとそのスタッフに再度メッセージを伝えようとした。一月二三日に、ダレス一行より一足先に東京に到着したダレスの秘書フィアリーのもとに白洲次郎を派遣した。[177] フィアリーは、「多くのアメリカ人は白洲を必ずしも信頼しないが、彼は吉田の長年の親友でアドバイザーでもあった」とし、白洲の発言には注意を払うべきであると勧告している。[178] 白洲は、琉球と小笠原の両諸島の「所有権の譲渡は重大な過ちであり、平和条約で得られる他の利点に大きな悪影響を与える」と警告した。「日本政府は必要とするすべての軍事的権利を必要な期間において米国に譲る用意がある」。だが、日本国民は、「平和的に獲得し、他の日本人と同じ日本人が居住している諸島を日本から切り離すことを理解しないであろう。そのような行動は、さらなる憎しみの根源となる。その憎しみを、自分自身［白洲］と他の高等教育を受けた日本人だけでなく、大衆も共有するであろう」。来日したダレスを待っていたのは、まさにこの問題であった。

九　第二次ダレス訪日と日米交渉

一九五一年一月一一日に、ダレスはトルーマン大統領の特使（大使の階級に相当する）に任命された。その二週間後の二五日夜、ダレス一行は、日本政府との「協議」を開始するために東京に到着した。[179] 実際は、日米間の話し合いは「協議」というよりも「交渉」に近かった。そして、この年の九月に講和条約が締結されても、「交渉」は終わらなかった。なぜなら、吉田は、再軍備問題や領土問題を講和条約の成立後も諦めようとしなかったからである。

羽田空港でマッカーサーとシーボルドに迎えられ、ガスコイン（Sir Alvary D. Gascoigne）大使の公邸で在京公使、大使との食事会をこなしたダレス一行は、翌二六日朝一〇時からスタッフ会議を開始した。[180] ダレスは、まず対日講和条約についての彼の構想を語り、「達成される合意に対して日本で幅広く政治的な支持が得られる必要性」を強調した。シーボルドは、吉田が準備しやすいように彼とアリソンが吉田を訪問し、「対日講和七原則」と、ダレスとそのスタッフが飛行機のなかで準備した仮の議題を手渡すことを提案した。

その日の午後四時に、シーボルドとアリソンは目黒の外相官邸に吉田を訪問した。[181] 吉田の受け取った「議題」は、一三条項から構成されていた。[182] その第一点目は、「領土」に関する問題であった。議論の中心は、「日本の主権は本州、北海道、九州、四国並びにわれわれの決定する諸小島」という降伏の条件をいかに実現するかという問題であった。アリソンは吉田に対して、日本を「征服した敵国としてではなく、対等に扱うつもりであり、［ダレス一行は］これらの問題について日本政府の関係者とよく議論したい」と述べ、その点は、ダレスの到着後の記者会見でも明らかにされていたと確認した。さらに、シーボルドとアリソンは、ダレスが朝のスタッフ会議で述べた通り、吉田首相からの提案を歓迎するだろうと指摘し、ただし「［その提案が］不十分であれば、ダレスは吉田にその旨を指摘し、よりよい提案を作る努力がなされることになろう」と付け加えた。[183] これを受けて、ただちに吉田は西村の外務省スタッフに返答を用意させた。作業は午前二時ごろまで続けられたものの、翌日、修正が必要となった。[184]

翌二七日の朝一〇時に、ダレス一行はスタッフ会議を開いた。このとき、ダレスは、日本の指導者や政府関係者の琉球諸島の返還を要求する発言が報じられていることに触れ、懸念を表明した[185]。第一次世界大戦やパリ講和会議に参加した体験に基づいて、ダレスは次のように述べた。

ベルサイユ条約は、その一方の当事者である社会主義政府に汚名を着せ、反動勢力が権力を得る機会を準備した。米国の対日講和条約草案は自由主義的であるが、その領土条項に関してはすでに不満の声が上がっている。米国は、条約調印国を窮地に追いやることを望まない。おそらく、講和条約問題に関して日本政府が超党派の連合を形成しないかぎり、米国は日本政府との交渉を望まないことを、吉田首相に通知すべきであろう。党派を超えて講和条約に関与することこそ、講和条約が永続する鍵となるのである。……野党が条約を気に入らないのなら、今そうした意見を表明させるべきである[186]。

後述のように、野党だけではなく吉田自身も琉球諸島の返還を強く訴えた[187]。

しかし、ダレスはそれ以外の見解も考慮しなければならなかった。スタッフ会議を終えた直後の午前一一時、ダレス一行は、講和条約に対する方針と来日の任務を説明すべくマッカーサーを訪問した[188]。結局この会合は三時間にも及んだ。最初の三〇分間に朝鮮戦争の状況と今後の作戦について話し合われたあと、マッカーサーは日本の安全保障とその他の問題について自身の見解を明らかにした。ここでマッカーサーは、「日本のために弁護してきたが、……今は逆に、琉球諸島を日本に残してほしいという日本側の訴えに不満をつのらせている」と述べている[189]。「この点を除けば寛大であるこの条約において、日本にとって沖縄は常に経済的消耗を強いるものであり、住民は日本人でもない。米国の要求はこの諸島だけであり、日本政府はこれを認めるべきである。後日日本政府が返還の要求をしないという保障、すなわち、日本が所有権を放棄するという保障がなければ、沖縄に膨大な防衛的基地を作るために米国が何千万ドルも費やすことには耐えられない」。最後に、マッカーサーは、琉球諸島の処遇について「議論を一切しない」よう、ダレスが吉田に厳しい態度をみせるべきであると強調した。マッカーサーの議論に同意しなかったものの、ダレスは結局、マッカーサーの助言に従うことになった[190]。

その二日後に行われたダレスと吉田の第一回会談で、ダレスは、条約に対する国民および政党の広い支持の重要性を強調し、「国民の間に条約に対する理解や基本的な支持がなければ、条約は成功しないし、長持ちもしない」と指摘した[191]。吉田はそれほど感じ入った様子にはみえなかったが、ダレス一行が野党のリーダーたちと会談することについて反対はしないと述べた。ダレスはまた、集団的安全保障への日本のコミットメントと貢献について吉田の見解を聞こうとした。だが、吉田は、外務省がダレスの「講和七原則」や「議題案」に対する日本政府の見解を文書で用意しており、翌日シーボルドのところに届ける予定であると説明したものの、再軍備や集団的安全保障の問題に関しては、明確な答えを避けた。彼は、急激で大規模な再軍備が日本の経済復興に悪影響を与えることを懸念していたのである。ダレスとスタッフは、こうした吉田の態度に不満であり、苛立った。翌日、ダレスは吉田の姿勢に「たいへん悲観的だ」と述べ、吉田との会談は「パフォーマンスに過ぎない」と嘆いた。(192) シーボルドも吉田の不思議な態度が気がかりであった。会談での吉田の発言は「馬鹿げていたうえに、単純で非現実的」であり、「吉田が、交渉するための取引材料を提供しているが、一般的な原則を議論するための準備すらしていない」との印象であった。(193) その一方で、シーボルドは、吉田や日本政府と接触する際には「辛抱」が必要なのだとダレスに訴えた。(194) 同時に、彼は、「時間は限られているのだから、ぐずぐずせずに早く仕事に取りかかる」ことを吉田に要請するよう岡崎官房長官に依頼した。(195) その日の夜七時、日本政府は講和条約問題に関する見解を文書で提出した。(196) そして、翌三一日に開かれた第二回会談では、この文書を土台に協議が行われた。そのため、この日は第一回会談よりも「はるかにスムーズに」進行した。(197)

この文書は、「わが方見解」を英訳した（「Suggested Agenda」）ものである。(198) 領土問題については「D作業」、特に「米国が沖縄、小笠原諸島の信託統治を固執する場合の措置」に基づいていた。(199) 正確な日付は不明であるが、ダレスの元に届けられる直前に完成したものと思われる。文書作成に携わっていた関係者によれば、草案は二六日にでき上がり、翌二七日に外務省内で検討、修正を受けてから、大磯にいた吉田に提出された。吉田はこれを検討し、二九日に行われたダレスとの第一回会談までには、文書がほぼ完成していた。領土に関する部分は以下の通りである。(200)

(1) 琉球及び小笠原諸島は、合衆国を施政権者とする国際連合の信託統治の下におかれることが、七原則の第三で提案されている。日本は、米国の軍事上の要求についていかようにでも応じ、バミューダ方式［九九年間の基地租借］による租借をも辞さない用意があるが、われわれは、日米両国間の永遠の友好関係のため、この提案を再考されんことを切に望みたい。(201)

(2) 信託統治がどうしても必要であるならば、われわれは、次の点を考慮されるよう願いたい。

(a) 信託統治の必要が解消した暁には、これらの諸島を日本に返還されるよう希望する。

(b) 住民は、日本の国籍を保有することを許される。

(c) 日本は、合衆国と並んで共同施政者にされる。

(d) 小笠原諸島および硫黄島の住民であって、戦争中日本の官憲により又は終戦後米国の官憲によって日本本土に引き上げさせられたもの約八千名は各原島へ復帰することを許される。(202)

第二回吉田・ダレス会談が予定されていた三一日の朝、ダレス一行はスタッフ会議で日本政府の提出したポジション・ペーパーを分析した[203]。スタッフ会議には必ず出席していたシーボルドによると、ダレスはスタッフ会議で「その日のすべての行動について綿密な計画を立て」るのが常であった[204]。この日の会議もそうであった。この日に予定された記者会見で発表する内容を説明したあと、ダレスは琉球の処遇問題に話題を転換した。

まず、ダレスは、米国政府が琉球諸島の処理に関する議論を再開する可能性はあるが、その場合は「米国が自らの理由でそうする」のだと述べた。ポツダム宣言によって、日本政府は「日本国の主権が本州、北海道、九州および四国並びに連合国の決定する諸小島に局限されるという降伏条件を受け入れたのであり、これについてふたたび問題にすることは許されていない[205]」。したがって、吉田に対しては、琉球諸島の処遇について日本政府との間で「議論はできない」、「諸島の処理と統治の決断は連合国側にある」、との厳しい姿勢をとるつもりである、とダレスは述べた。

しかし、このように厳しい態度を見せながらも、ダレス自身は琉球諸島を信託統治下、あるいは米国の統治下に置くことに疑問を持っていた。スタッフ会議の場で、彼は「琉球問題については単なる軍事的側面以外の側面も考慮しなければならない。米国は、自国の海岸から数千マイルも離れたところに存在する百万に近い外国人の責任を軽々しく引き受けてはならない。われわれはもう一つのプエルトリコを望まない。経済的な負担、入国管理などの民政的な側面がまだ十分に考慮されていない可能性がある」との懸念を明らかにしている。ジョンソン(Earl D. Johnson)陸軍次官補も、「琉球問題のある側面について、米国政府内では十分に考慮されておらず、高官レベルでさらに検討する必要がある」と認めた[206]。ダレスもこれに同意し、「この問題についての議論はワシントンで行われるべきであり、今ここで日本側がわれわれに決断を迫るような事態を許してはならない」と述べた。その結果、日本が琉球諸島に対する主権を維持することを希望していたダレスやそのスタッフは、吉田に対して厳しい態度を見せざるを得なかった。だが、実際には、ダレスは、米国が「返還できるところは返還するべきである」と考えていたのである[207]。日本でこの問題が大きな政治的問題に発展しないかぎり、彼は、国務省や軍部、そして連合国との間で問題解決の糸口が見いだせると期待していたものと考えられる。

一月三一日の第二回会談は外交局で行われ、日本側からは吉田と井口貞夫外務次官が出席した[208]。このとき、ダレスは吉田に「琉球諸島返還の要請や呼びかけは望ましくない」と述べた[209]。つまり、日本政府に対して、米国は琉球諸島に関する議論をするつもりはない、と告げたのである。ダレスによれば、吉田はこの米国の「主張を受け入れたようにみえた[210]」。ある意味でその観察は正しいかもしれない。だが、日本政府は深刻に悩んでいたのである[211]。

西村条約局長が後年執筆した論文によれば、「ダレス代表は議題十三項目に対する日本の見解に対し、逐一コメントしていた。沖縄の信託統治を思いとどまってくれ、とのわが要望に対し、ダレス代表は明らさまに不快の色を示した。日本が領土問題を取りあげたことを、おもしろくないとして、しりぞけた」という。[212]ダレスは、日本側が領土問題を取り上げるのは、「望ましくない」と述べた。[213]吉田との会談を終えた直後の午後四時半に行われた記者会見でも、ダレスは、日本滞在中または将来に、琉球の問題を取り上げることは考えていないと説明し、「現在行われている協議でも今後に決定される問題でも、日本が降伏する際に受諾した具体的な問題を再考することはないであろう」と強調した。[214]「日米永遠の友好関係のためには、沖縄の日本復帰は絶対に必要である」との吉田の考えを退けたダレスの行動は、日本側を「いたく失望させるものであった」。[215]口惜しさに「眠れない一夜」を過ごした、と西村は回想している。[216]

他方、吉田は「平常な顔色、平常な態度」を一貫して保っていた。[217]あるいは皮肉にも、これが吉田は米国の主張を受け入れたといった誤解を招いたかもしれない。しかし、目黒の公邸に帰った吉田は悩んでいた。吉田は、この領土問題が国民を刺激し、まだ脆弱な日米二国間関係に打撃を与えるのではないかと懸念していた。[218]それでも一月三一日の夜、吉田は、琉球とそれ以外の諸島に対する主権を日本に残すようダレスを説得するのは、ダレスが米国政府や他の連合国との協議を終えるまで差し控えた方がよい、と判断したのではないだろうか。

しかし、二月五日になると、外務省事務当局は彼らのアピールがなんらかの効果をもたらしたと思えるようになった。そのことは、二月三日に作成され、ダレスから井口外務次官に手渡された「条約の要約（treaty paraphrase）」に示されていた。[219]これは、一九五〇年九月段階に作成された条約草案とほぼ同じ内容であったが、西村と事務当局は、この文書で南西諸島が一九四六年一月二九日以降、占領軍が指定していた三〇度以南ではなく、二九度以南と定義されていることに励まされた。[220]日本側はこの提案に全体的には満足した。二月七日、吉田は井口と西村を伴ってダレスを訪問し、「深い満足と感謝の意をもって」この提案を受け取ったと述べた。[221]吉田は、日本政府は細かい点については意見があると述べたものの、ダレスを刺激しないようあえて領土問題などを取り上げることはなかった。こうして、この段階での講和条約に関する協議は終わった。よく知られているように、講和後の日本への米軍駐留を認める日米安保条約に関する議論はこの後も続いたが、琉球諸島が問題とされたわけではないので、ここでは省略する。吉田主催の夕食会、天皇訪問、そして帝国ホテルでの送別会を終えた二月一一日に、ダレス一行は日本を離れた。

日本滞在中、多忙をきわめた毎日を過ごし、また吉田の沖縄返還の要望を却下したにもかかわらず、ダレスは日本政府のアピールや世論調査の結果に配慮していた。補佐官のアリソンは、「日本側が訴えた琉球と小笠原諸島の返還にわれわれは強い印象を受けた。当時はそうした希望に応じられなかったが、米国がこれらの島々に施政権を持ちつつ日本は潜在主権を有するという、サンフランシスコ会議で示された案は、この時点でダレスのなかに生まれたのではないかと私は思う」と記している。[222] アリソンの回想を立証するものはないが、ダレスが沖縄返還に関する日本政府の要望を認識していないはずはなかった。羽田からフィリピンへ出発するとき、ダレスは、この要望と米軍の要請、そして依然として反日的な連合国の要請をいかに調整するか、頭を悩ませていたに違いない。

十　連合国との協議、ワシントン、そして再び日本へ

ダレスが「講和七原則」を提示した当時、ソ連と中国、およびインドは、米国による信託統治を定める領土条項への反対を表明した。それでも、ダレスは、協議の進展についてそうした国々にも定期的に報告している。対照的に、米国と友好関係にあった台湾、英国、オーストラリア、フィリピン、ニュージーランドは、沖縄の米国による信託統治案に賛成の意または確固たる支持を表明していた。訪日日程を終えたダレス一行は、日本とその再軍備に対する緩衝剤として、沖縄における米軍のプレゼンス、または米国による沖縄の信託統治を強く望んでいたフィリピンとオーストラリア、ニュージーランドを訪問した。

マニラでの最初の日の朝、ダレスは、キリノ（Elpidio Quirino）大統領との会談で、「日本の自由世界への志向を確保する」ためには「健全で安定した日本」が重要であると強調した。[223] 日本は「共産主義勢力が望む重要な地域」であり、日本の産業生産力と労働力が中国やソ連の手に陥ることになれば、「フィリピンは重大な危機にさらされることになる」とダレスは説明した。これに対して、キリノは、将来の日本の力をむしろ懸念していた。彼はダレスに、「米国が日本の復興に専念するあまり、フィリピンの要望と権利を忘れてしまうことのないよう」に望んでいる、と釘を刺し、フィリピン国民が「彼らの利益は日本のために犠牲にされていると思っている」と指摘した。ダレスは、そうした事態は起こらないこと、「日本で実施されている占領改革は、フィリピンがいかなるところからも侵略の危険に二度とさらされることのないような環境をつくるためのものである」と説明せねばならなかった。これを保障するために、最終的にフィリピン政府は米国との間に安全保障条約を締結することを要請した。米国を施政権者とする信託統治下に沖縄を置くという米国の提案も、フィリピン政府にとっては安全保障を確保するのに望ましい要素となっていた。[224]

その二日後に、ダレス一行は日本に対して強い不信感を抱いていたオーストラリアとニュージーランドへと出発した。キャンベラに向かう途上でダーウィンに一四日に到着し、ニュージーランドには一九日に到着している。[225] アリソンの記録によれば、「ダーウィンでは、オーストラリア側は戦時中に日本軍の空爆を受けた事実を指摘した。これほど陰鬱な場所はなかった」という。[226] オーストラリアとニュージーランドの両国も、日

本との講和条約を支持するにあたって自国の安全保障を確保することを望んでいた。[227] そのために、両国と英国の代表は、米国は琉球諸島を信託統治化してその支配を継続すべきであると考えていた。[228] さらにニュージーランド政府は、「日本は、琉球諸島、小笠原諸島と火山列島に対する主権を放棄すべきである」とまで提案した。[229]

二月二六日にワシントンに戻ったダレスは、翌二七日に大統領に会見してから、ウェッブ国務次官や国務次官補らを含む幹部と会議を開き、アジア太平洋各国への訪問について報告した。[230] 琉球諸島をめぐって日本政府と衝突したことにも言及した。「琉球諸島に対してなんらかの権利を保有したいという日本人の強い感情に直面したが、この問題は国際的にもうすでに決定された事項であると答えて議論しなかった」と彼は説明している。[231] この問題がいかに複雑であるかを象徴するように、会議では、問題を検討する作業班を設置したことが伝えられた。[232]

三月を通じて、ダレスとそのスタッフ、国務省の作業班、そして帰国中のシーボルドは講和条約と領土条項について検討を進めた。三月初旬、極東局の法律専門家ベーコン博士は、アリソンの依頼を受けて、琉球やその他の諸島を信託統治化することによって米国が引き受ける義務について研究した。[233] 国連課、北東アジア課、極東局研究課、そして極東局の関係者と相談した上で彼女が作成した現実的、かつ批判的な覚書には、信託統治に関する問題が一〇点にまとめられている。

(1) ソ連が信託統治について拒否権を行使することが予想される。

(2) 戦略上の要請という観点からみれば、国連総会で承認を得ることは難しいと思われる。

(3) 米国は国連の信託統治理事会の査察を受け入れ、質問に回答し、国連の勧告を実行する義務があろう。

(4) 日本統治下で琉球の人々がかなりの程度の自律性を保っていたことに鑑みれば、彼らは相当程度に自主的な政府を認めないいかなる統治体制にも抗議することが予想される。

(5) 琉球の人々の間には、日本への返還を希望する感情が相当に見受けられる。

(6) 戦前の琉球の貿易は、ほとんど日本との間のものであった。琉球が日本から切り離されれば、琉球の対日輸出は関税規制に服することになる。

(7) 琉球諸島の経済状態を改善するために、米国が財政上の責任を負うことになる。

(8) 相当程度の土地が統治上、または安全保障上の目的で住民から取り上げられた場合、信託統治理事会が介入する可能性が高い。

(9) 住宅や他の施設について差別的待遇が生じれば、信託統治理事会が懸念するであろう。

(10) 信託統治制度の適用は、他国から「米国は領土や軍事基地を得る手段として信託統治制度を利用しようとしている」と解釈される可能性がある。国連はこうした批判の場と化し、米国は、従属地域の標準的な統治の基準や国連の基準に合致するように諸島を統治するうえで常に障害に直面することになろう。

ベーコンが指摘することができたと思われるもう一つの問題は、世論と日本政府および政党からの強力な要求である。国務省は三月五日ごろに、『毎日新聞』が二月一六日から一八日まで行った世論調査の結果を知らされた。「米国が国連の信託統治のもとで琉球および小笠原諸島を支配するという報道についてどう思いますか」という質問に対して、回答者の大半は米国を施政権者とする恒久的な信託統治制度よりも、諸島の日本への返還を希望すると答えた[234]。この調査は、琉球の処遇に対する国民の態度を明確に示していた。

ベーコンの覚書は、沖縄に信託統治制度を適用する際の問題点を国務省員にあらためて認識させることになったと思われる。三月一二日付の条約草案の領土条項には、「提案する(will propose)」ではなく、「提案することができる(may propose)」との文言がみられるようになった。

合衆国は、北緯二九度以南の琉球諸島、西之島を含む小笠原諸島・火山列島・沖の鳥島及び南鳥島を合衆国を施政権者とする信託統治制度の下に置くことを国際連合に対し提案することができる。日本国は、このような提案に同意する。このような提案がなされ、且つ、これを確認する行動が執られるまでの間は、合衆国は、領水を含む右の諸島の領域と住民に対して行政・立法及び司法上の一切の権力及び如何なる権力をも行使する権利を有する[235]。

ベーコンの上司であるアリソンも、沖縄に信託統治制度を適用することの難しさをよく認識していた。講和条約案に対する英国政府の支持を得るために英国に滞在していた彼は、「もちろん米国は諸島の合併を希望しているわけではない。……だが、国連信託統治も頭痛の種であるとみなしている」と英国政府関係者に述べている[236]。さらに、アリソンは、米国政府は、「[琉球諸島に対する]主権は将来的には日本に返される可能性があ」り、したがって、信託統治に関して「提案するかもしれない」という表現を採用することになったのだと説明した。それに対して、英国と連合国の間に存在する対日不信を代弁するように、スコット(Robert H. Scott)外務次官は、「日本との間に摩擦の種を残したり、……信頼し過ぎたりすること」は避けるべきだと警告した。

三月一二日付の修正案にダレスは満足し、二一日に開かれた国務次官主催の会合で、この草案を紹介した[237]。このように、ダレスは、国務省高官やスタッフに定期的な説明の場を設けたのみならず、議会の支持を得る重要性を強く認識していたため、講和条約の協議や条約案を作成する段階で議会のメンバーと頻繁に会談した[238]。言うまでもなく、これは、パリ講和会議に参加し、また第二次世界大戦後は、国連総会に米国代表団の一員として参加した経験から得た教訓である。たとえば、国務次官と会談する二日前の三月一九日には、ダレス、フィアリー、バブコックとマックファル（Jack K. McFall）議会担当国務次官補は、上院外交委員会の極東小委員会のメンバーに対日講和条約案に関する説明を行った[239]。このとき、ダレスは、条約は「米国が望めば信託統治を申請しうる権利を与えるべきである。……だが、米国は、条約で詳細を規定することなく、信託統治を望めば求めることができるという選択肢を確保するだけにしておく」とし、「最終的に琉球諸島をどのように処理するかは、特別委員会に任せたほうがよい」と述べた。ダレスの旧友でプリンストン大出身のスミス（H. Alexander Smith）上院議員（ニュージャージー出身、共和党）は、条約案が沖縄に対する無期限の支配権を米国に許しているため、米国が「帝国主義という批判」を招きかねないと指摘した。連合国の考え方が明白になるまでは条約案を変えることはできないとダレスが示唆したとき、外交委員会の重要メンバーのひとり、スパークマン（アラバマ州、民主党）は、そもそも信託統治の必要性があるのかどうかを問い、「日本本土と同様の軍事的権利が確保されるのであれば、せめて日本が琉球諸島を保有できるようにすべきである」との見解を示した。スパークマン上院議員の質問は核心を突いていた。国務省が希望していたように、日米間の安全保障条約を琉球諸島に適用し、この諸島を日本の主権下に返すことができるのだろうか。ダレスもまたこの選択肢を望んでいたと考えられる。彼はその機会を探った[240]。

マッカーサーが国連軍司令官、極東軍司令官および連合国最高司令官の職を解任された四月一一日、ダレスと国務省のスタッフは、マッカーサーの解任が米国の太平洋政策および対日講和条約の締結に与える影響について話し合うために、JCSやNSCのメンバーと会談した[241]。

ちょうどこのころ、JCSは講和条約の締結に反対しているという噂が流れていた。ブラッドレー統合参謀本部議長は、JCSが抱いている二つの懸念を明らかにした。まず、「琉球諸島で米軍が自由に行動できる必要」があるにもかかわらず、「この点について国務省が日本政府に期待し過ぎているのではないか」という不安であった。第二に、朝鮮半島で戦闘が継続している間は、作戦行動の自由を確保するために講和条約の締結を延期する「必要」のあることだった。これに対して、ダレスは、一刻も早く講和条約の締結にむけて進むべきだと訴えた。しかしダレスは柔軟であった。JCSの懸念に応じるために、表現を変えるよう努力すると約束したのである。しかし、琉球諸島に関しては、「条約草案と取り決めはJCSの見解にまったく合致している」としてはねつけた。それでもJCSは納得せず、条約草案をあらためて検討することになった。

他方、ダレスは、マッカーサーの解任が講和条約の準備に悪影響を与えないこと、そして「アジアにおける共産主義に対抗し、［沖縄を含む］列島連鎖（island chain）を維持するという米国の決意が決して揺るがない」ことを日本側に念押しするために、すぐにでも東京へ赴く必要があると考えていた。[242] トルーマン大統領は、日本の指導者たちを安心させ、マッカーサーの後任のリッジウェイ（Matthew B. Ridgway）に相談することを「強く支持」した。その結果、ダレス、フィアリー、バブコックそしてジョンソン陸軍省次官補は、四月半ばに訪日することになった。ダレス一行は、マッカーサーが日本を去った日の夕方に到着した。[243] もっともこの一週間の滞在期間中、沖縄に関する問題は議題にならなかったと思われる。ダレスはこの問題を議論したくなかったし、もとより日本政府から持ち出されることも好まなかった。[244]

この間、四月七日に英国政府は、英連邦諸国に独自の講和条約草案を回覧しはじめた。[245] 四月二五日には、米国と英国それぞれの案をアリソン議長の下で調整するべく、英国政府の担当者がワシントンに赴いた。英国案は、「英連邦で合意された文書ではないが、英連邦の考え方をだいたい代表するもの」であった。琉球諸島に関してより明確な表現を希望していた英国の要望を反映して、米英共同案の領土条項は以下のようになっていた。

日本国は北緯二十九度以南の琉球諸島・小笠原群島（西之島、火山列島を含む。）並びに沖の鳥島及び南鳥島を合衆国を施政権者とする信託統治制度の下に置くことの国際連合に対する合衆国の如何なる提案にも同意する。このような提案が行われ、且つ、これが可決されるまでの間、合衆国は、領水を含むこれらの諸島の領域及び住民に対して、行政、立法及び司法上の権力のすべて及び何れかを行使する権利を持つものとする。[246]

米国は、英国が提案した表現に賛成したものの、朝鮮、台湾、満州そして旧委任統治領と同じように日本が諸島に対する主権を放棄すべきかどうかという点については、まだ意見の相違があった。[247]

日本政府は、三月一二日付の米国講和条約草案、ホイッチア大学でのダレスの講演、そして米英共同案を通じて、日本が「沖縄に対する主権を放棄しなくてもよい」というニュアンスを読みとった。この点については、西村が、米国関係者（おそらく四月に訪日したダレス自身であろう）に重要な意味を持つと指摘を受けた、と回想していた。[248] しかし、日本政府にはもう一つ懸念していた点があった。四月上旬になってその点は明らかとなった。「琉球諸島」の地理上の定義の必要性である。

ワシントンから東京に戻ったシーボルドは、三月二七日に、米国の条約草案を吉田首相に手交した。[249] その一週間後、四月四日の午前中、井口次官は外交局を訪れてこの草案に対する日本側の見解を提出した。[250] この覚書のなかで、日本政府は、「北緯二十九度以南の琉球諸島」という条約第三章第四項の文言を『北緯二十九度以南の南西諸島』と改める」ことを提言した。[251] なぜなら、「北緯二十九度以南には奄美群島が含まれるが、この群島は琉球諸島に属せず薩南諸島に属する。よって、誤解を避けるため」の措置である、と井口は説明した。シーボルドは、国務省にその旨を伝えると約束し、午後には本省に報告した。[252]シーボルドは、琉球諸島の定義に関する日本政府の提案は「歴史的に正しいものであり、『琉球諸島』の地名は『南西諸島』と同一の広がりをもっていない。前者は、旧沖縄県（沖縄と、大東諸島、尖閣諸島を含む先島群島）を構成する諸島を意味する」とのコメントを付け加えた。この電報を受けとったフィアリーは、一九四六年から国務省情報調査部に勤めていた地理学専門家のボッグズ（Samuel S. Boggs）顧問に相談した。ボッグズは、「『南西諸島』がより正確な呼び方であり、したがってこれを使用すべきだ」と答えた。[253]フィアリーは、「『琉球』がより広く知られた地名である」こと、日本政府が「南西諸島」の使用を提案したのは、「琉球」が中国的な響きをもつのに対して、これが「より日本的な地名であること」によるのではないかと意見を述べた。[254]それに対して、ボッグスは、「いずれにしても、専門的にいえば『南西諸島』のほうが正しい」と強調し、日本政府の主張を認めた。しかし、ダレスと国務省は、表現の変更には新しい協議が必要となる可能性があり、軍部の反対を招きかねないと考えた。そのため、この段階ではこうした主張を受け入れようとはしなかったが、最終的には講和条約第三条に生かされることになる。

四月から五月にかけて連合国から条約に対する意見が提出され、六月上旬には、こうした連合国の意見と共同草案の修正を協議するために、ダレスはロンドンに出発した。賠償問題や中国代表の参加問題に加えて、ダレスは、三月の共同案作成の際に争点となった沖縄に関する条項について、米国の解釈に対する承認を英国から得ようとした。それは、ダレスにとって、連合国の賛成が条約の成立と日本の国際社会への復帰にとって欠かせない条件であるからである。

ダレス、アリソン、バブコックが米国の草案を持参してロンドンに着いた時期、英国には日本が琉球諸島に対する主権を放棄すべきであるという主張がまだ根強く残っていた。[255]しかし、モリソン（Herbert Morrison）外相は、より重要な点について米国の協力を得るために、妥協しなければならないとの認識を持っていた。妥協すべき点の一つが、沖縄に対する日本の主権を認めることであった。五月二三日付のモリソンの文書（二九日に内閣に提出）にはそうした方針が明らかである。ここでは、「琉球諸島に対する日本の主権の承認問題は、基本的に米国の問題である」と記されていた。[256]内閣の承認を得たモリソンは、したがって、六月七日に行われた米英会談の際には、日本と琉球諸島との歴史的、経済的な関係に鑑みて、この諸島に対する日本の主権を認めるべきであると説いたダレスと自由に交渉し、妥協することができた。[257]こうして、ダレス一行が六月一四日にロンドンを出発する前に、米英共同案が完成した。[258]沖縄に関する領土条項はそのまま残され、日本は沖縄に対する主権を有するとした米国の解釈が確認されることになった。六月一五日にワシントンに戻ったダレスは、次に琉球諸島に対する日本の主権をどのように認めるのか、その方式を工夫せねばならなかった。

十二　潜在主権の方式

(1)日本国籍確保に向けた日本政府の試み

ロンドンでの会談が終わると、アリソンはパキスタン、インド、そしてフィリピンを経由して日本へと向かい、二四日に東京に到着した。[259]翌日、アリソンは、ロンドンとパリでの会談の内容を詳細に井口と西村に説明し、新しい条約案は、英国政府の提案をいくらか取り入れつつも米国草案に基づいたものであると述べた。[260]これは井口と西村の期待通りであった。ロンドン会談も終わりかけたころの六月一五日に、シーボルドが、「非制限的、非処罰的で自由な条約を実現するために、［ダレスは連合国に対して］断固として譲らなかった」と吉田に伝え、彼を安心させようとしたことがあったためである。[261]シーボルドによれば、「［吉田は］明らかに喜んでいた」。

六月二八日に、吉田は井口と西村を伴ってアリソン公使に会った。[262]関西での四日間の日程をこなした吉田はちょうど東京に帰ったところであった。吉田が出発する六月二二日の直前に、外務省はアリソンとの間で話し合われることが予想される問題についていくつか文書を用意した。講和条約草案はもちろん、安全保障問題についても議題に上ることが考えられた。アリソンやシーボルドとの第一回目の会談で、吉田首相は「信託統治に付せられる諸島の住民は、是非とも依然日本人として取り扱いた」い、と述べた。[263]さらに、「日本との経済その他施設の関係もそのまま持続させてゆきたい。これは日本の悲願である。御考慮をえたい」とも要請した。[264]これに対して、アリソンは、ダレスが二月に説明したように、琉球諸島の処理の問題は「連合国が考慮すること」であるが、米国政府は、「実際の問題に関する」日本側の意見を「受け入れられ」る、と説明した。[265]アリソンは、日本側のコメントを喜んで受けるとも述べた。吉田は、アリソンが出発するまでに、文書を用意して提出すると答えた。[266]

七月二日にアリソンに手渡された文書は、それ以前から外務省内で検討されていたものである。六月二七日の夕方、吉田が帰京する途中、井口次官は、翌日のアリソンとの会談について打ち合わせを行うために熱海で吉田を出迎えた。[267]東京までの二時間の間、吉田は井口に、「信託統治地域における日本人の国籍はそのままにしておいてほしい」との要請をアリソンに手渡す準備をするよう指示した。西村の事務当局は、五月にダレスに手交する目的で用意された（実際には届けられなかった）文書を修正する作業を開始し、七月一日に吉田に提出した。吉田自身がこれに修正を加えた。[268]最終的な案は以下の通りである。

以下に陳述するところは、平和条約案に定められている原則に修正を要請しようとするものでない。提案されている原則の実施される場合を考えて、できるだけ円滑に行われるようとの希望からでた要請を述べたものである。合衆国政府において考慮にいれられれば幸甚である。

南西諸島、小笠原諸島その他の諸島は、元来日本本土と不可分の一体をなし、住民があらゆる面で日本本土住民と同じ住民である点において、第二次大戦後信託統治の下に置かれた他地域と根本的に異る性格を有している。故に合衆国において右の諸島に信託統治制を適用されるにあたつては、この特殊性を念頭に置かれて、次に要請されているようなことの実現を将来にわたつて封ずるような規定が信託統治条項を含む基本的な関係諸文書に含まれないよう考慮されたい。

(1) 住民のステイタス

現に、当該諸島に住所を有する者の数は、約九十万に達する。これらのほとんどすべては、日本国籍の保有を欲しておる。(そのためには日本本土に住所を移すことも辞さない気持ちの者が青年層に多いといわれておる。) 故に、日本はこれらの人々を日本人として取扱つて行きたい。

現に、日本国土に住所を有する当該諸島出身者は、約三十万に達する。そのうち十万は、戸籍が本土にある。これら約三十万の者が終戦後あたえられた帰島の機会を利用することなくふみ止まつているのは、日本人として残ることを希望しているからに外ならない。

現に、当該諸島出身者であつて第三国に在住するものは、約五万に上ると推定される。これらの者は、元来日本人として渡航して行つたものであるのみならず、大部分が引き続き日本人であることを希望していると聞いている。

(2) 経済関係

これらの諸島と日本本土に従前存在していた経済関係は、人為的に切断されぬようにいたしたい。これがため、当該諸島と日本本土の貿易はいわゆる国境貿易的のものとし、相互になんらの関税を課さないこととしたい。日本に関する限り既に昭和二六年五月一日施行の法律(注)によってそのように処置している。また、その他の貿易統制上の制限をも原則として課さないこととする外、資金の交流についてもできる限り自由にされたい。

また、相互に沿岸漁業に従事し、且つ、沿岸漁業基地を利用することを認めると共に、相互間の人、船舶の往復についても原則として自由とされたい。

(注) 関税定率法の一部を改正する法律の付則四

「南西諸島の生産にかかる物品で、政令をもつて定める原産地証明書を添付するものの輸入税は、当分の間、免除する。この場合において南西諸島とは、関税定率法第一二条の規定によつて外国とみなされる北緯三〇度以南の南西諸島をいう。」

(3) 文化関係

現在当該諸島における子弟の教育は、将来における日本本土高等諸学校へ進学する場合の便宜を顧慮し、学制、教材等日本本土に準じて施行することを許されている。信託統治制実施後においてもかかる教育方針を継続されると共に、当該諸島と日本本土の相応する学校の修業又は卒業資格及び公の各種資格試験を相互に進学、及び就職上承認し合うようにしたい。

(4) 小笠原諸島、硫黄島住民の原島復帰

小笠原諸島、硫黄島等の住民で戦争中及び戦後日本内地に強制的に引き揚げさせられた者は約八千名に上り、これらの者の原島復帰はまだ許されていない。彼らは一日も早く祖先の墳墓の地である原島復帰を希んでいるので最も早い機会に有希望の実現方配慮ありたい。

その夜、ワシントンに宛てた電報のなかで、アリソンは、井口との会談の際に二頁のこの文書を受理したことを伝え、「これは講和条約の原則を修正するものではないが、考慮してもらいたいものである」という日本政府の慎重な要請について報告した。[269] 吉田や井口、西村は、日本側の要望、とりわけ領土問題に関する要望にあまり固執すれば、賢明でないだけではなく、逆に琉球諸島に対する日本の主権を認めるという合意を米国政府内で形成すべくワシントンで奮闘しているダレスの努力を無に帰すことになりかねないということを、誰よりもよく理解していたものと思われる。

(2)「潜在主権」に関するダレスの覚書

訪日を終えて四月中旬にワシントンに戻ったダレスを待っていたのは、三月一二日付の条約案に対するＪＣＳのコメントであった。琉球諸島の処理に関して、ＪＣＳは依然として慎重であった。「軍事的見地からいえば、対日講和条約は、一九五〇年九月八日に大統領が指令したように、『北緯二九度以南の琉球諸島、南鳥島、孀婦岩以南の南方諸島に対する排他的な戦略的支配を米国が確保する[270]』ものでなければならない」という、従来と変わらぬ姿勢である。マーシャル国防長官は国務省にこの見解を伝えると同時に、「講和条約に向けた準備が仕上げの段階に入れば」、国防総省の最終的意見を明らかにするであろうと述べた。[271]

六月二八日に、マーシャルは、「基本的に同意する」とのコメントを添えて、米英の共同案に関するＪＣＳの見解を国務省に送付した。ＪＣＳがこの条約案を受けてから一〇日後のことである。[272] ＪＣＳは、条約案の領土条項について以下のように二つの修正を求めた（傍点部が修正点を示す）。

> 日本国は北緯二十九度以南の琉球諸島・孀婦岩の南の南方諸島（小笠原群島・西之島及び火山列島を含む。）並びに沖の鳥島及び南鳥島を合衆国を唯一の施政権者とする信託統治制度の下に置くことの国際連合に対する合衆国の如何なる提案にも同意する。このような提案が行われ、且つ、これが可決されるまでの間、合衆国は、領水を含むこれらの諸島の領域及び住民に対して、行政、立法及び司法上の権力のすべて及び何れかを行使する権利を持つものとする。[273]

さらに、JCSは、「国連が米国の提案する戦略的信託統治に好意ある処置をとるまで、米国は国家安全保障上、排他的な支配を保有しなければならない」と要求するなど、これらの諸島に対する戦略的な関心を強調した。

こうした修正の理由を、JCSは次のように説明している。第一に、「唯一（sole）」という語句を挿入したのは、「いかなる国もこれらの島々に対する戦略的統治に参加し、または法的に干渉することのないようにしておく」必要があるためであった。「唯一」という文字を挿入することによって、JCSは、連合国が諸島の統治に参加することを効果的に排除するだけではなく、日本政府の希望どおり日本が諸島の「共同施政権者」となることも防ごうとしたのである。第二の修正は、南方諸島に関してであった。JCSは、「一九五〇年九月八日の大統領の指令に合致するためには、［南方諸島について］言及すべきである」と主張した。このような修正はまた、これらの諸島に対する戦略的支配を維持したいというJCSの長年の願望に沿うものでもあった。

JCSがマーシャル国防長官宛の覚書を完成したころ、ダレスは、国務省のオフィスで、日本に主権を残しつつ米国の戦略的要請を確保していると解釈できるような領土条項を文言にする困難な作業に直面していた。ダレスが考え出したのは「潜在主権」という表現であった。これは、「非公式な場で考えられ」、それ以前の国際法には存在しない用語だったとみられる。[274]フィアリーによれば、六月二七日、あるいはその少し前に、ダレス、アリソン、バブコック、フィアリーが、「ダレスのオフィスで開かれたスタッフ会議の場で、政治的問題を避けつつ、安全保障上の要請を実現する方法について議論していた。ダレスは潜在主権を確保する方式を作り出すべきだと言い出した。ダレスがその発案者であった。出席したわれわれはその提案が気に入った。そこから出発した」のだという。[275]ダレスはフィアリーとともに、六月二七日に予定されたマーシャル国防長官との会談に備えて覚書を用意した。あらゆる方面からのさまざまな圧力にさらされつつ、琉球諸島について「潜在主権」という方式を考え出した国際弁護士たるダレスの考え方は、この覚書に如実に示されている。[276]

ダレスはまず、一九四一年の大西洋憲章の「領土不拡大原則」にしたがって、米国は諸島に対する「主権を獲得する意図はない」とした。しかし、日本が主権を放棄することを強制されながら、その代わりに主権を引き受ける国が指定されなければ、とりわけ国連が米国の提案する信託統治を承認しなければ、「国際環境に混乱」が生じることになる。その場合、米国は次のような批判を受けることが考えられるとダレスは説明した。(1)主権は、国連の支持を得て米国に島々から退去することを要請し、または、強制することができる住民に存在する。(2)ソ連を含めて対日戦争で勝利した国々は、日本が放棄した主権を獲得する権利がある。(3)国連にはこの問題を処理する権利がある。(4)米国は「巧妙に」主権を事実上獲得した。ダレスは、こうした批判を避けるためには日本が主権を保持するべきであると主張したのだった。そして、JCSにこうした措置が安全保障上の要請を満たしていることを納得させるために、ダレスは、国連が米国の信託統治の申請を承認するまで米国が諸島に対して「行政、立法及び司法上の権力のすべて及び何れかを行使する権利」を有すると規定していることは、「米国は排他的支配権を有するべきである」というJCSの条件に合致していると指摘した。「排他的な戦略的支配は潜在主権と両立する」というのが彼の説明であった。パナマ運河がその一つの例であった。以前、ダレスの法律事務所が扱っていた仕事の関係で、ダレスはその地域には詳しかったという[277]。一方、日本が主権を放棄する場合、「日本から米国に与えられる諸島に対する全面的権利が……損なわれかねない。……その結果、なんの権利も持たない譲与者が存在する状態ができてしまう[278]」。最後に、ダレスは、領土条項の草案とその解釈は、継続的なコンセンサス醸成の過程であり、すでに上院の外交委員会で説明され、承認されていると述べた。変更があれば、この委員会や連合国にその旨を説明する義務が生じることになり、また条約締結が遅れる結果、「現時点までに日本や連合国との間で交渉した立場が崩壊することになりかねない」とダレスは警告した。

ダレスはこの覚書をマーシャル国防長官に説明した。マーシャルは、JCSの要求と懸念を述べた。ダレスは、JCSが提起した二カ所の修正を受け入れた。翌日、マーシャルは、アチソン国務長官に、「[昨日の]ダレス氏との会談の結果、JCSの勧告は国防、国務両省の間で現在議論されており、これを条約に挿入することに問題はない、との理解」を得たと告げた[279]。つまり、マーシャルは、日本政府が提案したもう一つの変更を除いて、条項の草案はこれでよいと示唆したのだった。こうして、連合国と軍部の理解を得られたダレスは、日本により注意を払うことができるようになったのだった。

(3) 吉田の国会演説と「日本の潜在主権」

講和条約の米英共同案は、七月九日に正式に関係各国に送られた[280]。ダレスが日本の協力を重視したことを象徴するように、日本政府は二日前の七月七日に受領していた[281]。井口や西村の事務当局は、その日一日を費やして条約案を訳し、九日にこれを検討し、コメントを付け加えたうえで、一〇日、箱根で休養していた吉田に届けた[282]。吉田の承認を得て、井口と西村は、最終的には日本政府の「条約案に対する意見」となる文書の草案を完成した[283]。一二日に井口と西村は外交局を訪問し、「意見書」をフィン（Richard B. Finn）三等秘書官に手交した[284]。このなかで、日本政府はふたたび「琉球諸島」との言葉は不正確で曖昧であるとし、その代わりに、「南西諸島」を使用するよう求めた[285]。東京からの電報を受けとったフィアリーは、もう一度ボッグズに相談した。前回同様、ボッグズは日本政府の提案を支持した[286]。ボッグズは、「『南西諸島』は、後に続く条項で用いられている『南方諸島』に類似しており、これを用いることが日本政府の使用法に一致する」と指摘した。さらに、「南西諸島」という用語をJCSに説明する場合、「その意味はわれわれが現在使用している言葉と一緒であること、そして『南西諸島』の方が日本や一般の人々にとってより明確であることは疑いないことを説明すれば、JCSはすぐ賛成するだろう」と付け加えた[287]。スタッフと検討した結果、ダレスはボッグズの勧告を受け入れた。そして七月一八日には、七月三日付の草案を送付した諸国の米国大使館に対して、この修正を相手国に通知するよう指示した[288]。その結果、「北緯二十九度以南の琉球諸島」に替えて「北緯二十九度以南の南西諸島（琉球諸島及び大東諸島を含む）」という表現が使用されることになった。

条約案が日本の新聞で紹介されたのは七月一〇日であった（日本政府が公開したのは七月一三日）[289]。世論も政党も、ただちに領土条項に疑問を投げかけた。条約案が掲載されてまもなく、外務省は、八月一六日から始まる第一一回臨時国会で行われる吉田の外交演説の草稿準備にとりかかった[290]。

シーボルドとダレスは、条約に対する各政党の支持の揺れを懸念した。講和条約の批准を確保するために、彼らは超党派的なアプローチと講和会議に出席するより十全な代表団の形成を呼びかけた。シーボルドは日記に、「この子供じみた政治家たちは、条約を利用し、策を弄して私利を図ろうとしている」と記し、怒りを露わにしている[291]。だが、ダレスとシーボルドは、とりわけ国民の間にある領土条項に対する不満を懸念していた。

八月二日に、ダレスは、「琉球や小笠原諸島以外の領土問題は、日本政府がポツダム宣言を受諾した時点で処理済みであり、現実にこれ以上の議論はできない」との立場を堅持する一方、琉球、小笠原両諸島については、柔軟な取り決めや解釈がまだ可能であることを日本政府に説明するようシーボルドに指示した[292]。琉球および小笠原諸島に関する条項は、「日本が主権を放棄しなくてもよいようにしてほしいという吉田の希望に応じた」ものである、とダレスは主張した。さらに、彼は、これらの諸島に対する最終的な取り決めは米国が決定するが、その際には、諸島とその統治に関する調査（条約調印と批准の間に行われる予定）を考慮するつもりである、とも説明した。ダレスからの電報を受けたシーボルドは、四日に井口次官を外交局に招いて説明した[293]。シーボルドは、「吉田の希望を受け入れた」結果、「日本は［諸島に対する］主権を放棄しなくてもよい」というダレスのメッセージを伝えた[294]。同時に、シーボルドは、依然として条約に対する反対意見がみられることを指摘し、「日本が結束することの重要性」を強調した[295]。

ダレスのこのメッセージを聞いたこと、また条約最終案が近いうちに発表される予定であることから、外務省は、吉田の国会演説草稿を練り直し、日本が南西諸島を放棄することはないとの文言を挿入することに決した。領土条項などをめぐって、日本政府は批判にさらされていたこともあった[296]。琉球が日本から奪われるのではないかという国民の不安や怒りを鎮めるために、吉田やその周辺は、日本が琉球諸島に対する主権を放棄しないことを国会演説で明言してよいかどうか懸念していた[297]。外務省は、演説の草稿について吉田と打ち合わせを行ったあとにこれを英訳し、八日にフィンに提出した[298]。草稿は以下の通りである。

第二章には、若干の領土の処分に関する規定がある。わたくしは、つぎの事実について諸君の注意を喚起したい。すなわち、日本は、第二条に掲げられた領域にたいしては、すべての権利・権原および請求権を放棄することになつているのに、他面南西諸島その他の南方諸島の処理を規定する第三条は、とくにこのように規定してはいないということである。この第二条と第三条との間の表現の相違は、意味のないものではない。これらの諸島の住民の願望にそうような実際的な処理方式が採用されることを希望する余地があると考えている。

（または）……これらの諸島は日本の主権下にあるように扱い続けられること（to hope that these islands might continue to be treated as if they remained under the sovereignty of Japan）、そして本土との交通・住民の国籍上の地位その他の事項について、これら諸島の住民の希望にそうために実際的な措置が案出されるだろうと希望する余地を残すものである。

シーボルドは日本の依頼を直ちにダレスに送った。ダレスからの回答を受けて、シーボルドは一〇日の午後に、「第三条の字句は、その他のわが主権が残存するという点において、無意味のものとは思われない」とのダレスのコメントを、外務省の演説案に書き込んで、井口に手渡した[299]（以下では、ダレスのコメントを挿入した演説の最終的なバージョンが紹介されている）。したがって、その次の週に、吉田は自由に日本国民にその条項と解釈を説明できるようになった。吉田、ダレスとそれぞれのスタッフは、日本国民そして政党がそれを受け入れることを期待していた。

共同提案者である米国と英国が条約の最終案を公表した一六日に、吉田は第一一回臨時国会で、講和条約、交渉の過程、そして政府の見解について演説を行った。吉田は、連合国が処罰的な講和を望まず、したがって日本政府としては、条約案が公平で寛大であると判断したと述べた。そして、領土条項については次のように説明した。

第二章には、若干の領土の処分に関する規定がある。この点に関して、われわれは、日本国の主権が四つの主要な島「およびわれわれが決定する諸小島」に限定されると規定した降伏の条件をわが国が無条件に受諾したことを、銘記しなければならない。したがつて、わが国にとつては、これらの条件の変更を求める余地はない。しかしながら、わたくしは、つぎの事実について諸君の注意を喚起したい。すなわち、日本は、第二条に掲げられた領域にたいしては、すべての権利・権限および請求権を放棄することになつているのに、他面南西諸島その他の南方諸島の処理を規定する第三条は、とくにこのように規定してはいないということである。この第三条の字句は、その他のわが主権が残存するという点において、無意味のものとは思われない。融通性のある第三条の規定は、われわれが、国際の平和と安全上の利益のために米国が行う戦略的管理を条件として、本土との交通・住民の国籍上の地位その他の事項について、これら諸島の住民の希望にそうために実際的な措置が案出されるだろうと希望する余地を残すものである(300)。

こうした説明にもかかわらず、そして吉田やダレスの驚いたことに、日本の世論や野党は領土条項に批判的であった。琉球諸島を名目上ではなく、実際に日本の一部として認めるべきだとの請願が、琉球諸島や奄美群島、そして日本本土から次々とワシントンに届いた。たとえば、奄美大島では、日本への復帰を要求する請願書に一三万九、三四八人もの署名が集まった(301)。サンフランシスコの講和会議の前夜には、奄美群島やその他の南西諸島が日本の統治下に復帰していないという事実に抗議するハンガーストライキが奄美群島で始まった。

十三　潜在主権の承認と吉田の受理演説

吉田首相を全権とする六人の代表団は、八月三一日にようやく会議開催地のサンフランシスコへと出発した(302)。九月二日にサンフランシスコに到着した直後、吉田は、一〇人の米国全権団の団長であり、会議の議長でもあったアチソン国務長官とダレスを表敬訪問した(303)。吉田は、講和条約と会議の開催に感謝の意を表し、賠償問題などいくつかの問題などに言及した。

南西諸島の処理をめぐってハンガーストライキが発生するなど、日本国民の不満を気に病んでいたダレスは、領土条項への国民の支持の問題に触れた(304)。西村の記録したところでは、彼は「平和会議が近づいてからの日本国民の態度には遺憾な点がある」と述べたという(305)。米国政府にとっては、会議の始まる最後の瞬間に請願書を突きつけられた格好であった。「[諸島を日本の領土として考えるとの表明をしているにもかかわらず]ハンガーストライキをするとは心外である。南西諸島を戦略的必要に基づいて管理しようとするのであって、米国の領土とするものでないことは、貴方によく説明したとおりである(306)」。つづいて、ダレスは将来の処理について次のように示唆した。

主権も、それ以外は日本に残ることも明らかにした。貴方から住民を日本人としておきたいとか、そのほか申し出られた希望をどうして実現しようか考えてみたいと思っているところである。そこにハンガーストライキのような示威運動をされることは、アメリカの立場をきわめて困難にする。アメリカは日本の金塊もとらぬことにした。海運その他の経済上の一切の制限も設けぬことにした(307)。

最後に、ダレスは請願運動やそれが将来の日米関係に与える影響について警告した。「米国が日本のためにいろいろ計っておりながら、それでも日本国民のデモンストレーションを受けるようではアメリカ人が納得しない。今少し日本人の自制を望みたい」。これに対して、吉田は、国会議員は条約の内容を理解し、受け入れていると応じた。(308) もっとも、日本国民だけではなく吉田の側近の一人も、この問題について「自制」するよう念を押されることになる。

講和会議は、九月四日夕方にオペラハウスで始まった。開会式の挨拶でトルーマン大統領は、「条約は、復讐の精神にでるものではなくわれらの戦争目的すなわち征服や復讐ではなく、われわれの子孫が平和に生きられる世界を作り出そうとする精神を反映するものである」と参加者に呼びかけた。(309) 翌五日から、会議は本格的な議論に入った。議事規則の承認、アチソン議長代理による挨拶、ダレスの条約についての説明が行われた。ここでダレスは初めて、「潜在主権」という領土条項の解釈を公にした（前掲図2-1〔九頁〕で講和条約で定められた日本の領土処理を示している）。

条約全体の説明を行ったダレスは、この条約が、「戦争、勝利、平和、そしてまた戦争という悪循環を切断するための第一歩である。ここに集まっている国々は、正義に基づく平和をつくるのであり、復讐に基づくものではない」と高らかに宣言した。(310) この言葉は、第一次世界大戦後のパリ講和会議で失われた平和のコストを身をもって体験した参加者の感情を反映するものであった。第三条の領土条項については、「連合国のなかには、日本側が［南西］諸島に対する主権を放棄し、米国に引き渡すべきだとの主張があった」反面、この諸島を日本に返すべきだと主張する国もあった、とダレスは指摘した。「連合国間がこのように対立したため、米国は、日本に潜在主権を残しながら、米国を施政者とする国連信託統治下に置くべきだと考えるようになった」。また、国連憲章においては、第七七条で「第二次世界大戦の結果として敵国から分離される地域」に信託統治制度が適用されることになっているとの説明も加えた。もっとも、ダレス自身は、これを真剣に選択肢として考えていなかったと思われる。さらに、「将来の信託統治協定は、疑いもなく、住民の市民的地位を確定しながら、施政権者が国連憲章第八四条の責任（信託統治地域が国際平和および安全の維持についてその役割を果たすようにすることは、施政権者の義務である）を実施する可能性を与えるだろう」と述べた。

米国全権団のために用意された文書には、琉球、小笠原諸島の処理に関する米国の考え方がいっそう明らかである。端的にいえば、条約は、米国がこれらの諸島を信託統治下に置くとの提案に日本が同意する義務があると規定するが、主権を放棄することは要求していない、との解釈であった。(311) 信託統治については、「国連の承認を得るために提出される信託統治協定案は、島民と日本との間の緊密な経済その他の関係を認めることになる。それによって、協定はより受け入れやすいものになるだろう」と考えられていた。これは、千島列島などに「国連憲章第の提案とは「まったく異なる」ものであった。

ダレスの説明は、諸島に対する日本の主権を認めながらも日本がいつ行政権を行使できるかを明確にしていなかったことから、吉田の側近、白洲次郎はいたく失望した[312]。ダレスが説明を行った日、吉田は彼の受諾演説の草案に目を通すよう白洲に頼んだ[313]。白洲は、これらの諸島の返還という日本の要望がはっきりと表現されていないことに気づき、「沖縄返還」の一句を演説のなかに入れるべきだと同行の外務省関係者に提案した[314]。そして、通訳の小畑薫良にその趣旨を入れて書き直すよう依頼した[315]。外務省はこれに抵抗したようである。結局、吉田は、白洲の主張をより穏健な形で受け入れた[316]。

吉田の演説に問題を認めたのは白洲だけではなかった。受諾演説を行う予定の九月七日の午前中に、吉田の秘書、松井明から草稿を受け取ったシーボルドは、翻訳文の英語が「とてもひどい」ことに気づいた[317]。そのうえ、「会議において、特にアジア諸国から得られた善意を、無意識に無駄にしかねない部分がいくつかあった[318]」。シーボルドはダレスやアチソンと相談し、「なんとかしなければならないと決意した[319]」。シーボルドやダレス、スタッフたちは、演説の草稿に手を入れ、午後にこれを松井に渡した。その際、吉田が英語ではなく日本語で演説を行うよう提案した[320]。吉田と全権団のメンバーはこの草稿を承認した。そして、吉田の受諾演説が始まる午後八時ぎりぎりまで邦訳作業が行われた。英語版は全権団の通訳、島内敏郎が読み、「熱狂的な拍手を浴びた[321]」。

領土条項に関して、吉田は次のように述べた。

過去数日にわたつてこの会議の席上若干の代表団は、この条約に対して批判と苦情を表明されましたが、多数国間に於ける平和解決にあってはすべての国を完全に満足させることは、不可能であります。この平和条約を欣然受諾するわれわれ日本人すらも、若干の点について苦悩と憂慮を感じることを否定出来ないのであります。……第一、領土の処分の問題であります。奄美大島、琉球諸島、小笠原諸島その他平和条約第三条によって国際連合の信託統治制度の下に置かるることあるべき北緯二十九度以南の諸島の主権が日本に残されるというアメリカ合衆国全権及び英国全権の前言を、私は国民の名において多大の喜びをもつて諒承するのであります。私は世界、とくにアジアの平和と安定がすみやかに確立され、これらの諸島が一日も早く日本の行政の下に戻ることを期待するものであります[322]。

吉田が受諾演説を終えた翌朝に、調印式が行われた。会議に参加した五二カ国中、最終的には四九カ国が講和条約に調印した。ソ連、チェコスロバキア、ポーランドが拒否したのだった。なお、インドと中国は参加しなかった。沖縄に関する領土条項第三条は、以下のように定められた。

日本国は、北緯二十九度以南の南西諸島（琉球諸島及び大東諸島を含む。）孀婦岩の南の南方諸島（小笠原群島、西之島及び火山列島を含む。）並びに沖の鳥島及び南鳥島を合衆国を唯一の施政権者とする信託統治制度の下におくこととする国際連合に対する合衆国のいかなる提案にも同意する。このような提案が行われ且つ可決されるまで、合衆国は、領水を含むこれらの諸島の領域及び住民に対して、行政、立法及び司法上の権力の全部及び一部を行使する権利を有するものとする。

こうして、沖縄はその後二一年間、米国の統治下に置かれることになった。

米国が沖縄を返還するまでには長い歳月がかかった。それは日米関係を危険にさらしかねなかった。だが、旧敵国である日本との講和条約を実現するために、米国政府内、あるいは連合国間で交渉を重ねるにあたってダレスが直面したさまざまな圧力を考慮すれば、琉球諸島に対する日本の主権を認めたと解釈される第三条は好意的に評価すべきではないかと筆者は考える。本書は、国務省が沖縄に対する主権の維持を日本に認めるよう強く希望したのは、「日本人の不満やその他の批判を和らげる」ためではなく、むしろ、沖縄の喪失という事態と米国の「領土拡大」という行為の両方ともを避けるための方途であったと考える。[323] ダレスや国務省が、第三条の解釈で琉球諸島に対する日本の主権を確保することができなかったならば、沖縄は信託統治協定によって、あるいは併合によって、永久に日本から分離されるのはほぼ確実であった。それは米軍部の五年来の要求であった。不完全ではあっても「潜在主権」というような方式が実現しなかったならば、沖縄はより長く、あるいは現在に至るまで占領状態に置かれた可能性が高い。この方式によって、沖縄が日本から完全かつ恒久的に分離されるという最悪のシナリオは避けることができたのである。

ダレスは、日本から沖縄を切り離そうとした軍部、マッカーサー、そして日本に対して厳しい講和を要求した連合国の主張に直面し、彼らの見解に配慮しなければならなかった。また、条約の内容を利用して米国を窮地に陥れようとする名目上の連合国、すなわちソ連にも注意しなければならなかった。第三条は、このような多方面の圧力のなかから生まれた。完璧ではなかったことはいうまでもないが、日本にとってより受け入れやすい取り決めを模索する余地を国務省に残したという観点から、その状況のなかではもっとも望ましい結果に到達したといえよう。

ここで、日本政府、とりわけ、頑固で決断力に富んだすぐれた交渉者、吉田首相の役割を無視することはできない。吉田の率いる日本政府が琉球、小笠原両諸島の返還を粘り強く追求し、占領期を通じてこれを米国に要請し、あるいはこの問題に関する文書を準備しなければ、国務省とダレスは、たとえ彼らが諸島の日本への返還を希望していたとしても、諸島を信託統治下に置くべきであるとしたＪＣＳの猛烈な圧力に屈してしまったに違いない。したがって、外交権を奪われた敗戦国であったにもかかわらず、日本政府が努力を重ねたことは、国務省極東局やGHQ外交局の主張、または日本国内、沖縄の世論とともに、同情的であったダレスに対して妥協点を探り、「潜在主権」や「実際的措置」による返還の可能性に向けてある種の「機会の窓（window of opportunity）」を開いておくよう圧力をかけることになった。

講和条約が発効する前に、国務省は、米国の基地権を確保したうえで、沖縄に対する「潜在主権」だけでなく行政権も日本政府に残すことを容認する取り決めを実現しようと試みた。しかし、これは「逃避的模索」であり、日本人も沖縄の人々も、そして国務省も失望させる結果に終わった。最終章ではこの過程を検討する。

終章　第三条の限界
――批准と「実際的措置」への逃避――

一　批准と第三条の解釈の問題

一九五七年から五九年まで沖縄で総領事を務めたデミング(Olcott H. Deming) は、当時の国務長官ダレスが、デミングが沖縄において抱えている「問題は何か」と、かつて問うたことがあったと回想している。デミングは、「最大の問題は、いかに潜在主権の意味を説明するかである」と答えた。(1) これに対してダレスは、「潜在主権が意味するものは、文字通りの意味である。われわれが［沖縄を］必要としなくなった時、日本は沖縄を取り戻すことができるのである」と答えたという。

このように、「潜在主権」の実際の意味を、日本側の交渉者や沖縄の住民に説明することに困難を感じたのはデミングばかりではなかった。吉田茂とその周辺も、日本国民に第三条を説明しようとし、沖縄が実質的には無期限に占領下に置かれかねないという事実に最善の意匠を施すことに、その努力を傾けたのであった。

(1) 芦田―吉田論争

講和条約は、連合国と日本によってその条項が受諾されるだけではなく、個々の国家によって批准されることが必要であった。署名国の多数の批准を待って、講和条約は効力を発揮するのである（講和条約第二三条）。日本でも、迅速に衆議院平和条約委員会および日米安全保障条約特別委員会が開催され、批准の手続きが始まった。後で全文を引用するが、ここでの質疑からは、主要な反対政党や政敵に対して平和条約第三条を説明しようとしたときに吉田が直面した困難が、鮮明に浮かび上がってくる。

一〇月一八日の午後、当時民主党党首であった芦田元首相（芦田が沖縄の返還を強く望んでいたことは、すでに第五章で紹介した）は、吉田に対して二つの条約の内容について質問した。[2] なかでも講和条約の領土条項に関しては、吉田の回答についてその内容を明確にするよう求めた。

吉田国務大臣：　領土の問題についてはお話の通りアメリカとしては、決して小笠原とかあるいは琉球とかいうようなところの、領土を求めるという考えはないのでありますが、しかしながらもあの軍事上必要な島々が、不幸にして他国の占領するところとなつて、それが日本の安全を脅かすというような事態が生じても相ならぬし、また日本がこれを防衛するとして、その力はとうていない、すなわち真空状態をある一部に置くということは、東洋の平和からいつてみてもよくないという考えから、米国がこれを一時持つ、しかしながら主権は日本に置くということについては異存はない。信託統治、これはこの前の第一次戦争のときにもあつたことでありますが、領土は併合させない、併合させないが、ドイツの持つておる旧領土は、信託統治の形でもつて各国がその統治に当るという制度が当時打立てられたことは、芦田君も御承知の通りであります。その方式から両島は信託統治の形にするということになつたものであろうと思います。米国政府の結論がここに到達した内容は知りません。これは私の想像でありますが、多分そうであろうと思います。以上お答えします。

芦田委員：　連合側の意向について特に吉田総理大臣を追求すべき理由はありませんからこれ以上申しませんが、ただいま吉田総理の言及された国際信託制度の問題について一、二政府に伺いたいと思う。今度の講和会議で成立した條約案の規定によれば、いわゆる南西諸島、奄美大島、鬼界島、琉球群島、小笠原群島等を含むこれらの南西諸島は、結局においてアメリカより国際連合に向つて、国際信託統治制度の適用を申し入れる、そうしてそれまでの期間は、アメリカ政府がこれらの諸島にみずから統治を行う、こういうことになつておるのであります。その場合に、信託統治制度によつて統治せられる島々の地位がどうなるであろうかということが、日本国民の最大の関心事になつておることは、御承知の通りであります。

北緯二十九度以南の南西諸島については、平和條約第三條には、日本がすべての権利を放棄するとは書いてないから、主権は日本に残ると米英側でも言つており、政府もまたこれらの島々の主権は残るとにぎやかに煙幕を張つておられる。しかしその場合に、日本に残る主権の正体はどんなものであるか。簡単にたとえて申せば、ちようど旅順、大連、関東州が日本やロシヤの租借地であつた際に、清国政府に残つておつた主権と同じものにすぎないのではないか。かようなことを言うと、芦田は極端な言葉を吐くと言う人があるかもしれませんが、決してそうではない。もともと信託統治区域の主権がどこにあるかということは、あたかも委任統治の場合と同様に、学者の間には諸説紛々として帰一するところはないのであります。現に最近まで日本は南洋諸島の委任統治を引受けておつたけれども、島の主権は日本にはなかつた。それではどこの国にあるかといえば、学者の間にも定説はなかつた。南西群島の主権が日本に残るという説明は、学者の説明以上に何の実益もないわけである。かような言葉をもつて純朴な国民にぬか喜びをさせるようなことがあつては、議会としても政府としても申訳が立たない。

しからば信託統治制度の詳細な内容はどこできまるのか。それはすでに吉田総理大臣が話されたように、直接利害関係のある国々の間に結ばれる信託協定と名づける約束によつて決定される。その場合に、日本が直接利害関係ある国々の中に入るかどうかということを私は承知いたしておりません。政府はあるいは御承知かもしらぬ。そういう国々が集まつて結ぶ信託協定に、主権は日本に残ると明記されるかもしれない。しかしたとい協定において主権は日本に残ると明記されても、その主権の内容は、ただ主権という名目を維持するにすぎないことは明らかであります。それはどういうわけか。第二次世界戦争が終了して以後今日まで、相当数の信託統治に関する信託協定がすでにできており、効力を生じておる。その信託統治区域の政治の実体を見ればわかります。また国連憲章第七十七條、私はあまりむずかしいことは申しませんが、その七十七條の規定に、今問題になつておる南西諸島は、七十七條列記の(ロ)というところ、すなわち、第二次世界戦争の結果として敵国から分離されることあるべき地域、という中に入る。これ以外に入りようはありません。日本から分離されると国連憲章に書いてあることは、われわれが注意する必要がある。それればかりではありません。国連憲章の第七十五條には次のように書いてある。国際信託統治制度は今後の個々の協定によつてその下に置かれることあるべき地域の統治と監督のための制度であるとある。それならば南西諸島は日本から分離して、信託を受けた国の統治と監督のもとに生存することが建前です。この場合における日本の主権なるものがどんなものであるかは想像ができます。中の握り飯だけをひつこ抜いて、あとに残つた竹の皮の包みと申したいが、あるいはもつと価値のないものだろう。私は大体かように考えるのでありますが、しかし政府においては、いやそうではない、もつと有利な状況に残るのだという見通しがあるかもしれません。その点をお伺いいたします。

吉田国務大臣：　私のただいま申した説明は、これは米国政府が領土的野心から出たのではないということと、それからダレス、ヤンガー両氏が、主権は日本に残す考えであるということを言われた。いわば政治的の説明を与えたのでありま す。この信託統治がどうなるかということは、これは国連が信託統治をアメリカに与えるか、与えないか、条約には信託統治にする可能性があるということが規定してあるので、その統治の形については、今後国連と米国政府の間の協定にまつことと思います。

芦田委員： 吉田総理のお答えは必ずしも間違つてはおりません。信託統治地域がどういう形で統治を受けるかということは、先ほど私が言及した通り、直接利害関係ある国々が集まつて信託統治協定というものをつくつて、それで確定するのでありますから、吉田総理のお答えは間違つておるとは思いません。吉田総理が他の同僚の質問に対してお答えになつたものの中に、南西諸島の国際信託統治は、軍事上の必要からアメリカが統治するのであるから、軍事的必要がなくなれば、必ず日本に返還されるものと確信すると言つておられる。従つてその吉田総理の確信ある言明が、何らか条約以外の文書でとりかわされておりますかどうかお伺いいたします。

吉田国務大臣： お答えをしますが、これはダレス氏等、その他アメリカの当局者との話合いから出た結論をお話するので、私の結論は結論でありまして、これが文書になつて確定せしめられておるような事態ではないのであります。

芦田委員： 結局吉田総理大臣が、軍事上の必要がなくなれば、南西諸島が日本に返るとお考えになつた根拠は、ダレス氏その他との談話の機会に、これをにおわすような話があつたということでありまして、それが実現すれば、日本国民として確かに慶賀すべきことには相違ないが、一体南西諸島が軍事的な拠点として重要性を持つというのはどういう場合であるか。もしアメリカ、日本が共産勢力に対抗する基地として、南西諸島に重要な意味を認めておるとするならば、これは必ずしも正当ではないと思う。ということは、アメリカはすでにフイリピン及び日本の四つの島に有力な軍事拠点を持つておる。沖縄及び小笠原列島はこれに補助的な基地として価値がありましよう。しかしながらもし日本及びフイリピンにおける基地と同様の意味における軍事基地を持つというのなら、わざわざ小笠原、琉球諸島を信託統治の制度のもとに置く必要はない。軍事常識のある者から言えば、沖縄及び大平洋の小笠原列島が、共産勢力に対抗する軍事基地として非常な重要性を持つておるとは考えられないが一つ考え得ることは、日本国を監視するためのポストとしては、小笠原及び琉球は最も重要なポストである。それだから信託統治が必要だというのなら意味はわかる、しかし日本及びフイリピンにおける基地と同様の目的のために、小笠原及び沖縄を信託統治のもとに置くというりくつは納得が困難だと思う。それならば、今回の平和条約は和解と信頼の平和条約ということを連合国みずから言つておる。その和解と信頼の条約を結ぶ相手方たる日本に向つて、特に将来小笠原並びに沖縄群島を信託統治のもとに置くという必要はない。條約の効力発生と同時に日本に返還されることが、当然の成行きだと思うのであります。先ほど来吉田総理からも、ダレス氏その他において内々かような考え方もあるという話でありまして、私どもはそれを非常に心強く思うのでありますが、どうか政府においても、この問題のために最善の努力をしていただきたいと思います。今後とも最善の努力をしてもらいたいという理由はそのほかにもあります。御承知のように鬼界島、奄美大島は建国以来いまだかつて他国の手にあつた歴史を持たない土地である。われわれと同じ血をわけた人間が先祖代々住んでおる。その人々が永久に日本から離れなければならないという衝撃のため、今日仕事も手につかないで懊悩しておる。あの人たちの胸中はまことに察するに余りあります。それだから占領始まつて以来今日まで、間断なく陳情団を東京によこして、どうか永久に日本に残るように盡力をしていただきたいと切々訴えて来た。われわれも気持はわかります。むろん政府もおわかりになつておる。だが私が言わんとすることは、この気持をもつて、せめてあの人々に、本国の同胞は諸君のために最後まで努力したというその真心の一端を示したい。政府も政党も全力をあげて、最後まで努力したという跡を残しておきたい。それがせめて記録にでも残れば、あの人々に対するはなむけです。だから、政府はこの問題について今日までどれほど努力を拂われたか、それを伺つておきたいと思う。

吉田国務大臣：　交渉の内容は、ここにこうこうかくかくということを申すことはできませんが、しかしサンフランシスコの会議における私の演説の中にも、国民的感情に言及して、国民としてはこの領土を手放すことははなはだ遺憾に思うということを十分申したと思います。

芦田委員：　遺憾ながら南西諸島百数十万の島民諸君は、ただいまの吉田総理大臣の御答弁だけでは納得が行かないだろうと思う。

国会での質疑応答を好まなかったことで知られる吉田が、芦田などからの質問に四苦八苦したことは明らかである。だがこの場合、彼は、しばしばみせていたような回避的な態度を取ったわけではない。問題は、潜在主権という字句が理論上でも実際上でも定義することが困難であったことにある。なぜなら、第三条をどのように履行するのかを決定しうるのは、吉田ではなく米国政府であったからである。そして、米国内で同意が得られていなかったことや、ダレスが明快な「実際的措置」をまだ取り決めなかったことから、問題はさらに複雑になったのだった。

しかし講和条約そのものは、一〇月二六日の衆議院本会議で賛成三〇七に対して反対四七、一一月一八日の参議院本会議で賛成一七四、反対四五という圧倒的多数によって批准された。[3] 吉田の率いる自由党の大多数が賛成し、民主党は反対した。社会党（右派、左派）と共産党は棄権した。沖縄に近接する鹿児島県——領土条項の対象であった奄美諸島はその一部である——選出の一〇人の議員（自由党九人、民主党一人）のうち、講和条約に賛成したのがわずか二人であったという事実は象徴的である。[4] ともあれ、批准作業を片付けた吉田は、第三条と潜在主権によって残されていた可能性を引き続き追求せんとするのである。

二　「南方諸島に関する『実際的措置』[5]」についての吉田覚書

吉田も外務省も、講和条約が締結された当初、南西諸島が即時に日本に返還されることを期待していたと思われる。そしてその後も、彼らはそのような希望を失うことはなかった。しかし、この時期の日本政府は、たとえ南西諸島が即座に返還されない場合でも、いずれは返還されうる、少なくとも沖縄との関係は通常に回復しうるであろう、という期待を抱き、南西諸島に関する「実際的措置」を得ようとして米国政府に積極的に働きかけたのであった。

実際的な解決策を求めることに好意的な様子であった（実際その通りであった）ダレスと、議会代表や政府高官らの訪問が一二月中旬に予定されていたことから、外務省は、「実際的措置」について独自の提案を準備した。[6] ダレスが東京に着いた一二月一〇日、外務省は提言全体に関する覚書を完成し、一二月一三日にはダレスの注意を引くべく、井口外務次官がこれをシーボルドに手交した。[7] この覚書の手交に当たって、日本政府は、二つの論点からなる一頁の序文を添付した。ここでは、「講和条約が南西諸島を日本の領土に残したことを［日本は］大いに感謝する。われわれは、米国がこれらの島々を統治しようと欲する理由が、極東の平和と安全を維持するという軍事的必要性にあることを理解している。日本政府は、［南西諸島の最終的な処遇が決定されるに際して、］こうした軍事的必要性が許す範囲において住民の希望が考慮されんことを願うものである」と述べられていた。[8]

これに先立つ一二月一〇日に作成されたより詳細な覚書によれば、日本政府は、「実際的措置」に関して、以下の六点について米国政府の「好意ある考慮」を求めた。

(1)　米国は、南方諸島が日本の主権に残り、従って住民の国籍に変更なきことを確認する。

(2)　米国は、日本本土と南方諸島間の従前の関係を軍事上の必要なき限り回復させることを容認し、特に、次の諸項については、南方諸島が日本の一部として取り扱われることを承認する。

移住、旅行

貿易（関税を課さない）

資金の交流

漁業

日本円を南方諸島の法貨とする。

（注）このためには、すみやかに準備的措置をする必要がある。

(3) 米国は日本が第三国と締結する経済、社会および文化上の条約において南方諸島を日本領土の一部として取り扱うことを認める。日本は、第三国にある南方諸島の住民に対して保護権を行使し、今後第三国に渡航する住民については、南方諸島に設置されるべき日本政府のエイヂェンシイが旅券を発行する。これは、米国政府がこれらのものにトラヴェル・ドキュメントを発給することを妨げない。

(4) 米国政府は、終局的に自己にサブジェクトではあるが、民政事項については原則としてこれらの諸島の自律（セルフ・ルール）を認めることとし、特に次ぎの諸項については、完全なる自律を認めることを宣言する。

現地住民間の民事および刑事事件に関する裁判権

教育制度およびその実施

(5) 米国は、南方諸島にある日本本土在住日本人の私有財産権を確認し、且つ、これらの日本人が従前行っていた経済活動を再開することを容易ならしめるものとする。

(6) 以上にかかわらず、米国が現在管治することを軍事上必要としない諸島については、米国は、行政、立法および司法上の権力を行使することを差し控えて、日本によるその行使を認める。

ダレスは、この覚書を歓迎したようであり、それを考慮することをほのめかした[9]。実際、ダレスは、翌一二月一四日に、日米の商工会議所が合同で主催したユニオン・クラブにおける会議の席上、次のように述べ、公平な解決を期待していることを強調したのである。

南西諸島における潜在主権は、日本の強い要望によって日本に残されたのである。われわれは、国際社会の平和と安定という必要条件とともに、住民の自然な要求を醸成する友好的な手段によって、これら諸島の将来の行政府が、問題を解決できることを希望し、そうなることを信じている[10]。

上院における講和条約の批准手続きを促進するために、中国問題と行政協定が日米両政府間で解決されるまでの間、正確にどのような解決策がとられるのかは未定であった。また、ダレスがワシントンに戻り、側近たちと相談するのも待たねばならなかったのである。

シーボルドの部下であり、まもなくその後継者となったボンドは、一九五二年の一月一七日に外務省の去る一二月一三日付の覚書をワシントンへ送付した。彼はこの覚書を、「南西および南方諸島と日本の関係を明らかにし、これら諸島の日本への返還に可能性を開く方法を明確にする行動を要求する強い圧力が日本に存在しているさらなる証拠」と形容している。[11]そして、彼は、米国政府は日本政府の求める覚書の見解に沿った行動を取るべきであると勧告した。次の一節から明らかなように、ボンドは、政治的、経済的、さらには戦略的にも日本政府の提案は賢明であると論じている。

駐日代表部は、添付したメモランダムに沿った、日本と南西および南方諸島には緊密な関係があるとする見解が、米国政府によって促進かつ支持されるべきであると考えている。政治的な理由としては、これら諸島と日本を分離したことによって日本人と諸島の住民のなかで反感が強まっていること、またその結果として日米間の摩擦が生じうることが挙げられる。経済的には、米国による六年間にわたる統治は、これら諸島が日本と切り離されているかぎり、コストが高く、さしたる利益もないことを示している。とりわけ、南西諸島についてこのことが当てはまる。また、これら諸島が日本との繋がりを発展させることができたなら、より大きな経済発展が期待されるであろうと考えられる。現在の情勢から判断される戦略的な必要条件（つまり、西太平洋における米国の利益を守るためには、確固とした基地を確保する必要があるということ）という観点からは、米国による絶対的支配といった形態でなくとも、日本との安全保障条約において表現されているものと同様の措置によって、米国の利益は適切に確保されうることが、極東軍司令官の見解として理解されている。こ

れはまた、統合参謀本部の最近の研究にも反映されている。[12]

国務省は、日本政府の覚書を「たいへん興味深い（of great interest）」とみなした。[13]ここで重要だったことは、ボンドのメモランダムがワシントンに到着したちょうどそのとき、米国政府内では領土条項の扱い方が検討されていたことである。

三　米国政府内の対立の再浮上

日本国内で講和条約の領土条項と批准が議論されていたころ、米国政府は、条約のなかでは故意に曖昧にされていた諸島の統治について、再び別の選択肢を模索し始めた。国務省は、依然として、信託統治制度を適用しなくても、なんらかの取り決めを通じて諸島を日本に返還しうるのではないかとの希望を抱いていた。軍部、特にＪＣＳは、このような国務省の考えには断固反対した。しかし、マッカーサーの後任者であったリッジウェイが、米国の国益を損なうことなく日本に諸島を返還しうると論じた、彼の部下のレポートを容認したことは重要であった。[14]リッジウェイは、沖縄の現状や住民の感情に同情していた。それ以上に、琉球諸島を米国が保持し続けることは日米関係を損なう恐れがあるという危機感を覚えていたのである。そこでまず、極東軍指令部（ＦＥＣ）のレポートで採択されたこうした考え方をみてみよう。

極東軍司令部は、このレポートのなかで、米国が直面する三つの課題を次のように指摘している。⑴沖縄や他の諸島の施設の長期使用の保障、⑵米国が諸島で長期にわたって戦略的支配を行うことへの国際的承認、⑶諸島の住民の経済や社会福祉のためのプログラムの成文化。これはNSC一三にも明示された課題であったことは先に述べた。

リッジウェイのスタッフは、琉球諸島を日本に返還しても、「極東における日米間に存在する現在、および将来的な共通の目的のもとでは、米国の安全保障への脅威とはならない」であろうと論じた。他方、米国が琉球諸島を恒久的に政治支配することは、単に米国政府にとって経済的な負担になるだけではなく、米国が自決の原則を否定しているという非難を招来し、米国が国際的な政治問題に直面することになるであろう、と指摘した。さらにこのレポートは、琉球諸島の問題は、「日本人にとっては苛立ちの種」となり、「日米の相互信頼と友情を破壊」する、と警告した。結論として、このレポートは、フィリピンとの基地協定や対日講和条約のように、軍事施設の「排他的支配」が確保されれば、琉球諸島を返還することが可能である、と述べた。「琉球諸島に対する支配権を日本に返すという動きが米国主導で本格化すれば、すでに共有されている日米の安全保障の目標を強固なものにするさらなるステップとなる」とレポートは結論を下している。

一一月の中頃に、ボンドが東京の政治顧問局から国務省のU・アレクシス・ジョンソンにリッジウェイの報告書のコピーを二部送付したことから、国務省極東局はその内容を早々に関知することになった。[15] ワシントンで報告書が受理されると、ダレスは即座にコピーを受け取った。彼はこの報告書を「優れたものである」とみなした。[16] U・アレクシス・ジョンソンも同様に、報告書の結論が「喜ばしい」と感じ、ボンドに対して「ただ一点後悔すべきは、［軍部が］講和交渉の前に［この結論に］到達しなかったということである。［琉球諸島を支配する］真の必要性がまったくなかったということが（われわれが始終疑ってきたように）明らかになった現在、われわれは、琉球諸島に関する条約上の立場について、政治的に無力になってしまった」と語っている。[17] U・アレクシス・ジョンソンは、この文書が「注意深く作成され、見事に論じられている」と評価し、「軍司令部にはめったに見られない、まことにステイツマンシップ溢れるアプローチであると、文書の起草者に祝辞をこっそり贈ったらよい」、とボンドとシーボルドに提案した。さらに彼は、ボンドに対して、「この研究から得られた結論以外のいかなる結論にも、［JCSは］至ることができないであろう」と楽観的に述べている。ジョンソンの上司であったアリソンも、国務長官室に対して、この報告書が「この問題に関する極東局の見解に完全に一致している」とした。だがその一方で、「この問題に関する統合参謀本部の態度について、［極東局は］これまで全く情報を得ていないが、われわれには、［この文書が、］JCSの当初の見解とは全く相反するものであると思われる」と慎重な姿勢をみせている。[18] アリソンの懸念が正しかったことは、やがて証明されることになる。[19] リッジウェイのスタッフの報告書は説得力のある議論を展開していたし、リッジウェイも長期的な観点からこれを承認した。だが、JCSは、この報告書の結論を認めなかったのである。

この報告書を受理したJCSは、JSSCに検討を命じた。[20] 一九五二年一月一四日に開かれた会議の結果、予想されたように、JSSCはリッジウェイの結論に激しく反発した。理由は以下のとおりである。

(1) 南西諸島と南方諸島の戦略的支配は、米国の安全保障上の利益にとってつねに死活的な重要性をもつ。

(2) このような戦略的支配の必要性は、今や以前にも増して大きくなっている。

(3) もし、西太平洋の諸島群における戦略的に重要な米国の地位が破綻することになれば、米国の安全保障上の利益は深刻な危機に晒されるであろう。

(4) 沖縄戦で流された多くの血、琉球諸島が米国の安全保障にとって有する重要性、そして万が一、この地域に対する支配をあきらめ、しかし軍事的必要性からその奪還が必要となった際に要するであろう人的、物的コストを鑑みれば、琉球諸島の支配に必要な経済的コストは微々たるものである。

(5) 以上の戦略的考慮は死活的に重要であり、したがって、JCSは日本に琉球諸島を返還するという措置に賛成することはできない。

(6) 第二次世界大戦中にJCSが勧告して以来、米国が琉球諸島の支配を保持するという方針から［米国政府が］逸脱したことはないし、そうした逸脱を軍事的に正当化する根拠も存在したことはなかった。

(7) 南西諸島、南方諸島、南鳥島、沖ノ鳥島に関する現在の米国の政策は適切である。

(8) 琉球諸島に関する米国の政策は、極東地域全体の安定が確実に構築されるまでは、その変更が考慮されるべきではない。

国防省の一月二九日の文書は、リッジウェイに「貴研究の勧告については、現在もしくは予想される将来において、いかなる措置もとられるべきではない」と通達し、琉球諸島の返還を求めたリッジウェイのスタッフの計画を挫折に追い込んだ。[21]

しかし、リッジウェイと彼のスタッフは諦めなかったようである。JCSの返答を受け取って間もなく、参謀長ヒッキー(Doyle O. Hickey)中将は、リッジウェイの検討に供する目的で、琉球諸島（および奄美大島）の支配に代わる「代案」について、GHQのG-3に覚書を準備させた。[22] かつて拒否されたにもかかわらず、G-3は再び「代案」として基地租借協定を挙げた。また、G-3は、シーボルドの政治顧問局からも助言を求めた。外交局は、基地の租借を「あらゆる点からみて、もっとも望ましい解決策である」とし、「JCSはこの案から得られる非常に大きな政治的利点を見落としたのかもしれない」と回答している。[23]

一方、国務省は、日中および日台関係をめぐる問題や行政協定交渉に忙殺されていたにもかかわらず、沖縄に関する領土問題、特に講和条約第三条の履行をめぐる問題についても綿密な研究を行っていた。この研究は一九五二年一月に完成した。[24]一月二五日にアチソン国務長官に提出された文書は、第三条が「いかなる特定の措置にも米国が拘束されないという姿勢を表現したものである。この条項は、日本から諸島の主権を奪うものではないし、米国による信託統治を要求したものでもない」と解説した。同時に、南西諸島や他の諸島を「米国が信託統治制度を通じて統治すること」に付随して起こる多くの政治的問題は、「太平洋における米国の地位に深刻な影響を与える」と警告した。一五年に及ぶ滞日経験のあるオーバートン（Douglas Overton）は、この文書で次のような問題を挙げた。第一に、南西諸島の日本への返還を求める感情が住民の間に根強く存在していることである。第二に、領土条項は、「条約の他の条項に内包された、調和と相互信頼の精神に反する」ことである。したがって、これは失地回復主義の感情を醸成してしまう。第三に、国連による信託統治の監視には困難がともなうことである。第四に、これらの諸島を支配するには経済的負担が大きいことであった。第五に、「[信託統治が]西欧帝国主義を永続させる装置であるとみなす」反植民地勢力から国際的に非難を浴びることであった。反植民地勢力は、国連において、「米国が提案するいかなる信託統治案も、住民の福利厚生を安全保障上の福利厚生に従属させてはならないということを認めさせようとする」であろう。したがって、オーバートンとコーエンは、国務省が「琉球諸島と奄美大島を信託統治下に置こうとするという選択肢を実施に移すべきではないという立場をとる」べきである、とアチソンに勧告した。そのかわりに、両者は、琉球諸島を日本に返還する一方、琉球諸島において軍部が不可欠とみなしていた軍事施設を取得し支配するために、日本と二国間協定を結ぶのがよい、としたのであった。前章で述べたように、アチソンは極東局の立場に理解を示していたから、この勧告を即座に承認するとともに、国防省との会談を許可した。[25]

しかし、この会談が開始されるのに先立ち、ブラッドレー――マッカーサーの退場によって、沖縄に対する絶対的支配提唱の急先鋒となった――の呼びかけによって、上院外交委員会が一九五二年一月二一日、上院ビルの執行委員室で対日講和条約を議題に取り上げた。[26]当然のことながら、軍事的観点から信託統治がもっとも満足のいく協定であると論じたブラッドレーがＪＣＳを代表し、ダレスが国務省を代表した。しかし、ダレスは、議会に一八カ月に及んだ交渉を注意深く知らせ続けてきたことが功を奏し、「善意と、穏やかな言葉と、好意的な質問という報酬を得ることになった」。[27]スミス上院議員は、一二月の訪日の際のことを回想しながら、日本政府が「琉球諸島と奄美大島の主権は、最終的には日本に返還されるべきであるとの強い願望を表明した」と述べ、諸島の最終的な措置についてダレスに尋ねた。(28)ダレス「第三条によって与えられた権利や特権をどのように履行するかについては、米国政府内で明確な合意はない」とし、「周知の通り、第三条は、米国にその問題に応じた選択肢を提供するのである」と付け加えた。ダレスは、は、自らの希望は述べずに、以下のように続けた。

現在、第三条をどのように履行するかは、多くの観点から決定されるべき問題である。その観点の一つには、［沖縄の］位置が高い戦略的価値を有しているので、戦略的観点も含まれる。また、感情や歴史といった人間的要素も考慮に入れるべきである。これらすべてを比較考量し、評価し、すべての点で最良であるようななんらかの方式に結実させなければならない。この問題に関しては、いまだ最終決定に至る努力は何ら払われていない。おそらく、講和条約が発効するまでは、徹底的に議論されることはないだろう。

しかし国連の信託統治に関していえば、信託統治という条件は、かなり融通のきくものであって、厳格な様式が存在するわけではない。われわれが信託統治を適用することを義務づけられているわけですらない。第三条は、もしわれわれが信託統治を求めれば、日本は同意することになっているだけである。信託統治への適用を留保しつつも、米国が望む権利はなんでもすべて行使できる条項である。われわれがいかなる権利を行使するかは、先述のとおり、まだ最終的な決定に至っていない問題である。このように、第三条の地位は現在も流動的であり、政府の主要な関係部署のなかでさらなる検討を要する難問の一つである。

これらの決定を下すうえで国防は重要な要素となるであろうが、われわれすべてが同意する他の要素もまた考慮されなければならないであろう。私は、第三条が将来いかなる履行の形態をとるか憶測することを望まない。(29)

ダレスが政府による最終決定を「憶測する」ことを試みなかったことは、おそらく賢明であった。ある意味で、対日講和条約の交渉という彼の職務は、完遂されたのである。講和条約の詳細は、アリソンやラスクといった国務省職員によって立案されたが、ダレスは、安全保障条約やそれに関係する行政協定のみならず、講和条約自体の交渉にもあたった。さらに、議会の承認を得るための入念な努力によって、ダレスは、講和条約が米国国内の政治問題に発展することを防いだ。これに加えて、ダレスは、二国間の基地租借協定といった、講和条約が発効する時までに沖縄を日本に返還することを可能にするような協定を結ぶために、政府全体、特に国務省に自由裁量を残そうとした、と考えられる。その結果、沖縄に関する協定などの課題の解決は、国務省と軍部の手に委ねられたのであった。

四　講和条約発効前の国務省と軍部の最終会談

東京から送られてきたシーボルドのすぐれた報告や、極東軍司令部の研究内容、およびＪＣＳ、陸軍省、極東軍司令部との間で交わしたやり取りをシーボルトやボンドに提供するリッジウェイのスタッフ関係者を通じて、国務省は、基地租借協定を確保しつつ琉球諸島を返還するというリッジウェイの勧告（それは国務省の方針でもあった）について、ＪＣＳが強く反対していることを知った。シーボルドの政治顧問局は、一九五二年三月八日付の国務省宛電信のなかで、「ＪＣＳが好ましくない行為をとったからといって、これら諸島を日本に返還するという独創的な計画が最高決定に至る可能性は、妨げられるべきではない」と論じ、「琉球問題が解決されないかぎり、それが［日米関係の］強化への障害となることは、遺憾ながら明らかである」と警告した[30]。そのため、「軍事基地協定の履行と連携しつつ、行政権を日本に返還することによって琉球問題の処置を図ろうとする国務省の政策は、この問題にもっとも現実的な解決策となるばかりではなく、米国の政策を批判するさまざまな論者がこの問題を利用するのを防止することになるであろう」と考えられたのである。

この勧告を受理した直後の三月二四日に、アチソン国務長官は、ラスクに代わって国務次官補に昇進したばかりのアリソンに対して、国務省内の関係部局が琉球諸島と奄美諸島に対する信託統治ではなく、軍事施設に関する日本との二国間協定を結ぶという国務省の立場を依然として支持しているかどうかを確認するよう命じた[31]。三月三一日、アリソンは、このような政策を求めることこそ極東局の願望であると明言した[32]。彼はアチソンに対して次のように説明している。

琉球諸島と奄美諸島に関するそのような協定は、日米関係が孕む不安定要素を除去するだけではなく、歴史的に日本や日本人に結びついた地域とその住民に対して米国が負わねばならない行政的、経済的な負担を取り除くであろう。同時に、陸、海、空軍施設とその領域を長期的に確保する規定を設けることによって、この協定は、米国の戦略的利益も守ることになる。われわれの意図は、琉球諸島の基地を扱う協定を日本と結ぶことにある。その条項は、日米安全保障条約にあるような曖昧なものではなく、むしろ明確なものとなるであろう。また、これらの基地に特有の戦略的性質から必要とされるであろう日本とのなんらかの特別協定も、この条項に含まれることになるであろう。

アリソンはアチソンに対して、ＪＣＳとの会談を四月二日に設定したことを通知した。そして彼は、この会談において「ＪＣＳが要求するような、琉球諸島の軍事施設に対する支配を確保するための協定を結ぶのであれば」、国務省は、「米国は、琉球

表終-1　米国政府内における沖縄の処理に関する諸見解，1942-1952

国務省（政治・外交的な配慮）							米軍（軍事・戦略上の要請）
非軍事化の上，日本に返還する。	日本に返還するが，基地権を確保する。	南西諸島の北部を返還するが，南部を国連通常信託統治下に置く。	米国を唯一の施政国とする通常信託統治下に置く。	基地を戦略地区と指定した上で，通常信託統治下に置く。	南西諸島については通常信託統治，南部については戦略的信託統治下に置く。	戦略的信託統治下に置く。	米国が保有する。

諸島と奄美諸島に対する信託統治という選択肢ではなく、この諸島の日本統治下への返還という選択肢を選ぶ立場を維持するべきである」と論じた。また、「国務省と国防省の双方が満足できるような、琉球諸島と奄美諸島の基地に関する日本との協定を、両者が協力して直ちに起草するようJCSに同意を求める方向で議論を進めるべきである」とも勧告している。

アリソンがアチソンに文書を提出した同じ日に、戦後初の駐日大使に指名されたマーフィー（Robert D. Murphy）は、「琉球諸島の日本への最終的な返還」についての覚書をアリソンに送った[33]。大使着任後、琉球諸島の返還を求める日本からの圧力に直面するようになったマーフィーは、国防省から数人の関係者を迎えて「非公式協議」を設けた。そこには、ペース（Frank Pace）陸軍長官、ジョンソン（Earl Johnson）国防次官補、マグルーダー少将、ハンブレン（Arch L. Hamblen）准将らが含まれていた。この協議を通じて、彼は、「国防省はこの［琉球諸島と奄美諸島の最終的な返還の］問題で見解が割れている」ことに気づくことになった[34]。一方では、琉球諸島の最終的な返還の問題を決定する前に、日本本土における「われわれの協定の有効性の範囲を決定するために」、例えば一年間の「試行期間」が必要となろうと論じる者がいた。だが、ハンブレンは、「もし現在、われわれが琉球諸島に関してそのような譲歩を行い、かつ近い将来、日本本土での協定にも失敗すれば、われわれは、琉球諸島に関して譲歩を早まったとして二重の批判にさらされるであろう。われわれの防衛施設にとって日本本土の戦略的価値は非常に高く、軽率に実験を試みることはできない」と警告した。マーフィーが作成したこの協議の会議録を読んだマクラーキン（Robert J. G. McClurkin）北東アジア課課長は、「行政協定が発効し、講和条約が批准される一方で、国防省との意見の調整は遅滞している」と書き込み、国務省は「今こそ戦いを再開すべきである」と勧告した。(35)

この戦いは、四月二八日に日本が国際社会に復帰する以前の時期に行われた最後の主要な論戦であったが、ここでも国務省は敗れた。四月二日に国防総省で開かれた「琉球問題についての協議」では、共同作業グループを設置することが決定されたほかは、なんら理解も合意も得られなかった。(36) 実際、会談記録は、「もし、われわれが沖縄に駐留しようとするのであれば、われわれは恒久的にそこに駐留するべきである」というブラッドレー将軍の発言にみられるように、ＪＣＳと国務省の見解が依然として著しく異なっていたことを示唆している。作業グループは、日本が独立を回復して五カ月が経った九月下旬まで開催されなかった。そして、講和条約以後の日米二国間関係は、いわゆる「沖縄問題」によって試練にさらされることになるのであった。日米安全保障条約と行政協定を適用することによって（それは国務省勧告の方針であった）、奄美諸島が返還されたのは一九五三年であったが、沖縄を含む南西諸島の残部や小笠原諸島が返還されるまでには、さらに二〇年の歳月を待たなければならなかったのである。(37)

五　結　論——日米間の沖縄問題の起源

一九五一年九月八日、サンフランシスコ講和会議で調印された対日講和条約では、沖縄に関する条項が設けられたが、渡辺昭夫が指摘するように、それは日米間の「沖縄問題」の終わりではなく始まりに過ぎなかった。(38) 本書で検討した一九四五年から五二年にかけての歴史を振り返ったとき、筆者はそのような結論に同意する。

かつて小笠原諸島に住んでいた七千人の住民のみならず、南西（琉球）諸島の人々の多くが、講和条約会議の結果に憤慨した、とはいえないまでも失望したのは当然であった。数え切れないほどの嘆願と署名がそれを物語っているといえよう。(39) ある者は、日本が独立を回復した四月二八日を「屈辱の日」と呼び、米国が琉球諸島に対して行政権を維持する——それは、軍事政府の継続に対して自治権の制限という構造をもたらした——ことを「許し」た日本の裏切りとも思える行為に怒りを表したのである。こうした感情を反映して、新たに発足した琉球立法院は一九五二年四月二九日、二七対二で沖縄の本土復帰を支持した。(40)

対日占領の終結に伴い、米国政府は当初、南西諸島と日本本土間の貿易協定と経済関係を自由化したものの、沖縄の自治と基地の開発、土地の接収などをめぐってより強硬な姿勢をとるようになった。これをきっかけに、本土復帰を要求する島内の運動は高まり、米軍当局が住民の希望に軍事的要請を優先させようとする反面で次第にその力を増していった。他方、日本国内の世論は、日本政府が「潜在主権」を有する琉球諸島における米国の行動に反発するようになった。琉球諸島に対して日本政府は行政権を執行することができなかったため、米国の沖縄政策に対する本土の批判はますます強まった。やがて、親米的な佐藤栄作首相までもが、戦後の日本の首相としてははじめて沖縄を訪問した一九六五年八月に、次のような談話を発表するに至るのである。「沖縄祖国復帰が実現しない限り、わが国にとって戦後が終わっていないことをよく承知しています」。結局、沖縄の施政権が日本に返還されるのは、それから七年を経た一九七二年五月一五日のことであった（なお、小笠原諸島は、一九六八年六月二六日に日本に返還された）。しかし、住民の大多数の意思に反して（もっとも、「はじめに」で触れた筆者の最近の研究では、米軍基地の存続に関する住民の見解は依然として分かれているが）米国が沖縄に大きな軍事プレゼンスを維持する今日、あらゆる意味で二国間の「沖縄問題」は残されているといってよい。

前章で示したように、対日講和条約第三条の領土条項はいかなる意味においても妥協の産物であった。すなわち、米国の戦略的要請、沖縄の回復を望む日本の期待、連合国のさまざまな要求と思惑、そして、大西洋憲章の目標を実現し、日本と協調的な関係を築きたいと願う国務省の意思が織り合わさって生まれたものであった。多くの妥協がそうであるように、この問題に関しても当事者の要求がすべてかなえられたわけではなかった。つまり、誰にとっても一〇〇%満足のいく解決ではなかった。だが、この条項によって日本は国土分割を免れることができたのである。もし国土が分断されていたならば、戦後の日米関係は深い傷を負うことになったであろう。この意味で、第三条とダレスや国務省の彼のスタッフ、吉田をはじめとする日本政府の役割はあらためて高く評価されてもよいはずである。第三条によって沖縄返還に向けて開かれた窓は、軍部によって一旦は閉じられたものの、そのことは、沖縄の日本からの分離を阻止し、日本に潜在主権を残した第三条の重要性をいささかも減じるものではない。

当時の国務省は、この方法が政治的、外交的考慮に合致する最善の方途であると考えていた。筆者は、沖縄を日本の主権下に残すという、国務省、とりわけその極東局の一九四三年以来の主張がおそらく正しかったであろうと信ずる。もちろん、これはあと知恵にすぎない。だが、そう考えられる理由はいくつかあるのである。第一に、沖縄を日本に返還することによって、沖縄の人々はもちろん日本人に対しても、米国は領土的欲求を有しないと説得することができたであろう。また、日本国内や琉球諸島でのナショナリストや領土回復主義者による運動を防ぐことができたであろう。第二に、国際社会での批判も抑えられたであろう。なぜなら、日本は主権国家として、米国に沖縄の基地の使用権を与えたであろうと考えられるからである。それは、一九四七年の「岡崎メモ」や「天皇メッセージ」(第五章参照)、吉田内閣の提案(第七章参照)の明らかにするところである。第三に、沖縄の早期返還によって、沖縄の社会、経済は、戦後日本の高度経済成長とともに、少なくとも高度経済成長に比例して、発展を遂げることができたであろう。だが、沖縄が返還された一九七二年段階で沖縄の社会、経済は日本本土に大きく遅れをとっていた。そして、現在にいたるまで、沖縄は本土の水準に達したことがない(沖縄県民の平均所得は東京都民の七五%に留まる。また、失業率は八ないし九%を記録しており、これは本土のそれを大きく上回る)。第四に、沖縄返還が実現していたならば、沖縄と日本本土が戦後の経験を共有することができたであろう。そして、両者の関係はよりよいものになったであろう。少なくともより強固で信頼に基づく関係を築くことができたのではないかと思われる。最後に、日本政府は自国の防衛により大きな責任をもつことになったであろう。少なくとも、自衛隊(一九五四年発足)が在日米軍と共に安全保障を担う範囲は広がったであろう。そして実際、日本が自国の防衛にそれほど責任を負わず、また地域安全保障にも貢献していなかったことは、一九五〇年代、一九六〇年代を通じて米国が沖縄返還を拒む一つの理由となったのである。

沖縄を自由に使用したい――結果として日本本土から切り離して――というJCSと軍部の戦略的観点からの要求は、米国の同盟者として国際社会に復帰しつつあった日本に対する長期的な政治的影響をほとんど考慮していなかったように思われる。日米関係の悪化を防いだのは、幸運と両国間に存在する長期的な共通の利害であったといってよい。幸いなことに、軍部が一九七二年まで沖縄を占領したにもかかわらず、そのことによって戦略的環境が破壊されることはなかった。つまり、米国が望んでいたように良好な(もしくは敵対的ではない)対日関係が保たれたのである。

米国政府は、第三条がもっていた可能性の窓を開く能力を欠いていたし、積極的に開こうともしなかった。だが、その政治的影響が渡辺のいう「同盟内紛争(intra-alliance conflict)」の文脈で処理できたことは幸いであった。そして、米国が沖縄を保有し続けることによって日米両国でフラストレーションが蓄積されたにもかかわらず、日米関係が決定的に傷つけられることはなかったのである。そうでなければ、米国は同盟国を失っただけではなく、日本の軍事力や工業力が共産主義陣営に歓迎され、米国にとっての潜在的な政治的、軍事的ライバルが出現することになったであろう。JCSが真珠湾攻撃直後の段階から考えていた米国の戦略的要請は、再び、しかもより深刻な危険にさらされることになったであろう。

最後に、沖縄問題に関する軍事的考慮と政治的考慮の対立は、一九七二年の沖縄返還に至るまで続いた。そして、冷戦終結後も不安定性の残る北東アジアにおいては米国の軍事プレゼンスが必要であるという厳然たる事実は、日本、とりわけ沖縄で米軍基地をめぐる政治問題の存在を圧している。あらゆる意味で、軍事的考慮と政治的考慮の対立は今日でも続いているのである。本書が検討した「日米間の沖縄問題」の起源は、こうした軍事的、戦略的要求と政治的、外交的要求の間のジレンマにある。そして、この文脈で「日米間の沖縄問題」は存在し続けるであろう。だから、将来の日米関係において発生するであろう危機や問題においては、長期的な外交的、政治的考慮が戦略的要請と同等の地位を与えられるであろうこと、軍事政策が地域の事情を無視しないであろうこと、を希望するほかないのである。

註

はじめに

(1) George H. Kerr, *Okinawa: The History of an Island People* (Tokyo: Charles E. Tuttle, Co., 1958).

(2) Arnold G. Fisch, Jr., *Military Government in the Ryukyu Islands, 1945-1950* (Washington, D. C.: Center of Military History, 1988).

(3) 二つの英文研究は、Mikio Higa, *Politics and Parties in Postwar Okinawa* (Vancouver: University of British Columbia Press, 1963) ならびに Akio Watanabe, *The Okinawa Problem: A Chapter in Japan-U. S. Relations* (Melbourne: Melbourne University Press, 1970) である。手際よく構成された比嘉の研究から、彼が「沖縄の政治的地位 (political status of Okinawa)」と呼ぶものの大局がつかめ、沖縄の政党の発展を知ることができる。彼は、沖縄の政党の姿勢を復帰問題、米軍基地、自治問題を問うことで検証し、分析する。一方、渡辺は、日本国内の政治的見地から問題点を検証する。彼は一九六〇年代の沖縄問題の歴史、政策策定における日本政府の各省の役割、沖縄問題においての政党、および沖縄の論壇、報道で精力的な役割を果たした個人、組織の影響力、といったものを同盟内の争い——一九五一年から五二年にかけて、対日講和条約への調印と批准によって形成された同盟——という背景に組み入れながら、丹念に論じた。

(4) 宮里政玄『アメリカの対外政策決定過程』三一書房、一九八一、および河野康子『沖縄返還をめぐる政治と外交——日米関係史の文脈』東京大学出版会、一九九四。

(5) 時には非常に複雑な国内的、文化的、社会的そして心理的な沖縄と本土との関係をも含めた別の局面での問題が依然として存在するので、それらとの混乱を避けるために、本書の題名に「bilateral（日米間）」を付記したほうが良いと薦めて下さった元米国国防次官補（国際安全保障問題担当）アーミテージ（Richard L. Armitage）（現国務副長官）に感謝する。Author's interview with Richard L. Armitage, Arlington, Virginia, June 23, 1998.

(6) 問題の本質——軍事的要求と政治社会的要求との均衡——の根深さを象徴するが、沖縄県人は近年、沖縄は、大多数は不当だとみている米国の巨大な軍事基地を受け入れ続けることの是非をめぐって中央政権に挑戦状を突きつけてきた。この動きの例として、一九九六年の県民投票ならびに名護市東岸ヘリポート建設に反対する一九九七年の名護市住民投票の二つが挙げられる。この二つの議論には、Robert D. Eldridge, "The 1996 Okinawa Referendum on U. S. Base Reduction: One Question, Several Answers," *Asian Survey*, Vol. 37, No. 10 (October 1997), pp. 879-904 ならびに Robert D. Eldridge, "Okinawa and the Nago Heliport Problem in the U. S.-Japan Relationship," *Asia-Pacific Review*, Vol. 7, No. 1 (May 2000), pp. 137-156 を参照。

第1章

（1）本書では、特に資料に拠る場合以外、「沖縄」「琉球諸島」及び「南西諸島」のそれぞれの呼称を使用する。参考地図にみられるように、正確に言えば、南西諸島は、九州以南（台湾まで）の列島を意味し、琉球諸島はその一部である。すなわち、琉球諸島は、北緯二七度以南の列島である（奄美群島は、その以北になる）。また、琉球諸島のなかのもっとも大きい島であるために、「沖縄」はよく琉球諸島と同じ意味で使われるが、本書でもその慣用に従っている。

（2）現在まで、米国や連合国に対して影響を及ぼし、少なくとも要望を伝達した日本政府の行動に関する研究が行われてきた。しかし、その多くの研究は、外務省の文書が公開され、または関係者の回顧が利用できる前に行われたため、一部の事実関係の誤認や解釈の問題が存在していると思われる。また、それらの研究は、講和後の安全保障問題を中心に扱っており、それ以外の問題に対する日本側の考え方があまり紹介されていない。特に、戦略的に重要な位置を占める沖縄の領土的地位や、講和条約での領土に関する日本側の要望が明確になっていなかった。これらの研究を年代順に掲げると以下の通りである。Martin E. Weinstein, *Japan's Postwar Defense Policy, 1947-1968* (New York：Columbia University Press, 1969), 西村熊雄『サンフランシスコ平和条約』鹿島研究所出版会、一九七一（西村は、外務省条約局の一員、後に一九四七年一二月から五二年五月まで同局長であり、当事者の一人であった。彼の著書は日本側の準備についての中心的な研究となっている）、西村熊雄「占領前期の対日講和問題——六つの伝達」『ファイナンス』第二〇巻第一一号（一九七五年二月）、Michael M. Yoshitsu, *Japan and the San Francisco Peace Settlement* (New York：Columbia University Press, 1983), Reinhard Drifte, *The Security Factor in Japan's Foreign Policy, 1945-1952* (East Sussex：Saltire Press, 1983), Marie D. Strazer, "Japanese Efforts to Influence a Peace Settlement, 1945-1951," in Thomas H. Burkman, ed., *The Occupation of Japan：The International Context* (Norfolk：MacArthur Memorial Foundation, 1984), pp. 195-211, 渡辺昭夫「講和条約と日本の選択」渡辺昭夫・宮里政玄編『サンフランシスコ講和』東京大学出版会、一九八六、一七—五四頁、三浦陽一『吉田茂とサンフランシスコ講和条約』大月書店、一九九六、七一—九三頁。その他の研究は、より短くこの時期の動向を扱っているが、John Welfield, *An Empire in Eclipse：Japan in the Postwar American Alliance System：A Study in the Interaction of Domestic Politics and Foreign Policy* (London：The Athlone Press, 1988), pp. 41-45 は多くのインタビューを利用したことが注目に値する。もっとも、西村、ドリフトおよび渡辺以外の多くの初期の研究は、西村と横浜の終戦連絡事務局長の鈴木九萬を中心にインタビューを活用している。一九八二年九月一九日に行われた外務省の史料公開（第七回）のおかげで、この歴史研究が少しやりやすくなった。さらに、『芦田均日記』の刊行は、ごく限られている当時の資料状況にあって多くの重要な歴史事実に関する情報を提供している。進藤榮一・下河辺元春編『芦田均日記』岩波書店、一九八六。

（3）「天皇メッセージ」以外に、この伝達は「沖縄メッセージ」や「寺崎メッセージ」とも呼ばれている。筑波大学の進藤榮一（国際関係論、当時助教授）は、この会談記録を発見し、「分割された領土——沖縄、千島そして安保」『世界』第四〇一号（一九七九年四月）、三一—五一頁、として発表した。さらに同年一〇月には、「『天皇メッセージ』再論——戦後外交資料の読み方」『世界』第四〇七号（一九七九年一〇月号）一〇四—一一三頁を、批判に対する反論として発表した。その会談記録の発見は、一九七九年四月・五月には、裕仁天皇の政治に対する「介入」であったかどうか、「沖縄を犠牲にした」ものであるかどうかをめぐる政治的論争に発展した。その後、「天皇メッセージ」は、さまざまな研究において手短に、かつその評価が定まらないままに取り上げられてきた。例えば、宮里、前掲書、二一七一二八頁、秦郁彦『裕仁天皇五つの決断』講談社、一九八四、一九三―二〇一頁（なお、同研究は、『昭和天皇五つの決断』文藝春秋、一九九四として再刊された）、三浦、前掲書、九三―一〇三頁、豊下楢彦『安保条約の成立――吉田外交と天皇外交』岩波新書、一九九六、二二一―二二五頁を参照。なお、御用掛とシーボルド政治顧問代理との間の会談記録は、メリーランド州カレッジ・パークにある米国国立公文書館で保管されている。"United States Political Adviser for Japan to Secretary of State on the Subject of the Emperor of Japan's Opinion Concerning the Future of the Ryukyu Islands (September 22, 1947), Despatch No. 1293, With Attached Memorandum for MacArthur (September 20, 1947)," Central Decimal File, 1945-1949 (890.0146 / 9-2247), Record Group（以下RGとする）59, General Records of the Department of State, National Archivesを参照。以上の会談記録によって、会談およびメッセージの事実については、ほとんど疑問の余地はなくなったが、その意味と、それが実際に天皇の言葉であったかどうかをめぐっては、議論が続いていた。しかし、一九九一年、寺崎および、昭和天皇の侍従長の入江相政による二つの日記の刊行によって、それらの問題により正確に答えることができるようになった。前者の日記は、会談とそのメッセージの背景、後者は、その意味について、多くのことを解明してくれる。寺崎英成・マリコ・テラサキ・ミラー編『昭和天皇独白録 寺崎英成・御用掛日記』文藝春秋、一九九一、および入江相政（入江為年監修）『入江相政日記』五巻、朝日新聞社、一九九一を参照。

第2章

（1）米国と英国が基地強化の権利を放棄したのは、一九二一―二二年のワシントン海軍軍縮会議においてである（米国はハワイ以西、英国は、シンガポール以東を対象にした）。それは、戦艦・航空輸送艦のトン数比五・五・三で米・英・日間に設定された軍備制限を日本にとってより受け入れやすい、面子の立つものにするためであった。

（2）Hal Marc Friedman, "Creating an American Lake: The United States, Imperialism, Strategic Security, and the Pacific Basin, 1945-1947," (Unpublished Ph. D. dissertation, Michigan State University, 1995), p. 49で引用されている。

（3）この点について、Roy E. Appelman, James M. Burns, Russell A. Gugeler, and John Stevens, *Okinawa: The Last Battle* (Washington, D.C.: United States Army, Center of Military History, 1991), pp. 1-7; Robert Leckie, *Okinawa: The Last Battle of World War II* (New York: Penguin Books, 1995), p. 5; Ronald H. Spector, *Eagle Against the Sun: The American War With Japan* (New York: Vintage Books, 1985), pp. 532-543; Samuel Eliot Morrison, *The Two-Ocean War: A Short History of the United States Navy in the Second World War* (New York: Galahad Books, 1963), pp. 513-557を参照。

（4）朝鮮戦争時、その戦略的位置のため沖縄の米軍基地は重要な役割を果たした。例えば、戦争が勃発した二日後の一九五〇年六月二七日、第一九爆撃団は、一、三〇〇キロ南東のグアムのアンダーセン空軍基地から、沖縄の中央にある嘉手納空軍基地に送られた。そして、全てのB-29機が移動した六月二九日、朝鮮半島に対して空爆が開始された。八月には、戦略空軍指令部（Strategic Air Command）所属の第三〇七爆撃団が、フロリダ州のマックディル空軍基地から嘉手納に移ったのだった。*Kadena Air Base, 1945-1995: Fifty Years of Heritage* (Kadena: Office of History, 18th Wing, Kadena Air Base, 1995), pp. 8-9を参照。なお、沖縄の戦略的重要性についてのジャーナリスティックな説明は以下のように述べられている。

「[沖縄の] より重要な価値は、アジアの地図に沖縄の空軍基地から半径二千三百マイルの半円を描いてみれば明白であろう。それは、その全域を沖縄から原子爆弾を積んだB-29機が爆撃できることを意味するのだ。その弧は、東南アジア全域・中国・満州・バイカル湖からカムチャッカ半島の南端に至るソ連邦シベリアまでを含む。太平洋の他のどの地域においても、それほど広く問題のある領域を爆撃機がカバーできる地域はない。日本の基地から、爆撃機はシベリアの奥地にまで飛行可能であるが、東南アジアに到達することは不可能である。一方、フィリピンからの方が東南アジアへは近いのだが、そこからシベリアには到達できない。沖縄から北朝鮮のヤールー河の国境線までの往復飛行時間は八時間かからない。そして、朝鮮戦争の勃発より三日目以来、沖縄の基地のB-29は敵に十万トンの爆弾を投下したのである。B-36のような重装備の爆撃機は米国大陸本土・ハワイ・グアムから出発、沖縄で燃料補給し、北アフリカの空軍基地に上陸する為ユーラシアを横切り往復飛行することができたのだ」。

Peter Kalischer, "Our Gibraltar in the Pacific", *Collier's*, October 11, 1952, p. 22 を参照。

(5) JCSの組織の歴史についてはJames F. Schnabel, *The History of the Joint Chiefs of Staff : The Joint Chiefs of Staff and National Policy, Volume I, 1945-1947* (Wilmington : Michael Glazier, Inc., 1979) およびLawrence J. Korb, *The Joint Chiefs of Staff : The First Twenty-Five Years* (Bloomington : Indiana University Press, 1976)を参照。文民側では、陸軍省は、一九四〇年一月から一九四五年九月まで、スティムソン長官によって率いられていた。世界規模になりつつある戦争への参戦を控えてルーズベルトは、すでに引退していたスティムソンを政府に呼び戻したのである。戦争に勝利した一九四五年九月に、スティムソンは再び引退し、パターソン (Robert P. Patterson) 次官が後任となった。パターソンは、一九四七年七月の再編まで、陸軍省を率いた。それに対して、海軍省は、ノックス (Frank Knox) が一九四〇年六月から一九四四年四月の彼の死まで率いた。後任となったフォレスタル (James V. Forrestal) 次官は、軍の再編まで海軍省の長官として、さらに再編後、初代国防長官として一九四九年三月まで在任した。

(6) JCSの組織図について、Historical Office, Joint Secretariat, Joint Chiefs of Staff, *Organizational Development of the Joint Chiefs of Staff, 1942-1989* (Washington, D. C. : Historical Office, Joint Secretariat, Joint Chiefs of Staff, 1989), pp. 7-9を参照。

(7) Elliott Vanveltner Converse III, "United States Plans for a Postwar Overseas Military Base System, 1942-1948" (Ph. D. Dissertation, Princeton University, 1984), p. 10 ; William Roger Louis, *Imperialism at Bay : The United States and the Decolonization of the British Empire, 1941-1945* (New York : Oxford University Press, 1978), p. 259 ; Lester J. Foltos, "The New Pacific Barrier : America's Search for Security in the Pacific, 1945-1947," *Diplomatic History*, No. 13 (Summer 1989), p. 318. このフォルトスの論文は、同氏の博士論文である "The Bulwark of Freedom : American Security Policy for East Asia, 1945-1952" (Unpublished Ph. D. Dissertation, University of Illinois at Urbana Champaign, 1980) が縮約されて掲載されたものである。リーヒとJCSとの関係について、William D. Leahy, *I Was There : The Personal Story of the Chief of Staff to Presidents Roosevelt and Truman Based on his Notes and Diaries Made at the Time* (New York : Whittlesey House, 1950), pp. 95-107を参照。

(8) "Captain John L. McCrea, Naval Aide to the President, to Admiral William D. Leahy, December 28, 1942," JCS 183, Section 1, file CCS 360 (12-9-42), Combined Chiefs of Staff Decimal Files, 1942-1945, Box 269, RG 218, Records of the Joint Chiefs of Staff, Modern Military Branch, NA. 引用者の傍点箇所は、ルーズベルトの、戦争によって領土を獲得しない政策たる（次章で紹介する大西洋

憲章の）領土不拡大原則に反すると思われる。ルーズベルトは、ウィルソニアンであると同時に、現実主義者でもあったので、JCSに対して指示をした時、恐らく何より国家の安全保障を重視していた。国際警察軍のための国際基地の概念を使用した理由は、彼の政策に対する国内外からの批判を避けるためであったかもしれない。いずれにしても、早い段階で、必要以上の制約を軍部に加えたくなかったのであろう。

（9）　JCS一八三シリーズと沖縄の関係について、我部政明「米統合参謀本部における沖縄保有の検討・決定過程、一九四三―一九四六」『法学研究』第六九巻第七号（一九九六年七月）、八三―八七頁を参照。

（10）　Michael S. Sherry, *Preparing for the Next War: American Plans for Postwar Defense, 1941-1945* (New Haven: Yale University Press, 1977), p. 42.

（11）　*Ibid.*, p. 41. コンバースによれば、アメリカの安全保障および商業的利益にとって航空部門がもつ重要性を強く信じていたバール（Adolf A. Berle）国務次官補とローベット（Robert A. Lovett）陸軍次官補（空軍担当）も、戦後の空軍基地計画に大きな関心を抱いていた。Converse, *op. cit.*, pp. 13-15を参照。

（12）　Perry McCoy Smith, *The Air Force Plans for Peace, 1943-1945* (Baltimore: The Johns Hopkins University Press, 1970), p. 45.

（13）　Mark A. Stoler, "From Continentalism to Globalism: General Stanley D. Embick, the Joint Strategic Survey Committee, and the Military View of American National Policy During the Second World War", *Diplomatic History*, Vol. 6 (Summer 1982), p. 310. ストーラーは、JCSによる国際警察軍のための基地獲得への努力は建前(lip service)に過ぎないと指摘している。

（14）　JPSの責務についてHistorical Office, *op. cit.*, pp. 3-6を参照。

（15）　Converse, *op. cit.*, pp. 11-12.

（16）　"JSSC 9/1, Air Routes Across the Pacific and Air Facilities for International Police Force: Post-war Military Problems — With Particular Relation to Air Bases (March 15, 1943)," JSSC 9/1, Section 1, file CCS 360 (12-9-42), JCS 1942-1945, RG 218. 一九四二年一一月七日に設置されたJSSCについては、Historical Office, *op. cit.*, p. 5を参照。

（17）　"Enclosure 'A' -Appendix 'A' to JSSC 9/1 (March 15, 1943)," Section 1, file CCS 360 (12-9-42), JCS 1942-1945, RG 218.

（18）　"JSSC 9/1, Air Routes."

（19）　"Enclosure 'A' -Appendix 'A'."

（20）　"JSSC 9/1, Air Routes." キング提督の依頼で、ノックス長官は、海軍の総務委員会（General Board）でも戦後の基地と国際警察軍についての研究を開始するよう指示した。同委員会は、日本周辺の地域や諸島に関して同じような結論に至った。三月二七日付のノックス宛のメモである「戦後の北太平洋の特定諸島に対する主権（Postwar Sovereignty Over Certain Islands of the North Pacific）」には、同委員会は、米国がマーシャル、カロリン、マリアナ諸島、南鳥島、そして火山列島や小笠原諸島を獲得すべきであると勧告している。同報告は、日本が同諸島を「不沈空母（unsinkable aircraft carriers）」として使用したので、この行為は、「領土拡大ではないと主張した。日本から諸島を引き取るのは日本の非軍事化のためになるからである。Converse, *op. cit.*, pp. 23-24で引用されている。コンバースによれば総務委員会の研究が重要であった理由は、一九一七―二一年に海軍次官補を務めた経験をもつルーズベルト大統領自身は、これを「興味深く」読んだという。同時に、ルーズベルトは「委員会が勧告している主権に関しての広範囲に及ぶ変更（sweeping changes）は、おそらく達成できず、そして経済的な観点から全ての獲得は必ずしも望ましくない」と考えた。

（21）　"Memorandum for the Secretary, Joint Strategic Survey Committee (March 31, 1943)," Section 1, file CCS 360 (12-9-42), JCS 1942-1945, RG 218.

(22) "JCS 183 / 6, Air Routes Across the Pacific and Air Facilities for International Police Force: Air Bases Required for use of an International Military Force (April 10, 1943)," Section 2, file CCS 360 (12-9-42), JCS 1942-1945, RG 218.

(23) "Memorandum for the Secretaries, Joint Strategic Survey Committee on Air Routes Across the Pacific and Air Facilities for International Police Force (April 14, 1943)," *Ibid*.

(24) "Memo for Record (September 7, 1943)," *Ibid*. ; "Enclosure 'A' to JCS 570, U. S. Requirements for Post-War Air Bases (November 6, 1943)," *Ibid*. この研究が終わったのは、別の理由もあった。一九四三年半ばから、軍事、とりわけ海軍の基地に関する戦後計画に関心を持ち始めたルーズベルトは、初期の段階の結論に不満を抱いていた。その結果、バード (Richard E. Byrd) 海軍少将を、南太平洋において米国の安全保障および商業発展のために欠かせない諸島や基地を視察させるために派遣した。一四人から構成されたバード特別使節は、同四三年九月に出発し、一一月に帰国した。その間、約三〇の島を訪れた。この使節については、Louis, *op. cit*., pp. 269-271 を参照。

(25) "JCS 570, U. S. Requirements for Post-War Air Bases (November 6, 1943)," Section 2, file CCS 360 (12-9-42), JCS 1942-1945, RG 218.

(26) "Appendix 'A', Memorandum for the President," *Ibid*.

(27) "Minutes of JCS 123rd meeting (11-15-43)," *Ibid*.

(28) "Enclosure to JCS 570 / 1, U. S. Requirements for Post-War Air Bases (November 15, 1943)," *Ibid*.

(29) "Memorandum for the JCS from the White House (November 23, 1943)," *Ibid*. ; "JCS 570 / 2, U. S. Requirements for Post-War Air Bases (January 10, 1944)," *Ibid*.

(30) "President Roosevelt to Secretary of State Cordell Hull (January 7, 1944)," *Ibid*.

(31) "Memorandum for the Secretary, Joint Staff Planners from the Joint Strategic Survey Committee on U. S. Requirements for Air Bases (January 29, 1944)," *Ibid*. ; "JWPC 185 / D, U. S. Requirements for Post-War Military Bases (February 3, 1944)," *Ibid*.

(32) "Memorandum for the Joint Chiefs of Staff on U. S. Requirements for Post-war Bases from Admiral Ernest J. King (April 1, 1945)," Section 6, CCS 360 (12-9-42), JCS 1942-1945, RG 218.

(33) この研究・調査は、沖縄県教育委員会によって、一九九五年から九六年にかけて集められ、邦訳・刊行された。現在、一九九五年に設立された沖縄県公文書館に保管されている。

(34) Office of Strategic Services, "Okinawan Studies No. 1 The Okinawas: A Japanese Minority Group," Honolulu, Hawaii, March 16, 1944. この調査、そして以下で紹介している調査は、一九四四年に、"Research and Analysis Branch 1567" の一部として再発行された。

(35) Office of Strategic Services, "Okinawan Studies No. 2 The Okinawas: Their Distinguishing Characteristics," Honolulu, Hawaii, March 27, 1944. この調査、そして以下で紹介している調査は、一九四四年に "Research and Analysis Branch 1567" の一部として再発行された。

(36) Research and Analysis Branch, Office of Strategic Services, "Okinawan Studies No. 3 The Okinawas of the Loo Choo Islands: A Japanese Minority Group," Honolulu, Hawaii, June 1, 1944. 以上で説明しているように、この調査は一九四四年に "Research and Analysis Branch 1567" の一部として再発行された。ある学者によれば、軍政府下で仕事をしていた人たちには、この調査が「とても参考

になり、島々の施政に広く使われた」という。Ota Masahide, "The U. S. Occupation of Okinawa and Postwar Reforms in Japan Proper," in Robert E. Ward and Sakamoto Yoshikazu, eds., *Democratizing Japan: The Allied Occupation* (Honolulu: University of Hawaii Press, 1987), p. 286を参照。この問題について別の研究で、大田は「米軍養成員が軍政の初期から中期にかけて何よりも頼りにしたのは、恐らくこの［ＯＳＳが作成した］文書だったに違いない」と結論している。大田昌秀「占領下の沖縄」『岩波講座　日本歴史二三　現代二』岩波書店、一九七七、二九七頁。

（37）大田、前掲書、二九八頁。

（38）Okinawa Studies No. 3, *op. cit.*, p. 76.

（39）Fisch, *op. cit.*, p. 14.

（40）この学校の正式の名前は「米海軍予備軍兵学校（U. S. Naval Reserve Midshipmen's School, New York, New York）」であった。一九四二年夏に、「国際管理のための緊急研修プログラム（Emergency Training Program in International Administration）」を形成したコロンビア大学の教官たちからノックス海軍長官の補佐への打診を受け、海軍は、同大学と契約し、教官と施設を提供してもらった。兵学校は同年の夏に開校した。*Ibid.*, pp. 12-13.

（41）*Ibid.*, p. 14.

（42）大田、前掲書、二九七頁。

（43）Fisch, *op. cit.*, p. 14.

（44）大田、前掲書、二九七頁。

（45）Converse, *op. cit.*, p. 9.

（46）*Ibid.* また、Sherry, *op. cit.*, p. 26.

（47）バーンズは一九四五年七月三日に正式にステティニアスを後任にしたが、ステティニアスは、国連の米国代表となった。

（48）Converse, *op. cit.*, p. 94で引用されている。

（49）区域の色分けの戦略的な意味については、我部、前掲論文、八八頁を参照。

（50）"Memorandum from R. S. Edwards to the Naval Aide to the President (June 12, 1945), FF1/A14-7, Serial 00512, file COMINCH Top Secret 1945, AF-2," COMINCH Records, Navy Operational Archives, Washington, D. C. Converse, *op. cit.*, pp. 146-147で引用されている。

（51）Eleanor Lattimore, "Pacific Ocean or American Lake?" *Far Eastern Survey*, Vol. 14, No. 2 (November 7, 1945), pp. 313-316を参照。歴史研究者も、このテーマについて調査を行っている。例えば、John W. Dower, "Occupied Japan and the American Lake, 1945-1950," in Edward Friedman and Mark Selden, ed., *America's Asia: Dissenting Essays on American-East Asian Relations* (New York: Random House, 1969), pp. 146-206, およびFriedman, *op. cit.* を参照。

（52）"Colonel Harry Vaughan Memorandum for the Chief of Staff (June 16, 1945)," file OPD 336TS, Case 126, Box 143, OPD Decimal File, 1945, RG 165; "Memorandum for the Military Aide to the President on Pacific Bases (July 3, 1945)," *Ibid.*

（53）"Memorandum for the Military Aide to the President on Pacific Bases (July 3, 1945)," *Ibid.*

（54）Converse, *op. cit.*, pp. 136-137を参照。

（55）*Ibid.*, pp. 143-144.

（56）海軍は一九四五年四月一日から、その責任を陸軍に引き渡した翌四六年六月三〇日まで軍政を担当していた。ディングマンは、海軍の沖縄に対する関心の低下と横須賀の重要性への注目について検証している。Roger Dingman, "The U. S. Navy and the Cold War: the Japan Case," in Craig L. Symonds, ed., *New Aspects of Naval History* (Annapolis: Naval Institute Press, 1981), pp. 291-312を参照。

(57) ポツダム宣言は、日本領土に関するカイロ宣言（第三章参照）の「カイロ宣言の条項が適用されると共に、日本の主権は本州、北海道、九州、四国とその他われわれの決定する諸小島に限定される」ことを再確認した。

(58) *Public Papers of the Presidents of the United States, Harry S. Truman*, 1945 (Washington, D. C.: Office of the Federal Register, 1961), p. 203. この演説の初期の草案は、国連への言及の代わりに、「われわれの安全のために必要な限り、高いコストで得たものを放棄しないつもりである」と書いてあった。これは恐らく、外交的な配慮からバーンズにより変更された。さらに、草案は、太平洋地域を中心にしたものであった――「われわれの完全な防衛のために、太平洋において必要とされる全ての基地を確保する」。最終案では特定の地域について何らかの言及はしておらず、太平洋地域だけでなくヨーロッパと世界のその他の地域を含んだ形への移行を示している。"Presidential Speeches: Drafts file," Speech Folder, Box 32, President's Secretary's File, Papers of Harry S. Truman, Harry S. Truman Presidential Library (以下Truman Library), Independence, Missouri を参照。

(59) Harry S. Truman, *Memoirs, Volume I: Year of Decisions* (New York: Doubleday and Company, Inc, 1955), p. 537.

(60) Quoted in Council on Foreign Relations (John C. Campbell), *The United States in World Affairs, 1945-1947* (New York: Harper and Brothers, 1947), p. 81.

(61) 宮里、前掲書、一九六頁。

(62) John M. Maki, "U. S. Strategic Area or U. N. Trusteeship," *Far Eastern Survey*, Vol. 16, No. 15 (August 13, 1947), p. 177. Lattimore, *op. cit.*, p. 313 も参照。

(63) Maki, *op. cit.*, p. 177.

(64) 宮里、前掲書、一九六頁で引用されている（元の文書の出典は不明）。

(65) 同右。宮里によれば、九月一八日時点で、フォレスタルはトルーマン宛の別の覚書の中で、琉球諸島に対する施政は別の省庁の下で行うべきであると提案した。しかし、トルーマンはこの提案をすぐに受け入れず、SWNCCにおいてさらに検討できるまで待つことにした。

(66) 同右、一九七頁。フォレスタルは、海軍の戦後基地の懸念についての手紙（一九四五年一〇月四日付）を国務長官宛に書いた。その中で、彼は「琉球諸島」（および南鳥島、小笠原諸島・火山列島、そしてマーシャル、カロリン、マリアナ諸島）は、排他的権利が望ましい地域であると指摘している。"Forrestal to the Secretary of State (October 4, 1945), Enclosure to SWNCC 38/20," Section 9, CCS 360 (12-9-42), JCS 1942-1945, RG 218を参照。

(67) 宮里、前掲書、一九六―一九七頁。我部政明『日米関係のなかの沖縄』三一書房、一九九六、三五―三六頁、Frederick L. Shiels, *America, Okinawa, and Japan: Case Studies for Foreign Policy Theory* (Washington, D. C.: University Press of America, 1980), pp. 59-60 および河野、前掲書、九頁。

(68) 我部、前掲書、三七頁。我部が指摘しているように、九月四日に行われた基地に関する検討（JWPC三六一／五）は、修正を経て、JCSにより九月二七日にJWPC三六一／六として承認され（この段階でJCS五七〇／三四となった）、初めてJCSが沖縄で基地を建設することを承認したものとなった。JCS五七〇／三四は、同様に、沖縄に対する信託統治協定が、研究の中で初めて討議された代表例でもあった。ところが、後述するように、リーヒが後の修正案の中で、その言及を取り消すことにしたのだった。同右、三九頁。

(69) 同右、三七頁、宮里、前掲書、一九七頁。

(70) "JCS 570/39, Over-All Examination of U. S. Requirements for Military Bases and Rights (October 19, 1945)," Section 9, CCS 360 (12-9-42), JCS 1942-1945, RG 218.

(71) 同右。コンバースによれば、キングは「沖縄における米軍の基地に対するロシアの反応を全く気にしていなかった」。Converse, *op. cit.*, p. 166を参照。なお、コンバースは、ロシアと中国の近くに基地を置くことを懸念していた他の軍関係者、計画・作戦部のリンカーン（George A. Lincoln）准将とスプリュアンス（Raymond A. Spruance）提督の見解を引用している。リンカーンは、極東での基地は、「今後の数年、正当な根拠をもつが、ロシアと中国は、米国の安全保障体制の合理的な要素としてではなく、脅威としてみることになるだろう」と、考えていた。後述するように、スプリュアンスも同じ見解をもっていた。

(72) Lattimore, *op. cit.*, p. 313を参照。

(73) Thomas B. Buell, *The Quiet Warrior : A Biography of Admiral Raymond A. Spruance* (Boston : Little, Brown and Co., 1974), pp. 371-372.

(74) 同右、三七二頁。海軍当局がスプリュアンスの見解に非常に批判的だったのに対し、『ワシントン・ポスト（*Washington Post*）』は社説の中で彼を以下のように賞賛した。「レイモンド・A・スプリュアンス提督の戦後米国海軍の政策に関する、豊かな見識に基づいた発言は、遠い太平洋からの一陣のさわやかな風のようである。その発言は、ハルシー（William F. Halsey）やわが国の海軍将校の中の彼以外の好戦家たちから度々耳にする、帝国主義的な軍事用語と対照的なため、なおさら印象的である。われわれはこれまで海軍に本気で政治的手腕の発揮を期待してきた。この特別な例は特にそれを鼓舞するものである。なぜなら、それは日本の非軍事化と極東地域の平和を継続させる方法を準備するという途方もない課題に取り組むことを意味しているのだから」。この社説は九月の下院海軍委員会（House Naval Affairs Committee）でのキングとフォレスタルのコメントの後に見られるものと対照的である。『ワシントン・ポスト』はその時、「戦略的事項を広める上で、政治的手腕は戦略と切っても切れないものであると主張するのは、軍部のためでなく［トルーマン］政権や議会のためである」と社説に述べている。Lattimore, *op. cit.*, p. 316で引用されている。

(75) Buell, *op. cit.*, p. 371.

(76) "JCS 570 / 40 Over-All Examination of U. S. Requirements for Military Bases and Rights (October 25, 1945)," Section 9, CCS 360 (12-9-42), JCS 1942-1945, RG 218.

(77) 同右。フォレスタルがそれ以前に取り上げた、統治の責任である第二の問題は、軍責任者の間だけでなく、管轄権をめぐって内務省とも対立した。宮里、前掲書、一九七頁で引用しているＪＣＳ一五二四シリーズを参照。省内の決定に関して、JPS 766 / 1 (November 3, 1945)におけるＪＰＳの結論を、同右で参照。

(78) "JCS 570 / 40," *op. cit.* ＪＣＳ五七〇／四〇が承認された一〇月二五日、その承認は、リーヒが提示した沖縄に関する修正を経て行われた。

(79) 我部、前掲論文、九八頁。

(80) "Cable from Military Staff Representatives to JCS (January 16, 1946)," Section 13, CCS 360 (12-9-42), JCS 1946-1947, RG 218 ; "JCS 570 / 48, Trusteeships for Japanese Mandated Islands (January 17, 1946)," *Ibid.*

(81) "JCS 570 / 34."

(82) "JCS 570 / 36, Over-All Examination of U. S. Requirements for Military Bases and Rights (October 8, 1945)," *Ibid.* ここで、陸軍参謀長マーシャルは、ＪＣＳ五七〇／三四の中での、「戦略的重要性に基づいて、基地の位置と権利の分類について結論する戦略研究は、誤って解釈される危険がある。私の理解では、この研究は、各地区の開発の程度や、平時のわれわれの関与の程度に関する指示をしようとしていない」と指摘した。

(83) "JCS 570 / 48." ＪＣＳ五七〇／四八は、信託統治に対するＪＳＳ

Ｃないし ＪＣＳの躊躇を示すが故に、極めて示唆的である。この文書において、ＪＳＳＣは「信託統治の原則に対する米国の支持を認める」が、米国の安全保障にとって「最重要な地域」への信託統治の適用と国連のために米軍が行動をとることに疑念を示した。したがって、同文書は、「米国は長年、反植民地主義の立場を貫いたが、商業上価値のない、しかし、安全保障上欠かせない地域の獲得は、この立場からの大きな逸脱ではない」と述べた。

(84) "JCS 570/50, Strategic Control by the United States of Certain Pacific Areas (January 21, 1946)," Section 13, CCS 360 (12-9-42), JCS 1946-1947, RG 218, pp. 343-344. 翌一月二二日に、この覚書はＳＷＮＣＣ二四九／一となった。ＪＣＳ五七〇／五〇において（そしてもちろんＳＷＮＣＣ二四九／一において）、南西諸島は、「北緯三一度の九州より台湾までの間の全ての島、さらに、尖閣諸島、沖大東島、大東島も含まれている」と定義された。地図を見れば、この定義は九州より南の全ての島を意味することがわかる。

(85) 総会は、一九四六年一月一〇日から二月一四日まで開催された。信託統治制度の設置はもっとも重要な課題の一つであった。これとその他のセッションについて、Armstrong and Cargo, *op. cit.* を参照。

(86) "Despatch No. 162212 from COMNAVEU to SECNAV (January 17, 1946)," Enclosure to "SM-4752, Memorandum from A. J. McFarland to Admiral Leahy, General Eisenhower, and General Arnold on Trusteeships for Japanese Mandated Islands (January 18, 1946)," Section 13, CCS 360 (12-9-42), JCS 1946-1947, RG 218.

(87) 一連のＪＣＳ五七〇の最終修正は、一九四七年二月から始まった。一九四七年九月に完成しＪＣＳ五七〇／八三と番号が付けられたこの研究計画には、終戦後の軍事予算削減が織り込まれていた。この現実を反映して、ＪＳＣ五七〇の最後の重要な修正であったＪＣＳ五七〇／四〇以降、要請された基地の数は劇的に少なくなった。実際、ＪＣＳ五七〇／四〇が九〇の基地や軍事区域を要請したのに対して、ＪＳＣ五七〇／八三はその半分近い五三しか要請しなかった。コンバースが指摘するように、予算削減の見込みだけがこのレポートの作成に影響したのではなく、国務省が外国で基地の権利を獲得するのに苦労しているという「軍部の認識」の影響もあった。そのため、早い時期に、国務省とさらに調整することが望ましいと判断された。Converse, *op. cit.*, p. 222 を参照。

(88) "JCS 570/83, Over-All Examination of U. S. Base Requirements for Military Bases and Base Rights: Report by the Joint Staff Planners (August 12, 1947)," Section 30, CCS 360 (12-9-42), JCS 1946-1947, RG 218. ＪＣＳ五七〇／八三は、一九四七年九月六日にＳＷＮＣＣに提出された。

第3章

(1) Dunn, *op. cit.*, p. 7.

(2) ルイスはこの問題を解明するために、一冊の本を費やした。Louis, *op. cit.* を参照。なお、Foster Rhea Dulles and Gerald E. Ridinger, "The Anti-Colonial Policies of Franklin D. Roosevelt," *Political Science Quarterly*, Vol. 70, No. 1 (March 1955), pp. 1-18 も参照。

(3) "Joint Declaration of the President of the United States and the Prime Minister of Great Britain," *Department of State Bulletin*, Vol. 5, No. 112 (August 16, 1941), pp. 125-126.

(4) *Ibid.*

(5) Dulles, *op. cit.*, pp. 1-2.

(6) *Ibid.*, pp. 3-4. Franklin D. Roosevelt, "Our Foreign Policy: A Democratic View," *Foreign Affairs*, Vol. 6, No. 4 (July 1928), p. 584.

(7) 五百旗頭真『米国の日本占領政策（上）』中央公論社、一九八五、二三頁、Harley Notter, *Postwar Foreign Policy Preparation, 1939-1945* (Greenwood: Greenwood Press, Publishers, 1975), p. 19;

Rudolf V. A. Janssens, '*What Future for Japan ?*' *U. S. Wartime Planning for the Postwar Era, 1942-1945* (Amsterdam : Rodopi, 1995), p. 11. ＣＦＲについてはLaurence H. Shoup, "Shaping the National Interest : The Council of Foreign Relations, the Department of State, and the Origins of the Postwar World, 1939-1943," (Unpublished Ph. D. dissertation, Northwestern University, 1974) を参照。

（8） Notter, *op. cit.*, p. 19. パスボルスキーについてはShoup, *op. cit.*, pp. 69-70を参照。

（9） Shoup, *op. cit.*, pp. 70-71.

（10） Notter, *op. cit.*, pp. 20-21 ; Shoup, *op. cit.*, p. 71.

（11） Notter, *op. cit.*, p. 21.

（12） 同委員会の問題点について，*Ibid.*, p. 22を参照。なお，五百旗頭，前掲書，六一―七〇頁も参照。一九四〇年一一月二二日に，研究と分析に携わる補足的な特別調査部の設置が提案され，パスボルスキーを部長に一九四一年二月三日に実現した。同右，六一頁を参照。

（13） Makoto Iokibe, ed., *The Occupation of Japan : U. S. Planning Documents, 1942-1945*，以下の引用はVol. 1, (Bethesda : Congressional Information Service, Inc., 1987), p. iv. ハルの大統領宛の覚書および委員会のメンバーのリストについて，Notter, *op. cit.*, pp. 63-65を参照。

（14） 五百旗頭，前掲書（一九八五），七〇頁，Notter, *op. cit.*, p. 78.

（15） Iokibe (1987), ed., *op. cit.*, Vol. 1, p. iv. ; Notter, *op. cit.*, pp. 81-82.

（16） Notter, *op. cit.*, p. 117.

（17） *Ibid.*, p. 122.

（18） "P Minutes 20," Iokibe, ed., *op. cit.*, Vol. 1, microfiche 1-D-6.

（19） 皮肉にも，以下で紹介しているように，日本の一部と見なされていたにもかかわらず，国務省は一九四五年一二月の段階まで，文書や会議において，沖縄を中国式発音で「リュウチュウ（Luchu もしくは Liuchiu）」と呼んでいた。

（20） ウェルズの回想録である*Seven Decisions that Shaped History* (New York : Harper and Brothers Publishers, 1951) と*The Time for Decision* (New York : Harper and Brothers Publishers, 1944) もこの点に焦点をあてていない。

（21） "P Minutes 20."

（22） "S Minutes, August 21, 1942," *Ibid.*, microfiche 1-A-23.

（23） 陸軍が日本に送った初めての語学研修生であったストロングが，東京の米国大使館に赴任したのは，日露戦争中の一九〇五年であった。

（24） 前章でみたように，統合参謀本部は一九四二年初期に設置され，同年二月九日に最初の会合を開いた。Historical Division, Joint Secretariat, Joint Chiefs of Staff, *op. cit.*, pp. 1-3を参照。

（25） "Letter from William D. Leahy to Norman H. Davis on the Subject of Post War Security Needs of the United States in the Pacific and Far Eastern Regions (September 15, 1942)," annex to Minutes of the Inter-Divisional Area Committee on the Far East, Meeting No. 179 (January 2, 1945) in Iokibe, ed., *op. cit.*, Vol. 1, microfiche 2-B-160.

（26） "P Document 110, S Document 38, Tentative Conclusions of the Security Subcommittee Concerning the Disposition of Japanese Insular Possessions (September 22, 1942)," *Ibid.*, microfiche 1-A-17.

（27） 宮里，前掲書，一八五頁。

（28） Notter, *op. cit.*, p. 41.

（29） "Memorandum from Cordell Hull on the Research Staff (February 3, 1941-January 14, 1944)," Appendix 22, in Notter, *op. cit.*, pp. 518-519.

（30） *Ibid.*, p. 153. その一人の学者，日本専門家のボートンは次のように記した。

「ハル国務長官の特別補佐官を務めていたパスボルスキー博士は、生え抜きの外務官僚の多くが最新情勢に関して優れたレポートを書くものの、将来予測をあまりしないのに対して、科学者たちは調査と問題解決のテクニックを叩き込まれてきているので、複雑な戦後問題に取り組む資質を備えている、と確信するようになっていた。そこでパスボルスキーは特別調査部創設に際し、ハル国務長官から人事一任を取りつけると、大学や研究所から人材を招聘して、領土小委員会で検討される戦後問題や政策の予備草案を起草する役目に当たらせることにした。こうしてハーリー・ノッター博士、フィリップ・モズリー博士、ブレイクスリー博士など特別調査部のさまざまな部門の責任者や、彼らの下で働く私たちは、途中入省（ノンキャリア）の国務省員として新設の部署で働くこととなった。これは生え抜きの外務官僚で固められた伝説的な各地域局の責務や勢力を侵害することもあるため、私たちは縄張り争いに敏感な各地域局の外務官僚から、自分たちの勢力と権限を脅かす存在と見なされることになった」。

Hugh Borton, *Spanning Japan's Modern Century: The Memoirs of Hugh Borton* (unpublished manuscript, 以下 *Borton Memoirs*), p. 137. 英語では未刊のボートンの回想録は、日本語訳で、『戦後日本の設計者 ボートン回想録』（朝日新聞社、一九九八年）として出版された。本書では、未刊の英語版から引用しているので、英語版のページを紹介する。

(31) Hugh Borton, *American Presurrender Planning for Postwar Japan* (Occasional Papers of The East Asian Institute), (NY: Columbia University, 1967), p. 8.

(32) "Meeting of the Subcommittee on Political Problems, Chronological Minutes, Meeting of March 14, 1942," Iokibe, ed., *op. cit.*, Vol. 1, microfiche 1-D-2.

(33) Notter, *op. cit.*, pp. 517-520; 五百旗頭真『日本占領資料解題』丸善、一九八七、一一頁; Borton, *op. cit.*, p. 8. このグループのうち、ボートンは正式に国務省を辞める一九四八年一〇月五日まで、沖縄政策に関わっていた。それに対して、フィアリーは、その後の約三〇年間、直接または間接的に沖縄政策に関わっていた。彼の沖縄に関連する最後の任務は、一九六九年八月二一日から一九七二年五月一二日まで在任した、琉球列島米国民政府民政官（公使待遇）であった。Author's interview with Robert A. Fearey, Bethesda, Maryland, February 1, 1998. フィアリーとグルーは（約百人の米国外交官と共に）米国に対する日本の宣戦布告がなされたとき東京で軟禁状態にあった。フィアリーと同僚たちは一九四二年夏に解放されたが、その時彼は日本課のアシスタントとして国務省に入省したのだった。フィアリーの大変面白い回想である、"My Year with Ambassador Joseph C. Grew," *The Journal of American-East Asian Relations*, Vol. 1, No. 1 (Spring 1992), pp. 99-136 を参照。

(34) *Borton Memoirs*, p. 139. ボートンは回想録にブレイクスリーは二〇歳以上年上であったと書いているが、実際には三〇歳以上年上であった。ブレイクスリーは一八七一年に生まれ、一九五四年に八二歳で亡くなった。ボートンは一九〇三年に生まれ、一九九五年に九二歳で亡くなった。

(35) *Ibid.*, p. 139.

(36) *Ibid.*, pp. 136-137.

(37) Notter, *op. cit.*, p. 156.

(38) *Borton Memoirs*, p. 141.

(39) *Ibid.*, pp. 141-142.

(40) 宮里、前掲書、一八五―一八六頁。実は、マスランドによるその他の報告書が存在している。

(41) マスランドによるその他の領土研究は、"T-321, Southern Sakhalin: Japanese Karafuto (May 24, 1943)", "T-322, Kurile Islands

(Chishima), (May 24, 1943)", "T-323, Nanpo Shoto (Bonin and Other Islands), (May 25, 1943)", および "T-324, Spratly and Other Islands (Shinnan Gunto), (May 25, 1943)" である。ボートンは朝鮮半島について二つの研究を行い、ブレイクスリー自身は専門の一つである日本の委任領について五つの研究をまとめた。この地域に関するブレイクスリーの関心について、例えば同氏の "The Mandates of the Pacific," *Foreign Affairs*, Vol. 1, No. 1 (September 15, 1922), pp. 98-115を参照。国務省と関わる二〇年前に書かれたこの論文には、いくつかの太平洋の委任領は、日米間の「強烈な国際摩擦 (severe international friction)」の種であると述べられている。一九四四年に出版された別の論文が指摘しているように、ブレイクスリーの予測は正しかった。Huntington Gilchrist, "The Japanese Islands: Annexation or Trusteeship?" *Foreign Affairs*, Vol. 22, No. 4 (July 1944), pp. 635-642を参照。

（42）宮里、前掲書、一八六頁。

（43）その扱いについて、回想録では、ボートンはこう述べている。「ルーズベルト大統領がチャーチル首相と蒋介石総統と人知れぬ場所で密談しているということくらいしか伝わっておらず、それ以上の情報は誰も知らなかった。私たちの知る限り、大統領は会議に先立って戦後の極東問題に関する資料も報告書も要請してこなかった。

あとになって、ルーズベルト大統領がカイロに赴くにあたり、軍部の顧問しか伴わず、唯一会議に出席した国務省員の仕事は大統領が蒋介石と会談するときの通訳でしかなかったとわかると、ブレイクスリー博士と私は、極東の戦後問題に関して私たちが立てた計画も大統領から一顧だにされないのではないか、と非常に懸念した」。

Borton Memoirs, pp. 147-148.

（44）五百旗頭真「カイロ宣言と日本の領土」『広島法学』第四巻、第三一四号（一九八一年三月）、八五頁を参照。同論文は『米国の日本占領政策』の一部となっている。

（45）琉球諸島に関する中国の見解については、Xiaoyuan Liu, *A Tentative Partnership: The United States and China Contemplate the Postwar Disposition of Japan and the Japanese Empire, 1942-1945* (Ph. D. Dissertation, University of Iowa, 1990), pp. 179-189を参照。ヤルタ会談、そしてルーズベルトが日本の領土に詳しくなかったことのもつ意味については、四〇年間外交官を務めた、ルーズベルトのロシア語通訳者の回顧録を参照。Charles E. Bohlen, *Witness to History 1929-1969* (New York: W. W. Norton and Co., 1973), pp. 196-198.

（46）"Chinese Summary Record (translation) of Roosevelt-Chiang Dinner Meeting (November 23, 1943)," *Foreign Relations of the United States*（以下*FRUS*）, *The Conferences at Cairo and Tehran, 1943* (Washington, D. C.: GPO, 1961), p. 324. 蒋介石は、自身のメモに、中国が領土的野心をもっていると米国に思わせることを望まず、また「米国（政府）を安心させ」ようとして、このように返答したと説明している。産経新聞社編『蒋介石秘録一四——日本降伏』産経新聞社、一九七七、一二二頁。

（47）Iokibe (1981), *op. cit.*, p. 94.

（48）"The Ambassador in China (Clarence E. Gauss) to the Secretary of State (June 22, 1942)," *FRUS, 1942, China* (Washington, D.C.: Government Printing Office, 1956), p. 732. 重要なことに、後のマッカーシズムの時代に苦難を味わうことになる、大使館の第三秘書であったサービス (John S. Service) と中国外務省東亜局の局長であった楊雲竹博士との会談記録が、この急送公文書に同封されていた。サービスの報告書によれば、琉球諸島に関して、局長は「戦時には、戦争の目的を懸念した民間人により、誇張された言動があるのは残念だが避けられないことである。実際には、琉球の人々は中国人ではなく、そこに住む中国人の数もおそらく二、三〇人より少ないだろう。また、琉球諸島はほとんど八〇年もの間、中国から完全に分離していた。中国の朝貢国でしかない。それは経済的にも戦略的にも重要でなく、今や実質的に日本に必要な地域であり、地政学的にも日本と密接に関係している。それゆえ、外交部も中国政府の他のどの部署も、平和協定で琉球諸島の中国返還を期待しないと、彼は確信している」。"Memorandum by the Third Secretary in China (Service) to the Ambassador in China (June 17, 1942)," *Ibid.*, pp. 732-733 を参照。おそらく、琉球諸島についての、中国政府の見解に関する当時の内部の混乱をあらわしているか、もしくは誠実で強固な琉球諸島「回復」のための実際の努力が存在しなかったことによるものと思われるが、サービスは、中国人の間で「沖縄が最重要の課題（very hot topic）であったというような記憶がない」と筆者に説明した。"Letter from John S. Service to author, October 16, 1998" を参照。

(49) "The Ambassador in China to the Secretary of State (January 7, 1943)," *FRUS, 1943, China* (Washington, D. C.: GPO, 1957), pp. 842-843.

(50) "The Ambassador in China to the Secretary of State (November 5, 1942)," *FRUS, 1942, China*, p. 174.

(51) その後も、この要求は度々聞かれる。蔣介石の著作、*China's Destiny*（『中国の運命』）の第二版に、琉球諸島についての言及が慌てて挿入されたという論議はよく知られている。日本との早期講和に関する中国の見解について、Chang Hsia-hai, "The Treaty with Japan: A Chinese View," *Foreign Affairs*, Vol. 26, No. 3 (April 1948), pp. 505-514 を参照。さらに、蔣介石の政府は、対日講和条約締結の前後に、沖縄の日本への返還に反対していることを表明し、一九五三年の奄美返還にも不快感を表した。

(52) Iokibe (1981), *op. cit.*, p. 127. 「無条件降伏」の背景について、Makoto Iokibe, "American Policy towards Japan's Unconditional Surrender," *The Japanese Journal of American Studies*, No. 1 (1981), pp. 19-53 を参照。

(53) "The Conference of President Roosevelt, Generalissimo Chiang Kai-shek, and Prime Minister Churchill in North Africa," *Department of State Bulletin*, Vol. 9, No. 232 (December 4, 1943), p. 393.

(54) "T Minutes 58, The Post-War Territorial Settlement with Japan (December 3, 1943)," Iokibe, ed., *op. cit.*, Vol. 1, microfiche 1-C-8.

(55) この点について、会談議事録および *Borton Memoirs*, p. 150 を参照。

(56) *Ibid.* ホーンベックのコメントをもとにしたボートンの記述によれば、ホーンベックは、「委員会のメンバーに、ルーズベルト大統領がハル国務長官や国務省から直接助言を受けることなく、重要な戦後政策について基本的な決定を一人で行っていると、婉曲に告げた。つまり、私たちが綿密に練り上げた計画も、いつ果てるともなく続く委員会の議論も、すべて無駄になる可能性があると示唆したのである」という。

(57) Notter, *op. cit.*, p. 164. 国務省全体の再編について、Walter H. C. Laves, "The Reorganization of the Department of State," *The American Political Science Review*, Vol. 38, No. 2 (April 1944), pp. 289-301 を参照。なお、Graham H. Stuart, *The Department of State: A History of Its Organization, Procedure, and Personnel* (New York: The Macmillan Co., 1949), pp. 400-411 も参照。

(58) Janssens, *op. cit.*, p. 230.

(59) Iokibe, ed., *op. cit.*, Vol. 1, p. iv.

(60) 正確に言えば、一九四四年以前に、ＩＤＡＣＦＥは部局間極東国家委員会 (Inter-Divisional Country Committee on the Far East) および部局間極東地域委員会 (Inter-Divisional Regional Committee on the Far East) として知られていた。

(61) Footnote no. 2, Janssens, *op. cit.*, p. 229 を参照。領土調査部は、

一九四四年一月に、政治調査部の昇格によって設置された特別政治局（Office of Special Political Affairs, OPSA）の一部となった。

（62）Iokibe, ed., *op. cit.* Vol. 1, p. iv.

（63）"CAC-307 Preliminary, Japan: Territorial Problems: Liuchiu (Ryukyu Islands) (October 7, 1944)," *Ibid.*, Vol. 1, microfiche 2-A-96.

（64）この時点で、マスランドはもうすでに（一九四三年九月一日）極東班を離れていた。

（65）Chapter XI, "Ballantine Memoirs," Joseph W. Ballantine Papers, Box 1, p. 249, Hoover Institution Archives, Stanford University, California. ここで、バランタインは、「勧告書を、明快で、説得力があり、しっかりしたものにするための、われわれの努力は十分実を結んだ。なぜなら、戦後計画委員会を通して、ハルの承認を受けることに成功したからである」と付け加えた。

（66）"Minutes of the Inter-Divisional Area Committee on the Far East, Meeting No. 148 (October 10, 1944)," Iokibe, ed., *op. cit.*, Vol. 1, microfiche 2-B-129.

（67）コロンビア大学に寄贈したオーラル・ヒストリーにおいて、バランタインは、「日本人の人口の多い地域に対して領土回復主義的な問題が発生することは疑問の余地はなかった。……沖縄に関して、ドゥーマンは、沖縄を獲得してはいけないと強く主張し、私は同じ意見を持っていた。しかし、軍の主張に配慮して、無期限で沖縄を保有し、最終的な処理は住民の希望に従うという方針をとることにした」と振り返って述べた。"The Reminiscences of Joseph Ballantine," Oral History Research Office, Columbia University, 1961, p. 239 を参照。

（68）"Minutes of the Inter-Divisional Area Committee on the Far East, Meeting No. 149 (October 12, 1944)," Iokibe, ed., *op. cit.*, Vol. 1, microfiche 2-B-130.

（69）"CAC-307 Preliminary a, Japan: Territorial Problems: Liuchiu (Ryukyu Islands) (October 14, 1944)," *Post World War II Foreign Policy Planning, State Department Records of Harley A. Notter, 1939-1945* (Bethesda: Congressional Information Service, 1981), microfiche CAC-307 Pre-a.

（70）"Minutes of the Inter-Divisional Area Committee on the Far East, Meeting No. 153 (October 26, 1944)," Iokibe, ed., *op. cit.*, Vol. 1, microfiche 2-B-134.

（71）会談の議事録は、それ以外、琉球諸島を1つの列島として認めることに反対していた者の名前を明らかにしていない。しかし、日本通のバランタインはその一人であった可能性はある。例えば、一〇月一〇日の委員会において、彼はボートンに、「奄美のグループは普段、琉球諸島の一部として見なされているかどうか」を尋ねたことがあった。それに対して、ボートンは、自分は通常「琉球という言葉は奄美のグループを含んでいた」と考えると答えた。また、彼はその点について、さらに調べることを約束した。一〇月一二日の次回の会合で、ボートンは、日本人の二人の著名な地理学者、吉田東伍と澤田ハシオによれば、琉球諸島は、北にある奄美から南にある先島までに及んでいると定義されていると報告した。続けて、ボートンは、「（この地理学者によれば）琉球は沖縄県と見なすことが多いが、厳密にいえばそうではない」と補足した。このようにして、琉球諸島は、奄美、沖縄、先島、大東島から構成されているというボートン報告書の最初の一行は、もとの原稿のまま残されたのだった。

（72）"Minutes of the Inter-Divisional Area Committee on the Far East, Meeting No. 166 (November 20, 1944)," *Ibid.*, microfiche 2-B-147.

（73）"CAC-307 Preliminary b, Japan: Territorial Problems: Liuchiu (Ryukyu Islands) (December 4, 1944)," *Post World War II Foreign Policy Planning*, microfiche CAC-307 Pre-b.

(74) "Minutes of the Inter-Divisional Area Committee on the Far East, Meeting No. 171 (December 5, 1944)," Iokibe, ed., *op. cit.*, Vol. 1, microfiche 2-B-152.

(75) "CAC-307 Preliminary c, Japan: Territorial Problems: Liuchiu (Ryukyu Islands) (December 11, 1944)," *Post World War II Foreign Policy Planning*, microfiche CAC-307 Pre-c.

(76) "CAC-307 (final): Territorial Problems: Liuchiu (Ryukyu Islands) (December 14, 1944)," *Ibid.*, microfiche CAC-307 (final).

(77) 初期のころSFEは太平洋極東小委員会（Pacific Far Eastern Subcommittee, PFESC）としても知られていた。

(78) *Borton Memoirs*, p. 184.

(79) *Ibid.*, p. 194.

(80) "SWNCC 16, Politico-Military Problems in the Pacific (January 31, 1945)," Iokibe, Makoto, ed., *The Occupation of Japan, Part 2: U. S. and Allied Policy, 1945-1952*, 以下の引用はVolume 2 (Bethesda: Congressional Information Service, 1989), microfiche 2-A-6; "SWNCC 16/2, Politico-Military Problems in the Pacific (February 19, 1945)," *Ibid.*, microfiche 2-A-7.

(81) "SWNCC 16/3, Politico-Military Problems in the Pacific (March 21, 1945)," *Ibid.*, microfiche 2-A-8; "SWNCC 16/8, Politico-Military Problems in the Pacific (December 4, 1945)," *Ibid.*, microfiche 2-A-15.

(82) "SWNCC 59, Politico-Military Problems in the Far East: Territorial Adjustments (March 13, 1945)," *Ibid.*, microfiche 2-A-157.

(83) 例えば、宮里、前掲書、一九一頁を参照。

(84) "SWNCC 59, Politico-Military Problems in the Far East: Territorial Adjustments (March 13, 1945)," *op. cit.*

(85) "Minutes of the Inter-Divisional Area Committee of the Far East, Meeting No. 243 (December 20, 1945)," Iokibe, ed., *op. cit.*, Vol. 2, microfiche 2-B-224. この時点で、ブレイクスリーはすでに極東局長補佐に任命されていた（一九四五年一月一二日）。ボートンも、地域専門家としてその局に指名され、一九四五年一一月一三日に、日本課次長に昇進した。回想録で、ボートンはこの変化について、次のように記した。「われわれは新たに極東局に配属されたことで、以前より一段と効果的に仕事を行えるようになった。われわれはワシントンに赴任してから初めて、極東局の置かれている国務省の本館にオフィスを構えることができた。そのために、準備なしの協議にも気軽に応じられるようになったし、最新の情報変化にも以前より容易に通じていられるようにもなった。外交官たちは不法侵入者のような目でみられることもなくなり、委員会の会議で顔を合わせることが度重なるうちに、次第に彼らもわれわれの意見を尊重するようになった。しかし、それは必ずしも同意を意味したわけではなかった」。*Borton Memoirs*, pp. 191-192.

(86) "Proclamation Defining Terms for Japanese Surrender," *Department of State Bulletin*, Vol. 13, No. 313 (July 29, 1945), pp. 137-138.

(87) "Minutes of the Inter-Divisional Area Committee of the Far East, Meeting No. 243 (December 20, 1945)."

(88) "PR-35 Pre, Disposition of the Liuchiu (Ryukyu) Islands (December 14, 1945)," *Post World War II Foreign Policy Planning*, microfiche 1192-PR-35 Pre. 学問的経験に加えて、エマーソンは一九四四年から四五年まで海外経済事務局（Foreign Economic Administration）で解放地区課（Liberated Areas Bureau）の局長を務めた。領土問題についての彼の個人的見解は、ハーバードにもどった後の一九四七年に書かれた論文の中にみられる。沖縄について、彼は「沖縄、もしくは琉球全体を引き受けることになれば、米国は大人数の東洋人を治め、今や驚くほど衰退しており、容認できる程度の自立に到達する見込はほとんどない経済を援助するという重荷を負うことになるだろう。また、その重荷はいったん引き受ければ、たやすく放り出すことはできないだろう。さらに、この国が帝国主義的拡大の新たなうねりを始めるほどの変化を正当化するような運動が、米国に対して起こることから逃れることはできないであろう。米国による沖縄支配の引き継ぎと主要な基地の建設は、おそらくソ連にとっては自国の安全保障に対する、微妙に隠された脅威でしかないだろう。そして、たとえ一、二の中国の派が現在それを望ましい動きとみているとしても、近い将来、中国はそれを威嚇的なジェスチャー（menacing gesture）としてみるようになるというのは、決して可能性の範囲を超えたものではない。どんな理由であれ、もし国際的な決定が下されたら、琉球もしくはその一部の返還は望ましいものではなく、米国は国連もしくは多国による信託統治に参加するであろう。しかしながら、米国が一国でその問題を引き受けるべきだと考えるのは難しいことである」と、書いている。Rupert Emerson, "American Policy Toward Pacific Dependencies," *Pacific Affairs*, Vol. 20 (September 1947), pp. 259-275 を参照。

（89）前章でみたように、この主張は、軍部の発言にもみられたが、JCSに強く批判された。

（90）例えば Koji Taira, "Troubled National Identity : The Ryukyuans / Okinawans," in Michael Weiner, ed., *Japan's Minorities : The Illusion of Homogeneity* (London : Routledge, 1997), pp. 140-177 を参照。

（91）"PR-35 Preliminary a, Disposition of the Ryukyu (Liuchiu) Islands (December 20, 1945)," *Post World War II Foreign Policy Planning*, microfiche 1192-PR-35 Pre-a.

（92）"Minutes of the Inter-Divisional Area Committee of the Far East, Meeting No. 244 (January 3, 1946)," Iokibe, ed., *op. cit*., Vol. 2, microfiche 2-B-225.

（93）筆者への手紙で、ライスは「われわれは、中国の沖縄に対する要求は正当性を欠いていると考えていた」と書いた。Letter from Edward E. Rice to author, June 12, 2000.

（94）一八五三—五四年のペリー提督の琉球訪問について、Kerr, *op. cit*., pp. 297-341 を参照。

（95）"PR-35 Final, Disposition of the Ryukyu (Liuchiu) Islands (January 5, 1946)," *Post World War II Foreign Policy Planning*, microfiche 1192-PR-35 final.

（96）"PR-35 Final (Revision a), Disposition of the Ryukyu (Liuchiu) Islands (February 11, 1946)," *Ibid*., microfiche 1192-PR-35 Final (Revision a).

（97）北緯二八度四〇分という新しい線を提案したのが、ライシャワーであった。これは、米国が保有する地区を最小限にし、日本に残す領土を最大限にすると考えられる。ライシャワーは二月一日の委員会の会合でこの提案を行った。議事録によれば、ライシャワーは「委員会は特定の線（二八度四〇分が望ましい）を決定すべきだと考えていた。それ以南は、信託統治が設置されるとなればそれに同意するだろう。二八度四〇分以北は伝統的に薩摩藩の一部であり、それ以南は琉球王朝の一部であった」。"Minutes of the Inter-Divisional Area Committee on the Far East, Meeting No. 248 (February 1, 1946)," Iokibe, ed., *op. cit*., Vol. 2, microfiche 2-B-229 を参照。詳しく記されていないが、回想録でライシャワーは、この議論について言及している。Edwin O. Reischauer, *My Life Between Japan and America* (New York : Weatherhill, 1986), p. 107 を参照。この会議の二日前の一月二九日に、東京でマッカーサー元帥が、北緯三〇度以南の琉球諸島を日本の行政から分離する内容のSCAPIN（SCAP指令）六七七を発表していた。委員会がその会合の席で、この発表と内容を知っていたか否かは不明である。

（98）"Minutes of the Inter-Divisional Area Committee on the Far East, Meeting No. 251 (February 12, 1946)," Iokibe, ed., *op. cit*., Vol. 2, microfiche 2-B-232.

(99) "PR-35 Final (Revision b), Disposition of the Ryukyu (Liuchiu) Islands (March 4, 1946)," *Post World War II Foreign Policy Planning*, microfiche 1192-PR-35 Final (Revision b).

(100) "SWNCC 59/1, Policy Concerning Trusteeship and Other Methods of Disposition of the Mandated and Other Outlying and Minor Islands formerly controlled by Japan (June 19, 1946)," Iokibe, ed., *op. cit.*, Vol. 2, microfiche 2-A-165.

(101) 従属地域課に所属したチェイスは、SWNCCの報告書についての覚書において、「極東地域委員会は、琉球諸島における永久的な米軍基地の設立に関する政治的問題の重要性を強調している。……しかし、この報告書は、戦略的な観点から沖縄の事例を分析しようとしていない。SWNCCでこの報告書を検討する時、他の省の代表たちは、沖縄での基地を強く要求すれば、国務省の代表は、適当な条件の下で報告書の修正に応じる覚悟をもつべきである。"Memorandum From Chase to Borton and Green on SWNCC Paper on Trusteeship for Japanese Islands (June 14, 1946)," *Ibid.*, microfiche 2-A-164を参照。

第4章

(1) Armstrong and Cargo, *op. cit.* を参照。このサンフランシスコ会議の準備について、Robert C. Hilderbrand, *Dumbarton Oaks: The Origins of the United Nations and the Search for Postuar Security* (Chapel Hill: The University of North Carolina Press, 1990) を参照。

(2) 信託統治委員会の1員の回想について、William I. Cargo and Margaret I. Cargo, *Wherever the Road Leads: A Memoir* (Arlington: 1997), とりわけ pp. 159-183 を参照。

(3) "Statement by U. S. Representative (Warren R. Austin), Submission of U. S. Draft Trusteeship Agreement for Japanese Mandated Islands (February 26, 1947)," *Department of State Bulletin*, Vol. 16, No. 401 (March 9, 1947), pp. 416-423.

(4) この問題に関する当時の議論について、Hans W. Weigert, "U. S. Strategic Bases and Collective Security," *Foreign Affairs*, Vol. 25, No. 2 (January 1947), pp. 250-262; and Maki, *op. cit.*, pp. 175-178 を参照。

(5) George F. Kennan, *Memoirs, 1925-1950* (Boston: Little, Brown, and Company, 1967). 例えば、回想録の第1巻（二二四―二二六頁）にこう書いている。「対ソ政策ばかりか、全般的な戦後世界形成に対するわが国の計画と公約が、ソビエト指導部の個性、意思、政治情勢についての、危険なまでの読み誤りを土台としたものであることを知ったのは、この［モスクワに帰って最初の数週間の間の］時期であった」。

(6) 例えば、フォレスタルは一九四五年三月一四日付の日記の中で、「勝利が近づけば、連合国間の行動と考え方の統一を守る難しさが増す例」としてある問題を取り上げた。フォレスタルは、ソ連の意図にますます疑問を持つようになり、いわゆる「封じ込め政策」を早くから支持する一人となった。James V. Forrestal (edited by Walter Millis), *The Forrestal Diaries* (New York: The Viking Press, 1951), p. 36.

(7) 例えば、ケナンの友人、同僚であり、会議で顧問の役を務めたチップ・ボーレンの回想録を参照。Bohlen, *op. cit.*, pp. 225-240.

(8) Dower, *op. cit.*, p. 157; Dunn, *op. cit.*, p. 7 も参照。

(9) Henry L. Stimson, *On Active Service in Peace and War* (New York: Harper and Brothers, 1947), p. 600 で引用している。

(10) Forrestal, *op. cit.*, p. 37.

(11) Stimson, *op. cit.*, p. 601. Diary entry for March 30, 1945, The Henry Lewis Stimson Diaries (以下 *Stimson Diaries*), Yale University Library (microfilmed copy courtesy of Dr. Iokibe Makoto,

Kobe University）も参照。

（12） Stinson, *op. cit.*, p. 602; Diary entry for March 30, 1945, *Stimson Diaries* も参照。

（13） Stimson, *op. cit.*, p. 601.

（14） Forrestal, *op. cit.*, p. 38.

（15） 同右。同日付の日記によれば、スティムソンは、当初、信託統治問題について議論するために会合を開いたが、ステティニアスはソ連に関する別の問題について先に話をしたいということであった。結局のところ、彼らは信託統治について意見を交わすことができた。Diary entry for April 2, 1945, *Stimson Diaries.*

（16） Forrestal, *op. cit.*, p. 38.

（17） Diary entries for April 6 to April 11, 1945, *Stimson Diaries.*

（18） *Ibid.*

（19） Truman, *op. cit.*, p. 274. ルーズベルトは、信託統治に対する海軍の不信を心配していたようである。「海軍の信託統治に関する態度はいったいどういうものであるか。全てを手に入れようと思っているのか」とある補佐官に修辞的に尋ねた。"Memorandum of Conversation with President Roosevelt by the Adviser on Caribbean Affairs Charles Taussig (March 15, 1945)," *FRUS, 1945, Vol. 1, General, The United Nations* (Washington, D. C.: GPO, 1967), p. 122. フォレスタルの一九四五年三月九日付の日記によれば、この会話の一週間前に、ルーズベルトが自らの「信託統治の考え方」を、「彼のいうところの複数的な主権（multiple sovereignty）という概念――主権は連合国全体に与えられるものの、例えば、太平洋諸島に関して、世界の安全保障に資する完全な信託統治の実施がわれわれに要請される――に基づく」として説明したとされている。Forrestal, *op. cit.*, p. 33.

（20） Forrestal, *op. cit.*, pp. 44-45.

（21） *Ibid.*, p. 44; Edward R. Stettinius（Campbell, Thomas M. and George C. Herring, eds.）*The Diaries of Edward R. Stettinius, Jr., 1943-1946*（New York: New Viewpoints, 1975), p. 319.

（22） "Memorandum by the Secretary of State for Assistant Secretary of State James C. Dunn and Special Assistant to the Secretary Leo Pasvolsky（April 14, 1945)," *FRUS, 1945, Vol. 1*, p. 290. この覚書の一部は、Stettinius, *op. cit.*, p. 319 にも転載されている。

（23） Stettinius, *op. cit.*, p. 319. ステティニアスの進歩的で洞察に富む見解と国連設立への情熱については、出版されている一連の日記の序章を参照。

（24） "Memorandum by Pasvolsky on Trusteeship Problem（April 13, 1945)," *FRUS, 1945, Vol. 1*, pp. 288-289.

（25） 右記の覚書によれば、ヤルタで、信託統治に関して次の五点は議論された。(1)原則と機構を含む、信託統治制度設立に関する条項は、憲章の中に盛り込まれること、(2)信託統治制度下におかれる正確な領域については、後に討議されること、(3)どのような状況においても、信託統治制度は国際連盟の委任統治領、新たに切り離された領域、自発的にその制度下におかれる可能性のある領域、に適応されるものであるということ、(4)会議に先立ち、会議前の提案についての同意をまとめるため、五主催国の討議を行うこと、の四つである。*Ibid.*, p. 288.

（26） *Ibid.*, pp. 288-289.

（27） Footnote number 64, *Ibid.*, p. 288.

（28） Stettinius, *op. cit.*, pp. 319-320.

（29） *Ibid.*, p. 319.

（30） Forrestal, *op. cit.*, p. 44. スティムソンは、葬儀の後、ステティニアスとフォレスタルに同じ飛行機でニューヨークからワシントンに帰ろうと誘ったようである。日記によれば、「その帰途、信託統治問題を取り上げ、報告の提出に至るまでは見解の相違が表面化するのは望ましくない、と、フォレスタルと私はステティニアスに述べた。私たちはこの問題について、非常に友好的な雰囲気で話し合い、意見の不一致を回避することができたと思う。早ければ明日［四月一六日］にも会って、最終的な文言を決定する予定である」。Diary entry for April 15, 1945, *Stimson Diaries*.

(31) "Minutes of the 11th Meeting (Executive Session) of the United States Delegation (April 17, 1945)," *FRUS, 1945, Vol. 1*, pp. 311-312.

(32) *Ibid.*, pp. 315-316. この会談に関するフォレスタル自身のメモや感想について、Forrestal, *op. cit.*, p. 45 を参照。

(33) "Minutes of the 11th Meeting (Executive Session)."

(34) "Minutes of the 12th Meeting of the United States Delegation (April 18, 1945)," *Ibid.*, p. 331.

(35) *Ibid.* Stettinius, *op. cit.*, pp. 320-321 および Truman, *op. cit.*, pp. 59-60 も参照。

(36) "Memorandum by the Secretary of State to the Under Secretary (Joseph C. Grew) on the Meeting With the President on Trusteeship (April 18, 1945)," *FRUS 1945, Vol. 1*, pp. 350-351.

(37) "Recommended Policy on Trusteeship," Annex to *Ibid.*, p. 351.

(38) "Memorandum by the Secretary of State to the Under Secretary (Joseph C. Grew)." Robert H. Ferrell, *Off the Record: The Private Papers of Harry S. Truman* (New York: Harper and Row Publishers, 1980), p. 20 も参照。

(39) "Memorandum by the Secretary of State to the Under Secretary (Joseph C. Grew)." Stettinius, *op. cit.*, p. 320 を参照。この覚書は、サンフランシスコ会議の国際信託統治に関する米側提案の基礎となった。"United Nations Conference on International Organization: Amendments Offered to Dumbarton Oaks Proposals," *Department of State Bulletin*, Vol. 12, No. 306 (May 6, 1945), p. 854 を参照。

(40) Truman, *op. cit.*, pp. 274-275.

(41) "JCS 1619, Strategic Areas and Trusteeships in the Pacific (February 2, 1946)," Section 14, CCS 360 (12-9-42), JCS 1946-47, RG 218.

(42) *Ibid.* "Note by the Secretaries, Decision on JCS 1619 (February 16, 1946)," *Ibid* も参照。

(43) "JCS 1619." 第八三条第二項は、実は第七六条についての言及である。第八三条は、「第七六条に掲げる基本的な目的は、各戦略地区の人民に適用できるものである」としている。

(44) "JCS 1619/1, Strategic Areas and Trusteeships in the Pacific (May 24, 1946)," Section 21, CCS 360 (12-9-42), JCS 1946-1947, RG 218. ここにみられる「無期限（unlimited）」という言葉は、ＪＣＳ一六一九に見られるニミッツの勧告をもとに付け加えられたようである。

(45) "JPS 794, Base Requirements in the Ryukyus (12 March 1946)," Section 16, CCS (12-9-42), JCS 1946-1947, RG 218.

(46) "Draft Memorandum for the Secretary of War and Secretary of the Navy (undated), Appendix 'A' to JPS 785/2 Strategic Areas and Trusteeships in the Pacific (April 19, 1946)," Section 18, CCS 360 (12-9-42), JCS 1946-1947, RG 218.

(47) "Appendix 'B', Facts Bearing on the Problem and Discussion, in JPS 785/2, Strategic Areas and Trusteeships in the Pacific (April 19, 1946)," *Ibid.* この議論は、ＪＰＳ七八五／三、同セクション、およびＪＣＳ一六一九／一でもみられる。

(48) アイゼンハワーは、一九四五年一一月一九日、マーシャルに代わって陸軍参謀長となった。引退を考えていたマーシャルは、中国の内戦を終結させるために突然トルーマンの特使に任命された。アイゼンハワーは、一九四八年二月七日まで参謀長を務めた。

(49) "JCS 1619, Strategic Areas and Trusteeships in the Pacific (June 8, 1946)," Section 22, CCS 360 (12-9-42), JCS 1946-1947, RG 218.

(50) "JCS 1619/3, Strategic Areas and Trusteeships in the Pacific

(June 24, 1946)," Section 23, CCS 360 (12-9-42), JCS 1946-1947, RG 218.

(51) "Memorandum from Nimitz to the Joint Chiefs of Staff on JCS 1619 / 2 Strategic Areas and Trusteeships in the Pacific (June 26, 1946)," *Ibid*.

(52) "List of Papers, Politico-Military Problems in the Far East: Territorial Adjustments (undated)," Iokibe, ed., *op. cit*., Vol. 2, microfiche 2-A-165.

(53) "SWNCC 59 / 1, Policy Concerning Trusteeship and Other Methods of Disposition of the Mandated and other Outlying and Minor Islands Formerly Controlled by Japan (June 24, 1946)," Section 22, CCS 360 (12-9-42), JCS 1946-1947, RG 218.

(54) *Ibid*.

(55) "JCS 1619 / 7, Policy Concerning Trusteeship and Other Methods of Disposition of the Mandated and Other Outlying and Minor Islands Formerly Controlled by Japan (July 3, 1946)," Section 25, CCS 360 (12-9-42), JCS 1946-1947, RG 218.

(56) "Memorandum for the State-War-Navy Coordinating Committee from the JCS (July 11, 1946)," enclosure to SWNCC 59 / 3 (July 12, 1946), Section 26, CCS 360 (12-9-42), JCS 1946-1947, RG 218.

(57) "Minutes of 42nd Meeting of SWNCC (July 11, 1946)," *Ibid*.

(58) "Report by the State-War-Navy Coordinating Committee Ad Hoc Committee on Trusteeship Agreements (August 7, 1946)," Iokibe, ed., *op. cit*., Vol. 2, microfiche 2-A-69.

(59) ＪＣＳによりＪＣＳ一六一九／五と番号を付けられたＳＷＮＣＣ五九／一は、太平洋諸島に関するＪＣＳの見解を表明したＪＣＳ一六一九／六と共に、国務長官によって大統領に転送された。一九四六年六月二八日付のＪＣＳ一六一九／六は、七月二日にＪＣＳに承認され、ＳＷＮＣＣに提出された。同日、それはＳＷＮＣＣ五九／二、「太平洋戦略地区と信託統治（Strategic Areas and Trusteeship in the Pacific）」となった。

(60) "JCS 1619 / 8, Disposition of the Ryukyu Islands (September 7, 1946)," Sec. 27, CCS 360 (12-9-42), JCS 1946-47, RG 218. JCS 1619 / 8が同封された、陸軍・海軍両長官宛の覚書は、九月一〇日にＪＣＳ一六一九／九として修正され、大統領に転送された。

(61) "Memorandum for the President (September 10, 1946)," *Ibid*.

(62) *Ibid*.

(63) "JCS 1619 / 11, Strategic Areas and Trusteeships in the Pacific (September 10, 1946)," Section 28, CCS (12-9-42), JCS 1946-1947, RG 218. 一〇月四日に、ＪＣＳは、次のような修正の上、ニミッツの勧告を受け入れた。「緊急の課題として、旧日本委任領に対して米国の排他的かつ永久的な支配や、南西諸島、南方諸島、南鳥島の保有を正当化するための説明発表を用意すること」。

(64) "JCS 1619 / 10, Draft Trusteeship Agreement — Pacific Islands (September 20, 1946)," *Ibid*. ; "JCS 1619 / 13, Draft Trusteeship Agreement-Pacific Islands (October 2, 1946)," *Ibid*.

(65) "JCS 1619 / 13."

(66) "JCS 1619 / 14, Draft Trusteeship Agreement — Pacific Islands (October 10, 1946)," *Ibid*.

(67) 我部、前掲書、五六頁。

(68) "JCS 1619 / 15, Strategic Areas and Trusteeships in the Pacific (October 10, 1946)," Section 28, CCS 360 (12-9-42), JCS 1946-1947, RG 218.

(69) *Ibid*.

(70) "JCS 1619 / 19, Strategic Areas and Trusteeships in the Pacific (October 18, 1946)," *Ibid*.

(71) この議論に関する資料については、Papers of George M. Elsey, Folder: Foreign Relations — Pacific Islands, Box 60, Truman

Library を参照。

(72) "Memorandum, Pacific Islands (October 10, 1946)," *Ibid.*

(73) "Statement by U. S. Representative (Warren R. Austin), Submission of U. S. Draft Trusteeship Agreement for Japanese Mandated Islands (February 26, 1947)."

(74) Truman, *op. cit.*, pp. 274-275. ボートンは後に、「信託統治協定の提案時にこの問題に取り組んできたわれわれスタッフは、大西洋憲章でのルーズベルト大統領の公約を、トルーマン大統領が引き継いだことに深く感謝した」と回想している。*Borton Memoirs*, p. 284.

(75) "JCS 1619 / 15."

(76) James F. Byrnes, *Speaking Frankly* (New York: Harper and Brothers, 1947), pp. 219-220.

(77) "SWNCC 59 / 9, Draft Trusteeship Agreement for the Japanese Mandated Islands (December 4, 1946)," Iokibe, ed., *op. cit.*, Vol. 2, microfiche 2-A-177.

(78) "JCS 1619 / 24, Report by the Joint Strategic Survey to the Joint Chiefs of Staff on Review of United States Control Needed over the Japanese Islands (August 26, 1947)," Section 30, CCS 360 (12-9-42), JCS 1946-1947, RG 218.

第5章

(1) 本章のより短いバージョンは、「昭和天皇と沖縄――『天皇メッセージ』の再考察」『中央公論』第一一四巻、第三号(一九九九年三月)、一五二―一七一頁に掲載された。

(2) 一九四五年二月一一日に署名されたヤルタ協定は、樺太や南千島(北方領土)をめぐる日本の領土的地位に決定的な影響を与えたが、沖縄の領土的地位には言及されていないので、ここでは取り上げない。本書が出版される段階の二〇〇三年現在においても、いわゆる「北方領土問題」は未解決のままである。

(3) "Proclamation Defining Terms for Japanese Surrender," *Department of State Bulletin*, Vol. 13, No. 313 (July 29, 1945), pp. 137-138.

(4) "Instrument of Surrender (降伏文書)," 鹿島平和研究所編『日本外交主要文書・年表一(一九四一―一九六〇)』原書房、一九八三、七七―七九頁。

(5) "U. S. Initial Post-Surrender Policy for Japan," 同右、八一―九六頁。

(6) Toshikazu Kase, *Journey to the Missouri* (New Haven: Yale University Press, 1950), p. 202.

(7) 吉田茂『回想十年(第三巻)』新潮社、一九五七、一九頁以下を参照。吉田は東久邇稔彦内閣(一九四五年八月一七日から一九四五年一〇月九日まで)の外務大臣であった(もっとも、重光葵が最初の外相であったが、九月一九日に、吉田が後任となった)。なお、吉田は、一〇月九日に誕生した幣原喜重郎内閣でも外務大臣に留任し、翌一九四六年五月二二日に、総理兼外相となった。

(8) 下田武三『戦後日本外交の証言――日本はこうして再生した(上)』行政問題研究所、一九八四、五一頁。

(9) 同右。下田は「これらの作業を通じてわれわれが最も心を砕いたのは、まず対日平和条約はベルサイユ条約のような報復の条約にさせてはならないという点であった」と同回想録に強調している。さらに、同氏によればその他の重大な関心は「独立後の日本の安全をどう守るべきか」と「日本固有の領土を確保する」ことであった。同氏の回想録(五二―五三頁)を参照。

(10) ヨシツによれば、吉田は萩原徹を幹事会会長に任命したが、それは後のことであった。幹事会発足当時には、杉原が長を務め、一九四六年二月一日に萩原条約局長と交代した。萩原の役割については、Yoshitsu, *op. cit.*, pp. 1-7 を参照。

(11) 構成員は、政務局第一・第三課長、経済局第一課長・条約局第一・第二・第三課長、調査局第一・第二・第三課長、管理局第一部第一課

長及び終戦連絡事務局総務部第一課長であった。後の一九四六年二月の組織改革によって、政務局と経済局が共に廃止され、総務局に統合された。西村、前掲書、二一頁を参照。さらに、全体的な背景をみるには、外務省外交史料館、「平和条約問題研究幹事会関係（昭二〇年一一月）」対日講和条約関係準備研究関係（第一巻）・平和条約問題研究幹事会関係、リール番号B'0008、フラッシュ番号1、〇〇〇四頁以下を参照。

(12)「第一次研究作業」という表現は、西村（一九七一）で使用されている。

(13) 第一項の一般問題については同年一月末まで、それ以外の研究報告書は二月末までに提出することになった。そして、報告書は幹事会の一六回にも及ぶ検討会議を経て、結論が五月末に出された。西村、前掲書、二一頁。

(14) 政務局「一般問題、四」対日講和条約関係準備研究関係（第一巻）・平和条約問題研究幹事会関係、リール番号B'0008、フラッシュ番号1、〇〇二七頁。

(15) 吉田は「周辺の諸小島」に関して、「日本としては、連合國から指示される範囲をいさぎよく受諾する他ないのであるが、しかし、それは當然平和條約で決定されるべきことであり、その條約の立案に當っては、できるだけわが方に有利に考慮されるよう働きかける必要があると考えた。殊に［省略］『日本が侵略によって取得した領土』の範囲を、不當に拡大解釈されないように努めることは、何より肝要だと考えたのである」と記している。吉田、前掲書、六〇頁。

(16) 政務局「一般問題、四」対日講和条約関係準備研究関係（第一巻）・平和条約問題研究幹事会関係、リール番号B'0008、フラッシュ番号1、〇〇三六頁。

(17) 政務局「政治条項・領土条項（研究試案）」同右、〇〇六〇頁。

(18) 条約局「平和條約ノ聯合國案ト我方希望案トノ比較」同右、〇一三四頁。

(19) 西村、前掲書、二二―二三頁。

(20) 平和条約問題研究幹事会「平和條約の聯合國〔想定〕ト我方希望トノ比較検討」対日講和条約関係準備研究関係（第一巻）・平和条約問題研究幹事会関係、リール番号B'0008、フラッシュ番号1、〇一九五頁。同勧告は、後述する「日本近接諸小島」（Minor Islands Adjacent to Japan）という幾つかの具体的調書の作成を導いた提案であった。

(21) 同右、〇一九七頁。

(22) 西村、前掲書、二四頁。

(23) 同右、二四―二五頁。内閣総理大臣兼外務大臣になった吉田は、「日本の主張の代弁者となって貰うためには、十分な資料を米側に与えなければならず、且つその資料は、実地に日本をみている総司令部向きのものよりも日本の実情に比較的疎い米本國政府向きのものでなければならない。……領土問題に関する資料は、われわれは最も力を入れた資料の一つであった。沖縄、小笠原……の地域につき歴史的、地理的、民族的のあるゆる見地から、これらが如何に日本と不可分の領土であるかを詳細に陳述した。領土問題だけでも七冊の資料となったのである」。吉田、前掲書（第三巻）、二五―二六頁。

(24) その報告書は一九四六年一一月に完成され、翌一九四七年三月一二日に終戦連絡中央事務局の朝海浩一郎総務部長（後に、一九五七年から一九六三年まで駐米大使となる）により政治顧問部に提出された。同右、三一頁。また、外務省編『初期対日占領政策――朝海浩一郎報告書（下）』朝日新聞社、一九七九、八頁、及びYoshitsu, *op. cit.*, pp. 7-8. ヨシツは、領土関係文書の作成者であった調査局第三課の川上健三博士へのインタビューを紹介している。調査局は、総務局と条約局と同様に講和条約に関して重要な役割を果たしていた。川上博士の略歴について、ヨシツの研究の一〇九頁や鈴木九萬『終戦から講和まで』鹿島平和研究所編『日本外交史・二六巻』鹿島研究所出版会、一九七三、一七四頁を参照。

(25) "Minor Islands Adjacent to Japan Proper, Part II, Ryukyu and Other Nansei Islands, March 1947," 米側に提出資料［英文］［第一巻］、対日講和に関する本邦の準備対策関係、リール番号B'0012、フラッシュ番号1、〇〇六六頁以下を参照。後述するように一九四七年七月の上旬に朝海総務部長はこれをアチソン政治顧問に提出した。

(26) 例えば、Kerr, *op. cit.*, p. 10を参照。

(27) 西村、前掲書、二五―二七頁、およびDrifte, *op. cit.*, pp. 67, 72-74を参照。

(28) 西村、前掲書、二五―二七頁。途中、任務が重複して分かりづらくなり、名前の変更もよくあった。例えば、審議室は、「平和条約審議室」、「条約審議室」などと呼ばれた。

(29) 外務省編、前掲書、八頁。

(30) 西村、前掲書、二九頁。因みに、西村は朝海・ボールのこの第二回の会談が一九四七年四月一五日に行われたと記したが、『朝海浩一郎報告書』によれば、それは前日の四月一四日であったという。

(31) 外務省編、前掲書、一五頁。

(32) 「外資導入を要望」『朝日新聞』（一九四七年六月六日付）。芦田は六月八日付の日記によれば、インタビューは無事に終わったと記した。芦田、前掲書、第二巻、四―五頁を参照。

(33) 「沖縄と千島の一部返還を希望」『朝日新聞』（一九四七年六月七日付）、Tom Lambert, "Okinawa, Kuriles Asked By Japan, Ashida Declares," *Pacific Stars and Stripes*, June 6, 1947 (Tokyo-Yokohama Edition), Tom Lambert, "Japan Not Rearming Says Ashida, Seeks Return of Okinawa, Kuriles," *Nippon Times*, June 7, 1947.

(34) "The Political Adviser in Japan to President Truman (June 19, 1947)," enclosure to "The Political Adviser in Japan to the Secretary of State (June 19, 1947)," *FRUS, 1947, Vol. VI, The Far East* (Washington, D.C.: GPO, 1972), pp. 231-233. 不幸にも、この電報の最後の部分、すなわち芦田発言と沖縄領土問題との関連については、途中で切れている。同本の編集員は「テクストの残りはファイルから欠けている」というコメントを入れている（そのファイルとは、RG 59, Central Decimal File, 1945-1949 [740. 00119 Control (Japan)/6-1947] のことである）。一九九七年秋のワシントンでの資料調査時にみた限り、同文書はまだファイルから欠けている状態であったが、その後、筆者はこの手紙をミズーリ州にあるトルーマン大統領図書館で発見した（Box 159, Subject Files-Cabinet-Foreign Countries, Presidential Secretary Files, Harry S. Truman Papers）。因みに、ドリフテはアチソンの電報は芦田との会談が契機であったと位置付けているが、実は芦田のメディアに対する発言がその契機であったことは前述の通りである。Drifte, *op. cit.*, p. 152, fn. 34を参照。

(35) "MacArthur Foresees Japan Peace Within 18 Months," *Pacific Stars and Stripes*, June 29, 1947.

(36) 芦田、前掲書、第二巻、五頁。芦田は「Sovietは無論Pravdaをして帝国主義者芦田と痛罵した。これは当然のことだ」と皮肉って付け加えた。

(37) マッカーサーが表明した反論のためであろうか、芦田は、七月の上旬に、衆議院で加藤勘十代議士の質問に対して、彼のインタビューの内容が「不幸にも間違って報道されている」と説明し、日本に領土的な野心がないことを明確にせざるを得なかった。"Ashida Declares Japan Desires no Territory, Denies Press Reports," *Pacific Stars and Stripes*, July 3, 1947を参照。

(38) 芦田、前掲書、第二巻、一一頁。

(39) 同右、一〇―一一頁。

(40) 同右、一一頁。

(41) 外務省編、前掲書、一三―一五頁。

(42) 同右、一三頁、西村、前掲書、三二頁。

(43) 外務省編、前掲書、一四―一五頁および西村、前掲書、三二頁。

(44) 西村、前掲書、二六頁。また、条約局「日本の領土問題に関する一般的考察」対日平和条約関係準備研究関係（第二巻）・平和条約関係特殊問題に対する意見及び日本の現状に関する資料、リール番号B'0008、フラッシュ番号2、〇一四三頁以下を参照。岡崎が事務次官に指名されたのは、吉田がまだ首相兼外相の一九四七年二月四日であった。芦田が、彼の留任を強く望んで、吉田も反対しなかったため、岡崎は、リーク事件によって辞任を余儀なくされた一九四八年一月三一日まで、事務次官を続けた。岡崎勝男「吉田内閣の出現と平和条約締結の舞台裏」『外交時報』一九六四年一月、五九頁。

(45) 「アチソン大使に對する会談案」対日平和条約関係準備研究関係（第三巻）・平和条約関係重要会談記録、リール番号B'0008、フラッシュ番号3、〇〇四三頁。

(46) ドリフテはこの表現を使った。Drifte, *op. cit.*, pp. 68-72 を参照。

(47) 前掲「アチソン大使に對する会談案」、〇〇四七頁。この英語文書は日付、題名および署名を欠いている。後に、鈴木は、これを "The Japanese Government's Desires and Expectation (sic) Relative to the Peace Settlement" と呼んだ。同文書は、「アチソン及びホイットニー少将と会見、覚書返却の件」対日平和条約関係準備研究関係（第三巻）・平和条約関係重要会談記録、リール番号B'0008、フラッシュ番号3、〇〇四六―〇〇六〇にある。

(48) 西村、前掲書、三二頁。

(49) 前掲「アチソン及びホイットニー少将と会見、覚書返却の件」、〇〇四七。

(50) 芦田、前掲書、第七巻、三八六―三八七頁。

(51) 同右。面白いことに、ここで芦田は「片山総理と協議の上」をも発言のなかに入れていたが、これはアチソンとの面会時には言及されなかった。芦田の日記には、片山との協議の場所や時間については書かれていない。西村は、アチソンとホイットニーとの両会議の前に、芦田・片山の協議が行われたと書いていたが、細部については紹介していない。西村、前掲書、三五頁。ワインステインによれば、芦田は片山と相談してから、第一芦田メモを渡すために六月二八日にアチソンとホイットニーと会った。日付は間違っているが、西村の説明に合っている。Weinstein, *op. cit.*, p. 22 を参照。なお、ドリフテやヨシツはこれに言及していない。

(52) 芦田、前掲書、第七巻、三八七頁。

(53) 同右、三八七―三八八頁。

(54) 同右、三八八―三八九頁。芦田は「八条項」を述べたというが、実際の数は先にみたように九条項であった。おそらく芦田は同一九四七年八月一一日のボールとの（以下の）会談で手交した八条項からなるメモと間違っていたのだろう。

(55) 同右。

(56) 同右。吉田はこの芦田メモがアチソンの帰国途中の事故で紛失されたと書いたが、『芦田日記』などが明らかにするように、吉田の記述は間違っている。吉田、前掲書、第三巻、一一二頁。

(57) 同右。

(58) Yoshitsu, *op. cit.*, p. 12 を参照（同書の一〇一頁、脚注一二は "*Ibid.*, pp. 78-79" の間違いである）、西村、前掲書、三六―三七頁及び西村、前掲論文、七九頁を参照。西村の一九七五年の論文を丁寧に読めば、事実の違いが明確となる。「項目を一見されれば分るように、七月、合衆国側に内密提出したそして返却された文書から（一）「手続」に関する希望は予備会議招請国たる合衆国には言っておく必要があっても、豪州にはその必要はあるまいとの判断で落ちた」。

(59) 芦田、前掲書、第七巻、三九二頁。

(60) 西村、前掲論文、七九頁。

(61) 芦田、前掲書、第七巻、三九二頁。

(62) 興味深く、また重要なことであるが、岡崎が作成した七月七日のメモは、奄美大島などの南西諸島の北部の住民を「日本人」と呼んでいるのに対して、沖縄を含む南西諸島の南部の住民を「日本人の一つのタイプ」としている。

(63) "The Ambassador in the Soviet Union (Smith) to the Secretary of State (July 23, 1947)," *FRUS, 1947, Vol. VI*, pp. 473-474.

(64) "The Secretary of State to the Soviet Charge (Tsarapkin), (August 13, 1947)," *Ibid.*, pp. 488-489.

(65) 吉田のコメントは西村(一九七一年)の三八頁で引用されているが、吉田、前掲書、一一二頁以下をも参照。

(66) 西村、前掲書、三七頁や西村、前掲論文、七九頁。

(67) 芦田、前掲書、第七巻、三九九頁。

(68) 同右。西村、前掲書、三七頁や西村、前掲論文、七九頁をも参照。

(69) Eichelberger diary entry for June 27, 1947, The Papers of Robert L. Eichelberger (hereafter, Eichelberger Papers), Box 1 (Diaries), Special Collections Library, Duke University, Durham, North Carolina.

(70) "Developments Toward Formulation of United States Policy With Respect to a Japanese Peace Settlement (September 11, 1947)," RG 5, Box 88, Folder 5 "B", p. 15, MacArthur Memorial Archives, Norfolk, Virginia. 米軍の撤退に関しては、次のように書かれている。「日本は予見できる将来において米国の安全への脅威にはならないであろう。従って、極東において米国の安全保障の措置は主に、利用し得る手段によってロシアの武力的侵略を防止することである。日本に関しては、ソ連の能力についての最近の評価では、ロシアが日本列島を海上から攻撃できる海軍力が足りないとされているが、空からの大規模な攻撃をするための軍事力はあると認められている。しかし、最初の奇襲攻撃後の連続的後援を混乱させるのに、在日の米国陸・空軍は十分なものであると考えられ、ソ連の成功は極めて限定されている。……とはいえ、在日占領軍は米国の軍事予算と設定された総人員から見て大きな財政的損失となっている。日本からの米軍の移転は、現在の予算と総人員が限定される中で、平時においての任務を遂行するのに大いに役立つため、望ましい。が、その移動によって日本が侵略に一時的にでも抵抗できる軍事力を完全に失うことになるのであれば、日本の軍隊の組織と訓練ができるまで、米軍の撤退は延期されるべきである」。

(71) ＪＣＳ文書、RG 218 (Records of the Joint Chiefs of Staff) にある五七〇シリーズを参照。なお、ＪＣＳ五七〇については第二章で紹介している。

(72) 芦田、前掲書、第七巻、三九九頁。

(73) 外務省の安全保障に関する計画について、楠綾子「占領下日本の安全保障構想――外務省における吉田ドクトリンの形成過程」『六甲台論集』第四五巻、第三号(一九九九年三月)、一―五五頁を参照。

(74) 会談記録によれば、鈴木は九項目の覚書のうち、四つについて説明したが、領土問題や日本側の沖縄返還への希望が述べられたかどうかは不明である。但し、鈴木はこの場において、「[ヤルタでルーズベルト大統領が]余りに譲り過ぎ南樺太と言ひ千島と言ひ漁業権と言ひ満鮮の現状と言ひ正式の講和会議ではとても獲得出来ぬ大きなものを握って終わった」との不満を述べることができた。

(75) 芦田、前掲書、第七巻、四〇一―四〇二頁。アイケルバーガーの日記によれば、鈴木(と彼の妻や芦田夫人)が同日の午後四時に再び訪れた。それはおそらく帰国の見送り挨拶のためであった。中将は鈴木の午前の訪問についてこう日記に書いた。「鈴木氏は午前にも訪れ、少し会話を交わした。彼によると、日本人が抱いている心配の一つは、アメリカ軍が撤退してから、誰が日本を守るかということである。それについて私は、憲法は戦争を放棄しているが、それは、国連や、日本の防衛に関する一般的合意を前提としていると言った。彼らは警察隊やその他の部隊を持つのは許可されるかを知りたがっている。彼はホイットニー少将を通じてＳＣＡＰへ手渡されたメモの写しをくれた。同メモランダムは、何の明確な反応もないまま、返却されたという。これに関連して、忘れてはいけないのは、前回のマッカーサー・天皇会談において、ヒロヒトが同じ質問を取り上げたことである。その時の通訳者（岡村勝蔵）によれば、マッカーサーは、米国が日本を保護すると答えたが、それはマッカーサー自身によって否定された」。Diary entry for September 10, 1947, Eichelberger Papers.

(76)　西村は後に、鈴木がメモを提出する前に芦田が片山と協議した、と回想している。西村熊雄「講和条約」朝日新聞社編『語り継ぐ昭和史――激動の半世紀（第六巻）』朝日新聞社、一二二頁。

(77)　Diary entry for September 11, 1947, Eichelberger Papers.

(78)　芦田、前掲書、第七巻、四〇二頁。アイケルバーガーに手交された覚書は、去る七月二六・二八日にアチソンとホイットニーの両氏に渡された覚書と同様に正式な名前は付いていなかったが、「芦田メモ」と呼ばれている。しかし、より正確には、「鈴木メモ」あるいは、ドリフテや執筆者が使う「第二芦田メモ」である。覚書の英・和両文の写しは「鈴木横浜終戦連絡局長のアイケルバーガー第八軍司令官との接触」対日平和条約関係準備研究関係（第三巻）・平和条約関係重要会談記録、リール番号B'0008、フラッシュ番号3、〇〇六八―〇〇八五頁。また、芦田、前掲書、第七巻、四〇三―四〇四頁にも邦訳がある。

(79)　西村、前掲論文、八〇頁。

(80)　Weinstein, *op. cit.*, p. 25, fn. 32を参照。また西村は、一九七五年に行われたある対談のなかで、これについて次のように語った。「芦田さんの有事駐留というのは、平和条約ができたあとも連合国は日本の近くの島々に軍隊を置くことになろうから、日本はいったん有事の場合にアメリカ軍隊の御用に供するため本土に有事施設を整備しておく、有事のときは、日本に入り、それを自由に使ってもらうという趣旨です。……そのころは、日本はポツダム宣言、カイロ宣言、降伏文書とあり、日本の領土は四つの島と連合国が決める近くの小島に限られる、沖縄も小笠原、硫黄島も日本から切り離されようと考えていた。沖縄とか硫黄島にアメリカが兵隊を置くだろうから平時はそれで足りる。何も四つの島に入っていなくてもよかろう。四つの島にはわれわれが施設を平時は常時整えておくからいざというときはいつでもお使いください、ということです」。西村との対談「『サンフランシスコ条約』始末」三国一郎『昭和史探訪・六』番町書房、一九七五、八七―八八頁を参照。さらに、一九四七年一一月に外務省内で行われた検討は「琉球、小笠原、硫黄島は少なくとも米国の信託統治になることは確実であり」という従来の見解が明確となっている。「対日平和条約想定大綱（昭和二二年一一月）」対日平和条約関係準備研究関係（第四巻）・対日平和条約想定大綱関係、リール番号B'0008、フラッシュ番号4、〇〇五二頁も参照。

(81)　芦田、前掲書、第七巻、四〇二頁。

(82)　同右、四〇二―四〇三頁。

(83)　B5単票より少し小さい「一九四七年」手帳での手書きのアイケルバーガー日記（一九四七年九月一六日から同年一二月一九日）、Eichelberger Papersを参照。

(84)　鈴木とのインタビューに基づいて、ワインスティンは「鈴木氏は、アイケルバーガーが日本に戻って間もなく面会され、芦田のメモランダムに対するワシントンの反応を尋ねた。中将の返事は現在のところ（for the time being）、米国が最近まで敵国であったドイツおよび日本と単独講和条約（separate peace treaties）を締結する余地がないということを示唆した」と紹介している。Weinstein, *op. cit.*, p. 25を参照。この会談がいつ行われたかは分からないが、アイケルバーガー日記によれば、鈴木とアイケルバーガーは同年一二月一九日に日本に戻ってから三日後の一二日二二日と一二月三〇日に公式に会い、また非公式に鈴木の家で一二月二九日にも会った。これらのうちのいずれかの日と考えられる。

(85)　"Tokyo's Secret Plans for Peace," *World Report* (December 9, 1947), 3 (24), pp. 18-19; 33-36.

(86) "Airgram A-130, Chief of the Diplomatic Section, GHQ, SCAP Sebald to the Secretary of State (December 9, 1947)," Central Decimal File, 1945-1949 (740. 0011 P. W. (Peace)/12-947), RG 59. シーボルドは、対日講和予備会議の準備に出席するため帰国途中、八月一七日に、ハワイ近郊での墜落事故で死亡したアチソン政治顧問の後任となった。"Untimely Death of George Atcheson, Jr.: Statement by Acting Secretary (Robert A.) Lovett," *Department of State Bulletin*, Vol. 17, No. 426, p. 437. 一九四七年九月にSCAP政治顧問部に勤め始めたフィン(Richard B. Finn)によれば、国務省がアチソンの後任者を送ることをマッカーサーに通告した際、マッカーサーは、「アチソンの部下であるシーボルドの派遣なら結構だ」と断った(フィンへのインタビュー、ワシントンDC、一九九七年八月二九日と同年九月二六日)。

(87) "Secretary of State to the Acting Political Adviser for Japan (January 13, 1948)," Central Decimal File, 1945-1949 (740. 0011 PW (Peace)/12-947), RG 59.

(88) "Airgram A-130."

(89) 前述したように、スクープ事件のため、岡崎は一九四八年一月三一日に辞任せざるを得なかった。その後任は、芦田に近い吉沢清次郎であった(芦田の息子は吉沢の娘と結婚していた)。吉沢は、芦田内閣が倒れた一九四八年一〇月まで事務次官を務め、岡崎がその後任となった。

(90) シーボルドが作成した寺崎との会談の記録は「一九四七年九月二〇日」の日付が付されているが、会談自体がその日に行われたか否かは書いていない。同メモランダムは会談に関する唯一の公式文書であるため、二〇日の日付は会談が行われた日と多くの研究者の間で誤解されている。しかし、寺崎の日記(一九四七年九月四日付)によれば、「毎週金曜午后三時の事に話つく」と記されており、さらに同九月一九日の日記欄には会談が実際に行われたと書かれているので、筆者は九月一九日が会談の行われた日と推定しておきたい。

(91) 彼らの話は、Gwen Terasaki, *Bridge to the Sun* (Tokyo: Charles E. Tuttle Company, 1973)に劇的に紹介されている。その日本語版は、グエン・寺崎著(新田満里子訳)『太陽にかける橋』小山書店新社、一九五八年である。また、寺崎英成とマリコ・寺崎・ミラー編『昭和天皇独白録 寺崎英成・御用掛日記』文藝春秋、一九九一、三七九—四二一頁および柳田邦男『マリコ』新潮社、一九八〇、一一—六六頁を参照。

(92) Terasaki, *op. cit.*, p. 105. また寺崎とミラー編、前掲書、三九九頁。

(93) Terasaki, *op. cit.*, pp. 205-207. ここで、グエンの回想録では、吉田を「総理大臣(Premier)」と書いているが、実は当時外務大臣であった。総理大臣に最初になったのは、三カ月後の一九四六年五月二二日であった。

(94) *Ibid.*, p. 206. また、寺崎とミラー編、前掲書、一九五頁以下を参照。

(95) 寺崎が通訳を務めた会談は一九四六年五月三一日(内容不明)、同年一〇月一六日(食料援助、憲法第九条、巡幸)、一九四七年一一月一四日(内容不明)、一九四八年五月六日(内容不明)、一九四九年一月一〇日(内容不明)である。松尾尊兊『国際国家への出発 日本の歴史 二一』集英社、一九九三、一〇九頁や秦(一九八四)、前掲書、一九一頁を参照。

(96) 寺崎の日記によれば、御用掛は、平和条約の準備作業のため東京に滞在していたボートンとベーコンの両博士とも、三回ほど(一九四七年三月二八日、同月三一日、翌四月四日)会談を行った。

(97) Terasaki, *op. cit.*, p. 227.

(98) William J. Sebald with Russell Brines, *With MacArthur in Japan: A Personal History of the Occupation* (New York: W. W. Norton and Co., 1965), p. 50.

(99) *Ibid*., p. 96.

(100) 寺崎とミラー編、前掲書、三二六頁。

(101) 同右、三三〇頁。

(102) 同右、三二六―三三〇頁。

(103) 寺崎自身は「拝謁　沖縄島　大努力大成功の日　シーボルトに会ふ沖縄の話〔省略含〕」と評価した。寺崎・ミラー編、三三二頁。

(104) "Memorandum for General MacArthur, Enclosure to Despatch No. 1293."

(105) ここで「擬制（フィクション）」という言葉を用いているのは興味深い。寺崎が実際に用いた単語なのか、シーボルド自身が覚書を作成した時に書いたのかは不明である。もし、寺崎が実際に用いたのであれば、そして天皇は七月七日の岡崎メモやその内容を知っていたという筆者の仮説が正しければ、ここの「フィクション」の使用はその岡崎メモにおいての「便法」と同様の意味を持つだろう。宮里政玄などによる「天皇メッセージ」の邦訳の一部には、「フィクション」が「虚構」として訳されている。「虚構」は「フィクション」以外に「嘘（lie）」、「偽造物（fabrication）」、「虚偽（falsehood）」その他の意味をもっているが、筆者は、ここでの「フィクション」のより適切な和訳は「擬制（a legal fiction）」であると考えている。弁護士出身のシーボルドは、会談記録を作成した際、おそらくこの意味を念頭に置いていたのであろう。

(106) 一九四七年九月一九日の日付記入、寺崎とミラー編、前掲書、三三二頁。

(107) Sebald, *op. cit.*；Douglas A. MacArthur, *Reminiscences* (New York：McGraw Book Company, 1964). 筆者は、シーボルド個人文書、特に「シーボルド日記（Personal Diary of William J. Sebald）」(Box 48) とシーボルドの諸手帳（Box 44）を利用し、シーボルドと寺崎およびマッカーサーとの面会に関して新たな発見を得るべく、メリーランド州アナポリス市にある米国海軍大学ニミッツ図書館の特別文書・公的史料保管所（Special Collections and Archives Division, Nimitz Library, U. S. Naval Academy）を訪れた。しかし、所蔵されている日記は、丁寧にかつ詳しく記されているものの、残念ながら一九四六年四月一日から一九四八年三月二五日までの巻が欠けている。他方で不幸にも、手帳は日記ほど細かくないため、新しい見解を得るには至らなかった。シーボルドの部下であり、日記にも詳しい、後に占領期についての歴史家として活動しているフィンに尋ねたところ、シーボルドが母校に日記を寄贈した時にもすでに欠けていたという。フィンへの電話によるインタビュー、一九九七年一一月二六日。

(108) "Despatch No. 1293."

(109) Sebald, *op. cit*., p. 96. 後に、シーボルドは、天皇周辺のアドバイザーたちは、天皇自身より熱心すぎると思うようになったようである。彼の日記によれば、「寺崎の訪問。天皇が中国の情勢について知りたいという。天皇がそう依頼したことに疑問を抱いたので、コメントをかなり慎重に行った」。Diary Entry for April 29, 1948, *Sebald Diaries*.

(110) 「近衛上奏文」について、John W. Dower, *Empire and Aftermath：Yoshida Shigeru and the Japanese Experience, 1878-1954* (Cambridge：Harvard University Press, 1988), pp. 255-265. 長い文書であるためここで全文を引用できないが、「近衛上奏文」では「敗戦だけならば、国体上はさまで憂うる要なしと存じ候。国体護持の立前より最も憂うべきは、敗戦よりも、敗戦に伴うて起きることあるべき共産革命に候」と述べられた。

(111) 寺崎とミラー編、前掲書、三一三頁の編集者の追加コメントを参照。当時、寺崎は病気になっていたので通訳を務めなかった。

(112) 芦田、前掲書、第二巻、一三―一四頁。重要なのは、芦田が政治的に保守派の一人でありながら、天皇の政治的地位についてはかなり厳格な解釈をしていたということである。つまり、その日記に書かれているように、「新憲法になって以後、余り陛下が内治外交に御立入りになる如き印象を与へることは皇室のためにも、日本全体のためにも良いことではない。だから私は内奏にも行かないのである。然し御上の思召とあれば行くべきだと決意し」たという。内奏の最後に、天皇が「『又時々来てくれ』と仰せられた時に私は『はい』とお答えしたが、頭の中に又しても新憲法のことが浮んできた」と芦田の「外交問題の内奏」の日記欄に書かれている。

(113) 同右、一四頁。

(114) 一九四七年一〇月三日の日付記入、寺崎とミラー編、前掲書、三三六頁以下を参照。

(115) 同右、三三七頁。

(116) "Draft Treaty of Peace with Japan (August 5, 1947)," Iokibe, ed., *op. cit.*, Vol. 3, microfiche 1-A-20.

(117) "Incoming Classified Message from GHQ/SCAP Tokyo to Joint Chiefs of Staff (for State Department), No. C 55205 (September 1, 1947)," *Ibid.*, microfiche 1-A-22.

(118) *Ibid.*

(119) 寺崎とミラー編、前掲書、三三七頁。午後に、寺崎はシーボルドとの会談について天皇に報告した。

(120) "Airgram From the Office of Political Adviser for Japan, Tokyo, to the Secretary of State, A-37 (February 26, 1948)," Folder: 800 Political Affairs General, 1947, Box 22, Records of the Foreign Office Service Posts of the Department of State, RG 84, NA.

(121) 「日本の国益」への言及は、シーボルドが作成した、一九四七年九月一九日の最初の重要な寺崎・シーボルド会談についての記録と同じ表現であるかもしれない。一部の研究者は、「天皇メッセージ」における「国益」を、天皇自身の自己利益というふうに解釈してきた。二月の会談記録と九月の記録とを比較することによって、筆者は、「天皇メッセージ」において、シーボルドが、天皇自身の自己利益ではなく、日本の利益に言及していたと解釈できるとみている。

(122) 寺崎日記は、残念ながら一九四八年二月中旬で終わっており、御用掛としての寺崎の主な活動も、ここから追跡し難くなる。一九四八年か一九四九年の初めに、寺崎は脳溢血で再び倒れた（グエンの回想録では、病気の時期が、間違っているようであるため、筆者は、娘のマリコに確認しようとしたが、時期をはっきり覚えていなかった。マリコ・寺崎・ミラーとの文通および電話によるインタビュー、一九九七年九月一一日と一一月一二日、Gwen Terasaki, *op. cit.*, pp. 237-240)。寺崎は一九四九年六月に、外務省大臣官房審議室に勤務し始めたが、以前からの弱い体質のためか、僅か二カ月後に辞めた。寺崎は、その後も時々シーボルドに会ったが、以前ほどの頻度ではなくなった（一九四八年七月六日、同年九月二一日、同年一一月一日、二日、一八日、三〇日、一九四九年二月二五日、一九四九年四月一九日および一九五〇年三月七日)。なお、寺崎は天皇とマッカーサーのために、二回ほど（一九四八年五月六日と一九四九年一月一〇日）通訳をしていた。結局、寺崎は、サンフランシスコで講和会議が開催される二週間前の一九五一年八月二一日に、五〇歳でこの世を去った。

第6章

(1) 本章のより短いバージョンは、「ジョージ・F・ケナン、PPSと沖縄――米国の沖縄政策決定過程、一九四七―一九四九」『国際政治』第一二〇号（一九九九)、二八―五六頁に掲載された。

(2) 当時、バーンズ国務長官は、旧枢軸国五カ国との講和会議に出席するためにパリにいた。"Memorandum of Conversation on Peace Treaty With Japan (August 23, 1946)," Central Decimal File, 1945-1949 (740. 0011〔Peace〕/8-2346), RG 59 を参照。

(3) ライシャワーの回顧録によれば、占領地担当国務次官補は、東アジアおよびヨーロッパにおける米国の占領政策の調整を目的に、二月（実際は一九四六年四月八日）に設けられた。その指揮下に、ドイツ・オーストリア担当課と日本・朝鮮担当課がおかれ、ライシャワーは、日本に関する広範な知識と経験（日本で生まれたことも含め）を買われて、その後者の長になった（その後、彼は一九六一年から六六年にかけて駐日大使をも務めた）。Reischauer, *op. cit.*, p. 108 を参照。国務省について、United States Department of State, *Register of the Department of State* (December 1, 1946), (Washington, D. C.: GPO, 1947), p. 5 を参照。ボートンの回想録によれば、「当初、私は、陸軍の職業軍人は狭い観点から外交問題を捉えるのではないかと、危惧の念を抱いていた。ところがヒルドリング少将に関しては杞憂にすぎないことが、すぐにわかった。三省調整委員会で新しい問題が生じると、彼は再三再四、真っ先に極東局に勧告を求め、そしていつも受け入れた。また、三省調整委員会の他の委員を説得して、私たちの提案を採択させるという点でも、もっとも有能な人物だとわかった」。*Borton Memoirs*, p. 268 を参照。

（4）"Memorandum of Conversation (August 23, 1946)."

（5）"Memorandum from Borton to Vincent on Research Preparations for Peace Treaty (August 27, 1946)," Central Decimal File, 1945-1949 (740. 0011-PW-Peace / 8-2346), RG 59. これに付属する文書である、極東調査課のハンスバーガーからボートン宛のメモ（"Research Preparation for the Peace Settlement with Japan"）は、当課で一九四五年秋以来進められてきた、日本との講和に関する研究について紹介している。ただ、それによると、「調査スタッフは、人数に限りがある上に、他のより緊急を要する仕事に忙殺されていて……、日本との講和に関する研究に協力して取り組む余地がなかった」ために、研究はほとんど進捗していなかった。

（6）"Peace Treaty with Japan (October 25, 1946)," Peace Treaty 1947 File, Box 4, Records of the Office of Northeast Asian Affairs（以下、ONA Records), RG 59; "Memorandum by Borton on Drafting the Peace Treaty for Japan (June 25, 1948)," Untitled Folder, Box 4, Records Relating to the Japanese Peace Treaty and Japanese Security Treaty, 1946-1952, Office of the Historian, Bureau of Public Affairs, RG 59.

（7）*Borton Memoirs*, p. 289.

（8）"Minutes of January 17, 1947 Meeting of Working Group on Japan Treaty," Box 5, ONA Records, RG 59.

（9）職業外交官であったエマーソンは前述のように、極東局日本課の補佐役であった。彼は、戦前から日本通であった上、回想録によれば、一九四五年九月初めに占領が開始されてから、U・アレクシス・ジョンソンに次ぐ二人目の米国外交官として日本に赴任した。その後、一九四六年一月に離任してワシントンへ戻り、一九四七年半ばには、国務省政策企画室入りしたデービス（後述）の後任としてモスクワに派遣された。John K. Emmerson, *The Japanese Thread: A Life in the U. S. Foreign Service* (New York: Holt, Rinehart and Winston, 1978), pp. 249-253, 273, 286 を参照。

（10）"Memorandum from Penfield to Gross on the Disposition of the Ryukyus (March 18, 1947)," Box 3503, Central Decimal File, 1945-1949 (740. 0011 PW-Peace / 3-1847), RG 59.

（11）"Memorandum on the Disposition of the Ryukyu Islands (annotated as November 25, 1946)," Roll 5, Microfilm C0044, ONA Records, RG 59. 内容は全く同じだが、後の日付になっているコピーについて、"Memorandum on the Disposition of the Ryukyu Islands (annotated as January 10, 1947)," Central Decimal File, 1945-1949 (740. 0011 PW-Peace / 3-1847), RG 59 を参照。このメモに対する評価について、"Memorandum from Penfield to Gross on the Disposition of the Ryukyus (March 18, 1947)" を参照。

（12）"Memorandum on the Disposition of the Ryukyu Islands (annotated as November 25, 1946)."

（13）"Memorandum from Penfield to Gross (March 18, 1947)."

(14) "Memorandum from Gross to Penfield (March 24, 1947)," *Ibid.*

(15) "Memorandum from Fearey to Vincent on Disposition of the Ryukyu Islands (April 7, 1947)," Ryukyus-Old Folder, Box 4, ONA Subject File 1945-1949 Lot 56D527, RG 59. 米中を共同施政権者とする沖縄の信託統治が、国務省に一度はほぼ排除されたにもかかわらず、選択肢として再び取り上げられたのは、蔣介石の著書の改訂版 *China's Destiny & Chinese Economic Theory* (NY: Roy Publishers, 1947) が出版されたことによる。彼はその中で、琉球諸島に対する中国の要求および、中国の防衛における琉球諸島の戦略的重要性について、遅れ馳せながら強調していた。第三章で述べたように、面白いことに、一九四三年に出版された初版には、このような要求は記述されていなかった。当時でも、このことに多くの人が気づいていた。

(16) 一九四七年七月に、フィアリーは、「琉球諸島の経済（The Economy of the Ryukyu Islands）」と題するより長くかつ詳細な報告書をまとめた。Iokibe, ed., *op. cit.*, Vol. 3, microfiche 1-A-8 を参照。

(17) 中国課の政治、経済の専門家であったシニー（Alexander Schnee）は、メモの中で、この議論に反論し、琉球が「日本の通貨か、日本の通貨システムと連動した地域通貨を用いて、日本経済の中で」機能するような、米国による信託統治の可能性を示唆した。"Memorandum from Schnee to Vincent on the Disposition of the Ryukyu Islands (May 12, 1947)," Central Decimal File, 1945-1949 (890. 0146/5-1247), RG 59 を参照。同じこの文書を用いた宮里は、シニーが「琉球の統治権を米国の信託統治へ移管するのは慎重に検討するように勧告」したことをもって、中国課が琉球に対する日本の主権を認めることに反対しているとみなした。宮里、前掲書、二一五頁を参照。

(18) "Memorandum for the Chief of Staff on Okinawa (March 10, 1947)," Folder: Okinawa, Box 10, Secretary of Army Patterson, Project Decimal File, 1946-1947, Records of the Office of the Secretary of War, RG 107, NA. パターソンはメモの中でやや侮蔑的に、沖縄は人口が多く（また、沖縄戦を避けて日本本土に避難した人々や、太平洋の他の地域に移住した人々が、送還されてくる上に）、「非常に速く増殖する民族である」ために、人口はあっという間に百万人に達するだろう、と述べている。そして、「米国が沖縄に留まれば、病院、学校等の施設を建設し、生活水準を上げることを要求されるであろう。こうした人々を支援する責任は、莫大な費用のかかるものとなろう」と警告している。

(19) "Memorandum for the Secretary of War on Okinawa (March 15, 1947)," *Ibid.*

(20) "Memorandum for the Chief of Staff on Okinawa (March 17, 1947)," *Ibid.*

(21) "Memorandum from the Secretary of War on Okinawa (April 2, 1947)," *Ibid.*

(22) *Borton memoirs*, pp. 289-290. また、西村、前掲書、三一頁を参照。

(23) "Interview with Press Correspondents, Primarily Concerning Plan for United Nations Administration of Japan," in Government Section, Supreme Commander for the Allied Powers, ed., *Political Reorientation of Japan, September 1945 to September 1948*, Volume 2 (Washington, D.C. GPO, 1949; reprinted edition, Westport: Greenwood Press, 1970), pp. 765-766. この記録は間違って、三月一九日に昼食会が行われたとしている。早期講和の呼びかけの意味については、五十嵐武士「対日講和の提唱と対日占領政策の転換」『思想』（一九七六年一〇月）、二一一－四三頁。

(24) ボートンによれば、三月一七日に、「記者の前で早期講和について発言した際、元帥は条約の内容を熟知していた」。*Borton Memoirs*, p. 294 を参照。しかし、三月一九日および二〇日付の条約草案に関するメモによると、マッカーサーが草案を初めて目にしたのは三月二〇日であったとの示唆がある。"Memorandum to Ambassador Atcheson (from Bacon) with Attached copies of the following Draft Documents (March 19, 1947)," Folder : Drafts-Bacon, Box 1, ONA Records (Lot 56D527), RG 59 および "Memorandum for General MacArthur on Outline and Various Sections of Draft Treaty," Central Decimal File, 1945-1949 (740. 0011 PW-Peace / 3-2047), RG 59 を参照。さらにその後、アチソンは、三月二一日にワシントンに宛てた電文で、彼が「マッカーサー元帥に日本との講和条約に向けた準備作業について『疑いなく』伝えていた」という非難を否定した。そして、「それには何の根拠もない。記者の元帥へのインタビューは、元帥が『委員会草案』を目にする以前に行われたもので……、元帥は実際に何の声明も発表していないし、記者の質問に対する応答も予定外のことだった。元帥は、質問がなされないと思って昼食会に出席されたが、その場でインタビューを受けるよう説得されたのである」と説明を続けた。"The Political Adviser in Japan (Atcheson) to the Secretary of State (March 21, 1947)," *FRUS*, *1947*, *Vol. 6*, pp. 452-453 を参照。

（25）"Memorandum to Ambassador Atcheson (from Bacon)."

（26）"Memorandum for General MacArthur on Outline and Various Sections of Draft Treaty."

（27）"Draft Treaty of Peace with Japan (August 5, 1947)," Iokibe, ed., Vol. 3., *op. cit.*, microfiche 1-A-20. 領土条項の説明について、"Memorandum from Borton to Kennan on Sources for Clauses in Draft Treaty of Peace for Japan (August 19, 1947)," *Ibid.*, microfiche 1-A-19 および "Memorandum from Borton to Davies on Background of Draft of Japanese Peace Treaty (January 30, 1948)," untitled folder, Box 4, Records Relating to Treaty of Peace, Office of the Historian, Bureau of Public Affairs, RG 59 を参照。

（28）"Memorandum by Borton to Bohlen (August 6, 1947)," *FRUS*, *1947*, *Vol. 6*, pp. 478-479. ＦＲＵＳでの註によれば、ボートンのメモは、ヒルドリング国務次官補（占領地担当）、ヒルドリングの後任となる予定のサルツマン(Charles E. Saltzman)、ソープ（Willard L. Thorp）国務次官補（経済関係担当）、特別政治局のラスク局長、極東局長になる予定のバタワース（W. Walton Butterworth）、法律顧問室のフェヒー（Charles Fahy）、ケナン、海軍作戦参謀次長のウーリッジ（E. T. Woolridge）海軍少将、民政課長のノース（Daniel I. Noce）陸軍少将、作戦企画部のスカイラー（Cortlandt Van Rensselaer Schuyler）准将、そして極東局調査班のハンスバーガーなどに送られていた。

（29）例えば、"Memorandum for the Record on Japanese Peace Treaty (August 21, 1947)," 091 Japan Case 46-88, Box 88, Decimal File, 1946-1948, Plans and Operations Division, Army Staff Division, RG 319 ; "Comments on the Draft Treaties with Japan," *Ibid.* ; "Memorandum from Brigadier General A. W. Kissner to Chief, Plans and Policy Group, Plans and Operations Division Brigadier General Cortland V. R. Schuyler on Japanese Peace Treaty (August 29, 1947)," *Ibid* を参照。

（30）"Memorandum by Woolridge to Borton (August 18, 1947)," *FRUS*, *1947*, *Vol. 6*, pp. 495-496.

（31）"Incoming Classified Message from GHQ / SCAP Tokyo to Joint Chiefs of Staff (for State Department), No. C 55205 (September 1, 1947)." さらに、ボートン・グループは九月五日、マッカーサーのコメントを徹底的に分析し、その結果をまずＰＰＳに送り、それからヒルドリングの後任として八月一五日に国務省占領地担当国務次官補になったばかりのサルツマン准将に送った。分析は、マッカーサーのコメントに対応するように三点に分けられていた。それによると、ⓐ琉球を日本が保持するべきであるという作業班の提案は、問題の軍事的戦略的側面も考慮に入れた、大きな政治的配慮に基づいている。ＪＣＳはＪＣＳ一六一九／一九で、北緯二九度以南の諸島を米国を唯一の施政権者とする戦略的信託統治のもとにおくことを提案しているが、なお検討中であり、必ずしも彼らの最終的決定ではない。スプリュアンス海軍大将（当時はメリーランド州アナポリスにある海軍大学の学長）ら高官は、琉球の基地に関して、資産としてよりも、軍事的な負担になりかねないことを重視していると思われている。国務省の最終的判断はＪＣＳの再検討を考慮に入れてなされるべきである。ⓑ琉球は確かに、日本にとって経済的に価値のある資産ではないが、このことが示すのは、貧困にあえぐ八〇万人の琉球住民の統治と支援の負担が米国に対して課されることになるという事実である。ⓒ日本人の反応ではなく、連合国、特にソビエトの反応に配慮することが重要である。われわれはロシアを封じ込める政策をとっているが、ソビエトに不必要に敵対心を抱かせたくはない。ソビエトに詳しい人々は、われわれが沖縄を保持すると、ソビエトの軍部に強い懸念を抱かせることになると言っている。"Memorandum from Borton to Saltzman on General MacArthur's Comment on Japanese Peace Treaty Draft of August 5, 1947 (September 5, 1947)," *Ibid.*, microfiche 1-A-23 を参照。

(32) "JCS 1619 / 24."

(33) George F. Kennan (X), "The Sources of Soviet Conduct," *Foreign Affairs*, Vol. 25, No. 4 (July 1947), pp. 566-582.

(34) "Introduction," in Anna Kasten Nelson, ed., *The State Department Policy Planning Staff Papers, Vol. 1* (New York : Garland Publishing, Inc., 1983). p. xv.

(35) Marshall interview with Forrest Pogue, November 20, 1956, p. 525, Wilson D. Miscamble, *George F. Kennan and the Making of American Foreign Policy, 1947-1950*. (Princeton : Princeton University Press, 1992), p. 6 に引用されている。

(36) George F. Kennan, "Foreword," in Nelson, *op. cit.*, p. vii.

(37) *Ibid.* さらにケナンが言うには、「米国の外交政策に、取り組むべき重大かつ緊急の問題があれば、われわれが扱えない問題などなかったし、実際、われわれが扱わないでいいような問題はなかった。この点で、われわれの取り組みはユニークだったのである」。

(38) Forrest C. Pogue, *George C. Marshall : Statesman, 1945-1959* (New York : Penguin Books, 1987), p. 150.

(39) Kennan (1967), *op. cit.*, p. 313 ; Pogue, *op. cit.*, p. 150.

(40) 回想録で、アチソンは、「大将はこの［政策立案］グループの機能を、はるか先の将来をではなく、しかし、進行中の戦闘に携わる士官であれば硝煙と危機の中で見失うことになりがちな、先の展望を見通すことにあると考えた――来たるべき事物がどんな形態で現れるか、それに対処しあるいはこれを予見するのに何をなすべきかを見定めるだけの先を。そのためには、このスタッフは別のこと――現在なされつつあることの不断の再吟味――をなすべきであった。マーシャル大将は、政策というものは、自らの惰性で、それを必要ならしめた理由がなくなった後でも、存続するものだということに切実に気づいていた」と記している。Dean Acheson, *Present at the Creation : My Years in the State Department* (New York : W. W. Norton and Company, 1969), p. 214 を参照。

(41) *Ibid.* ; Miscamble, *op. cit.*, pp. 10-11. マーシャルは戦争中に二度、ケナンに会っており、彼のソビエトに関する知識と分析に強い印象を受けていた。Pogue, *op. cit.*, p. 202 を参照。当時、マーシャルは南京にいたので、十分な注意を払うことができなかったが、モスクワで大使代理をしていたケナンが書いた一つのメモは、ワシントンの政策決定者たちの関心を集めた。それは、「スターリン政府と、どのように付き合えば良いかというルール」を作って説明しようと試みる、一九四六年二月二二日付の八千語の「長文の電報（Long Telegram）」であった。Kennan (1967), *op. cit.*, pp. 291-292 を参照。ケナン自身は、

「モスクワから発信した長文電報が意外なほど素晴らしい成功を収めて、私の人生を一変させてしまった。いまや私の名はワシントン中に知られるようになった、世間の人々も、私が今までの経歴とはことなった地位に推挙されているとみるようになっていた」と回想した。*Ibid.*, p. 298.

(42)　ケナンは、この経験について、回想録にこう述べている。「アチソン氏の話し振りでは、ウォー・カレッジにおける任期が終われば、私がこの新設の組織の責任者に招かれるかもしれない様子であった。しかし、具体的にはそれがどのような内容のものであるのか、はっきりしたことはわからなかった。アチソン氏もマーシャル元帥からそれ以上はっきりした内容を聞いていた様子でもなかった。しかしいずれにせよ、私に関連してこのような動きがあることだけははっきりした」。Kennan (1967), p. 313.

(43)　*Ibid.*, p. 345.

(44)　George F. Kennan, "Foreword," in *American Diplomacy, 1900–1950* (Chicago : Chicago University Press, 1951), p. v.

(45)　Kennan (1967), *op. cit.*, pp. 127–128.

(46)　よく知られているが、ケナンは大統領のスピーチの草案作成に参加しておらず、ドクトリンの「公約の言葉の解釈の幅が大きい」ことに批判的であった。*Ibid.*, pp. 319-321. Bohlen, *op. cit.*, pp. 262-263も参照。

(47)　Kennan (1967), *op. cit.*, p. 325.

(48)　*Ibid.*, p. 326. ケナンは、同じ日に、常勤・非常勤を含む、企画スタッフの推薦名簿を提出した。"Memorandum to Mr. Acheson from Mr. Kennan on the Policy Planning Staff, April 29, 1947," Iokibe, ed., *op. cit.*, Vol. 2, microfiche 3-H-2を参照。

(49)　"Press Release Announcing Establishment of Policy Planning Staff, May 7, 1947," in Nelson, *op. cit.*, pp. 1-2. プレス・リリース（全二頁）に引用されているように、国務省令はPPSの目的、機能、組織を一覧表にしていて注目される。それによると、PPSの公式の目的は、国務次官の指揮の下、「プログラム設計の枠組みとして、また、現行の政策決定・執行のガイドラインとして役立つ長期的な政策を省内に打ち立てること」であった。さらに、この目的を達するため、以下のような方法で国務次官に助言・補佐することが求められた。(1)国務省職員の参考のために、米国外交政策の目的を達成するための長期的計画を策定し、発展させる。(2)国務省の任務の遂行に伴うと思われる問題を未然に予想する。(3)広範な政治・軍事問題について調査研究を行い、国務省がSWNCC等の会合に提出する報告書を作成する。(4)現行の政策の適正度を評価するため、独立に、または国務長官・次官の指示に沿って、米国の外交政策に影響を及ぼす問題とその展開を吟味し、その上で助言を行う。(5)国務省内の企画作業を調整する。

(50)　*Ibid.*

(51)　*FRUS, 1948, Vol. I, General ; United Nations*, Part 2 (Washington, D. C. : GPO, 1976), p. 509 fn.

(52)　"Interview with Carlton Savage, September 30, 1970," Papers of C. Ben Wright, George C. Marshall Library, Virginia Military Institute, Lexington, VA, pp. 1, 5-6を参照。

(53)　Kennan (1967), *op. cit.*, p. 368.

(54)　"Minutes of the Policy Planning Staff, 39th Meeting, August 7, 1947," Box 32, Records of the Policy Planning Staff, RG 59. デービスの前任者であったジョンソン（Joseph E. Johnson）は、ミスキャンブルによると、「学問の世界に赴き」、その後、カーネギー財団の会長を務めるようになった。Miscamble, *op. cit.*, p. 70およびKennan (1967), *op. cit.*, p. 328.

(55)　"Memorandum by Davies to the Director of the Policy Planning Staff Kennan (August 11, 1947)," *FRUS, 1947, Vol. 6*, pp. 485-486. このメモの書かれるちょうど一年前、デービスは、これと非常に

よく似た内容のメモランダムをモスクワから国務省宛に送っていた。彼はその中で次のように述べている。「現在のソビエトの対日政策は、日本がアメリカ志向で健全に発展するのをできるだけ阻害するように意図されている……もし、われわれが、有利な地位にあるという確信もなく、日本から撤退するのであれば、日本は遅かれ早かれ、ソビエトの手に落ちてしまうであろう。テーブルはひっくり返されてしまい、われわれは、もう一方の大国（first-class power）の『部隊集結場（place d'armes）』となった日本と対峙することになろう」。"Memorandum by the First Secretary of Embassy in the Soviet Union John P. Davis (August 10, 1946)," *FRUS, 1946*, *Vol. 8*, *The Far East* (Washington, D.C. : GPO, 1971), pp. 285-286 を参照。また、日本課の副主任であったエマーソンは、デービスのメモを分析して、ソビエトが日本を支配できるかどうかについて疑問を呈している。"Memorandum by Emmerson (October 9, 19946)," *Ibid*, pp. 337-339. さらに、Emmerson, *op. cit.*, pp. 283-285 を参照。

（56） Author's interview with George F. Kennan, September 15, 1997, Princeton, New Jersey.

（57） "Memorandum by the Director of the Policy Planning Staff Kennan to the Under Secretary of State Lovett (August 12, 1947)," *FRUS, 1947*, *Vol. 6*, pp. 486-487. ロベットの経歴やマーシャルとの関係について、Walter Isaacson and Evan Thomas, *The Wise Men : Six Friends and the World They Made* (New York : Touchstone, 1986) および C. W. Borklund, *Men of the Pentagon : From Forrestal to McNamara* (New York : Frederick A. Praeger, 1966), p. 118 を参照。

（58） "Memorandum by the Director of the Policy Planning Staff to the Under Secretary of State."

（59） Author's interview with George F. Kennan.

（60） Kennan (1967), *op. cit.*, pp. 311-312. すでに引用した筆者とのインタビューにおいて、このスピーチについて尋ねると、ケナンは、海外の、島々にある基地の戦略的重要性についての見解を発展させる上で、そのスピーチが非常に重要であったと述べた。彼は、「日本と沖縄にある基地がアジアに対して持つ機能を、英国の基地のヨーロッパに対する機能と同様に考えていた」という。

（61） "Memorandum by Borton on Drafting the Peace Treaty for Japan (June 25, 1948)."

（62） "Working Group on Japan Treaty, Notes of Meeting on Thursday, August 14, 1947," Folder : U. S. Policy Re JPT, Aug.-Dec. 1947, Records Relating to JPT and JST, 1946-1952, Bureau of Public Affairs, Office of the Historian, RG 59. これ以外に、特別政治局のラスク、国務次官室のボーンスティール（Charles H. Bonesteel）、占領地域担当国務次官補室のクラクストン（Philander P. Claxton）、および法律顧問室のフェヒーも参加した。

（63） "Memorandum from Penfield to Kennan on Urgency of a Peace Settlement with Japan (August 14, 1947)," Central Decimal File, 1945-1949 (740. 0011 PW-Peace 8-1447), RG 59. 早期講和を求めることのメモを起草したビショップ（Max W. Bishop）が、その月末にウォー・カレッジへ研究のため派遣されたことは、歴史の皮肉と言えよう。

（64） ボートンまたはペンフィールドが参加した会合について、"Minutes of the Policy Planning Staff," 第四二回（一九四七年八月一八日）、第四八回（八月二五日）、第四九回（八月二六日）、第五〇回（八月二九日）、第五一回（九月二日）、第五二回（九月二日）、第五六回（九月八日）、第五七回（九月九日、この日、グルー前駐日大使も参加した）、第五八回（九月一〇日、この日、バランタインも参加した）、第五九回（九月一〇日）、第六〇回（九月一一日、この日、ドゥーマンも参加した）、第六三回（九月一七日、去る一五日付で新しく極東局長となったバタワースも参加した）、第六五回（九月二二

日）、第七三回（一〇月一三日）、PPS Records, RG 59.

（65）“Memorandum from Kennan to General [Lauris] Norstad and [Rear] Admiral [Forrest P.] Sherman,” Iokibe, ed., *op. cit.*, Vol. 2, microfiche 3-H-7. ノルスタドとシャーマンの指示で、海軍作戦参謀次長（政軍関係担当）のウーリッジ少将、同室のオースティン大佐、陸軍作戦部・軍事調査室（Military Survey Branch）のバイロード（Henry A. Byroade）大佐（そしてその後、スカイラー准将と陸軍および空軍を代表するウェストオーバー〔C. B. Westover〕大佐）は、第五〇、五二、五六、五七、五九、六〇のそれぞれのPPSの会合に参加した。

（66）“Untitled Attached Paper, Minutes of the 48th Meeting (August 25, 1947),” Box 32, PPS Records, RG 59.

（67）この草案は、議論の結果、軍部との会合を控えた八月二八日に、最初の五頁が書き直された。修正草案では、「ヤルタ会談でソ連に与えられた千島の南部を構成する、歯舞、色丹、国後、択捉は、日本が保持する」とされた。“Untitled Attached Paper, Minutes of the 50th Meeting (August 29, 1947),” *Ibid.*

（68）“United States Policy Toward a Peace Settlement with Japan (September 4, 1947) attached to Minutes of 54th Meeting (September 4, 1947),” *Ibid.*

（69）“Minutes of the 56th Meeting (September 8, 1947),” *Ibid.* ミスキャンブルは、ケナンのパリ出張が、PPSの責任者としての「彼の役割の転機となった」と指摘する。それは、「ワシントンでの日々の政策形成の中枢を占めるだけでなく、それを執行するために直接海外に出向いていく」ということであった。Miscamble, *op. cit.*, p. 64を参照。後述するように、ケナンが対日政策の見直しに関わり、その後極東を訪問したことについても、同様のことが言える。

（70）“United States Policy Toward A Peace Settlement With Japan (September 8, 1947),” Box 32, PPS Records, RG 59.

（71）PPSの文書について議論した会議の会談記録（前述）は、バランタインやドゥーマンが、PPSが考えていた原則に反対していることを示している。特にドゥーマンは「断固」反対していた。彼ら日本側の立場を考慮する人々のPPSに対する反対の理由の一つには、琉球諸島の問題があったと思われる。

（72）“United States Policy Toward a Peace Settlement with Japan (September 17, 1947),” *Ibid.*

（73）“Memorandum from Chief of Plans and Policy Group Schuyler to Kennan (September 24, 1947),” *Ibid.*

（74）“Memorandum from Deputy Chief of Naval Operations Sherman to Kennan, September 24, 1947,” *Ibid.*

（75）“Memorandum from Gerig to Rusk on the Ryukyu Islands, October 1, 1947,” Roll 5, Microfilm COO44, ONA Records, RG 59.

（76）講和条約草案を受け取ると、ヒルドリング次官補は、八月七日、ペンフィールドにメモを用意させた。それは、マーシャル長官に宛てて、琉球に関する米国の立場について、国務省と軍部の立場を比較したものであった。ヒルドリングはマーシャルに、軍部に「われわれの立場を認めさせるために」、軍部の代表と「非公式対話」を再開する許可を求めた。マーシャルはこれを認めたが、実際にこのような会議が持たれたかどうかは不明である（ヒルドリングはその後間もない八月一五日に辞め、サルツマンに席を譲っている）。しかし、ヒルドリングのメモが、ボートンの直接の上司であるペンフィールドによって起草されていることを考えれば、前述のボートンによる会議が実はヒルドリングの思い描いていたものであったのかもしれない。マーシャル自身も、国務省の立場に懸念を持っており、「冷徹な現実主義」は、「軍部の主張する解決」を要請していると考えていた。“Memorandum by Hilldring to Secretary on United States Position Reference Ryukyu Islands (August 7, 1947),” Folder: Islands-Ryukyu and Bonin, Box 2, ONA Records, RG 59を参照。

（77） "PPS/10, Results of Planning Staff Study of Questions Involved in the Japanese Peace Settlement (October 14, 1947)," Nelson, *op. cit.*, pp. 108-115. また、*FRUS, 1947, Vol. 6*, pp. 536-543をも参照。

（78） "PPS10/1, Special Recommendation on the Ultimate Disposition of the Ryukyus (October 15, 1947)," Nelson, *op. cit.*, pp. 116-117. 国務次官補（サルツマン）の補佐役であったモーズリー（Harold W. Moseley）のボートン宛メモに、脚註の形で、PPSの文書の起草者がデービスであることが示されている。"Moseley to Borton on Subcommittee to Study the Ultimate Disposition of the Ryukyu Islands (October 21, 1947)," Roll 5, Microfilm C0044, ONA Records, RG 59を参照。デービスは自分が起草者だったか思い出せなかったが、ケナンは、デービスであったろうと証言した（Letter from John P. Davies to author, November 20, 1997; Author's interview with Kennan）。

（79） PPSに関するネルソン資料を用いる研究者は、彼女の本にあるPPS一〇／一の引用部分に誤植があることに注意しなければならない。実際の文書では、"It has not seen, however, convincing evidence（しかし、確固たる証拠はない）" と書かれているが、ネルソン版では、"not" が "now" となっている。"not" が正しいことは文脈から明らかであるが、誤って読むと大きな違いを生んでしまう。

（80） "Moseley to Borton on Subcommittee to Study the Ultimate Disposition of the Ryukyu Islands (October 21, 1947)"; "Memorandum for Members of SANACC on Additional Directive to and Change in Composition of an ad hoc Committee (October 20, 1947)," *Ibid.* 指令は以下の通り。「一、国務長官代理の要請に基づき、SWNCC五九／九に関する研究・報告を行うよう指定された特別委員会は、a、北緯二九度以南の琉球諸島の最終的処分について、米国がいかなる政策をとるべきか検討する。b、琉球諸島南部に対して米国が及ぼす支配の形態について、徹底的な分析をする。c、米国の軍事的必要を満たしながら、政府にとっての不都合を最小限に抑えた解決方法を提案する。二、このため、委員会には、次の点について報告で言及することを求める。a、諸島がバランスのとれた経済を維持することができるか。b、もしできなければ、民生の安定のために米国が要する費用・人員はどのくらいか」。

（81） "Memorandum from Ohly for the Secretary of Defense (Forrestal) on Strategic Areas and Trusteeships in the Pacific (October 27, 1947)," in Iokibe, ed., *op. cit.*, Vol. 3, microfiche 1-C-73; "Memorandum from Secretaries to Secretary of Defense Forrestal (October 27, 1947)," *Ibid.*, microfiche 1-A-5; "Memorandum from Forrestal to Secretary of State Marshall (October 27)," *Ibid.*; "Memorandum on Joint Chiefs of Staff Review of United States Control Needed Over the Japanese Islands (undated)," *Ibid.*

（82） "Memorandum from Butterworth to Secretary of State Marshall on Disposition of the Ryukyu Islands (February 6, 1948)," Roll 5, Microfilm C0044, ONA Records, RG 59.

（83） "Memorandum from Acting Political Adviser Sebald to the Secretary of State on Observations Concerning the Military Government of the Ryukyu Islands (November 10, 1947)," 800 Political Affairs General, 1947, Box 22, RG 84, NA. シーボルドはこの後一九五〇年一月にも沖縄を訪れた。その時の彼は、前回よりもかなり良い印象を受けたようで、日記にも、「私が前回訪れて以来、多くのことがなされ、今や将来に対する希望や好奇心に満ちている」と記している。Diary entry for January 14, 1950, *Sebald Diaries* を参照。

（84） Telephone interview with Niles W. Bond, August 11, 1998.

（85） *Ibid.* マッカーサーが知らなかったというのは、ある程度真実であろう。複雑な指揮系統になっていた沖縄では、部隊はマニラのフィリピン・琉球司令部（PHILRYCOM）の指揮下にあり、通信もマニラを経由していた（その改善策について、以下の議論を参照されたい）。しかし同時に、マッカーサーの友人であり、右腕であったホイットニーの著したマッカーサー伝によれば、マッカーサーは、「戦後の、非軍人による統治」は、一般的に言って質が悪く、軍人出身者ほど自制心をもって働くことができないと、考えていたという。Courtney Whitney, *MacArthur: His Rendezvous With History* (New York: Alfred A. Knopf, 1956), p. 293を参照。

(86) *Ibid.*, Oral History Interview with Niles W. Bond (December 28, 1973, Washington, D. C.), Truman Library, pp. 25-26. ボンドはスイス、ベルンの領事だったが、米国への帰国途中、新しく上司になったバタワースに、日本に行きマッカーサーと地域問題について話して来るよう命じられていた。前述の電話インタビューでボンドが筆者に語ったところによると、沖縄訪問は当初の予定に含まれていなかったが、シーボルドに誘われたため、喜んで受け入れたのだという。

(87) "Personal and Confidential Letter from Sebald to Penfield (November 13, 1947)," Box 22, Special Correspondence, 1947-1956, Sebald Papers.

(88) 極東局の条約作業班はボートンの指揮下で、講和条約草案に取り組み続けており、「ケナンが発展させたアイデアを具体化」しようとし、他省の修正要求にも応えようとしていた。例えば、一九四七年一一月七日の草案では、「日本の領土に含まれるのは、本州・九州・四国・北海道の四つの主要な島と、全ての小諸島……北緯二九度以北の琉球諸島……（註：北緯二九度以南の琉球諸島の扱いには問題が残っている。米国によるこれらの諸島の戦略的信託統治か、あるいは主権を日本に残したまま沖縄本島などに長期の基地を租借するか、決定はなされていない）」とされている。"Draft of Treaty of Peace for Japan," Folder: Drafts (Ruth Bacon), Box 1, ONA Records, RG 59; "Memorandum from Hugh Borton to Davies on Background of Draft of Japanese Peace Treaty (January 30, 1948)," Untitled Folder, Box 4, Records Relating to the Japanese Treaty of Peace, Office of the Historian, Bureau of Public Affairs, RG 59を参照。

(89) "(General Marshall's Comments to) Hilldring Memorandum to Secretary of State (August 7, 1947)." ところで、筆者は、二つのバージョンのヒルドリング・メモを発見した。一つ目は、ここで引用したもので、Box 2の中にあり、マーシャルが付け加えたコメントを含んでいる。二つ目は、Ryukyus-Old folder in Box 4の中にあり、この部分を含んでいない。マーシャルの言及している報告は、両方の文書と共に見つかった。それは、フィアリーの準備した、「琉球諸島の日本による保持に関する政治的議論（Political Arguments for the Retention of the Ryukyu Islands by Japan）」という題の一頁の文書だった。

(90) "Memorandum from Butterworth to Secretary of State Marshall on Disposition of the Ryukyu Islands."

(91) "Advantages and Disadvantages of a United States Leased Base Arrangement in the Ryukyu Islands (undated)," Roll 5, Microfilm C0044, ONA Records, RG 59. この文書は、日付は不明だが、前述のバタワースのマーシャル宛メモのすぐ後ろで見つかった。文脈からすると、一九四七年一〇月から一九四八年二月までの間に書かれたことが分かる。この文書の一部の草案は、一九四七年一〇月二九日、属領課のゲリグによって起草されている。この文書は、基地租借方式だけでなく、さまざまなタイプの信託統治方式についても言及している。"Alternative Means of Establishing United States Control Over the Ryukyu Islands (South of 29°) and Some of the Political Advantages and Disadvantages of Each-draft (October 29, 1947)," Folder: Ryukyus-Old, Box 4, Lot 56D527, ONA Records, RG 59を参照。

(92) さらに、フィアリーの覚書は、補償は租借地域から移住させられる人々にもすべきであると指摘している。これは、当時にすれば比較的、好意的で前向きな提案であると言える。基地用地からほとんど何の補償もなく強制的に立ち退きを強要されたことに対して、一九五〇年代の初めから半ばにかけて全島をあげての抗議行動がなされたことを考えると、軍部がこの研究にもっと配慮しなかったのは残念である。

(93) フィアリーがこれを一人でまとめたのか、あるいは、軍部の代表と非公式に話し合った上でまとめたのか、明らかではない。しかし、第一点目の後に直ちに反論をあげているということは、彼がすでに軍部の意見を聞いており、彼らの議論に反駁する必要を感じていたことを示唆している。

(94) "Letter from Marshall to Secretary of Defense Forrestal (February 20, 1948)."

(95) グルンサーは、一九四七年八月二五日に統合参謀部長に任命された。統合参謀部は、公式には一九四七年七月二六日、トルーマン大統領が国家安全保障法案に署名して誕生したが、実態としては、ＪＣＳがグルンサーの提出した改造案（九月二六日提出）を承認した一九四七年一〇月二六日に生まれた。

(96) "Memorandum from John H. Ohly to Secretary of Defense Forrestal, March 6, 1948," Iokibe, ed., *op. cit*., Vol. 3, microfiche 1-C-71.

(97) "Memorandum from Forrestal to Secretary of State Marshall, March 5, 1948," *Ibid*.

(98) Brooks Atkinson, "America's Global Planner," *New York Times Magazine* (July 13, 1947), pp. 9, 32-33.

(99) "Memorandum from Kennan to Lovett (February 17, 1947)," Iokibe, ed., *op. cit*., Vol. 3, microfiche 3-H-13.

(100) "Memorandum from Kennan to Lovett (October 14, 1947)."

(101) "Memorandum from Director, Executive Secretariat, Office of the Secretary (Carlisle H. Humelsine) to Armour, et. al. (October 29, 1947)," Central Decimal File, 1945-1949 (740. 0011 PW 〔PEACE〕/ 10-2947), RG 59.

(102) "Memorandum from Kennan to Lovett (January 27, 1948)," Box 29a, PPS Records, RG 59. ケナンとバタワースは、以前にも一緒に働いたことがあった。それは面白いことに、ポルトガルのアゾレス諸島に基地の権利を確保するためであり、ケナンはそこの代理公使、バタワースは合衆国通商公社の理事長であった。二人の関係について、Kennan (1967), *op. cit*., pp. 145-147 を参照。また、Author's interview with Kennan を参照。

(103) "Memorandum from Butterworth to Marshall on U. S. Position on the Japanese Peace Treaty (January 29, 1949)," Iokibe, ed., *op. cit*., Vol. 3, microfiche 1-A-43. ヒアーは、マッカーサーとの会談のため東京に赴く最有力候補はバタワースであったと思われると指摘し、マーシャルの派遣承認が早く下されるように、バタワースとケナンが試みたことについて詳細に説明している。Heer, *op. cit*., pp. 141-144 を参照。ヒアーによると、ケナンは、「ＰＰＳ一〇（ママ）で東京への使節派遣を提案した当初は、自分自身のことは『特に念頭に』なかった」というが、筆者とのインタビューでもケナンはこれを認めた。Author's interview with Kennan. ミスキャンブルによると、当初ロベットは、ケナンやボーレンが多忙であったため、バタワースを日本に派遣しようと思っていた。Handwritten comments by Lovett on Kennan's memorandum transmitting PPS / 10, October 14, 1947, Box 33, PPS Records, quoted in Miscamble, *op. cit*., p. 254.

(104) "Memorandum from Humelsine to Kennan (February 9, 1948)," Box 29a, PPS Records, RG 59.

(105) "Personal (Telegram) for MacArthur From Marshall (February 12, 1948)," *Ibid*. 実際は、二月二六日までワシントンを離れられず、東京に着いたのは三月一日であった。

(106) "Memorandum from Humelsine to Kennan."

(107) "Memorandum from Kennan to Butterworth (February 10, 1948)," Iokibe, ed., *op. cit.*, Vol. 3, microfiche 3-H-12.

(108) *Ibid.*

(109) *Ibid.* ケナンのグルンサーとの非常に良い関係について、Kennan (1967), *op. cit.*, pp. 305-307を参照。

(110) "Memorandum for the Files by John H. Ohly (February 10, 1948)," Iokibe, ed., *op. cit.*, Vol. 3, microfiche 1-C-92; "Memorandum to Schuyler from Secretary Forrestal on Military Representation at CINCFE Conference with State Department Representatives (February 23, 1948)," *Ibid.*

(111) Kennan (1967), *op. cit.*, pp. 382-383. ケナンは、回想録において、この時期についてこう述べている。「陸軍省には、私の仕事の見通しについて、用心するようにと注意する者もいたし、興味をそそられた者もいた。同省の一部の人々は、日本での占領行政の基礎となっている考え方や指令を改正する必要があることを痛感していた。しかしその人たちも、国務省の連中よりもさらにマッカーサーを恐れていたのであり、か弱い一文官のダビデがどえらい軍人のゴリアテに見参に行こうとしているのを、舌なめずりして待ちかまえていたのであろうと、私は思っていた。この人たちが、自分たちにも関係があると考えたのか、軍人の同行者を一人つけてくれた。それというのも、自分たちとの間の連絡をとっておく必要からでもあった。ところが幸いなことに、この軍人は……スカイラー将軍であった」。

(112) Miscamble, *op. cit.*, p. 258.

(113) Telephone interview with Marshall Green (September 14, 1997); author's interview with Marshall Green, Washington, D. C. (February 1, 1998).

(114) "Memorandum from Kennan to Penfield on Suggestions for Message to Sebald to Tokyo (February 17, 1948)," Iokibe, ed., *op. cit.*, Vol. 3, microfiche 3-H-13.

(115) Author's interview with Green. Marshall Green, *Pacific Encounters: Reflections and Humor* (Bethesda: Dacor Press, 1997), pp. 5-28も参照。

(116) Kennan (1967), *op. cit.*, p. 383; author's interview with Kennan.

(117) "Memorandum of Conversation with Secretary Marshall on Forthcoming Discussions with General MacArthur (February 19, 1948)," Box 29a, PPS Records, RG 59.

(118) "Memorandum by Green to Kennan (February 24, 1948)," Iokibe, ed., *op. cit.*, Vol. 3, microfiche 1-A-16; "List of Questions to be discussed by Mr. Kennan with General MacArthur (undated)," Box 29a, PPS Records, RG 59. 後者の作成者は不明だが、グリーンがおそらくフィアリーの助けを借りながら作成したようである。なぜなら、フィアリーは以前これらの問題に取り組んでいたし、二人は同僚であり親友でもあったからだ。

(119) これには、琉球に関するJCSの検討や、フィアリーの琉球に関する一九四六年一一月文書が含まれるが、この二つは両方とも当時の軍部と国務省の見解をよく表している。

(120) "PPS/23, Review of Current Trends of U. S. Foreign Policy (February 24, 1948)," Nelson, *op. cit.*, Vol. 2 (1948), pp. 103-134. *FRUS, 1948, Vol. 1*, pp. 509-529も参照。

(121) *Ibid.*, p. 123. おそらく、ここでケナンは、琉球を「日本」に含めていると思われる。

(122) Kennan (1967), *op. cit.*, p. 383. ミスキャンブルは、グリーンへの一九七八年に行ったインタビューを引用しているが、グリーンによれば、三〇時間の長旅の間、ケナンはずっと彼と同名の叔父でロシアの専門家だった、ジョージ・ケナンが一八九一年に書いた *Siberia and the Exile System* を読んでおり、そのうちに「『ウラジオストックから』日本に到着した」という。Miscamble, *op. cit.*, pp. 259-260を参照。Heer, *op. cit.*, p. 148も参照。

(123) Kennan (1967), *op. cit.*, p. 383.

(124) *Ibid.*, p. 384.

(125) *Ibid.* "Engagement book of William J. Sebald," Box 44, Sebald Papersも参照。

(126) Kennan (1967), *op. cit.*, pp. 384-385; "Letter from Kennan to MacArthur (March 2, 1948)," Box 32, RG 5, MacArthur Archives, Norfolk, Virginia; "Memorandum from Kennan to MacArthur (March 5, 1948)," Box 29a, PPS Records, RG 59.

(127) Kennan (1967), *op. cit.*, p. 385.

(128) 昼食会についてのケナンの記録によれば、マッカーサーは「共産主義者は日本ではもはや脅威ではない」と発言した（*Ibid.*, p. 384）。しかし、ケナンの滞日中、悪化しつつあった日本の経済の下で、一連のストライキがあったことは事実である。例えば、"Strike Wave Hits Japan As Unions Press Demands," *Pacific Stars and Stripes*, March 17, 1948を参照。昼食会の記録（全文）は、"General MacArthur's Remarks at Lunch (March 1, 1948)," *FRUS, 1948, Volume 6, The Far East and Australasia* (Washington, D. C.: GPO, 1974), pp. 697-699として出ている。グリーンの記憶では、当時の占領下の東京にあっては、「問題は……、さまざまな国際問題に関して、［ケナンの］意見をどうやって総司令部に分からせるかということだった。ケナンは優れたロシア専門家であり、世界情勢にも通じていたため、それにピッタリの人物だったのだ。日本は世界の僻地ではなく、重要な位置にあるのに、総司令部は当時の日本ばかりに気を取られて、将来のことや、日本の対外関係、将来の体制について考えもしなかったのである。例えば、マッカーサーはやや曖昧だが、極東におけるスイスのようになるべきだと言った。こういうことは、よく言われていたことなのだ。世界に名だたるケナンが東京に来て、今後世界の大国になるべき国家にいる支配者の一部、特にその首脳の偏狭な世界観を目の当たりにした。これは、ケナンにはショックだったのだ」。Author's interview with Green.

(129) ミスキャンブルはグリーンへのインタビューに基づき、ウィロビーがケナンと話したのは講演の前ではなく、その後だったと考えている。しかし、ケナンの回想録によれば、演説はウィロビーの訪問の後だったとされる。グリーンが語ったところによると、彼と、以前同僚だったバブコック（C. Stanton Babcock）大佐（戦前の東京で大使館付武官を務め、後にダレスの講和条約準備チームに軍事スタッフとして加わる）が、ケナンの演説を手配したという（Miscamble, *op. cit.*, pp. 261-262）。ヒアーは、博士論文で、ミスキャンブルに同意し、「おそらくケナンの記憶が間違っていて、ウィロビーがケナンを訪問したのは、演説の結果であり、原因ではなかった」としている（Herr, *op. cit.*, p. 150n）。しかし、筆者が表6-1にまとめた現在利用できる資料によれば、ウィロビーの訪問の後にソビエトに関する演説がなされたという順序に関する限り、ケナンの説明が正しいようである。このことは、グリーンが、バブコック（彼はマッカーサーのスタッフを計四年間も務めた）と協力して、ケナンの演説を手配するのに重要な役割を果たしたことを否定するものではない。この点については、筆者はミスキャンブルやヒアーと同意見である。

(130) Green, *op. cit.*, p. 27. グリーンは、筆者とのインタビューで、「ケナンは東京での、ソビエトの行動の源泉についてのこのすばらしい演説をあまり自慢しない。彼は、それが単なるマッカーサーの司令部員のためのブリーフィングであったという。とんでもない。素晴らしいスピーチだった」と付け加えた。

(131) Kennan (1967), *op. cit.*, p. 385.

(132) Green, *op. cit.*, p. 27. グリーンは筆者に、以下のように語った。ケナンは「非常に賢く、マッカーサーとウィロビーを取り込んだ……原則の上で譲ることなく、彼らと形式的に同調したことが賢明だったのだ。彼の話は、彼が［ＳＣＡＰの人々には］国務省の他の連中とは違うということがすぐに分かるものだった。現実を理解する者が来たのだ……支援者と感じたのだ。ケナンはまさに偉大な外交官だ。彼が言葉遣いの名人であることは言うまでもない。しかし、同時に名戦術家であり、人間の心を捉える名人だったのである」(Author's interview with Green)。

(133) Kennan (1967), *op. cit.*, p. 385.

(134) "Conversation Between General of the Army MacArthur and Mr. George F. Kennan (March 5, 1948)," *FRUS, 1948*, *Vol. 6*, p. 700.

(135) 海軍が沖縄に価値を見出さなくなっていたことについて、ケナンは、次のように記した。「マッカーサーは、海軍が沖縄を前進基地にしようとは思っていないことを分かっていた。それは、多くの台風に襲われるし、通常の港湾設備も欠き、避難もままならなかったからだ。だが、彼自身は、そうした問題は克服できると思っていた。防波堤を築けばいいし、必要なら、台風の時だけ海に避難することも可能だからだ」。

(136) この点についてマッカーサーは、後に、次のように言った。「講和条約の締結後、米国が日本のどこかに基地を保有できるとは思わなかった。われわれがそんなことをすれば、他の国家がこうした同様に正当な要求をしてきたときに認めなければならなくなる。ロシアだけでなく、他の連合国も日本の領域内に基地を持ちたがるだろう。それを防ぐにはわれわれが出て行くしかない」。こうしたマッカーサーの意見に反対する人もいたが、結局は、一九五〇年の悪化しつつある国際情勢（および後述するように、ワシントン訪問中の池田ミッションの基地提供の打診）のため、マッカーサーも日本の基地が必要であることを確信した。

(137) グリーンがケナンのために作成した二つの報告書（前述）の初めのほうには、マッカーサーの九月のコメントが載っている。

(138) Kennan (1967), *op. cit.*, pp. 385-386.

(139) Author's interview with Green. アイケルバーガーとケナンとの会話を記録したメモランダムのコピーは、アイケルバーガーの日記で彼のコメントと共に見ることができる。Eichelberger Diary (March 10, 1948 entry), Box 1 (Diaries), Eichelberger Papers を参照。

(140) "Telegram No. 57 from Sebald (Kennan) to Secretary of State (for Lovett), (March 10, 1948)," Box 29a, PPS Records, RG 59. ヒアーは間違って、ケナンが三月一〇日に沖縄とフィリピンへ出発した、と記した。Heer, *op. cit.*, p. 154 を参照。実際は、翌一一日に出発した。

(141) この旅行がいつ実際に計画されたのかは不明である。

(142) "Telegram No. 57." 三月四日の国務省の電信では、ケナンが旅行中に中国を訪れることが提案されていた（三月後半に陸軍長官のケネス・C・ロイヤルが来ることになっていたため、ケナンの旅行はすでに延長されていた）。ケナンは中国の訪問に、「重要な考慮に基づき、訪問は困難……、私は今現在、米国の政策について［中国政府と］議論したくはないし、何も提供するもののないまま訪れるのは、訪れないことよりも相手を怒らせてしまうのではないかと思う」と応えている（*Ibid.*）。ケナンが、蒋介石政府を嫌っており、中国に無関心であることは、よく知られていた。しかし、ケナンが、「私が、職務上、中国問題に取り組む上で、中国の情勢を少しでも知っておくべきで……私は東京に着くまで最終決定をする気はなかったが、長官は私が南京への旅行を考慮するべきだと思っていた」と書いているように、マーシャルは、二月一九日の会議前後に、中国行きを提案していた。実際は、ケナンはマーシャルに、「私はこの状況をさらに複雑にさせたくなかったし、私がウェデマイヤー使節のようなものを、繰り返しているという印象を与えたくはなかった」と説明し、すでに行かないことを決めてしまっていたようである。"Memorandum of Conversation with Secretary Marshall on Forthcoming Discussions with General MacArthur" を参照。

(143)「米外交顧問ケナン氏が来島」『うるま新報』一九四八年三月一八日付。志喜屋孝信の未公開の日記である「連絡事項備忘録」の三月一一日、一二日付の記述を参照（この日記を提供して下さった嘉陽安春と嘉陽安昭に厚くお礼を申し上げる）。ケナンは、日本でのハードスケジュールの中で、十二指腸潰瘍を再発しており、ワシントンへ帰るとすぐに入院した。グリーンのミスキャンブルへのインタビューによれば、ケナンは日本旅行中に病気になり、最終報告草案のほとんどを横たわったまま起草しなくてはならなかった程であった。Miscamble, *op. cit.*, p. 264 を参照。このことは、ケナンの秘書であったドロシー・M・ヘスマンとの一九七〇年のインタビューで確認された。"Interview With Dorothy Hessman," Papers of C. Ben Wright, George C. Marshall Library, pp. 5, 20-21 を参照。

(144)「戦略地としての沖縄、硫黄島　米は単独信託要求」『うるま新報』一九四七年一二月一二日付。ケナンの日記は現在のところ公開されていないので、彼が沖縄や、そこでの会話についてどう記述しているのか確かめることはできない。残念なことに、志喜屋の日記にも、ケナンが知事室を訪れ、「立ち話をした」としか書かれておらず、詳細は分からない。同様に、志喜屋の日記を元にした、志喜屋と沖縄民政府時代についての日本語文献にも、ケナンの訪問への言及はない。嘉陽安春『沖縄民政府』久米書房、一九八六。

(145) "Telegram No. 406, (Ambassador Emmet) O'Neal to Secretary of State (for Butterworth from Kennan), March 13, 1948," Box 29a, PPS Records, RG 59.

(146) "Memorandum from Kennan to Secretary Marshall (March 14, 1948)," *Ibid.* また、*FRUS, 1948, Vol. 1*, pp. 531-538 も参照。バタワースへの二日後の手紙の中で、ケナンは、「ファイルも見ず、誰からの助言も受けられないまま、一日で［覚書を］書いたので、おそらく不十分な出来に違いない。しかし、西太平洋におけるわれわれの一般的政策に関して、私自身の考え方がいかにして出来あがったか、その概要を、ワシントンに帰る前に長官に提出できたら役に立つだろうと思ったのだ」。と書いた。"Letter from Kennan to Butterworth (March 16, 1948)," Box 29a, PPS Records, RG 59 を参照。

(147) "Report on SCAP-State Department-Military Establishment Conferences in Tokyo, A Report for the Secretary of Defense (undated)," Plans and Operations Decimal File, 1946-1948, Records of the Army Staff, RG 319. スカイラーが沖縄までケナンに同行したかどうかははっきりしない。ケナンは、筆者との手紙でのやり取りの中で、「彼が同行したというのはありそうもないことである」としている（一九九八年九月一八日付）。しかし、覚書の文章の文脈や、旅行の日付が一致していることからすれば、スカイラー（あるいは側近）がケナンに同行したことを十分に推測しうる。例えば、スカイラーは、ケナンと共に「三月一日から三月一一日まで東京にいた」と記録している。そして、「P&Oの代表は一日半沖縄で過ごした」と書いており、ケナンの沖縄での滞在日数と一致している。スカイラーは、三月一三日から二〇日には上海（おそらく沖縄から）を訪れており、「三月二〇日、上海から東京に呼び戻された」と記録している。こうしたことから、筆者はケナンの記憶と異なり、スカイラー（あるいは側近の一人）がケナンと共にいたか、同時に沖縄にいたと推測する。実際、スカイラーはケナンの軍事連絡員として占領下の日本に旅行したのであるから、ケナンの沖縄行きに同行が求められただろう。とにかく、同時期の沖縄に関する報告があれば、その状況や見方を知る良い素材になろう。

(148) 四月中旬に書かれたこれに関連する覚書には、「沖縄での人員の不足……、家族のための住宅の不足……は、重大な問題である……、極東軍の配備地域に家族がいれば、部隊の中の性病や犯罪、飲酒の蔓延を抑えるのに大きな効果をもたらすだろう」と指摘している。"Memorandum for Record by Colonel Paxson (April 19, 1948)," Box 19, Plans and Operations Division Decimal File, 1946-1948,

RG 319 Records of the Army Staff, NA を参照。

(149)　フィッシュの研究によれば、フィリピン人部隊（第四一四歩兵連隊）は規律を欠き、一九四七年一月二三日に沖縄に到着して以来、多くの問題を起こした（そのため、後に活動停止となり、一九四九年五月に沖縄を去った）。一九四七年の初めには、凶悪犯罪が増えたため、志喜屋知事がフィリピン人部隊の撤退を促した程であった。これが一つの理由となって、ヘイデンがフィリピン人部隊に替わる沖縄人部隊を作ることに熱心になったのである。フィッシュは、フィリピン人兵士と沖縄人との摩擦が、戦後の沖縄の再建を妨げたとしている。Fisch, *op. cit.*, pp. 84-87 を参照。ケナンはマーシャルへの手紙の中で、ヘイデンの提案に賛成し、沖縄人部隊を作ることを「望ましい」と思っている、と書いている。そして、そうした補助部隊が、「そこに駐屯するわれわれの部隊の兵站活動を減らすことが出来る」と述べている。

(150)　ケナンはマーシャルへの手紙の中で、「われわれの部隊が沖縄に恒久的に駐屯せずに、頻繁に基地を循環するようなシステムが陸軍の中で考案されている。もちろん、家族の同伴は許されないことになるが、私は、これは非常に望ましいシステムだと思う」と述べている。

(151)　筆者は、この手紙を重視している。なぜなら、後述するように、それは、日本・沖縄訪問に関するケナンの「報告書」およびＰＰＳ二八にある、沖縄についてのコメントの基礎となるからである。Nelson, *op. cit.*, Vol. 2, pp. 210-213 を参照。

(152)　この点について、ケナンは、「われわれ［ＰＰＳ］は、特に沖縄の問題と対日政策は深く関連していると考えていた」と筆者に強調した。Author's interview with Kennan.

(153)　ケナンはマーシャル宛の文書の中で、余談としつつ、次のように述べている。「私自身文民であるにもかかわらず、このように大胆に、かなり軍事的なことについて提案してしまって、申し訳ない。しかし、政治的要素と同様に軍事的要素を含んだ全体的な戦略を打ち立てることが緊要である。私の提案は、軍隊の多くの優秀な将校の優れたアドバイスを元にしている。いつか適当な時期に専門家が取り組むべき試案として考えたものである」。

(154)　フィリピンについては、ケナンは、「われわれは、最悪の道を進んでいる。われわれの基地は非常に大きく、フィリピン人に、戦争になったらまた戦争に巻き込まれる避雷針になってしまうのではないかという不安感を与えながら、一方で、新しい侵攻に対する真の安心感を与えるほどには強くないのである。われわれには軍事援助協定があるが、それは気乗りのしないもので、フィリピン人は苛立ち、やる気もなくしている」との感想を述べた。ケナンの見方からすると、米国がフィリピンに留まれないのではないかという不安感が、沖縄を戦略的にずっと重要にしていたのである。

(155)　陸軍長官のロイヤルは日本を訪れる予定になっていて、国務省もケナンに対し、彼に会うために日本滞在を延長することを求めた。しかし、ロイヤルは、当時議論されていた「一般国民軍事教練法案（Universal Military Training bill）」について連邦議会で証言するために、代わりにドレイパーに日本行きを頼まなければならなかった。Howard B. Schonberger, *Aftermath of War: Americans and the Remaking of Japan, 1945-1952* (Kent: The Kent State University Press, 1989), p. 182 を参照。

(156)　"Conversation Between General of the Army MacArthur, Under Secretary of the Army Draper, and Mr. George F. Kennan (March 21, 1948, amended March 23, 1948)," *FRUS, 1948, Vol. VI*, pp. 706-712.

(157)　"PPS/28, Recommendations With Respect to U. S. Policy Toward Japan (March 25, 1948)," *Ibid.*, pp. 691-719 (revised as "PPS28/2"). Nelson, *op. cit.*, Vol. 2, pp. 175-243 を参照。

(158)　講和後の安全保障取り決めについては、ＰＰＳは、「米国の戦術部隊は、講和条約が効力を発するまで日本に留まるべきである。講和後の日本の軍事的安全保障のための取り決めに関する米国の最終的立場は、講和条約が交渉中である間は、決定されるべきではない。その時の国際情勢と日本国内の安定の達成度に照らして、初めて決定されるべきである」としている。

(159) "Observations (March 25, 1948)," Nelson, *op. cit.*, p. 211.

(160) 「報告書」の一部が掲載されていない一九四八年のＦＲＵＳ（第六巻、七一二―七一九頁）を利用した宮里は、ケナンがこの報告書で沖縄について「全く触れていない」としている。それは間違いである。実は、ケナンは四頁ほどの長い文書を作成した。ＰＰＳ文書を編集したネルソンの本（第二巻、二二一―二二四頁）において、一部を除けばほぼ全部が紹介されている。宮里、前掲書、二二二頁を参照。

(161) この段落は、ネルソン版に"Observations"と紹介された中には入っていない。四月初めの会談記録に付属した文書の"Discussion"の項にある。"Memorandum from William I. Cargo to Chief of Division of Dependent Area Affairs Ben Gerig on the Disposition of Okinawa (April 5, 1948)," Central Decimal File, 1945-1949 (890. 0146 / 4-548), RG 59 を参照。

(162) "Memorandum from Kennan to Lovett (March 25, 1948)," Box 29a, PPS Records, RG 59. マーシャルは後に、その文書がＮＳＣで決定される政府の政策の基礎になるべきだということに賛成した。フォレスタルの四月三〇日付の日記によれば、マーシャルが会議の他のメンバーに、ケナンの報告書は「非常に論理的であり、説得力がある文書である」と言い、彼がそれをＮＳＣと大統領に提出するつもりであることを示唆したという。Miscamble, *op. cit.*, p. 265 で引用している Diary Entry, April 30, 1948, Box 4, Forrestal Diaries, Forrestal Papers を参照。

(163) "Memorandum from Kennan to Lovett (March 25, 1948)."

(164) "Memorandum from Humelsine to Butterworth (March 31, 1948)," *Ibid.*

(165) "Memorandum from Allison to Butterworth on Comments on PPS 28, Recommendations with Respect to US Policy Toward Japan (March 29, 1948)," *Ibid.* 後に、アリソンは、ダレスの補佐として、対日講和の準備と深く関わるようになった。なお、一九五三年には、駐日米国大使となった。一九四八年一月の朝鮮半島、日本の訪問について、John M. Allison, *Ambassador from the Prairie or Allison Wonderland* (Boston: Houghton Mifflin Company, 1973), p. 122 を参照。

(166) Allison, *op. cit.*, pp. 119-121.

(167) アリソンが、日本課の次長として任命されたのは、一九四六年一〇月二八日であり、ボートン課長の後任となる一九四七年一〇月六日まででそのポストを占めていた（その間、北東アジア課へと名称の変更があった）。なお、極東局次長になる一九四八年一一月一日まで、そのポストにとどまった。

(168) "Memorandum from Cargo to Gerig on the Disposition of Okinawa."

(169) ラスクの教育と経歴について、Rusk, *op. cit.* を参照。国務省におけるラスクの仕事について、前記のラスクの回想録以外に、Warren I. Cohen, *Dean Rusk* (Totowa: Cooper Square Publishers, 1980), pp. 5-32 および Schoenbaum, *op. cit.*, pp. 125-236 を参照。コーエンによれば、まだ陸軍省に所属していたラスクは、一九四七年二月のＳＷＮＣＣの会合で、国務省の法律顧問のグロスに会って、陸軍省にずっと所属することに不安がある、と明らかにしたところ、グロスは、特別政治局の長であったヒッス（Alger Hiss）がカーネギー財団の理事長になるために辞任せざるを得なくなって、マーシャル国務長官は、その後任を探していることを伝えた。それに関心を示したラスクは、マーシャルからの申し出を受けて、同年三月五日に国務省に移った。Cohen, *op. cit.*, p. 5 を参照。一九四四年一月に設立した特別政治局は、一九四八年一月に国連局となった。

(170) Schoenbaum, *op. cit.*, p. 159.

(171) *Ibid*.

(172) Author's interview with William I. Cargo, February 5, 1998, Arlington, Virginia ; Cargo, *op. cit.*, pp. 178-181 ; "Memorandum by Cargo to Rusk on Attached Draft Memorandum Concerning Okinawa (April 7, 1948)," Roll 5, Microfilm C0044, ONA Records, RG 59.

(173) "Memorandum from Gerig to Rusk on Attached Position Paper on the Disposition of the Ryukyu Islands (April 9, 1948)," Central Decimal File, 1945-1949 (890. 0146 / 4-948), RG 59.

(174) Author's interview with Cargo. Cargo, *op. cit.*, pp. 114-117 も参照。

(175) Armstrong and Cargo, *op. cit.* ; Cargo, *op. cit.*, pp. 167-168.

(176) 一九四七年三月のカーゴの記事では、彼とその共同執筆者は、次の八つの信託統治に言及した――英国を施政権者としたカメルーン、タンガニーカ、トーゴランド（英国）、フランスを施政権者としたカメルーン、トーゴランド（フランス）。オーストラリアの施政権下のニューギニア、ベルギーの施政権下のルアンダ-ウルンジ、ニュージーランドの施政権下の西サモア。Armstrong and Cargo, *op. cit.*, p. 520 を参照。九つ目は、米国の施政権下に置かれた旧日本委任統治領であった。

(177) "Disposition of the Ryukyu Islands (April 21, 1948)," Central Decimal File, 1945-1949 (890. 0146 / 4-2148), RG 59.

(178) "Yeoman's Memorandum for the Files on Paper Entitled Disposition of the Ryukyus Islands (May 24, 1948)," Central Decimal File, 1945-1949 (890. 0146 / 5-2448), RG 59. 宮里は、バタワースの要請はケナンの要請に基づいていたのではないかとしているが、これを裏付ける資料を提示していない（宮里、前掲書、二二七頁を参照）。しかし、ボートンが後に覚書の中で述べているように、極東局は当時、単にＪＣＳとの対立を再燃させたくなかったため、代替案の中に戦略的信託統治を残すことにした。

(179) "Oral History Interview with Charles E. Saltzman," New York, New York, June 28, 1974, Truman Library ; "Memorandum from Saltzman to Butterworth on Comments on Kennan's Report (April 9, 1948)," Central Decimal File, 1945-1949 (740. 00119 Control〔Japan〕/ 4-948), RG 59.

(180) グロスはロベットへの覚書の中で、バタワースに法律問題について、他と分けて考えて欲しいと要請され、非常に困っていると述べている。グロスは、これらの問題に関しては、「『経済』、『政治』、また『法律』と、厳格な範疇を作ることは難しい。米国の国家利益や安全保障にとって根本的な問題を考える場合には、バタワースの覚書に示されたように狭い境界を設けてはならないと思う」と述べている。"Memorandum from Gross to Lovett (April 15, 1948)," Box 29a, PPS Records, RG 59 および "Memorandum from Gross to Lovett on U. S. Policy Toward Japan (April 14, 1948)," *Ibid* を参照。

(181) "Memorandum from Butterworth to Lovett on Policy Recommendations for Japan (April 16, 1948)," Iokibe, ed., *op. cit.*, Vol. 3, microfiche 1-A-44.

(182) ＰＰＳ二八／二についてのマッカーサーのコメントは、六月一二日に東京から届いた。マッカーサーは、どの項にも賛成か「ノーコメント」を示していたが、琉球諸島に関する段落では特別に、賛成を示すだけでなく、すぐにそれを実行に移すよう勧告した。マッカーサーは、「米国の安全のために西太平洋の守備的前線を構築するにあたって、この政策提言に示されたことほど重要なことはない。これまでこの問題に関して米国の確固たる対応がとられずにきたが、すぐに、この提言によく表現されている積極的な政策を採用し、力強く実行に移すべきである」と書いている。"Telegram No. C 61433 from MacArthur to Draper (June 12, 1948)," Central Decimal File, 1945-

1949 (711. 94 / 9-1648), RG 59を参照。この電報は、*FRUS, 1948, Vol. 6*, pp. 819-823にも掲載されている。グリーンはマッカーサーのバタワースへの電信を検討し、（控えめな表現で）「マッカーサー元帥は国務省の提案を強力に支援してくれているようだ」と述べた。“Memorandum from Butterworth to Kennan (June 29, 1948),” Box 29a, PPS Records, RG 59を参照。ヒアーによれば、マッカーサーはその後ＮＳＣ一三について、シーボルドには全く相談しなかった。シーボルドはＰＰＳ二八のコピーも、マッカーサーのＮＳＣ一三への反応を分析したグリーンの覚書のコピーも、受け取っていなかったという。さらにヒアーは、バタワースが「ＳＣＡＰは六月一二日の電信を起草しなかったが、問題を部下に扱わせようとした可能性がある」と述べていることを指摘している。“Butterworth to Acting Secretary of State on Comment by General MacArthur on State Department's Policy Statement on Japan,” Central Decimal File, 1945-1949 (711. 94 / 9-1648), RG 59およびHeer, *op. cit.*, p. 180を参照。

(183) “PPS28 / 2, Recommendations With Respect to U. S. Policy Toward Japan (May 25, 1948),” Iokibe, ed., *op. cit.*, Vol. 3, microfiche 3-F-10; “Memorandum from George H. Butler to Lovett and Marshall (May 26, 1948),” *Ibid.*, microfiche 3-H-23; “Memorandum from Lovett to Souers (June 1, 1948),” *Ibid.*, microfiche 3-H-24. *FRUS, 1948, Vol. 6*, pp. 775-781をも参照。ここで引用した五月二六日のバトラーの覚書によると、ケナンとバタワースはＰＰＳ二八／二を次の五月二七日にＮＳＣに提出しようとしていたという。それは、ケナンが五月二八日から、カナダのオタワで、デニング（後述）英国外務省次官補（英国の極東政策責任者の一人だった）との会談を始める前に、ＮＳＣ文書のお墨付きを得るためであった。なぜかこの要請はすぐには認められなかった。しかし前述の通り、六月の初めに承認され、行動に移された。ＮＳＣとそのスタッフについては、Christopher C. Shoemaker, *The NSC Staff: Counseling the Council* (Boulder: Westview Press, 1991), 特にpp. 10-11を参照。トルーマン政権のＮＳＣの背景については、Anna Kasten Nelson, “President Truman and the Evolution of the National Security Council,” *Journal of American History*, Vol. 72, No. 2 (September 1985), pp. 360-378を参照。

(184) Footnote 4, *FRUS, 1948, Vol. 6*, p. 776を参照。当初、ＮＳＣは、大統領、国務長官、国防長官、陸軍長官、海軍長官、空軍長官、国家安全保障委員会の議長からなっていた。一九四九年にはトルーマンが、自身が副大統領としての経験上「内情を知っていることから」、「大統領と心臓の鼓動一回分しか違わない」と言う理由で、副大統領を参加させた。

(185) それに関連する海軍に関する段落でも、琉球諸島に対する提案を述べていた。そこには、「海軍は……、沖縄に長期間留まるという前提のもと、前進基地としての沖縄の可能性を最大限に伸ばして行くべきであり、沖縄の施設をさらに活用すべきである」と述べてあった。

(186) “Memorandum of Conversation on the Problems of the Ryukyus (May 28, 1948),” Central Decimal File, 1945-1949 (890. 0146 /5-2848), RG 59.

(187) Fisch, *op. cit.*, pp. 156-157.

(188) “Press Release, Ryukyus Established as Separate Army Command (July 14, 1948),” Enclosure No. 2 to “Despatch No. 447, Acting Political Advisor in Japan (Sebald) to the Secretary of State (July 16, 1948),” Central Decimal File, 1945-1949 (740. 00119 Control (Japan) / 7-1648), RG 59. シーボルドのメモは*FRUS, 1948, Vol. 6*, p. 830にも入っている（但し、新聞発表は含まれていない）。一九四五年以来、沖縄の部隊は東京の極東軍司令部（ＦＥＣＯＭ）の指揮下にはなく、マニラのフィリピン・琉球司令部（ＰＨＩＬＲＹＣＯＭ）の下にあった。これは、終戦時の兵站状況によるものであった。フィリピンと琉球の米軍を結合することにより、日本攻撃のため

に集積された余分な戦争資材を処分するのに兵站上都合が良かったからである。救助、処分、その他のことがこのようにして容易になった一方、複雑な指揮系統になり、マニラ経由で沖縄に指令を送らなければならなかった。他の通信手段も同様に複雑になっていた。さらに、PHILRYCOMには琉球軍政府部があったが、その軍政府は全く注目の対象とならなかった。そのため、マッカーサーが日本占領に集中して沖縄への十分な注意が出来ないまま、沖縄の状況は悪化していた。このような状況は、伝えられるところによると、質の低い将校、軍人が派遣されたことにもよるものだった。こうして、沖縄は、「ごみ捨て場（dumping ground）」とか「忘れられた島（forgotten island）」として知られることになったのである。宮里、前掲書、二二八―二二九頁を参照。

(189)　"Despatch No. 609, Acting Political Advisor in Japan (Sebald) to the Secretary of State (September 14, 1948)," *FRUS, 1948, Vol. 6*, pp. 844-845. シーボルドの文書によると、九月二二日の命令に引用されている通り、琉球軍政府部は「琉球諸島の軍政府に関する問題」について、極東軍最高司令官に助言する責任を負うことになっていた。同じくシーボルドの文書に引用されている九月八日のスタッフメモNo. 33によれば、琉球軍政府部は「総司令部において、これらの諸島における非軍事的活動の調整について」責任を負うことになっていた。

(190)　"Memorandum of Conversation on Payment for Imports to Ryukus (sic) Islands from Japan (July 26, 1948)," Folder: Ryukyus-Current, Box 4, ONA Records, RG 59.

(191)　"Memorandum from Fearey to Allison on Attached Cable (July 27, 1948)," Central Decimal File, 1945-1949 (FW 890. 0146 / 4-248), RG 59.

(192)　"Note by James S. Lay, Jr. to the NSC (September 24, 1948)," *FRUS, 1948, Vol. 6*, p. 853. 賠償金問題について共通の政策を企画することも米国政府、特にドレイパーの陸軍省と国務省の間の大きな問題の一つであった。NSC一三／一には賠償問題についてNSC一三に変更と追加がしてある。

(193)　この時、CIAも琉球の重要性について、「琉球諸島とその重要性（The Ryukyu Islands and Their Significance）」と題した研究を用意していた。その研究の要点は、琉球の処分問題は「極東問題の解決でもっとも対立を生む問題となる」かもしれないと、警告している。そして、諸島に対する米国の支配は、(1)米国が非武装化された日本を守ることが出来る基地を得られる、(2)それらの諸島が敵の手に落ちる心配を除去する、(3)朝鮮、満州、千島列島におけるソビエトの前進を「ある程度」中立化できる、(4)米国が日本の「軍事的侵攻の再燃」を防ぐことが出来る、と説明していた。Central Intelligence Agency, ORE 24-48, "The Ryukyu Islands and Their Significance (August 6, 1948)," Truman Library を参照。

(194)　"Memorandum for the Secretary of the Army on Recommendations with Respect to U. S. Policy Toward Japan (October 5, 1948)," Entry 154, Box 19, Plans and Operations Division, Decimal File, 1946-1948, Records of the Army Staff, RG 319.

(195)　"Memorandum by Leahy for the Secretary of Defense on Recommendations with Respect to United States Policy Toward Japan (September 29, 1948)," Iokibe, ed., *op. cit.*, Vol. 3, microfiche 3-E-2.

(196)　"Memorandum for the Secretary of the Army on Recommendations."

(197)　"Minutes of the 23rd Meeting of the National Security Council, October 7, 1948," National Security Council Documents, NA. この会議に参加したのは、ケナン、フォレスタル国防長官、ロイヤル陸軍長官、ケニー（W. John Kenney）海軍次官、サイミントン（W. Stuart Symington）空軍長官、ヒル（Arthur M. Hill）国家安

全保障資源委員会議長、海軍作戦副部長ストラブル(Arthur D. Struble)中将（シャーマンの後任）、国防長官室からブルム(Robert Blum)であった。

(198) "Note by the NSC Executive Secretary Souers to President Truman (October 7, 1948)," *FRUS, 1948, Vol. 6*, pp. 857-858. 回想録において、トルーマンは、大統領や政策決定とNSCの役割との関係について、次のように説明している。「国家安全保障会議の中の『票決』は、単なる手続き上の一つの手段に過ぎない。それが政策を決定するものでは絶対にない。大統領が認め、必ず承認するという表明があってから、はじめて米国の正式な政策が決まるものである」。Harry S. Truman, *Memoirs, Volume II : Years of Trial and Hope* (New York : Signet Books, 1965), p. 78.

(199) "NSC 13/2, Report by the National Security Council on Recommendations With Respect to United States Policy Toward Japan (October 7, 1948)," *FRUS, 1948, Vol. 6*, pp. 858-865；特に p. 859.

(200) Footnote 1, "Note by the NSC Executive Secretary Souers to President Truman"を参照。

(201) "Memorandum from Lovett to Souers (October 26, 1948)," *Ibid.*, pp. 876-877. ロベットのコメントは、北東アジア課のグリーンによって作成されたメモに基づいて行われたものである。"Memorandum, State Department Position on Attached Memorandum for the Secretary of Defense dated September 29, 1948, from the Joint Chiefs of Staff (October 26, 1948)," Central Decimal File, 1945-1949 (740. 00119 Control (Japan)/10-2648), RG 59を参照。

(202) 琉球諸島の処遇に直接には触れていないが、バタワースはロベット宛の覚書の中で、「NSC一三／二について国務省が重視している多くの項目が、陸軍の同意を得るために、当初の提案よりもかなり弱められ、承認されたNSC一三／二は、したがって、国務省の受け入れることの出来る最低限のものである」と述べている。"Memorandum from Butterworth to Lovett on Implementation of NSC 13/2 (October 27, 1948)," *FRUS, 1948, Vol. 6*, p. 878を参照。

(203) "Revised Paragraph 5 of NSC 13/1 (October 26, 1948)," *Ibid.*, pp. 877-878；"NSC Action 138, Record of Action by the NSC by Memorandum Concurrence by the Department of State as of October 26, 1948," Iokibe, ed., *op. cit.*, Vol. 3, microfiche 3-A-4. 傍点の部分は、修正したところを表している。FRUS（八七七頁、註二）によれば、トルーマン大統領が承認したある一九四八年一一月五日付の覚書で、「沖縄の基地を即時に拡充すべきである」とあったものは、「沖縄の基地を適当に拡充すべきである」と、修正された。

(204) "Letter from Lovett to Secretary Forrestal (December 2, 1948)," Central Decimal File, 1945-1949, (740. 00119 Control (Japan)/12-248), RG 59；"Memorandum from Butterworth to Secretary on Implementation of NSC 13/2 (November 30, 1948)," *Ibid.*

(205) "Memorandum for Record by Milner on Recommendations with Respect to U. S. Policy Toward.Japan (November 3, 1948)," Roll 6, Microfilm C0044, ONA Records, RG 59. 国務省はこの他にも、それぞれの行動を調整し、政府の他の省に文書がきちんと配布されていることを確認して、政策の遂行状況についてNSCに報告する責任を負っていた。

(206) "Letter from Forrestal to Lovett (December 9, 1948)," *Ibid.* フォレスタルの一二月九日付の返答では、占領の責任を負う陸軍に、国務省と協力してNSC一三／二／五を実行に移すよう要請しているとしていた。彼は、国務省の代表との連絡員となる者を指名するだろうと述べていた。陸軍では、ドレイパー陸軍次官補によって、参謀本部企画作戦局（実施監視の責任があった）のミルナー中佐が任命された。国務省では、北東アジア課のビショップが任命された。"Letter from Draper to Lovett (December 14, 1948)," *Ibid.*；"Memorandum from Butterworth to Lovett (December 20, 1948)," *FRUS, 1948*,

Vol. 6, pp. 933-934.

(207) "Memorandum from Butterworth to Lovett (December 13, 1948)," Central Decimal File, 1945-1949 (740. 00119 Control (Japan)/12-948), RG 59; "Letter from Lovett to Forrestal (December 13, 1948)," *Ibid.* 特に、陸軍省の企画作戦局は、軍部のためにNSC一三／五の実施状況を点検することが求められた。JCSでは、琉球諸島における長期的な陸軍・海軍・空軍の派遣計画、軍事施設の全般的特徴を再検討することが求められた。兵站局（一九四八年一一月一日の陸軍省の機構改革で参謀本部の五つの局の一つになった）は、NSC一三／五に従って琉球諸島での軍事施設を整備する責任を負うことになった。それは、検査官(U. S. S. Comptroller General) との調整を行う責任もあったし、立法手続きを始め、議会の支出を受ける責任もあった（海軍と空軍は諸島における施設を別々に造る必要があった）。また、民政局長官のエバール（George L. Eberle）准将は、民政局の任務とともに、住民の経済的社会的福祉について、「これらの諸島を他の占領地域と経済的に切り離すことも含めて」、長期的視点に基づいてプログラムを実行に移す責任を負うことになった。最後に、陸軍検査官は陸軍省や他省が、プログラムの実行にかかる費用をそれぞれで負担するよう確認することを求められた。"Memorandum for the Record (January 4, 1949)," Box 19, Plans and Operations Division, Decimal File, 1946-1948, RG 319を参照。

(208) "Memorandum of Conversation on Implementation of NSC 13/2 (November 2, 1948)," Central Decimal File, 1945-1949 (740. 0011 PW (Peace)/11-248), RG 59.

(209) "Memorandum from Hugh D. Farley to Bishop and Colonel Riggs on Proposed Amendment to Paragraph 5 (December 22, 1948)," Central Decimal File, 1945-1949 (740. 0011 PW (Peace)/12-2248), RG 59.

(210) "Memorandum for the Executive Secretary, National Security Council on Summary of Action on Implementation of NSC 13/2 (February 10, 1949)," Central Decimal File, 1945-1949 (711. 94/2-1049), RG 59; "Memorandum for the National Security Council on Recommendations With Respect to U. S. Policy Toward Japan (February 4, 1949)," Iokibe, ed., *op. cit.*, Vol. 3, microfiche 3-E-7. ソイヤーズは、修正された第五段落を、一九四八年一一月五日に大統領の承認した最初のバージョンの代わりにすることをNSCのメンバーに要請した。

(211) "NSC 13/3, Report by the National Security Council on Recommendations With Respect to United States Policy Toward Japan (May 6, 1949)," *FRUS, 1949, Volume 7, The Far East and Australasia, Part 2* (Washington, D. C.: GPO, 1976), pp. 730-736.

(212) "Memorandum by Fearey to Davies (May 2, 1949)," *Ibid.*, pp. 724-727.

(213) "Despatch No. 389, Huston to the Secretary of State," *Ibid.*, p. 777. 因みに、筆者がファイルを調べてみたところ、FRUSに出てくる文書の番号が間違っていることに気付いた。それは、"No. 389" とされるべきである。

(214) "Butterworth to Robert R. West, Deputy to the Assistant Secretary of the Army (July 29, 1949)," *Ibid.*, pp. 815-816.

(215) "Draft Directive from the JCS to the Commander-in-Chief, Far East for Military Government of the Ryukyu Islands (July 29, 1949)," *Ibid.*, pp. 816-819. オリバーの勧告に触発され、陸軍次官のボーヒーズ（後述）は極秘の調査旅行として個人的に沖縄を訪れた。二つの台風の被害（それらは一九四九年六月の「デラ」とその後すぐ、七月二三日の「グロリア」だった。一九四八年と四九年には五つの強い台風が沖縄を襲った）を調査するためと言われているが、軍政下の沖縄の状況を観察するためでもあった。ボーヒーズは、そこで目にしたものによって不愉快になり、イーグルス（William W. Eagles）少将を、もっとよく知られていて精力的なシーツに交替させた。Fisch, *op. cit.*, pp. 87-88, 157-158 を参照。

(216) “Letter from Bishop to Cloyce K. Huston (undated),” Box 48, Foreign Service Posts, Tokyo. Embassy, Japan, RG 84, NA. ; “Summary of Conclusions and Recommendations Made in Report on the Ryukyus by Mr. Douglas Oliver (undated),” Folder : Miscellaneous, 1945-1952, Box 1, Records of the Bureau of Far Eastern Affairs, RG 59.

(217) 北東アジア局長代理であったボンドは、バタワースへのメモの中で、指令が実行に移されると同時に、琉球諸島の最終的な処理に関する文書をＮＳＣに提出すべきであると勧告している。それは、「おそらく、戦略的信託統治、通常の信託統治、基地租借の取り決めとともに日本に［諸島を］返還、のいずれかを勧告することになる」ものであるという。結局、そのような公式の文書は作成されなかったようであるが、沖縄の将来の地位をめぐる議論は、いまだ省間レベルのものに留まっていたのである。“Memorandum from Bond to Butterworth on New Directive for the Ryukyus (July 15, 1949), Iokibe, ed., *op. cit.*, Vol. 3, microfiche 1-A-102 を参照。

第7章

(1) Allison, *op. cit.*, p. 168. 後に一九五三年から五七年まで駐日米国大使も務めたアリソンは、「われわれは、［条約案の］改善にあたって、一人一人さまざまな考え方をもっていたが、それが完璧ではないが良い条約であるという点で皆一致していた（we all agreed it was a good treaty if not perfect）。ダレスの好んだ座右の銘の一つは、『完璧なものは、良いものの敵である』であった。対日講和条約はその一つの例である。完璧な条約が得られるまで待っていたら、条約は決して実現しなかったであろう。それゆえ、われわれは、良い条約で満足したのである」と記した。

(2) “Memorandum on Initial Report of Impressions Gathered on My Brief Visit to Japan (February 18, 1949),” *FRUS, 1949, Vol. 7*, p. 662.

(3) *Ibid.*, p. 660. 政治顧問代理のシーボルドは、選挙の結果は「保守系の圧勝（smashing conservative victory）だ」と評したが、共産党も四議席から三五まで増やした。“The Acting Political Adviser in Japan (Sebald) to the Secretary of State (January 26, 1949),” *Ibid.*, p. 629. 共産党の議席増加はワシントンが懸念を覚えるほどのものであった。バタワースは「日本での共産主義の脅威は現実的である」と上司に警告した。“Memorandum on Situation in Japan and Japan Policy Problems by the Director of the Office of Far Eastern Affairs (Butterworth) to the Under Secretary of State Webb (May 19, 1949),” *Ibid*, p. 752 を参照。

(4) “The Acting Political Adviser in Japan (Sebald) to the Secretary of State (February 12, 1949),” *FRUS, 1949, Vol. 7*, pp. 648-649. シーボルドは、同じ電信の中で、「私が知っている限りでは」と断って、マッカーサーがロイヤルのコメントに賛成しないことを承知している、と述べている。「彼は、カムチャッカから南方にフィリピンまでの太平洋の列島は、米国の最西端の防衛線として必ず確保されなければならない、と強く感じている。そして、敵対勢力によるこの島嶼防衛線のいかなる侵犯も、米国の防衛の最前線を西海岸まで押し下げることになってしまうだろう、と思っている」。シーボルドはここでは沖縄に言及していないが、それはおそらく、マッカーサーが沖縄に高い戦略的重要性を認めていることはすでによく知られていたからであろう。三月一日にインタビューの中で、マッカーサーは米国の防衛線に関する私見を披露し、「それは、フィリピンに始まり、琉球諸島を通り、その中心的要塞である沖縄を含んでいる。それから、日本、そしてアラスカまで続くアリューシャン列島に続いている」と述べている。"MacArthur Pledges Defense of Japan," *New York Times*, March 2, 1949 を参照。

(5) "The Secretary of State to Certain Diplomatic Offices (February 19, 1949)," *FRUS, 1949, Vol. 7*, p. 664.

(6) ミシシッピー演説について、Acheson, *op. cit.*, pp. 227-230 を参照。

(7) "Request for Current Strategic Evaluation of U. S. Security Needs in Japan (May 19, 1949)"; "Letter from Acting Secretary of State (Webb) to Secretary of Defense Johnson, (May 23, 1949)," Folder: NSC 49, 1949, Box 2, Miscellaneous Records Relating to Japan and Korea, 1945-1953, Roll 7, Microfilm C0044, RG 59.

(8) "Report by the Joint Chiefs of Staff (June 9, 1949)," *FRUS, 1949, Vol. 7*, p. 774. 一九四九年から五三年まで初代統合参謀本部議長を務めたブラッドレー（Omar N. Bradley）将軍は、この点について国務省との意見の違いを回想録で説明している。Omar N. Bradley and Clay Blair, *A General's Life: An Autobiography* (New York: Simon and Schuster, 1983), pp. 525-526 を参照。

(9) "Report by the Joint Chiefs of Staff (June 9, 1949)."

(10) "The Secretary of State to General of the Army Douglas MacArthur (September 9, 1949)," *FRUS, 1949, Vol. 7*, p. 852.

(11) ケナンとPPSは一九四九年六月二八日にNSC四九の再検討を始めた。ケナンは、講和条約後に日本に軍隊を残すというJCSの提案は、「日本の政治的安定を確保するという目的に逆行する」と述べた。また同時に、連合国軍は、日本の政治的安定と十分な治安が確保されるまで、撤退するべきではないとした。こうしてケナンは、日本の講和条約に向けた交渉は日本が国内的に十分に強くなり安定するまで延期するべきである、という信念を改めて確認したのである。Kennan's Draft Paper, June 28, 1949, Box 33, PPS Records を参照（Miscamble, *op. cit.*, p. 271 で引用している）。ケナンがいかにして、夏までに講和条約の必要性を認める見解に転じたかは、まだ不明である。ヒアーによれば、ケナン自身も、なぜそう思うようになったのかを覚えていない。ヒアーは、極東顧問（Far Eastern Consultants）の会合に参加したケナンが「われわれが現時点で、［日本との］講和条約を望む第一の理由は、それがわが政府部内での内政上の困難を解決するただ一つの道だと思われているからだ、というのは皮肉なことである」と書いている。日記（ケナンの回想録に転載された）を紹介した。ケナンは、続けて、「これは次のことを強く示唆したものであった。講和条約の必要が改めて強く感じられてきたのは、われわれが直面している客観的情勢の要請からではなくて、むしろわが政府がワシントンの官僚機構の、なかでもうるさい軍関係のそれと深くからみついている厄介な占領軍機構を、政策実施の有効な代行機関として使う力がなかったからだということである」と記している。Kennan (1967), *op. cit.*, pp. 394-395 を参照。また、Heer, *op. cit.*, pp. 201-202 も参照。

(12) "Department of State Comments on NSC 49 (June 15, 1949), September 30, 1949," *FRUS, 1949, Vol. 7*, pp. 870-873. 国務省は、「政治的見地から言えば、日本における米国の重要な軍事的要請が条約や他の取り決めによって確保されるのであれば、今や、占領体制を継続するよりも、講和条約締結を促進すべく取り組む方が、日本に関するわれわれの目標を達成しやすくなるであろう」と主張していた。そして、国防総省に対して「どんな人々にとっても、他国に対する志向性は主観的な政治心理的状況に依存している。それは、対外関係におけるその国家の性格や質の産物であるとともに、国内の政治的、経済的、社会的要因の産物である。このため、日本を含む他国に対して、米国が西側志向を押し付けることはできないのである」と警告している。

(13) "Memorandum of Conversation by Marshall Green of the Division of Northeast Asian Affairs (September 9, 1949)," *Ibid.*, pp.

853-854.

(14) "Memorandum of Conversation with Bevin on the Far East by the Secretary of State (September 13, 1949)," *Ibid.*, pp. 858-859.

(15) "Memorandum of Discussion with the President by the Secretary of State (September 16, 1949)," *Ibid.*, p. 860.

(16) Letter cited in footnote 3, *Ibid.*

(17) Dunn, *op. cit.*, pp. 83-86; "Memorandum with Attached Treaty Draft by Fearey to Allison (October 14, 1949)," Central Decimal File, 1945-1949 (740. 0011 PW PEACE / 10-1449), RG 59.

(18) "Memorandum by the Joint Chiefs of Staff to the Secretary of Defense Johnson (December 22, 1949)," *FRUS, 1949, Vol. 7*, pp. 922-923. FRUSには書かれていないが、この文書は、一九四九年一二月二七日に、NSC六〇と指定された。Box 29a, PPS Records, RG 59も参照。

(19) "Memorandum of Conversation, by Ambassador Maxwell M. Hamilton of the Bureau of Far Eastern Affairs (December 24, 1949)," *FRUS, 1949, Vol. 7*, pp. 924-926. アチソンは、アジア全体の政策を検討する（そして国防総省に対抗する）ために、一九四九年七月一八日に、友人のジェサップ、そして国務省外の二人、コルゲイト大学総長のケイス（Everett Case）と前ロックフェラー財団理事長のフォスデック（Raymond Fosdick）から成る極東顧問グループを形成した。一一月一四日に、このグループは、「大統領の検討のための極東とアジア政策の大綱（Outline of Far Eastern and Asian Policy for Review with the President）」と題する報告書を完成し、翌々の一六日に、アチソンに提出した。日本に関しては、同報告書は、「対日講和条約に向けたすみやかな措置」を勧告すると同時に、その条約は、二国間協定で米軍の基地の存続を定めることを妨げてはならない、とした。"Memorandum by the Ambassador at Large (Jessup) to the Secretary of State (November 16, 1949)," *Ibid.*, pp. 1209-1214を参照。

(20) "Informal Memorandum by the Secretary of State to the British Ambassador (Franks), December 24, 1949," *Ibid.*, pp. 927-928. 同メモで、アチソンは、「東西の緊張した状況下において、〔日本の〕中立化は現実離れした望みである」と批判し、マッカーサーやケナンの日本の中立化案を否定している。

(21) "Memorandum by the Deputy Under Secretary of State (Rusk), January 24, 1950," *FRUS, 1950, Vol. 6, East Asia and the Pacific* (Washington, D. C.: GPO, 1976), p. 1131.

(22) "Memorandum of Conversation with MacArthur by the Ambassador at Large Jessup (January 9, 1950)," *Ibid.*, pp. 1109-1110.

(23) "Memorandum on a Japanese Peace and Security Settlement by the Special Assistant to the Secretary (Howard) to the Assistant Secretary of State for Far Eastern Affairs Butterworth (March 9, 1950)," *Ibid.*, pp. 1138-1149.

(24) "Memorandum on Vorhees Suggested Approach to Japanese Peace Treaty Problem by the Special Assistant to the Secretary (Howard) to the Ambassador at Large Jessup (March 24, 1950)," *Ibid.*, pp. 1150-1153.

(25) "Memorandum of Conversation on Japanese Peace Treaty by the Special Assistant to the Secretary J. B. Howard (April 24, 1950)," *Ibid.*, pp. 1175-1176.

(26) *Ibid.* 後に、アチソンは、この会合を、「まったくの失敗ではなかった」が、その大部分が、軍部の講和条約への反対という「退屈な反覆」に時間をとられはした、と評した。Acheson, *op. cit.*, pp. 430-431を参照。

(27) ダレスについては、多くの研究が存在する。例えば、John Robinson Beal, *John Foster Dulles, 1888-1959* (New York: Harper and Brothers Publishers, 1959); Townsend Hoopes, *The Devil*

and John Foster Dulles: The Diplomacy of the Eisenhower and Era (Boston: Little, Brown and Company, 1973); Ronald W. Pruessen, *John Foster Dulles: The Road to Power* (New York: The Free Press, 1982); and Richard H. Immerman, ed., *John Foster Dulles and the Diplomacy of the Cold War* (Princeton, New Jersey: Princeton University Press, 1990)を参照。

(28)　Acheson, *op. cit.*, p. 354.

(29)　Pruessen, *op. cit.*, pp. 435-436. ダレスが顧問になろうとしていた一九五〇年四月に、彼の著作『戦争か平和か』が出版された。ダレスはその中で、「極東政策に関して、超党派的なアプローチがなければ、できることが限られる。今まで、超党派的なアプローチがとられたことはなかったし、誰もそうしようとはしなかった。政権は、極東に関する考え方を一切明らかにしていない。日本が降伏したのは一九四五年なのに、われわれは、対日講和条約についてどのようなことが想定されているのか何も知らされていない」と強調した。John Foster Dulles, *War or Peace* (New York: Macmillan, 1950), p. 232.

(30)　国務次官補であったバタワースはトルーマン政権の対中政策を批判する人たちによって攻撃を受けていた。バタワースのキャリアを守るために、アチソンは、駐スウェーデン米国大使としての任命を働きかけた。ラスクは、第二次世界大戦中、スティルウェル（Joseph Stilwell）将軍のスタッフとして中国・ビルマ・インド方面で活躍した経験があり、バタワースの後任に推された。ただ、当時国務副次官だったラスクにとっては、それは「自発的な降格」であった。この人事移動について、Acheson, *op. cit.*, pp. 431-432 および Rusk, *op. cit.*, pp. 138-139 を参照。

(31)　"(Dulles Oral History) Transcript of W. Walton Butterworth," The John Foster Dulles Oral History Collection, Seeley G. Mudd Manuscript Library, Princeton University, pp. 5-8. ラスクについての伝記では、著者のショーンバウムは、ダレスの任命に及ぼしたラスクの影響を指摘している。Schoenbaum, *op. cit.*, pp. 199-200 を参照。また、ラスクは、ダレスを「超党派のアジア政策を構築するのを助ける特別アドバイザー」として登用するべきだと強調している。Rusk, *op. cit.*, p. 139 を参照。ダレスの伝記を書いたプルーセンは、ダレスが「国務省との活発で重要な協力関係に戻れた」のは、彼自身の希望と、アチソンやダレスに超党派外交を説いて回った根回しがあったからである、としている。Pruessen, *op. cit.*, pp. 434-436 を参照。いずれも正しいと思われる。

(32)　Pruessen, *op. cit.*, pp. 436-437.

(33)　Beal, *op. cit.*, p. 116. その四〇年後、ダレスの直属の部下として講和条約に取り組んだフィアリーは、ダレスについて次のように語っている。「ダレス氏は条約問題に取り組むのに理想的な人物だった。彼は、法曹経験も国際経験もあり、ベルサイユ講和会議にも参加した。極東の専門家ではなかったが、極東情勢について極めて豊富な知識があった。民主党政権のなかの共和党の政治家として、民主党の上下院議員と同様に共和党の政治家に条約を支持させるのに理想的な人物だったのである」。Robert A. Fearey, "Remarks at Dulles Memorial Conference, February 26, 1988," Personal Papers of Robert A. Fearey.（フィアリーより提供）。

(34)　バタワース自身、三月末に国務省で開かれた会議に参加したばかりだった。それは、極東局の政策情報官であった無任所大使のジェサップ（Philip C. Jessup）博士が、三カ月間で一四カ国を歴訪したアジア現地調査旅行の報告を行った会議であった。ジェサップは、朝鮮訪問の後、一月中旬に、シーボルド政治顧問と共に沖縄を訪れた。報告の中でジェサップは、「日本と沖縄におけるわれわれの戦力は……、この地域の財産である」と強調した。"Oral Report by Ambassador-at-Large Philip C. Jessup Upon his Return from the East," *FRUS, 1950, Vol. 6*, p. 72; シーボルドの日記でも、この時からこの見方を強め、「私が前回来た時（一九四七年）以来、（沖縄をよくするために）多くのことが行われた結果、楽観と関心をあらわすような雰囲気が広がっている」と書いている。Diary entry for January 14, 1950, *Sebald Diaries*.

(35) "Transcript of W. Walton Butterworth," p. 10 ; "Memorandum of Conversation on Japanese Peace Settlement, April 7, 1950," Box 29a, Policy Planning Staff Papers, RG 59. *FRUS, 1950, Vol. 6*, pp. 1162-1163 も参照。

(36) その月の初めには、吉田茂首相が池田勇人蔵相を渡米させ、占領下の財政政策について米国のスタッフと相談させていた。池田にはもう一つの秘密の使命として、日本政府から米国軍に対して講和条約に則って基地の使用を許す申し出（後述）を伝えることにもなっていた。この使節についての詳細は、Robert D. Eldridge and Ayako Kusunoki, "To Base or Not to Base? Yoshida Shigeru, the 1950 Ikeda Mission, and Post-Treaty Japanese Security Conceptions," *Kobe University Law Review*, No. 33 (1999), pp. 97-126 を参照。

(37) "Memorandum of Conversation on Japanese Peace Settlement." 「日本」のかわりに「日本本土」というダレスの言葉遣いは沖縄の日本からの分離についての政府の見方を説明するのに役立つ。つまり、「日本本土」は本州・四国・九州・北海道の四島を明らかに意味して用いられていた。その一方で、「沖縄」は米国軍事政府の下で、実際に占領下にあったのは北緯三〇度までであったにもかかわらず、北緯二九度以南の琉球諸島をさして用いられていた。

(38) Dunn, *op. cit.*, p. 98 ; Acheson, *op. cit.*, p. 432.

(39) Acheson, *op. cit.*, p. 432. アチソンは、四月二四日の国務省での会議中に、ジョンソン国防長官がＪＣＳのブラッドレー議長と日本訪問を計画していることを知った。そして、ダレスとアリソンを日本に派遣して「講和条約についての議論はもはや『時期尚早』ではない」という警告をＪＣＳとジョンソン長官に発したほうがいい、と覚書に記した。

(40) "Memorandum by Hemmendinger on the Ryukyu Islands (May 16-22, 1950)," Roll 5, Microfilm C0044, ONA Records.

(41) ジョンソンの外交官としての初期の経験と一九四〇年代後半の日本での生活について、U. Alexis Johnson with Jef Olivarius McAllister, *The Right Hand of Power : The Memoirs of an American Diplomat* (Englewood Cliffs : Prentice-Hall, Inc., 1984)、特に pp. 82-90 を参照。

(42) "Oral History Interview with U. Alexis Johnson," June 19, 1975, Truman Library, pp. 22-23 ; "The Reminiscences of Douglas W. Overton," October 18, 1960, Oral History Research Office, Columbia University. ジョンソンの沖縄での初期の経験は、一九五〇年から六〇年代にかけての日本への返還に関する考え方に影響を及ぼした。

(43) 特にその文書には、国防総省が北緯二九度以南の諸島を戦略的理由から必要としていると明言した、と記している。そして、「この立場には（すでに）疑問の余地がないようだが、もしそうでなければ、以前鹿児島県の管轄下にあり、他の諸島より感情的にも日本人的である琉球諸島の北部は、日本に返還したほうが政治的に有益であろう」と勧告している。

(44) Allison, *op. cit.*, pp. 145-146.

(45) *Ibid.*, p. 146.

(46) "Chronology of Events Concerning Public Opinion and Congress," Dulles Materials, Folder : United States Policy Regarding Japanese Peace Treaty, Box 4, Records Relating to Japanese Peace Treaty and Japanese Security Treaty, Bureau of Public Affairs, RG 59.

(47) Fearey, *op. cit.* フィアリーによれば、「ダレスは、サンフランシスコ会議に参加するほとんどすべての国家が、自らが責任を持ち貢献しているような条項を見つけられる、と後に好んで言っていた」。

(48) "Memorandum by the Consultant to the Secretary (Dulles) to the Secretary of State (June 6, 1950)," *FRUS 1950, Vol. 6*, pp. 1207-1212.

(49) ダレスとその一行が日本に着いたのは六月一七日の朝だったが、羽田空港に二時間いただけで、そのまま朝鮮に発った。彼らは、六月二一日から日本に滞在し、二七日まで東京や京都を訪れることになっていた。その間、ジョンソン長官やブラッドレー将軍とそのスタッフは、一七日にダレスに遅れて到着し、二三日まで滞在した。

(50) "Memorandum by Dulles to Acheson (June 15, 1950)," *FRUS, 1950, Vol. 6*, pp. 1222-1223. 四月二四日の国務省と国防総省の会議において、バタワースは沖縄の攻撃基地としての性格をはっきりさせようと試みた。「日本の基地は極東の防衛が目的なのか、ヨーロッパで戦争が起きたときにソビエトを攻撃するのが目的なのか」という彼の問いに、シャーマン提督は、「米国の極東における部隊配置との関係で、沖縄を日本と切り離せないように、日本における米国の存在はヨーロッパで起こり得る対立と切り離せない……ある地域での対立は他の地域で起こるそれと切り離せないし、軍事作戦の防衛的側面と攻撃的側面も簡単には区別できない」と応えた。"Memorandum of Conversation on Japanese Peace Treaty by the Special Assistant to the Secretary J. B. Howard." を参照。

(51) "Memorandum of Conversation by the Ambassador at Large Jessup (January 9, 1950)," *Ibid.*, pp. 1109-1114 ; "The Ambassador at Large (Jessup) to the Secretary of State Acheson, (January 10, 1950)," *Ibid.*, pp. 1114-1116. このコメントは、翌週の一月一五日にシーボルドとジェサップがマッカーサーに朝鮮・沖縄訪問の報告をした際にも繰り返された。

(52) Diary entry for June 15, 1950, *Sebald Diaries*.

(53) Diary entry for June 17, 1950, *Sebald Diaries* ; Sebald, *op. cit.*, pp. 250-252.

(54) Sebald, *op. cit.*, p. 250.

(55) *Ibid.*, pp. 252-253.

(56) *Ibid.*, p. 253. "The Reminiscences of William J. Sebald," Interview No. 8, pp. 602-603, Special Collections Division, Nimitz Library.

(57) Diary entry for June 18, 1950, *Sebald Diaries*.

(58) "Memorandum by the Supreme Commander for the Allied Powers on the Peace Treaty Problem (June 14, 1950)," *FRUS, 1950, Vol. 6*, pp. 1213-1221 ; "Memorandum on Formosa, by General of the Army Douglas MacArthur (June 14, 1950)," *FRUS, 1950, Vol. 7, Korea*, pp. 161-165. 台湾に関する覚書は、日本、沖縄およびフィリピンにとっての台湾の戦略的重要性について説明している。

(59) "Memorandum by the Supreme Commander for the Allied Powers."

(60) "Basis for Discussion by the Secretary of State With the Foreign Ministers of the United Kingdom and Possibly France Concerning a Peace Treaty With Japan (May 5, 1950)," *FRUS, 1950, Vol. 6*, pp. 1189-1191.

(61) "Memorandum by the Supreme Commander for the Allied Powers on the Peace Treaty Problem (June 14, 1950)," *op. cit.*

(62) "The Acting Political Adviser to the Assistant Secretary of State (May 25, 1950)," *Ibid.*, pp. 1205-1207 ; Diary entry for May 24, 1950, *Sebald Diaries*.

(63) "The Acting Political Adviser to the Assistant Secretary of State (May 25, 1950)."

(64) この会談についての関連する研究は、いずれも、マッカーサーの覚書がいつ国防長官に渡されたかを明確にしていない。ここでは、ジョンソンにメモが渡されたのは、六月一八日と考えておくことにしたい。

(65) Sebald, *op. cit.*, p. 253.

(66) "Memorandum by the Supreme Commander for the Allied Powers on the Peace Treaty Problem."

(67) Diary entry for June 21, 1950, *Sebald Diaries*.

(68) Diary entry for June 22, 1950, *Ibid.*; "Memorandum by the Consultant to the Secretary (June 30, 1950)," *FRUS, 1950*, *Vol. 6*, pp. 1229-1230.

(69) 後に、ジョンソンはダレスへの電話で、マッカーサーの考え方が変わった理由は、「自分とブラッドレーが彼と会談したためだ」と述べた。"Memorandum of Telephone Conversation on Japanese Peace Treaty with Johnson by Dulles (August 3, 1950)," *Ibid.*, p. 1264を参照。

(70) "Memorandum by the Supreme Commander for the Allied Powers on Concept Governing Security in Post-War Japan (June 23, 1950)," *Ibid.*, pp. 1227-1228. ダレスの覚書が会談の日を明確にしていないため、関連する研究は、覚書の日付が会談の行われた日であろうと推定していることがある。例えばSeigen Miyasato, "John Foster Dulles and the Peace Settlement with Japan," in Immerman, *op. cit.*, p. 198を参照。ところが、シーボルド日記の六月二三日の日付には、ダレスとマッカーサーの会談に関する記述はない。シーボルドの下で務め、後に歴史家となったフィン（Richard B. Finn）によれば、覚書について議論したのは、「第二回の会談」の六月二六日であった。Finn, *op. cit.*, p. 255を参照。確実にわかっている限りで、日本滞在中の一週間に、ダレスは、七回ほどマッカーサーと会っており、二六日の会談は、第二回目ではなく、最後から二番目の会談であった。朝鮮戦争勃発直後であったため、二六日の会談は、マッカーサーのメモを検討したというより、おそらく朝鮮半島情勢の討議を中心に行われたのであった。なお、シーボルドによれば、六月二四日、ダレスが京都への見物旅行に出発する前に、マッカーサーと個別に会った（旅行には、ダレス夫人、ドイル秘書およびスピンクス〔Charles Nelson Spinks〕博士も参加した。スピンクスは、四四歳で、その直前に外交官〔Foreign Service Officer〕となったばかりであった。戦前の日本で学んだ経験をもち、一九四六年からGHQに勤め、一九四八年からは、政治顧問局に所属していた）。したがって、筆者は、マッカーサーの覚書についての詳しい議論がなされたのは、六月二四日であったと考えている。いうまでもないが、朝鮮戦争の勃発により、議論は新しい局面を迎えた。Diary entry for June 24, 1950, *Sebald Diaries*.

(71) "Memorandum by the Supreme Commander for the Allied Powers on Concept Governing Security in Post-War Japan (June 23, 1950)," *FRUS, 1950*, *Vol. 6*, p. 1227. 前述した、ダレスとの電話での会談において、ジョンソンは、「マッカーサーが主張を変えた」と説明した。"Memorandum of Telephone Conversation on Japanese Peace Treaty with Johnson by Dulles" を参照。

(72) "Memorandum by the Supreme Commander for the Allied Powers on Concept Governing Security in Post-War Japan (June 23, 1950)," *Ibid.*, pp. 1227-1228.

(73) *Ibid.*, p. 1228. マッカーサーは、以下のように記して日本の安全保障の範囲を拡大して見せた。「日本の問題を研究する際に理解しておかなければならないのは、日本の憲法は戦争を放棄しているが、明らかな侵略を受けた場合には、自衛権は暗黙に認められており、奪われていない、ということである。そのような状況下では、日本は防衛を担う安全保障部隊を支援するために利用可能な人的・物的資源を動員するであろう」。

(74) マッカーサーが講和条約後も日本に米国の基地を残すアイデアを受け入れた「転換」は、劇的なものであった。なぜなら、ダレス訪問の二カ月前の四月五日にマッカーサーはシーボルドに対して、日本の基地に関する私見を以下のように説明したからだった。「日本に米国の基地を維持すると、日本を含めて全員からこの概念に対する反対を集める避雷針のようなものになってしまうだろう……、九五％の日本人が日本の米国基地に反対しているのだ。日本人が米軍と基地を心から望まない限り、すべての提案は廃棄されるべきである」。"Memorandum of Conversation on American Bases in Japan (April 6, 1950)," *Ibid.*, p. 1170を参照。マッカーサーが講和後の日本における基地について考え方を変えたのは、吉田茂首相が五月初めに特使（後述）を通じて米国政府に基地使用権についての申し出を行ったためであった。

(75) Michael Schaller, *The American Occupation of Japan: The Origins of the Cold War in Asia.* (New York: Oxford University Press, 1985) p. 278.

(76) Diary entry for June 27, 1950, *Sebald Diaries*; "The Acting Political Adviser for Japan to the Secretary of State (June 27, 1950)," *FRUS, 1950, Vol. 6*, p. 1229. シーボルドはその後、一九頁に渡る報告書を同封した文書「講和条約と基地問題に関する参考文書」を送った。それは、ダレスの訪問より前に編集されたもので、早期講和が望ましいと論じていた。ダレスは滞在報告の中で、北朝鮮の侵攻後、日本国内に、「日本に米軍が残る必要性が持続していることについて、以前には得られなかった明らかな承認がある」、と記している。同様にダレスは、時事新報が六月二六日の社説で、「もし日本が米国に守ってもらいたいなら、戦略的地域を自発的に米国に提供するべきである」と論じていることも記録している。"Summary Report by the Consultant to the Secretary (July 3, 1950)," *FRUS, 1950, Vol. 6*, p. 1231を参照。

(77) "Memorandum by Dulles to the Secretary of State (July 19, 1950)," *FRUS, 1950, Vol. 6*, p. 1243. アリソンは回想録の中で、朝鮮戦争の勃発が実際はダレス一行に懸念を生んだ、と記している。「われわれが日本にいる間に朝鮮戦争が勃発し、まず、これが講和条約への取り組みをおくらせることにならないか心配した。しかし、東京を発つまでにダレス氏は、講和条約への取り組みがむしろ促進されるだろうと確信した。われわれは……、マッカーサー将軍とビル・シーボルドからこの立場に賛同を得たのだから」。Allison, *op. cit.*, p. 149.

(78) アチソンは文書の余白に、これに賛成し、会議は七月二一日に開催される、と手書きでメモしている。しかし、この記述のあるFRUSの編集者は、そのような会議は国務省のファイルに見当たらないと記している。ともあれ、アチソンはダレスに翌週の七月二四日に覚書を送り、トルーマン大統領と話して、大統領が「この問題に取り組むことが重要だ」と語ったことを伝えた。"Memorandum of Conversation on Japanese Peace Treaty by the Secretary of State (July 24, 1950)," *FRUS, 1950, Vol. 6*, p. 1255を参照。

(79) 例えば、"Memorandum of Conversation on Japanese Police Establishment by Allison (July 24, 1950)," *Ibid.*, pp. 1250-1254および"Memorandum on International Peace and Security (July 25, 1950)," *Ibid.*, pp. 1260-1261を参照。

(80) "Memorandum on International Peace and Security (July 25, 1950)"; "Memorandum by Dulles to the Secretary of State (July 27, 1950)," *Ibid.*, pp. 1259-1260.

(81) "Memorandum by the Consultant to the Secretary (June 30, 1950)," の付録文書を参照。

(82) "Memorandum by Dulles to the Secretary of State (July 27, 1950)," *Ibid.*, p. 1259.

(83) Footnote 1, *Ibid.*, p. 1228を参照; footnote 1, *Ibid.*, p. 1264も参照。

(84) "Memorandum of Telephone Conversation."

(85) *Ibid.*, pp. 1264-1265. ジョンソンについての研究によれば、ジョンソンは、十分な事実関係を把握しないまま、度々失言をしたようである。Borkland, *op. cit.*, pp. 66-67を参照。

(86) ジョンソンは、おそらくJCSの見解を反映して、八月一七日のNSCで、「国務省と国防総省の間に、われわれが何を望むかについて見解の相違はなかったが……ダレス氏の用意された言葉はそのことを明確に、また、軍部の見地から見て誤解のないような言葉で述べてはいなかった」と述べた。"Memorandum by the Deputy Director of the Executive Secretariat William J. Sheppard to Windsor G. Hackler of the Bureau of Far Eastern Affairs (August 21, 1950)," *FRUS, 1950, Vol. 6*, p. 1276を参照。

(87) "Draft Peace Treaty (August 7, 1950)," Peace Treaty Folder, Box 3, Records of the Office of Northeast Asian Affairs Relating to the Treaty of Peace With Japan, RG 59; *FRUS, 1950, Vol. 6*, pp. 1267-1270にも引用されている。

(88) "Memorandum by Bradley for the Secretary of Defense on the Proposed Japanese Peace Treaty (August 22, 1950)," *FRUS, 1950, Vol. 6*, pp. 1278-1282.

(89) *Ibid.*, p. 1282. ブラッドレーは後により強い表現で次のように述べている。「JCSのスタッフは、現在および予見できる将来のいかなる場合においても、米国の重要な安全保障上の国益を国連のみに基礎づけてはならないと強く感じている」。

(90) Footnote 1, *Ibid.*, p. 1282を参照。彼の休養の正確な日付は不明だが、FRUSの編集者は、アリソンが議論の進展の要約を準備したのは、ダレスが不在だった八月二二日から九月四日までの間であったとしている。Footnote 1, *Ibid.*, p. 1293を参照。

(91) "Attachment to Memorandum by the Director of the Office of Northeast Asian Affairs Allison to the Secretary of State (August 24, 1950)," *Ibid.*, p. 1287.

(92) "Letter from the Secretary of State to the Secretary of Defense (September 7, 1950)," *Ibid.*, p. 1293; Allison, *op. cit.*, pp. 149-150. アリソンは、一年以上にわたって共に仕事をしていたマグルーダーを、「少し鈍いが知性があり……、極めて説得しにくい男だったが、一旦合意すると熱心に取り組んでくれた」と評している。

(93) "Memorandum by Allison to the Secretary of State on Japanese Peace Treaty (August 29, 1950)," *Ibid.*, p. 1288.

(94) "Memorandum by Allison to the Secretary of State (September 4, 1950)," *Ibid.*, p. 1290. マグルーダーは、日本のマッカーサーの司令部で数年過ごして帰国したばかりのバブコック大佐を会議に同行させた。マグルーダーは、バブコックが東京で講和条約に関連するさまざまな問題に取り組んできたことを理由に、彼が予備交渉に「参加する」ことが許可されるよう求めた。アリソンは、バブコックと十年以上の知り合いであったため、アチソンとダレスにその承認を強く勧めた。アリソンによると、「私は、バブコック大佐を予備交渉に参加させることが国務省にとって有利に働き、二つの省の間のさまざまな問題を迅速に扱えるようになると信じていた」という。*Ibid.*, p. 1291. バブコックの記憶は少し異なっている。十年以上後のバブコックの話によると、ダレスがバブコックを国務省に会談のために招いたという。ダレスが言うには、彼がマッカーサーに、日本の講和条約に一緒に取り組める人物を紹介してくれるよう頼み、マッカーサーが推薦したのがバブコックだったのだという。ダレスはバブコックが「ペンタゴンの見方」を代表することを期待していた。ただ、バブコックは、軍の間の対立で悪名高いペンタゴンについてそのようなことが可能か、疑いを持っていたようである。バブコックは、ペンタゴン内で唯一意見が一致するのは、マッカーサーへの反対である、とジョークを言っていた。"Transcript of a Recorded Interview with Major General C. Stanton Babcock," July 23, 1964, The John Foster Dulles Oral History Project, Seeley G. Mudd Library, Princeton Universityを参照。

(95) "Tab A (enclosure to Memorandum by Allison to the Secretary

of State [September 4, 1950]),” *FRUS, 1950, Vol. 6*, pp. 1292-1293; footnote 2, *Ibid*., p. 1292 も参照。

(96) “The Secretary of State to the Secretary of Defense (September 7, 1950),” *Ibid*., p. 1293; “Memorandum for the President (September 7, 1950),” *Ibid*., pp. 1293-1296; “NSC 60 / 1, Japanese Peace Treaty (September 8, 1950),” Box 29, PPS Records, RG 59.

(97) Footnote 5, *FRUS, 1950, Vol. 6*, p. 1296 を参照。

(98) “Unsigned Memorandum Prepared in the Department of State (September 11, 1950),” *Ibid*., pp. 1296-1297.

(99) “Memorandum from Dulles to Rusk and others (September 11, 1950),” Peace Treaty Folder, Box 3, ONA Records, RG 59. 草案について “Draft of a Peace Treaty With Japan (September 11, 1950),” *FRUS, 1950, Vol. 6*, pp. 1297-1303 を参照。

(100) Kenneth W. Condit, *The History of the Joint Chiefs of Staff: The Joint Chiefs of Staff and National Policy, Vol. 2, 1947-1949* (Wilmington: Michael Glazier, Inc., 1979), pp. 283-286. ほぼ同時期のＦＲＯＬＩＣとして知られる計画は、カイロ-スエズをカラチに替えていた。

(101) *Ibid*., p. 286.

(102) *Ibid*., pp. 286-289.

(103) *Ibid*., p. 290.

(104) *Ibid*., p. 296.

(105) *Ibid*., p. 302.

(106) “Memorandum for the President (September 7, 1950).”

(107) “Draft of a Peace Treaty with Japan (September 11, 1950).”

(108) “Unsigned Memorandum Prepared in the Department of State (September 11, 1950).”

(109) Dunn, *op. cit*., p. 107.

(110) 西村、前掲書、六四―六五頁。

(111) Allison, *op. cit*., p. 150.

(112) “Memorandum of Conversation by Col. Stanton Babcock on the Japanese Peace Treaty (October 26-27, 1950),” *FRUS, 1950, Vol. 6*, p. 1334.

(113) “Aide-Memoire From the U. S. S. R Dated November 20, 1950 (Unofficial Translation),” *The Department of State Bulletin*, Vol. 23, No. 596 (December 4, 1950), pp. 881-882. なお、一九五〇年一二月四日に、周恩来外相は、「琉球列島及び小笠原諸島に関しては、カイロ宣言又はポツダム宣言で信託統治のなんらの決定もなく、いわんや『施政権者』としての合衆国を指定するというようなことにおいてをやである。合衆国政府のこのような野望は、琉球列島および小笠原諸島の長期間占領を遂行し、且つ、極東における侵略の軍事基地を確立するための、国際連合の名の不正な借用以外何ものでもない」と、対日講和条約に関する中華人民共和国政府の見解を述べた。条約局条約課「講和資料第一号　対日平和条約に関する合衆国の七原則提案、ソ連の回答及び周恩来声明（昭和二五年一二月）」対日平和条約関係準備作業関係（第一巻）、リール番号 B'0009、フラッシュ番号1、〇〇九五頁。因みに、台湾にある国民党政府は、琉球諸島に対する当初の矛盾した要請にもかかわらず、同諸島に対する米国の信託統治を歓迎するようになった。“Memorandum by Fearey on Japanese Peace Settlement (January 16, 1951),” in Folder: Miscellaneous, 1947-1951, Box 1, Miscellaneous Records Relating to Japan and Korea, 1945-1953, RG 59 を参照。

(114) Footnote 2, *FRUS, 1950, Vol. 6*, p. 1352 を参照。

(115) “Answer to Soviet Questions on Principles for Japanese Treaty (Released to the Press on December 28),” *Department of State Bulletin*, Vol. 24, No. 601 (January 8, 1951), pp. 65-66.

(116) “Personal and Confidential Letter from the Consultant to the Secretary (Dulles) to the Commander in Chief of the United

Nations Forces (November 15, 1950)," *FRUS, 1950, Vol. 6*, p. 1350. ダレスによると、「[マリクは] ヤルタ会談では千島列島は扱ったが、琉球については全く言及されなかったではないかと言って、米国が琉球諸島を有利になるように『信託統治を行う』権利に異議を唱えた。彼は、琉球は日本に残される『小諸島』であると言った。さらに、われわれが沖縄に居座り続け、日本に部隊を駐留させる権利を持つなら、『現在の状況と何ら変わらないことになる』と述べた。私は、日本における共産主義プロパガンダが琉球を日本に返還させるというソビエトの野心を強めるのではないかと思う［原文ではイタリック］」という。同様に、ダンは、ソビエトが、日本と講和条約を結ぶ計画を妨害しようという意図を持って行動しているということを以下のように説明している。「面倒な関与もせずに、単に疑問を差し挟むだけで、ソビエトは、日本人の独立と幸福への願望を勝ち得る魅力的な態度をとった。同時に、小笠原と琉球諸島の信託統治は米国による主権強奪の偽装に過ぎず、領土不拡大原則の侵害であるということをほのめかしながら、樺太と千島における自身の領土的膨張を慎重に保護している。自分の領土拡大の正当性は問題ではないが、昔の同盟国が同じようなことをすると大いに非難するというひそかな前提は、もちろんソビエトの外交に限ったことではない。新しいのは、二つの世界を最大限に利用しようとするむき出しの努力なのである」。Dunn, *op. cit.*, p. 112 を参照。

(117) "Memorandum of Conversation by Allison on Japanese Peace Treaty (December 21, 1950)," *FRUS, 1950, Vol. 6*, pp. 1379-1382.

(118) インドは、翌年、ダレスが一九五一年の一月から二月に日本を訪れて講和条約の仮草案を用意した後になっても、この強い態度をとることになる。覚書には、「インド政府は、日本には、日本人の住む琉球や小笠原に対して強い感情的思い入れがある、と感じている。それゆえインド政府は、これらの諸島が日本の主権下に残されるべきであると考えている」と記してある。"Aide-Memoire," Folder: Allied Attitudes Regarding Japanese Peace Treaty (Except UK)——Duplicates 1/51-9/51, Box 2, Bureau of Public Affairs, Office of the Historian, RG 59 を参照。

(119) 一九五一年一〇月から一九五三年三月（そしてまた、一九六三年から一九六九年四月）まで、駐インド米国大使のボールズ（Chester Bowles）によれば、インド政府、特に、インド首相のネルー（Jawaharlal Nehru）は、ダレスから直接に相談を受けていなかったことに強い不満をもっていた。Chester Bowles, *Promises to Keep: My Years in Public Life, 1941-1969* (New York: Harper Colophon Books, 1971), p. 490 を参照。

(120) "Despatch No. 628, Territorial Provisions of Japanese Peace Treaty (October 26, 1950)," Central Decimal File, 1950-1954 (694.001/10-2650), RG 59.

(121) U・アレクシス・ジョンソンの義弟のワーナーは、一九四八年四月から、五〇年八月まで東京で勤務していた。その後の一九六一年一一月から六四年一月まで、米国琉球民政府・高等弁務官（U. S. Civil Administration of the Ryukyu Islands）キャラウェイ中将の政治顧問、そして一九六四年二月から六七年七月までの民政長官となった。

(122) ワーナーの覚書によると、倭島は、国連総会を前にして、戦争犯罪人の送還問題についてのヒアリングの非公式オブザーバーとして米国を訪れていた、三人の日本人職員の一人であった。"Memorandum by Warner to Johnson on Problem Concerning Ryukyus and Okinawans and Bonin Islanders in Japan (October 13, 1950)," Central Decimal File, 1950-1954 (694.001/10-1350), RG 59 を参照。

(123) *Ibid.* ワーナーの覚書によると、グリーンも参加した会議の中で、倭島は次のように言った。「日本政府の高官は、米国が基地を得るために日本の信託統治を必要とはしないのと同様に、基地を得るために琉球の信託統治を必要とはしない、と非常に強く感じている。そして、もし米国がそんなことをしたら、アメリカは避けたいことだろうが、日本国内に敵意が生まれることは明らかである、と思っている。したがって、基地を獲得することが信託統治の第一の目的ならば……、日本政府は、これらの諸島の六〇万人の住民の大多数が日本人である以上、琉球の主権を回復し、日本自体に適用されるのと同様の基地取り決めを結んでもらいたい」。

(124) "Memorandum on Territorial Provisions of a Japanese Peace Treaty by Fearey, November 14, 1950," Folder : 1 /50-12 / 50, Intra DS Memos, Box 3, Records Relating to Japanese Peace Treaty and Security Treaty, 1946-1952, Office of the Historian, Bureau of Public Affairs, RG 59.

(125) "Memorandum from Johnson to Allison (October 13, 1950)," Central Decimal File, 1950-1954 (694. 001 / 10-1350), RG 59 参照。

(126) "Memorandum from Johnson to Rusk on Territorial Provisions of a Japanese Peace Treaty (November 17, 1950)," Central Decimal File, 1950-1954 (694. 001 / 10-2650), RG 59. Footnote 3, *FRUS, 1950, Vol. 6*, p. 1348 にも引用されている。

(127) "Memorandum from Johnson to Rusk on Territorial Provisions." アチソンの一九五〇年一月一二日の発言の全文（"Crisis in Asia——an Examination of U. S. Policy"）は、*Department of State Bulletin*, Vol. 22, No. 551 (January 23, 1950), pp. 111-118 にある。右に引用した部分に関して、アチソンは、「この防衛線は、アリューシャンから日本を通り、琉球につながる。われわれは琉球諸島その他の保持し続ける地域でこれらの重要な防衛態勢を維持しなければならない。琉球諸島の人々のために、われわれは適当な時期にこれらの諸島を国連の信託統治の下で保持する提案をするであろう。しかし、それは太平洋の防衛線に欠かせない地域であるから、保持されるべきだし、きっと保持されるだろう」と述べた。

(128) "Memorandum from Johnson to Rusk on Territorial Provisions."

(129) "Oral History with Dean Rusk, January 2, 1970," Lyndon B. Johnson Oral History Collection, Interview 3, Tape 1, p. 17, Lyndon B. Johnson Presidential Library. このオーラル・ヒストリーは、インターネットでもみられる。Lyndon B. Johnson Library and Museum homepage at 〈www.lbjlib.utexas.edu〉を参照。

(130) "Letter from the Secretary of State to the Secretary of Defense (December 13, 1950)," *FRUS, 1950, Vol. 6*, pp. 1363-1364.

(131) "Enclosure on Japan (December 13, 1950)," *Ibid*., pp. 1364-1367.

(132) "Annex A," *Ibid*., p. 1367.

(133) "The Commander in Chief, Far East (MacArthur) to the Department of the Army (December 28, 1950)," *FRUS, 1950, Vol. 6*, pp. 1383-1385.

(134) *Ibid*., p. 1384.

(135) "JCS 2180 / 2, Report by the Joint Strategic Survey Committee to the Joint Chiefs of Staff on United States Policy Toward Japan (December 28, 1950)," *Ibid*., p. 1391.

(136) "The Secretary of State to Sebald (January 3, 1951)," *FRUS, 1951, Vol. 6, Asia and the Pacific* (Part 1), (Washington, D. C. : GPO, 1977), pp. 778-779.

(137) その次の週の一月八日に、アチソン長官は、講和条約について意見を交わすために、ペンタゴンでマーシャル国防長官と会った。国務省のファイルには、この会談についての記録が残されていないようなので、推測しかできないが、アチソンが、マーシャルに国防総省の沖縄についての見解を尋ねたことが考えられる。ただ、前章でみたように、マーシャルは、沖縄を慎重にみていた。なお、本土の基地の権利および日本の再軍備がますます重要な課題となっていった。Footnote 2, *Ibid*., p. 784 を参照。

(138) *Ibid*., pp. 778-779.

(139) "The U. S. POLAD (Sebald) to the Secretary of State (January 6, 1951)," *Ibid.*, p. 786.

(140) 岡崎は、一九四八年一二月七日に、太田一郎に交替した。おそらく、一九四九年一月の総選挙に岡崎が出馬するためであったと思われる。

(141) 吉田、前掲書、二五―二六頁。「領土問題に関する資料は、われわれの最も力を入れた資料の一つであった。沖縄、小笠原……の地域につき歴史的、地理的、民族的、経済的のあらゆる見地から、これらが如何に日本と不可分の領土であるかを詳細に陳述した。……領土問題だけでも七冊の資料となったのである。われわれは當初米側がかゝる資料を果して受付けるか否かについて、多少の危惧を抱いていたのであるが、……ワシントンでは非常によい参考資料だとの評を受けた」と回想している。ワシントン郊外にある国立公文書館に、この沖縄に関する調書・意見書が関係当局の資料として保管されている。

(142) 西村、前掲書、四八頁。

(143) 同右、四八―五〇頁。

(144) 同右、五二頁（註二）。

(145) 同右。

(146) 外務省外交史料館「領土問題にたいする基本的立場（一九五〇年五月三〇日）」対日平和条約関係準備研究関係、第六巻、リール番号B'-0008、フラッシュ番号6、〇二九〇―〇二九八頁。

(147) 不思議なことに、硫黄島と小笠原諸島を扱った項では、日本が進んで「それらの特別使用のための」取り決めを作ることを示唆している。しかし、そのような取り決め、つまり基地使用権は、琉球諸島の項では述べられていない。

(148) ダレスの旅行中の会話録には、沖縄に関する会話は全く記されていない。"Summary Report by the Consultant to the Secretary (July 3, 1950)" を参照。

(149) この旅行は、表向きは財政問題の討議が目的であったが、実際は極秘の「吉田メッセージ」（宮澤がこう呼ぶ）を伝えるためであった。この旅行については宮澤の本に書かれている。『東京・ワシントンの密談』実業の日本社、三九―八〇頁。宮澤とのインタビューをもとにした Eldridge and Kusunoki, *op. cit.* も参照。

(150) "Discussion of Japanese Peace Treaty with Mr. Ikeda (May 2, 1950)," attachment to "Memorandum by the Special Assistant to the Under Secretary of the Army Ralph W. E. Reid to the Assistant Secretary of State Butterworth (May 10, 1950)," *FRUS, 1950, Vol. 6*, pp. 1194-1198.

(151) 西村熊雄「サンフランシスコ平和条約について」『霞ヶ関会報』（一九七九年五月）、二六頁。

(152) "Memorandum of Conversation on American Military Bases in Japan by the Counselor of the Mission in Japan Huston (April 8, 1950)," *Ibid.*, p. 1166; Diary entries for April 6 to 10, 1950, *Sebald Diaries*.

(153) "Memorandum of Conversation on American Military Bases in Japan."

(154) 吉田特有のはぐらかしたような言動に強い苛立ちを覚えながらも、ダレスは、六月の日本訪問の際、基地の提供や取り決めについて吉田に尋ねてみた。しかし、吉田は、「彼が日本のためにどのような明確な役割を想定しているのかはっきりしておらず、講和後の安全保障取り決めについても明言しなかった。そして、満足の行く取り決めが結ばれるだろうとほのめかしたものの、それが何を意味しているのかを特定されるのは避けた」。"Summary Report by the Consultant to the Secretary."

(155) "Memorandum of Conversation with General MacArthur on American Bases in Japan (April 6, 1950)," *FRUS, 1950, Vol. 6*, p. 1170.

(156) 西村、前掲書、六三―六四頁。この発表に対して岡崎勝男官房長官は翌一五日の談話で「トルーマン大統領が対日講和推進について言明されたことは、われわれとして真に喜ばしい。政府はかねてから対日講和の早期締結を希望しているのであって、今回米国の措置はわれわれに大なる希望と期待を抱かしめるものである」と発言した。

(157) *Ibid.*, pp. 80-81. Chihiro Hosoya, "Japan's Response to U. S. Policy on the Japanese Peace Treaty: The Dulles-Yoshida Talks of January-February 1951," *Hitotsubashi Journal of Law and Politics*, Vol. 10 (December 1981), pp. 17-18. ヨシツによれば、西村熊雄条約局長やその同僚たちは、講和条約会議に共産主義諸国の参加を求める野党の要求に同情を感じたらしい。彼らは「日本全国に浸透した、新しい憲法の反軍事理念を支持していた。講和後しばらくは米軍が日本に駐在すると予想していたけれども、結局は国連軍が平和の守り手として米軍にとってかわるであろうと考えていた」という。Yoshitsu, *op. cit.*, p. 43を参照。

(158) 外務省条約局法規課「一〇月五日官邸集会備忘録（付録5）」平和条約の締結に関する調書・III、一二二―一二五頁。日本の安全保障政策に関するこの文書は、元読売新聞記者の堂場肇が入手した外務省の資料（以下、「堂場文書」とする）である。筆者の閲覧時には、青山学院大学国際政治経済学部で保管されていた。また、西村、前掲書、八一頁、Hosoya, *op. cit.*, pp. 18-19; Yoshitsu, *op. cit.*, p. 43も参照。ヨシツは、吉田との衝突を回想している西村との一九七七年のインタビューを引用している。「吉田首相の顔はわれわれの提案をみているうちに真っ赤になり……野党のくだらない立場を支持する理由は何かと問いただし、私にもっと現実的な文書を作ってくるように命じた」。なお、ここで、ヨシツは、藤崎とのインタビューも引用しているが、藤崎によれば「吉田さんは非常に怖くて、また説得力のある人物であった」という。

(159) 領土問題に関するA作業の内容は、「米国の対日平和条約案の構想に対応するわが方方針［案］」対日平和条約関係準備作業関係、リール番号B'-0009、フラッシュ番号1、〇〇一七―〇〇四八頁。

(160) 西村、前掲書、八一―八四頁、Hosoya, *op. cit.*, p. 19; Yoshitsu, *op. cit.*, p. 44.

(161) Hosoya, *op. cit.*, p. 19.

(162) 「D作業　ダレス氏訪日に関する件、一九五〇年一二月二七日（付録二六）」平和条約の締結に関する調書・III、二九四頁。この文書は、外務省外交史料館（対日平和条約関係準備作業関係、リール番号B'-0009、フラッシュ番号1、〇一五八―〇一八〇頁）にも保管されている。また、西村、前掲書、八四―八五頁、Hosoya, *op. cit.*, p. 19を参照。

(163) 「D作業（訂正版）ダレス顧問訪日に関する件、一九五一年一月五日（付録二七）」平和条約の締結に関する調書・III、三〇一頁。この文書は、外務省外交史料館（対日平和条約関係準備作業関係、リール番号B'-0009、フラッシュ番号1、〇一八二―〇二一七頁）にも保管されている。また、西村、前掲書、八五頁を参照。

(164) 「D作業（再訂版）、一九五一年一月一九日（付録二八）」平和条約の締結に関する調書・III、三〇八頁。この文書は、外務省外交史料館（対日平和条約関係準備作業関係、リール番号B'-0009、フラッシュ番号1、〇二一八―〇二三一頁）にも保管されている。

(165) 「米国が沖縄、小笠原諸島の信託統治を固執する場合の措置、一九五一年一月二六日（付録三〇）平和条約の締結に関する調書・III、三一一―三一二頁。この文書は、外務省外交史料館（対日平和条約関係準備作業関係、リール番号B'-0009、フラッシュ番号1、〇二三二―〇二四〇頁）にも保管されている。

(166) Yoshida Shigeru, "Japan and the Crisis in Asia," *Foreign Affairs*, Vol. 29, No. 2 (January 1951), p. 181.

(167) "Despatch 936, Territorial Provisions of the Japanese Peace Treaty (January 15, 1951)," Central Decimal File, 1950-1954 (694.001/1-1551), RG 59.

(168) *Ibid.* "Letter from William N. Stokes to Author, March 22, 2000" を参照。このメッセージは外交官文書の形式だったので、ワシントンの国務省の指定された場所へ届くのに、通常十日から二週間かかり、この時は、北東アジア課に一月二九日に届いたため、ダレスは、日本への再訪のためにワシントンを発つ前にこれを見ることはできなかった。しかし、彼は、そのコピーを東京にいる間にうまく見ることができたらしい。一月二七日の会議において、彼は到着後、「領土問題への対応に関しては、すでに不平が出てきている」と語っているからである。Footnote 3, *FRUS, 1951, Vol. 6*, pp. 812-813 を参照。

(169) Diary entry for January 19, 1951, *Sebald Diaries*.

(170) *Ibid.* シーボルドの日記と、原稿の準備のための使用に関しては Koichi Okamoto, "William J. Sebald: The United States Political Adviser for Japan," *Waseda Journal of Asian Studies*, Vol. 19 (1997), 特に pp. 18-20 を参照。

(171) "Telegram No. 1405 from Sebald to Secretary of State (January 20, 1950)," Central Decimal File, 1950-1954 (694. 001 / 1-2051), RG 59. 河野は、吉田がメッセージを伝えるためにシーボルドを「訪問した」としているが、シーボルドの日記にあるように、実際はそれ以前の夜の夕食会で会話があったことが分かる。

(172) *Ibid.* シーボルドは、琉球、千島、小笠原、硫黄島という領土の処分問題に関して、日本人が厳しくなってきていると、警告している。

(173) 宮里によれば、吉田はマッカーサーと会談し、もし琉球諸島が「日本の主権下から盗まれて」しまえば、日本人の感情が害されることになるだろう、と主張した。それに対して、マッカーサーは、吉田の主張をはねつけたという。しかし、宮里の引用している文書はこの議論に関係なく、そのような会話が実際になされたかどうか言及していない。宮里、前掲書、二五〇頁を参照。宮里は後述の議論を引用するべきであっただろう。

(174) Footnote 3, *FRUS, 1951, Vol. 6*, p. 822.

(175) *Ibid.* Diary entry for January 23, 1951, *Sebald Diaries*.

(176) "Minutes——Dulles Mission Staff Meeting, January 26, 1951, 10 : 00 a. m.," *FRUS, 1951, Vol. 6*, p. 811. 吉田とマッカーサーの良好な関係を象徴するように、吉田は占領中に計七五回もマッカーサーと会見したと言われている。これは他のどの日本人よりもはるかに多く、吉田を凌ぐのはシーボルドと英国代表のガスコイン (Alvary D. Gascoigne) 卿だけであった（彼らはそれぞれ一三八回、一二八回会見している）。D. Clayton James, *The Years of MacArthur, Vol. 3 : Triumph and Disaster, 1945-1964* (Boston : Houghton Mifflin Company, 1985), pp. 693-694.

(177) "Memorandum by Fearey for Dulles and Allison (January 25, 1951)," *Ibid.*, pp. 810-811. いくつかの理由により、河野も宮里もそれぞれの研究の中で、白洲はフィアリーに会うためにワシントンまで派遣されたと書いている。しかし、会談の覚書には、会談が東京で行われたと明確に示されている。さらに、フィアリーの一足早い到着は、地元紙でも報道されていた。宮里、前掲書、二五〇頁および河野、前掲書、四五頁を参照。

(178) "Memorandum by Fearey for Dulles and Allison."

(179) ダレス一行には、アリソン公使、フィアリー、ダレスの秘書のドイル、陸軍次官補ジョンソン (Earl D. Johnson)、マグルーダー、バブコック、そして文化交流を担うロックフェラー三世 (John D. Rockefeller III) が含まれていた。なお、ダレス夫人も同行した。

(180) "Minutes——Dulles Mission Staff Meeting, January 26, 1951, 10 : 00 a. m."

(181) "Memorandum of Conversation (January 26, 1951)," Folder : Duplicates, Dulles Files, Box 2, Office of the Historian, Bureau of Public Affairs, RG 59 ; Diary entry for January 26, 1951, *Sebald Diaries* ; 西村、前掲書、八六頁。

(182) "Undated Suggested Agenda Handed the Prime Minister of

Japan Yoshida Shigeru," *FRUS, 1951, Vol. 6*, p. 816.

（183） "Minutes——Dulles Mission Staff Meeting, January 26, 1951, 10 : 00 a. m."

（184） 西村、前掲書、八七頁および猪木正道『評伝 吉田茂（第三巻）』読売新聞社、一九八一、三九九頁。

（185） 領土問題に関する各政党の立場について、前記の "Despatch 936" を参照。新聞での領土問題の取り扱いは、"Islands Seen Delicate Point in Treaty Work," *Pacific Stars and Stripes*, January 23, 1951 を参照。

（186） Footnote 3, *FRUS, 1951, Vol. 6*, pp. 812-813 を参照。

（187） 共産党以外の野党の代表者たちは、口頭および覚書によって講和条約についての見解を述べるためにダレスに会っている。沖縄の問題に関するこれらの政党の考え方について、Watanabe, *op. cit.*, pp. 109-119 を参照。渡辺が指摘するように、比較的ナショナリスティックな民主党は「領土問題についてもっともはっきりした意見を表明した」。一九五一年一月に行われた党大会では、「大西洋憲章の精神に基き、民族的・歴史的版図と認められる領土を保有すること、とりわけ、千島、琉球、奄美、と小笠原」という方針が承認された。*Ibid.*, pp. 111-112 で引用している。これらの見解は、一月三一日の民主党の代表との会談においてダレスに知らされた。実際に他の党も同様の見解を表明した。例えば、社会党の代表は翌日（二月一日）、領土問題に関して以下のように述べた覚書をダレスに手渡した。「カイロ宣言で表明されたように、朝鮮を日本から分離し、満州・台湾・澎湖諸島を中国に返還し、南洋の委任統治諸島を放棄する事は不可避とみなされている。連合国がポツダム宣言に従えば、サハリンの南半分、千島列島、歯舞諸島、色丹諸島、沖縄を含む南西諸島、小笠原、硫黄島、大東諸島、鳥諸島は、連合国による一九四二年一月一日の合同宣言で明確にされている原則に従って、所有権が明らかにされる事が望ましい。ここで言う原則は、領土不拡大原則や、関係者の自由に表明された意思に一致しない領土変更をしないという原則の事である。上記の諸島に対する日本の所有権は、日本人が平和に生きていくために不可欠である。日本本土とこれらの諸島の間の歴史的関係や経済的繋がりに基づき、われわれはこれらの諸島に対する日本の主権を希望する」。"Urgent Desire of the Socialist Party With Regard to the Tenor of the Japanese Peace Treaty," Reel Number 8, Microfilm C-0043, Japanese Peace Treaty Files of John Foster Dulles, RG 59 を参照。

（188） "Memorandum of Conversation by Fearey (January 27, 1951)," *Ibid.*, pp. 818-822 ; Diary entry for January 27, 1951, *Sebald Diaries*.

（189） "Memorandum of Conversation by Fearey."

（190） シーボルドは、沖縄に対するマッカーサーの考えに失望したことを、日記に、「[マッカーサーは] 琉球と小笠原に関していまだ頑固である」と記した。Diary entry for January 27, 1951, *Sebald Diaries* を参照。

（191） "Memorandum of Conversation by Allison (January 29, 1951)," *FRUS, 1951, Vol. 6*, p. 828. 吉田とダレスはシーボルドのオフィスで会った。日本側の会談記録について、「ダレスミッション会談録集（昭二六年二月）」対日平和条約関係第一次ダレス来訪関係（第一次交渉）（第二巻）、リール番号 B'0009、フラッシュ番号 3、〇〇七五―〇〇八九頁を参照。

（192） "Memorandum of Conversation by Allison (January 29, 1951)"; "Minutes —— Dulles Mission Staff Meeting, January 30, 10 AM," *FRUS, 1951, Vol. 6*, p. 832 ; Diary entry for January 30, 1951, *Sebald Diaries*.

（193） Diary entry for January 29, 1951, *Sebald Diaries*. シーボルドが翌日に書いた、会議の「評価」は、特に批判的である。「昨日の会議に出席した首相は詳細な議論をする用意が全く出来ておらず、彼の意見は、現実の問題に取り組む努力をしていると言うよりは、手探りの状態にあった、というのが私の印象である。私は、一月二六日に首相に渡した『講和七原則』と『議題案』に基づいた文書の中に、日本の立場が一部でも明らかにされているだろうと信じている」。Footnote 2, *FRUS, 1951, Vol. 6*, p. 830を参照。

(194) Diary entry for January 30, 1951, *Sebald Diaries*.

(195) *Ibid.*; Sebald, *op. cit.*, p. 262. シーボルドによると、この会談の後、講和条約交渉の責任者である外務次官に、太田一郎に代わって井口貞夫が指名された。回想録には「この人選は素晴らしかった。というのも、井口は明晰な頭脳をしており、関連する問題をよく理解していたからである」と書いている。

(196) Diary entry for January 30, 1951, *Sebald Diaries*. 西村によれば、文書が提出されたのは午後六時半であった。その文書のコピーはマッカーサーにも側近であるバンカー（Laurence E. Bunker）大佐を通じて届けられた。西村、前掲書、八九頁。

(197) Diary entry for January 31, 1951, *Sebald Diaries*.

(198) 西村、前掲書、八九頁。「『わが方見解』英文――原案――（昭二六年一月三〇日）」対日平和条約関係第一次ダレス来訪関係（第一次交渉）（第一巻）、リール番号B'0009、フラッシュ番号2、〇〇三七―〇〇五七頁を参照。日本政府の伝統的なやり方として、同文書の上に、吉田は、「これは個人の見解であり、内閣とはまだ相談していない。したがって、以下の見解は、日本政府の正式または最終的な見解を代表しない」との断りを記した。しかし、少なくとも領土問題に関しては、その断りは不正確である。前述したように、吉田は、内閣にすでに報告しており、外務省において数週間にわたってこの案が検討されていたからである。

(199) "Undated Memorandum on Suggested Agenda by the Prime Minister of Japan," *FRUS, 1951, Vol. 6*, pp. 833-835.

(200) 西村、前掲書、八六―八九頁。

(201) ここで言及されている「バミューダ方式」とは、駆逐艦と引き換えにバミューダの海軍・空軍基地を手に入れるという、米英間の取り決めであり、一九四〇年九月二日にワシントンで交わされた交換公文でうたわれ、一九四一年三月二七日にロンドンで九九年間の貸与合意に署名がなされて、正式なものになった。Footnote 2, *FRUS, 1951, Vol. 6, op. cit.*, p. 833を参照。

(202) "Undated Memorandum on Suggested Agenda."

(203) "Minutes—Dulles Mission Staff Meeting, January 31, 1951, 10:00 AM," *FRUS, 1951, Vol. 6*, pp. 835-838.

(204) Diary entry for January 29, 1951, *Sebald Diaries*.

(205) "Minutes—Dulles Mission Staff Meeting January 31, 1951 10:00 AM."

(206) *Ibid.* 宮里はこれらがU・アレクシス・ジョンソンのコメントだったと間違って記している。アレクシスは、この使節のメンバーではなかったのだ。実際は、アール・ジョンソン（Earl Johnson）のコメントだった。宮里、前掲書、二五一頁。

(207) "Oral History Interview with John M. Allison, April 20, 1969," Dulles Oral History Project, p. 33.

(208) "Minutes—Dulles Mission Staff Meeting February 1, 10:00 AM," *FRUS, 1951, Vol. 6*, pp. 838-840; Diary entry for January 31, 1951, *Sebald Diaries*.

(209) "Minutes—Dulles Mission Staff Meeting February 1, 10:00 AM."

(210) *Ibid.* この年、吉田は、五月九日に衆議院で外交問題について行った演説についての質疑で、民主党の千葉三郎の質問に対して次のように答えた。「私が琉球やその他の諸島の信託統治に賛成したのか否かも問われたと思います。しかし、この問題に関しては疑いの余地はありません。それは、ポツダム宣言で明らかに解決したのです。その決定をいかに施行するかは連合国の問題なのです」。"Minutes of the Proceedings in the House of Representatives, No. 33, May 10, 1951

"(English translation)," Japanese Peace Treaty Files of John Foster Dulles, Reel Number 16, Microfilm C0043, Lot 54D423, RG 59を参照。

(211) 理由は不明であるが、残念ながら、日本側の会談記録が不完全で、会議の後半の分だけが紹介されているようである。「ダレスミッション会談録集・第二次会談メモ（一九五一年一月三一日、午後二時）」対日平和条約関係第一次ダレス来訪関係（第一次交渉）（第二巻）、リール番号B'0009、フラッシュ番号3、〇〇九〇―〇〇九四。

(212) 西村熊雄「沖縄帰属のきまるまで　求めるに急であった日本の世論」『朝日ジャーナル』第一巻、第一五号（一九五九年六月二一日）、一九頁。

(213) *Ibid.* フィアリーはこれを確認した。Author's interview with Fearey を参照。

(214) Diary entry for January 31, 1951, *Sebald Diaries*; Footnote 4, *FRUS, 1951, Vol. 6*, p. 841. 脚註にその言葉の意図が説明してある。「この言葉の意図は、琉球・小笠原諸島の問題を取り上げようとする日本側の傾向が強まるのを止め、この問題に関してこの場で日本とさらに議論になるのを防ごうということであった」。

(215) 西村、前掲論文（一九五九）、一九頁および西村、前掲書、八九―九〇頁。

(216) 西村、前掲論文（一九五九）、一九頁。

(217) 西村、前掲書、九〇頁。

(218) 西村、前掲論文（一九五九）、一九頁。

(219) "Diary entry for February 5, 1951, *Sebald Diaries*; "Provisional Memorandum Prepared by the Dulles Mission (February 3, 1951)," *FRUS, 1951, Vol. 6*, pp. 849-850; "Minutes――Dulles Mission Staff Meeting February 6, 9: 30 AM," *Ibid.*, p. 861. 「ダレスミッション会談録集・第五次会談（一九五一年二月五日、一〇時三〇分）」対日平和条約関係第一次ダレス来訪関係（第一次交渉）（第二巻）、リール番号B'0009、フラッシュ番号3、〇一二三―〇一二四も参照。

(220) 西村、前掲書、九二―九三頁。領土条項は、「日本国は朝鮮、台湾および澎湖島に対する権利・権限を放棄し、北緯二十九度以南の琉球諸島、西之島、火山列島、沖の鳥島及び南鳥島を含む小笠原諸島を合衆国を唯一の施政権者とする国際連合信託統治制度の下におくことにも同意する。国連がこの信託統治を承認するまで、米国がこれらの諸島に対し施政権を持ち続ける。なお、日本国は、旧委任制度および南極での日本人の活動から発生する全ての権利、権限および請求を放棄する」としていた。"Provisional Memorandum Prepared by the Dulles Mission" を参照。

(221) Diary entry for February 7, 1951, *Sebald Diaries*; "Unsigned Japanese Government Memorandum on Provisional Memorandum (February 6, 1951)," *FRUS, 1951, Vol. 6*, pp. 860-861; "Memorandum of Conversation by Fearey Between Dulles, Yoshida, and Their Staffs (February 7, 1951)," *Ibid.*, pp. 866-869.

(222) Allison, *op. cit.*, p. 157. アリソンは後に沖縄問題に取り組まざるをえなくなる。それは、一九五三年から五七年に駐日大使として過ごした間に、特に「ホットな」問題となった。

(223) "Memorandum of Conversation by Allison at the Malacanan Palace, 10: 45 a. m. (February 12, 1951)," *FRUS, 1951, Vol. 6*, p. 881.

(224) フィリピン政府の初期の一般的な見解について、"Memorandum of Conversation by Babcock on Preliminary Consideration of Japanese Peace Treaty," *FRUS, 1950, Vol. 6*, pp. 1308-1311 を参照。

(225) Footnote 1 (*Ibid.*) は、ダレス一行がその日の内にフィリピンを発ったと間違って記している。ダレスグループには二月二二日にハワイでシーボルドが加わり、ワシントンまで同行して帰った。シーボルドが日本に戻ったのは三月二一日だった。*Sebald Diaries* の関係する記述を参照。なお、Footnote 2, *FRUS, 1951, Vol. 6* (p. 903) も間違っている。シーボルドが東京に戻ったのは、三月二七日ではない。

(226) Allison, *op. cit.*, p. 159.

(227) "Memorandum by Dulles to the Minister for External Affairs and Island Territories of New Zealand, F. W. Doidge (February 18, 1951)," *FRUS, 1951, Vol. 6*, p. 175.

(228) "Aide-Memoire of the British Embassy (March 12, 1951)," *Ibid.*, p. 910 を参照。沖縄を米国の信託統治の下におくという米国の計画を支援する、英連邦諸国の当初の態度については、"Oral Communication from British Embassy to Department of State on Canberra Meeting (October 9, 1947)," *FRUS, 1947, Vol. 6*, p. 533.

(229) "Japanese Peace Treaty: Working Draft and Commentary Prepared in the Department of State (June 1, 1951)," *FRUS, 1951, Vol. 6*, p. 1062.

(230) Footnote 1, *Ibid.*, pp. 895-896 を参照。Diary entry for February 28, 1951, *Sebald Diaries* も参照。

(231) "Minutes of the Under Secretary's Meetings, Memorandum for the File Undersecretary's Meeting, February 28, 1951," Iokibe, ed., *op. cit.*, Vol. 2, microfiche, 5-D-20.

(232) *Ibid.* 会議の参加資格は不明だが、研究されている問題が、法律、政治、経済、地理、軍事を含んでいるため、ベーコン、フィアリー、アリソン、ジョンソン、ヘメンディンガー、ワーナー、ダグラス・オーバートンらが含まれていると思われる。

(233) "Obligations Assumed by the US Under Trusteeships for the Ryukyus and for the Bonin, Volcano and Marcus Islands (March 7, 1951)," Folder: Islands —— Ryukyu and Bonin, Box 2, ONA Records, RG 59.

(234) "Majority of Japanese Favor Rearming, Want US Troops Stay (Results of Public Opinion Poll)," *The Mainichi*, March 5, 1951, Folder: Information Relating to Japanese Views and Attitudes, Box 2, Records Relating to the Peace and Security Treaties, 1945-1952, Bureau of Public Affairs, Office of the Historian, RG 59.

(235) "Provisional Draft of a Japanese Peace Treaty (March 12, 1951)," Folder: Japan: Treaty Drafts, 1950-1951, Box 1, Miscellaneous Records Relating to Japan and Korea, 1945-1953, Lot File 56D 225, RG 59. この暫定的な案は、何回も修正された。但し、この条項の同様なバージョンは、"Provisional United States Draft of a Japanese Peace Treaty (Suggestive Only), March 23, 1951," *FRUS, 1951, Vol. 6*, p. 945 に出ている。

(236) "Memorandum of Conversation on the Japanese Peace Treaty by the Second Secretary of the Embassy in the United Kingdom David K. Marvin (March 21, 1951)," *Ibid.*, p. 941.

(237) "Memorandum of the Under Secretary's Meeting, Prepared in the Department of State (March 21, 1951," *Ibid.*, p. 942.

(238) 国民および議会の理解を得るためのダレスの努力について、"Chronology of Events Concerning Public Opinion and Congress."

(239) "Memorandum by Fearey on Meeting with Far East Sub-Committee of Senate Foreign Relations Committee Regarding a Japanese Peace Treaty (March 19, 1951)," *FRUS, 1951, Vol. 6*, pp. 932-935.

(240) 同月末、カリフォルニア州ロサンゼルスより東南三〇キロにあるホイッティア大学でのある夕食会において、ダレスは「太平洋における平和」と題する講演を行った。同演説は、対日講和条約に対する米国の政策を発表する機会であった。全国のラジオで放送されたこの講演で、ダレスは、条約案を「平和の本質的要素に限定している、単純な文書である」と紹介した。領土条項について、ダレスは、「条約は、日本がどの領土に対して主権をもっているかを明確にする。一般的に、日本の主権は降伏の条件のとおり制限する。すなわち、日本の主権は四大島と隣接する小島に限られる。日本は、朝鮮、台湾、澎湖諸島と南極地域に対していかなる権利、権限、請求も放棄しなければならない。また、琉球と小笠原諸島については、合衆国を施政権者とする国際連合の信託統治下に置き、米国の施政を継続することとなろう」との見解を明らかにした。スピーチの終わりのほうで、ダレスは、「講和条約は将来日本国民を良き隣人として他国民と共存させることを主たる目的とする。われわれの探求する平和は和解の平和である。戦勝国が敗戦国に普通課する類のそれではない」と述べた。"Address by the Honorable John Foster Dulles at the Fiftieth Anniversary Dinner of Whittier College, Los Angeles, California, Saturday, March 31, 1951," Folder: Letters and Instructions Regarding Japanese Peace Treaty, Box 4, Office of the Legal Advisor, Japanese Peace Treaty Files, 1946-1960, RG 59.

(241) "Memorandum on the Substance of Discussions at a Department of State-Joint Chiefs of Staff Meeting (April 11, 1951)," *Ibid.*, pp. 969-971.

(242) "Memorandum by Dulles (April 12, 1951)," *Ibid.*, p. 974.

(243) ダレス一行は、四月一六日に東京に到着、二三日まで滞在し、翌二四日にワシントンに戻った。

(244) 後述するように、西村（一九五九）の回想は、ダレスの一団がこの問題に言及したことを示唆している。

(245) "Editorial Note," *Ibid.*, p. 1021 を参照。

(246) "Joint United States-United Kingdom Draft Peace Treaty (May 3, 1951)," *Ibid.*, pp. 1025-1026.

(247) 河野、前掲書、五二―五三頁。

(248) 西村、前掲論文（一九五九）、一九頁。

(249) Diary entry for March 27, 1951, *Sebald Diaries*. 西村はシーボルドが吉田を訪問したのは二月二七日であったと間違って（あるいは、単なる誤植か）記しているが、実際は三月二七日であった。西村、前掲書、一〇二頁。

(250) Diary entry for April 4, 1951, *Sebald Diaries*.

(251) 「一九五一年四月四日、井口次官からシーボルド大使に交付した平和條約にたいするわが方の意見書（英文）」対日平和条約関係、ダレス離日より第二次交渉までの過程、リール番号B'0009、フラッシュ番号4、〇〇五四―〇〇六一。

(252) "The United States Political Adviser to SCAP (Sebald) to the Secretary of State (April 4, 1951)," *FRUS, 1951, Vol. 6*, pp. 960-961.

(253) "Memorandum from Fearey to Allison on Nansei Shoto," Folder: Ryukyus——Old, Box 4, ONA Records. Footnote 2, *FRUS, 1951, Vol. 6*, p. 961 でもこの議論が引用されている。

(254) Footnote 2, *op. cit.*, p. 961.

(255) 交渉はロンドンとパリで六月四日から一四日まで続いた。ダレスは、パリでの数日間の会議の後、六月一四日にロンドンを発った。なお、ダレスがロンドンに到着した六月二日には、日本の衆参両院で日本の領土の返還を求める決議が可決されている。

(256) 細谷千博『サンフランシスコ講和への道』中央公論、一九八四年、二三三―二三四頁。

(257) 同右、二三八頁。

(258) "Editorial Note," *FRUS, 1951, Vol. 6*, p. 1118 を参照；"Revised United States-United Kingdom Draft of a Japanese Peace Treaty (June 14, 1951)," *Ibid.*, pp. 1119-1133.

(259) Footnote 1, *Ibid.*, p. 1143; Allison, *op. cit.*, pp. 166-167. 関係者によれば、日本は当初、アリソンが二〇日前後に到着すると思っていた。しかし、連合諸国、特にフィリピンの理解を得る必要があり、到着が遅れた。西村、前掲書、一四五頁。

(260) 西村、前掲書、一四五―一四六頁。

(261) Diary entry for June 15, 1951, *Sebald Diaries*.

(262) 西村、前掲書、一四五―一四六頁。

(263) "Telegram No. 2261 from Sebald [Allison] to Secretary of State [for Dulles] (June 28, 1951)," *FRUS, 1951, Vol. 6*, p. 1163. また、「一九五一年六月二八日午後の総理アリソン公使会談録（付録22）」平和条約の締結に関する調書・VI、三四〇頁も参照。

(264) "Telegram No. 2261 from Sebald."

(265) *Ibid.* アリソンの電報と日本側の会談記録は、アリソンの返事について少し異なった説明をしている。アリソンのバージョンは既述の通りである。日本側の記録によれば、アリソンは、「[米国政府において] それらの点は、まだ、十分に考究されていない。決定もされていない。日本側の提案は喜んで検討したい」。と述べた。「一九五一年六月二八日午後の総理アリソン公使会談録」および西村、前掲書、一四七頁を参照。

(266) "Telegram No. 2261 from Sebald."

(267) 西村、前掲書、一五六頁。

(268) 同右。「信託統治に関する要請（一九五一年七月二日）」対日平和条約関係、第三次交渉関係（第一巻）、リール番号B'0009、フラッシュ番号6、〇〇九七―〇〇九八。

(269) "Telegram No. 14 from Sebald [Allison] to Secretary of State [for Dulles] (July 2, 1951)," *FRUS, 1951, Vol. 6*, p. 1173.

(270) "Memorandum for the Secretary of Defense on the Japanese Peace Treaty (April 17, 1951)," *Ibid.*, p. 991.

(271) "The Secretary of Defense to the Secretary of State (April 19, 1951)," *Ibid.*, pp. 989-990.

(272) "The Secretary of Defense to the Secretary of State (June 28, 1951)," *Ibid.*, p. 1155.

(273) "Memorandum for the Secretary of Defense on the Japanese Peace Treaty (June 26, 1951)," *Ibid.*, p. 1157.

(274) Author's interview with Fearey.

(275) *Ibid.* このインタビューでは、フィアリーはこの会議の行われた正確な日付が分からなかった。彼は、アリソンが出席していたように記憶していたが、先述のように、アリソンは当時日本にいた（一九五一年六月の最終週と七月の第一週）。アリソンが出席していたというフィアリーが間違っていたのか、会議の開催が、「潜在主権」という言葉が覚書の形式に出てくるより何週間か前であったのかのどちらかである。

(276) Footnote 1, *FRUS, 1951, Vol. 6*, p. 1152; "Memorandum Re Ryukyus by the Consultant to the Secretary Dulles (June 27, 1951)," *Ibid.*

(277) *Ibid.*; Beal, *op. cit.*, pp. 56-57.

(278) "Memorandum Re Ryukyus (June 27, 1951)."

(279) "The Secretary of Defense to the Secretary of State."

(280) Sebald, *op. cit.*, pp. 267-268.

(281) Diary entry for July 7, 1951, *Sebald Diaries*. 西村によれば、日本側は一七日にその写しを受理したとしているが、文脈からすれば一七日の日付は明らかに誤植である。西村、前掲書、一六二頁。

(282) 西村、前掲書、一六四頁。

(283) 「Observations on the Draft of the Peace Treaty (July 12, 1951)」対日平和条約関係、第三次交渉関係（第二巻）リール番号B'0009、フラッシュ番号7、〇二三三頁。"Telegram No. 123, The United States Political Advisor to SCAP to the Secretary of State [Dulles] (July 15, 1951)," *FRUS, 1951, Vol. 6*, pp. 1196-1198.

(284) フィンは後に沖縄返還（一九七二年に実現）のための交渉の重要な時期（一九六九年）に、日本課長になった。残念ながら、フィンは、引用した覚書や会話の重要性について筆者に語ることなく、一九九八年八月に亡くなった。

(285) "Telegram No. 123, (July 15, 1951)."

(286) "Memorandum from Boggs to Fearey on Daito Islands and the Draft Japanese Peace Treaty," Folder: Ryukyus——Old, Box 4, ONA Records, RG 59.

(287) *Ibid.* 同じ文書に依拠しているが、その説明は、footnote 3, *FRUS, 1951, Vol. 6*, p. 1200 にもある。

(288) "Secretary of State to Certain Diplomatic Offices (July 18, 1951)," *Ibid.*, pp. 1199-1200.

(289) 西村、前掲書、一六四―一六五頁。

(290) 「平和条約案第三条（南西諸島等の信託統治）の意義に関する往復」平和条約の締結に関する調書・VI、二〇七―二〇八頁。

(291) Diary entry for July 28, 1951, *Sebald Diaries*.

(292) "Secretary of State [Dulles] to the United States Political Adviser to SCAP (August 2, 1951)," *FRUS, 1951, Vol. 6*, p. 1235.

(293) Diary entry for August 4, 1951, *Sebald Diaries*；「平和条約案第三条（南西諸島等の信託統治）の意義に関する往復」、前掲。

(294) 西村、前掲論文（一九五九）、二〇頁。

(295) *Ibid.*；Diary entry for August 4, 1951, *Sebald Diaries*；堂場文書にある日本側の会談記録によれば、シーボルドは井口に対して、ダレスが「自分があれほど日本のために骨を折って作った条約案にたいして、日本の内部に反対の声があるのは遺憾であり、沖縄についても総理の意を汲んで『日本の主権を放棄させていない』にもかかわらず反対の声をあげる向きがあるのは心外である。日本の要請については署名から発効に至るまでの期間に人を派遣して現地の状況を研究させたい」と考えていると述べた。「平和条約案第三条（南西諸島等の信託統治）の意義に関する往復」を参照。この会談の趣旨は、後述するように、吉田がサンフランシスコに到着（九月二日）後まもなく、吉田、ダレスとアチソンとの間の会談で現れた発言とかなり似ている。

(296) 「平和条約案第三条」、前掲。

(297) 西村、前掲論文（一九五九）、二〇頁。

(298) 「(Draft of) Prime Minister's Address (August 7, 1951)」対日平和条約及び日米安全保障条約締結交渉関係、リール番号B'0009、フラッシュ番号8、〇〇九五頁。

(299) 同右、〇〇九七。日本語の表現は、「わが主権が残存する」とした。同右、〇〇九九―〇一〇〇頁を参照。西村、前掲論文（一九五九）、二〇頁も参照。

(300) "(Draft of) Prime Minister's Address (August 7, 1951)."

(301) "Memorandum from Johnson to Rusk on the Petition For the Return of Amami Gunto to Japan (August 10, 1951)."

(302) 西村、前掲書、一六二―一六三頁。日本の全権団の六人は、議長の吉田に加えて、大蔵大臣の池田勇人、日銀総裁の一万田尚登、民主党党首の苫米地義三衆議院議員、自由党幹事長の星嶋二郎衆議院議員、および参議院議員の徳川宗敬。なお、外務省から西村、宇山厚、竹内竜次（当時、ワシントンにある日本の海外事務所の所長）、および島内敏郎は顧問として派遣された。さらに、吉田の個人秘書の松井明、以上に紹介した吉田周辺の白洲次郎や池田の補佐官の宮澤喜一も参加した。

(303) 同右、一八八―一八九頁。米国の全権は、アチソン、ダレス、およびコナリー (Tom Connally) とワイリー (Alexander Wiley) の上院議員らから構成された。なお、スパークマン (John J. Sparkman)、スミス (H. Alexander Smith)、ジョージ (Walter F. George)、とヒッケンルーパー (Bourke B. Hickenlooper) の上院議員、およびリチャーズ (James P. Richards) とヴォリス (John M. Vorys) の下院議員は、代理として参加していた。

(304) 同右、一九〇―一九一頁。この会談に関する記録は、外務省史料館にも保管されている。「吉田総理・アチソン国務長官・ダレス特使会談録、一九五一年九月二日」サンフランシスコ対日講和会議、リール番号B'0010、フラッシュ1、〇〇〇四―〇〇一五頁。因みに、FRUSに紹介されているこの会談の記録は、日付が間違っており、領土問題や日本の世論に関する議論に言及していない。"Memorandum of Conversation by Sebald (September 3, 1951)," *FRUS, 1951, Vol. 6*, pp. 1315-1317. 日付が間違っているため、ヨシツは、会談が九月三日に行われた、と間違って引用した。さらに、ダレスとアチソンが吉田を表敬訪問した、と書いたが、実はその逆であった。Yoshitsu, *op. cit.*, p. 70 を参照。

(305) 西村、前掲書、一九〇頁。

(306) 同右、一九〇―一九一頁。ダレスについての一九五九年の論文には、西村は、「心外」の代わりに「ショッキング」という単語を用いている。西村、前掲論文（一九五九）、二〇頁。一九五一年の一年間をかけて、ダレス、ＳＣＡＰ、対日理事会（ＡＣＪ）、極東委員会（ＦＥＣ）、および日本政府は、個人、団体や政党から多くの請願書や意見書を受理していた。沖縄問題と日本側との関係についての研究では、渡辺は、日本政府、とりわけ外務省自身は、そのような行動を励ました、と示唆している。Watanabe, *op. cit.*, pp. 135-139 を参照。

(307) 西村、前掲書、一九一頁。

(308) 吉田の返事は、外務省が作成した会談記録のなかに入っている。

(309) "Opening Address by President Truman at the San Francisco Conference for the Conclusion and Signature of the Peace Treaty With Japan (September 4, 1951)," *Department of State Bulletin*, Vol. 25, No. 638 (September 17, 1951), p. 450.

(310) "Statement by John Foster Dulles (September 5, 1951)," *Ibid.*, p. 453.

(311) "Ryukyu and Bonin Islands (Briefing Material for Delegation of the United States of America to the Conference for Conclusion and Signature of Treaty of Peace With Japan), September 1951," Folder: Ryukyus——Old, ONA records, RG 59.

(312) 「講和条約への道」安藤良雄編『昭和経済史への証言（下）』朝日新聞社、一九六六、四〇九―四一〇頁。

(313) 同右。四〇九頁。白洲の外務省との関係は非常に悪かったという。外務省は、白洲の吉田との関係を、口出し、越権行為と見なしていただろう。あるインタビューにおいて、白洲は「外務省は僕に見せると文句［を］いうと思った」のだろうと説明している。外務省の随員に対して、怒った白洲が、原稿を渡せと英語で叱ったというエピソードがあったが、彼の伝記によれば、それ以降、外務省では白洲が怒ると、「言葉が英語になってしまうという評判が立った」という。青柳恵介『風の男 白洲次郎』新潮社、一九九七、一七六頁。

(314) 「講和条約への道」四〇九頁。

(315) 同右。青柳、前掲書、一七六頁。

(316) 青柳、前掲書、一七六頁。このエピソードに関するもう一つの回想について、中村政則「占領下の尊厳 戦後日本と白洲次郎」『太陽』第四五三（一九九八年七月）号、六七頁。

(317) Sebald, *op. cit.*, pp. 278-279; Diary entry for September 7, 1951, *Sebald Diaries*.

(318) Sebald, *op. cit.*, p. 279. 白洲が付け加えた修正は、おそらくシーボルドが指摘していた部分であったと思われる。

(319) Diary entry for September 7, 1951, *Sebald Diaries*.

(320) *Ibid.*; Sebald, *op. cit.*, p. 279. シーボルドは、「英語の知識こそ立派なものだが、発音は、多くの日本人同様に下手で、時々慣れない語句が出てくると、聞きとれないことがあった。非常に悪い演説草稿を、発音の下手な、妙な調子で読み上げる。それを考えただけで身ぶるいするほどだった」と回想している。

(321) Sebald, *op. cit.*, p. 279. 島内は、U・アレクシス・ジョンソンの高校の友人であった。「ヘンリ（Henry）」としても知られていた。

(322) 「Address to the Japanese Peace Treaty Conference by his Excellency Shigeru Yoshida, Prime Minister and Foreign Minister of Japan and Chief of the Japanese Delegation, September 7, 1951」サンフランシスコ対日講和会議、リール番号 B'0010、フラッシュ番

号1、〇〇六一—〇〇八三。英国代表のヤンガー（Kenneth G. Younger）は、「琉球諸島と小笠原諸島については、条約はこれらの諸島を日本の主権から切り離していない。条約は北緯二九度の琉球諸島に対する合衆国の施政の継続を規定する。すなわち、日本により近い島々は、日本の主権のもとにのこるばかりではなく日本の施政のもとにのこることになる」と演説のなかで説明している。*FRUS, 1952-1954, Vol. 14, China and Japan, Part 2* (Washington, D. C.：GPO, 1985), pp. 1090-1091 を参照。

(323) Higa, *op. cit.*, p. 11 を参照。

終章

（1） Author's interview with Ambassador Olcott H. Deming, February 1, 1998, Georgetown, Washington, D. C.

（2） 「衆議院平和条約安保条約特別委員会における芦田均代議士質問」鹿島編『日本外交主要文書・年表』第一巻、一九四一—一九六〇年』、四五〇—四五二頁。

（3） 同右、一四四頁。

（4） Watanabe, *op. cit.*, fn. 3, p. 187. 衆議院における両条約に関する投票について、Watanabe (p. 98) を参照。

（5） 「実際的措置（practicable arrangement）」という言葉は、国会での吉田の演説に使われている。前述したように、国務省は、その演説案の領土に関する部分の作成に携わっていた。

（6） 西村、前掲論文（一九五九）、二一頁。ダレスは、出発の前夜、彼自身への覚書の中で、「第三条下における琉球、小笠原などの取り決め」が、講和条約全体に関する未解決の問題の中でもっとも重要なものである、と記している。"Note of Open Major Matters with the Japanese (December 6, 1951)," Chronological File JFD November, December 1951 (3), Box 3, JFD-JMA Chronological Series, John Foster Dulles Papers, 1951-1959, Dwight D. Eisenhower Presidential Library（以下 Eisenhower Library), Abilene, Kansas を参照。これはダレスにとって、講和条約交渉の責任を引き受けて以来、四回目の訪日であった。この訪問は、アメリカの国内情勢によるもので、日本が中華人民共和国を承認しないという約束を吉田から取りつけるためであった。この合意は、実際はダレスが起草した内容にもかかわらず、「吉田書簡」と呼ばれている。

（7） "Memorandum Submitted by the Japanese Vice Minister for Foreign Affairs to the United States Political Adviser for Japan on a 'Practicable Arrangement' for the Southern Islands," Roll 7, Microfilm C0043, ONA Records, 1943-1956, RG 59. また、「南方諸島に関する実際的措置（昭二六年一二月一〇日）」第三次ダレス来訪関係、リール番号 B'0009、フラッシュ番号9、〇〇二九—〇〇四一頁も参照（実はこれはダレスの四回目の訪日であった。一九五〇年六月の訪問は、交渉のためではなかったが、調査を行った）。この覚書では、諸島を「南方諸島」と名づけているが、文脈からすれば、これは明らかに南西諸島も含まれている。

（8） 「南方諸島に関する実際的措置」、前掲、〇〇四一頁。

（9） 西村、前掲論文（一九五九）、二一頁。

（10） "Letter from Dulles to Horo Izumi (December 18, 1951)," Chronological JFD November-December 1951 (3), Box 3, JFD-JMA Chronological Series, John Foster Dulles Papers, Eisenhower Library；西村、前掲書、三二二頁、Diary entry for December 14, 1951, *Sebald Diaries*. 泉は、奄美群島の復帰運動のリーダーであった。

（11） "Despatch No. 1021 from the USPOLAD to SCAP (Sebald) to the Department of State (January 17, 1952)," *FRUS, 1952-1954, Vol. 14*, p. 1089. メモを受理してから米国に転送するまで、なぜ五週間もかかったのかはよくわからない。西村が「アメリカにとってもらいたい措置を書きものにして、代表に提出し」、その後の一九五二年初めに、極東視察で、日本と沖縄を訪問した国務省のヤング（Kenneth T. Young）には「さらに詳しい書きものを出したりした。そのころ、そういう人たちは喜んで日本の希望に耳を傾け、その実現のためあっせんの労を惜しまないといってくれた。こちらは、沖縄の将来について、当時、明かるい気持でいたことを告白しなければならない」。西村、前掲論文（一九五九）、二一頁。ヤングも西村との会談を裏付け、以下のように書いている。「西村は……、他のどの話題よりも、日本人の沖縄に対する見方をわざわざ強調した。彼は、もし米国が信託統治を提案すれば、日米関係は非常に大きなショックを受けるだろう、と言った。また同時に、日本政府は、米国が沖縄に対して講和条約で認められた施政権や司法権を執行することを邪魔しないだろう、と示唆した」。"Memorandum by Young to Allison on the Department Position Regarding the Ryukyus (April 1, 1952)," Roll 7, Microfilm C0044, ONA Records, 1943-1956, RG 59を参照。ヤングは覚書の中で会談を要約し、文書（おそらく西村の示唆した覚書であろう）を示しているが、筆者は、西村の言及した後者の文書を日本の外務省外交史料館でも米国公文書館でも見つけることができなかった。

(12) "Despatch No. 1021."

(13) "The Acting Director of the Office of Northeast Asian Affairs ([Robert J. G.] McClurkin) to POLAD (February 20, 1952)," *Ibid.*, p. 1184. 極東局は、「今、JCSの立場を変える」ことができるかどうか、自信がなかったようだが、もし「近い将来、諸島の一般的支配権を日本に返還するというわれわれの現在の目標が達成されなければ、住民のために自治をさらに許容し、日本との緊密な結び付きを促進するために……、米国民政府に対するJCSの指令を緩和することに専念する」と考えていた。

(14) "Staff Study on United States Long Term Objectives with Respect to the Ryukyu Islands by the General Headquarters, Far East Command (October 17, 1951)," Box 1, Office of the Assistant Secretary of State for Far Eastern Affairs (John M. Allison), 1950-1952, Lot Files, RG 59；また、Roll 7, Microfilm C0044, ONA Records, 1943-1956, RG 59を参照。この報告書は、リッジウェイの参謀長のヒッキー（Doyle O. Hickey）中将の依頼で、主にウィリアムズ（Justin Williams, Sr.）博士と、法律専門で、ドイツで裁判官の経験をもつオプラー（Alfred C. Oppler）によって作成された。"Letter from Justin Williams, Sr. to Author (November 22, 1999)"; Author's interview with Justin Williams, Sr., July 7, 2000, Venice, Florida.

(15) "Letter from Niles W. Bond to U. Alexis Johnson With Enclosures (November 16, 1951)," Roll 7, Microfilm C0044, ONA Records, 1943-1956, RG 59.

(16) "Memorandum from Allison to Ambassador [Myron M.] Cowen, Consultant to the Secretary (December 7, 1951)," *Ibid.*

(17) "Letter from Niles W. Bond to U. Alexis Johnson With Enclosures (November 16, 1951)," Central Decimal File, 1950-1954 (794.0221/11-2851), RG 59. ジョンソンは、「その研究について見たことも聞いたこともなかったので、非常にありがたかった」と記した。一九五二年三月頃まで、国防省はその研究を行ったことを国務省に知らせないふりをし続けたのである。

(18) "Memorandum from Allison to Ambassador Cowen."

(19) 一九五二年一月二五日付のあるメモ（後述）によれば、POLADの事務所を通じて、国務省は「非公式に」、JCSが「リッジウェイの見解を却下した」ことを知るようになった。

(20) "JCS 1380/135, Report by the Joint Strategic Survey Committee (January 14, 1952)," Section 28, CCS 383. 21 Japan (3-13-45), RG 218.

(21) "Letter from Assistant Chief of Staff, G-3, Operations, Depart-

ment of Army Major General Reuben E. Jenkins to Commander-in-Chief, Far East Command, Tokyo (January 29, 1952)," Central Decimal File, 1950-1954 (794c. 0221/2-2752), RG 59. 二月二六日に、シーボルドは、ＪＣＳが反対していることを知り、直ちに国務省に伝えた。"Telegram No. 1787 from Sebald to Secretary of State on Disposition of Ryukyus and Bonins (February 26, 1952)," Central Decimal File, 1950-1954 (794c. 0221 / 2-2652), RG 59を参照。

（22）"Despatch No. 1238 from US POLAD to Department of State on Ultimate Disposition of the Ryukyu and Bonin Islands (March 8, 1952)," Central Decimal File, 1950-1954 (794c. 0221 / 3-852), RG 59.

（23）"Enclosure to Despatch No. 1238, Memorandum for Chief of Staff, Far East Command on Staff Study on U. S. Long-Term Objectives with Respect to the Ryukyu Islands," *Ibid.*

（24）"Memorandum by Consultant to the Secretary of State Myron M. Cowen to the Secretary of State (January 25, 1952)," *FRUS, 1952-1954, Vol. 14*, pp. 1116-1120. この覚書はオーバートンが起草した。国務省はオーバートンに沖縄問題を引き継がさせた。オーバートンによれば、この任務を与えられたのは、「ダレスや日本の講和条約に取り組んだ誰にも、沖縄が日米関係のトゲになることが全く明らかだったからである。沖縄が日本に返還されない限り、沖縄に対する失地回復主義が日本で高まるであろう。その最悪のケースが奄美大島の場合であった。沖縄は日本に返還されるべきであるというのが国務省の見解であったため、私の任務がこの問題を引き継ぐことになったのである」。"The Reminiscences of Douglas W. Overton, October 18, 1960," Oral History Collection of Columbia University, New York, p. 29を参照。

（25）"Memorandum by Cowen to the Secretary of State." アチソンは付属の手書きメモの中で、アチソンに「ダレスのこの問題に関する大統領への委任のアイデア」の状況について尋ねた。ＦＲＵＳの編集者が国務省のファイルには返答の文書はなかったとしているし、筆者も文書を見つけられなかったので、口頭で返事がなされたことは明らかである。アチソンの言う委任は、一九五一年一〇月一七日のホワイトハウスでの会議で、ダレスが「琉球に関する議会の委員会（Congressional Commission on the Ryukyus）」として、トルーマンに委ねた。大統領はこの提案を認め、国務省が取り組みを進められるよう指示した。"Memorandum by Lucius D. Battle for the Secretary of State (October 17, 1951)," White House Folder, Roll 16, Microfilm C0043, Japanese Peace Treaty Files of John Foster Dulles, RG 59. ダレスがこの委任を思いついたのは、一九五一年三月の議会メンバーへのブリーフィング（第七章参照）で論じているように、この春のうちであったようである。さらに、夏に、シーボルドへの電信の中で、「条約調印後も、議会メンバーを含んだグループが、琉球の将来についてさらに研究するだろう。米国による完全かつ排他的な支配は問題とならないが、その他の点は不確定である」と言及している。"Telegram from Dulles for Sebald (August 8, 1951)," Chronological JFD-JMA, August 1-15, 1951 (4), Box 1, JFD-JMA Chronological Series, John Foster Dulles Papers, 1951-1959, Eisenhower Library.

（26）"Hearings Before the Committee on Foreign Relations United States Senate Eighty-Second Congress Second Session on Japanese Peace Treaty and Other Treaties Relating to Security in the Pacific (January 21, 22, 23, and 25, 1952)," (Washington, D. C. GPO, 1952), p. 23. 外交委員会は、コナリー（テキサス州、民主党）議長、ジョージ（ジョージア州、民）、グリーン（ロードアイランド州、民）、マクマホン（コネチカット州、民）、フルブライト（アーカンソー州、民）、スパークマン（アラバマ州、民）、ギレット（アイオワ州、民）、ワイリー（ウィスコンシン州、共和党）、スミス（ニュージャージー州、共）、ヒッケンルーパー（アイオワ州、共）、ロッジ二世（マサチューセッツ州、共）、トービー（ニューハンプシャー州、共）およびブルスター（メイン州、共）から構成された。講和条約および安全保障条約の批准に関する米国議会の投票について、Bernard C. Cohen, *The Political Process and Foreign Policy: The Making of the Japanese Peace Settlement* (Princeton: Princeton University Press, 1957) を参照。

(27) Cohen, *op. cit.*, p. 23.

(28) "Hearings Before the Committee on Foreign Relations."

(29) *Ibid.*, pp. 51-52. 条約は、四日間のヒアリングを経て、二月五日に委員会に承認された。ラスクが交渉していた行政協定は、最後のハードルであったが、二月二八日に署名され、三月一四日から上院が講和条約と関連する安全保障取り決めについて五日間の討議を始めた。上院では、三月二〇日に投票が行われ、講和条約は六六対一〇、日米安全保障条約は五八対九で可決された。

(30) "Despatch No. 1238."

(31) Footnote 2, *FRUS, 1952-1954, Vol. 14*, p. 1224.

(32) *Ibid.*

(33) "Memorandum by the Ambassador-designate to Japan (Murphy) to Assistant Secretary of State for Far Eastern Affairs Allison (March 31, 1952)," *FRUS, 1952-1954, Vol. 14*, pp. 1222-1223. ダレスに「われわれの外交官のトップの内の一人」と言わしめたマーフィーは、長いヨーロッパ経験を持った職業外交官であった。彼は、一九五二年一月に指名され、四月二八日に来日し、一九五三年四月二八日までちょうど一年間、駐日大使を務めた。吉田宛の手紙のなかでダレスが書いたマーフィーの紹介について、村川一郎『ダレスと吉田茂』国書刊行会、一九九一、五八頁を参照。

(34) "Memorandum by the Ambassador-designate." コーエンは、軍部との交渉の行き詰まりに苛立ってか、国務次官補のマシューズ (H. Freeman Matthews) に以下のように述べた。「マーフィー大使とリッジウェイ将軍がお互いに非常に緊密な関係にあることを知るようになった。その上、リッジウェイ将軍のスタッフが国務省のスタッフと琉球の返還について一致していることを考慮すれば……、マーフィー大使が東京に着いて、リッジウェイ将軍と問題に取り組む機会を得るまで、JCSとの議論を延期するのが最適であろう」。

(35) Attachment to Murphy's memorandum to Allison, Roll 7, Microfilm C0044, ONA Records, RG 59.

(36) "Memorandum of the Substance of Discussion at a Department of State-Joint Chiefs of Staff Meeting (April 2, 1952)," *FRUS, 1952-1954, Vol. 14*, pp. 1224-1227.

(37) 巻頭参考地図に紹介しているように、講和条約第三条が北緯二九度以南と指定したことに伴って、一九五一年一二月五日に、南西諸島のもっとも北部の小島は日本に返還された。なお、約一年間の交渉の上、小笠原諸島は一九六八年六月二六日に返還された。

(38) 例えば、Watanabe, *op. cit.*, p. 18 を参照。

(39) 占領の当初の数年間には、「復帰」の問題はタブーであり、一九五一年になるまで、沖縄では、この重要な問題について真剣な公の議論があまりなかった。もっとも、沖縄の政党は、政策と戦術をめぐって対立していた。例えば、一九四七年七月二〇日に創立された共産党系の沖縄人民党は、早期復帰（および共産国が参加するいわゆる「全面講和」）を呼びかけていた。沖縄社会大衆党（一九五〇年一〇月三一日設立）も、同様な主張はしたが、その立場は穏健で、反米運動とみなされないように努力した。それに対して、二つの社会主義系の小党の合併（一九四七年一〇月二〇日）によって設立された社会党は、米国が施政権者とする信託統治を支持しており、一九五〇年一〇月二八日にできた共和党は、沖縄の独立を呼びかけていた。このような対立を乗り越えるために、沖縄人民党主導で、四党会談が、一九五一年二月一六日と二一日に那覇で行われた。この対立にもかかわらず、三月一九日に、沖縄群島立法は、初めて「日本復帰要請決議」を、一五対三で可決した。その後、沖縄社会民主党は、復帰運動およびその署名集めのために、超党派の「日本祖国復帰促進期成会」を設立した。同一九五一年五月二〇日に開始した署名運動は、結局一九万九千の署名（二〇歳以上の沖縄人口の七二・一％に相当する）を集めた。八月二八日に、沖縄群島政府知事の平良辰雄は、その結果を吉田とダレスに送った。平良辰雄『戦後の政界裏面史――平良辰雄回想録』南報社、一九六三、二七八頁を参照。サンフランシスコ講和会議開催後、第三条撤廃や対米姿勢のあり方をめぐって運動や政党の間では、再び激しく対立が生じるようになった。奄美大島でも同じ傾向が見られ、例えば、本土で外務省に影響力をもった奄美出身の金井正夫は、奄美と沖縄に対して、対米協調を訴えていた。この現象について、最近の研究では、Robert D. Eldridge, "The Amami Reversion Movement: Its Origins, Activities, Impact, and Meaning," *Asian Cultural Studies*, No. 27 (March 2001), pp. 77-98. さまざまな対立があったが、日本復帰は沖縄の各政党の目標となり、その運動がますます強くなっていった。講和条約に対する沖縄の反応と地元の政治的活動について、渡辺と比嘉以外に、沖縄県祖国復帰協議会編『沖縄県祖国復帰運動史』沖縄時事出版社、一九六四、五七―六五頁、沖縄社会大衆党編纂委員会編『沖縄社会大衆党史』沖縄社会大衆党、一九八一、二一―二五頁、沖縄人民党史編集刊行委員会編『沖縄人民党の歴史』日本共産党沖縄県委員会、一九八五、八八―九七頁、Nakachi, *op. cit.*, pp. 55-56 を参照。

（40）「日本復帰の請願決議」『琉球新報』一九五二年四月三〇日付。

日本語版へのあとがき

二〇〇一年二月に本書英語版 *The Origins of the Bilateral Okinawa Problem : Okinawa in Postwar U. S.-Japan Relations, 1945-1952*（Garland Publishing Inc., New York）をアメリカで出版した後の九月、私のふるさとに隣接するニューヨークやワシントンDCが同時多発テロの惨劇に見舞われた。それに引き続いたアフガン戦争やイラク戦争は、幸いいずれも比較的短期に戦いが終わったとはいえ、その前途がなお不透明であることは否定できない。国際社会のコンセンサスを得るという点で多くの教訓を残したこの事態は、軍事的要請や米国内の政策決定と、国際社会との協調がときにどれほど困難な課題となるかをあらためて見せつけたのではないだろうか。この古くて新しい課題は、本書の中心課題の一つともなっており、歴史的問題であるとともに現在進行中の問題でもあることを忘れないでおきたいと思う。現在、米国政府は、アジア太平洋をはじめ、世界の海外基地の再編や新しい戦略を検討しており、沖縄の米軍基地もその対象に入っている。今後の行方を注視したい。

私事にわたるが、英語版刊行以降、私にとって二つの嬉しいできごとがあった。まず一つは息子の貴南《ケナン》・トーマスの誕生である。もう一つは大阪大学大学院国際公共政策研究科（＝OSIPP）助教授としての着任であった。両方のできごとに感謝している。

また、英語版刊行に前後して、もう一つ感謝すべきことがあった。それは日本語版の出版について非常に積極的に話をしてくれた名古屋大学出版会の三木信吾氏との出会いである。三木氏と友人となったことは、このプロジェクトを通してもっとも嬉しく思っていることの一つである。今後一緒に多くの本を出していきたい。もっとも、授業、各種委員会、沖縄と日米関係に関する政策提言などの学内外の活動が多く、日本語版の準備は思うように進まなかった。三木氏に多大な迷惑をかけたと申し訳なく思っている。

またそのために多くの方々の力を借りることになった。特に米国南カリフォルニア大学に留学中であった神戸大学の後輩・楠綾子氏、同じく神戸大学の後輩村上友章氏に文章のチェックと部分的な翻訳を協力して頂いた。OSIPPの金子将史氏、平野比奈子氏、橋本裕子氏、神田美紗氏、千々和泰明氏、また京都大学大学院法学研究科の石部俊氏には無理をしてもらった。本当にありがとう！

「はじめに」でも述べたように、今後沖縄と日米関係の研究をさらに続けていく予定にしており、本書はその最初の巻にあたる。沖縄の過度の基地負担を軽減するとともに、日米関係のよりよい再構築に向けた政策の実現に基礎を与えるべく、引き続きあらゆる努力をささげていきたいと思っている。

二〇〇三年四月　沖縄・名護市にて

ロバート・D・エルドリッヂ

《著者略歴》

ロバート・D・エルドリッヂ

1968年，米国ニュージャージー州に生まれる。1990年，米国バージニア州リンチバーグ大学国際関係学部卒業。1999年，神戸大学大学院法学研究科博士課程修了（政治学博士）。サントリー文化財団フェロー，平和・安全保障研究所研究員，大阪大学大学院国際公共政策研究科准教授，在沖縄米軍海兵隊政務外交部次長などを経て，現在，法政大学沖縄文化研究所国内研究員。著書に『奄美返還と日米関係——戦後アメリカの奄美・沖縄占領とアジア戦略』（南方新社，2003年），『硫黄島と小笠原をめぐる日米関係』（南方新社，2008年），『尖閣問題の起源——沖縄返還とアメリカの中立政策』（名古屋大学出版会，2015年，大平正芳記念賞）他。

沖縄問題の起源

2003年6月23日　初版第1刷発行
2016年5月20日　初版第3刷発行

定価はカバーに
表示しています

著　者　R·D·エルドリッヂ

発行者　石　井　三　記

発行所　一般財団法人　名古屋大学出版会

〒464-0814　名古屋市千種区不老町1名古屋大学構内
電話(052)781-5027 / FAX(052)781-0697

印刷・製本　㈱クイックス　ISBN978-4-8158-0459-1

乱丁・落丁はお取替えいたします。

索　引

ア　行

カ　行

サ　行

タ　行

ナ　行

ハ　行

マ・ヤ行

ラ・ワ行

略号一覧

ACJ	Allied Council of Japan（対日理事会）
ACPFR	Advisory Committee on Problems of Foreign Relations（外交関係諸問委員会）
CAC	Country and Area Committees（国と地域の小委員会）
CIA	Central Intelligence Agency（中央情報局）
CinCFE	Commander-in-Chief, Far East Command（極東軍司令官）
ES	Division of Economic Studies（経済調査部）；Subcommittee on Economic Problems（経済小委員会）
GHQ/SCAP	General Headquarters, Supreme Commander for the Allied Powers（連合国最高司令官総指令部）
G-3	Operations and Planning Section（作戦計画課）
IDACFE	Inter-Divisional Area Committee on the Far East（部局間極東地域委員会）
ISO	Division of International Security and Organizations（国際安全保障および国際組織課）
JCS	Joint Chiefs of Staff（統合参謀本部）
JPS	Joint Staff Planners（統合計画参謀）
JSPC	Joint Strategic Plans Committee（統合戦略計画委員会）
JSSC	Joint Strategic Survey Committee（統合戦略調査委員会）
JWPC	Joint War Plans Committee（統合戦争計画委員会）
LA	Division of Legal Affairs（法律課）；Division of Liberated Areas（解放地域部）
NSC	National Security Council（国家安全保障会議）
OPD	Operations and Plans Division（企画・作戦部）
OPSA	Office of Special Political Affairs（特別政治局）
OSS	Office of Strategic Services（戦略局）
PHILRYCOM	Philippines-Ryukyus Command（フィリピン・琉球指令部）
POLAD	Political Adviser（政治顧問局）
PPS	Policy Planning Staff（政策企画室）
PS	Division of Political Studies（政治調査部）; Subcommittee on Political Problems（政治小委員会）
RYCOM	Ryukyus Command（琉球指令部）
SANACC	State-Army-Navy-Air Force Coordinating Committee（国務・陸軍・海軍・空軍四省調整委員会）
SWNCC	State, War, Navy Coordinating Committee（国務・陸軍・海軍三省調整委員会）
TS	Division of Territorial Studies（領土調査部）; Subcommittee on Territorial Problems（領土小委員会）
UNA	Office of United Nations Affairs（国連局）

参考文献

一次資料

1　政府の公開資料，個人文書など

Douglas MacArthur Memorial Archives and Library, Norfolk, Virginia

Records of the Supreme Commander for the Allied Powers (SCAP), 1945-1951

Records of the Far East Command, 1947-1951

Dwight D. Eisenhower Presidential Library, Abilene, Kansas

Papers of John Foster Dulles

外務省外交史料館，東京都港区

対日外交講和条約関係（第七回公開，1982 年 9 月）

SCAP-IN Collection

George C. Marshall Library, Virginia Military Institute, Lexington, Virginia

Papers of W. Walton Butterworth

Papers of George C. Marshall

Papers of Forrest C. Pogue

U. S. Department of the Army, Plans and Operations Division, Miscellaneous Papers on Japan (RG 319)

Papers of C. Ben Wright

Harry S. Truman Presidential Library, Independence, Missouri

Papers of Dean G. Acheson

Papers of Clark M. Clifford

Papers of Robert L. Dennison

Papers of George M. Elsey

Papers of Sidney W. Souers

Papers of Harry S. Truman : Central Files

Papers of Harry S. Truman : Post-Presidential Files

Papers of Harry S. Truman : President's Official File

Papers of Harry S. Truman : President's Secretary File

Papers of Harry S. Truman : Records of the National Security Council

Papers of James E. Webb

Hoover Institution Archives, Stanford University, Stanford, California

Papers of Joseph W. Ballantine

Papers of John T. Caldwell

Papers of Eugene H. Dooman

Papers of John K. Emmerson

Papers of Marshall Green

Papers of Maxwell M. Hamilton

Papers of Howard P. Jones

Papers of George H. Kerr

Papers on the Ryukyu Islands (1952-1957)
Papers of Paul H. Skuse
Papers of Joseph W. Stilwell
Papers of James T. Watkins, IV

憲政資料室（国会図書館），東京都千代田区
Joint Chiefs of Staff Materials (microfilm)
Occupation of Japan Materials (microfilm)
Postwar Planning Materials (microfilm)
Ph. D. Dissertations on Japan Collection

郷土史料室（琉球大学付属図書館），沖縄県西原町
Ph. D. Dissertations/Master's Theses on Okinawa Collection
Watkins Collection (Okinawan Papers Deposited by James T. Watkins, Stanford University Hoover Institution)

Lyndon B. Johnson Presidential Library, Austin, Texas
The U. Alexis Johnson Diaries

Manuscripts and Archives Division, Yale University Library, Yale, Connecticut
The Henry Lewis Stimson Diaries (microfilmed copy)

Military History Institute, U. S. Army War College, Carlisle Barracks, Carlisle, Pennsylvania
Papers of Paul W. Caraway
Papers of James B. Lampert
Papers of Matthew B. Ridgway
Papers of William C. Westmoreland
Ryukyu Papers (Prepared by Arnold G. Fisch, Jr.)

那覇市史料センター，沖縄県那覇市

National Security Archive, Gelman Library, George Washington University, Washington, D. C.
U. S.-Japan Project Documents

沖縄県公文書館，沖縄県南風原町
USCAR Documents

沖縄県図書館，沖縄県那覇市
郷土史料
うるま新報（マイクロフィルム）
琉球新報（マイクロフィルム）

Seeley G. Mudd Manuscript Library, Princeton University, Princeton, New Jersey
Papers of John Foster Dulles
Papers of James V. Forrestal
Papers of George F. Kennan

Special Collections Library, Duke University, Durham, North Carolina
Papers of Robert L. Eichelberger

United States National Archives, College Park, Maryland
Record Group 59, General Records of the Department of State
Record Group 84, Records of the Foreign Service Posts of the Department of State
Record Group 107, Records of the Office of the Secretary of War
Record Group 165, Records of the War Department General and Special Staffs
Record Group 218, Records of the Joint Chiefs of Staff

Record Group 319, Records of the Army Staff
Record Group 331, Records of GHQ/SCAP
United States Naval Academy, Annapolis, Maryland
Papers of William J. Sebald

2 オーラル・ヒストリー

Association for Diplomatic Studies, Foreign Affairs Oral History Program, Lauinger Library, Georgetown University, Washington, D. C.
Richard W. Boehm, June-September, 1994
David L. Osborn, November 15, 1989
Richard W. Petree, July 22, 1993
Ulrich A. Straus, December 1992-February 1993
Philip Trezise, May 17, 1989
Japan Country Collection (2 Volumes)
George C. Marshall Library, Virginia Military Institute, Lexington, Virginia
Dorothy Hessman, October 1, 1970
Carlton Savage, September 30, 1970
John Foster Dulles Oral History Project, Seeley G. Mudd Manuscript Library, Princeton University, Princeton, New Jersey
John M. Allison, April 20, 1969
C. Stanton Babcock, July 23, 1964
W. Walton Butterworth, September 8, 1965
U. Alexis Johnson, May 28, 1966
George F. Kennan, 1967
Nobusuke Kishi, 1964
Douglas MacArthur, II, December 18, 1966
Katsuo Okazaki, October 2, 1964
William J. Sebald, 1965
Yoshida Shigeru, September 30, 1964
Lyndon B. Johnson Oral History Collection, Lyndon B. Johnson Library and Museum, University of Texas, Austin, Texas
Dean Rusk, January 2, 1970
Oral History Research Office, Columbia University, New York City, New York
The Reminiscences of Joseph W. Ballantine
The Reminiscences of Hugh Borton
The Reminiscences of Eugene H. Dooman
The Reminiscences of Youel Harlan
The Reminiscences of Douglas W. Overton
Truman Library Oral History Program, Harry S. Truman Presidential Library, Independence, Missouri
Lucius D. Battle, June 23, 1971
Niles W. Bond, December 28, 1973
W. Walton Butterworth, July 6, 1971
U. Alexis Johnson, June 19, 1975
Robert A. Lovett, July 7, 1971
Livingston T. Merchant, May 27, 1975

J. Graham Parsons, July 1, 1974
Charles E. Saltzman, June 28, 1974

Special Collections Division, Nimitz Library, United States Naval Academy, Annapolis, Maryland

The Reminiscences of William J. Sebald (3 Volumes), 1977

3　著者の行ったインタビューおよび文通

Richard L. Armitage, Arlington, Virginia, June 23, 1998
Niles W. Bond, Old Lyme, Connecticut, August 11, 1998, and September 26, 1998
W. Walton Butterworth (Family of), Seattle, Washington, December 11, 1999 ; Greenwich, Connecticut, December 27, 1999
William I. Cargo, Arlington, Virginia, February 5, 1998
John P. Davies, Jr., Asheville, North Carolina, November 20, 1997
Olcott H. Deming, Georgetown, Washington, D. C., February 1 and 8, 1998
Rust M. Deming, Tokyo, July 29, 1997 and Washington, D. C., June 22, 1998
Robert A. Fearey, Bethesda, Maryland, September 1, 1997 and February 8, 1998
Richard B. Finn, Bethesda, Maryland, September 25, 1997, August 29, 1997, September 20, 1997, November 26, 1997, and June 16, 1998
Edward O. Freimuth, Annandale, Virginia, September 19, 1997
Marshall Green, Washington, D. C., September 14, 1997, February 1 and 8, 1998
George F. Kennan, Princeton, New Jersey, September 5, 1997, September 15, 1997 and September 24, 1998
Henry W. Lawrence, Tokyo, Japan, December 13, 1997
Mrs. John W. Masland, West Lebanon, New Hampshire, September 15, 1998
Mariko Terasaki Miller, Casper, Wyoming, September 11, 1997 and November 12, 1997
西山千，東京，六本木，1997 年 12 月 13 日
大田政作，東京，荻窪，1997 年 6 月 10 日
William T. Pendley, Montgomery, Alabama, September 16, 1996
John S. Service, Oakland, California, October 16, 1998
Ulrich A. Straus, Silver Spring, Maryland, September 1996
John M. Steeves, Hershey, Pennsylvania, June 13, 1998 and July 28, 1998
Justin Williams, Sr., Venice, Florida, November 22, 1999 and July 7, 2000

4　著者が提供を受けた個人文書

Niles W. Bond
Robert A. Fearey
Richard B. Finn
Edward O. Freimuth
Marshall Green
嘉陽安春（嘉陽安昭による）
Henry A. Lawrence
Ulrich A. Straus
Gerald Warner

5　回想録，日記，および未刊行の文献

Acheson, Dean. *Morning and Noon : A Memoir*. Boston : Houghton Mifflin Co., 1965.

Acheson, Dean. *Present at the Creation : My Years in the State Department*. New York : W. W. Norton and Co., 1969.
Allison, John M. *Ambassador from the Prairie or Allison Wonderland*. Boston : Houghton Mifflin Co., 1973.
芦田均（進藤榮一・下河辺元春編）『芦田均日記』岩波書店，1986。
Ball, W. Macmahon. *Japan : Enemy or Ally ?* New York : The John Day Company, 1949.
Bohlen, Charles E. *Witness to History, 1929-1969*. New York : W. W. Norton and Co., 1973.
Borton, Hugh. *American Presurrender Planning for Postwar Japan*. Occasional Papers of The East Asian Institute, Columbia University, New York, New York, 1967.
Borton, Hugh. "Preparation for the Occupation of Japan," *The Journal of Asian Studies*, Vol. 25, No. 2 (February 1966), pp. 203-212.
ヒュー・ボートン（五百旗頭真監修）『戦後日本の設計者——ボートン回想録』朝日新聞，1998。
Borton, Hugh. "United States Occupation Policies in Japan Since Surrender," *Political Science Quarterly*, Vol. 62, No. 2 (June 1947), pp. 250-257.
Bowles, Chester. *Promises to Keep : My Years in Public Life, 1941-1969.* New York : Harper Colophon Books, 1971.
Bradley, Omar N. *A General's Life : An Autobiography.* New York : Simon and Schuster, 1983.
Byrnes, James F. *All in One Lifetime.* New York : Harper and Brothers Publishers, 1958.
Byrnes, James F. *Speaking Frankly.* New York : Harper and Brothers Publishers, 1947.
Cargo, William I. and Margaret L. Cargo. *Wherever the Road Leads : A Memoir.* Private publisher, 1997 (copy of which received from Ambassador Cargo).
Clifford, Clark. *Counsel to the President : A Memoir.* New York : Random House, 1991.
Davies, John P. Jr. *Dragon by the Tail : American, British, Japanese, and Russian Encounters with China and One Another.* New York : W. W. Norton and Co., 1972.
Dewey, Thomas E. *Journey to the Far Pacific.* Garden City : Doubleday and Co., 1952.
Dulles, John Foster. "A Diplomat and His Faith," *Christian Century*, March 19, 1952, pp. 336-338.
Elsey, George M. "Memoir : Some White House Recollections, 1942-1953," *Diplomatic History*, Vol. 12, No. 3 (Summer 1988), pp. 357-364.
Emmerson, John K. *The Japanese Thread : A Life in the U. S. Foreign Service.* New York : Holt, Rinehart and Winston, 1978.
Fearey, Robert A. "My Year with Ambassador Joseph C. Grew," *The Journal of American-East Asian Relations*, Vol. 1, No. 1 (Spring 1992), pp. 99-136.
Forrestal, James V. (edited by Walter Millis). *The Forrestal Diaries.* New York : The Viking Press, 1951.
Green, Marshall. *Pacific Encounters : Recollections and Humor.* Bethesda : Dacor Press, 1997.
Green, Marshall, John H. Holdridge, and William N. Stokes. *War and Peace With China : First-Hand Experiences in the Foreign Service of the United States.* Bethesda : Dacor Press, 1994.
Hull, Cordell. *The Memoirs of Cordell Hull.* New York : The Macmillan Co., 1948.
池田勇人『均衡財政 附・占領下三年のおもいで』中央公論新社，1999。
入江相政（入江為年編）『入江相政日記』朝日新聞社，1991。

Jessup, Philip C. *The Birth of Nations.* New York : Columbia University Press, 1974.
Johnson, U. Alexis. *The Right Hand of Power : The Memoirs of an American Diplomat.* Englewood Cliffs, New Jersey : Prentice-Hall, Inc. 1984.
Kase, Toshikazu. *Journey to the Missouri.* New Haven : Yale University Press, 1950.
Kennan, George F. *Memoirs, Volume I : 1925-1950.* Boston : Little, Brown and Co., 1967.
Kennan, George F. *Memoirs, Volume II : 1950-1963.* Boston : Little, Brown and Co., 1972.
King, Ernest J. *Fleet Admiral King : A Naval Record.* New York : W. W. Norton and Co., 1952.
Krock, Arthur. *Memoirs : Sixty Years on the Firing Line.* New York : Funk and Wagnalls, 1968.
Leahy, William D. *I Was There : The Personal Story of the Chief of Staff to Presidents Roosevelt and Truman, Based on His Notes and Diaries Made at the Time.* New York : Whittlesey House, 1950.
MacArthur, Douglas. *Reminiscences.* New York : McGraw Books, 1964.
宮澤喜一『東京―ワシントンの密談』実業之日本社，1956。
Murphy, Robert D. *Diplomat Among Warriors.* New York : Doubleday, 1964.
仲吉良光『日本復帰運動記』沖縄タイムス，1964。
西村熊雄「講和条約」朝日新聞編『語りつぐ昭和史 激動の半世紀』朝日新聞社，1977。
西村熊雄「沖縄帰属のきまるまで 求めるに急であった日本の世論」『朝日ジャーナル』第1巻第15号（1959年6月21日），19頁。
西村熊雄「サンフランシスコの思い出」『中央公論』第72巻第6号（1957年5月），74-80頁。
西村熊雄「占領前期の対日講和問題――六つの伝達」『ファイナンス』第10巻第11号（1975年2月），77-83頁。
岡崎勝男『戦後二〇年の遍歴』中央公論新社，1999。
岡崎勝男「吉田内閣の出現と平和条約締結の舞台裏」『外交時報』1964年4月，77-83頁。
大田昌秀『沖縄の決断』朝日新聞社，2000。
Passin, Herbert. *Encounter With Japan.* Tokyo : Kodansha International, Ltd., 1982.
Radford, Arthur W. (edited by Stephen Jurika, Jr.). *From Pearl Harbor to Vietnam : The Memoirs of Admiral Arthur W. Radford*. Stanford : Hoover Institution Press, 1980.
Reischauer, Edwin O. *My Life Between Japan and America.* Tokyo : John Weatherhill, Inc., 1986.
Ridgway, Matthew B. *Soldier : The Memoirs of Matthew B. Ridgway.* New York : Harper and Brothers publishers, 1956.
Rusk, Dean. *As I Saw It : A Secretary of State's Memoirs.* London : I. B. Tauris and Co., 1991.
産経新聞社『蔣介石秘録 第14巻――日本降伏』産経新聞社，1977。
Sebald, William J. *With MacArthur in Japan : A Personal History of the Occupation.* New York : W. W. Norton and Co., 1965.
瀬長亀次郎『瀬長亀次郎回想録』新日本出版社，1991。
志喜屋孝信『連絡事項備忘録』（嘉陽安昭氏より提供）
下田武三『戦後日本外交の証言　日本はこうして再生した』行政問題研究所，1984。
Stettinius, Edward R. (Campbell, Thomas M. and George C. Herring, eds.) *The Diaries of Edward R. Stettinius, Jr., 1943-1946.* New York : New Viewpoints, 1975.

Stimson, Henry L. *On Active Service in Peace and War.* New York : Harper and Brothers publishers, 1947.
Terasaki, Gwen. *Bridge to the Sun.* Tokyo : Charles E. Tuttle Company, 1973.
寺崎英成・マリコ・テラサキ・ミラー編『昭和天皇独白録 寺崎英成・御用掛日記』文藝春秋社，1991。
Truman, Harry S. *Memoirs, Volume I : Year of Decisions.* New York : Doubleday and Co., Inc., 1955.
Truman, Harry S. *Memoirs, Volume II : Years of Trial and Hope.* New York : Signet Book, 1965.
Truman, Harry S. *Mr. Citizen.* New York : Bernard Geis Associates, 1960.
Welles, Sumner. *Seven Decisions that Shaped History.* New York : Harper and Brothers Publishers, 1950.
Welles, Sumner. *The Time for Decision.* New York : Harper and Brothers Publishers, 1944.
Whitney, Courtney. *MacArthur : His Rendezvous With History.* New York : Alfred A. Knopf, Inc., 1956.
吉田茂『回想十年』新潮社，1957。
吉田茂『大磯随想』雪華社，1962。

6 政府の刊行文献と資料

Bundy, Harvey H. and James G. Rogers, *The Organization of the Government for the Conduct of Foreign Affairs : A Report with Recommendations Prepared for the Commission on Organization of Executive Branch of the Government.* Washington, D. C. : U. S. Government Printing Office, 1949.
Department of State. *Biographic Register of the Department of State* (for the years of 1945-1952). Washington, D. C. : U. S. Government Printing Office.
Department of State. *Foreign Relations of the United States, 1942, China.* Washington, D. C. : Government Printing Office, 1956.
Department of State. *Foreign Relations of the United States, 1943, The Conferences at Cairo and Tehran.* Washington, D. C. : Government Printing Office, 1961.
Department of State. *Foreign Relations of the United States, 1945, Vol. 1, General ; The United Nations.* Washington, D. C. : Government Printing Office, 1967.
Department of State. *Foreign Relations of the United States, 1945, Vol. 6, The British Commonwealth, The Far East.* Washington, D. C. : Government Printing Office, 1969.
Department of State. *Foreign Relations of the United States, 1946, Vol. 1, General ; The United Nations.* Washington, D. C. : Government Printing Office, 1972.
Department of State. *Foreign Relations of the United States, 1946, Vol. 8, The Far East.* Washington, D. C. : Government Printing Office, 1971.
Department of State. *Foreign Relations of the United States, 1947, Vol. 1, General ; The United Nations.* Washington, D. C. : Government Printing Office, 1973.
Department of State. *Foreign Relations of the United States, 19, Vol. 6, The Far East.* Washington, D. C. : Government Printing Office, 1972.
Department of State. *Foreign Relations of the United States, 1948, Vol. 1, General ; The United Nations (in two parts) Part 2.* Washington, D. C. : Government Printing Office, 1976.
Department of State. *Foreign Relations of the United States, 1948, Vol. 6, The Far East*

and Australasia. Washington, D. C.: Government Printing Office, 1974.

Department of State. *Foreign Relations of the United States, 1949, Vol. 7, The Far East and Australasia (in two parts) Part 2.* Washington, D. C.: Government Printing Office, 1976.

Department of State. *Foreign Relations of the United States, 1950, Vol. 6, East Asia and the Pacific.* Washington, D. C.: Government Printing Office, 1976.

Department of State. *Foreign Relations of the United States, 1951, Vol. 6, Asia and the Pacific (in two parts) Part 1.* Washington, D. C.: Government Printing Office, 1977.

Department of State. *Foreign Relations of the United States, 1952-1954, Vol. 14, China and Japan (in two parts) Part 2.* Washington, D. C.: Government Printing Office, 1985.

Department of State. *Foreign Service Lists* (for the years 1945 to 1952). Washington, D. C.: Government Printing Office.

Department of State. *The Department of State Bulletin* (for the years 1945 to 1952). Washington, D. C.: Government Printing Office.

Division of the Federal Register, National Archives. *United States Government Organization Manual* (for the years of 1945-1952). Washington, D. C.: Government Printing Office.

Etzold, Thomas H. and John Lewis Gaddis, eds. *Containment: Documents on American Policy and Strategy, 1945-1950.* New York: Columbia University Press, 1978.

淵上房太郎『これが沖縄だ！――米国の指導者に直言する』南方同胞援護会，1957。

外務省編『初期対日占領政策 朝海浩一郎報告書』毎日新聞社，1979。

秦郁彦編『世界諸国の制度・組織・人事　1840-1987』東京大学出版会，1988。

Iokibe, Makoto, ed. *The Occupation of Japan: U. S. Planning Documents, 1942-1945.* Bethesda: Congressional Information Service, Inc., 1987.

Iokibe, Makoto, ed. *The Occupation of Japan, Part 2: U. S. and Allied Policy, 1945-1952.* Bethesda: Congressional Information Service, Inc., 1989.

Iokibe, Makoto, ed. *The Occupation of Japan, Part 3: Reform, Recovery and Peace, 1945-1952.* Bethesda: Congressional Information Service, Inc., 1991.

中野好夫編『戦後資料 沖縄』日本評論社，1969。

Nelson, Anna Kasten, ed. *The State Department Policy Planning Staff Papers, 1947, Vol. 1.* New York: Garland Publishing, Inc., 1983.

Nelson, Anna Kasten, ed. *The State Department Policy Planning Staff Papers, 1948, Vol. 2.* New York: Garland Publishing, Inc., 1983.

Nelson, Anna Kasten, ed. *The State Department Policy Planning Staff Papers, 1949, Vol. 3.* New York: Garland Publishing, Inc., 1983.

日本外交史辞典編纂委員会編『日本外交史辞典』山川出版社，1992。

沖縄返還20周年記念行事民間実行委員会編『沖縄返還関係主要年表・資料集』国際交流基金日米センター，1994年。

大嶽秀夫編『戦後日本防衛問題資料集 第一巻（非軍事化から再軍備へ）』三一書房，1991。

大嶽秀夫編『戦後日本防衛問題資料集 第二巻（講和と再軍備の本格化）』三一書房，1992。

Post World War II Foreign Policy Planning: State Department Records of Harley Notter, 1939-1945. Bethesda: Congressional Information Service, Inc. 1985.

Public Papers of the Presidents of the United States: Harry S. Truman (1945-1952). Washington, D. C.: Government Printing Office, 1961.

竹前栄治編『GHQ 占領史』日本図書センター，1996。

山極晃・中村政則・岡田良之助編『資料日本占領1　天皇制』大月書店，1990。
山本宗次編『国際条約集』有斐閣，1995。

7　組織・団体史

Appelman, Roy E., James M. Burns, Russell A. Gugeler, and John Stevens. *Okinawa : The Last Battle.* Washington, D. C. : United States Army, Center of Military History, 1991.

Cline, Ray S. *Washington Command Post : The Operations Division.* Washington, D. C. : Department of the Army, Office of the Chief of Military History, 1951.

Condit, Doris M. *The History of the Office of the Secretary of Defense, Volume II : The Test of War, 1950-1953.* Washington, D. C. : Historical Office, Office of the Secretary of Defense, 1988.

Condit, Kenneth W. *The History of the Joint Chiefs of Staff : The Joint Chiefs of Staff and National Policy, Volume II, 1947-1949.* Wilmington : Michael Glazier, Inc., 1979.

Fisch, Arnold G., Jr. *Military Government in the Ryukyu Islands, 1945-1950 (Army Historical Series).* Washington, D. C. : Center of Military History, 1988.

外務省百年史編纂委員会編『外務省の百年』原書房，1969。

Hewes, James E. Jr. *From Root to McNamara : Army Organization and Administration, 1900-1963.* Washington, D. C. : United States Army Center of Military History, 1975.

Historical Office, Joint Secretariat, Joint Chiefs of Staff. *Organizational Development of the Joint Chiefs of Staff, 1942-1989.* Washington, D. C. : Historical Office, Joint Secretariat, Joint Chiefs of Staff, 1989.

Hone, Thomas C. *Power and Change : The Administrative History of the Office of the Chief of Naval Operations, 1946-1986.* Washington, D. C. : Department of the Navy, Navy Historical Center, 1989.

Kadena Air Base, 1945-1995 : Fifty Years of Heritage. Kadena, Okinawa : Office of History, 18th Wing, Kadena Air Base, 1995.

沖縄県編『沖縄——戦後50年の歩み』沖縄県，1995。

Palmer, Michael A. *Origins of the Maritime Strategy : American Naval Strategy in the First Postwar Decade.* Washington, D. C. : Department of the Navy, Naval Historical Center, 1988.

Poole, Walter S. *The History of the Joint Chiefs of Staff : The Joint Chiefs of Staff and National Policy, Volume IV, 1950-1952.* Wilmington : Michael Glazier, Inc., 1980.

Rearden, Steven L. *The History of the Office of the Secretary of Defense, Volume I : The Formative Years, 1947-1950.* Washington, D. C. : Office of the Secretary of Defense, Historical Office, 1984.

Schnabel, James F. *The History of the Joint Chiefs of Staff : The Joint Chiefs of Staff and National Policy, Volume I, 1945-1947.* Wilmington : Michael Glazier, Inc., 1979.

Subcommittee on National Policy Machinery. *Organizational History of the National Security Council during the Truman and Eisenhower Administrations.* August 1960.

Supreme Commander for the Allied Powers. *The Political Reorientation of Japan, September 1945-September 1948.* 2 Volumes. Washington, D. C. : Government Printing Press, 1949.

Welfare Department, Okinawa Prefecture. *An Oral History of the Battle of Okinawa.* Naha : Prefectural Peace Memorial Museum, 1992.

Who's Who in America : A Biographical Dictionary of Notable Living Men and Women.

Chicago: A. N. Marquis Co. (1930-1953).

8　新聞，雑誌および学会誌

アメリカ研究
American Political Science Review
Annals of the American Academy of Political and Social Science
朝日ジャーナル
朝日新聞
Asian Survey
Asia-Pacific Review
中央公論
Christian Century
Christian Science Monitor
Collier's
Comparative Strategy
Diplomatic History
Economist
ファイナンス
Far Eastern Economic Review
Far Eastern Survey
Foreign Affairs
外交時報
広島法学
Hitotsubashi Journal of Law and Politics
International Affairs
International Security
Japan Quarterly
Japanese Journal of American Studies
Journal of American-East Asian Relations
Journal of American History
Journal of Japanese Studies
Journal of Northeast Asian Studies
霞ヶ関会報
慶応法学
経済往来
神戸法学
Kobe University Law Review
国際法外交雑誌
関西学院法学
Life Magazine
毎日新聞
みすず
南海日日新聞
National Geographic Magazine
Naval War College Review
New Republic

Newsweek
New York Times
New York Times Magazine
Pacific Affairs
Pacific Historical Review
Pacific Stars and Stripes
Political Science Quarterly
歴史学研究
六甲台論集
琉大法学
琉球新報
Saturday Evening Post
Science and Society
Scientific Monthly
世界
思想
Social Science Japan
太陽
Time Magazine
うるま新報
U. S. News & World Report
Virginia Quarterly Review
Waseda Journal of Asian Studies
World Politics
World Report
World Today
読売新聞

二次資料

1　単行本

明田川融『日米行政協定の政治史——日米地位協定研究序説』法政大学出版局，1999。

Allison, Graham. *Essence of a Decision : Explaining the Cuban Missile Crisis.* Boston : Little, Brown and Co., 1971.

Ambrose, Stephen E. *Rise to Globalism : American Foreign Policy Since 1938* (3rd Edition). New York : Penguin, 1984.

安藤良雄『昭和経済史への証言（下）』朝日新聞社，1966。

青柳恵介『風の男 白洲次郎』新潮社，1997。

新崎盛輝『戦後沖縄史』日本評論社，1981。

Barnet, Richard J. *The Alliance : America-Europe-Japan Makers of the Postwar World.* New York : Simon and Schuster, 1983.

Battistini, Lawrence H. *Japan and America : From Earliest Times to the Present.* Westport : Greenwood Press, 1953.

Beal, John Robinson. *John Foster Dulles, 1888-1959.* New York : Harper and Brothers

Publishers, 1959.

Binnendick, Johannes A. "The Dynamics of Okinawan Reversion, 1945-69," in Gregory Henderson, ed. *Public Diplomacy and Political Change-Four Case Studies : Okinawa, Peru, Czechoslovakia, Guinea.* New York : Praeger Publishers, 1973.

Bix, Herbert P. *Hirohito and the Making of Modern Japan.* New York : Harper Collins, 2000.

Blumenson, Martin. *Mark Clark.* New York : Congdon and Weed, Inc., 1991.

Borden, William S. *The Pacific Alliance : United States Foreign Economic Policy and Japanese Trade Recovery, 1947-1955.* Madison : The University of Wisconsin Press, 1984.

Borklund, Carl W. *Men of the Pentagon : From Forrestal to McNamara.* New York : Frederick A. Praeger Publishers, 1966.

Buckley, Roger. *Occupation Diplomacy : Britain, the United States, and Japan, 1945-1952.* Cambridge : Cambridge University Press, 1982.

Buell, Thomas B. *The Quiet Warrior : A Biography of Admiral Raymond A. Spruance.* Boston : Little, Brown and Co., 1974.

Calder, Kent E. *Crisis and Compensation : Public Policy and Political Stability in Japan, 1949-1986.* Princeton : Princeton University Press, 1988.

Calder, Kent E. *Pacific Defense : Arms, Energy, and America's Future in Asia.* New York : William Morrow and Company, Inc., 1996.

Camilleri, Joseph A. and Jim Falk, eds. *The End of Sovereignty ? Vermont : Edward Elgar, 1992.*

Chapman, J. W. M., R. Drifte, and I. T. M. Gow. *Japan's Quest for Comprehensive Security : Defense-Diplomacy-Dependence.* New York : St. Martin's Press, 1982.

Chiang Kai-shek. *China's Destiny & Chinese Economic Theory.* New York : Roy Publishers, 1947.

Cohen, Bernard C. *The Political Process and Foreign Policy : The Making of the Japanese Peace Settlement.* Princeton : Princeton University Press, 1957.

Cohen, Theodore, ed. by Herbert Passin. *Remaking Japan : The American Occupation as New Deal.* New York : The Free Press, 1987.

Cohen, Warren I. *Dean Rusk.* Totowa : Cooper Square Publishers, 1980.

Cook, Haruko Taya and Theodore F. Cook. *Japan at War : An Oral History.* New York : The New Press, 1992.

Council on Foreign Relations (edited by John C. Campbell). *The United States in World Affairs, 1945-1947.* New York : Harper and Brothers publishing, 1947.

Curry, George. *James F. Byrnes (The American Secretaries of State and Their Diplomacy, Vol. 14).* New York : Cooper Square Publishers, 1965.

Dallek, Robert. *Franklin D. Roosevelt and American Foreign Policy, 1932-1945.* New York : Oxford University Press, 1979.

Destler, I. M., et. al. *Managing an Alliance : The Politics of U. S.-Japanese Relations.* Washington, D. C. : The Brookings Institution, 1976.

Dixon, Joe C. *The American Military and the Far East : Proceedings of the Ninth Military History Symposium, United States Air Force Academy.* Washington, D. C. : Office of Air Force History, 1980.

Donovan, Robert J. *Nemesis : Truman and Johnson in the Coils of War in Asia.* New York : St. Martin's Press, 1984.

Dower, John W. *Embracing Defeat : Japan in the Wake of World War II.* New York : W. W. Norton, 1999.

Dower, John W. *Empire and Aftermath : Yoshida Shigeru and the Japanese Experience, 1878-1954.* Cambridge : Harvard University Press, 1988.

Dower, John W. *War and Peace : Selected Essays.* New York : New Press, 1993.

Drifte, Reinhard. *The Security Factor in Japan's Foreign Policy, 1945-1952.* Brighton : Saltire Press, 1983.

Dulles, John Foster. *War or Peace.* New York : Macmillan, 1950.

Emmerson, John. *Arms, Yen, and Power.* New York : Dunnellen Publishing, 1971.

Fearey, Robert A. *The Occupation of Japan : Second Phase, 1948-1950.* New York : The Macmillan Company, 1950.

Feifer, George. *Tennozan : The Battle of Okinawa and the Atomic Bomb.* Boston : Houghton Mifflin Company, 1992.

Friedman, Edward, and Mark Selden, ed. *America's Asia : Dissenting Essays on American-East Asian Relations.* New York : Random House, 1969.

福永文夫『占領下中道政権の形成と崩壊――GHQ 民政局と日本社会党』岩波書店，1997。

我部政明『日米関係のなかの沖縄』三一書房，1996。

Gaddis, John Lewis. *Strategies of Containment : A Critical Appraisal of Postwar American National Security Policy.* New York : Oxford University Press, 1982.

Gaddis, John Lewis. *The Long Peace : Inquiries into the History of the Cold War.* New York : Oxford University Press, 1987.

Gaddis, John Lewis. *The United States and the End of the Cold War : Implications, Reconsiderations, Provocations.* New York : Oxford University Press, 1992.

Gaddis, John Lewis. *The United States and the Origins of the Cold War, 1941-1947.* New York : Columbia University Press, 1972.

Gallicchio, Marc S. *The Cold War Begins in Asia : American East Asian Policy and the Fall of the Japanese Empire.* New York : Columbia University Press, 1988.

Green, Michael J. and Patrick M. Cronin, eds. *The U. S.-Japan Alliance : Past, Present, and Future.* New York : Council on Foreign Relations Press, 1999.

荻原徹『講和と日本』読売新聞社，1950。

Halperin, Morton H. *Bureaucratic Politics and Foreign Policy.* Washington, D. C. : The Brookings Institution, 1974.

Hammond, Paul Y. *Organizing for Defense : The American Military Establishment in the Twentieth Century.* Princeton : Princeton University Press, 1961.

Hara, Kimie. *Japanese-Soviet/Russian Relations Since 1945 : A Difficult Peace.* London : Routledge, 1998.

秦郁彦『裕仁天皇五つの決断』講談社，1984。

秦郁彦『昭和天皇五つの決断』文藝春秋社，1994。

秦郁彦『史録再軍備』文藝春秋，1976。

Heller, Francis H. *The Truman White House : The Administration of the Presidency, 1945-1953.* Lawrence : The Regents Press of Kansas, 1980.

比嘉幹郎『沖縄 政治と政党』中央公論社，1965。

Hilderbrand, Robert C. *Dumbarton Oaks : The Origins of the United Nations and the Search for Postwar Security.* Chapel Hill : The University of North Carolina Press, 1990.

比屋根照夫『近代沖縄の精神史』社会評論社，1996。

Holsti, K. J. *International Politics : A Framework For Analysis, 4th ed.* Englewood Cliffs : Prentice-Hall, Inc., 1983.
細谷千博・本間長世編『日米関係史――摩擦と協調の 140 年（新版）』有斐閣，1991。
細谷千博『サンフランシスコ講和への道』中央公論社，1984。
五十嵐武士『戦後日米関係の形成――講和・安保と冷戦後の視点にたって』講談社，1995。
五十嵐武士『対日講和と冷戦』東京大学出版会，1986。
Immerman, Richard H., ed. *John Foster Dulles and the Diplomacy of the Cold War.* Princeton : Princeton University Press, 1990.
猪木正道『評伝 吉田茂』読売新聞社，1981。
五百旗頭真『米国の日本占領政策（上，下）』中央公論社，1985。
五百旗頭真『日米戦争と戦後日本』大阪書籍，1989。
五百旗頭真『占領期――首相たちの新日本』読売新聞社，1997。
色川大吉『昭和史と天皇』岩波書店，1991。
『岩波講座 日本史 23 現代 2』岩波書店，1977。
James, D. Clayton. *The Years of MacArthur, Vol. 3 : Triumph and Disaster, 1945-1964.* Boston : Houghton Mifflin Company, 1985.
Johnson, Chalmers, ed. *Okinawa : Cold War Island.* Cardiff : Japan Policy Research Institute, 1999.
Jones, F. C., Hugh Borton, and B. R. Pearn. *Survey of International Relations : The Far East, 1942-1946.* London : Oxford University Press, 1955.
嘉陽安春『沖縄民政府―― 一つの時代の軌跡』久米書房，1986。
Kennan, George F. *American Diplomacy, 1900-1950.* Chicago : Chicago University Press, 1951.
Kerr, George H. *Okinawa : The History of an Island People.* Tokyo : Charles E. Tuttle, 1958.
児島襄『講和条約』新潮社，1992。
河野康子『沖縄返還をめぐる政治と外交――日米関係史の文脈』東京大学出版会，1994。
Korb, Lawrence J. *The Joint Chiefs of Staff : The First Twenty-Five Years.* Bloomington : Indiana University Press, 1976.
Lacey, Michael J., ed. *The Truman Presidency.* New York : Cambridge University Press, 1989.
LaFeber, Walter. *America, Russia, and the Cold War, 1945-1971.* New York : John Wiley and Sons, Inc., 1967.
Langdon, F. C. *Japan's Foreign Policy.* Vancouver : University of British Columbia Press, 1973.
Leckie, Robert. *Okinawa : The Last Battle of World War II.* New York : Penguin Books, 1995.
Leffler, Melvyn P. *A Preponderance of Power : National Security, the Truman Administration, and the Cold War.* Stanford : Stanford University Press, 1992.
Leffler, Melvyn P. and David S. Painter. *Origins of the Cold War : An International History.* London : Routledge, 1994.
Livingston, Jon, Joe Moore, and Felician Oldfather, ed. *Postwar Japan : 1945 to the Present.* New York : Pantheon Books, 1973.
Louis, William Roger. *Imperialism at Bay : The United States and the Decolonization of the British Empire, 1941-1945.* New York : Oxford University Press, 1978.
Macridis, Roy C., ed. *Foreign Policy in World Politics* (5th Edition). New York : Prentice

and Hall, Inc., 1976.
升味準之助『戦後政治（上，下）』東京大学出版会，1983。
升味準之助『昭和天皇とその時代』山川出版社，1998。
松尾尊兊『国際国家への出発 日本の歴史 21』集英社，1993。
May, Ernest R. *American Cold War Strategy : Interpreting NSC 68.* Boston : Bedford Books, 1993.
McCune, Shannon. *The Ryukyu Islands.* Harrisburg : Stackpole Books, 1975.
McLellan, David S. *Dean Acheson : The State Department Years.* New York : Dodd, Mead, and Co., 1976.
Messer, Robert L. *The End of an Alliance : James F. Byrnes, Roosevelt, Truman, and the Origins of the Cold War.* Chapel Hill : The University of North Carolina Press, 1982.
三国一郎『昭和史探訪 第6巻』番町書房，1975。
皆村武一『戦後日本の形成と発展——占領と改革の比較研究』日本経済評論社，1995。
Miscamble, Wilson D. *George F. Kennan and the Making of American Foreign Policy, 1947-1950.* Princeton : Princeton University Press, 1992.
三浦陽一『吉田茂とサンフランシスコ講和』大月書店，1996。
宮城悦二郎編『復帰20周年記念シンポジウム 沖縄占領——未来へ向けて』ひるぎ社，1993。
宮城悦二郎『占領者の眼』那覇出版社，1982。
宮里政玄『アメリカの沖縄政策』ニライ社，1986。
宮里政玄『アメリカの沖縄統治』岩波書店，1966。
宮里政玄『アメリカの対外政策決定過程』三一書房，1981。
宮里政玄編『戦後沖縄の政治と法——1945-72年』東京大学出版会，1975。
Morison, Samuel Eliot. *The Two-Ocean War : A Short History of the United States Navy in the Second World War.* New York : Galahad Books, 1963.
Morris, M. D. *Okinawa : A Tiger By the Tail.* New York, Hawthorn Books, Inc., 1968.
Mosley, Leonard. *Hirohito : Emperor of Japan.* Englewood Cliffs : Prentice-Hall, Inc., 1966.
Mosley, Leonard. *Dulles : A Biography of Eleanor, Allen, and John Foster Dulles and Their Family Network.* New York : The Dial Press, 1978.
村川一郎『ダレスと吉田茂』国書刊行会，1991。
Nakachi, Kiyoshi. *Ryukyu-U. S.-Japan Relations, 1945-1972 : The Reversion Movement Political Economic and Strategical Issues.* Philippines : Hiyas Press, 1989.
中野好夫・新崎盛輝『沖縄・70年前後』岩波新書，1970。
西村熊雄『安全保障条約論』時事新書，1960。
Neustadt, Richard E. *Presidential Power : The Politics of Leadership*. New York : John Wiley and Sons, Inc., 1976.
沖縄人民党編集刊行委員会編『沖縄人民党の歴史』日本共産党，1985。
沖縄祖国復帰協議会編『沖縄県祖国復帰運動史』沖縄畲出版社，1964。
沖縄社会大衆党史編『沖縄社会大衆党史』沖縄社会大衆党，1981。
Osgood, Robert E. *The Weary and the Wary : U. S. and Japanese Security Policies in Transition* (*Studies in International Affairs, Number 16*). Baltimore : The Johns Hopkins University Press, 1972.
Ota, Masahide, ed. *A Comprehensive Study on U. S. Military Government on Okinawa.* Nishihara-cho : University of the Ryukyus, 1987.
大田昌秀『醜い日本人』サイマル出版会，1995。
大田昌秀『沖縄の挑戦』恒文社，1990。

大田昌秀『沖縄の帝王――高等弁務官』朝日新聞社，1996。
Pempel, T. J. *Policymaking in Contemporary Japan.* Ithaca : Cornell University Press, 1977.
Pogue, Forrest C. *George C. Marshall : Statesman, 1945-1959.* New York : Penguin Books, 1987.
Pratt, Julius W. *Cordell Hull (The American Secretaries of State and Their Diplomacy, Vol. 13).* New York : Cooper Square Publishers, 1964.
Pruessen, Ronald W. *John Foster Dulles : The Road to Power.* New York : The Free Press, 1982.
Rees, David. *The Soviet Seizure of the Kuriles.* New York : Praeger, 1985.
Reischauer, Edwin O. *Beyond Vietnam : The United States and Asia.* New York : Alfred A. Knopf Press, 1968.
Reischauer, Edwin O. *Transpacific Relations.* Tokyo : Charles E. Tuttle Co., 1968.
Rosenau, James N., ed. *Domestic Sources of Foreign Policy.* Toronto : The Free Press, 1967.
琉球大学公開講座委員会編『沖縄の戦後史』琉球大学，1987。
琉球銀行調査部編『戦後沖縄経済史』琉球銀行，1984。
Scalapino, Robert A. *American-Japanese Relations in a Changing Era.* Washington, D. C. : Center for Strategic Studies, Georgetown University, 1972.
Scalapino, Robert A. *Asia and the Road Ahead : Issues for the Major Powers.* Berkeley : University of California Press, 1975.
Scalapino, Robert and Masumi Junnosuke. *Parties and Politics in Contemporary Japan.* Berkeley : University of California Press, 1962.
Scalapino, Robert A. *The Foreign Policy of Modern Japan.* Berkeley : University of California Press, 1977.
Schaller, Michael. *Altered States : The United States and Japan Since the Occupation.* New York : Oxford University Press, 1997.
Schaller, Michael. *Douglas MacArthur : The Far Eastern General.* New York : Oxford University Press, 1989.
Schaller, Michael. *The American Occupation of Japan : The Origins of the Cold War in Asia.* New York : Oxford University Press, 1985.
Schoenbaum, Thomas J. *Waging Peace and War : Dean Rusk in the Truman, Kennedy, and Johnson Years.* New York : Simon and Schuster, 1988.
Schonberger, Howard B. *Aftermath of War : Americans and the Remaking of Japan, 1945-152.* Kent : The Kent State University Press, 1989.
Sebald, William J. and C. Nelson Spinks. *Japan : Prospects, Options, and Opportunities.* Washington, D. C. : American Enterprise Institute for Public Policy Research, 1967.
Sherry, Michael S. *Preparing for the Next War : American Plans for Postwar Defense, 1941-1945.* New Haven : Yale University Press, 1977.
Shiels, Frederick L. *America, Okinawa, and Japan : Case Studies for Foreign Policy Theory.* Washington, D. C. : University Press of America, 1980.
柴田紳一『昭和期の皇室と政治外交』原書房，1995。
志喜屋孝信先生遺徳顕彰事業期成会編『師父志喜屋孝信』志喜屋孝信先生遺徳顕彰事業期成会，1980。
Shoemaker, Christopher C. *The NSC Staff : Counseling the Council.* Boulder : Westview Press, 1991.

Smith, Perry McCoy. *The Air Force Plans for Peace, 1943-1945.* Baltimore : The Johns Hopkins University Press, 1970.

Sneider, Richard L. *U. S.-Japanese Relations : An Historical Perspective.* New York : East Asian Institute, 1982.

Snyder, Richard C., et al., eds. *Foreign Policy Decision Making : An Approach to the Study of International Politics.* New York : The Free Press, 1962.

袖井林二郎・竹前栄治編『戦後日本の原点 占領史の現在』悠思社，1992。

Spector, Ronald H. *Eagle Against the Sun : The American War with Japan.* New York : Vintage Books, 1985.

Stuart, Graham H. *The Department of State : A History of Its Organization, Procedure, and Personnel.* New York : The Macmillan Co., 1949.

鈴木九萬『日本外交史 終戦から講和まで』鹿島研究所出版会，1973。

Tamamori, Terunobu and John C. James. *A Minute Guide to Okinawa : Society and Economy.* Naha : Bank of the Ryukyus International Foundation, 1995.

田中明彦『安全保障 戦後 50 年の模索』読売新聞社，1997。

豊下楢彦編『安保条約の論理――その生成と展開』柏書房，1999。

豊下楢彦『安保条約の成立――吉田外交と天皇外交』岩波新書，1996。

Ulam, Adam B. *The Rivals : American and Russia Since World War II.* New York : The Viking Press, 1971.

Ullman, Richard and Raymond Tanter, eds. *Theory and Policy in International Relations* Princeton : Princeton University Press, 1972.

Walker, Richard L. *E. R. Stettinius, Jr.* (*The American Secretaries of State and Their Diplomacy, Vol. 14*). New York : Cooper Square Publishers, 1965.

Waltz, Kenneth N. *Theory of International Politics.* New York : McGraw-Hill, Inc., 1979.

Warner, Gordon. *The Okinawan Reversion Story : War, Peace, Occupation, Reversion 1945- 1972.* Naha : The Executive Link, 1995.

Watanabe, Akio. *The Okinawa Problem : A Chapter in U. S.-Japan Relations.* Melbourne : Melbourne University Press, 1970.

渡辺昭夫・宮里政玄編『サンフランシスコ講和』東京大学出版会，1986。

Weiner, Michael, ed. *Japan's Minorities : The Illusion of Homogeneity.* London : Routledge, 1997.

Weinstein, Franklin B., ed. *U. S.-Japan Relations and the Security of East Asia : The Next Decade.* Boulder : Westview Press, 1978.

Weinstein, Martin E. *Japan's Postwar Defense Policy, 1947-1968.* New York : Columbia University Press, 1971.

Welfield, John. *An Empire in Eclipse : Japan in the Postwar American Alliance System : A Study in the Interaction of Domestic Politics and Foreign Policy.* London : The Athelone Press, 1988.

Woods, Randall B. and Howard Jones. *Dawning of the Cold War : The United States' Quest for Order.* Athens : University of Georgia Press, 1991.

柳田邦男『マリコ』新潮社，1980。

Yoshitsu, Michael M. *Japan and the San Francisco Peace Settlement.* New York : Columbia University Press, 1983.

2　博士論文および修士論文

Ashman, Harold Lowell. "A Review and Assessment of United States Policy in the

Ryukyu Islands From 1945–1965." Unpublished M. A. thesis, Brigham Young University, 1966.

Boyes, Jon Lippitt. "The Political Adviser (POLAD) : The Role of the Diplomatic Adviser to Selected United States and North Atlantic Alliance Military Commanders." Unpublished Ph. D. dissertation, University of Delaware, 1971.

Eldridge, Robert D. "The Yoshida Doctrine and Pax Americana, 1945–1972 : Geo-Economic Choices in a Geo-Political Setting." Unpublished M. A. thesis (Translation From Japanese), Kobe University, 1996.

Foltos, Lester J. "The Bulwark of Freedom : American Security Policy for East Asia, 1945–1952." Unpublished Ph. D. dissertation, University of Illinois at Urbana-Champaign, 1980.

Friedman, Hal Marc. "Creating an American Lake : United States Imperialism, Strategic Security, and the Pacific Basin, 1945–1947 (Cold War)," Unpublished Ph. D. dissertation, Michigan State University, 1995.

Ginoza, Tsuyoshi. "The International Legal Status of the Ryukyu Islands," Unpublished M. A. thesis, University of Wisconsin, Madison, 1960.

Guntharp, Walter A. "United States Foreign Policy and the Reversion of Okinawa to Japan." Unpublished Ph. D. dissertation, The George Washington University, 1973.

Heer, Paul J. "George F. Kennan and U. S. Foreign Policy in East Asia." Unpublished Ph. D. dissertation, The George Washington University, 1995.

Hewett, Robert Foster. "United States Civil Administration of the Ryukyu Islands, 1950–1960 : A Historical Analysis and Appraisal of a Decade of Civil Administration of an Asian Area." Unpublished Ph. D. dissertation, The American University, 1960.

Kampf, Herbert A. "The United States and Okinawa : A Study in Dependency Relationship." Unpublished Ph. D. dissertation, New York University, 1972.

Liu, Xiaoyuan. "A Tentative Partnership : The United States and China Contemplate the Postwar Disposition of Japan and the Japanese Empire." Unpublished Ph. D. dissertation, University of Iowa, 1990.

Marcot, Neal Abel. "The Japanese Foreign Policymaking : A Case Study—Okinawa Reversion." Unpublished Ph. D. dissertation, Georgetown University, 1981.

Martin, Richard Gordon. "The Okinawa Factor in U. S.-Japanese Post-World War II Relations." Unpublished Ph. D. dissertation, University of Georgia, 1982.

McHale, William M. "American Policy for the Disposition of the Japanese Mandated Islands," Unpublished M. A. thesis, Hiroshima University, 1978.

Nakamoto, Kazuhiko. "Democracy and Security in Conflict : America's Mission in the Ryukyu Islands, 1945–1958." Unpublished M. A. thesis, University of Maryland at College Park, 1997.

Sarantakes, Nick E. "Keystone : The American Occupation of Okinawa, and U. S.-Japanese Relations, 1945–1972." Unpublished Ph. D. dissertation, University of Southern California, 1996.

Seigal, Albert. "United States Policy Toward Okinawa, 1945–1972 : A Study in Organizational Interaction in Policy-Making." Unpublished Ph. D. dissertation, West Virginia University, 1978.

Shoup, Lawrence H. "Shaping the National Interest : The Council on Foreign Relations, The Department of State, and the Origins of the Postwar World, 1939–1943." Unpublished Ph. D. dissertation, Northwestern University, 1974.

Smith, Howard Frank. "The Possibility of the Ryukyu Islands Attaining a Condition of Condition of Self-Support Under a United States Trusteeship," Unpublished M. A. thesis, American University, 1952.

Stires, Frederick Hand. "The Ryukyus: An American Dependency—An Analysis of the Military and Civil Administrations of the Ryukyu Islands, 1945-1958." Unpublished Ph. D. dissertation, Georgetown University, 1960.

Tull, James N. "The Ryukyu Islands, Japan's Oldest Colony and America's Newest: An Analysis of Policy and Propaganda." Unpublished M. A. thesis, University of Chicago, 1953.

3 論文，新聞・雑誌記事

Amos, Paul S. "Okinawa and the Liuchius," *Department of State Bulletin*, Vol. 12, No. 304 (April 22, 1945), pp. 743-748.

Ballantine, Joseph W. "The Future of the Ryukyus," *Foreign Affairs*, Vol. 31, No. 4 (July 1953), pp. 663-674.

Barr, John. "The Ryukyu Islands: A U. S. Bastion in the Pacific," *The World Today*, Vol. 17 (May 1961), pp. 187-197.

Barrett, George. "Report on Okinawa: A Rampart We Built," *New York Times Magazine*, September 21, 1952, pp. 9-11, 63, 65.

Bell, Otis W. "Play Fair with Okinawans!" *Christian Century*, January 20, 1954.

Bennet, Commander Henry Stanley. "The Impact of Invasion and Occupation on the Civilians of Okinawa," *U. S. Naval Institute Proceedings*, Vol. 72 (February 1946), pp. 262-275.

Bess, Demaree. "Okinawa——American Island," *Saturday Evening Post*, Vol. 226, No. 1 (July 11, 1953), pp. 26-27; 86-88.

Bogan, Eugene F. "Government of the Trust Territory of the Pacific Islands," *The Annals of the American Academy of Political and Social Science*, Vol. 267 (January 1950), pp. 164-174.

Braibanti, Ralph J. D. "The Outlook for the Ryukyus," *Far Eastern Survey*, Vol. 22, No. 7 (June 1953), pp. 73-78.

Braibanti, Ralph J. D. "The Role of Administration in the Occupation of Japan," *The Annals of the American Academy of Political and Social Science*, Vol. 267 (January 1950), pp. 154-163.

Braibanti, Ralph. "The Ryukyu Islands: Pawns of the Pacific," *The American Political Science Review*, Vol. 48, No. 4 (December 1954), pp. 972-998.

Burnham, Alexander. "Okinawa, Harry Truman, and the Atomic Bomb," *The Virginia Quarterly Review*, Vol. 71, No. 3 (Summer 1995), pp. 377-392.

Chang, Hsia-hai. "The Treaty With Japan: A Chinese View," *Foreign Affairs*, Vol. 26, No. 3 (April 1948), pp. 505-514.

Connor, Sydney. "The Navy's Entry into Military Government," *The Annals of the American Academy of Political and Social Science*, Vol. 267 (January 1950), pp. 8-18.

Davidonis, A. C. "Some Problems of Military Government," *The American Political Science Review*, Vol. 38, No. 3 (June 1944), pp. 460-474.

Dingman, Roger. "Strategic Planning and the Policy Process: American Plans for War in East Asia, 1945-1950," *Naval War College Review*, Vol. 32 (November-December, 1979).

Dingman, Roger. "The U. S. Navy and the Cold War: The Japan Case," in Craig L. Symonds, ed. *New Aspects of Naval History*. Annapolis: Naval Institute Press, 1981, pp. 291-312.

Dooman, Eugene H., Hugh Borton, and Cabot Coville. "Formosa," *Department of State Bulletin*, Vol. 12, No. 310 (June 3, 1945), pp. 1018-1023.

Dorrance, John C. "The Pacific Islands and U. S. Security Interests: A New Era Poses New Challenges," *Asian Survey*, Vol. 29, No. 7 (July 1989), pp. 698-715.

Dower, John W. "A Rejoinder," *Pacific Historical Review*, Vol. 57 (May 1988), pp. 202-209.

Dulles, Foster Rhea and Gerald E. Ridinger. "The Anti-Colonial Policies of Franklin D. Roosevelt," *Political Science Quarterly*, Vol. 70, No. 1 (March 1955), pp. 1-18.

Dulles, John Foster. "Policy for Security and Peace," *Foreign Affairs*, Vol. 32 (April 1954), pp. 353-364.

Dulles, John Foster. "Security in the Pacific," *Foreign Affairs*, Vol. 30, No. 2 (January 1952), pp. 175-187.

エルドリッヂ，ロバート D.「ジョージ・F・ケナン，PPS と沖縄——五十年前の米国の沖縄政策決定過程」『国際政治』第 120 号（1999 年 2 月），28-56 頁。

エルドリッヂ，ロバート D.「昭和天皇と沖縄——『天皇メッセージ』の再考察」『中央公論』第 114 巻第 3 号（1999 年 3 月），152-171 頁。

エルドリッヂ，ロバート D.「サンフランシスコ講和条約と沖縄の処理——『潜在主権』をめぐる吉田・ダレスの『交渉』」読売新聞調査研究部編『読売論壇新人賞入賞論文集』1999。

Eldridge, Robert D. "Okinawa and the Nago Heliport Problem in the U. S.-Japan Relationship," *Asia-Pacific Review*, Vol. 7, No. 1 (May 2000), pp. 137-156.

Eldridge, Robert D. "The Amami Reversion Movement: Its Origins, Meaning, and Impact," Paper presented at the Fourth Annual Asian Studies Conference Japan, Sophia University, Tokyo, June 25, 2000 (since published in *Asian Cultural Studies*, No. 27〔2001〕, pp. 77-98).

Eldridge, Robert D. "The Okinawa Prefectural Referendum: One Question, Several Answers," *Asian Survey*, Vol. 37, No. 10 (October 1997), pp. 879-904.

Emerson, Rupert. "American Policy Toward Pacific Dependencies," *Pacific Affairs*, Vol. 20 (September 1947), pp. 259-275.

Figal, Gerald A. "Placed Names: A/historical A/effects at Okinawa's 'Cornerstone of Peace'," *Columbia University East Asian Institute Report* (July 1996).

Foltos, Lester J. "The New Pacific Barrier: America's Search for Security in the Pacific, 1945-1947," *Diplomatic History*, No. 13 (Summer 1989), pp. 317-342.

Ford, Clellan S. "Occupation Experiences on Okinawa," *The Annals of the American Academy of Political and Social Science*, Vol. 267 (January 1950), pp. 175-182.

我部政明「米統合参謀本部における沖縄保有の検討・決定過程，1943-1946」『法学研究』第 69 巻第 7 号（1996 年 7 月），73-107 頁。

Gilchrist, Huntington. "The Japanese Islands: Annexation or Trusteeship?" *Foreign Affairs*, Vol. 22, No. 4 (July 1944), pp. 635-642.

Haring, Douglas G. "Amami Gunto: Forgotten Islands," *Far Eastern Survey*, Vol. 21, No. 16 (November 19, 1952), pp. 170-172.

Hayward, Edwin J. "Co-ordination of Military and Civilian Affairs Planning," *The Annals of the American Academy of Political and Social Science*, Vol. 267 (January 1950), pp. 19-27.

Higa, Mikio. "Okinawa: Recent Political Developments," *Asian Survey*, Vol. 3, No. 9

(September 1963), pp. 415-426.
比嘉幹郎「The Okinawan Reversion Movement (I)」『琉大法学』第17号（1975年11月），147-174頁。
比嘉幹郎「The Okinawan Reversion Movement (II)」『琉大法学』第18号（1976年3月），117-135頁。
Higa, Mikio. "The Reversion Theme in Current Okinawan Politics," *Asian Survey*, Vol. 7, No. 3 (March 1967), pp. 151-164.
平賀健太「沖縄および沖縄住民の地位」『国際法外交雑誌』第54巻第6号（1955年12月），1-26頁。
Hosoya, Chihiro. "Characteristics of the Foreign Policy Decision-Making in Japan," *World Politics*, Vol. 26 (April 1974), pp. 353-369.
Hosoya, Chihiro. "Japan's Response to U. S. Policy on the Japanese Peace Treaty: The Dulles-Yoshida Talks of January-February 1951," *Hitotsubashi Journal of Law and Politics* (December 1981), pp. 15-27.
Hyneman, Charles S. "The Army's Civil Affairs Training Program," *The American Political Science Review*, Vol. 38, No. 2 (April 1944), pp. 342-353.
五十嵐武士「American-Japanese Peace-Making and the Cold War, 1947-1951」『アメリカ研究』第13号，166-187頁。
Igarashi, Takeshi. "Peace-Making and Party Politics: The Formation of the Domestic Foreign-Policy System in Postwar Japan," *Journal of Japanese Studies*, Vol. 11, No. 2 (Summer 1985), pp. 323-356.
五十嵐武士「対日講和の提唱と対日占領政策の転換」『思想』（1976年10月号），21-43頁。
Iokibe, Makoto. "American Policy towards Japan's Unconditional Surrender," *The Japanese Journal of American Studies*, No. 1 (1981), pp. 19-53.
五百旗頭真「カイロ宣言と日本の領土」『広島法学』第4巻第3・4号（1981年3月）。
Johnstone, William C. "Trusteeship for Whom?" *Far Eastern Survey*, Vol. 14, No. 12 (June 20, 1945), pp. 156-159.
Johnstone, William C. "Regionalism in the Pacific," *Far Eastern Survey*, Vol. 14, No. 13 (July 4, 1945), pp. 169-171.
梶浦篤「北方領土をめぐる米国の政策――ダレスによる対日講和条約の形成」『国際政治』第85号（1987年5月），97-114頁。
Kalischer, Peter. "Our Gibraltar in the Pacific," *Collier's*, October 11, 1952, pp. 22-26.
Karasik, Daniel D. "Okinawa: A Problem in Administration and Reconstruction," *Far Eastern Quarterly*, Vol. 7, No. 3 (May 1948), pp. 254-267.
Katzenstein, Peter J. and Nobuo Okawara. "Japan's National Security: Structures, Norms, and Policies," *International Security*, Vol. 17, No. 4 (Spring 1993), pp. 84-117.
Kennan, George F. "Japanese Security and American Policy," *Foreign Affairs*, Vol. 43, No. 1 (October 1964), pp. 14-28.
Kennan, George F. (X). "The Sources of Soviet Conduct," *Foreign Affairs*, Vol. 25, No. 4 (July 1947), pp. 566-582.
Keesing, Felix M. "The Former Japanese Mandated Islands," *Far Eastern Survey*, Vol. 14, No. 19 (September 26, 1945), pp. 269-271.
Kimball, Warren F. "'Merely a Facade'? Roosevelt and the South Pacific," *The Journal of American-East Asian Relations*, Vol. 3, No. 2 (Summer 1994), pp. 103-126.
栗山雅子「占領期の"外交"」『みすず』第251号（1981年），2-21頁。
栗山雅子「占領期の"外交"」『みすず』第255号（1981年），24-29頁。

楠綾子「占領下日本の安全保障構想――外務省における吉田ドクトリンの形成過程」『六甲台論集』第45巻第3号（1999年3月），1-55頁。
楠綾子「吉田ドクトリンの形成――吉田茂のブレーングループ」『神戸法学』第40巻第3号。
Lattimore, Eleanor. "Pacific Ocean or American Lake?" *Far Eastern Survey*, Vol. 14, No. 22 (November 7, 1945), pp. 313-315.
Laves, Walter H. C. "The Reorganization of the Department of State," *The American Political Science Review*, Vol. 38, No. 2 (April 1944), pp. 289-301.
Livermore, Seward W. "American Naval-Base Policy in the Far East, 1850-1914," *The Pacific Historical Review*, Vol. 13, No. 2 (June 1944), pp. 113-135.
Maki, John M. "Japan's Rearmament: Progress and Problems," *The Western Political Quarterly*, Vol. 8, No. 4 (December 1955), pp. 545-568.
Maki, John M. "US Strategic Area or UN Trusteeship," *Far Eastern Survey*, Vol. 16, No. 15 (August 13, 1947), pp. 175-178.
Mason, John Brown. "Lessons of Wartime Military Government Training," *The Annals of the American Academy of Political and Social Science*, Vol. 267 (January 1950), pp. 183-192.
Mears, Helen. "Okinawa: Orphan of Conquest," *Nation*, Vol. 183 (November 3, 1956), pp. 15-18.
Mendel, Douglas H., Jr. "Revisionist Opinion in Post-Treaty Japan," *The American Political Science Review*, Vol. 48, No. 3 (September 1954), pp. 766-774.
Minor, Michael. "Decision Models and Japanese Foreign Policy Decision Making," *Asian Survey*, Vol. 25, No. 12 (December 1985), pp. 1229-1241.
宮里政玄「沖縄の戦後」『歴史学研究』第545号（1985年9月）14-33頁。
Morgenthau, Hans J. "Another 'Great Debate': The National Interest of the United States," *The American Political Science Review*, Vol. 46, No. 4 (December 1952), pp. 961-988.
Murata, Koji. "The U. S.-Japan Alliance and the U. S.-Korean Alliance: Their Origins, Dilemmas, and Structures," *Comparative Strategy*, Vol. 14, pp. 185-194.
Nelson, Anna Kasten. "President Truman and the Evolution of the National Security Council," *The Journal of American History*, Vol. 72, No. 2 (September 1985), pp. 360-378.
Newman, Marshall T., and Ransom L. Eng. "The Ryukyu People: A Cultural Appraisal," *Smithsonian Report for 1947*, pp. 379-406.
野村吉三郎「国土保全のために」『経済往来』（1950年9月），30-31頁。
野村吉三郎「領土を巡る諸問題」『経済往来』（1950年6月），36-42頁。
Ogden, David A. D. "Keystone of the Pacific," *Army Information Digest*, Vol. 9, No. 1 (January 1954), pp. 42-48.
Okamoto, Koichi. "William J. Sebald: The United States Political Adviser for Japan," *Waseda Journal of American Studies*, Vol. 19 (1997), pp. 15-39.
"Okinawa and the Luchu Archipelago," *The World Today*, Vol. 3 (July 1947), pp. 363-370.
"Okinawa: Base to Dominate Asia," *U. S. News & World Report*, Vol. 30 (June 22, 1951), pp. 25-26.
"Okinawa: Forgotten Island," *Time*, Vol. 54, No. 22 (November 28, 1949), pp. 24-27.
"Okinawa: Junkyard of the Pacific," *Life*, Vol. 27 (December 19, 1949), pp. 19-23.
"Okinawan Showcase," *The New Republic*, Vol. 137, No. 28 (December 30, 1957), p. 6.
Omori, Shigeo. "The Okinawa Problem (2): Controversy Between Government and

Opposition Parties," *Japan Quarterly*, Vol. 15, No. 1 (January-March 1968), pp. 22-29.
"On the Alert at Okinawa," *New York Times Magazine* (September 16, 1951), pp. 10-11.
Ota, Masahide. "War Memories Die Hard in Okinawa," *Japan Quarterly*, Vol. 35, No. 1, pp. 9-16.
Robertson, J. Michael. "Alfred Thayer Mahan and the Geopolitics of Asia," *Comparative Strategy*, Vol. 15, 1996, pp. 353-366.
Roosevelt, Franklin D. "Our Foreign Policy: A Democratic View," *Foreign Affairs*, Vol. 6, No. 4 (July 1928), pp. 573-586.
Schaller, Michael. "MacArthur's Japan: The View From Washington," *Diplomatic History*, Vol. 10, No. 1 (Winter 1986), pp. 1-23.
Schaller, Michael. "Securing the Great Crescent: Occupied Japan and the Origins of Containment in Southeast Asia," *Journal of American History*, Vol. 69 (September 1982), pp. 392-414.
Seidensticker, Edward G. "Japanese Views on Peace," *Far Eastern Survey*, Vol. 20, No. 12 (June 13, 1951), pp. 119-124.
Shibayama, Futoshi. "Japan, An Ally of What Kind in the U. S.-Japanese Military Relations? The Negotiations Surrounding the Administrative Agreement to Implement the U. S.-Japan Security Treaty, 1951-1952," *The Journal of Information and Policy Studies*, Vol. 1 (March 1999), pp. 1-24.
Shibayama, Futoshi. "Japan, An Ally of What Kind in the U. S.-Japanese Military Relations? The Negotiations Surrounding the Administrative Agreement to Implement the U. S.-Japan Security Treaty, 1951-1952," *The Journal of Information and Policy Studies*, Vol. 2, No. 1 (December 1999), pp. 35-57.
進藤榮一「分割された領土――沖縄，千島，そして安保」『世界』第 401 号（1979 年 4 月），244-273 頁。
進藤榮一「『天皇メッセージ』の再論――戦後外交資料の読方」『世界』第 407 号（1979 年 10 月），104-113 頁。
Slover, Robert H. "Military Government: Where Do We Stand Today?" *The Annals of the American Academy of Political and Social Science*, Vol. 267 (January 1950), pp. 193-200.
Smith, Howard. "Economy of the Ryukyu Islands," *Far Eastern Survey*, Vol. 20, No. 10 (May 1951), p. 102.
Souers, Sidney W. "Policy Formulation for National Security," *The American Political Science Review*, Vol. 43, No. 3 (June 1949), pp. 534-543.
Steiner, Paul E. "Okinawa and its People—I, II," *The Scientific Monthly*, Vol. 64 (March 1949), pp. 233-241; pp. 306-312.
Stoler, Mark A. "From Continentalism to Globalism: General Stanley D. Embick, the Joint Strategic Survey Committee, and the Military View of American National Policy During the Second World War," *Diplomatic History*, Vol. 6 (Summer 1982), pp. 301-321.
Taira, Koji. "Ryukyu Islands Today: Political Economy of a U. S. Colony," *Science and Society*, Vol. 22 (Spring 1958), pp. 113-118.
田岡亮一「Okinawa Problems: Past, Present, and Future」『関西学院法学』第 4・5 号（1968 年）1-12 頁。
Taylor, Philip H. "The Administration of Occupied Japan," *The Annals of the American Academic of Political and Social Science*, Vol. 267 (January 1950), pp. 140-153.

"The United States, Japan, and the Ryukyu Islands," *The World Today*, Vol. 8 (August 1952), pp. 352-360.

"The Okinawa Junk Heap," *Life*, Vol. 27 (December 19, 1949), pp. 19-23.

Trumbull, Robert. "Okinawa : 'Sometimes Painful' Lesson for Us," *New York Times Magazine*, April 7, 1957, pp. 29, 60, 62-63.

Umetsu, Hiroyuki. "Communist China's Entry into the Korean Hostilities and a U. S. Proposal for a Collective Security Arrangement in the Pacific Offshore Island Chain," *Journal of Northeast Asian Studies*, Vol. 15, No. 2 (Summer 1996), pp. 98-118.

Veith, Ilza. "The Strategic Bonins," *Far Eastern Survey*, Vol. 14, No. 21 (October 24, 1945), pp. 307-309.

Wakabayashi, Chiyo. "Occupation and 'Self-Government' 1945-1946," *Social Science Japan*, No. 14 (November 1998), pp. 17-18.

若林千代「占領初期沖縄における米軍基地化と『自治』, 1945-1946 年」『国際政治』第 120 号 (1999 年 2 月), 10-27 頁。

Watanabe, Akio. "Foreign Policy Making, Japanese Style," *International Affairs*, Vol. 54, No. 1 (January 1978), pp. 75-88.

"We Have Colonial Troubles Also (Editorial)," *Christian Century*, Vol. 73, No. 27 (July 4, 1956), p. 795.

Weigert, Hans W. "U. S. Strategic Bases and Collective Security," *Foreign Affairs*, Vol. 35, No. 2 (January 1947), pp. 250-262.

Wurfel, David. "Okinawa : Irredenta on the Pacific," *Pacific Affairs*, Vol. 35, No. 4 (Winter 1962-1963), pp. 353-374.